中国经济学名家文集（多卷本）系列

汪海波文集

第四卷

经济管理出版社
ECONOMY & MANAGEMENT PUBLISHING HOUSE

图书在版编目（CIP）数据

汪海波文集/汪海波著. —北京：经济管理出版社，2011.2
ISBN 978-7-5096-1291-0

Ⅰ. ①汪…　Ⅱ. ①汪…　Ⅲ. ①经济—文集　Ⅳ. ①F-53

中国版本图书馆 CIP 数据核字（2011）第 040496 号

出版发行：经济管理出版社
地　　址：北京市海淀区北蜂窝 8 号中雅大厦 11 层
邮　　编：100038
电　　话：(010) 51915602
印　　刷：三河市海波印务有限公司
经　　销：新华书店
责任编辑：勇　生　邱永辉
责任印制：黄　铄
责任校对：蒋　方

720mm×1000mm/16　　　　350.75 印张　5406 千字
2011 年 6 月第 1 版　　　2011 年 6 月第 1 次印刷
定　　价：980.00 元（全十卷）
书　　号：ISBN 978-7-5096-1291-0

作者像

目 录

中国工业经济问题研究 *

* 本著由云南人民出版社 1984 年 6 月出版。

前 言

近几年来，我对中国工业经济的某些方面做过一些粗浅的探索。收入这本《中国工业经济问题研究》的，就是其中的一部分文章。

考虑到读者阅读的方便，本书不是按文章写作时间的先后编辑，而是依问题的逻辑顺序排列。

收入本书的文章，都是在 1980 年至 1982 年上半年写成的。其中的第十一篇是 1982 年 3 月在广东省和广州市的经委系统干部会上的报告。这些文章的一部分内容，在 1980 年至 1983 年初，分别发表在《经济研究》、《财贸经济》、《财经问题研究》、《经济问题探索》、《云南社会科学》、《江西社会科学》、《求索》、《社会科学研究》、《北方论丛》和《企业管理实践》等刊物上；大部分内容还未发表过。这些文章收入本书时，重复部分做了删节，少数地方做了修改和补充，部分标题做了变动。

随着党的调整、改革、整顿、提高方针全面深入地贯彻，人们可以越来越清楚地看到：我国工业经济问题，不仅是十分重要的，而且是极为复杂的。因而受到愈来愈多的人关注。我把这本粗浅的文集付诸于世，希望能引起更多的人研究工业经济问题的兴趣，并期待得到理论工作者、经济工作者和广大读者的指正。

1983 年 2 月 20 日于北京

一、半殖民地半封建中国
工业的基本特征

乍一看来，半殖民地半封建中国工业的基本特征问题，似乎是远离当前实际生活的、无关紧要的问题。但只要做些深入的考究，就会发现这种表面的观察，并不是妥当的。

第一，毛泽东同志说得好："有比较才能鉴别。"[1] 同样的道理，我们把社会主义生产关系和半殖民地半封建社会的生产关系作对比，也就能鉴别出前者的巨大优越性。需要着重指出：也只有在这种对比的意义上，才可以清楚地看出这种优越性。

但要把社会主义的中国和半殖民地、半封建中国做比较，就需要揭示和阐述半殖民地半封建中国的特征，包括揭示和阐述半殖民地半封建中国工业的特征。所以，探讨半殖民地半封建中国工业的特征，就成为认识社会主义经济制度优越性的重要一环。而当前充分认识社会主义制度优越性，不仅有助于加强为把我国建设成为高度民主的、高度文明的现代化的社会主义强国的信心，而且有助于批判资产阶级自由化思潮。因为这种思潮的一个突出特征，就是怀疑和否定社会主义制度对于资本主义制度的巨大优越性。

第二，毫无疑问，我国优越的社会主义制度必然会加速包括工业现代化在内的整个社会主义现代化的进程。但是，我国还是经济文化发展相对落后而又很不平衡的、人口众多（特别是农业人口众多）的大国。

---

[1] 毛泽东：《在中国共产党全国宣传工作会议上的讲话》，《毛泽东选集》第 5 卷，第 416 页。

这样，我国实现社会主义现代化，需要经过更艰苦的努力，需要经过较长的时间。胡耀邦同志说得很中肯："社会主义现代化建设是一场伟大的革命。我们是在一个曾经受尽帝国主义压迫和掠夺的经济文化落后的东方大国，进行这场伟大革命的。中国先于发达资本主义国家进入社会主义社会，这是中国所处的特殊历史条件、我们党的正确领导和全国人民艰苦奋斗的结果，是科学社会主义的发展，是我们党和中国人民的光荣。但这同时又使我们的社会主义事业，不可避免地要遇到一系列由于经济文化落后而产生的困难，要经历更加艰苦和更加长久的奋斗。"[1]可见，要认识我国社会主义现代化这方面的特点，也需要剖析半殖民地半封建中国的、包括工业经济在内的社会经济。而认识了中国社会主义现代化这方面的特点，就有助于克服长期存在的急于求成的"左"的思想，有利于贯彻党的十一届三中全会以来提出并不断得到发展的路线，也有助于激励我国人民的斗志，为坚决实现社会主义现代化去进行艰苦卓绝的战斗。

可见，探讨半殖民地半封建中国的工业经济问题，是同实现党在新的历史时期的总任务息息相关的，是同进一步消除"左"的思想影响和批判资产阶级自由化思潮紧密联系的。

（一）半殖民地半封建中国工业产生、发展的过程及其所有制结构

半殖民地半封建中国工业产生和发展的过程

资本主义工业一般都是在封建社会的末期，在小商品生产者分化的基础上产生的。中国资本主义工业的萌芽，也是遵循了这个一般规律的。据历史文献记载，中国封建社会的后期，在明代成化到万历年间（即15、16世纪），江南有些丝织业比较先进的地方，已经出现了"有力者雇人织挽"，"机户出资，机工出力"[2]的情况。到了清代乾隆年间（即18世纪），在有些丝织、造纸、陶瓷、制盐、采矿和冶炼等行业中，已经有了规模

---

[1] 胡耀邦：《在庆祝中国共产党成立六十周年大会上的讲话》，人民出版社1981年版，第26页。
[2]《明神宗实录》第361卷，清朝乾隆《震泽县志》第25卷。

大小不等的资本主义工场手工业，每场雇工十几人乃至几百人。当然，由于中国封建社会的特殊条件，特别由于"构成封建生产方式的基础"①的农民经济，是一种"小农业和家庭工业的统一"②的经济结构。这样，农民不但生产自己需要的农产品，而且生产自己需要的大部分手工业品，这种结合并"造成巨大的节约和时间的节省。"③这些对于抵制小商品经济的分化具有某种特殊的顽固性。因而中国资本主义工业的产生过程是很缓慢的，直到 19 世纪中叶，中国还是一个封建社会。正如毛泽东同志所总结的："中国封建社会内的商品经济的发展，已经孕育着资本主义的萌芽，如果没有外国资本主义的影响，中国也将缓慢地发展到资本主义社会。"④

但是，资本主义工业生产关系的发展，需要两个基本条件：一是有大批的自由劳动者，他们失去了生产资料，但在人身上是自由的，可作雇佣工人；二是少数人积累了大量的货币财富，可用作资本剥削工人。显然，这两个基本条件，并不能靠缓慢的小商品经济分化的过程迅速形成。近代资本主义工业发展的历史表明：这两个基本条件是通过资本原始积累过程迅速形成的。马克思把直接生产者因遭受强制剥夺而与生产资料相分离并成为雇佣劳动者，社会财富迅速集中在少数人手中并转化为资本的过程，称作资本的原始积累。"对农业生产者即农民的土地的剥夺，形成全部过程的基础。"⑤这是马克思在 19 世纪 70 年代总结资本主义各国的历史经验以后揭示的共同规律。

马克思同时指出："这种剥夺的历史在不同的国家常有不同的色彩。"⑥中国在这方面的重要特点是：它不像资本主义国家那样，是反映了本国资产阶级要求的国家利用权力，"也就是利用集中的有组织的社会暴力，来大力促进从封建生产方式向资本主义生产方式的过渡"，⑦而是突出表现为资本主义列强对中国发动多次的侵略战争，加速了农民被剥夺的过程，促进了资本主义的发展，促进封建社会向半殖民地半封建社会的过渡。这些侵略战争有 1840 年的英国鸦片战争，1857 年的英法联军战争，1884

---

① 马克思：《资本论》，《马克思恩格斯全集》第 23 卷，第 371 页注（24）。
②③⑥ 马克思：《资本论》，《马克思恩格斯全集》，第 25 卷，第 373 页。
④ 毛泽东：《中国革命和中国共产党》，《毛泽东选集》第 2 卷，第 589 页。
⑤ 马克思：《资本论》，《马克思恩格斯全集》第 23 卷，第 784 页。
⑦ 马克思：《资本论》，《马克思恩格斯全集》第 23 卷，第 819 页。

年的中法战争，1894 年的中日战争，1900 年的八国联军战争。所以，中国由封建社会向半殖民地半封建社会过渡的历史过程，是一幅"血迹斑斑的图画"。①

这种掠夺式的战争本身就给中国人民造成了深重的灾难，导致了大批农民的破产。资本主义列强在打败中国之后，就向中国索取巨额赔款。比如，鸦片战争赔款 2100 万银元；中日战争和八国联军战争赔款、赎金和利息共计达 12 亿银两。这就必然大大加重清朝政府对中国人民（主要是农民）的税收负担。正如马克思所指出的："这一切就造成了两个后果：旧税捐更重更难负担，此外又加上了新税捐。"②资本主义列强还强迫中国签订了许多不平等条约，依据这些不平等条约又从中国取得了种种政治的和经济的特权。这又为它们在中国大量倾销商品和掠夺廉价农业原料打开了方便之门。比如，在 1873~1910 年，中国棉纱进口量由 41025 公担增加到 1380416 公担；棉布净进口值由 24657643 银元增加到 96490238 银元；但棉花却由净进口 106962 公担，变成净出口 629822 公担。③纺纱织布是农民家庭手工业最重要的组成部分。棉纱、棉布进口和棉花出口的大量增长，表明小农业和家庭手工业相结合的自然经济的解体，表明了千百万农民和手工业者的破产。毛泽东同志在总结这个历史进程时写道："外国资本主义的侵入，促进了这种发展。外国资本主义对于中国的社会经济起了很大的分解作用，一方面，破坏了中国自给自足的自然经济的基础，破坏了城市的手工业和农民的家庭手工业；另一方面，则促进了中国城乡商品经济的发展。

这些情形，不仅对中国封建经济的基础起了解体的作用，同时又给中国资本主义生产的发展造成了某些客观的条件和可能。因为自然经济的破坏，给资本主义造成了商品的市场，而大量农民和手工业者的破产，又给资本主义造成了劳动力的市场。"④

但是，帝国主义列强侵略中国的目的，绝不是要把中国的封建社会变成资本主义社会，而是要把中国变成它们的半殖民地和殖民地。这样，

---

① 毛泽东：《中国革命和中国共产党》，《毛泽东选集》第 2 卷，第 593 页。
② 马克思：《中国革命和欧洲革命》，《马克思恩格斯全集》第 9 卷，第 111 页。
③ 严中平等编：《中国近代经济史统计资料选辑》，科学出版社 1955 年版，第 81 页。
④ 毛泽东：《中国革命和中国共产党》，《毛泽东选集》第 2 卷，第 589~590 页。

半殖民地半封建中国工业的发展，就具有下述三方面的基本特点：

第一，整个说来，帝国主义凭借掠夺到的政治、经济特权，它们在中国开办的工业，发展是比较迅速的，并在抗日战争以前就在中国的全部工业中取得了垄断地位。

早在1840年鸦片战争以后不久，资本主义列强为了输出商品的需要，就在中国开办近代大机器工业。这主要是为他们在中国的进出口贸易服务的船舶修造厂、农产品出口加工厂等。到1894年甲午战争以前，投资约近3000万银元，雇工约3万余人。

在19世纪末和20世纪初，资本主义列强完成了由自由竞争资本主义向垄断资本主义的过渡，资本输出（包括生产资本的输出）成为帝国主义攫取高额垄断利润的重要手段，成为它的重要经济特征。而且，在甲午战争以后，帝国主义列强在中国正式取得了开厂、采矿的权利。这样，从甲午战争到1913年（即第一次世界大战以前）这段期间内，帝国主义列强在中国开办的工业就有了迅速的发展。这时单是它们开办的资本在10万银元以上的工厂和矿山，就有130余家，资本共有1亿多银元。

1914年第一次世界大战爆发以后，欧洲的帝国主义列强忙于相互拼杀，无暇顾及对中国的经济侵略。日本帝国主义却乘机加紧了对中国的掠夺。据日本东亚经济调查局的统计，日本对中国的工业、铁路等方面的投资，1914年为45000万日元，1928年为138000万日元，增长了两倍多。

在欧战结束以后，西方帝国主义就腾出手来加紧了对中国的经济侵略。1927年蒋介石在帝国主义指使下发动了反革命政变，并投靠了英美帝国主义。接着不久，1929年世界资本主义爆发了空前严重的经济危机。帝国主义列强为了转嫁经济危机，更加紧了对中国的掠夺。蒋介石国民党反动派推行的卖国、内战、独裁的政策，还诱使日本帝国主义在1931年占领了中国的东北全境。这样，中国的半殖民化、殖民地化的过程进一步加深了，帝国主义列强在中国开办的工业也随之大大增长了。据估计，1936年，除东北和台湾以外，帝国主义列强在华的工业投资总共达到伪法币35亿元，占全部工业资本（包括外国资本和中国资本）的61.4%。如果把东北和台湾计算在内，帝国主义在华的工业投资还要大得多。[①]这样，帝国主义也就在中国工业中取得了垄断地位。据统计，在抗日战争以前，帝国主义独占了中国发电量的 76%、煤产量的 70%、铁产量的 95%、棉布产量的 64%、卷烟产量的 58%。至于这时中国东北地区的工业，绝大部分都为日本帝国主义所垄断了。

抗日战争胜利以后，由于日本、德国和意大利等帝国主义侵略国在华资本的被接收，帝国主义在华的工业资本的绝对量下降了，但其数仍然是很庞大的，它在中国工业中的垄断地位并没有改变。据估计，1946 年帝国主义在华工业资本仍然高达伪法币 22 亿元（按 1936 年币值计算），占全部工业资本的 32.8%。[②]

由于中国是许多帝国主义统治的半殖民地国家，而帝国主义经济、政治发展是不平衡的，两次世界大战给予各个帝国主义国家的影响是很不相同的。这样，虽然总的说来帝国主义在华工业投资的增长是很迅速的，但对各个帝国主义国家来说又是很不平衡的，它们在工业中的独占地位是迭经变化的。据雷麦氏的统计，1902 年帝国主义列强对华投资总额中，英国占 33%，美国只占 2.5%，日本只占 0.1%。到 1913 年，英国虽然上升到 36.7%，但日本猛增到 35.1%，以至与英国分庭抗礼了。到 1931 年"九一八"事变以后，日本进一步上升到 53%，英国下降到 24%，日本占了第一位。[③]到 1937 年"七七"事变以后，沦陷区的工业为日本帝国主义独占了，英美帝国主义的地位进一步削弱了。但在抗日战争胜利以后，美帝国主义又代替了日本帝国主义在中国工业中的独占地位。

第二，资本主义列强为了实现其侵略中国的需要，很早就培植了为其服务的官僚资本，而在国民党反动政权建立以后，特别是在抗日战争爆发以后，依靠美国帝国主义的支持，官僚资本主义工业有了异常迅速的发展，到抗日战争胜利以后，在中国工业中取得了垄断地位。

从 19 世纪 60 年代起，清朝政府及其大官僚为了镇压农民革命运动，也为了获取优厚的利润，就开始建立了一批近代工业。到 1894 年甲午战争时，由他们开办的采矿、炼铁、纺织等工业和交通企业，约有 20 多个，投资约近 2000 万银元，雇工约 2 万人。

①② 陈真编：《中国近代工业史资料》第 4 辑，三联书店 1961 年版，第 52~53 页。
③ 陈真编：《中国近代工业史资料》第 4 辑，三联书店 1961 年版，第 5 页。

在甲午战争到第一次世界大战期间，官僚资本又连续建立了一些钢铁和棉纺织工业。但其中多数均因经营不善而归于失败，或移交民营。其后，由于军阀忙于混战，官僚资本主义工业发展不大。

但在 1927 年蒋介石国民党反动派发动反革命政变以后，以蒋介石、宋子文、孔祥熙和陈果夫、陈立夫四大家族为首的官僚资本主义工业开始兴起，并在抗日战争期间有了迅速的发展。据估计，1936 年，不算东北和台湾，官僚资本主义的工业资本为 3.18 亿元，占中国工业资本（包括官僚资本和民族资本）的 15%。在抗日战争期间，官僚资本主义工业有了迅速的发展；到 1946 年，又由于接收了日本、德国、意大利等帝国主义侵略国在中国的资本，官僚资本主义的工业资本猛增到 31.61 亿元（按 1936 年币值计算），占中国工业资本的 67.3%。如果把东北和台湾计算在内，官僚资本主义工业资本所占的比重还要大一些，约占 80% 以上。[1]

据计算，1947 年官僚资本主义工业产品在国民党统治区所占的比重，电为 78%，煤为 80%，石油和有色金属为 100%，钢铁为 98%，机械为 72%，水泥为 67%，烧碱为 65%，硫酸为 80%，盐酸为 45%，化学肥料为 67%，纺锭为 60%，机制纸为 50%，机制糖为 90%，漂白粉为 41%，出口植物油为 70%。[2] 这些数字表明：到解放战争期间，官僚资本主义工业在中国工业中已经占了统治地位。

第三，民族资本主义工业，除了个别时期以外，发展是比较缓慢的，而在抗日战争爆发以后，则处于停滞和衰落的状态中，因而始终没有成为中国工业经济的主要形式。

早在 19 世纪 70 年代，由民族资本开办的缫丝、棉纺、面粉和煤矿等近代工业就先后陆续建立了。但一开始就处于资本主义列强和封建主义双重压迫下的中国民族资本主义工业，发展是不快的。到 19 世纪末期，资本在 1 万银元以上的民族资本主义工业企业约有 120 多家，资本约有 2200 余万银元。1900~1911 年，又缓慢地兴办了约 280 多家，资本约 6300 余万银元。

1914 年爆发了第一次世界大战，西方帝国主义国家忙于相互厮杀。

---

① 陈真编：《中国近代工业史资料》第 4 辑，三联书店 1961 年版，第 53、56 页。

② 陈真编：《中国近代工业史资料》第 3 辑，三联书店 1961 年版，第 1445~1446 页。其中机械一项是 1942 年的资本数。

继 1911 年辛亥革命之后，直到 1919 年的"五四"运动，中国连续处于反帝斗争的高潮中。这些就为中国民族资本主义工业的发展提供了良好的时机，成为它能够得以迅速发展的唯一的"黄金"时期。在 1912~1919 年的八年中，民族资本主义兴办的、主要为轻工业的工厂约有 470 多家，资本约近 1 亿银元，超过了以往 40 年的总和。

在第一次世界大战结束以后，欧洲帝国主义重新加重了对中国民族资本主义工业的压迫。1927 年蒋介石发动了反革命政变以后，官僚资本主义对民族资本的压迫也更甚了。这样，民族资本主义就处于停滞状态中。在 1928~1936 年的 9 年中，民族资本主义经营的主要行业，发展是很缓慢的，纱厂纱锭由 206 万枚增加到 275 万枚，面粉日产能力由 26 万包增加到 30 余万包。发展速度比前续时期大大下降了。

在抗日战争爆发之后，中国的大片领土沦入日本侵略者手中，民族资本主义工业受到了严重的损失。在国民党统治区，官僚资本对民族资本的压迫也变本加厉了。这样，民族资本主义工业就进一步陷入衰落的过程。据估计，1936 年民族工业资本为伪法币 18.82 亿元，占中国工业资本（包括官僚资本和民族资本）的 85%。到 1946 年下降到 15.38 亿元，只占中国工业资本的 32.7%。①

可见，中国民族资本主义工业的发展，经历了艰难、曲折的过程，由缓慢发展到比较迅速的发展，再到停滞，最后到衰落，从而在中国工业经济中总是处于从属的地位。

半殖民地半封建中国工业的所有制结构

现在依据上述的中国工业发展过程的分析，列表做一个归结，如表 1 所示。

表 1　半殖民地半封建中国工业的所有制结构

（不包括东北地区和台湾，按 1936 年不变价格计算）　　　　单位：%

	1936 年	1946 年
全部工业资本总额	100.0	100.0
其中：帝国主义在华工业资本	61.4	32.8
中国工业资本	38.6	67.2

① 陈真编：《中国近代工业史资料》第 4 辑，三联书店 1961 年版，第 53 页。

续表

	1936 年	1946 年
中国工业资本总额	100.0	100.0
其中: 官僚资本主义工业资本	15.0	67.3
民族资本主义工业资本	85.0	32.7

表 1 是依据前述的估计数计算的, 在数量上不是很准确, 但从问题的性质来说, 却是典型地反映了半殖民地半封建中国工业所有制的基本特点, 即外国帝国主义的工业资本以及在它支持下的中国官僚主义工业资本在工业经济中占统治地位, 而民族资本主义工业资本则"没有成为中国社会经济的主要形式"。①这里有以下三点需要着重说明:

第一, 帝国主义在华工业资本是垄断资本主义的工业经济。因而它的迅速增长及其取得垄断地位, 并不表明它促进了中国社会生产力的发展, 而是恰恰相反, 表明了它是中国社会生产力发展的最主要障碍。①这不仅是因为从一般意义上说, 帝国主义是垄断的、寄生的 (或腐朽的)、垂死的资本主义, 而且从特殊的意义上说, 资本输出 (包括在华投资工业这样的生产资本的输出)"是加倍的寄生性的表现"。②②帝国主义在华工业资本的发展, 是以支持、培植封建主义和官僚资本主义这样一些最反动的生产关系作为前提条件的。斯大林说得好:"帝国主义及其在中国的全部财政的和军事的势力, 乃是一种支持、鼓舞、培植和保存封建残余及其全部官僚军阀上层建筑的力量。"③③帝国主义在华开办工业, 是"对中国的民族工业进行直接的经济压迫, 直接地阻碍中国生产力的发展"。④

第二, 官僚资本主义工业也是垄断性的资本主义工业。因而对它在后期的迅速发展及其取得垄断地位, 也必须作上述类似的分析。这不仅是因为官僚资本主义也具有一般垄断资本主义的腐朽性。关于这一点, 列宁曾经深刻地指出:腐朽的趋势"是生产资料私有制下的一切垄断所特有的现象"。⑤而且因为官僚资本主义具有特殊的性质。毛泽东同志曾经对这种性质作过科学的概括。他写道:"这个垄断资本, 和国家政权结合

---

① 毛泽东:《中国革命和中国共产党》,《毛泽东选集》第 2 卷, 第 593 页。

②⑤ 列宁:《帝国主义和社会主义运动中的分裂》,《列宁选集》第 2 卷, 第 884 页。

③ 斯大林:《中国革命与共产国际的任务》,《斯大林全集》第 9 卷, 第 260 页。

④ 毛泽东:《中国革命和中国共产党》,《毛泽东选集》第 2 卷, 第 592 页。

在一起，成为国家垄断资本主义。这个垄断资本主义，同外国帝国主义，本国地主阶级和旧式富农密切地结合着，成为买办的封建的国家垄断资本主义。"①毛泽东同志的这个分析指明：①官僚资本主义经济具有深刻的买办性。它是由帝国主义一手豢养起来的，又是帝国主义对中国进行侵略的工具。官僚资本主义工业在抗日战争期间和解放战争期间的恶性发展，本质上是美国帝国主义在华经济势力急剧膨胀的集中反映。②官僚资本主义经济具有浓厚的封建性。官僚资本主义的高额垄断利润，不仅来自官僚资本主义企业雇佣工人的剩余劳动，而且来自处于封建剥削下农民的剩余劳动。所以，中国官僚资本的发展，不仅是以官僚资本主义所有制为基础，而且是以农业中的封建生产关系为基础。③官僚资本主义经济具有鲜明的军事性。以四大家族为代表的官僚资本借助于战争，通过发行纸币和公债以及增加税收，对全国人民进行疯狂的掠夺。事实上，四大家族也正是在十年内战期间发家的，在抗日战争期间，他们又发了国难财，而到了抗日战争胜利以后，他们又通过发动全面的内战，使得他们聚敛的社会财富达到了最高峰。这样，官僚资本主义经济发展的过程，不仅是残酷地剥削作为社会最主要生产力的工人、农民的过程，而且是凶恶地扼杀作为进步经济形式的民族资本主义经济的过程。

第三，民族资本主义工业也是以生产资料的资本主义私有制和对雇佣劳动的剥削为基础的。但在半殖民地半封建中国的条件下，它还是一种进步的经济关系。这种经济是以近代工业和社会化大生产作为物质技术基础的商品经济，是自由竞争的资本主义经济。因而它不仅比古老的封建经济和简单商品经济先进，而且也比帝国主义经济和官僚资本主义经济先进。这样，尽管到了19世纪末和20世纪初，世界资本主义已经进入了帝国主义阶段，变成了腐朽的资本主义，但中国的民族资本主义还是一种推动社会生产力发展的经济力量。但在帝国主义、封建主义和官僚资本主义的三重压迫下，它没有、也不可能发展成为社会经济的主要形式。

这些就是半殖民地半封建中国工业的产生、发展过程及其所有制结构方面的基本特征。

---

① 毛泽东：《目前形势和我们的任务》，《毛泽东选集》第4卷，第1149页。

（二）半殖民地半封建中国工业的落后性

半殖民地半封建中国工业落后性的若干重要表现

在帝国主义、封建主义和官僚资本主义的生产关系束缚下，半殖民地半封建中国的工业生产是很落后的。这是它的一个重要特征。

第一，半殖民地、半封建中国工业落后首先表现在工业生产水平不高。它的主要工业产品产量，不仅远远落后于资本主义最发达的美国，而且也显著地落后于资本主义发展水平不高的俄国，在有些重要产品方面甚至还不及当时处于殖民地地位的印度。表 2 可以说明这一点。

表 2　抗日战争前中国主要工业产品产量（或产值）和外国的比较 ①

种类	单位	1933 年中国产量（或产值）*	1913 年俄国产量（或产值）*	1933 年美国产量（或产值）*	1933 年印度产量 **
煤	千吨	28378	29050	347604	20100
石油	千吨	91	9000	123240	224
电力	万瓩	63	110	82379	——
生铁	千吨	606	4200	13428	1127
钢	千吨	25	4200	22856	802
水泥	千吨	642	——	10905	653
机器制造业	千元	19341	420000	6348000***	——
纱锭	千枚	4585	7668	30894	

表 2 表明：即使以 1933 年中国产量与 1913 年俄国产量相比，在上述 7 种主要工业产品产量（除水泥外）方面，中国都低于俄国，俄国的产量依次比中国高 2.2%、97.9 倍、75%、5.93 倍、167 倍、20.7 倍和 67%。但在时间方面，1933 年比 1913 年已经前进了 20 年。

至于 1933 年中国产量比同年美国产量，那就差得更远了。上述 8 种

---

① * 陈真编：《中国近代工业史资料》第 4 辑，三联书店 1961 年版，第 2~3 页。** 联合国统计局编的统计年报。*** 是 1925 年的数字。

这里说明一点，如果不算日本帝国主义侵华战争期间在东北地区开办的工业，那么对半殖民地半封建中国工业生产水平来说，抗日战争前的几年（包括 1933 年）还是比较高的年份。所以，在这里和下面，都以战前的年份来做比较。

主要工业产品产量，美国比中国依次高 11 倍、1353 倍、1306 倍、21 倍、913 倍、16 倍、327 倍和 6 倍。

不仅如此，中国有许多重要工业产品产量甚至还赶不上印度。表 2 所列的 5 种主要工业产品，只有煤的产量中国高于印度，其他 4 种都低于印度。印度比中国依次高 1.5 倍、0.9 倍、31 倍和 2%。此外，1933 年，印度的纱锭数比中国纱锭数要高 0.9 倍，织布机高 4.5 倍。[①]

如果再把中国按人口平均计算的主要工业产品产量和工业产值同外国作一下比较，那还可以更清楚地看到中国工业的落后性。表 3、表 4 可以说明这一点。

表 3　抗日战争前中国按人口平均计算的主要工业产品的产量（或产值）和外国的比较[②]

种类	单位	中国	美国	英国	法国	德国	日本	印度
煤	公斤	82	3502	5665	1100	2750	643	84
钢铁	公斤	2	570	282	288	280	47	8.5
机器制造	美元	0.05	23	10	—	9	—	0.17
纱锭	枚	0.01	0.23	0.9	0.34	—	0.05	0.026

表 4　抗日战争前中国按人口平均计算的工业产值和外国的比较[③]

中国	美国	日本
2.5 元法币	334 美元	347 日元
0.09 美元	334 美元	12 美元

表 3、表 4 表明：按人口平均计算的主要工业产品产量和工业产值，半殖民地半封建中国同外国的差距就更大了。就煤、钢铁、机器和纱锭的按人口平均计算的产量（或产值）来说，美国比抗日战争前的中国分别高 41.7 倍、284 倍、459 倍和 22 倍；中国与其他的资本主义国家也有很大的距离；甚至连印度也比中国分别高 2.4%、3.3 倍、2.4 倍和 1.6 倍。

至于这个期间按人口平均计算的工业产值（统一折算成美元），美国要比中国高 3710 倍，日本也要比中国高 132 倍。应该说明当时各国货币

① 陈真编：《中国近代工业史资料》第 4 辑，三联书店 1961 年版，第 3 页。

② 这个材料一部分来自陈真编：《中国近代工业史资料》第 4 辑，第 217、268、750 和 817 页；另一部分是作者依据联合国统计局编的统计年报提供的数字计算的。

③ 这个材料一部分来自陈真编：《中国近代工业史资料》第 4 辑，第 16 页；另一部分是作者根据有关材料折算的。

和美国的汇兑率要受到许多因素的影响，因而不能认为这个数字是准确的。但就中国人口多，按人口平均计算的工业产值更能反映中国工业的落后来说，这个数字是体现了这一趋向的。

第二，半殖民地半封建中国工业的落后又表现在大机器工业产值同工农业产值的对比关系上。中国大机器工业的产值在工农业总产值中所占的比重，不仅远远低于当时资本主义最发达的国家，而且也明显低于资本主义只有中等发展水平的国家。在抗日战争以前，中国现代工业产值只占工农业总产值的10%左右，农业和手工业的产值却占到90%上下。而资本主义发展水平并不高的俄国在1913年现代工业产值还占工农业总产值的42.1%；匈牙利1933年到1937年平均占38%；罗马尼亚1942年占30%以上；保加利亚1942年也占到20%。①

第三，半殖民地半封建中国工业的落后还表现在大工业生产同全部工业生产的对比关系中，中国大机器工业的生产在全部工业生产中的比重也很低。以工业最集中的上海为例，1948年上海共有机械制造厂643家，拥有工具机约8509部，其中拥有1~9部工具机的共420家，占企业总数的65%以上，拥有10~19部的有128家，占20%。至于拥有60部工具机的厂家，也仅两三家。就整个民族工业而言，大工业占的比重就更低。②根据1954年统计，工场手工业户数占民族资本主义工业企业总户数的79.1%，它们的产值占民族资本主义工业总产值的28.6%。③

第四，半殖民地半封建中国工业落后也表现在生产资料工业同消费资料工业的对比关系上。这方面的特点是前者的比重过低，后者过高。表5可以说明这一点。

这里需要说明：①表5生产资料工业中，没有包括矿业在内，因而生产资料工业总产值显得偏低。但即使把这一部分包括进来，也不能改变生产资料工业比重过低的情况。②上述材料是包括中国资本和外国在华资本在内的。但相对说来，前者经营的生产资料工业少，消费资料工

---

① 陈真编：《中国近代工业史资料》第4辑，三联书店1961年版，第1页。

② 陈真：《旧中国工业的若干特点》，《人民日报》1949年9月24日。

③ 中央工商行政管理局、中国科学院经济研究所：《中国资本主义工商业的社会主义改造》，人民出版社1962年版，第27页。

表 5　1933 年中国生产资料工业总产值和消费资料工业总产值的比较 [1]

	千元	百分比
全部工业合计	2186176.2	100.0
生产资料工业	370955	16.8
消费资料工业	1815221.2	83.2

业多；而后者经营的生产资料工业多，[2] 消费资料工业少。这样，如果单算中国资本的工业，那么生产资料工业的比重还要低。据计算，在 1933 年工业总产值构成中，中国资本的生产资料工业总产值只占 12.7‰，消费资料工业总产值占 87.3%。而外国资本在华的工业，两者的比重分别为 24.4% 和 75.6%。[3] 作为工业心脏的机器制造业在工业中占的比重更是少得可怜。据调查，1933 年机器制造业的产值为 1934.1 万元。[4] 仅为上述工业总产值的千分之九。而且在这些名为机器制造业的工业中还多是装配、修理工业。[4] 上述各种情况直到解放前夕也没有多少变化。据统计，1949 年民族资本主义工业总产值中，消费品占到 81.5%，生产资料只占 18.5%，其中机器制造业只占 1.4%，仍然以装配、修理行业居多。[5]

　　世界资本主义工业发展的历史表明：许多国家都是先从消费品工业开始来发展大机器工业的。这时，机器是由手工业和工场手工业生产的。"因此，机器生产是在与它不相适应的物质基础上自然兴起的。""但是，大工业发展到一定阶段，也在技术上同自己的手工业和工场手工业基础发生冲突。""因此，大工业必须掌握它特有的生产资料，即机器本身，必须用机器来生产机器。这样，大工业才建立起与自己相适应的技术基础。"[6] 从资本主义大工业发展的历史进程和马克思的分析来看，生产生产资料的大工业的建立，是与大工业相适应的技术基础建立的标志，是资本主义工业发展到一个较高阶段的标志。所以，上述的中国生产资料工业（特别是机器制造业）的状况，不仅是生产资料工业和消费资料工业发展极不平衡的表现，而且是工业落后的最重要的标志。

---

①③ 陈真编：《中国近代工业史资料》第 4 辑，三联书店 1961 年版，第 91 页。
② 当然，主要也是原料、材料工业，作为发展民族经济独立的机械工业也很少。
④ 陈真编：《中国近代工业史资料》第 4 辑，三联书店 1961 年版，第 2 页。
⑤ 中央工商行政管理局、中国科学院经济研究所：《中国资本主义工商业的社会主义改造》，人民出版社 1962 年版，第 29 页。
⑥ 马克思：《资本论》，《马克思恩格斯全集》第 23 卷，第 419~422 页。

第五，半殖民地半封建中国工业落后还表现在地区分布上，表6可以说明这一点。

表6　1933年中国沿海六个城市工业的分布①

地　区	厂数	百分比	资本数（万元）	百分比	工人数	百分比	总产值（万元）	百分比
全　国	18676	100	48468	100	789670	100	138662	100
上　海	3485	19	19087	40	245948	31	72773	46
天　津	1224	7	2420	5	34769	4	7450	5
武　汉	787	4	2086	4	48291	6	7330	5
无　锡	315	2	1407	3	63764	8	7726	5
广　州	1104	6	1302	3	32131	4	10157	6
青　岛	140	1	1765	4	9457	1	2710	2
上述六市合计	7055	39	28067	59	434360	54	108146	69

表6表明：半殖民地半封建中国的工业大部分都集中在沿海地区。1933年仅上海、天津、武汉、无锡、广州和青岛6市就占了全国工厂总数的39%、资本总额的59%、工人总数的54%、总产值的69%。其中上海一市就占工厂总数的19%、资本总数的40%、工人总数的31%、总产值的46%。表6还没有包括外国资本在华的工业，也未包括东北地区和台湾省。如果包括这些，那集中的程度还要高一些。1933年，除了武汉、重庆等几个作为帝国主义掠夺内地的沿江城市以外，广大内地尤其是边疆少数民族地区，几乎没有什么大机器工业。当时面积占国土45%的西北和内蒙古地区，工业产值只占全国的3%；面积占国土23%的四川、云南、贵州和西藏，工业产值仅占全国的6%。当时西北、西南地区总共只有300多个工矿企业，而且大部分都是以手工劳动为主的、设备陈旧的小型轻工厂和修配厂。这既是半殖民地半封建中国工业分布极不平衡的表现，也是工业落后在空间分布上的表现。因为与这种工业集中同时存在的广大地区还是以手工劳动作为基础的农业和手工业。

总之，半殖民地半封建中国工业是很落后的。

半殖民地半封建中国工业落后性的社会经济根源

集中起来说，半殖民地半封建中国工业的落后，是帝国主义、封建

---

① 陈真编：《中国近代工业史资料》第4辑，三联书店1961年版，第95页。

主义和官僚资本主义剥削、压迫的结果。这一点表现在它们对发展工业的各个基本要素（包括资本、技术装备、原料、市场和劳动力等方面）的制约上。

第一，大量资本的积累，是发展资本主义工业的首要条件。正是在这个意义上，并且在这个限度内，马克思把资本积累和资本主义扩大再生产当作相同的意义使用过。[①]但在半殖民地半封建的中国，发展工业的资金却十分短缺，日趋贫乏。据估算，1936 年全国每人平均分得的工业资本不到 5 元，而同年美国为 1600 元，中国仅为美国的万分之三十一。抗战前每个产业工人使用的资本就很少，只有 3164 元；而在抗战后还下降到不足 3000 元。[②]

这一点，是由下列一些原因造成的。

首先，在帝国主义、封建主义和官僚资本主义经济统治下，国民收入的增长很慢，而且很不稳定，因而积累的增长也呈现出相似的状态。表 7 可以说明这一点。

表 7　国民收入和积累[③]

年份	所能支配的国民收入		投资	
	金额（百万元）	比上年增减百分比（以上年为 100）	金额（百万元）	占所能支配的国民收入比重（%）
1931	23212	100.0	−961	−4.1
1932	23597	101.7	+583	+2.5
1933	20044	84.9	−397	−2
1934	18394	91.8	−1666	−9.1
1935	21293	115.8	−382	−1.8
1936	26908	126.4	−1726	+6

表 7 表明：在 1931~1936 年的六年中，只有两年，即 1932 年和 1936 年是正投资；投资占所能支配的国民收入的比重，最高的年份，即 1936

---

① 比如，马克思说过："积累或规模扩大的再生产。"（《资本论》第 2 卷，《马克思恩格斯全集》第 24 卷，第 438 页）

② 陈真编：《中国近代工业史资料》第 4 辑，三联书店 1961 年版，第 52~54 页。

③ 本表是作者依据巫宝三主编《中国国民所得（1933 年）》上册，中华书局 1947 年版，第 20 页提供的资料计算的。

年只有 6%；最低的年份，即 1932 年只有 2.5。余下的 4 年，即 1931 年、1933 年、1934 年和 1935 年是负投资；负投资占所能支配的国民收入的比重，最多的年份，即 1934 年高达 9.1%；最少的年份，即 1935 年也有 1.8%。

这种情况是同国民收入的增减变化相联系的。表 7 表明：除了个别年份以外，凡是国民收入增长的年份，投资也增长，而且国民收入增长的速度越高，投资的增长速度也越高；反之，凡是国民收入减少的年份，就会有相反的后果。1932 年和 1936 年这两年国民收入分别比上年增长了 1.7% 和 26.4%，投资占国民收入中的比重也分别为 2.5% 和 6%。1933 年和 1934 年这两年国民收入分别比上年减少了 15.1% 和 8.2%，负投资占国民收入的比重也分别为 2% 和 9.1%。

上述 1931~1936 年的数字，是《中国国民所得》一书作者依据 1933 年的调查数字进行推算的，不一定很准确，但大体上反映了半殖民地半封建中国积累能力低、积累增长的不稳定的情况。

其次，半殖民地半封建中国发展工业资金少，不仅在于积累能力低，而且在于作为积累源泉的国民收入相当大的部分，为各个帝国主义国家掠夺到它们本国去了。帝国主义通过种种经济的、政治的和军事的手段，残酷地榨取了中国劳动人民（主要是工人和农民）创造的收入。资本输出是其中的一个重要手段。据估计，从 1894~1937 年，帝国主义国家输入中国的企业资本合计 103500 万美元，输入的政府贷款合计 7 亿美元；同期，自中国汇回去的企业利润合计 200800 万美元，汇回去的借款本息合计 142900 万美元。[1]

再次，半殖民地半封建中国发展工业资金十分短缺的原因还在于：相对于资本主义国家来说，工业资本在全部资本（包括工业、商业和银行业的资本）中的比重过低，而且这种比重有下降的趋势。这无论是对外国在华资本或者中国资本来说都是如此。据统计，1936 年外国资本对上海和天津两地的投资，工业资本仅分别占 24.9% 和 33%，而进出口贸易的投资分别占到 75.1% 和 67%。另外，据估计，在抗日战争以前，国

---

① 中央工商行政管理局、中国科学院经济研究所：《中国资本主义工商业的社会主义改造》，人民出版社 1962 年版，第 8 页。

民党统治区商业资本占工商两业资本总额的 70% 左右，而工业资本仅占 30% 左右。但到解放战争时期，商业资本上升到 90%，工业资本下降到 10%。①在 1927~1936 年期间，中国资本的银行由 52 家增长为 105 家，保险公司由二十几家增长到 40 家。②

这并不是偶然发生的现象，而是半殖民地半封建中国经济本质的反映。就外国资本来说，它们输出资本并不是要发展中国的工业，而是要获得高额垄断利润，并把中国变成它们的殖民地。而且在它们输出的资本中，并不全是生产资本，相当大的部分是借贷资本。同时，它们还要把中国变成它们的商品推销市场和掠夺产品原料的产地。这些都是它们在华投资中工业资本比重很小、商业和银行业的资本比重过大的重要原因。这是一。就中国的商业和银行业的资本来说，它们只是部分地为中国的资本主义工业及其商品流通服务，大部分是为外国帝国主义资本、官僚资本以及封建经济、个体的农业和手工业的简单商品流通服务。③而且，相对于为资本主义商品流通服务来说，为落后的封建经济和个体经济的简单商品流通服务，需要的商业资本要多得多。关于这一点，马克思曾经作过这样的分析："生产越不发达，商人资本的总额，同投入流通的商品的总额相比，就越大。""因此，在这种不发达的状态下，真正的货币资本大部分掌握在商人手中。"④此其二。其三，在资本主义国家，商业资本和银行业资本都是产业资本职能的独立化，是从属于产业资本的；在竞争充分展开的条件下，无论是产业资本、商业资本或银行业资本都只能得到平均利润。半殖民地半封建中国的情况则不同。一方面帝国主义和官僚资本主义的经济居于垄断地位，它们（包括工业、商业和银行业）要求取得垄断利润。在它们的压迫下，民族资本主义经济（包括民族资本主义工业）则连平均利润都得不到。另一方面，就中国的商业和银行业为封建经济和个体经济服务这方面来说，它们并不是产业资本职

① 陈真编：《中国近代工业史资料》第 4 辑，三联书店 1961 年版，第 82~84 页。

② 中央工商行政管理局、中国科学院经济研究所：《中国工商业的社会主义改造》，人民出版社 1962 年版，第 23 页。

③ 比如，1936 年中国有私营商业银行 74 家，钱庄约 1500 家，另有典当约 5000 家。这时银行贷款中，投放于工业的不过占 12%~13%，投放于商业的占 30% 左右，而投放于公债和政府机关的占 40% 以上（《中国资本主义工商业的社会主义改造》，人民出版社 1962 年版，第 33 页）。

④ 马克思：《资本论》，《马克思恩格斯全集》第 25 卷，第 309 页。

能的独立化，并不从属于产业资本，并不满足于取得平均利润，而是要占有农民和手工业者的"剩余产品的绝大部分"或者"占有全部剩余价值。"①再加上在半殖民地半封建的中国，商业和金融业投机盛行。而在抗日战争以后，由于国民党反动政府推行恶性的通货膨胀政策，致使商业和金融业投机达到了登峰造极的地步。商业和金融业投机往往带来优厚的利润。这些就使得半殖民地半封建中国没有、也不可能在整个国民经济的范围内形成统一的平均利润率，而是商业和银行业的利润高于工业利润。其四，中国是许多帝国主义国家争夺的半殖民地，不仅多次发生过帝国主义对华的侵略战争，而且在辛亥革命以后，在统治阶级内部又多次发生过军阀混战。由于帝国主义和封建主义的双重压迫，革命运动和革命战争（如太平天国农民革命战争、义和团运动、辛亥革命和第一、二、三次国内革命战争）不断发生。这也使得外国资本和中国资本感到投资工业风险较大。上述一切必然会造成工业资本比重过小、商业和银行业的资本比重过大的后果。

最后，对民族资本主义经济来说，资本积累能力更小，发展工业资金更是不足。同外国帝国主义资本和官僚资本相比较，民族资本主义工业的资本有机构成低，劳动生产率低，单位产品成本中工资支出比重大，因而利润率低。而且在半殖民地半封建中国条件下，帝国主义资本、官僚资本以及作为它们政治代表的国民党反动政府又通过向民族资本供应生产资料和资金以及征税等渠道，通过商业利润、借贷利息和捐税等形式，把民族资本的大部分甚至极大部分利润掠夺到自己手中。据调查，1935 年每包 20 支粗纱的工资支出，日本在华纱厂为 5.8 元，中国纱厂为 10.5 元，华厂为日厂的 1.81 倍。②据 1934~1937 年对一些纱厂的调查，华商纱厂账面盈利率为 5%~14.4%；而外资纱厂则高达 14.6%~32.3%。又如，在 1915~1922 年，帝国主义资本开办的唐山开滦公司吨煤捐税是 0.2675 元，官僚资本开办的枣庄中兴公司为 0.2 元，民族资本开办的阳曲保晋公司则高达 1.731 元，分别为前两者的 6.5 倍和 8.7 倍。③再如，1932

① 马克思：《资本论》，《马克思恩格斯全集》第 25 卷，第 369、673 页。
② 陈真编：《中国近代工业史资料》第 4 辑，三联书店 1961 年版，第 315 页。
③ 严中平等编：《中国近代经济史统计资料选辑》，科学出版社 1955 年版，第 167~168 页。

年上海 5 家民族资本开办的纱厂，平均每包 20 支纱的剩余价值是 41 元，其中交给官僚资本占有的税收和利息竟然达到 23 元，占 56.1%。[①] 这些必然造成民族资本发展工业的资金严重不足，其突出表现是企业投资规模迅速趋于缩小。据国民党政府工厂登记，每年新设的合乎"工厂法"的工厂，每厂平均资本额，1928 年为 471000 元，到 1933 年缩小到 159000 元。到抗日战争期间，国民党统治区新设立的工厂，每厂平均资本额，按战前币值计算，1938 年为 414000 元，到 1944 年缩小到仅为 6000 元，[②] 还需指出当民族资本主义工业积聚到一定程度时，又常常成为帝国主义和官僚资本兼并或控制的对象。从 1897~1936 年，被帝国主义兼并的规模较大的华资纱厂共 23 家，包括 77 万纱锭，约占华资纱厂纱锭的 16%。[③]

　　中国民族资本主义工业资金不足，投资规模下降，明显地表现在工业生产集中程度不高，并且趋于缩小的上面。面粉工业是中国民族资本主义工业的一个最发达的行业，且以这个行业为例说明，如表 8 所示。

表 8　民族资本主义面粉设厂规模[④]

(1878~1949)

年份	新设厂数	其中有职工人数登记者			其中有生产设备登记者			其中有生产能力登记者		
		厂数	各厂职工人数总计（人）	各厂平均人数（人）	厂数	钢磨总数（部）	平均每厂钢磨（部）	厂数	各厂生产能力总计（包）	各厂平均生产能力（包）
1878~1895	1									
1896~1912	47	18	1350	75.0	19	203	10.6	29	38075	1312.9
1913~1921	105	45	4142	92.0	29	378	13.0	91	203585	2237.2
1922~1931	82	43	3149	73.2	28	386	13.7	72	143605	1994.5
1932~1936	40	29	1677	57.8	16	111	7.0	35	49910	1426.0
1937~1946	140	111	3697	33.3	120	510	4.2	130	85024	654.0
1946~1949	127	101	2622	25.9	105	404.5	3.8	113	57628	509.1
年份不明者	71	37	1206	32.6	42	185	4.4	65	34063	524.0
合　计	616	384	17843	46.4	359	2177.5	6.0	535	611890	1143.7

　　① 中央工商行政管理局、中国科学院经济研究所：《中国资本主义工商业的社会主义改造》，人民出版社 1962 年版，第 28 页。

　　② 中央工商行政管理局、中国科学院经济研究所：《中国资本主义工商业的社会主义改造》，人民出版社 1962 年版，第 29 页。

　　③ 严中平等编：《中国近代经济史统计资料选辑》，科学出版社 1955 年版，第 138 页；陈真编：《中国近代工业史资料》第 4 辑，三联书店 1961 年版，第 319 页。

　　④ 中国科学院经济研究所、中央工商行政管理局资本主义经济改造研究室编：《旧中国机制面粉工业统计资料》，中华书局 1966 年版，第 36~38 页。

上表表明：1878~1949 年，民族资本新建的部分面粉工厂，平均每厂职工人数为 46.4 人、钢磨 6 部、生产能力 1143.7 包。其中最高的年份 1913~1921 年，平均每厂职工人数也只有 92 人、钢磨 13 部、生产能力 2237.2 包。可见，生产集中程度不高，生产规模不大。而且，在 1921 年以后，生产规模还趋于缩小。到 1946~1949 年，下降到了最低点，平均每厂职工人数只有 25.9 人、钢磨 3.8 部、生产能力 509.1 包。

第二，先进的技术装备是发展资本主义工业的极重要的物质条件。但整个说来，半殖民地半封建中国工业的技术装备水平很低。民族资本主义工业的技术装备水平更低，在抗日战争发生以后，还呈现出下降的趋势。中国的棉纺织业是比较发达的，但即使是在这方面，技术装备也是很落后的。据调查，1933 年日本资本在华纱厂平均每一工人使用的纱锭为 28.1 锭、布机为 0.27 架；而中国资本的纱厂只有 14.6 锭和 0.1 架，分别比日本纱厂低一半和三分之二。①据估计，抗日战争前每个产业工人使用的动力为 1.03 马力，而在战后下降到 0.64 马力。②

上述情况的产生，是同帝国主义和官僚资本主义在经济上的垄断统治相联系的。列宁说过：资本主义垄断"也同任何垄断一样，必然引起停滞和腐朽的趋向。既然规定了（虽然是暂时地）垄断价格，那么技术进步，因而也是其他一切进步的动因，前进的动因，也就在相当程度上消失了"。③而帝国主义和官僚资本主义经济的垄断统治则在更大的程度上使得技术进步的动因消失了。因为它们通过规定垄断价格（包括工业品交换、工农业产品交换和进出口产品交换的价格）不仅可以进一步剥削工人，而且可以掠夺广大劳动农民的劳动收入。它们榨取垄断利润的手段也不限于生产方面，还包括商品交换和银行信贷方面，特别是商业和金融业的投机方面；并且不限于经济方面，还有经济以外的强力方面，如发行通货和公债、增加税收等；它们不仅采用经济手段，而且采用政治强力的办法掠夺民族资本的利润，乃至他们的资本。

按照马克思主义的观点，在资本主义条件下，使用机器的界限是比较低的，即不是"生产机器所费的劳动要少于使用机器所代替的劳动"，

---

① 陈真编：《中国近代工业史资料》第 4 辑，三联书店 1961 年版，第 90 页。
② 陈真编：《中国近代工业史资料》第 4 辑，三联书店 1961 年版，第 53~54 页。
③ 列宁：《帝国主义是资本主义的最高阶段》，《列宁选集》第 2 卷，第 818 页。

而是"机器的价值"要少于"它所代替的劳动力的价值"。[①]在半殖民地半封建中国使用机器的界限比资本主义国家还要低得多。因为,帝国主义、封建主义和官僚资本主义的统治下,工人的工资很低。这也是半殖民地半封建中国生产技术进步缓慢的一个重要原因。

至于民族资本主义工业技术装备水平更加落后的原因,那是由于在帝国主义和官僚资本主义经济统治下,一是民族资本用来发展工业的资金严重不足,而且日趋贫乏;二是中国生产资料工业比重过小,民族资本掌握的生产资料工业更少。先进技术装备的生产掌握在帝国主义资本手中。这些就从价值形态和实物形态两个方面极大地限制了民族资本对先进技术装备的采用。

总之,无论整个地就中国工业技术装备水平落后,或者特殊地就民族资本工业技术装备水平落后来说,其根本原因都是帝国主义和官僚资本主义的垄断统治。

第三,原料也是发展资本主义工业的另一个重要物质条件。在半殖民地半封建的中国,原料生产不发展成为阻碍资本主义工业发展的一个重要因素。为了论述上的方便,我们先来分析轻工业的原料生产。轻工业是中国工业的最主要部门,棉纺工业又是轻工业中的最主要部门,棉花是棉纺工业的主要原料,我们就以棉花为例说明之。

在帝国主义、封建主义和官僚资本主义生产关系的束缚下,中国棉花生产遇到了极大的障碍。表9可以说明这一点。

表9　1919~1949年中国棉花产量[②]

年份	产量（1000 市担）	产量增减（以1919年为100）
1919	10563	100
1920	7898	74
1921	6352	60
1922	9723	92
1923	8359	79

①　马克思:《资本论》,《马克思恩格斯全集》第23卷,第430~431页。

②　1919~1947年的数字,见主计部统计局印:《中华民国统计年鉴》,1948年6月版,第76~77页;1949年数字,见国家统计局编:《伟大的十年》,人民出版社1959年版,第105页。其中相对数是作者依据前述数字计算的。

年份	产量（1000市担）	产量增减（以1919年为100）
1924	9136	86
1925	8815	83
1926	7305	69
1927	7865	74
1928	10342	98
1929	8865	84
1930	10310	98
1931	7488	71
1932	9484	90
1933	11436	108
1934	13106	124
1935	9527	90
1936	16975	161
1937	12714	120
1938	8432	80
1939	6566	62
1940	6768	64
1941	7996	76
1942	8861	84
1943	6830	65
1944	6986	66
1945	5162	49
1946	7430	70
1947	11091	105
1948	—	—
1949	8890	84

表9表明：在1919~1949年的31年间，棉花产量只有5年超过了1919年，超过的幅度也不大，高的年份（1936年）只超过61%，低的年份（1947年）只超过5%；其余25年均低于1919年，低得最多的1945年要少51%。这说明中国的棉花生产长期处于衰落状态。它必然限制着中国棉纺工业的发展。

但在中国棉花生产衰落的同时，帝国主义又把作为过剩农产品的棉花大量向中国市场倾销。表10可以说明这一点。

表10　1919~1947年中国棉花的出口数和进口数 [①]　　　　单位：公担

年份	出口数	进口数	净进口数
1919~1921	414836	524116	109280
1929~1931	515925	2141764	1625839
1933	437645	1206067	768422
1934	209409	1163223	953814
1935	314919	548662	233743
1936	368426	406904	38478
1941	338000	1837000	1499063
1946	73000	2814000	2741000
1947	4	1212357	1212353

表10表明：在总的发展趋势上，1919年以后，棉花出口数是下降的，而进口数是上升的，棉花净进口数是庞大的。特别是在抗日战争爆发以后，由于蒋介石国民党反动政府进一步投靠了英帝国主义，因而棉花出口数急剧下降，而作为美国过剩农产品的棉花大量对中国倾销，净进口数则大幅度上升。

帝国主义大量向中国倾销棉花，又是进一步促使中国棉花生产趋于衰落的重要因素。同时，棉花的进口和国内棉花的收购也都操纵在帝国主义及其代理人官僚资本的手中。这样，棉花又成为它们控制和兼并民族资本的一个重要手段。帝国主义向中国大量倾销棉花的目的还在于：通过进出口商品的差价获取大量利润，同时也是为了保证它们在华开办的纱厂生产的发展。

钢铁是重工业的主要原材料。帝国主义资本和官僚资本阻碍中国钢铁工业的发展，是它们通过原料因素束缚中国重工业发展的突出例证。

如前所述，在半殖民地半封建的中国，大部分铁矿石开采都操纵在外国资本和官僚资本手中。这个事实本身就严重地阻碍了铁矿生产的发展。表11可以说明这一点。

---

① 1941年和1946年的出口数和进口数，见主计部统计局印：《中华民国统计年鉴》，1948年6月版，第198、203页。其余年份的出口数和进口数，见严中平等编：《中国近代经济史统计资料选辑》，科学出版社1955年版，第75页。净进口数是作者依据前述数字计算的。

表 11 1919~1937 年中国铁矿的产量[①]

年份	产量（吨）	比上年增减（以上年为100）
1919	1851996	100
1920	1838435	99
1921	1511692	82
1922	1361066	90
1923	1745376	128
1924	1767882	101
1925	1521171	86
1926	1561911	103
1927	1710135	109
1928	2003800	117
1929	2630176	131
1930	2252486	86
1931	2336379	104
1932	2248792	95
1933	2313046	103
1934	2544611	110
1935	3331817	131
1936	3359830	101
1937	3819691	114

　　表 11 表明：在 1919~1937 年的 19 年中，铁矿量比上年下降的就有 6 年，差不多占了 1/3 的年份。特别是前 9 年的产量，都低于 1919 年，直到 1928 年才超过了这个水平。在这以后，多数年份铁矿产量是上升的，但那主要也是适应了外国资本和官僚资本发展钢铁工业的需要；适应了帝国主义侵略的需要；适应了国民党反动政府发展旨在支持反革命内战的军事工业的需要，是帝国主义（特别是日本帝国主义）和官僚资本加紧掠夺中国矿产资源的结果。问题不仅在于半殖民地半封建中国铁矿生产发展是缓慢的，而且在于：一方面帝国主义和官僚资本把大量铁矿石掠夺和输送到外国；另一方面又把大量钢铁成品输入中国。这样，就把中国变成了它们推销钢铁成品的市场，结果当然是扼杀了中国的钢铁工业。表 12、表 13 可以反映这方面的发展趋势。

---

① 严中平等编：《中国近代经济史统计资料选辑》，科学出版社 1955 年版，第 102~103 页。增减数是作者依据前述资料计算的。

表 12　1919~1937 年中国铁矿产量和出口量 [1]

年份	产量（吨）	净出口（吨）	净出口量占产量比重（%）
1919	1349846	603063	44.7
1920	1336285	662632	49.6
1921	1009542	508948	50.4
1922	858916	671021	78.1
1923	1243226	736112	59.2
1924	1265732	851731	67.3
1925	1019021	822161	80.7
1926	1033011	525260	50.8
1927	1181235	501730	42.4
1928	1474900	924695	62.7
1929	2046996	979434	47.8
1930	1773536	849033	47.9
1931	1840279	549138	32.3
1932	1839212	559831	30.4
1933	1903466	592984	31.2
1934	2135031	856061	40.1
1935	2904457	1314325	45.3
1936	2922180	1301038	44.5
1937	3409991	586530	17.2

表 13　1919~1937 年钢铁产量和进口量 [2]

年份	产量				进口量	
	钢铁产量合计（吨）	生铁		钢		进口量（吨）	进口量相当于钢铁产量的倍数
		产量（吨）	比上年增减（以上年为100）	产量（吨）	比上年增减（以上年为100）		
1919	442594	407743	100.0	348551	100.0	325158	0.7
1920	497808	429548	105.3	482660	195.9	366622	0.7
1921	476213	399413	93.0	76800	12.5	272782	0.6
1922	431841	401844	100.6	30000	139.1	364875	0.8
1923	371487	341487	85.0	30000	100.0	309817	0.8
1924	390804	360804	105.7	30000	100.0	493624	1.3

---

①严中平等编:《中国近代经济史统计资料选辑》,科学出版社 1955 年版,第 139 页。其中净出口量占产量比重是作者依据前面数字计算的。

②1919~1937 年的数字,见严中平等编:《中国近代经济史统计资料选辑》,科学出版社 1955 年版,第 111~112 页。比上年增减数是作者依据前面数字计算的。

年份	产量					进口量	
	钢铁产量合计（吨）	生铁		钢		进口量（吨）	进口量相当于钢铁产量的倍数
		产量（吨）	比上年增减（以上年为100）	产量（吨）	比上年增减（以上年为100）		
1925	393836	363836	100.8	30000	100.0	405266	1.0
1926	437222	407222	111.9	30000	100.0	433582	1.0
1927	466815	436815	107.3	30000	100.0	389061	0.8
1928	506989	476989	109.2	30000	100.0	624898	1.2
1929	456043	436043	91.4	20000	66.7	634192	1.4
1930	513306	498306	112.2	15000	175.0	527428	1.0
1931	485879	470879	94.5	15000	100.0	557628	1.1
1932	568391	548391	116.5	20000	133.3	431000	0.8
1933	639272	609722	111.1	30000	150.0	528567	0.8
1934	705727	655727	107.6	50000	566.6	622408	0.9
1935	1043066	787061	120.0	256565	113.1	632670	0.6
1936	1224991	809996	102.9	114315	161.5	649219	0.5
1937	1515680	956683	118.4	556347	134.3	644077	0.1

表12表明：在1919~1937年的19年期间，铁矿砂净出口量占产量40%以上的年份就有15年，其中有7年占一半以上。只是1931年"九一八"事变以后的几年，由于日本帝国主义在东北加紧发展钢铁工业的需要，铁矿砂出口量才下降到30%。1937年，由于日本帝国主义发动了全面的侵华战争，出口量才突然下降到17.2%。这里需要说明两点：①这里说的铁矿石产量和前面"1919~1937年中国铁矿的产量"表内说的不同，前面包括机械开采的产量和土法开采的产量，这里只包括前者，不包括后者。②1925~1933年是出口数，不是净出口数。但铁矿的土法开采量和出口数不多。所以，这两点并不影响我们在上面所作的分析。

表13表明：在上述的19年中，绝大多数年份输入钢铁都高达产量的1倍左右，输入最少的年份（1937年）也占到10%。这还是就输入钢铁占钢铁产量的比重来说的。就输入的绝对量来说，1937年比1931年增加了将近1倍。

在上述期间内，生铁产量有4年是比上年下降的。而且，生铁产量在1921~1926年这6年都低于1919年和1920年的水平，只是到了1927年才超过了这个水平。1932年生铁产量持续以较大幅度上升，又是由于日本帝国主义在东北地区加速发展生铁生产的结果。

在上述期间内，钢产量有 3 年是比上年下降的。而且在 1922~1934 年这 13 年中，钢的产量都远远低于 1919~1921 年的水平。1935 年以后钢产量的迅速上升，也是由于日本帝国主义在东北新建钢厂投产的结果。

所以，如果不说日本帝国主义在东北发展钢铁工业，那么在上述期间，中国的钢铁工业实际上是处于停滞和衰落的状态。造成这种状态的原因当然是多方面的，但同帝国主义大量掠夺中国的铁矿，并把大量钢铁输入中国是有直接联系的。

帝国主义这样做的目的，不仅是要扼杀中国的钢铁工业，从而阻碍作为经济独立极重要的物质基础的整个重工业的发展，而且通过输出铁矿和输入钢铁的交换差价，获取大量的利润。把前述的铁矿石出口量和钢铁进口量，同下述铁矿石出口值和钢铁进口值作一下比较，就可以看清这一点，如表 14 所示。

表 14　1933~1936 年中国铁矿石的出口值和钢铁的进口值[①]　　　单位：元

年份	铁矿石的出口值	钢铁的进口值
1933	2397231	81617088
1934	3161635	86072202
1935	4809849	74347369
1936	5008661	92455772

表 12、表 13、表 14 表明：1933 年铁矿石出口量为钢铁进口量的 1.1 倍，但钢铁进口值为铁矿石出口值的 30 倍；在 1934 年、1935 年和 1936 年这 3 年前者为 1.4 倍、27 倍和 2.1 倍；后者为 15 倍、2 倍和 18 倍。这里即使扣除了铁矿石的冶炼费，帝国主义从输出铁矿石和输入钢铁交换差价中获得的利润仍然十分惊人！

第四，市场容量是发展资本主义工业的极重要的因素。但在半殖民地半封建的中国，市场容量是很小的。这是中国资本主义工业落后的一个重要原因。

首先，在帝国主义、封建主义和官僚资本主义经济的统治下，消费基

① 严中平等编：《中国近代经济史统计资料选辑》，科学出版社 1955 年版，第 79 页。

金也像作为它来源的国民收入一样，增长很慢，很不稳定。表 15 可以表明这一点。

表 15　1931~1936 年国民收入和消费 ①

年份	所能支配的国民收入		消费	
	金额（百万元）	比上年增减百分比（以上年为 100）	金额（百万元）	比上年增减百分比（以上年为 100）
1931	23212	100.0	24173	100.0
1932	23597	101.7	23014	95.2
1933	20044	84.9	20441	88.8
1934	18394	91.8	20060	98.2
1935	21293	115.8	21675	108.1
1936	26908	126.4	25282	116.6

表 15 表明：除个别年份以外，消费总额的增减变化是与国民收入增减变化相适应的。在 6 年中，有 3 年，即 1932 年、1933 年和 1934 年，消费总额是下降的；下降的幅度，最多的年份，即 1933 年下降了 11.2%；最少的年份，即 1934 年为 1.8%。在 6 年中，只有 2 年，即 1935 年和 1936 年，消费总额是上升的。其中 1935 年消费总额虽然比 1933 年和 1934 年上升了，但仍然低于 1931 年和 1932 年。这明显地表现出半殖民地半封建中国消费总额增减变化的不稳定性。

这种不稳定性，从总额方面决定了消费资料市场容量的增减变化。这当然是从总体方面来说的。如果把半殖民地半封建中国存在阶级对立状况引进来考察，那么，消费总额的下降，总会导致绝大多数劳动人民生活的下降。但这并不排斥剥削阶级中许多人的寄生性消费的增长。然而它并不能改变由此而引起的消费资料市场总容量的萎缩状态。而在日本帝国主义发动侵华战争以后，直到全国解放以前，从总的方面说，这种萎缩状态还进一步发展了。

国民收入增减变化的不稳定性，又会导致积累总额增减变化的不稳定性，从而在总体上决定了生产资料市场容量的变化。这一点，在前面已经做过分析，这里就不重复了。需要进一步指出：上述的生活资料市

---

① 巫宝三主编：《中国国民所得（1933 年）》上册，中华书局 1947 年版，第 20 页。比上年增减百分比是作者依据前面数字计算的。

场的萎缩状态不仅会限制消费资料生产的发展，而且会进一步阻碍生产资料生产的发展。马克思说得好：生产消费"最终要受个人消费的限制，因为不变资本的生产从来不是为了不变资本本身而进行的，而只是因为那些生产个人消费品的生产部门需要更多的不变资本"。[①]但帝国主义、封建主义和官僚资本主义的生产关系对生产资料市场容量，从而整个市场容量的限制作用，还有一个重要方面，在某种意义上（即生产资料优先增长的意义上）还是更重要的方面，就是它们阻碍了生产资料工业的发展。列宁指出："而按资本主义生产的一般规律来看，不变资本要比可变资本增长得快些。""因此，制造生产资料的社会生产部类应该比制造消费品的部类增长得快些。可见，资本主义国内市场的扩大，在某种程度上并'不依赖'个人的消费的增长，而更多地靠生产的消费。"列宁还明确说过：资本主义"生产的发展（因而也是国内市场的发展）主要靠生产资料。"[②] 可见，既然半殖民地半封建的社会制度严重地阻碍了生产资料工业的发展，那么，它就更多地限制了国内市场的扩大。历史也正是这样证明的。

表 16　各国工业用煤在煤炭消费总额中的比重[③]

1923 年中国	32.3
1913 年英国	44.5
1917 年美国	53.3
1917 年日本	56.0

表 16 表明：尽管在年份方面，中国比美国、日本特别是英国要晚，但工业用煤在煤炭消费总额中比重却比它们特别是日本要低得多。可见，如果中国的工业特别是生产资料的工业也发展到它们的水平，那对煤炭的需要量就会大大增加，煤炭工业的市场也会大大扩大。煤炭工业是这样，其他工业亦莫不如此。

如上所述，由于半殖民地半封建社会制度的限制，中国的消费资料工业特别是生产资料工业的市场容量是很狭小的。但就是这样的狭小市

---

① 马克思：《资本论》，《马克思恩格斯全集》第 25 卷，第 341 页。

② 列宁：《俄国资本主义的发展》，《列宁全集》第 3 卷，第 33~35 页。

③ 陈真编：《中国近代工业史资料》第 4 辑，三联书店 1961 年版，第 930~932 页。

场，大部分也为帝国主义及其代理人官僚资本所垄断了。这一点，从前面说过的它们在工业生产中占统治地位上已经可以看得很清楚。这里再指出另一个方面。据估计，1936 年，工业创造的国民收入为 24.6 亿元，[①]进口商品总值为 9.42 亿元，[②]占 38.3%。可见，这一年进口商品总值在工业商品总额中占的比重是很大的。而进口商品也都是操纵在外国资本和官僚资本的手中。这就大大加强了外国资本和官僚资本在国内市场中的垄断地位，而民族资本主义工业的商品市场也就变得更为狭小了。

在帝国主义、封建主义和官僚资本主义经济的统治下，工业落后，竞争能力很低，因而大机器工业产品向国际市场上的出口量也是很小的。表 17 可以说明这一点。

表 17 　出口商品及其构成 [③]

年份	总计		原料					
			定产品		矿产品			
					手工开采		机器开采	
	千元	%	千元	%	千元	%	千元	%
1930	1394167	100	628285	45.1	17331	1.2	47860	3.4
1936	705742	100	311037	44.1	18152	2.6	11247	1.6
1947	6376504297	100	1949570519	30.6	283524654	4.4	1976619	0.5

年份	半制品				制成品			
	手工		机制		手工		机制	
	千元	%	千元	%	千元	%	千元	%
1930	48732	3.5	170653	12.2	378122	27.1	103184	7.4
1936	47029	6.7	39570	5.6	228308	32.4	59399	7.1
1947	124791999	2.0	669398648	10.5	2103222526	33.0	1244019332	19.5

表 17 表明：①在 1930 年、1936 年和 1947 年这三年中，工业品在出口商品总额中的比重只是分别占到 54.9%、55.99% 和 69.4%。②在上述 3 年中，大机器工业（包括矿业）产品在出口商品总额中的比重分别为 23%、14.3% 和 30.5%。③在上述 3 年中，机器制成品在出口商品总额中占的比重分别为 7.4%、7.1% 和 19.5%。总之，工业品在商品出口总额中

① 巫宝三主编：《中国国民所得（1933 年）》上册，中华书店 1947 年版，第 19 页。
② 严中平等编：《中国近代经济史统计资料选辑》，科学出版社 1955 年版，第 72 页。
③ 严中平等编：《中国近代经济史统计资料选辑》，科学出版社 1955 年版，第 72~73 页。

占的比重不大，大机器工业（包括矿业）的产品占的比重更小，机器制成品占的比重最小。但就是这样，商品出口也是由外国资本和官僚资本垄断的，民族资本难以插手经营。

由于劳动人民物质生活贫困化和生产资料工业的不发展，国内的消费资料市场和生产资料市场的容量都不大，出口商品又有许多困难，于是许多工业生产奢侈品，或者为国民党政府生产军需品。上海是我国最大的工业城市，且以它为例。该市 1948 年生产雪茄烟、绸缎、驼绒、手帕、赛璐珞、热水瓶、钢窗、铜铁、罐头、调味粉等的工厂约有 3000 多个，约占全沪工厂总数的三分之一左右，其工人数约占全沪工人总数的四分之一以上。而在半殖民地半封建中国的社会条件下，这些产品许多都是广大的工农劳苦大众无力购买的奢侈品。1947 年上缴和卖给国民党政府联勤总部的棉纱共 7000 件，棉布 300 多万匹，其中 60% 以上都是上海工厂纺织的。上海的面粉厂，从 1947 年 8 月 ~1948 年 2 月为国民党政府粮食部磨制面粉 260 万包，占全部产量的 60%。上海许多橡胶厂为国民党军队生产跑鞋和汽车轮胎。还有些机器厂为国民党政府兵工署生产军器零件。[①] 这种情况是半殖民地半封建中国市场狭小的反映，同时又突出地表现了这种社会经济制度的腐朽性。

最后，还要着重指出一点：劳动者的劳动积极性，也是发展资本主义工业极重要的条件。但在半殖民地半封建中国，劳动者的积极性受到了极严重的压抑和摧残。这就必然会导致中国工业的落后。这一点，我们将在后面作专门的分析。

总之，正如毛泽东同志所说的，中国工业的落后，"这是帝国主义制度和封建制压迫中国的结果，这是旧中国半殖民地和半封建社会性质在经济上的表现"。[②]

---

① 陈真编：《中国近代工业史资料》第 4 辑，三联书店 1961 年版，第 14 页。
② 毛泽东：《在中国共产党第七届中央委员会第二次全体会议上的报告》，《毛泽东选集》第 4 卷，第 1368 页。

（三）半殖民地半封建中国工业中
资本主义剥削的残酷性

工业中资本主义的残酷剥削，是半殖民地半封建中国社会经济性质的反映

半殖民地半封建中国资本主义工业的另一个重要特征，就是剥削的残酷性。这同样是这种社会经济性质的反映。

第一，帝国主义在华工业资本和官僚资本主义的工业资本，都是垄断性的资本主义。它们的目的都不只是要获得一般的平均利润，而是要攫取高额的垄断利润。它们在经济上的垄断地位，又为实现这种目的提供了客观条件。比如，可以实行垄断价格等。

但无论是外国工业资本，或是官僚工业资本，都是同垄断的金融资本相结合的，而且是操纵国家政权的力量（对帝国主义资本而言），是同国家政权结合在一起的（对官僚资本而言）。在剥削阶级占统治地位的社会里，国家从来都是维护和加强阶级剥削的工具。而当资本主义经济同国家政权结合起来的时候，它就极大地强化了资本主义的剥削关系。正是在这个意义上，恩格斯说过：在私人资本主义发展到国家资本主义的时候，"资本关系并没有被消灭，反而被推到了顶点。"[1]在半殖民地半封建中国社会里，外国资本和官僚资本则更加肆无忌惮地操纵和利用国家政权的力量强化资本主义的剥削关系。

外国资本和官僚资本既在生产领域里加重对无产者的剥削，又通过交换和分配领域进一步加强了对工人和其他劳动人民（主要是农民）的剥削；他们既采用经济的办法，又采用经济以外的强力办法来实现这样的目的。

在生产领域中，外国资本和官僚资本采取诸如延长劳动时间、加强劳动强度、提高劳动生产率、压低工资、恶化劳动条件等手段，加强对无产者的剥削。早在 1866 年美国工人代表大会和第一次国际代表大会

---

[1] 恩格斯：《反杜林论》，《马克思恩格斯选集》第 3 卷，第 318 页。

上，国际无产阶级根据马克思的建议提出了八小时工作制的战斗号召。其后，经过各国无产阶级的斗争，特别是俄国十月革命胜利的影响，1919 年许多资本主义国家的代表在华盛顿签订了一个在国际范围内实行八小时工作制的协定。会后，尽管不少资本主义国家都不批准这个协定，但在无产阶级斗争的压力下，仍然不得不实行了这个协定。但在半殖民地半封建中国，劳动时间仍然很长，一般每天要工作 11 小时，多的达到12、13 小时，甚至 18 小时。中国工人的工资也比外国工人低得多，一般只有外国工人的十分之一二，少的还不到十分之一，多的也只有三分之一到二分之一。

　　在流通领域中，外国资本和官僚资本通过垄断价格，特别是其中的工农业产品的交换差价和输出入商品的交换差价，掠夺了大量的工人和农民的劳动收入。

　　关于工农业产品交换差价的扩大情况，以上海市为例，其情况如表 18 所示。

表 18　上海市农产品价格指数和工业制造品价格指数变化之比较[①]　　　单位：%

年份	上海市物价总指数	农产品价格指数	工业制造品价格指数
1921	100.0	72.1	109.6
1922	100.0	86.8	104.8
1923	100.0	89.9	104.0
1924	100.0	94.0	102.3
1925	100.0	95.2	101.6
1926	100.0	100.0	100.0
1927	100.0	98.3	99.8
1928	100.0	93.1	101.2
1929	100.0	95.1	101.2
1930	100.0	98.6	101.1
1931	100.0	83.5	105.4
1932	100.0	82.7	106.1
1933	100.0	77.7	107.3
1934	100.0	79.7	106.7

　　① 中国科学院上海经济研究所、上海社会科学院经济研究所合编：《上海解放前后物价资料汇编（1921~1957 年）》，上海人民出版社 1958 年版，第 58~59 页。1945 年前期系按伪中储券市价编的，1945 年后期系按伪法币市价编的。

年份	上海市物价总指数	农产品价格指数	工业制造品价格指数
1935	100.0	89.3	103.7
1936	100.0	79.9	103.2
1937	100.0	83.7	102.9
1938	100.0	80.3	100.5
1939	100.0	86.6	98.1
1940	100.0	97.6	92.5
1941	100.0	91.7	96.1
1942	100.0	83.9	107.1
1943	100.0	72.4	124.0
1944	100.0	63.9	134.9
1945（前期）	100.0	72.0	116.1
1945（后期）	100.0	49.5	145.0
1946	100.0	76.4	129.1
1947	100.0	66.9	143.7
1948	100.0	80.7	124.5

表 18 表明：在 1921~1948 年的 28 年间，农产品价格指数和物价总指数的偏离趋势，是经历了曲折的变化的。但总的情况是：除了 1926 年这一年农产品价格指数和物价总指数是相吻合的以外，其他的 27 年，前者都是低于后者的。低的幅度一般年份也有 10%~20%，有些年份（如 1921 年、1934 年、1944 年、1945 年前期、1946 年和 1947 年）达到 30%左右，个别年份（如 1945 年后期）甚至超过了 50%。工业制造品价格指数和物价总指数的偏离趋势，正好是同上述情况相反的。只有 4 年（即 1927 年、1939 年、1940 年和 1941 年）前者是低于后者的，低的幅度也不大，最多的年份（如 1940 年）为 7.5%，最少的年份（如 1927 年）只有 0.2%。其他的 24 年，前者都是高于后者的，而且高的幅度呈现上升的趋势，有些年份（如 1944 年和 1946 年）达到 30%左右，有些年份（如 1945 年后期和 1947 年）甚至超过了 40%。这样，长达 28 年的统计资料确凿地证明：工农业产品交换的差价，在这个期间又进一步扩大了。

如果我们再列举一下米与工业品交换率的变化，还可以更清楚地看出工农业产品交换差价的扩大情况，如表 19 所示。

表 19 表明：在 1926~1946 年的 20 年间，换取这四种同量的日用工业品所需要的米，增加了 2.2~4.7 倍。这就是说，它们之间的交换差价进一步扩大了。

表19　上海市米与几种重要日用工业品交换比例①　　　　　单位：石

种类	1926 年	1936 年	1946 年
棉纱一件换米	14.851	20.984	53.980
香烟一箱换米	0.291	0.567	0.640
火柴一大箱换米	2.522	5.840	11.768
肥皂一箱换米	0.347	0.561	0.997

可见，帝国主义资本和官僚主义资本通过工农业产品交换差价，掠夺了农民的巨额劳动收入。

现在再分析输出入商品交换差价扩大的情况，仍以上海市为例，如表20所示。

表20　上海市输出入物价指数和物物交换率②

年份	输出物价指数	输入物价指数	物物交换率（以输入为100）
1926	100.0	100.0	100
1927	106.1	107.3	99
1928	104.5	102.6	102
1929	105.2	107.7	98
1930	108.3	126.7	85
1931	107.5	150.2	72
1932	90.4	140.2	64
1933	82.0	132.3	62
1934	71.7	132.1	54
1935	77.6	128.4	60
1936	96.1	141.7	88

表20表明：在1926~1936年的11年间，除了1928年这一年以外，输出物价指数与输入物价指数的差距越来越大，因而物物交换率也越来越有利于外国资本，越来越不利于中国。这样，由输出入商品的不等价交换给我国劳动人民带来的损失就越来越大，而外国资本由此获得的利润也越来越多。如果把这个期间每年进出口商品总值，乘以物物交换率的差数，那么，这个期间我国在这方面受到的损失如表21所示。

---

①《旧中国的资本主义生产关系》，人民出版社1977年版，第279~280页。

② 中国科学院上海经济研究所、上海社会科学院经济研究所合编：《上海解放前后物价资料汇编（1921~1957年）》，上海人民出版社1958年版，第61页。

表 21　由输出入商品交换率差额的扩大给我国带来的损失 [①]

（以 1926 年为基数）　　　　　　　　　　单位：千元

年份	进出口总值	物物交换率差额	我国损失数
1927	3009356	−1	30093
1928	3407851	+2	+68157
1929	3554524	−2	71090
1930	3434765	−15	515215
1931	3650339	−28	1022095
1932	2402261	−36	864814
1933	1957395	−38	743810
1934	1564879	−46	719844
1935	1495020	−40	598008
1936	1647285	−32	527132
合计			5023944

　　可见，在 1927~1936 年的 10 年间，仅由于输出入商品交换差价的扩大，中国在进出口总值中蒙受的损失就高达 50 亿余元之巨。如按当时米价每石（每石等于 150 斤）约 8 元计算，约等于 979.68 亿斤米，折成原粮大约相当于当时中国全年粮食总产量的一半。如果按当时 4 亿人口计算，平均每人每年大约要负担 12.6 元。如果依此 10 年的损失类推，那么仅由于输出入商品交换差价的扩大，外国资本从中国劳动人民身上榨取的收入，就是一笔十分惊人的数字！

　　在国民收入再分配的领域里，帝国主义资本的代理人官僚资本，通过国民党反动政府实行恶性的通货膨胀和异常沉重的税收和公债，对劳动人民进行了敲骨吸髓的掠夺！这里且以通货膨胀为例说明之，其情况如表 22 所示。

表 22　伪法币发行量和物价指数 [②]

（1937 年 6 月 ~1949 年 5 月）

伪法币发行量增加倍数	144565531913.9
物价指数上升倍数	36807692307691.3
米价指数上升倍数	47601800000000.0

---

　　① 中国科学院上海经济研究所、上海社会科学院经济研究所合编：《上海解放前后物价资料汇编（1921~1957 年）》，上海人民出版社 1958 年版，第 61~62 页。

　　② 中国科学院上海经济研究所、上海社会科学院经济研究所合编：《上海解放前后物价资料汇编（1921~1957 年）》，上海人民出版社 1958 年版，第 50~51 页。其中 1948~1949 年发行的伪金元券，均按 1（伪金元券）与 300 万（伪法币）元比数，折数成伪法币了。

表 22 表明：在 1937 年 6 月 ~1949 年 5 月的 12 年间，伪法币发行量增长了 1445.65 亿倍，物价指数上升了 368076.92 亿倍，米价指数上升了 476018 亿倍。这不仅在中国现代物价史上，而且在世界现代物价史上，都是绝无仅有的！第一次世界大战以后，德国以马克为计算单位的物价总指数，比战前上升了 12616 亿倍，已成为世界现代物价史上的天文数字。而在国民党反动政府统治的上述期间内，物价指数的上升倍数等于当时德国的 29.17 倍。国民党反动政府推行恶性的通货膨胀政策，在军事上是为了支持旨在挽救它的垂危统治的反革命内战，在经济上则是为了对中国人民进行一次空前未有的掠夺！据计算，作为帝国主义资本代理人的官僚资本，通过滥发纸币从中国人民身上勒索了大约 150 亿银元的巨额财富。①

上述种种情况表明：帝国主义资本和官僚资本从交换和分配领域在中国劳动人民（主要是农民）身上榨取了大量的劳动收入。这笔收入不仅不会少于、甚至会大大超过他们从生产领域里获得的剥削收入。这一点，深刻地反映了帝国主义资本和官僚资本的腐朽性！当然，无论他们从生产领域或是从交换和分配领域掠夺来的收入，其性质都是剥削收入。但在生产领域中，他们是通过榨取无产者创造的剩余价值得到的，是与生产相联系的。而从交换和分配过程掠夺来的剥削收入，仅是把劳动人民已经创造出来的收入进行重新分配的结果，它同生产是脱离的。因而突出地表明了帝国主义和官僚资本主义经济的寄生性。

第二，半殖民地半封建中国工业中资本主义剥削的残酷性，同封建经济关系残余的存在也是直接相联系的。比如，在那些实行养成工制、包身工制和包工制②的资本主义企业中，包工头、资本家和工人之间不仅

---

① 中国科学院上海经济研究所、上海社会科学院经济研究所合编：《上海解放前后物价资料汇编（1921~1957 年）》，上海人民出版社 1958 年版，第 3 页。

② 养成工制度，是封建社会中行会手工业的学徒制度在资本主义大工业中的残余。养成工是由资本家出广告或委托工头招收的童工和青工。招工时一般要订合同，交保证金，并找人担保。入厂后，要经过一段养成期。在养成期内，资本家只对工人供给极为低劣的膳食和住宿。在养成期满以后，工人还要为本厂的资本家做几年工，只能拿最低工资。如果工人中途离厂，就要追偿在养成期内由资本家支付的一切费用。

包身工是由包身工头用欺骗或威逼的手段从农村招来的农民。包身期一般为 3 年。在包身期内，包身工头供给工人十分恶劣的膳食和住宿，但资本家支付给工人的工资，全部由包身工头占有。

包工制就是由包工头依靠封建势力，霸占一定地盘，垄断一定范围内的劳动力市场。在这个范围内，工人要出卖劳动力，先要承受包工头的剥削。

存在着资本主义的雇佣关系，而且存在着一种以人身依附关系为特征的封建主义的奴役关系；① 工人不仅要受到资本家的剥削，而且要受到包工头的剥削。这种双重的剥削和压迫也就变得更加残酷了。

第三，半殖民地半封建中国工业中资本主义剥削的残酷性，也同中国社会另一个重要特点相联系。这个特点就是："皇帝和贵族的专制政权是被推翻了，代之而起的先是地主阶级的军阀官僚的统治，接着是地主阶级和大资产阶级联盟的专政"。② 这里并不存在资产阶级的民主制，只是存在封建的法西斯专政。这种社会政治制度的特点，不仅使得资本主义的剥削手段带有封建时代那种野蛮性，而且大大加深了剥削程度。

为了说明这一点，需要分析劳动力商品的两个重要特点：①劳动力商品的价值是由两种要素构成的：一种是纯粹生理的要素；另一种是历史的或社会的要素。劳动力价值的最低界限是由生理的要素决定的，它的最高界限还要包括历史的或社会的要素。劳动日也有两种界限：一种是劳动力的身体界限；另一种是道德的界限。这两种界限同样有很大的伸缩性。② "资本家要坚持他作为买者的权利，他尽量延长工作日，……可是另一方面，……工人也要坚持他作为卖者的权利，他要求把工作日限制在一定的正常量内。于是这里出现了二律背反，权利同权利相对抗，而这两种权利都同样是商品交换规律所承认的。在平等的权利之间，力量就起决定作用。所以，在资本主义生产的历史上，工作日的正常化过程表现为规定工作日界限的斗争，这是全体资本家即资本家阶级和全体工人即工人阶级之间的斗争。"③ 资本主义制度下劳动日界限的确定，需要依靠资产阶级与无产阶级的斗争来确定；工资的确定亦复如此。所以，在资本主义社会里，无产阶级反对资产阶级的经济斗争，虽然不能从根本上摆脱资本主义的剥削和压迫，但对缩短劳动日和提高工资起了重要的作用。然而在半殖民地半封建中国，工人就连进行这种经济斗争的自由权利也没有。这就使得中国的无产阶级遭受到更为沉重的剥削。

马克思在 19 世纪 70 年代写道："在其他一切方面，我们（指德国人

---

① 列宁在论到封建经济关系的特征时曾经指出："第三，农民对地主的人身依附是这种经济制度的条件。"（《俄国资本主义的发展》，《列宁全集》第 3 卷，第 158 页）

② 毛泽东：《中国革命与中国共产党》，《毛泽东选集》第 5 卷，第 594 页。

③ 马克思：《资本论》，《马克思恩格斯全集》第 23 卷，第 262 页。

民——引者）也同西欧大陆其他国家一样，不仅苦于资本主义生产的发展，而且苦于资本主义生产的不发展。除了现代的灾难而外，压迫着我们的还有许多遗留下来的灾难，这些灾难的产生，是由于古老的陈旧的生产方式以及伴随着他们的过时的社会关系和政治关系还在苟延残喘。不仅活人使我们受苦，而且死人也使我们受苦。死人抓住活人。"[①] 马克思这里讲的当时西欧大陆各国存在的资本主义和封建主义的双重剥削和压迫，以及由此给劳动人民带来的灾难和痛苦，在半殖民地半封建的中国，表现得尤其严重。

我们在前面着重分析了外国资本和官僚资本剥削的残酷性，但这并不是说民族资本的剥削是不残酷的。事实上，民族资本主义生产的目的像一切资本主义一样，都是为了剥削工人创造的剩余价值，因而就会"造成对剩余劳动的无限制的需求"。[②] 而且，民族资本为了能够在帝国主义资本和官僚资本的压迫下求得生存，总是要在加强对工人的剥削中去找出路。同时，在民族资本主义工业企业中也存在着封建经济的残余，并成为它们加重对无产者剥削的重要因素。

上述这一切必然使得半殖民地半封建中国工业中资本主义剥削异常残酷。

剩余价值率是工业中资本主义残酷剥削的标尺

工业中资本主义剥削的残酷性，集中地表现在作为剥削程度标尺的剩余价值率的上面。据估计，中国工业资本的剩余价值率，1933 年为260%，1936 年上升到280%，1946 年虽有所下降，仍然高达180%。[③] 尽管美国工业劳动生产率比中国高得多，但 1947 年制造业的剩余价值率为100%，[④] 比中国低得多。然而外国帝国主义在华资本和官僚资本的榨取率还要高得多。根据对抗日战争前后外国资本经营的 40 多个企业（包括煤矿、电力和纺织工业等）的计算，它们的剩余价值率平均高达300%~400%。[⑤] 根据对抗日战争胜利后官僚资本经营的 5 个企业（包括纺织、造纸和烟

---

① 马克思：《资本论》，《马克思恩格斯全集》第 23 卷，第 8~11 页。

② 马克思：《资本论》，《马克思恩格斯全集》第 23 卷，第 263 页。

③ 陈真编：《中国工业近代史资料》第 4 辑，三联书店 1961 年版，第 53 页。1933 和 1936 年按当年币值计算；1946 年仍按 1936 年币值计算。

④《世界经济统计简编》，三联书店 1979 年版，第 540 页。

⑤ 陈真、姚洛、逢知合编：《中国工业近代史资料》第 2 辑，三联书店 1958 年版，第 935 页。

草公司等）的计算，剩余价值率最低的也有 316%，最高的达到 1734%。[①]

半殖民地半封建中国剩余价值率高，固然同劳动日长有关系，但同劳动力价值低，从而工资低也是直接相连的。中国资本价值构成高明显地反映了这一点。例如，1933 年不变资本与可变资本之比为 98.4∶1.6；1946 年仍然为 97.5∶2.5。但这并不是由于资本技术构成高，而是由于劳动力价值低，工资低。例如，在 1933 年的工业生产成本中，生产工具折旧费占 4%，原料、燃料等费用占了 87%，工资仅为 9%。[②]

半殖民地半封建中国劳动力价值低，一是由于帝国主义、封建主义和官僚资本主义的统治，使得中国的经济和文化都很落后。而劳动力商品和其他商品不同，它的"价值规定包含着一个历史的和道德的因素"，"多半取决于一个国家的文化水平"；二是由于中国使用的女工和童工多；而劳动力商品的价值是包括了"工人的补充者即工人子女的生活资料"。[③]这样，随着大量的女工和童工被卷入资本主义的剥削范围，必然引起劳动力价值水平的下降。

但半殖民地半封建中国的工资低，并不仅由于劳动力价值低，它同大量的相对人口过剩的存在也是有关系的。像一切商品的价格一样，作为劳动力商品价格转化形态的工资，也是由它的价值决定的，但也受到劳动力商品供求关系的影响。在帝国主义、封建主义和官僚资本主义的统治下，亿万农民陷入破产的境地，中国的产业后备军是一支异常庞大的队伍。据调查，河北省定县外出谋生的人数，1928~1930 年平均每年有 583 人，1931 年为 1368 人，1932 年为 3367 人，1933 年为7849 人，1934 年 1 月 ~3 月为 15084 人。另外，根据 1935 年的一个不完全的调查，按 22 个省平均算来，全家离村外出的农户占农户总数的 4.8%，家有青年男女离村外出的农户占农户总数的 8.9%，两者大约共有 550 万户，其中外出到城市谋生的约占一半左右。据此计算，每年就有几百万破产农民流入城市谋生。[④]这是形成中国失业队伍的一个极重要因素。生活陷于极度贫困的庞大失业队伍的存在，又成为资本家加重对工人的剥削，降低他

---

① 陈真编：《中国工业近代史资料》第 3 辑，三联书店 1961 年版，第 1411~1418 页。
② 陈真编：《中国工业近代史资料》第 4 辑，三联书店 1961 年版，第 53 页。
③ 马克思：《资本论》，《马克思恩格斯全集》第 23 卷，第 194~195 页。
④ 《旧中国资本主义生产关系》，人民出版社 1977 年版，第 352 页。

们的工资的强有力的杠杆。马克思尖锐地指出："相对过剩人口是劳动供求规律借以运动的背景。它把这个规律的作用范围限制在绝对符合资本的剥削欲的界限之内。""劳动供求规律在这个基础上的运动成全了资本的专制。"①在半殖民地半封建的中国，这种专制达到了登峰造极的地步！

外国资本与中国资本的残酷剥削，必然导致无产阶级和劳动农民的贫困化

剩余价值率的提高，同时意味着无产阶级的相对贫困化，"即他们在社会收入中所得份额的减少更为明显"。②如前所述，在半殖民地半封建的中国，剩余价值率比较高，即无产阶级在他们创造的国民收入中占的比重较低，因而相对贫困化的程度也就更深。

但这仅是中国无产阶级贫困化一方面的特点；另一方面就是特别突出地表现为绝对贫困化，"就是说，他们简直愈来愈穷，生活更坏，吃得更差，更吃不饱，更要挤在地窖和阁楼里"。③

在资本主义生产发展的初期，由于生产技术没有什么变化，资本有机构成也是如此。这样，对劳动的需求会随着资本积累的进行，按照资本增长的同一比例而增长。所以，由资本积累需要而引起的对工人的需求，能够超过工人的供给。"这样一来，工资就会提高"。在整个15世纪和18世纪上半叶，英国都有过这种情况④一般说来，资本主义的生产是周期地相继经历着危机、萧条、复苏和高涨的阶段并向前发展的。在这种生产周期的高涨阶段，工人的工资也会提高。这样，"不仅是必要生活资料的消费增加了；工人阶级（他们的全部后备军现在都积极参加进来）也暂时参加了他们通常买不起的各种奢侈品的消费"。⑤当然，在上述两种场合下，"丝毫不会改变资本主义生产的基本性质"。⑥但无产阶级的贫困化并不表现为绝对贫困化，而只是表现为相对贫困化。

在半殖民地半封建的中国，情况则有所不同。除了少数的年份以外，多数年份则表现为绝对贫困化。这一点集中地表现在实际工资下降的趋

---

① 马克思：《资本论》，《马克思恩格斯全集》第23卷，第701~702页。
② 列宁：《资本主义社会的贫困化》，《列宁全集》第18卷，第430~431页。
③ 列宁：《资本主义社会的贫困化》，《列宁全集》第18卷，第430页。
④⑥ 马克思：《资本论》，《马克思恩格斯全集》第23卷，第673页。
⑤ 马克思：《资本论》，《马克思恩格斯全集》第24卷，第456页。

势上。在 1890~1914 年，上海的纺织业工人货币工资不过增长了 30%~50%，而作为生活最大支出的米价却上涨了 1 倍多。在 1915~1920 年，上海纱厂工人的货币工资只增长了 35%，而同期米价上涨了 38.2%，布价上涨了 55.2%，煤价上涨了 88.5%。1913~1924 年，广州工资指数上升了 35.3%，而物价指数上升了 75.6%，实际工资下降 23%。1925 年"五卅"运动以后，有些地区工人的实际工资有所上升。特别是广州，1926 年的实际工资比运动以前增加了 80% 左右，但为期甚短。在 1928 年以后，由于物价上涨，实际工资又下降了。在 1930~1933 年期间，物价和货币工资都下降了，但物价下降速度快于名义工资，因而上海实际工资大约上升了 15%。在 1934~1937 年期间，由于物价回升，而货币工资还在下降，因而上海工人的实际工资又下降了 30% 以上。[1]

在日本帝国主义发动侵华战争以后，工人实际工资下降的幅度就更大了。现以重庆产业工人的实际工资为例，如表 23 所示。

表 23　重庆市产业工人实际工资指数的变化 [2]

（以 1937 年 1 月 ~6 月为 100）

年份	货币工资指数 *	消费品零售物价指数 **	实际工资指数 ***
1937	103	103	100.0
1938	180	130	138.5
1939	226	213	106.1
1940	437	503	86.9
1941	1018	1294	78.7
1942	2082	4027	51.7
1943	4823	14041	34.3
1944	16808	48781	34.5
1945	53025	190723	27.8

这里需要说明：无论是货币工资指数，还是消费品零售物价指数，均系国民党政府的官方统计，有很大的虚假成分。就是说，货币工资指数是被夸大了的，而消费品零售物价指数则是被缩小了的。因而实际工

---

① 《旧中国的资本主义生产关系》，人民出版社 1977 年版，第 346~347 页。

② * 主计部统计局印：《中华民国统计年鉴》，1948 年 6 月版，第 176 页。** 中国科学院上海经济研究所、上海社会科学院经济研究所编：《上海解放前后物价资料汇编（1921~1957 年）》，上海人民出版社 1958 年版，第 350 页。*** 是作者依据前两栏数字计算的。

资指数的下降幅度比表 23 所示的要大得多。但即使是这样，我们仍然可以看到：在 1937~1945 年间，除了 1938 年和 1939 年实际工资指数有所上升以外，其他 6 年都是下降的，而且下降的幅度越来越大，以至 1945 年的实际工资指数比 1937 年下降了 72.2%。

在抗日战争胜利以后，国民党反动政府接着发动了全面的反革命内战，并推行恶性的通货膨胀政策，以至物价如脱缰之马，飞速奔腾。当然，在工人运动的强大压力下，1946 年国民党反动政府不得不规定工厂要按生活费指数发工资。但生活费指数是由国民党政府控制的，它远远不能反映工人实际生活费用上升的状况。这样，工人实际工资的下降趋势变本加厉地向前发展了。在这个时期内，工人的实际工资既不只是逐年下降，也不只是逐月下降，有时甚至是逐日、逐时下降了。1947 年，上海米价比战前上涨了 40 万倍，而货币工资只增长了 10 万倍。这样，如果按米价计算，实际工资下降了四分之三。1948 年 8 月，国民党政府将伪法币改为金圆券时，上海工人每元底薪折米四升七合，到 1949 年 4 月就降为一升七合，减少了将近三分之二。① 这就必然使得无产阶级陷入饥寒交迫的悲惨境地！

如前所述，在半殖民地半封建的中国，外国资本和中国资本不仅在生产过程中占有工人创造的剩余价值，而且在交换、分配等领域中，运用经济的和经济以外的强力办法，掠夺工人和农民的劳动收入。这样，它们的剥削收入不仅来自工人的劳动，而且来自农民的劳动。因而外国资本和中国资本剥削的残酷性，不仅表现在剩余价值率的提高上，也不只是导致了无产阶级的贫困化，还导致了劳动农民的贫困化。

在半殖民地半封建中国三座大山的压迫下，广大农民入不敷出。据浙江大学农学院 1929 年对浙江省 8 个县的农家收支调查，收支有余的农家只占调查农家总数的 14.1%；收支相抵的农家占 26.41%；收支不能相抵的农家高达 59.49%。② 这里所说的农家，不仅包括贫苦农民，而且包括地主和富农。但这里所说的收支不能相抵的农家，绝大多数都是贫苦农民。这是不言而喻的。

---

① 《旧中国的资本主义生产关系》，人民出版社 1977 年版，第 349~350 页。
② 章有义编：《中国近代农业史资料》第 3 辑，三联书店 1957 年版，第 749 页。

同农家收支不能相抵的情况直接相联系的，就是农村借贷的增长。根据有人 1934 年对河北省定县 5 村 526 户农家的调查，1929 年借贷的农户为 171 家，占调查总户数的 33%；1930 年借贷的农户增加到 230 家，占总户数的 44%；1931 年借贷的农户又上升到 305 家，占总户数的 58%。平均每家借贷农户的借款额也增长了，1930 年比 1929 年增长了 22%；1931 年又比 1930 年增长了 7%。[①]在这里，借贷农户绝大多数也是贫农和中农。表 24 可以表明这一点。

表 24　农村各地各阶层农户的负债情况[②]　　　　单位：%

地区	年份	合计	富农	中农	贫农
河北定县	1933	100	13.0	24.0	63.0
广东番禺	1933	100	11.0	21.6	67.4
广西苍梧	1934	100	1.7	8.7	89.6
广西思恩	1934	100	4.6	10.6	84.0
四川璧山	1944	100	4.6	29.2	66.8

表 24 表明：在借债的总农户中，贫农和中农占的比重最大的县份，高达 98.3%，最小的县份也占到 87%。

广大贫苦农户负债的上升，必然引起典押和出卖土地的增长。根据全国 22 省（不包括东北各省和台湾省）的调查资料，1934 年典押田地的农户占农户总数的 41%，1935 年上升到 44%。[③]

广大贫苦农民典押和出卖土地的增长，同时也就意味着农村阶级分化的发展。表 25 可以说明这一点。

表 25　广东南雄农村的阶级分化[④]　　　　单位：%

年份	合计	地主兼富农	富农	中农	贫农	雇农
1939	100	7	12	40	35	6
1942	100	10	18	20	42	10

---

① 章有义编：《中国近代农业史资料》第 3 辑，三联书店 1957 年版，第 767 页。
② 严中平等编：《中国近代经济史统计资料选辑》，科学出版社 1955 年版，第 343 页。
③ 章有义编：《中国近代农业史资料》第 3 辑，三联书店 1957 年版，第 766 页。
④ 严中平等编：《中国近代经济史统计资料选辑》，科学出版社 1955 年版，第 266 页。

表 25 虽然只是广东南雄一县的调查资料，但典型地反映了中国农村阶级分化的一般规律，即中农户数在农村总户数中的比重大幅度下降，而地主、富农户数的比重有所增长，贫农、雇农户数的比重也显著上升。

与农民的阶级分化相伴随，贫苦农民的物质生活下降到了十分惊人的程度！有人对 1933 年广西农村 94 家农户吃粮情况作过调查，其情况如表 26 所示。

表 26 没有把富农、中农和贫农区别开来，只是把雇农分开来了。对半殖民地半封建中国农村来说，这里农民的生活也不是最苦的。因而不能完全看清中国农民各阶层物质生活的困苦状况。但即使如此，我们仍然可以看到这样的经济本质：越是贫苦的农民，就越是过着半饥半饱的悲惨生活。全年有一半时间以上吃杂粮或粥的农家，在 29 户自耕农中有 21 户，占 72.4%；在 20 户半自耕农中有 15 户，占 75%；在 25 户佃农中 23 户，占 92%；在 20 户雇农中有 18 户，占 90%。

表 26　1933 年广西农村 94 家农户吃粮情况 ①　　　　　　单位：户

	全年有一半时间以上吃杂粮或粥的	全年有三分之一时间吃杂粮或粥的	全年有四分之一时间吃杂粮或粥的	合计
自耕农	21	6	2	29
半自耕农	15	4	1	20
佃农	23	2	—	25
雇农	18	2	—	20
合计	77	14	3	94

总之，正如毛泽东同志所总结的："中国无产阶级身受三种压迫（帝国主义的压迫、资产阶级的压迫、封建势力的压迫），而这些压迫的严重性和残酷性，是世界各民族中少见的。"又说："中国的广大人民，尤其是农民，日益贫困化以至大批地破产，他们过着饥寒交迫的和毫无政治权利的生活。中国人民的贫困和不自由程度，是世界所少见的。"②

---

① 章有义编：《中国近代农业史资料》第 3 辑，三联书店 1957 年版，第 793 页。
② 毛泽东：《中国革命和中国共产党》，《毛泽东选集》第 2 卷，第 594、607 页。

二、中国社会主义工业的建立

探讨中国社会主义工业的建立过程，有助于我们认清中国建立社会主义工业的伟大胜利，是作为党的集体智慧结晶的、马克思列宁主义普遍原理与中国革命具体实践相结合的、党的指导思想的毛泽东思想的胜利；有助于我们认清社会主义经济制度的优越性；有助于批判否定社会主义改造的错误观点。所以，中国社会主义工业建立问题，虽然已经成为过去了的历史，但却具有重要的现实意义。

（一）中国社会主义工业建立的过程

作为中国社会主义的国营工业前身的公营工业，早在民主革命时期的革命根据地和解放区就已经产生，并有所发展了。这是同中国新民主主义革命的特点相联系的。中国资产阶级民主革命是发生在半殖民地半封建的社会，是发生在 1914 年第一次世界大战和 1917 年俄国十月革命胜利以后。这种革命不是旧的资产阶级民主革命，而是新的资产阶级民主革命。这种革命不能是由资产阶级来领导，而是只能由无产阶级来领导，它的前途也不是建立资产阶级专政的资本主义社会，而是建立无产阶级专政的社会主义社会。半殖民地半封建中国的新民主主义革命还有一个重要特点，就是革命斗争的主要方式是武装斗争，需要先在农村建立革命根据地，走农村包围城市，最后夺取全国政权的道路。这样，就有可能在革命根据地建立和发展作为社会主义工业的国营工业前身的公营工业。

　　早在第二次国内革命战争时期的革命根据地里，为了粉碎国民党反动政府的经济封锁，并保证革命战争的胜利，革命政权就依靠军队和劳动群众着手建立公营的手工业。到了抗日战争时期，解放区的公营工业有了进一步的发展。例如，1945 年陕甘宁边区已能炼铁、炼油，修造机器，并能制造武器和弹药，还能制造玻璃和陶瓷，特别是纺织工业有了较大的发展。但这时的公营工业主要还是小型工厂和手工业作坊，并且主要依靠军队和劳动群众的劳动积累而发展的。在解放战争时期，随着人民革命战争的胜利发展和解放区的扩大，由于没收了一部分日本帝国主义和官僚资本主义的工业，建立了一批现代化的公营企业。

　　这时的公营工业，就其归无产阶级领导的革命政权公有这个根本点来说，可以说是社会主义性质的经济。但在革命战争的条件下，它的生产目的主要还是为了保证革命战争的胜利，没有也不可能做到主要为了提高人民的生活，没有也不可能实行严格的按劳分配原则。公营工业的物质技术基础开始主要还是手工劳动，只是到了后来才有了机械化生产。即使在解放区的经济中，公营工业也还未建立起领导地位。因此，无论就经济性质、物质技术基础或作用来说，这时的公营工业都是有局限性的。

　　但是，这时的公营工业的建立和发展，不仅为保证革命战争的胜利提供了一定的物质基础，而且为全国解放以后的社会主义革命和社会主义建设也创造了一系列的条件。1942 年毛泽东同志对此作过这样的估计："从 1938 年开始的过去 5 年的公营经济事业，有了非常巨大的成绩，这个成绩，对于我们，对于我们的民族，都是值得宝贵的。这就是说，我们建立了一个新式的国家经济的模型。""特别重要值得特别指出的，是我们学得了经营经济事业的经验，这是不能拿数目字来计算的无价之宝。"[①]这个分析对于公营工业也是适用的。

　　社会主义国营工业大量的建立，是随着人民解放战争在全国的胜利，在中华人民共和国成立以后，国家对全部官僚资本主义工业进行剥夺才开始的。

　　如前所述，官僚资本主义经济（包括官僚资本主义工业），主要是以蒋、宋、孔、陈四大家族为代表的买办的、封建的、国家的垄断资本主

---

①　毛泽东：《经济问题与财政问题》，东北书店 1947 年版，第 138、77 页。

义。它同帝国主义和封建主义的生产关系一样，是阻碍中国社会生产力发展的主要的社会经济力量，是最反动的生产关系。因而，三者均是中国新民主主义革命的对象。这种"垄断资本主义是同国家政权直接结合在一起的；又是高度集中的。因而，这种国家垄断资本主义是社会主义的最完备的物质准备，是社会主义的入口，是历史阶梯上的一级，从这一级就上升到叫做社会主义的那一级，没有任何中间级。"[1]因此，只要人民革命战争的火焰摧毁了国民党反动统治，并在这个废墟上建立了无产阶级专政，就可以把买办的、封建的、国家的资本主义经济转变为社会主义的国营经济。而一经实行了这个转变，无产阶级的国家就从基本上消灭了中国的资本主义经济，并掌握了国民经济命脉，社会主义工业也就在国民经济中建立了领导地位，并为尔后的生产资料私有制的社会主义改造奠定了物质基础。据统计，到 1949 年，国家没收的工业企业共有 2858 个，拥有生产工人 75 万多人。1949 年社会主义国营工业在全国大型工业总产值中，占 41.3%；并且拥有全国电力产量的 58%，原煤产量的 68%，生铁产量的 92%，钢产量的 97%，水泥产量的 68% 和棉纱产量的 53%。[2]国营经济还掌握了全国的铁路和大部分现代交通运输事业，控制了绝大部分银行业务和国内外贸易。

马克思说过：资产阶级"私有制不是一种简单的关系，也绝不是什么抽象概念或原理，而是资产阶级生产关系的总和"。[3]这就是说，资产阶级私有制不是一种单纯的社会关系，而是包括资本主义的生产、交换、分配和消费这样四个过程中的生产关系的总和，即资本主义总生产过程中的生产关系；这种私有制也不是脱离资本主义生产关系的总和而孤立存在的社会关系，而是体现在上述四个过程中的生产关系；因而它不是什么抽象的概念，不是什么永恒不变的东西，而是具有历史的、暂时的性质。其所以是这样，是因为资产阶级私有制正是通过上述四个过程中的生产关系，才能够在经济上得到实现；如果脱离了这些，资产阶级私有制在经济上就成为空洞的东西了。马克思这里讲的是资本主义的私有制。但从一般的意义上来说，这个道理对于社会主义公有制也是适用的。

---

① 列宁：《大难临头，出路何在?》，《列宁全集》第 25 卷，第 349 页。重点是原有的。
② 薛暮桥等著：《中国国民经济的社会主义改造》，人民出版社 1959 年版，第 19~20 页。
③ 马克思：《道德化的批判和批判化的道德》，《马克思恩格斯选集》第 1 卷，第 191 页。

没收官僚资本主义的工业，归无产阶级的国家所有，尽管是实现由官僚资本主义工业经济转变为社会主义国营工业经济的决定性手段，但如果仅仅依靠这一点，还不能全部实现这种转变。问题在于：工业中的官僚资本主义所有制关系是通过一系列的管理机构和管理制度具体体现出来的。而这些机构和制度又具有复杂的性质，它不单纯是官僚资本主义所有制，即官僚资产阶级对无产阶级的剥削、压迫关系的反映；同时又是社会化大生产需要的反映。前者是必须彻底废除的；后者中不适合社会化大生产需要的那一部分也必须改革，但适合的部分却必须保存下来，以适应也是以社会化大生产作为物质技术基础的社会主义国营工业发展的需要。这样，为了避免没收过程中引起的生产停顿和破坏，为了迅速恢复和发展工业生产，对待官僚资本主义工业企业的管理机构和管理制度，就不能像对待由国民党政府所代表的帝国主义、封建主义和官僚资本主义的专政机器那样彻底打碎它，而必须把它完整地接收下来，进行监督生产。但这样一来，在没收官僚资本主义工业以后，由原来的机构和制度所体现的在生产和分配等方面残存的资本主义的甚至封建主义的经济关系，并没有彻底清除。

在我国，彻底清除这些旧经济关系残余，是通过相继进行的民主改革和生产改革逐步实现的。民主改革的要点有：彻底地改革企业的领导机构，废除残存的压迫工人的制度（如煤矿工业中的把头制度，纺织工业中的"搜身"制度等），清除隐藏的反革命分子和封建势力，在职员和工人之间建立新的平等的互助合作关系，实行工厂管理的民主化，根据按劳分配原则逐步调整工资等。生产改革的要点有：按照社会主义原则实行计划管理，建立生产和技术管理的责任制，开展先进生产者的运动，健全经济核算制度等。这些改革的实质，是要进一步清除旧的经济关系的残余，彻底地完成由官僚资本主义工业到社会主义国营工业的转变，并要改革不适合社会化大生产需要的旧的生产和技术管理制度，建立起适合社会化大生产需要的新的生产和技术管理制度。这样，就极大地激发了工人群众的社会主义劳动的积极性，解放了社会生产力，促进了工业生产的恢复和发展。

社会主义国营工业的建立，也是同彻底肃清帝国主义在华的一切经济侵略势力相联系的。中华人民共和国建立以后，就废除了帝国主义在华的一切经济特权。但对外国资本（主要是美国和英国的垄断资本）在华的 1000 多家企业并没有采取没收的政策，而是允许它们在遵守人民政府法令的条件下继续经营。只是在 1950 年底美国政府无理地管制我国在美国管辖区内的财产以后，人民政府才管制了美国的政府和企业在中国的全部财产。同时也针对英国政府对我国的挑衅，征用和代管了英国在中国的一部分企业。对那些由于帝国主义特权的被废除和美国对我国的封锁禁运而无法经营下去、自动转让的外国企业，则由我国政府作价收购。所有这些外资企业，以后也都转到了无产阶级国家的手中。这样，就肃清了帝国主义在华的一切经济侵略势力，并使得社会主义的国营工业得到了进一步的巩固和发展。

通过没收官僚资本主义和清除帝国主义在华的经济侵略势力，就消灭了原来属于统治地位的中外垄断资本的工业。但在经济上消灭资本主义的任务并没有完成。通过和平改造民族资本主义工业，也是消灭资本主义经济，建立社会主义国营工业的一个重要方面。

关于对民族资本主义工业实行和平改造的原因及其条件，刘少奇同志代表中共中央作过精辟的总结。他说："在旧中国，民族资产阶级同帝国主义、封建势力和官僚资本是有矛盾的。他们在资产阶级民主革命中具有两面性：一方面，他们在一定条件下愿意参加反对帝国主义反对国民党反动统治的斗争；另一方面，他们在斗争中又常常表现有一种动摇性和妥协性。在中华人民共和国成立以后，他们表示拥护人民民主专政，拥护共同纲领和宪法，表示愿意继续反对帝国主义，赞成土地改革；但是，他们又有发展资本主义的强烈愿望。因此，我们对待民族资产阶级的政策，仍然是又团结、又斗争，以斗争求团结的政策。这就是说，在工农联盟的基础上，工人阶级还保持着同民族资产阶级在政治上的联盟。在经济上，资本主义工商业具有两方面的作用：一方面具有利于国计民生的作用，另一方面具有不利于国计民生的作用。因此，国家对于资本主义的工商业采取了利用、限制和改造的政策。按照这样的政策，工人阶级又同民族资产阶级建立了经济上的联盟，并且在这种联盟中实现了国营经济对于资本主义经济的领导，使资本主义私有制逐步地经过各种形式的国家资本主义转变为社会主义的全民所有制。"① 又说："工人阶级的国家领导权和工农的巩固联盟，社会主义经济在国民经济中的领导地位，国内统一战线的关系，并加上有利的国际条件，就是我国所以能够通过和平道路消灭剥削制度、建成社会主义社会的必要条件。"②

我国对资本主义工业的和平改造，是通过国家资本主义的形式实现的。按照列宁的说法，"国家资本主义，就是我们能够加以限制、能够规定其活动范围的资本主义，这种国家资本主义是同国家联系的，而国家就是工人，就是工人的先进部分，就是先锋队，就是我们。"③实践已经表明，把民族资本主义工业纳入国家资本主义的轨道，既可以充分地利用它的有利于国计民生的积极作用，又可以有效地限制它的不利于国计民生的消极作用，并可以逐步地把资本主义经济改造成为社会主义的国营经济。

随着改造资本主义工业的历史进程的深入发展，国家资本主义经历了由初级形式向高级形式的发展。工业中的国家资本主义初级形式主要有加工、订货、统购、包销和收购；高级形式是公私合营。公私合营也经过了两个发展阶段：个别企业的公私合营和全行业的公私合营。区分国家资本主义初级形式和高级形式的依据，是资本主义经济同社会主义经济联系的程度以及其内含的社会主义因素的多少。初级形式的国家资本主义，基本上还是资本主义经济，但也包含着一定的社会主义经济的因素。这表现在：企业纯收入的一部分通过所得税的形式归无产阶级国家占有，并用于整个社会的需要；工人通过各种形式开始参与了企业的经营管理。在个别企业公私合营的条件下，企业既有归资本家所有的资本，也有归无产阶级国家所有的资金，并且企业的经营管理基本上是属于国家的。很显然，这种公私合营的企业是半社会主义性质的经济。在实行全行业公私合营以后，资本家对原有生产资料所有权仅仅表现为有限的定息，使用权是全部归无产阶级的国家了。资本家也以国家任命的工作人员身份在企业工作。这时他们同工人之间虽然还存在着剥削关系，但已经

---

① 刘少奇：《中国共产党中央委员会向第八次全国代表大会的政治报告》，《中国共产党第八次全国代表大会文件》，人民出版社 1980 年版，第 20 页。

② 刘少奇：《关于中华人民共和国宪法草案的报告》，《中华人民共和国宪法》，人民出版社 1954 年版，第 56 页。

③ 列宁：《俄共（布）中央委员会的政治报告》，《列宁全集》第 33 卷，第 244 页。

不是主要的了。所以，这种公私合营的企业基本上是社会主义性质的了。

我国民族资本主义工业的社会主义改造过程中，在对企业实行改造的同时，也对资产阶级分子进行了人的改造。这是社会主义改造中不可分割的两方面任务。说它是不可分割的，有两层意思：一是人的改造同企业的改造一样，也是社会主义改造的任务。早在 1937 年毛泽东同志在论到无产阶级的历史使命时就曾指出："社会的发展到了今天的时代，正确地认识和改造世界的责任，已经历史地落在无产阶级及其政党的肩上。"毛泽东同志这里说的"改造世界"的任务包括"改造客观世界"，也包括"改造自己的主观世界"。"改造客观世界的任务是包括了改造一切剥削阶级分子在内的"。[1] 1949 年毛泽东同志在讲到人民民主专政（即无产阶级专政）的任务时又一次明确提出对民族资产阶级分子实行改造的任务。他说："剩下一个民族资产阶级，在现阶段就可以向他们中间的许多人进行许多适当的教育工作。等到将来实行社会主义即实行私营企业国有化的时候，再进一步对他们进行教育和改造的工作。"[2] 事情很清楚，只有在改造企业的同时，进行对人的改造，才能促使资产阶级分子完成由剥削者向自食其力的劳动者的转变。二是企业的改造和人的改造是互为条件、相互促进的。按照马克思主义的观点，社会存在决定社会意识。生产资料的资本主义私有制是资产阶级思想意识产生的经济基础。显然，不改造企业，就不能有效地改造资产阶级分子。这是一方面。另一方面，资本家是资本主义企业的所有者。不改造资产阶级分子，也难以做到促使他们不太勉强地接受对资本主义企业的改造。在我国社会主义改造过程中，不仅找到了适当的国家资本主义形式，比较顺利地实现了对资本主义企业的改造，而且长期地坚持了对资产阶级分子的改造，使得他们成为自食其力的劳动者。

我国资本主义工业的社会主义改造，是在建国以后开始的，到 1956 年就完成了。表 1 可以表明这一点。

---

① 毛泽东：《实践论》，《毛泽东选集》第 1 卷，第 272~273 页。
② 毛泽东：《论人民民主专政》，《毛泽东选集》第 4 卷，第 1414 页。

表 1　民族资本主义工业的社会主义改造进程　　　　单位：%

	1949 年	1952 年	1953 年	1954 年	1955 年	1956 年	1957 年
1. 总产值	100.0	100.0	100.0	100.0	100.0	100.0	100.0
公私合营	3.1	11.5	13.3	33.0	49.7	99.8	99.8
加工、订货、包销、收购	11.5	49.6	53.6	52.6	41.1	}0.2	}0.2
自产自销	85.4	38.9	33.1	14.4	9.2		
2. 职工人数	100.0	100.0	100.0	100.0	100.0	100.0	100.0
公私合营	6.0	10.8	10.8	22.9	37.5	99.4	99.5
私营	94.0	89.2	89.2	77.1	62.5	0.6	0.5

表 1 表明：1956 年公私合营工业企业总产值占到了包括公私合营企业和私营企业在内的工业产值的 99.8%，职工人数也占到了 99.4%。如前所述，全行业公私合营的企业，除了资本家拿有限的定息以外，在实质上同社会主义国营工业已经没有区别了。所以，到 1956 年，我国就完成了对私人资本主义工业改造的任务。

以上都是说的建立社会主义国营工业的途径。

我国社会主义集体所有制工业，是通过对个体手工业进行社会主义改造建立的。

如前所述，在半殖民地半封建的中国，由于帝国主义、封建主义和官僚资本主义的压迫，现代工业并没有得到充分发展。这样，不仅个体的农民经济在农业中还占绝对优势，个体的手工业经济在工业中也占有很大的比重。个体手工业在工业中的这种重要地位，自然会延续到建国初期。据统计，1952 年个体手工业的从业人员有 7136000 人，占工业劳动者总数的 57.3%；个体手工业总产值为 7057 百万元，占工业总产值的 20.6%。但个体手工业经济像个体农民经济一样，是落后的生产关系，它阻碍生产力的发展，而且比个体农民经济易于产生阶级分化。因此，也必须像对待个体农民经济那样，根据自愿互利、典型示范和国家帮助的原则，把它们引导到社会主义的合作化的道路上来。个体手工业经济是商品经济，原料的供应和商品的销售具有重要的意义。同这个特点相联系，个体手工业合作化是从供销合作开始的，先经过手工业供销小组和手工业供销合作社这种初级形式，再发展到手工业生产合作社这种高级的形式。手工业供销小组基本上没有改变原有个体手工业经济的性质。

但是，由于它在原料供应和产品销售两方面和社会主义经济的联系密切起来了，并且开始有了一些公共积累，因而有了一定的社会主义因素。在手工业供销合作社中，已经开始把生产过程的某些环节集中起来进行劳动，实行分工协作；并有了较多的公共积累和生产资料，因而具有较多的社会主义因素。在手工业生产合作社中，由于实行了生产资料的集体所有、统一经营和统一核算以及按劳分配等项原则，就成为社会主义集体所有制的工业了。

早在民主革命时期的根据地和解放区，在建立社会主义国营工业的同时，也开始建立手工业供销合作社和生产合作社。例如，仅是 1941 年一年，陕甘宁边区就建立了 100 多个手工工厂和生产合作社，其中生产合作社 32 个，职工 100 余人。山东解放区 1941 年建立了大约 100 个供销合作社，到 1946 年曾经发展到 8000 多个。[①]但是，手工业合作化大发展也是在建国以后，并且也是在 1956 年就基本上完成了。表 2 可以说明这一点。

表 2　手工业合作化的发展　　　　　　　　单位：%

	1952 年	1953 年	1954 年	1955 年	1956 年	1957 年
1. 手工业从业人员数	100.0	100.0	100.0	100.0	100.0	100.0
合作化手工业	3.1	3.9	13.6	26.9	91.7	90.2
其中：手工业生产	3.0	3.5	6.7	11.9	73.6	72.6
合作社	96.9	96.1	86.4	73.1	8.3	9.8
个体手工业	100.0	100.0	100.0	100.0	100.0	100.0
2. 手工业总产值	3.5	5.6	11.2	19.9	92.9	95.2
合作化手工业						
其中：手工业生产	3.4	5.3	8.2	12.9	86.2	88.8
合作社						
个体手工业	96.5	94.4	88.8	80.1	7.1	4.8

表 2 表明：到 1956 年，合作化手工业从业人员数占到手工业从业人员总数的 91.7%，其中手工业生产合作社占到 73.6%；合作化手工业产值占到手工业总产值的 92.9%，其中手工业生产合作社占到 86.2%。这样，就基本上完成了手工业合作化。

---

① 薛暮桥等著：《中国国民经济的社会主义改造》，人民出版社 1959 年版，第 97 页。

（二）促进了工业生产的发展，显示了
社会主义经济制度的优越性

在上述的社会主义工业建立过程中，我国工业生产不仅没有受到破坏，而且得到了进一步的发展。

表3　社会主义国营工业产值的增长（1949~1957年）

年份	产值（亿元）	比上年增长（%）
1949	36.8	100.0
1950	62.5	169.8
1951	90.8	145.3
1952	142.6	137.2
1953	192.4	134.9
1954	244.9	127.3
1955	281.4	114.9
1956	383.8	136.4
1957	421.5	109.8

第一，它促进了社会主义国营工业生产的发展。表3可以说明这一点。

表3表明：无论在1949~1952年的国民经济恢复时期，或者在1953~1957年的第一个五年计划期间，我国社会主义国营工业都以很高的速度向前发展。当然"一五"时期的增长幅度比恢复时期要低一些，这主要是由于后者具有恢复的性质。可见，建国以后，没收官僚资本主义工业、清除帝国主义经济侵略势力和建立社会主义国营工业的过程，并没有影响生产的发展，而是大大促进了生产。同时，这也充分表现了社会主义国营经济对于帝国主义经济和官僚资本主义经济的巨大优越性。

第二，它促进了半社会主义性质的或基本上属于社会主义性质的公私合营企业生产的发展。表4可以说明这一点。

表4　社会主义改造过程中资本主义工业生产的变化

	单位	1949 年	1952 年	1953 年	1954 年	1955 年	1956 年	1957 年
1. 总产值	亿元	70.5	119.0	151.2	154.3	144.5	191.4	206.7
公私合营	亿元	2.2	13.7	20.1	50.9	71.9	191.1	206.3
加工、订货、包销、收购	亿元	8.1	59.0	81.1	81.2	59.3	}0.3	}0.4
自产自销	亿元	60.2	46.3	50.0	22.2	13.3		
2. 职工人数	万人	174.9	230.4	250.1	232.9	209.5	244.4	241.0
公私合营	万人	10.5	24.8	27.0	53.3	78.5	243.0	239.7
私营	万人	164.4	205.6	223.1	179.6	131.0	1.4	1.3
3. 劳动生产率[①]	元/人	4030.9	5164.9	6045.6	6625.2	6897.4	7831.4	8576.8
公私合营	元/人	2095.2	5524.2	7444.4	9549.7	9159.2	7854.2	8606.6
私营	元/人	4154.5	5121.6	5876.3	5757.2	5542.0	2142.9	3076.9

表4表明：①在 1949~1957 年整个资本主义工业的社会主义改造过程中，包括公私合营企业和私营企业在内的工业总产值，除了1955 年以外，是以较大的幅度逐年增长的；劳动生产率也是以较大幅度逐年上升的。②公私合营企业工业总产值则是以更大的幅度逐年上升的，劳动生产率除了 1956 年和 1957 年这两年以外，也是以很高的速度逐年增长的。③在 1949 年以后，尽管逐年有许多私营企业转变为公私合营企业，但在 1953 年以前，私营企业无论是工业总产值或劳动生产率都是逐年上升的，1954 和 1955 这两年二者比 1953 年虽然有所下降，但比 1949 年仍然是显著地增长了。只是在 1956 年资本主义工业的社会主义改造高潮到来以后，私营企业工业总产值才急剧地下降了，劳动生产率也大幅度地下降了。因此，我国资本主义工业的社会主义改造过程，不仅没有影响公私合营工业企业的生产，而是大大促进了它的生产的发展，甚至在社会主义改造高潮到来以前，对私营工业企业的生产也没有多大的影响。

表4还表明了半社会主义性质的或基本上是社会主义性质的公私合营工业企业对于私人资本主义企业的巨大优越性。因为，①在 1949~1957 年期间，无论是工业总产值的增长，还是劳动生产率的上升，主要都是靠的公私合营企业。在这个期间，包括公私合营企业和私营企业在内，工业总产值和劳动生产率分别增长了 1.93 倍和 1.13 倍。但公私合营企业

① 劳动生产率是作者依据前面的总产值和职工人数计算的。

这两项指标分别增长了 92.77 倍和 3.11 倍。②这个期间公私合营企业工业总产值的迅速增长，固然同大量私营企业转入公私合营，从而职工大量增长有很大的关系，但主要原因还是由于劳动生产率的增长。根据表 5 所列的数字计算，在 1957 年公私合营企业工业总产值 206.3 亿元中，由 1949 年原有职工人数和 1949~1957 年期间增加的职工人数创造的价值为 50.2 亿元，而由劳动生产率的上升而增加的价值为 156.1 亿元；前者只占工业总产值的 24.3%，后者占了 75.7%。③公私合营企业的劳动生产率，无论在增长速度上，或者在能够达到的水平上，都大大超过了私营企业。1949 年，公私合营企业的劳动生产率为 2095.2 元，比私营企业的 4154.5 元要低 49.6%。但到 1952 年，公私合营企业的劳动生产率就超过了私营企业。这年前者为 5524.2 元，后者只有 5121.6 元，前者比后者高出 7.9%。到 1957 年前者高达 8606.6 元，后者下降到 3076.9 元，前者比后者高出 1.8 倍。当然，1956 年以后，私营企业劳动生产率的下降，同规模大、技术高的私营企业已转入公私合营，而留下的企业多是规模小、技术低的情况是有关系的。但更重要的是明显地暴露了资本主义的生产关系越来越束缚社会生产力的发展。

第三，它促进了合作化手工业生产发展。表 5 说明这一点。

表 5 表明了我国个体手工业的社会主义改造过程不仅没有影响合作化的手工业生产，而且大大促进了它的生产的发展，甚至在手工业合作化高潮到来之前，对个体手工业生产也没多大的影响。这表现在，①尽管 1955~1957 年，手工业从业人员就有了显著的减少，但在 1952~1957 年（1955 年除外），手工业总产值是逐年以较大幅度上升的，劳动生产率也是逐年上升的。②合作化手工业总产值则是以更大的幅度逐年上升的，劳动生产率除了 1954 年和 1955 年这两年以外，也是以很高的速度逐年增长的。③尽管在合作化的过程中，逐年有大量个体手工业者转入合作化的手工业，但直到 1954 年，个体手工业的总产值是逐年上升的，1955 年比上年虽有所下降，但比 1952 年仍有很大的增长。至于劳动生产率，直到 1956 年都是逐年上升的。

表 5 还反映了这样的情况：具有社会主义性质的手工业生产合作社对于个体手工业的巨大优越性。因为，①在 1952~1957 年，无论是手工业总产值的增长，还是劳动生产率的上升，主要靠的是手工业生产合作

表 5　手工业合作化过程中手工业生产的发展

	单位	1952 年	1953 年	1954 年	1955 年	1956 年	1957 年
1. 手工业从业人员数	万人	736.4	778.9	891.0	820.2①	658.3	652.8
合作化手工业	万人	22.8	30.1	121.3	220.6	603.9	588.8
其中：手工业生产合作社	万人	21.8	27.1	59.6	97.6	484.9	474.1
个体手工业	万人	713.6	748.8	769.7	599.6	54.4	64.0
2. 手工业总产值	亿元	73.12	91.19	104.62	101.23	117.03	133.67
合作化手工业	亿元	2.55	5.06	11.70	20.16	108.76	127.22
其中：手工业生产合作社	亿元	2.46	4.86	8.56	13.01	100.93	118.74
个体手工业	亿元	70.57	86.13	92.92	81.07	8.27	6.45
3. 劳动生产率②	元/人	992.9	1170.8	1174.2	1234.2	1777.8	2047.6
合作化手工业	元/人	1118.4	1681.1	964.6	913.9	1801.0	2160.7
其中：手工业生产合作社	元/人	1128.4	1793.4	1436.2	1333.0	2081.5	2504.5
个体手工业	元/人	988.9	1150.2	1207.2	1352.1	1520.2	1007.8

① 1955~1957年手工业从业人员减少，是由于在合作化过程中，一部分城市手工业者被吸收入国营工厂，一部分农村手工业者加入了农业生产合作社。
② 劳动生产率是作者依据前面的手工业总产值和手工业从业人员数计算的。

社。在这个期间，手工业总产值和劳动生产率分别增长了82.8%和106.2%。但手工业生产合作社这两项指标分别增长了47.3倍和121.9%。②这个期间手工业生产合作社总产值的迅速增长，固然同大量的个体手工业转入手工业生产合作社有关，但主要还是靠的劳动生产率的提高。根据表5所列的数字计算，在1957年手工业生产合作社总产值118.74亿元中，由1952年原有的从业人员和1952~1957年期间增加的从业人员创造的价值为53.50亿元，而由劳动生产率上升而增加的价值为65.24亿元，前者占45.1%，而后者占到54.9%。③手工业生产合作社的劳动生产率，无论在增长速度上，或者在能够达到的水平上，都远远超过了个体手工业。1952年手工业生产合作社劳动生产率为1128.4元，比个体手工业的988.9元高14.1%。但到1957年，前者上升到2504.5元，比后者的1007.8元高1.49倍。

根据上面的分析，我们可以得出这样的结论：我国社会主义工业建立的实践，开创了一个前所未有的范例：它不仅没有影响工业生产的发展，而且促进了工业生产的发展，同时也显示了社会主义制度的优越性。

（三）作为党的集体智慧结晶的毛泽东思想的胜利

根据上面的分析，我们可以作出这样的结论：社会主义国营工业不仅比外国资本主义官僚资本主义的工业，而且比民族资本的工业具有无比优越性，社会主义集体工业比个体手工业也具有巨大的优越性。这正是旧的工业制度能够被消灭（或改造）、新的工业经济制度能得以建立的根本原因。毛泽东同志说得好："如果不优胜，旧制度就不会被推翻，新制度就不可能建立。"毛泽东同志的这个分析，是根据决定人类社会经济形态更替的根本规律，即生产关系一定要适合生产力性质的规律作出的科学结论。所以，我国社会主义工业得以顺利地建立，并取得伟大成就的基本原因，就在于党的这项政策符合了这条根本规律的要求。

但原因又不仅仅限于这一点，它还在于党采取了一系列的符合客观规律要求和我国国情的政策。

中国革命发展的重要规律是："民主主义革命是社会主义革命的必要

准备，社会主义革命是民主主义革命的必然趋势。"①根据这个规律的要求，党既对这两个阶段的任务作了严格的区别，不允许把两者混淆起来，又在民主革命阶段为社会主义革命做了必要的准备。就建立社会主义国营工业来说，党在民主革命时期的根据地里就开始了这项工作。但党在进行这项工作时，开始并没有拘泥于马克思主义的一般理论（如建立社会主义国营工业要在消灭资产阶级专政和建立无产阶级专政以后，靠剥夺资本主义企业，并须建立在大机器工业基础上），而是从中国革命的特点和农村根据地的具体情况出发，首先依靠军队和劳动群众的劳动积累来建立作为社会主义国营工业前身的公营工业，并把公营工业建立在手工劳动的基础上。当然，这样建立起来的公营工业，在建国以后的国营工业中并不占什么地位。但它在培养干部、取得管理经验方面，为建国以后国营工业的大量建立作了重要的准备。党在革命根据地建立的手工业合作社，对建国以后社会主义集体工业的发展也起了重要作用。

党依据对官僚资本主义和民族资本主义的特点的分析，分别采取了没收和改造的政策。这对于顺利完成建立社会主义国营工业的任务，起了十分重要的作用。

在没收官僚资本主义工业方面，又不只是简单地把它收归国有，而是从没收后的企业中还存在着旧的经济关系残余的现状出发，又稳步地相继进行了民主革命和生产改革，使得原来的官僚资本主义工业比较彻底地、比较顺利地完成了向社会主义国营工业的转变。

党依靠对民族资产阶级经济上和政治上两面性的分析，确定了对民族资本主义的和平改造方针。党依据列宁关于国家资本主义的理论和中国的实际情况，创造了实现这个和平改造方针的适当的形式，即国家资本主义。说它是适当的，有三重意思：一是比较全面体现了和平改造的方针，即利用、限制和改造政策的需要；二是初级形式和高级形式的国家资本主义适应了和平改造逐步前进的要求；三是包含了适当的逐步发展的赎买形式。例如，对加工、订货的私营企业和个别的公私合营企业

---

① 毛泽东：《中国革命和中国共产党》，《毛泽东选集》第 2 卷，第 614 页。

实行的"四马分肥"①以及对全行业公私合营企业实行的定息，②就是这样的赎买形式。在资本主义工业的社会主义改造过程中，党又把企业的改造和人的改造结合起来，较充分地发挥了它们之间的相互促进的作用，使得二者相互辉映，相得益彰。

凡此种种，都有力地保证和促进了社会主义改造的顺利发展，即实事求是的最生动的体现，是党中央集体智慧的结晶。正如刘少奇同志所总结的："国家对于资本主义工商业所实行的利用、限制和改造的政策，以及根据这个政策所采取的每一个步骤，并不是凭主观愿望任意决定的，而是研究了各方面的实际情况和条件，针对国计民生的迫切需要而确定的。"③

党在手工业合作化方面采取的政策，也从根本上保证了个体手工业的社会主义改造的健康发展。

当然，在资本主义工业和个体手工业的社会主义改造过程中也有缺点和偏差。在 1955 年夏季以后，对手工业的改造要求过急，工作过粗，改变过快，形式也过于简单划一，以致在长时间内遗留了一些问题。1956 年资本主义工业改造基本完成以后，对于一部分原工业者的使用和处理也不很恰当。"但整个来说，在一个几亿人口的大国中比较顺利地实现了如此复杂、困难和深刻的社会变革，促进了工农业和整个国民经济的发展，这的确是伟大的历史性的胜利。"④

这个胜利是党的路线、方针、政策的胜利，是马克思列宁主义、毛泽东思想的胜利。

---

① "四马分肥"，就是企业的盈利大体上平均分为四个部分：所得税、企业公积金、工人福利基金和资本家得到的股息、红利等。

② 定息，就是在全行业公私合营以后，一般从 1956 年 1 月 1 日起，由国家按照私股股额发给私股股东以固定利息率（一般是年息 5%）的股息。

③ 刘少奇：《中国共产党中央委员会向第八次全国代表大会的政治报告》，《中国共产党第八次全国代表大会文件》，人民出版社 1980 年版，第 24 页。

④《中国共产党中央委员会关于建国以来党的若干历史问题的决议》，人民出版社 1981 年版，第 14 页。

（四）对否定社会主义改造错误观点的批判

在中国社会主义改造问题上，有人在长时期内抱怀疑态度。按照他们的观点，社会主义必须建立在高度发展的社会化生产的基础上，而中国经济落后，不应该也不可能实现社会主义。他们在建国初期，要求把革命停顿下来，否定进行社会主义改造的必要；现在他们甚至荒谬地主张应该回头去发展新民主主义经济。

恩格斯在 1847 年曾经提出："共产主义革命将不仅是一个国家的革命，而将在一切文明国家里，即至少在英国、美国、法国、德国同时发生。"[①] 这就是著名的马克思主义的社会主义革命的理论。乍一看来，上述否定社会主义改造的观点似乎是坚持了马克思主义理论的，即社会主义革命只能在"文明国家"（即发达的资本主义国家，生产高度社会化的国家）才能取得胜利。但在实际上，他们却背离了马克思主义的基本观点。恩格斯多次强调指出："如果不把唯物主义方法当作研究历史的指南，而把它当作现存的公式，按照它来剪裁各种历史事实，那么它就会转变为自己的对立物。"[②] 根据 19 世纪 40 年代马克思主义关于社会主义革命的理论，来怀疑和否定我国 20 世纪 50 年代社会主义改造的实践，那就不是坚持马克思主义，而是变成了马克思主义的对立物，即教条主义。实际上，恩格斯自己也并不认为他们自己提出的上述的社会主义革命的理论，是千古不变的真理。到 19 世纪 90 年代，恩格斯看到了资本主义经济生活中的新现象，即垄断组织的出现。根据这一点，恩格斯曾经提出：向共产主义过渡的问题，"这是目前存在的所有问题中最难解决的一个，因为情况在不断地变化。例如，随着每一个新托拉斯的出现，情况都要有所改变；每隔十年，进攻的目标也会全然不同"。[③] 可见，恩格斯自己也认为，向未来社会的过渡，是一个需要继续研究的重大难题。可惜，时隔不久，恩格斯就与世长辞了，他还没有来得及提出社会主义革命的新理

① 恩格斯：《共产主义原理》，《马克思恩格斯选集》第 1 卷，第 221 页。
② 恩格斯：《致保·恩斯特（1890 年 6 月 5 日）》，《马克思恩格斯选集》第 4 卷，第 589 页。
③ 恩格斯：《致康拉德·施米特》，《马克思恩格斯全集》第 38 卷，第 123 页。

论，来代替他在 40 年代提出、但已过时的理论。

提出这个新理论的是列宁。列宁依据对帝国主义经济本质的分析，特别是帝国主义经济政治发展不平衡规律的分析，作出结论说："社会主义可能首先在少数或者甚至在单独一个资本主义国家内获得胜利。"这个国家内获得胜利的无产阶级"剥夺了资本家并在本国组织了社会主义生产"。[1]可见，列宁的社会主义革命新理论认为，在帝国主义时代，一个国家的无产阶级不仅可能取得政权，而且可以建设社会主义。这个新理论还认为，在帝国主义时代，首先取得革命胜利的国家工业不够发达"并不能成为革命不可克服的障碍"，因而，首先革命的国家，"也许是资本主义比较不发达的国家"。[2]后来列宁依据俄国社会主义革命的实践经验进一步发展了社会主义革命可能首先在一国取得胜利的理论。比较完整的论述是他逝世前不久写的著名论文《论合作制》。他写道："的确，国家支配着一切大生产资料，无产阶级掌握着国家权力，无产阶级和千百万小农及最小农结成联盟，无产阶级对农民的领导已有保证等等，难道这不是我们所需要的一切、难道这不是我们通过合作社……以来建成完全的社会主义所必需的一切吗？这还不是建成社会主义，但这已是建成社会主义社会所必需而且足够的一切。"[3]这就进一步说明：原来俄国资本主义不发达，工业落后，并不是建设社会主义不可克服的障碍。在这个问题上，列宁同第二国际机会主义、俄国孟什维克以及俄共（布）党内的机会主义进行了坚持不懈的斗争。在他逝世前不久写的《论我国革命》的论文中，针对他们提出的有决定意义的论点，即"俄国生产力还没有发展到足以实现社会主义的水平"，怒斥他们道："既然建设社会主义需要有一定的文化水平（虽然谁也说不出这个一定的'文化水平'究竟怎样，因为这在西欧各个国家都是不同的），我们为什么不能首先用革命手段取得达到这个一定水平的前提，然后在工农政权和苏维埃制度的基础上追上别国的人民呢？"[4]

列宁逝世以后，党内机会主义者托洛茨基、季诺维也夫和加米涅夫

---

① 列宁：《论欧洲联邦口号》，《列宁选集》第 2 卷，第 709 页。
② 斯大林：《列宁主义问题》，人民出版社 1973 年版，第 21 页。
③ 列宁：《论合作制》，《列宁选集》第 4 卷，第 682 页。重点是引者加的。
④ 列宁：《论我国革命》，《列宁选集》第 4 卷，第 691 页。

等人又重复第二国际机会主义的论调，攻击列宁主义。斯大林在同他们作斗争时，详尽地发挥列宁关于社会主义革命可能首先在一国取得胜利的思想，并把这个问题区分为两个方面：一方面，社会主义可能在一个国家内胜利，即无产阶级可能夺得政权来建成完全的社会主义社会，技术落后并非建成完全的社会主义道路上不可克服的障碍；另一方面，没有其他国家革命的胜利，社会主义就不可能在一个国家内获得完全的最后胜利。[①]当时斯大林还预言：在最近的将来，帝国主义的链条"可能在印度被突破"。[②]这个预言并没有实现，但它体现了列宁关于社会主义革命新理论的一个重要思想，即只要具备列宁在《论合作制》论文中提到的那些基本条件，技术落后并不是社会主义革命胜利不可克服的障碍。

所以，上述观点的错误还在于：它完全忽视了马克思主义在帝国主义时代的发展，忽视了列宁主义，忽视了列宁在这个问题上的新贡献，忽视了列宁以及列宁事业的继承者斯大林在这个问题上同机会主义的长期斗争。

但上述观点的更大错误则是：完全忽视了马克思列宁主义普遍原理和中国革命具体实践相结合的产物——毛泽东思想，特别是完全忽视了其中的社会主义革命理论。"毛泽东同志和中国共产党，依据新民主主义革命胜利所创造的向社会主义过渡的经济政治条件，采取社会主义工业化和社会主义改造同时并举的方针，实行逐步改造生产资料私有制的具体政策，从理论和实践上解决了在中国这样一个占世界人口近四分之一的、经济文化落后的大国中建立社会主义制度的艰巨任务。"[③]持有上述观点的同志，鉴于毛泽东晚年的严重错误，就对经过了历史考验的整个毛泽东思想的科学理论表示怀疑。但是，这个科学理论是几十年中国人民的伟大革命实践的正确总结，是中国共产党人集体智慧的结晶，是马克思列宁主义的基本原理在中国革命中的运用和发展。因而实际上他们否定的是中国人民长期的革命斗争，是中国共产党人的集体智慧，是马克思列宁主义的基本原理及其在中国革命中的发展。这里还须指出：他们

---

① 斯大林：《列宁主义问题》，人民出版社 1973 年版，第 159~160 页。
② 斯大林：《列宁主义问题》，人民出版社 1973 年版，第 22 页。
③《中国共产党中央委员会关于建国以来党的若干历史问题的决议》，人民出版社 1981 年版，第 42 页。

对毛泽东同志的错误也作了非历史的解释。

上述观点的根本错误就在于：它完全忽视了俄国十月革命以来许多国家社会主义革命的实践。马克思主义认为，实践是检验真理的唯一标准。而在科学社会主义由理论变成了社会主义革命的实践以后，检验这个理论的唯一标准也就是社会主义革命的实践了。关于这一点，列宁在十月革命胜利不久就多次指出："对俄国来说，根据书本争论社会主义纲领的时代已经过去了，我深信已经一去不复返了。今天只能根据经验来谈论社会主义。"①然而，第一次世界大战以后，社会主义革命首先在资本主义不甚发展的俄国取得了胜利。第二次世界大战以后，社会主义革命又在许多经济落后的国家取得了胜利（尽管其中有些国家后来起了变化）。至于中国社会主义改造胜利的事实，也已经过去 20 余年了。

可见，提出经济落后，对我国社会主义改造持怀疑态度，无论在理论上或实践上，都是站不住的。

这种观点曾经成为我国社会主义改造的障碍，党也正是摈弃了这种右的（还要加上"左"的）观点，才取得了社会主义改造的伟大胜利。刘少奇同志在总结这段历史经验时写道："我们党坚决地拒绝和批判了这两种错误的倾向。很明显，如果我们党接受这些意见的任何一种，我们就将不能建设社会主义。或者不能如同今天这样顺利地建设社会主义。"②就当前的情况来说，这种观点本身就是资产阶级自由化思潮的一种表现，而且还给这种思潮以一种"理论"上的根据。所以，为了坚持社会主义制度，澄清这种错误观点，是十分必要的。当然，在实际工作中继续肃清长期存在的"左"的错误的影响，也是不能忽视的。

① 列宁：《全俄工农兵和红军代表苏维埃第五次代表大会人民委员会的报告》，《列宁全集》第 27 卷，第 480 页。

② 刘少奇：《中国共产党中央委员会向第八次全国代表大会的政治报告》，《中国共产党第八次全国代表大会文件》，人民出版社 1980 年版，第 13 页。

三、中国社会主义工业的发展

探讨中国社会主义工业的发展问题，有助于我们看清我国社会主义工业的生产建设在已往的 30 多年中所取得的伟大成就，从而有助于我们认识社会主义制度的巨大生命力和批判资产阶级自由化的思潮；还有助于我们认清过去长期存在的"左"倾错误给我国社会主义建设带来的严重损失，并有助于我们认识党中央和国务院最近提出的今后要走的一条速度比较实在、经济效益比较好、人民可以得到更多实惠的新路子的正确性和重要性。

（一）工业发展的曲折过程

工业中社会主义生产关系的建立，本来为工业稳定的、持续的、高效益的、高速度的发展提供了客观的可能性。但由于党在经济工作中指导方针方面几次发生了"左"倾错误，我国工业的发展也遭受了几次挫折。这样，我国工业的发展，就走了一条曲折的前进道路。

为了清楚地说明这种曲折的发展过程，我们把各个时期工业总产值每年平均增长速度和经济效益（这是工业经济中的核心问题）的变化情况分别列表如表 1、表 2 所示。

表1　全民所有制独立核算工业企业的主要财务指标[①]

	单位	1952年	1957年	1962年	1965年	1970年	1975年	1976年	1978年	1979年	1980年
1. 每百元固定资产原值实现的利润	元	19.0	23.6	8.9	20.9	21.3	15.0	12.1	15.9	16.2	15.7
2. 每百元资金实现的利润	元	19.2	24.0	8.5	20.9	20.1	14.1	11.4	15.5	16.1	16.0
3. 每百元资金实现的利润和税金	元	25.4	34.7	15.1	29.8	30.6	22.7	19.3	24.2	24.8	—
4. 每百元工业总产值实现的利润	元	14.2	17.1	12.5	21.3	18.2	14.2	12.6	15.5	15.8	15.5
5. 每百元固定资产原值实现的产值	元	134	138	71.0	98.0	117.0	105.0	96.0	103.0	103.0	—
6. 每百元产值占用的流动资金	元	23.1	19.4	38.7	25.5	29.9	33.4	36.9	32.0	31.0	—

表2　各个时期工业总产值平均增长速度[②]　　　　单位：%

国民经济恢复时期	34.8
第一个五年计划时期	18.0
第二个五年计划时期	3.8
其中：1958~1960年	32.8
1961~1962年	−28.2
1963~1965调整时期	17.9
第三个五年计划时期	11.7
第四个五年计划时期	9.1
第五个五年计划时期	9.2

表1、表2表明：在国民经济恢复时期，我国工业生产的恢复是很快的，每年平均增长34.8%。

第一个五年计划时期，工业总产值的平均增长速度，虽然不及带有恢复性质的前续时期快，但也是建国以后工业生产增长最快的时期，年平均增长速度达到了18%，但更重要的还是工业生产的经济效益有了全面的提高。1957年工业生产六项经济效益指标均比1952年要好。这个时期的经济效益也是建国以后最好的时期。

----

① 1952、1957、1965、1975、1979等5年数字见《中国经济年鉴》（1981），经济管理杂志社1981年版（下同），第Ⅵ–18页。

② 根据《中国经济年鉴》（1981），第Ⅵ–13、27页提供的数字算出。

第二个五年计划时期，主要由于"大跃进"和"反右倾"的"左"倾错误，加上当时的自然灾害和苏联政府背信弃义地撕毁合同，我国经济（包括工业）遭到重大损失。虽然这个时期前3年工业发展很快，年平均增长速度猛增到32.8%，但后两年平均每年生产骤然下降了28.2%，整个计划时期年平均增长速度只有3.8%，特别是工业生产的经济效益全面地、大幅度地下降了。1962年六项指标都比1957年大大下降了。

三年调整时期，由于贯彻了党的"调整、巩固、充实、提高"的方针，工业和整个国民经济都得到了顺利的、迅速的恢复。这个时期工业年平均增长速度上升到17.9%，当然也带有恢复的性质。1965年，工业生产的经济效益比1962年有了全面的、显著的提高，但仍然不及1957年。

第三、第四两个五年计划时期，由于发生了"文化大革命"这样全局性的、长时间的"左"倾严重错误，由于林彪、江青两个反革命集团的疯狂破坏，我国工业和整个国民经济遭到了建国以来最严重的挫折和损失！这两个计划时期工业生产平均增长速度先是下降到11.7%，后又下降到9.1%。应该说，这个速度，表面看来，还是比较高的，但经济效益很差，1975年六项经济效益指标，除了第五项指标以外，均比1965年差得多，比1957年差得就更远了。

1976年江青反革命集团覆灭前的一年，工业生产的增长速度竟然跌到了1.3%；工业生产的经济效益也比1975年明显地下降了。

1976年10月粉碎了江青反革命集团，人民群众积极性空前高涨，工业生产得到了迅速发展。但"左"的错误并没得到纠正，经济效益并没有显著变化。1977和1978这两年工业生产速度又上升到14.3%和10.5%。1978年工业生产经济效益虽然比1976年全面提高了，但在六项指标中，除了第五项以外，均显著地不及1965年，更不及1957年了。

1978年12月召开的党的十一届三中全会，是建国以来我党历史上具有深远意义的伟大转折，它标志着党重新确立了马克思主义的思想路线、政治路线和组织路线。这次全会作出了把党和国家的工作重点转移到社会主义现代化建设上来的战略决策；提出了要注意解决好国民经济重大比例严重失调和改革经济管理体制的要求。接着不久，在1979年4月召开的党的中央工作会议上，提出对整个国民经济实行"调整、改革、整顿、提高"的方针，坚决纠正了前两年经济工作的失误，认真清理了过去在这方面长期存在的"左"倾错误影响。

这里需要着重指出：提出"调整、改革、整顿、提高"的方针，表明要从根本上纠正经济工作指导思想方面长期存在的"左"的错误；表明要逐步地实现经济结构的合理化、经济体制的合理化和企业组织的合理化，使得我国社会主义经济制度的优越性能够充分地发挥出来；表明要把提高经济效益作为一切经济工作的根本出发点和核心问题；表明要从我国的具体国情出发，走出一条速度比较实在、经济效益比较好、人民可以得到更多实惠的新路子。所以，"调整、改革、整顿、提高"方针的提出，是我国社会主义经济发展战略的一个重大转变，它真正具有重大的现实意义和深远的历史影响。

但是，1979年和1980年这两年在贯彻调整方针上并不是得力的。这两年工业生产增长速度也还是比较高的，分别为8.5%和8.7%。但在提高经济效益方面，这两年比1978年进展得很小，仍然远比1957年差。1979年以来，国家预算内安排的基本建设投资减得很不够，行政费用还继续增长了。与此同时，国家用于改善人民生活的各项支出大大增加了，总的说来，这是做得对的，但步子走得快了一点。这样，财政支出的总和就超过了财政收入的总和。于是，1979、1980两年连续出现大量财政赤字，引起货币投放过多和物价上涨。如不采取有力措施，1981年还将出现巨额的财政赤字。这样，几年来人民生活得到的改善必将丧失，国民经济比例关系严重失调的状况还将进一步加剧，并将危及安定团结的政治局面。

根据这种情况，1980年底，党中央和国务院作出了在经济上实行进一步调整、政治上实现进一步安定的重大决策。在这个决策的指导下，经过1981年的调整，已经取得了显著的成效，基本上达到了稳定经济全局的要求，进一步巩固和发展了全国安定团结、生动活泼的政治局面。尽管现在国民经济中的潜在危险还没有完全消除，但已走上了稳步发展的轨道。

（二）建立了独立的、比较完整的工业体系

尽管我国工业的发展经历了曲折的进程，但经过 30 余年的建设，半殖民地半封建中国工业极为落后的面貌已经根本改观。这表现在：

第一，工业基本建设投资有了巨大的增长。1952 年全民所有制工业基本建设投资为 16.89 亿元，1957 年上升到 72.40 亿元，1965 年增加到 88.96 亿元，1975 年又上升到 231.03 亿元，1979 年为 256.85 亿元，[①] 1980 年为 237.98 亿元。1952~1980 年累计达到 3955.98 亿元。

第二，与此相联系，工业的固定资产也有了迅速的增长。1952 年全民所有制工业企业年底固定资产原值为 107.2 亿元，1957 年为 272.2 亿元，1965 年为 961 亿元，1975 年为 2290.3 亿元，1979 年为 3253.2 亿元。[②] 1979 年比 1952 年增长了 29.35 倍。

工业流动资金的增长也是很快的。1952 年全民所有制工业企业年底占用定额流动资金为 33 亿元，1957 年为 62.9 亿元，1965 年为 230.4 亿元，1975 年为 770.8 亿元，1979 年为 1026.5 亿元。[③] 1979 年比 1952 年增长了 30.11 倍。

第三，伴随工业固定资产的增长，工业生产能力也有了大幅度的上升。1950~1980 年合计，煤炭开采增加了 46672 万吨，天然石油开采增加了 12491.6 万吨，发电机组容量增加了 5880.8 万千瓦，铁矿石开采增加了 14390.9 万吨，炼钢增加了 3529.5 万吨，化学肥料增加了 1251.92 万吨，水泥增加了 5492.4 万吨，机制糖增加了 332 万吨，棉纺锭增加了 1182.7 万锭。

第四，与工业生产能力的增长相适应，工业产值和产量也有了显著的增长。1980 年与 1949 年相比，工业总产值增长了 45.2 倍，轻工业增长了 25.96 倍，重工业增长了 99.01 倍。[④]

工业产品产量也大大增长了，其情况如表3 所示。

---

①②《中国经济年鉴》（1981），第Ⅵ–20 页。

③《中国经济年鉴》（1981），第Ⅵ–8 页。

④《中国经济年鉴》（1981），第Ⅵ–13、27 页。

表3　主要工业产品产量的增长①

产　品	单位	1952 年	1980 年	1980 年比 1952 年增长%
原　煤	亿吨	0.66	6.20	839.4
原　油	万吨	44	10595	23979.5
发电量	亿度	73	3006	4017.8
生　铁	万吨	193	3802	1869.9
钢	万吨	135	3712	2649.6
水　泥	万吨	286	7986	2692.3
硫　酸	万吨	19	764	3921.1
纯　碱	万吨	19.2	161.3	740.1
烧　碱	万吨	7.9	192.3	2334.2
化　肥	万吨	3.9	1232	31489.7
塑　料	万吨	0.2	89.8	44890
化学药品	万吨	0.01	4.01	40000
机　床	万台	1.13	13.4	1085.8
汽　车	万辆	0.79*	22.2	2710.1***
拖拉机	万台	0.96**	9.8	920.8****
内燃机	万马力	4	2539	63375
铁路机车	辆	20	512	2460
电视机	万部	0.43**	249.2	57853.5****
收音机	万部	1.7	3004	176705.9
照相机	万架	0.01*	37.3	372900***
化学纤维	万吨	0.02*	45	224900***
棉　布	亿米	38.3	134.7	251.7
呢　绒	万米	423	10100	2287.7
机制纸及纸板	万吨	37	535	1345.9
糖	万吨	45	257	471.1
合成洗涤剂	万吨	3.0**	393	13000
自行车	万辆	8.0	1302	16175
缝纫机	万架	6.6	768	11535.4
手　表	万只	0.04	2216	5539900

　　表3表明：①1952~1980 年，我国主要工业产品产量是成倍、成十倍、成百倍、成千倍、甚至成万倍增长了。②一般说来，生产资料工业（无论是燃料动力工业、原材料工业或机械工业）的增长速度比消费品工

①　绝对数见《中国经济年鉴》(1981)，第Ⅵ-15~16、27~28 页；相对数是依据前两栏数字计算的。表中 * 是 1957 年产量。** 是 1965 年产量。*** 是 1980 年比 1957 年，**** 是 1980 年比 1965 年。

业（如棉纺工业和制糖工业等）要快得多。③新兴工业（如石油化学工业和电子工业等）产品的增长速度比老工业也要快得多。④耐用消费品生产的增长速度比一般消费品又要快得多。

第五，在我国工业发展过程中，还产生了许多新的工业部门。这除了前面提到的石油化学工业和电子工业以外，还建立了原子能工业和宇宙航空工业。

第六，在工业产量增长的同时，新产品、新技术和新工艺不断涌现。当前，我国生产的石油产品已有 900 多种。钢 1200 种，钢材 2 万多种；能够生产塑料、合成橡胶、化学纤维三大合成材料；能够生产每秒运转百万次的电子计算机和大型的冶金、矿山、发电等设备。电子、原子能、自动控制、激光、射流等尖端科学技术已开始在工业生产中运用。核试验的成功，人造地球卫星的发射和回收，以及运载火箭等方面的成就标志着我国科学技术又达到了一个新的更高的水平。

第七，随着工业建设和生产的发展，工业地区布局也有了很大的变化。如前所述，半殖民地半封建中国工业偏集在沿海少数地区，内地几乎没有什么大机器工业。建国以后的 30 多年来，内地工业比沿海地区有了更为迅速的发展。因而无论是内地工业拥有的固定资产在全国的比重，或是主要产品产量在全国的比重都大大提高了。现在，除西藏外，全国各省、市、自治区都有了大中型的钢铁厂、发电厂、机械厂和棉纺厂。西藏也已经有了小发电厂、化肥厂和毛纺厂。

第八，国防工业逐步地建设和发展起来。这就为巩固我国的国防提供了坚实的物质技术基础。

第九，随着工业建设和生产的发展，我国已经形成了一支规模宏大的，并有一定技术水平的产业大军。在 1952~1980 年，工业劳动者人数由 1246 万人增长到 5600 万人，增长了 3.49 倍；工程技术人员由 16.40 万人增长到 186.22 万人，增长了 10.35 倍。全民所有制独立核算工业企业每个职工使用的固定资产，1952 年为 2925.5 元，1980 年上升到 11491.4 元，增长了 2.9 倍；在同一期间，全员劳动生产率也由每人每年 4167 元增加到 12031 元，增长了 1.9 倍。

总之，经过 30 多年的建设，我国已经建立起了门类比较齐全、具有相当规模和一定技术水平、布局有了改善的、独立的、比较完整的工业体系。

（三）社会主义生产关系优越性有了
初步的、有力的表现

建国以后工业生产方面取得的巨大成就，是社会主义经济本质及其规律发生作用的表现，[1]是社会主义生产关系优越性得以发挥的结果。[2]

第一，社会主义生产关系有力地推动了工业生产的发展。这一点，表现在建国以后的各个时期，特别鲜明地表现在第一个五年计划期间工业生产的增长上。且以这个时期为例说明如下：

在社会主义公有制条件下，劳动者是生产资料的主人，摆脱了剥削和压迫；生产的目的是为了满足劳动者物质和文化生活的需要；个人消费品分配的基本原则是各尽所能、按劳分配。这些必然会促进劳动者积极性的提高。第一个五年计划在体现社会主义生产目的方面，在贯彻按劳分配原则方面，都是做得比较好的。表4可以表明这一点。

表 4　第一个五年计划期间生产的增长和工资的提高[3]

	单位	1952 年	1957 年	1957 年比 1952 年增长%
工农业总产值	亿元	827	1.241	67.8
农业总产值	亿元	484	537	24.8
工业总产值	亿元	343	704	128.6
轻工业产值	亿元	221	374	83.2
重工业产值	亿元	122	330	210.7
全民所有制独立核算工业企业全员劳动生产率	元/人年	4.167	6.336	52.1
全民所有制工业联工平均工资	元	515	690	33.9

表4表明：在第一个五年计划期间，全民所有制工业职工平均工资

---

[1] 按照列宁的说法，"规律和本质是表示人对现象、对世界等等的认识深化的同一类的（同一序列的）概念，或者说得更确切些，是同等强度的概念。"（《黑格尔〈逻辑学〉是一书摘要》，《列宁全集》第38卷，第159页）

[2] 从根本上说来，所谓发挥社会主义经济的优越性，就是要人们按照社会主义经济的本质和经济规律的要求办事。

[3] 产值和劳动生产率数字，见《中国经济年鉴》（1981），第Ⅵ-4~5、18页。

水平有了较大幅度的提高。但其提高幅度不仅低于工业总产值的增长幅度，而且低于轻工业和工农业总产值的增长幅度，还低于工业劳动生产率的增长幅度。所以较好地体现了社会主义的生产目的，并把生活的提高放在生产发展和劳动生产率的基础上。

在第一个五年计划期间，实行了体现按劳分配原则的基本的社会主义劳动报酬形式，即计时工资和计件工资。计时工资是用一定质量劳动的延续时间来计量劳动的，而劳动质量是要通过工资级别来表现的。所以，在实行计时工资的条件下，正确地规定工资级别是贯彻按劳分配的决定性的一环。这个期间工资级别的评定是做得比较合理的，而且能够经常调整级别，使得级别的提高能够同职工技术等级的增长相适应。与计时工资不同，计件工资不是以潜在的劳动形态计算劳动量的，而是以物化的劳动形态来计算劳动量的。因而，在条件具备的情况下，它比计时工资更能体现按劳分配原则的要求。这个期间，逐步在比较大的范围内推行了计件工资制。据统计，在全部工业生产工人中，实行计件工资制的，1952年为35.5%，1953年提高到39.5%，1956年进一步提高到40%以上。这个期间还普遍推行了作为社会主义劳动报酬补充形式的奖金和津贴等。这个期间在贯彻按劳分配原则方面当然也存在过这样或那样的缺点，但相对于后续各个时期来说，做得是比较好的。

社会主义国民经济有计划的发展，不仅从宏观方面为节约地使用人力、物力和财力提供了根本条件，而且可以使得国民经济各部门按比例的、相互适应、相互促进的发展。如前所述，半殖民地半封建中国工业极为落后而又畸形的重要表现，就是大机器工业在国民经济中的比重很小，生产资料工业在整个工业中的比重也很小。根据这一点，继国民经济恢复时期之后，国家继续提高了对工业特别是重工业的投资比重，以加快工业特别是重工业的发展，使得工业和农业、重工业和轻工业的比例关系协调起来。表5、表6可以表明这一点。

表 5　农业、轻工业和重工业的基本建设投资在全民所有制总投资中的比重 [1]

	1952 年		一五时期每年平均	
	亿元	%	亿元	%
基本建设投资总额	43.56	100.0	109.99	100.0
农业	5.83	13.4	8.37	7.6
工业	16.89	38.8	50.05	45.5
轻工业	4.06	9.3	7.49	6.8
重工业	12.83	29.5	42.56	38.7

表 6　工农业总产值中农业、轻工业、重工业产值所占的比重

	1949 年		1952 年		1957 年	
	以工农业总产值为 100	以工业总产值为 100	以工农业总产值为 100	以工业总产值为 100	以工农业总产值为 100	以工业总产值为 100
工农业总产值	100.0		100.0		100.0	
农业总产值	70.0		56.9		43.3	
工业总产值	30.0	100.0	43.1	100.0	56.7	100.0
轻工业总产值	22.1	73.6	27.8	64.5	31.2	55.0
重工业总产值	7.9	26.4	15.3	35.5	25.5	45.0

　　表 5、表 6 表明：在第一个五年计划期间，农业、轻工业和重工业的基本建设投资额都比 1952 年大大增长了，但就它们在基本建设投资总额中所占的比重来说，农业下降了，工业上升了；在工业中，轻工业下降了，重工业上升了。这样，在这个期间，工业比农业得到了更快的发展，重工业比轻工业得到了更快的发展。因而，在工农业总产值中，工业比重上升了，农业下降了；在工业总产值中，重工业比重上升了，轻工业下降了。半殖民地半封建中国工业发展的那种畸形状态有了改观。工业和农业的关系以及重工业和轻工业的关系变得协调起来。由于工业特别是重工业的迅速发展，我国的原材料和机器设备等方面的自给能力大大提高了。在钢铁工业方面，1957 年钢材品种已达 4000 种。由于钢材品种和产量的增加，钢材自给率在 1957 年已经达到 86%；在机械工业方面，已经能够制造 1.2 万千瓦的全套汽轮发电设备，1.5 万千瓦的全套水轮发电设备，1000 立方米的高炉设备，185 吨的平炉设备，联合采煤机，年

---

① 1952 年绝对数，见《中国经济年鉴》(1981)，第Ⅵ–20 页；相对数是由作者依据前述数字计算的。

产 90 万吨的煤矿设备，200 多种新型机床，电子管，以及全套纺织、造纸、橡胶加工和制糖等设备。还能够自己制造喷气飞机、载重汽车和新型机车等。因而，机器设备自给率 1957 年就已经达到60%以上。[①]这就为工业农业和整个国民经济的技术改造打下了重要的物质基础。

积累是扩大再生产的重要泉源。在这方面，社会主义经济比半殖民地半封建经济也具有极大的优越性。资本主义积累的本质是剩余价值的资本化，即"资本家用他总是不付等价物而占有别人的已经物化的劳动的一部分，来不断再换取更大量的别人的活劳动"。[②]其结果必然是：一极资本家的财富在积累；另一极无产者的贫困在积累。因而，资本积累包含着无产者和资本家的阶级对抗关系。社会主义积累与此根本不同，它的来源是劳动者自己创造的国民收入，其目的也如扩大再生产的目的一样，是为了提高劳动者的物质、文化生活。所以，社会主义积累和消费的关系，虽然也存在着矛盾，但在根本上是一致的。在正确确定积累率的条件下，积累和消费两方面都可以得到恰当的兼顾。而且，在社会主义制度下，作为积累泉源的国民收入可以得到较快的增长；也不像在半殖民地半封建中国那样，大量的国民收入作为外国资本的利润由帝国主义国家掠夺去了，还有大量的国民收入作为本国资本的利润用作剥削阶级的寄生性消费了。这样，社会主义的积累率有可能比旧社会高，增长速度也有可能比旧社会快。表 7 可以说明这一点。

表 7　1952~1957 年的积累率　　　　　　　　　　　　　单位：%

年份	积累率
1952 年	21.4
1953 年	23.1
1954 年	25.5
1955 年	22.9
1956 年	24.4
1957 年	24.9

表 7 表明：在第一个五年计划期间的各个年度之间，尽管积累率是有波动的，但这是一种正常的波动，而且都比国民经济恢复时期最后一

---

① 薛暮桥等：《中国国民经济的社会主义改造》，人民出版社 1959 年版，第 53 页。
② 马克思：《资本论》，《马克思恩格斯全集》第 23 卷，第 640 页。

年，即 1952 年要高。从这个期间生产得到较快发展和人民生活得到较快提高来看，积累率的高度是适当的。在这里不存在前面说过的旧中国积累率极不稳定的情况，更没有出现负积累。这个期间的积累率比旧中国也要高得多。如前所述，在 1931~1936 年，旧中国积累率最高的年份，即 1936 年也只有 6%。这样，第一个五年计划期间的各个年度的积累率要比它高出 3 倍左右。积累率较高，增长较快，但又适当，这些正是第一个五年计划期间工业和整个国民经济能够稳定的持续的高速度增长的极重要因素。

可见，以第一个五年计划的情况来看，社会主义生产关系是明显地有力地推动了工业和整个国民经济的高速度发展的。但社会主义生产关系的优越性，并不仅仅限于这一点。

第二，社会主义生产关系的优越性还表现在它能够通过有计划地调整国民经济，有力地克服由党和国家在宏观经济决策方面的失误而造成的工业和农业、重工业和轻工业以及整个国民经济的比例关系的严重失调状态，使得这些比例关系重新走向协调，从而保证工业和整个国民经济能够得到顺利的发展。这是社会主义计划经济的优越性在这种特殊条件下的特殊表现。这一点，明显地反映在 60 年代初那一次国民经济的调整中。

第一个五年计划期间确定的农业、轻工业和重工业的发展速度之间的对比关系，以及由这种对比关系所形成的它们产值之间的对比关系，基本上是适当的。但现在看来，相对于农业和轻工业的发展来说，工业发展快了一些，重工业也快了一些。毛泽东同志依据这个期间的实践经验在 1956 年也曾指出："我们现在的问题，就是还要适当地调整重工业和农业、轻工业的投资比例，更多地发展农业、轻工业。"[1]但在 1958 年，党在经济指导方针方面发生了"左"倾错误，急于求成，盲目追求高速度，主要是重工业特别是钢铁工业的高速度。与此相联系，又盲目追求高积累。这就使得积累和消费、重工业和农业、轻工业以及整个国民经济的比例关系，陷入严重的失调状态。于是，从 1961 年起就对国民经济进行了调整，降低积累率，压缩基本建设投资，主要是重工业的基本建

---

① 毛泽东：《论十大关系》，《毛泽东选集》第 5 卷，第 269 页。

设投资；加强农业生产战线，压缩工业生产战线，主要是重工业生产战线。经过这样的调整，到 1965 年，国民经济的比例关系又重新走向协调。表8、表 9 可以说明这一点。

表 8　1957~1965 年积累率的变化　　　　　　　　　　单位：%

1957 年	24.9
1958 年	33.9
1959 年	43.8
1960 年	39.6
1961 年	19.2
1962 年	10.4
1963 年	17.5
1964 年	22.2
1965 年	27.1

表 9　工农业总产值中农业、轻工业和重工业的产值所占的比重

（1957~1965 年）　　　　　　　　　　单位：%

年份	占工农业总产值的比重			占工业总产值的比重	
	农业	轻工业	重工业	轻工业	重工业
1957	43.3	31.2	25.5	55.0	45.0
1958	34.3	30.5	35.2	46.5	53.5
1959	25.1	31.1	43.8	41.5	58.5
1960	21.8	26.1	52.1	33.4	66.6
1961	34.5	27.8	37.7	42.5	57.5
1962	38.8	28.9	32.3	47.2	52.8
1963	39.3	27.2	33.5	44.8	55.2
1964	38.2	27.4	34.4	44.3	55.7
1965	37.3	32.3	30.4	51.6	48.4

表 8、表 9 表明：1958~1960 年，由于盲目追求重工业的高速度，积累率急剧上升。与此相适应，农业在工农业总产值中的比重以及轻工业在工业总产值中的比重急剧下降了，重工业大幅度上升了。为了克服这种国民经济比例关系的严重失调状态，1961 年起就坚决地贯彻了调整国民经济的方针。由于对国民经济实行了有计划的调整，到 1965 年，积累率和重工业的比重大幅度下降了，农业和轻工业的比重大幅度上升了，国民经济中的主要比例关系又重新协调起来。

第三，社会主义生产关系的优越性还表现在：它甚至能够有力地承担"文化大革命"那样全局性的、长时期的、严重的"左"倾错误，以及林彪、江青两个反革命集团那样疯狂的反革命破坏活动给予工业和整个国民经济造成的严重损失，并使得工业和整个国民经济赢得一定的增长速度。按照马克思主义的观点，"每一社会的经济关系首先是作为利益表现出来。"①社会主义的生产关系也是一种物质利益关系。由生产资料的社会主义公有制联结成的人们之间的经济关系，是物质利益根本一致的关系（虽然也存在着矛盾）。这样，人们就会自觉地维护代表他们根本利益的社会主义生产关系。这不仅是表现在广大人民群众对"文化大革命"给予社会主义制度造成的损害进行了抵制，使这种损害受到了一定的限制；也不仅是表现在他们对林彪、江青两个反革命集团对社会主义的疯狂破坏进行了斗争，使得他们的反革命阴谋没能得逞；经常地大量地还表现为他们坚持了社会主义的再生产。而这种再生产不仅再生产了社会主义的生产关系，使得社会主义经济关系继续下去；而且再生产了物质资料，使得社会主义社会得以存在和发展。这样，在"文化大革命"中，"我国国民经济虽然遭到巨大损失，仍然取得了进展"。②

就工业建设来说，在第三、第四两个五年计划期间，新增固定资产达到了 906.68 亿元，超过了 1953~1965 年新增固定资产的总和。在工业生产方面，这两个计划时期的年平均增长速度还分别达到了 11.7% 和 9.1%。"文化大革命"的历史再一次表明："社会主义制度具有伟大而顽强的生命力。"③

第四，社会主义生产关系的优越性又突出地表现在：在粉碎"四人帮"以后的短短 6 年中，就实现了历史性的伟大转变。"文化大革命"这样长期性的、全局性的、严重的"左"倾错误，特别是林彪、江青两个反革命集团进行了长达 10 年的破坏，给我国人民造成了深重的灾难，把我国国民经济推到了崩溃的边缘。但是，自从 1976 年 10 月粉碎江青反革命集团以来，特别是党的十一届三中全会以来，经过全党和全国人民的艰苦努力，就实现了历史性的伟大转变。这个伟大转变的一个主要标志

---

① 恩格斯：《论住宅问题》，《马克思恩格斯选集》第 2 卷，第 537 页。重点是原有的。
②《中国共产党中央委员会关于建国以来党的若干历史问题的决议》，人民出版社 1981 年版，第 30 页。
③《中国共产党中央委员会关于建国以来党的若干历史问题的决议》，人民出版社 1981 年版，第 31 页。

就是："我们果断地把党和国家的工作重点转到了经济建设上来，坚决清除经济工作中长期存在的'左'倾错误，认真贯彻执行调整、改革、整顿、提高的正确方针。现在我国经济已经渡过最困难的时期，走上了稳步发展的健康轨道。"① 这表现在：农业生产持续全面高涨；工业消费品生产迅速发展；经过调整后重工业生产重新回升；财政收入连年下降的趋势开始扭转；教育、科学、文化事业有了新的发展。"以上情况表明，经过这几年的调整，积累和消费的比例关系，农业、轻工业和重工业的比例关系，已经基本上趋于协调。"② 因而，我国社会主义国民经济已经走上了稳步发展的健康轨道。

为了进一步揭示我国社会主义生产关系的优越性，还有必要把社会主义新中国的工业发展速度和半殖民地半封建中国以及当代经济发达国家的工业发展速度作一下对比。其情况如表 10、表 11 所示。

表 10 表明：同解放前最高年产量相比，1981 年主要工业产品产量成倍地、成十倍地、甚至成百倍地增长了。但社会主义经济制度在发展工业生产方面的优越性，并不只是表现在这一方面，它完整地集中地表现为建立了独立的、比较完整的工业体系。这同旧中国工业对于帝国主义经济的依附性和极端落后性相比，已经起了根本的变化。尽管旧中国工业生产水平很低，但近代工业的发展经历了近百年的时间；而新中国社会主义工业建设的伟大成就，是在短短的 30 余年中取得的。

表 11 表明：1953~1980 年，我国工业生产指数和多数主要工业产品产量的增长速度都超过了当代经济发达的国家，只是个别产品的增长速度低于个别国家。应该说明：在我国和经济发达国家之间，除了存在着社会经济制度的根本区别以外，还有许多不可比的因素。在这些不可比的因素中，有利于我国的方面，也有不利于我国的方面。但就科学技术发展水平、劳动者的文化水平和企业的经营管理水平这些最重要方面来看，我国和经济发达国家之间还存在着很大的差距。所以，从最重要方面看，这些不可比的因素，是不利于表现社会主义经济制度优越性的。

---

① 胡耀邦：《全面开创社会主义现代化建设的新局面》，《中国共产党第十二次全国代表大会文件汇编》，人民出版社 1982 年版，第 7 页。

② 赵紫阳：《关于第六个五年计划的报告》，《人民日报》1982 年 12 月 14 日第 3 版。

表10　1949、1952和1981年主要工业产品产量与解放前最高年产量的比较①

(以解放前最高年产量为100)

产品名称	单位	解放前最高年产量		1949年产量		1952年产量		1981年产量	
		年份	产量	产量	为解放前最高年产量百分比	产量	为解放前最高年产量百分比	产量	为解放前最高年产量的倍数
原煤	亿吨	1942	0.62	0.32	51.6	0.66	106.5	6.2	10.0
原油	万吨	1943	32.0	12.00	37.5	44.0	137.5	10122.0	316.3
发电量	亿度	1941	60.0	43.00	71.7	73.0	121.7	3093.0	51.6
钢	万吨	1943	92.3	15.8	17.1	135.0	146.3	3560.0	38.6
生铁	万吨	1943	180.0	25.0	13.9	193.0	107.2	3417.0	19.0
水泥	万吨	1942	229.0	66.0	28.8	286.0	124.9	8400.0	36.7
平板玻璃	万标准箱	1941	129.0	108.0	83.7	213.0	165.1	3064.0	23.8
硫酸	万吨	1942	18.0	4.0	22.2	19.0	105.6	780.7	43.4
纯碱	万吨	1940	10.3	8.8	85.4	19.2	186.4	165.2	16.0
烧碱	万吨	1941	1.2	1.5	125.0	7.9	658.3	192.3	160.3
金属切削机床	万台	1941	0.54	0.16	29.6	1.37	253.7	10.26	19.1
纱	万吨	1933	44.50	32.7	73.5	65.6	147.4	317.0	7.1
布	亿米	1936	27.90	18.9	67.7	38.3	137.3	172.7	5.1
火柴	万件	1937	860.0	672.0	78.1	911.0	105.9	2236.0	2.6
原盐	万吨	1943	392.0	299.0	76.3	495.0	126.3	1832.0	4.7
糖	万吨	1936	41.0	20.0	48.8	45.0	109.8	316.6	7.7
卷烟	万箱	1947	236.0	160.0	67.8	265.0	112.3	1704.0	7.2

①《中国经济年鉴》(1981)，第Ⅳ-15~16页;《中国经济年鉴》(1982)，第Ⅷ-20页。

表 11　1953~1980 年我国工业的增长速度与当代经济发达国家的比较

(平均每年增长%)

	中国	美国	苏联	日本	西德	英国
工业生产指数	11.1	3.7	8.3	10.7	5.4	2.2
钢	12.6	0.6	5.3	10.4	3.7	−1.4
原煤	8.3	1.6	3.1	−3.3	−0.1	−2.0
发电量	14.2	6.0	8.9	9.3	6.9	4.8
原油	21.6	1.2	9.5	1.3	2.5	24.7
水泥	12.6	1.6	8.2	9.4	3.7	1.0
棉布	4.6	−3.1	1.3	0.6	−0.9	−5.9

但即使如此，我国工业增长速度仍然大大超过了经济发达的国家。可见，如果把这些不可比因素纳入考察的视线，那就可以更清楚地看到社会主义经济制度的优越性。

正是由于我国许多工业产品的增长速度超过了当代经济发达的国家，因而它们在世界各国工业产品产量中的位次也显著地上升了。例如，1949~1981 年，钢由第 26 位上升到第 5 位，原煤由第 9 位上升到第 3 位，发电量由第 25 位上升到第 6 位，原油由 100 多位上升到第 6 位，水泥、硫酸、纯碱、化肥和化纤等产品也都上升到前 10 位。

上述理论的和事实的分析证明："社会主义制度的建立，是我国历史上最深刻最伟大的社会变革，是我国今后一切进步和发展的基础。"[①]也是我国工业的进步和发展的基础。这样，我们有充分理由说：在建国以后的 30 多年中，我国社会主义制度的优越性已经得到了初步的，但又是有力的表现！

（四）对社会主义经济制度优越性质疑的分析

我国社会主义制度优越性在"大跃进"以后的时期和"文化大革命"时期并没有得到充分的表现。如前所述，这不仅反映在由"大跃进"和"文化大革命"的错误引起了生产速度的下降，更突出地还反映在由此引起了经济效益的下降。

---

①《中国共产党中央委员会关于建国以来党的若干历史问题的决议》，人民出版社 1981 年版，第 7 页。

　　但是，如果据此怀疑社会主义经济制度的优越性，那是完全没有根据的。因为，这并不表明社会主义经济制度没有优越性，而是因为"左"的错误导致这种优越性没有发挥的结果。

　　第一，社会主义公有制本来为国民经济有计划的发展提供了客观可能性，但经济工作指导方针方面累犯"左"的错误，急于求成，盲目追求高速度。这样，不仅1958年"大跃进"以后发生了国民经济比例关系的严重失调，而且在长达10年的"文化大革命"中，乃至在粉碎"四人帮"以后的头两年，由于继续执行了"左"的错误政策，国民经济比例关系仍然处于这种状态中，表12、表13可以说明这一点。

表 12　1966~1978 年积累率　　　　　　　　　　　　单位：%

年份	积累率
1966	30.6
1967	21.3
1968	21.1
1969	23.2
1970	32.9
1971	34.1
1972	31.6
1973	32.9
1974	32.3
1975	33.9
1976	30.9
1977	32.3
1978	36.5

　　表12表明：1966~1978年的13年间，有10年积累率是在30%以上。实践证明这样高的积累率，大大超过了我国的国力。其余3年积累率虽然在25%以下，但是考虑到这3年正是"文化大革命"对生产破坏最严重的3年，即使是这样积累率也是很高的。

表 13   工农业总产值中农业、轻工业、重工业产值所占的比重　　　　单位：%

年份	占工农业总产值比重			占工业总产值比重	
	农业产值	轻工业产值	重工业产值	轻工业产值	重工业产值
1966	35.9	31.4	32.7	49.0	51.0
1967	40.1	31.8	28.1	53.0	47.0
1968	41.9	31.2	26.9	53.7	46.3
1969	36.3	32.0	31.7	50.3	49.7
1970	33.7	30.6	35.7	46.2	53.8
1971	31.8	29.3	38.9	43.0	57.0
1972	30.9	29.6	39.5	42.9	57.1
1973	30.9	30.0	39.1	43.4	56.6
1974	31.9	30.3	37.8	44.4	55.6
1975	30.1	30.8	39.1	44.1	55.9
1976	30.4	30.7	38.9	44.2	55.8
1977	28.1	31.6	40.3	44.0	56.0
1978	27.8	31.1	41.1	43.1	56.9

表 13 表明：同 1957 年相比，1966~1978 年，农业产值占工农业总产值的比重以及轻工业占工业总产值的比重都大大下降了；重工业比重大大上升了。而 1957 年农业、轻工业和重工业的对比关系，大体上是协调的。因而比例关系的这种变化，意味着产业结构的严重失调。这一点在实际经济生活中表现为：农业、轻工业远远不能满足提高人民生活和发展生产的需要，而重工业的不少部门生产能力过剩。但它们之间关系的严重失调，更突出的还是表现为：重工业产品自我服务的部分过大，而为农业、轻工业服务的部分过少。还有，在重工业内部的燃料、动力、原材料工业与加工工业之间，民用工业与国防工业之间，工业与交通运输之间以及工业的地区分布等方面，也都存在着严重的不协调状态。可见，我国社会主义计划经济的优越性，不仅没有得到充分的表现，而是受到严重的破坏。其结果，必然是经济效益的下降。

第二，社会主义的生产目的是为了提高人民的物质文化生活。但由于"左"倾错误的影响，我国长期存在着某种为生产而生产的倾向。这表现为：生产和劳动生产率增长了，但人民的生活不仅没有得到相应的提高，甚至还有所下降。1958~1977 年的 20 年，工农业总产值每年平均递增 7.4%，农业总产值为 2.7%，轻工业产值为 8.1%，社会劳动生产率平均每年递增 2.8%，工业全员劳动生产率为 2.7%。而 1977 年工业职工平均工资为 632 元，比 1957 年的 690 元还下降了 8.3%。如果考虑到这个期间职工生活费总指数上升了 10% 以上，那么，这个期间职工实际工资下降的幅度就更大了。

如前所述，计件工资是一种较好地体现按劳分配原则的工资形式，奖金是贯彻按劳分配原则的重要补充形式。但在 1958 年 "大跃进" 中，"共产风" 一刮，几乎把这两种形式吹得荡然无存。后来有了部分的恢复，但到了 "文化大革命" 中，又被这把火烧得精光。这个时期虽然还保留了计时工资形式，但从体现按劳分配原则这个本质方面来说，它在相当大的程度上已经失去了它原来的意义。在这 20 年中，全国一共只安排了 4 次升级。由于多年来没有进行正常的升级，使许多技术水平高、劳动贡献大、该升级的职工得不到升级。因而相当普遍地发生了这种不正常的现象，即工人的工资等级与其技术等级严重脱节，干部的工资等级与职务极不相称。这就必然造成干多干少一个样、干好干坏一个样的局面。所以，这时的计时工资，在相当大的程度上已经脱离了按劳分配原则，变成平均主义的东西了。

不按照社会主义的基本经济规律和按劳分配规律的要求办事，不发挥社会主义经济关系这方面的巨大优越性，必然挫伤广大劳动者的社会主义积极性，导致劳动生产率的下降。表 14 可以说明这一点。

表 14　全民所有制工业企业全员劳动生产率每年平均增长速度　　　　单位：%

一五时期	8.7
二五时期	−5.4
三五时期	2.5
四五时期	−0.3

表 14 表明：第一个五年计划期间，在体现社会主义生产目的和贯彻按劳分配原则方面做得比较好，因而劳动生产率增长的幅度大。而后续 3 个时期，在这两方面都做得比较差，因而劳动生产率增长速度大大下降了，而且在第二、第四两个五年计划时期，劳动生产率增长还出现了负数。当然，各个时期劳动生产率的升降，其原因显然是多方面的。但能否按照社会主义的基本经济规律和按劳分配规律的要求办事，是否发挥

社会主义经济这方面的优越性，显然是一个十分重要的原因。

第三，在社会主义历史阶段，社会主义国有企业还是相对独立的商品生产者。这种企业的生产目的，主要是为了全社会的经济利益，同时也部分地为了本企业相对独立的经济利益。这种企业之间存在着社会主义竞争的关系。所以，这种企业的生产既有内部的强大动力，又有外在的强大压力。这是社会主义经济优越性的一个重要的方面。但是长期以来，在理论上不承认国有企业是相对独立的商品生产者，从而否定了这种优越性。在作为社会主义生产关系的具体形式的经济管理体制方面，实行的是高度集权的、以行政管理为主的体制。在这种体制下，企业成为国家行政机关的附属物，成为他们推一推、动一动，不推不动的算盘珠，企业作为相对独立的商品生产者的经济要求，在实际经济生活中根本就没有表现出来，社会主义经济方面的优越性也就无从体现。这样，企业既缺乏内在动力，又缺乏外在压力。这是我国工业生产经济效果差的一个基本原因。

综上所述，长期以来，我国工业生产经济效果差的原因，并不是由于社会主义经济本身没有优越性，而是由于经济工作指导方针方面累犯"左"倾错误，以及现行的经济管理体制存在着严重的缺陷再加上几次犯了阶级斗争扩大化的"左"的错误，以致社会主义经济优越性没有充分表现出来。

这样说，同马克思主义关于经济基础决定上层建筑以及内容决定形式的原理，是否相矛盾呢？

这个问题的发生，是由于既没有看到上层建筑对经济基础的反作用，又没有看到归根结底还是经济基础对上层建筑起决定作用。关于这一点，恩格斯曾经指出："尽管其他的条件——政治的和思想的——对于经济条件有很大的影响，但经济条件归根结底还是具有决定意义的，它构成一条贯穿于全部发展进程并唯一能使我们理解这个发展进程的红线。"① 恩格斯还对国家的反作用作过具体的辩证的分析。他写道："国家权力对于经济发展的反作用可能有三种：它可以沿着同一方向起作用，在这种情况下就会发展得比较快；它可以沿着相反方向起作用，在这种情况下它现

---

① 恩格斯：《致瓦·博尔吉乌斯》，《马克思恩格斯选集》第4卷，第506页。

在在每个大民族中经过一定的时期就都要遭到崩溃；或者是它可以阻碍经济发展沿着某些方向走，而推动它沿着另一种方向走，这第三种情况归根到底还是归结为前两种情况下的一种。但是很明显，在第二和第三种情况下，政治权力能给经济发展造成巨大的损害，并能引起大量的人力和物力的浪费。"①恩格斯在这里对国家权力的反作用作了充分的估计；但同时指出国家权力只有顺着经济发展的要求，它才能起促进经济发展的积极作用；反之，如果它逆着经济发展的要求，就只能起阻碍、破坏经济的消极作用，而且最终必然会引导到自身的崩溃。因而归根结底还是经济起决定作用。

　　从一般意义上说，恩格斯讲的这个道理对于社会主义社会也是适用的。如前所述，在无产阶级专政的国家领导下，我国社会主义工业生产和建设已经取得了伟大的成就。这是无产阶级专政的国家顺应社会主义经济基础发展的要求而起的积极的推动作用。而前述的经济工作指导方针方面的"左"倾错误，是不符合社会主义经济基础发展要求的，对经济的发展起了消极的阻碍作用。但这种错误的发生，同资本主义社会的情况是根本不同的。在资本主义制度走下坡路的时候，资产阶级国家阻碍社会生产力的发展，是由于存在着资产阶级狭隘的阶级利益与社会发展的对立，二者是对抗性的矛盾。因而社会生产力的发展，必然导致资产阶级专政的崩溃，当然要经过无产阶级暴力革命。而无产阶级专政的国家，同社会主义经济基础以及社会生产力发展的要求，在根本上是一致的。在这里，"左"倾错误的发生，是由于人们对社会主义客观的经济规律和经济情况的认识偏差而发生的。这里并不存在资本主义社会那样的对抗矛盾，也不会发生无产阶级专政的崩溃。而且，无产阶级的国家也会通过总结经验，加深对社会主义经济规律的认识，并根据社会主义经济发展的要求来修正错误，从而领导得更好。所以，在这里归根到底也是经济起决定作用。至于像林彪、江青反革命集团那样蓄意对社会主义经济基础和社会主义生产进行疯狂的破坏，那是一种对抗性矛盾，他们的结局也就必然逃脱不了覆灭的命运。这是社会主义制度下经济对政治的另一种性质的决定作用。

---

　　① 恩格斯：《致康·施末特》，《马克思恩格斯选集》第 4 卷，第 483 页。

这个问题的发生，还由于既没有看到作为表现形式的社会主义经济管理体制和它所反映的社会主义生产关系之间的差别，又没有看到归根到底还是后者决定前者。举例来说，价值是价格的内容，价格是价值的形式。但两者是有差别的，以至于马克思说："价格偏离价值量的可能性，已经包含在价格形式本身中。"①同样的道理，社会主义经济管理体制虽然是社会主义生产关系的具体表现形式，但二者也是有差别的。因而前者偏离后者的情况，也是完全可能发生的。但人们也一定会通过对经验的总结，加深对社会主义生产关系的认识，并且依据社会主义生产关系的要求，来改革和完善经济管理体制。在这里仍然是作为内容的社会主义生产关系对作为形式的社会主义经济管理体制起决定作用。

总之，建国以后工业生产、建设的巨大成就，已经初步地但又是有力地表现了社会主义经济的优越性；而有些年份生产速度特别是经济效果的下降，并不表明社会主义经济没有优越性，而是优越性没有得到发挥的结果。所以，今后要使得社会主义工业得到稳定的、持续的、高速度的发展，还必须坚持社会主义制度，必须进一步发挥社会主义制度的优越性。任何怀疑或否定社会主义优越性的观点，都是站不住的。至于想从发展资本主义中去找出路的想法，那更是已经为1840年以来140年历史经验证明了的走不通的死路。这就是问题的结论。

---

① 马克思：《资本论》，《马克思恩格斯全集》第23卷，第120页。

四、中国社会主义工业的现代化

中国社会主义工业现代化的问题，是一个具有重要理论意义和现实意义的课题。这里拟就其中的若干方面作些初步探讨。

（一）工业现代化概念的特征

为了说明现代化是我国社会主义工业生产发展的必然趋势，首先需要探讨工业现代化概念的特征。

资本主义工业现代化的历史表明：工业现代化问题是人类社会生产力发展到资本主义大机器工业这个历史阶段时才发生的。在18世纪后半期，瓦特发明了蒸汽机，用蒸汽机代替了手工劳动，才开始产生了以蒸汽机为动力机的、从当时的观点来看的现代工业。最早出现的工业部门有采煤工业、冶炼工业、纺织工业和机械工业，还有蒸汽机车运输业。到了19世纪末20世纪初期，人类社会生产力又由蒸汽阶段的现代化提高到电气的现代化。由于电力具有蒸汽动力所不具备的优点，加上内燃机的出现，它比蒸汽机车轻便、高效、节约。在电力和内燃机得到广泛使用的基础上，建立了一系列新兴的工业部门，如电机工业、汽车制造工业、飞机制造工业、石油工业和化学工业等。到了本世纪40年代以后，人类社会生产力又开始从电气阶段的现代化向原子能阶段的现代化过渡。近三十年来，特别是近十多年来，以原子能利用、电子计算机和空间技术为代表的现代科学技术，开辟了人类征服自然、改造自然的新阶段。例如一克铀235裂变所放出的能量，相当于2500吨优质煤燃烧时放出的能量。电子计算机的出现，可以在某种程度上超越人体机能的限制，完成人力无法承担的任务。由于原子能、电子等先进技术的广泛运用，引起了一系列新兴工业部门的出现，如原子能工业、高分子合成工业、电子计算机工业、半导体工业、宇宙航行工业、激光工业等。同时也使传统的工业部门的技术得到根本性的改造。这样，使整个物质生产领域的技术基础发生了质的飞跃，劳动生产率成倍、几十倍、几百倍地增长。

以上情况说明，在人类历史上，自从蒸汽机出世后，工业经历了三个不同技术阶段的现代化。而且随着科学技术的发展和新技术的广泛使用，工业现代化的水平还会愈来愈高。因此工业现代化是一个历史的概念。就是说，它是在一定生产技术条件下产生的，并且随着生产技术在质的方面的飞跃，不断地得到发展。

工业现代化作为一种历史现象开始出现在资本主义大机器工业的阶段，并不是偶然发生的现象，而是一种历史的必然。这首先是同大工业物质技术基础的特点相联系的。马克思对这一点作过精辟的分析。他说："现代工业从来不把某一生产过程的现有形式看成和当作最后的形式。因此，现代工业的技术基础是革命的，而所有以往的生产方式的技术基础本质上是保守的。"[1]其次，这一点同自然科学的发展也是有联系的。在奴隶社会和封建社会，自然科学已经产生和发展了，但并"没有把自然科学发展为一个体系"[2]。这种系统的和全面发展的自然科学只是在资产阶级反对封建主义这一场革命中诞生和形成起来的。因为由资产阶级革命推动的大机器工业的发展，"不但提供了大量可供观察的材料，而且自身也提供了和以往完全不同的实验手段，并使新的工具的制造成为可能。可以说，真正有系统的实验的科学，这时候才第一次成为可能"[3]。这是一方面。另一方面，资本主义大工业的发展，"要求以自然力代替人力，以自觉应用自然科学来代替从经验中得出的成规"[4]。自然科学的发展及其在

---

① 马克思：《资本论》，《马克思恩格斯全集》第23卷，第533页。
② 毛泽东：《在边区自然科学研究会成立大会上的讲话》，《新中华报》1940年3月15日第3版。
③ 恩格斯：《自然辩证法》，《马克思恩格斯全集》第20卷，第533、524页。
④ 马克思：《资本论》，《马克思恩格斯全集》第23卷，第423页。

工业生产中的应用，就推动着工业生产现代化不断地向前发展。最后，最根本的原因还在于资本主义生产关系本身。资本主义生产的目的是为了无限制地追求利润，资本主义的竞争还使得这种内在的动力变成外在的强力，迫使资本家不断去发展生产技术。马克思说得好："资产阶级除非使生产工具，从而使生产关系，从而使全部社会关系不断地革命化，否则就不能生存下去。反之，原封不动地保持旧的生产方式，却是过去的一切工业阶级生存的首要条件。"①

工业现代化不仅是一个历史的概念，而且是世界的概念。伴随着以大工业作为物质技术基础的资本主义商品生产的发展，世界市场也就形成和发展起来。"资产阶级，由于开拓了世界市场，使一切国家的生产和消费都成为世界性的了。"②同样的道理，工业现代化也不是民族性的，而是世界性的。随着自由竞争的资本主义向垄断资本主义的过渡，帝国主义殖民体系形成了，世界资本主义经济体系形成了。工业现代化的世界性就更为明显了。在第一、第二两次世界大战以后，社会主义革命先后在俄国和欧、亚两洲的许多国家取得了胜利，并在社会主义国家之间建立了在经济性质上根本不同于资本主义国家之间的商品交换关系。但社会主义国家和资本主义国家之间的商品交流尽管有过曲折的变化，然而并没有中断，统一的世界市场并没有瓦解。这时工业现代化仍然是一个世界性的问题。

既然工业现代化是一个历史的、世界的概念，那么工业现代化就需要以当代最先进的国家作为标准。这是问题的一方面。另一方面，建国以来，我国虽然已经实现了社会主义工业化，但并没有实现工业的现代化。为了说明这一点，区分工业化和现代化的概念，是有必要的。

根据前面的分析，所谓现代化就是用当时最新的科学技术武装工业以及国民经济的各个部门，使得工业和整个国民经济达到当时世界先进水平的过程。当然，在不同的历史阶段，这个先进水平是有差别的。

那么，什么是工业化呢？按照斯大林的解释，"使我国工业化是什么意思呢？这就是把我国由农业国变为工业国。"③什么是由农业国变为工业

---

① ② 马克思、恩格斯：《共产党宣言》，《马克思恩格斯选集》第 1 卷，第 254 页。
③ 斯大林：《在十月铁路局斯大林铁路工厂工人大会上的演说》，《斯大林全集》第 9 卷，第 157 页。

国呢？斯大林在总结苏联第一个五年计划期间工业建设的成就时写道："这一切就使我国由农业国变成了工业国，因为工业产值的比重和农业产值的比重相比，已经由五年计划初（1928 年）的 48% 提高到五年计划第四年度（1932 年）末的 70%。"[1]可见，按照斯大林的定义，所谓工业化就是由农业国变成工业国，即工业产值占了工农业总产值的大部分。这当然是就工业化的一般含义，即对资本主义工业化和社会主义工业化都适用的意义上说的。如果就社会主义工业化来说，那还要加上很重要的一条，即把过渡时期初期多种经济成分的工业基本上改造成为社会主义的工业，使得社会主义所有制的工业在全部工业中占绝对优势。

如果按照上述工业化的一般含义来说，那么，许多资本主义国家从 18 世纪到 19 世纪，先后都完成了工业化；苏联是在本世纪 30 年代完成工业化的；我国是在 50 年代末期完成的。这样，就资本主义工业化和现代化的关系来说，从 18 世纪来看，工业化和现代化的过程是吻合的；而就现在来看，工业化只是现代化的一个发展阶段。无论苏联工业化，或是我国工业化，都只是现代化的一个发展阶段。

需要说明，在第一个五年计划期间，在我国社会主义工业化取得巨大胜利的时候，毛泽东同志就及时提出："我们一定会建设一个具有现代工业、现代农业和现代科学文化的社会主义国家。"[2]但由于 1958 年的"左"倾错误，我国社会主义现代化的建设事业受到了第一次严重挫折，后来随着调整国民经济任务的基本完成，在 1964 年底到 1965 年初召开的第三届全国人民代表大会上，周恩来同志代表党中央第一次正式地向全国人民提出："在不太长的历史时期内，把我国建设成为一个具有现代农业、现代工业、现代国防和现代科学技术的社会主义强国。"[3]但时隔一年多，就发生了"文化大革命"，我国社会主义建设遭到了建国以来的最严重的挫折，使得我国同经济发达国家已经缩小了的差距又拉大了。现在，我国在科学技术水平和工业生产方面比发达的资本主义国家大约落后 20 年左右，农业生产方面大约落后四五十年。事实表明，我国工业和整个

---

① 斯大林：《列宁主义问题》，人民出版社 1973 年版，第 451 页。
② 毛泽东：《在中国共产党全国宣传工作会议上的讲话》，《毛泽东选集》第 4 卷，第 404 页。
③ 周恩来：《政府工作报告》，人民日报出版社 1965 年版，第 8 页。

国民经济并没有实现现代化。[①]

综上所述，现代化是一个历史的、世界的概念，而我国同经济发达国家还有很大的差距。这就发生了工业和整个国民经济现代化问题。这就是问题产生的根据。

（二）工业现代化的动因及其重大意义

工业现代化虽然是一个世界的概念，但在不同社会制度下，工业现代化的动因是根本不同的。在资本主义制度下，发展大机器工业，是为了获取更多的剩余价值。按照马克思的说法，"机器是生产剩余价值的手段"。[②]后来，资本主义国家进一步实现工业现代化，也是由资本主义基本经济规律，即剩余价值规律推动的。社会主义基本经济规律的主要特点和要求是："用在高度技术基础上使社会主义生产不断增长和不断完善的办法，来保证最大限度地满足整个社会经常增长的物质和文化的需要。"[③]工业是提供劳动手段、能源和重要原材料的，并且成为越来越重要的消费资料的生产部门。所以，要达到社会主义的生产目的，实现工业现代化具有决定的意义。所以，社会主义工业现代化，是由社会主义基本经济规律推动的。

实现工业现代化，具有极重要的意义。首先，它是实现党在新的历史时期总任务的决定一环。

本来，在生产资料私有制的社会主义改造基本完成以后，我国所要解决的主要矛盾，已经不是社会主义和资本主义的矛盾，而是人民日益增长的物质文化需要同落后的社会生产力之间的矛盾。为了适应社会主要矛盾的这种变化，党和国家工作的重点必须转移到以经济建设为中心的社会主义现代化建设上来。1956年召开的党的第八次全国代表大会依据对这个矛盾的分析，明确提出："党和全国人民当前的主要任务，就是要集中力量来解决这一矛盾，把我国尽快地从落后的农业国变为先进的

① 薛暮桥：《中国社会主义经济问题研究》，人民出版社1979年版，第205页。
② 马克思：《资本论》，《马克思恩格斯全集》第23卷，第408页。
③ 斯大林：《苏联社会主义经济问题》，《斯大林文选》（下），人民出版社1977年版，第602页。

工业国。"①但后来由于几次"左"倾错误的干扰，一直没有实现党和国家的工作重点的转移，直到粉碎"四人帮"以后召开的党的十一届三中全会，才把党和国家工作的重点转移到社会主义现代化建设上来，把我国建设成为现代化的、高度民主的和高度文明的社会主义强国，这就是党在新时期的总任务。

在实现社会主义现代化过程中，工业现代化占有非常重要的地位，这是由工业在国民经济中的主导作用决定的。诚然，农业现代化在现代化建设中起着基础作用。特别是因为我国是一个农业大国，不解决农业现代化问题，就谈不上我国国民经济的现代化。但是从提供现代化的物质技术基础来看，没有强大的工业，就不可能从根本上改造农业落后的技术基础，使农业逐步摆脱自然条件的影响，实现农业生产的工业化；就不可能为农业现代化提供大量的农业机械、化肥、农药和各种原材料、燃料、动力等，实现农业现代化。

国防现代化是巩固国防、保障国家安全的物质基础。但是没有现代化的工业，就不可能有现代化的国防。国防现代化所必需的各种武器装备、交通补给工具、侦察手段、通讯联络和指挥设备等，都依赖于现代化的工业供给。工业现代化的水平直接决定国防现代化的水平。

科学技术现代化是实现四个现代化的关键。国民经济的现代化就是要以现代化的科学技术去武装农业、工业、国防和科研等部门。但是，如果没有强大的工业，现代科学技术发展所必需的、越来越精密复杂的现代化实验手段和装置，就难以得到保证。科学技术的现代化在很大程度上依赖于工业的现代化。

总之，工业现代化是社会主义四个现代化的决定一环。

工业现代化还是巩固社会主义经济制度和政治制度的极重要的物质基础。列宁说过："社会主义的唯一的物质基础，就是同时也能改造农业的大机器工业。"②我国农业合作化是在农业机械化以前实现的。但要巩固农业社会主义改造的成果，就必须实现农业机械化和现代化。正像资本主义的工场手工业不能彻底战胜个体手工业一样，以手工劳动为基础的

①《中国共产党第八次全国代表大会关于政治报告的决议》，《中国共产党第八次全国代表大会文件》，人民出版社 1980 年版，第 80 页。

②列宁：《在共产国际第三次代表大会上关于俄共的策略的报告提纲》，《列宁选集》第 4 卷，第 549 页。

集体农业也不能彻底战胜个体农业。但农业现代化是离不开工业现代化的。然而工业现代化不仅是巩固农业社会主义经济制度的物质基础，而且是巩固全部社会主义经济制度和政治制度的物质基础。在我国生产资料私有制的社会主义改造刚刚取得基本胜利不久，毛泽东同志就曾提出：在我国建立一个现代化的工业基础和现代化的农业基础，社会生产力有了比较充分的发展，"我们的社会主义的经济制度和政治制度，才算获得了自己的比较充分的物质基础（现在，这个物质基础还很不充分），我们的国家（上层建筑）才算充分巩固，社会主义社会才算从根本上建成了"。①

但无论上述列宁的论述，或者毛泽东同志的论述，都是从一国可能建成社会主义这个意义上说的，还不是从社会主义的完全的最后的胜利意义上说的。斯大林在同党内机会主义者作斗争时，把列宁关于社会主义革命可能首先在一国取得胜利的理论区分为两个方面：一方面，社会主义可能在一个国家内胜利，即无产阶级可能夺得政权并利用这政权来建成完全的社会主义；另一方面，没有其他国家革命的胜利，社会主义就不可能在一个国家内获得完全的最后胜利。②从社会主义完全的最后的胜利来说，工业现代化也有重要意义。要促进世界无产阶级革命的胜利和帝国主义制度的彻底崩溃，一个重要的条件就是要在全世界无产阶级面前充分显示社会主义制度对于资本主义制度的巨大优越性，最主要地是要有比资本主义高得多的劳动生产率。列宁说得很中肯："劳动生产率，归根到底是保证新社会制度胜利的最重要最主要的东西。资本主义制度造成了在农奴制度下所没有过的劳动生产率。资本主义可以被彻底战胜，而且一定会被彻底战胜的，因为社会主义能够造成新的高得多的劳动生产率。"③这个道理，无论是对一个国家内实现社会主义制度战胜资本主义制度来说，或者是对世界范围内实现社会主义制度战胜资本主义制度来说，都是适用的。而实现工业现代化，正是造成这种新的高得多的劳动生产率的一个重要步骤。

但社会主义的完全的最后胜利，还有另一个含义。这就是列宁讲的：

---

① 毛泽东：《一九五七年夏季的形势》，《毛泽东选集》第5卷，第462页。
② 斯大林：《列宁主义问题》，人民出版社1973年版，第159~160页。
③ 列宁：《伟大的创举》，《列宁选集》第4卷，第16页。

"社会主义就是消灭阶级。"①"显然，为了完全消灭阶级，不仅要推翻剥削者即地主和资本家，不仅要废除他们的所有制，而且要废除任何生产资料私有制，要消灭城乡之间、体力劳动者和脑力劳动者之间的差别。这是很长时期才能实现的事业。"但是"要完成这一事业，还须大大发展生产力"。②显然实现工业现代化，也是造就这种生产力的重要一环。

总之，实现工业现代化，不仅是巩固社会主义制度的最主要物质基础，而且是实现社会主义完全的最后胜利的重要步骤。

（三）工业现代化的重要标志

既然现代化是一个世界的历史的概念，那么，衡量一个国家工业现代化是否实现及其实现的程度，只能以当代世界范围内工业现代化的先进水平作为标准；而且，随着工业现代化的发展，这些标志所反映的具体内容也会不断地变化。

总的说来，所谓工业现代化就是要使工业自身建立在当代世界最新科学技术基础上，使整个国家的工业生产和技术达到当时的世界先进水平的过程。使工业建立在当代世界最新科学技术基础上，就是要在工业中运用现代自然科学、现代技术科学和现代社会科学的知识成果，使之转化为直接的社会生产力。

分别说来，劳动资料的现代化，是衡量工业现代化的首要的和基本的标志。

马克思说过："各种经济时代的区别，不在于生产什么，而在于怎样生产。劳动资料不仅是人类劳动力发展的测量器，而且是劳动借以进行的社会关系的指示器。在劳动资料中机械性的劳动资料（其总和可称为生产的骨骼系统和筋肉系统）比只是充当劳动对象的容器的劳动资料（如管、桶、篮、罐等，其总和一般可能为生产的脉管系统）更能显示一个社会生产时代的具有决定意义的特征。"③人类社会生产发展的历史表

---

① 列宁：《无产阶级专政时代的经济和政治》，《列宁选集》第4卷，第89页。
② 列宁：《伟大的创举》，《列宁选集》第4卷，第11页。
③ 马克思：《资本论》，《马克思恩格斯全集》第23卷，第204页。

明：劳动资料特别是其中的生产工具是决定社会生产力发展水平的最重要的物质因素。所以，工业现代化首先和主要地体现在劳动资料特别是生产工具的现代化上面。在当代，由于原子能、电子和空间技术在生产中的运用，使得工业的全面自动化达到了很高的水平，大大提高了劳动生产率。这些也就成为工业现代化的一个极重要方面。

随着现代科学技术的发展及其在工业中的运用，还产生了工业部门结构的现代化。

许多资本主义国家的工业化都是从轻工业开始的。在资本主义工业化初期，轻工业生产工具已经机械化。但这种机械并不是由机械化的资本主义工厂生产的，而是由资本主义的工场手工业甚至手工业生产的。这时，在工业部门的结构中，轻工业就占了较大的比重。但随着机械化了的轻工业的发展，由手工业和工场手工业生产机器终究不能满足轻工业的需要，于是要求发展机器制造业。"这样，大工业才建立起与自己相适应的技术基础。"①伴随着机器制造业的发展，煤炭、钢铁等工业以更快的速度发展起来。科学技术的进步也为重工业的发展提供了条件。这样，重工业在工业部门结构中的比重大大上升了。但相对于当代新兴的工业部门来说，这时的重工业和轻工业都是劳动和机器密集型的工业，可称为传统工业。

可是，随着现代科学技术的发展及其在工业中的运用，在工业发达的国家中，新兴的工业部门，如石油化工、合成材料、电子计算机、原子能以及宇航工业等，得到了迅速的发展。这些新兴工业部门是一种科学技术密集型工业，即用人少，但对科学技术的要求高。它们主要靠高度的科学技术完成传统工业无法完成的生产活动，能够提供许多新材料、新技术，把劳动生产率提高到空前未有的高度。

与此同时，原有的传统工业的技术也在逐步得到改造，实现向科学技术密集型工业的过渡。例如，煤炭工业的地下气化法、冶金工业的一步炼钢法以及纺织工业中的无梭织布法，等等，均属此例。

所以，传统的劳动和机器密集型工业比重的下降，科学技术密集型工业比重的上升，是当代工业部门结构现代化主要的发展趋势。

---

① 马克思：《资本论》，《马克思恩格斯全集》第 23 卷，第 422 页。

工业劳动资料和部门结构的现代化，必然导致工业从业人员结构的现代化，因为它们都要求"相应地发展运用这些工具的人的能力"。[①]这样，在当代经济发达的国家，工业内部各类人员的比例关系发生了以下的变化：工业中从事脑力劳动的劳动者比重上升，从事体力劳动的劳动者比重下降；技术人员的比重增加，生产工人的比重下降；管理人员专家化；生产工人的劳动中脑力劳动成分在上升，体力劳动的成分在下降。同时，现代化生产的发展，又导致了专业化与协作的发展以及生活服务的社会化。这样，工业企业内部服务人员的比重大大下降，而社会上从事服务工作的人员的比重显著上升。

工业从业人员结构的这种变化，反映了工业现代化的要求，也构成了工业现代化的一个重要方面。

现代工业生产技术的进步，必然引起工业生产组织的变化。

生产技术的进步会导致企业规模的扩大，引起生产的集中化。"技术进步必然引起生产的各部分的专业化、社会化。"[②]当代生产技术的进步，使得产品专业化、零部件专业化、工艺专业化、原材料生产专业化和辅助生产专业化大大地向前发展了。由于整个社会生产是一有机的整体，伴随着生产专业化的发展，各个部门、各个企业之间的相互依存关系越来越密切，因而对协作化的要求也就越来越迫切了。与工业生产集中化、专业化和协作化相联系，联合化也得到了发展。列宁说过，帝国主义阶段"有一个极重要的特点，就是所谓联合制"。[③]这种联合制的发展，固然同现代资本主义生产关系发展有联系，但同时也是现代社会生产力发展的结果。

所以，工业生产组织方面的集中化、专业化、协作化和联合化的发展，也是工业生产现代化的一个重要标志。

工业生产现代化必然要求有与它相适应的管理组织和管理方法，否则，先进的技术设备也难以发挥作用。因此，当代工业先进的国家，为适应生产技术现代化的需要，都十分重视管理的现代化。日本把科学、技术、管理称为现代文明的"三鼎足"。他们一方面加强了传统的组织管

---

① 恩格斯：《共产主义原理》，《马克思恩格斯选集》第1卷，第222页。
② 列宁：《论所谓市场问题》，《列宁全集》第1卷，第85页。
③ 列宁：《帝国主义是资本主义的最高阶段》，《列宁选集》第2卷，第741页。

理，把人、财、物的合理组织提高到一个新的水平；另一方面，积极采用各种现代化管理手段和方法，大搞经营管理的机械化，把电子计算机和经济数字方法广泛应用于经营管理。所以，管理现代化也是工业生产现代化的客观要求，成为工业现代化的一个重要方面。

工业劳动资料的现代化以及与此相联系的工业部门结构、工业从业人员结构、工业生产组织和工业管理的现代化，都反映在工业的主要技术经济指标的增长上。所以，工业主要技术经济指标是否达到世界先进水平，是工业现代化的综合标志。

上述诸方面，是工业现代化的一般标志，它对各个国家（包括资本主义国家和社会主义国家）都是适用的。从共同的意义上说，对我国也是适用的。

（四）中国社会主义工业现代化道路的某些重要特点

由于各国经济、社会、历史和自然的条件不同，因而工业现代化道路各有特点。探讨我国工业现代化道路的特点，对于顺利地、迅速地实现社会主义现代化，具有十分重要的意义。

这里首先需要明确工业现代化道路概念的内涵。

斯大林曾经把解决社会主义工业化资金积累的方法，称作社会主义工业化的道路。他多次说过："靠本国节约来发展工业的道路，即社会主义积累的道路。列宁同志屡次指出这条道路是我国工业化唯一的道路。"①斯大林还把优先发展重工业称作苏联的社会主义工业化道路（或方法）。他说："苏维埃的国家工业化方法，与资本主义的工业化方法根本不同。在资本主义国家，工业化通常都是以轻工业开始。"苏联共产党"拒绝'通常的'工业化道路，而从发展重工业开始来实行国家工业化。"②斯大林在这里是把优先发展重工业同工业化速度问题联系在一起的。毛泽东同志也把工业化过程中重工业、轻工业和农业的发展关系，称作工业化

---

① 斯大林：《关于苏联经济状况和党的政策》，《斯大林全集》第 8 卷，第 115 页。
② 斯大林：《在莫斯科市斯大林选区选举前的选民大会上的演说》，《斯大林文选》（下），人民出版社 1977 年版，第 449 页。

的道路，他说："这里所讲的工业化道路的问题，主要是重工业、轻工业和农业的发展关系问题。我国的经济建设是以重工业为中心，这一点必须肯定。但是同时必须充分注意发展农业和轻工业。"①在这里，毛泽东同志是把重工业、轻工业和农业的发展关系问题，同解决工业化过程中的资金、市场、原料问题，以及工业化速度等问题联系在一起的。

根据这样的分析，我们还可以在更广泛的意义上来理解我国工业现代化道路问题，即把创造工业现代化所需要的各种条件（如资金、燃料、动力和技术装备以及技术力量等）的办法，提高工业现代化的速度特别是经济效益（这是社会主义现代化建设的核心问题，是考虑一切经济问题的根本出发点）的途径，均看作是工业现代化的道路。

现在就从这个角度探讨我国工业现代化道路的特点。这里首先又要阐明决定这条道路的诸种因素。

第一，社会主义经济（包括社会主义的国营经济和集体经济）在我国国民经济中已经占了统治地位，其中社会主义国营经济居于主导地位。但还要有适当数量的个体经济和其他的非社会主义经济作为必要的补充。就社会主义国营企业来说，它还是相对独立的商品生产者。

第二，建国以后，我国已经逐步建立了独立的、比较完整的工业体系和国民经济体系。从这方面说，现在的底子比解放初期要雄厚得多了。但整个说来，我国的工农业生产和社会生产力比当代经济发达的国家还有很大的差距，特别是农业生产主要还靠手工劳动，而农业在国民经济中又占有很大的比重，我国还是一个经济相对落后的国家。从这方面说，现在的底子还很薄。

第三，建国以后，我国的教育、科学、文化、卫生、体育事业有了很大的发展。但总的说来，也远远落后于当代经济发达的国家，还是一个文化相对落后的国家。

第四，建国以后，半殖民地半封建中国存在的那种政治经济发展不平衡状态，已经有了改观。这种改观有两种不同的情况：就其经济、政治的社会关系方面来说，已经根本改变了。例如，"微弱的资本主义经济和严重的半封建经济同时存在，以及管理中央政府的大军阀和管理各省

---

① 毛泽东：《关于正确处理人民内部矛盾的问题》，《毛泽东选集》第5卷，第400页。

的小军阀同时存在"①等情况，早已不存在了；就生产力发展水平的差异来说，虽然已经发生了巨大的改变，但还只是部分的改变，不是完全的改变。就全国来看，生产力发展水平表现为多层次状态：手工工具、半机械化工具、机械化设备和高度自动化设备同时存在。这种情况无论在农业中，或是在工业中都是存在的。就社会主义两种公有制来看，社会主义国营经济生产力发展水平比较高，而集体经济比较低。就城市和乡村来看，城市的经济比较先进，农村较为落后。就地区之间来看，东部沿海地区生产发展水平较高，西部较低。就民族之间来看，汉族地区经济比较发达，少数民族地区则显得落后。这都是就一般情况而言的。

与上述的经济发展不平衡状态相适应，文化的发展也还存在类似的不平衡状态。

第五，我国是世界上人口最多的国家。与人口最多相联系，我国劳动力资源极为丰富。但同时必须看到人作为生产者，是需要一定条件的：一是生理条件。在人的一生中，从出生到初具劳动能力，是一个消费者，或者说只是劳动力的后备资源；在到了老年以后，绝大部分人都会逐渐丧失劳动能力，逐渐由生产者变成消费者。二是社会劳动条件。人在具备了劳动能力以后，必须同一定数量的劳动工具和劳动对象相结合，才能成为现实的生产者。这样，一定时期内能有多少劳动者参加生产，要受到生产资料数量的制约。人要成为社会主义建设所需要的劳动者，还必须受一定的教育。而教育事业的发展，同样要受到社会经济发展水平的限制。还需看到：人作为消费者是无条件的，任何时候都需要有消费资料。我国人口多、劳动力多，无论就新增加的劳动力需要追加生产资料来说，特别是人作为消费者需要的生活资料来说，尽管水平较低，但数量仍然是很庞大的。我们必须全面估计人口多对于社会生产（包括工业生产）的影响。

第六，由于经济和文化发展的相对落后和不平衡，以及人口多等原因，在一个相当长的时期内，我国工业建设的资金不会宽裕。

第七，我国幅员辽阔、资源丰富。但是丰富的自然资源还不是现实的生产资料，要把自然界的宝藏变成现实的生产资料，还需要经过艰苦

---

① 毛泽东：《中国革命战争的战略问题》，《毛泽东选集》第 1 卷，第 172 页。

的努力，需要一系列复杂的地质勘探和开发工作。但我国目前开发手段落后，又受资金的限制，因而人们对地下的宝藏，还远没有认识清楚。有些矿产资源品位低，开采的消耗量大，相对说来，储量也就减少了。同时采掘技术也落后，矿产的深部储量和许多伴生矿，短期内还难以开发利用。还需看到：我国矿产资源，从近期来说是丰富的，但就实现社会主义现代化的长远需要来说，并不完全如此。由于人口多、需要量大，随着现代化的逐步实现，需要的增长量也很大。有些矿产资源也会紧张起来。所以，我们还必须对我国资源作恰当的估计。

上述各种因素从不同方面，在不同程度上制约着我国工业现代化的道路。

根据上述的我国国情以及三十多年社会主义建设的经验教训，我国社会主义工业现代化道路的某些重要特征似乎可作如下的概括。

第一，与上述的经济关系和社会生产力的发展状况相适应，我国要实行这样的经济管理体制：在社会主义国营经济占主导地位、社会主义经济占优势的条件下，允许多种经济形式的同时并存，并且允许多种经营形式的同时并存。

就社会主义国营工业来说，要逐步改革现行的管理上权力过于集中、政企不分，分配上"吃大锅饭"、搞平均主义的经济管理体制。在坚持实行社会主义计划经济为主的前提下，发挥市场调节的辅助作用，国家在制定计划时也要充分考虑和运用价值规律，对于全局性的、关系到国计民生的经济活动，要加强国家的集中统一领导，对于不同企业的经济活动，要给以不同程度的决策权；要逐步实行政企分工，扩大企业自主权，使企业成为相对独立的社会主义经济实体；同时要在企业内部建立经济责任制度，扩大职工管理企业的民主权利。

第二，在工业生产组织方面，要依据专业化协作及其他的经济合理的原则，对当前相当普遍地存在着的"大而全"、"小而全"的企业实行改组。同时要依据生产发展的需要，以及行政领导与自愿互利相结合的原则，促进企业的联合。

第三，生产结构要实行这样的调整和安排：不能像过去某些时期那样存在着某种为生产而生产的错误倾向，一味追求像钢铁等重工业初级产品、中间产品的产量，而严重忽视产品的品种、质量，特别是严重忽视最终消费品生产；而是要依据社会主义生产目的的要求，从生产最终消费品出发，来适当安排初级产品、中间产品和最终消费品生产的比例关系。

与此相联系，也不能像过去某些时期那样，片面发展重工业，特别是钢铁工业，"挤了"农业和轻工业，也"挤了"能源工业和钢铁以外的原材料工业以及其他各项事业；也要从提高人民的物质及文化生活水平出发，大力发展消费品工业的生产，调整重工业的服务方向及其内部结构，调整工业和其他各项事业的关系，使得农业、轻工业、重工业、交通运输业、商业、服务业以及科学、技术、文化等各项事业能够得到相互协调、相互促进的发展，实现经济的良性循环。

扩大再生产的形式，不能再像过去那样，[①]主要依靠建设新企业来进行，严重忽视现有企业的技术改造；而是要转向主要依靠现有企业的技术改造。

在工业技术方面，不能只是采用先进的技术，而要实行先进技术与中间技术、初级技术相结合的办法。还要把发展资金密集、技术密集的工业与劳动密集的工业结合起来。

在工业企业规模方面，不能只是发展大型企业，而要实行大型企业与中型企业、小型企业的同时并举。

第四，在分配方面，也不能像过去那样，忽视人民生活的改善和提高，盲目地追求高积累，而是要依据社会主义积累规律的要求，依据"一要吃饭，二要建设"的基本原则，兼顾积累和消费两方面，把发展生产建设和改善人民生活紧密结合起来，做到生产和劳动生产率增长了，人民生活也要得到提高，人民生活的提高又要建筑在生产和劳动生产率提高的基础上，还要坚决贯彻按劳分配原则，逐步改革劳动工资制度；要加强思想政治工作，把物质鼓励和精神鼓励结合起来。同时，要继续坚定不移地实行人口计划生育这一基本国策。

第五，我国是一个社会主义大国，必须依据自力更生为主的原则，推进工业的现代化。就是说，必须主要依靠我国自己的力量来解决工业

---

① 这里所说"不能再像过去那样"，是因为在建国初期，半殖民地半封建中国留下的工业基础十分薄弱，因而工业的扩大再生产必须主要靠新建企业。但是，长期这样，就会降低经济效益。在建立了独立的、比较完整的工业体系的条件下，更不需要这样做。

现代化过程中的资金、技术装备、原材料、燃料动力和技术力量等问题。但在世界市场存在的条件下，又可以而且必须依据平等互利的原则，积极发展对外经济联系，充分利用国际市场以及外国的资金、先进的科学技术和管理方法。而且，通过国际间的商品交换，互通有无，以他国之长，补我国之短，也就是坚持了自力更生。

如果遵循上述的道路前进，就能比较顺利、比较迅速地解决我国工业化过程中各种困难（如资金、技术装备和技术力量等等），就能加快工业现代化的进程，特别是能大大提高工业现代化的经济效果。这是一条速度比较实在，经济效益比较高，人民得到更多实惠的工业现代化道路。

如果把工业现代化进程也算作工业现代化道路的一项内容的话，那么，我国工业现代化道路还存在这样一个特点：需要经过更艰苦的努力，需要经过较长的时间，需要分步骤实现。例如，可以设想：到本世纪末只能初步实现工业的现代化，然后再进一步基本实现工业现代化，最后再全面实现工业现代化。这是因为尽管我国有优越的社会主义制度，可以加速现代化的进程，但我国还是一个经济、文化发展相对落后而又很不平衡的、人口众多（特别是农业人口众多）的大国。胡耀邦同志对这一点作过深刻的分析。他说："社会主义现代化建设是一场伟大的革命。我们是在一个曾经受尽帝国主义压迫和掠夺的经济文化落后的东方大国，进行这场伟大革命的。中国先于发达资本主义国家进入社会主义社会，这是中国所处的特殊历史条件，我们党的正确领导和全国人民艰苦奋斗的结果，是科学社会主义的发展，是我们党和中国人民的光荣。但这同时又使我们的社会主义事业，不可避免地要遭到一系列由于经济文化落后而产生的困难，要经历更加艰苦更加长久的奋斗。"[1]

但同时"应当看到，我们有经过千锤百炼的干部队伍，我们已经建立起相当可观的物质基础，我们的党心、军心、民心都强烈要求祖国兴盛起来，我们有社会主义制度的优越性，加上我们已经有了正确的思想路线、政治路线和组织路线，这些都是长期起作用的决定因素。毫无疑问，我们的社会主义事业有伟大的前途，我国亿万人民有伟大的前途"。[2]

---

① 胡耀邦：《在庆祝中国共产党成立六十周年大会上的讲话》，人民出版社 1981 年版，第 26 页。
② 胡耀邦：《在庆祝中国共产党成立六十周年大会上的讲话》，人民出版社 1981 年版，第 27 页。

　　胡耀邦同志还生动形象地说明了我国社会主义现代化事业的艰苦性及其光辉灿烂的前景。他说："我们还要走一段相当长的艰难的路程。好比登泰山，已经到了'中天门'，前面还有一段要费很大气力的路——三个'十八盘'。要爬过这一段路，才能到达'南天门'。由'南天门'再往前，就可以比较顺利地向着最高峰'玉皇顶'挺进了，到了那里就好比我们实现了社会主义现代化建设的宏伟任务。……毫无疑问，在伟大征途上，我们一定能够征服'十八盘'，登上'南天门'，到达'玉皇顶'，然后再向新的高峰前进。"[①]

　　我国工业现代化事业，像整个现代化事业一样，虽然是十分艰苦的，但一定是能够实现的！

---

　　① 胡耀邦：《在庆祝中国共产党成立六十周年大会上的讲话》，人民出版社 1981 年版，第 13 页。

五、社会主义国家所有制工业
企业的基本特征

社会主义国家所有制工业在国民经济中居于主导地位。探讨作为国民经济细胞的国有工业企业生产力和生产关系的特点，它在国民经济中的地位和作用，具有重要的理论意义和实践意义。这里拟就这些问题作些初步探讨。

（一）国家所有制工业企业生产的基本特点

为了阐明国家所有制工业企业的社会经济性质、地位和作用等问题，首先必须分析它在生产力方面的特点。

社会主义国家所有制工业企业在生产力方面的基本特点就在于：它的绝大部分都是现代工业企业。当然，我国国家所有制工业企业的生产技术还未达到当代工业先进国家的现代化水平，而且国家所有制工业企业之间机械化、自动化的水平也有很大的差别。但是，就它们都使用了现代工业生产工具——机器设备来说，就它们的工业生产技术现代化水平不断提高的趋势来说，我们仍然不妨把它们称作现代工业企业。

这种现代工业企业，从生产力方面看，与手工业企业有着根本的区别。它具有以下重要特点：

第一，现代工业企业拥有越来越现代化的、越来越复杂的技术装备。

手工业企业的劳动者是使用手工工具从事生产的，主要是靠人力作动力的。而现代工业企业主要是运用机器体系进行生产的，用电力做动力，并广泛采用现代技术。

在现代工业企业中，不仅直接的生产过程是由机器设备武装起来的，而且还拥有运输、起重、储存、控制等等必需的机器设备。

现代工业企业所拥有的各种技术装备，"所有发达的机器都由三个本质上不同的部分组成：发动机，传动机构，工具机或工作机"。"发动机是整个机构的动力"。传动机"调节运动，在必要时改变运动的形式，……把运动分配并传送到工具机上"。"工具机才抓住劳动对象，并按照一定的目的来改变它"。[①]

现代工业企业的各种机器设备是相互依存和相互制约的。因而，它们不仅在性能上，而且在数量上，都要有一定的配合，相互联结成为一个有机的整体，成为一种有组织的机器体系。

人类社会生产力发展的历史表明：作为手工业企业的物质技术基础的手工工具的发展变化是"极端缓慢的"。[②]但作为现代工业企业物质技术基础的机器设备的进步却是很迅速的。马克思说得好："现代工业的技术基础是革命的，而所有以往的生产方式的技术基础本质上是保守的。"[③]

这一点，在当代突出地表现为：随着现代科学技术的飞跃发展，随着电子计算机在工业生产中的运用，就出现了自动的机器体系。马克思曾经说过："当工作机不需要人的帮助就能完成加工原料所必需的一切运动，而只需要人从旁照料时，我们就有了自动的机器体系。"[④]这在 19 世纪 70 年代还只能看作是一种预言。但在当代经济发达的国家已经成为，并且越来越普遍地成为社会生产中的事实。而且，当代的自动机器体系比马克思所预料的要先进得多，复杂得多，完善得多。在我国那些高度自动化的国家所有制工业企业中，也已经有了这种自动的机器体系。

第二，现代工业企业拥有数量愈来愈多的、科学技术文化水平愈来愈高的、各种不同类型的生产劳动者；并且存在着与科研部门、教育部门融合的趋势。

---

① 马克思：《资本论》，《马克思恩格斯全集》第 23 卷，第 410 页。
② 列宁：《俄国资本主义的发展》，《列宁全集》第 3 卷，第 547 页。
③ 马克思：《资本论》，《马克思恩格斯全集》第 23 卷，第 533 页。
④ 马克思：《资本论》，《马克思恩格斯全集》第 23 卷，第 418 页。

手工业企业的劳动者运用手工工具加工劳动对象，劳动过程主要是直接依靠劳动者的体力、经验和技艺来进行的。

在现代工业企业的生产中，劳动者的体力、经验和技艺仍然有着重要的作用。但是，单靠这一点，并不能实现现代大工业生产。因为在这里，各种机器设备的安装、使用和维修，都需要按照客观的自然规律来进行，都离不开自然科学的指导。用马克思的话来说，机器生产这种生产形式，要求"以自觉应用自然科学来代替从经验中得出的成规"。①这样，现代工业企业就需要掌握科学技术的工程技术人员来从事技术管理。

不仅如此，在现代工业企业中，就是直接操纵机器设备的生产工人，也需要掌握一定的技术知识；否则，也不能驾驭现代技术装备和控制生产过程。

任何大规模的协作劳动都需要管理。但同手工业企业相比，现代工业企业无论在管理的内容、方法或手段上，都发生了巨大的变化。在前一种企业中，简单协作固然并不复杂，就是以分工为基础的协作也是比较简单的。在后一种企业中，使用复杂的机器体系，存在着严密的分工和协作，专业化协作的发展，又使得企业供、产、销等方面的社会联系变得异常复杂起来，这就要求企业管理采用现代化的管理方法和管理手段。企业管理的这些变化，不仅要求管理人员懂得经济理论，而且需要掌握自然科学知识。这样，随着现代工业的发展，就出现了管理人员专家化的趋势。

随着现代科学技术在工业中的运用，工业企业生产中涉及的科学技术问题愈来愈综合，愈来愈复杂。这不仅要求工程技术人员，而且要求科学研究人员直接参与生产过程，使得科学研究机构直接成为现代工业企业内部的越来越重要的部门，出现了后者同前者直接融合起来的趋势。这一点，在当代经济发达的国家已经成为普遍的现象；在我国的许多工业企业中也越来越明显地表现出来。

现代的工业和科学技术的发展，不仅要求教育部门把新就业的工业劳动者培养成具有各种不同文化水平的劳动者，而且要求不断提高在业的工业劳动者的科学技术文化水平。因为，①现代科学技术日新月异的

---

① 马克思：《资本论》，《马克思恩格斯全集》第23卷，第423页。

进步，使得科学知识迅速趋于"老化"。如果在职人员不对他们在学龄期间学到的知识进行补充和更新，就不能适应工业生产技术不断进步的需要。②现代科学技术的迅速发展，使得原有的工业部门不断改组，新兴的工业部门不断出现，使得职工的职业不断地发生变化。马克思说过："大工业的本性决定了劳动的变换、职业的更动和工人的全面流动性。"因而"承认劳动的变换，从而承认工人尽可能多方面的发展是社会生产的普遍规律"。①在现代工业生产条件下，为了避免在业职工学到的科学技术知识的"老化"，以维持和提高其就业能力，为了使得他们适应劳动分工变化的需要，以增强其更新职业的能力，就必须对在业职工继续进行教育。为此，当代许多经济发达的国家除了兴办业余教育以外，还建立了在职教育或"终身教育"制度，许多工业企业不仅附属有初级、中级的技工学校，而且办起了供自己企业的工程技术人员、科学研究人员和经营管理人员进修的高等院校。这样，教育部门也成为现代工业企业不可分割的组成部分，出现了后者同前者直接融合起来的趋势。这种趋势在我国现代工业企业中也同样存在着。

第三，现代工业企业的劳动分工和协作关系，是以使用现代机器设备为基础的，是异常严密、异常复杂的。

在手工业企业中，生产主要依靠劳动者的体力和技艺，因而劳动分工主要也是依据劳动者擅长的技艺。这是主观的分工原则。但在现代工业企业中，机器设备具有十分重要的作用，因而劳动分工是以使用的机器设备为基础，并且适应机器设备和各种现代技术的要求来建立的。这是客观的分工原则。马克思曾经指出："在工场手工业中，单个的或成组的工人，必须用自己的手工工具来完成每一个特殊的局部过程。如果说，工人会适应这个过程，那么这个过程也就事先适应了工人。在机器生产中，这个主观的分工原则消失了。在这里，整个过程是客观地按其本身的性质分解为各个局部过程如何结合的问题，由力学、化学等等技术上的应用来解决。"②

在手工业企业中，无论是简单协作，或是以分工为基础的协作，都

---

① 马克思：《资本论》，《马克思恩格斯全集》第 23 卷，第 534 页。
② 马克思：《资本论》，《马克思恩格斯全集》第 23 卷，第 417 页。

是不复杂的。而现代工业企业，却是一个既有严格分工、又有密切协作的复杂的生产体系。现代工业企业一般都是由许多生产车间组成的；这些车间又分为若干个班组。另外，还有各种必需的辅助生产部门、服务部门和管理部门，以及设计部门、科学研究部门和教育部门。在现代工业企业里，常常拥有数十种乃至上百种不同工种的工人和数量众多的工程技术人员、科学研究人员、设计人员、经营管理人员在一起劳动。在他们之间存在着一种异常精细的分工和十分复杂的协作关系。

第四，在现代工业企业中，生产过程各个组成部分存在着连续性，它们之间的联系是十分严密和精确的。

在手工业企业中，由于生产主要是建立在劳动者个人的体力、经验和技艺的基础上，因而它的生产过程的各个组成部分的联系，它的"社会劳动过程的组织纯粹是主观的，是部分工人的结合"。① 所以，"在工场手工业中，各特殊过程的分离是一个由分工本身得出的原则"。② 这当然是就手工业企业生产过程的各个组成部分不存在直接连续性的意义上说的。如果就它的前一个过程是后一个过程必经阶段来说，那当然还是相互联系的。但是，手工业企业分工的特点又决定了这种联系必然会受到劳动者人身条件的制约，它的严密性和精确性就不能不受到限制。

但在现代工业企业中，生产过程的各个组成部分的联系，同时表现为有组织的机器体系的各个部分的联系。"在有组织的机器体系中，各局部机器之间不断地交接工作，也在各局部机器的数目、规模和速度之间造成一定的比例。结合工作机现在成了各种单个工作机和各组工作机的有组织的体系。"这样，"在发达的工厂中，起支配作用的是各个特殊过程的连续性"。③ 而且，由于这种联系摆脱了劳动者人身条件的限制，严密性和精确性也是手工业企业无法比拟的。

第五，现代工业企业之间以及工业企业与农业和其他的经济部门之间，有着越来越广泛、越来越密切的联系。

在手工业生产的条件下，社会分工没有也不可能得到广泛的发展。这时手工业企业之间以及手工业企业与农业等经济部门之间的联系虽然

① 马克思：《资本论》，《马克思恩格斯全集》第 23 卷，第 423 页。
②③ 克思：《资本论》，《马克思恩格斯全集》第 23 卷，第 418 页。

有所发展，但并不是很密切的。

随着大机器工业的发展及其生产技术的进步，情况就有了重大的变化。因为这种技术进步必然导致专业化生产的发展。正如列宁所指出的："这种专业化，按其实质来说，正像技术的发展一样没有止境。要把制造整个产品的某一部分的人类劳动的生产率提高就必须使这部分的生产专业化，使它成为一种制造大量产品因而可以（而且需要）使用机器等的特种生产。这是一方面。另一方面，资本主义社会的技术进步表现在劳动社会化上面，而这种社会化必然要求生产过程中的各种职能的专业化，要求把分散的、孤立的、在从事这一生产的每个作坊中各自重复着的职能变为社会化的、集中在一个新作坊的、以满足整个社会需要为目的的职能。"列宁还强调指出："技术进步必然引起生产的各部分的专业化、社会化。"①列宁这里讲的虽然是资本主义经济条件下大机器工业生产技术的进步与生产专业化的关系，但就它的一般内容来说，对于社会主义经济条件下大机器工业生产的技术进步与生产专业化的关系也是适用的。随着工业生产专业化的发展，企业之间的协作关系也就愈来愈密切。因为专业化是协作的基础，协作又是专业化的条件。

当代工业生产技术的进步，不仅使得同类产品实现了专业化生产，而且使得某一种部件、零件，甚至某一加工阶段也实现了专业化生产。这样，工业企业之间以及工业企业和其他经济部门之间的联系也就越来越广泛、越来越复杂了。

上述这些就是在生产力方面，社会主义国家所有制的现代工业企业与手工业企业相区别的一些基本点。

（二）国家所有制工业企业的社会经济性质

讨论这个问题的必要性

长期以来我国学术界存在着一种传统看法，认为社会主义国家所有制工业企业还是相对独立的商品生产者。

---

① 列宁：《论所谓市场问题》，《列宁全集》第 1 卷，第 84~85 页。

但是，近年来，我国学术界又出现了另一种观点，认为我国社会生产力水平比较低，没有社会主义国家所有制存在的余地，应该退到企业的集体所有制；或者认为，社会主义国家所有制只是在建国初期有它存在的必要，而在尔后的发展中，它产生了一系列的弊病，应该把国家所有制改为"社会所有制"或"全民自主的所有制"。在"社会所有制"或"全民自主的所有制"的条件下，企业劳动者集体根据市场情况完全自主地经营事实上归他们所有的资金，并决定收入的分配，积累基金原则上也全部由企业支配。所以，这种"社会所有制"或"全民自主的所有制"，实质上就是集体所有制。可见，这两种看法在论述上虽然是有区别的，但有一点是共同的，即都否认了社会主义国家所有制存在的客观必然性，并主张退到集体所有制。

上述两类观点表明：国有企业的社会经济性质问题，还是一个有争论的问题；而这个问题又是同我国经济管理体制改革的实践紧密相连的，因而颇有讨论的必要。

社会主义历史阶段国家所有制存在的客观必然性

1. 马克思列宁主义关于社会主义国有化理论，是科学社会主义的重要组成部分。

我们认为，否认社会主义国家所有制存在的客观必然性，并主张退回到集体所有制的观点，是值得商榷的。

为了说明这一点，有必要先来扼要地叙述一下作为科学社会主义重要组成部分的马克思主义关于社会主义国有化的理论。

按照恩格斯的说法，由于马克思的两个伟大发现，即唯物主义历史观和剩余价值理论，社会主义理论已经由空想变成了科学。[①]马克思主义关于社会主义国有化的理论之所以是科学的，就在于马克思主义创始人在建立这个理论的过程中，自始至终严格地遵守了历史唯物主义的理论和方法。

这一点突出地、系统地表现在马克思主义的基本理论著作《反杜林论》中。恩格斯在该书的第三篇第二章中依据历史唯物主义的基本原理，即经济基础决定上层建筑，生产力决定生产关系的原理，作出结论说：

---

① 恩格斯：《社会主义从空想到科学的发展》，《马克思恩格斯选集》第 3 卷，第 424 页。

"一切社会变迁和政治变革的终极原因，不应当在人们的头脑中，在人们对永恒的真理和正义的日益增进的认识中去寻找，而应当在生产方式和交换方式的变更中去寻找。"①恩格斯正是从资本主义社会的基本矛盾的发展，即资本主义生产的社会性和生产资料的私人资本主义占有之间的矛盾的发展，论证了无产阶级革命的必然爆发，以及资本主义私有制的必然灭亡和社会主义社会公有制必然胜利。很显然，只有用生产资料的社会主义社会公有制去代替资本主义私有制，才能适合生产力的社会性质，才能解决资本主义的基本矛盾。

在这个问题上，恩格斯运用历史唯物主义并不只限于这一点，他还运用社会存在决定社会意识的基本观点指出：用来消除资本主义社会弊病的手段，也"不应当从头脑中发明出来，而应当通过头脑从生产的现存物质事实中发现出来"。②有的同志把恩格斯这里所说的消除资本主义社会弊病的手段只是理解为无产阶级反对资产阶级的阶级斗争和无产阶级革命。从首要的和主要的意义上，这种看法并没有错误。但这种归结也并不是完整的。而就我们这里讨论的问题来说，提出这种不全面的方面，是尤为必要的。这里存在的一个重要理论问题是：究竟用一种什么样的社会主义社会公有制的形式去代替被消灭的资本主义私有制？在这方面，恩格斯高度评价了资产阶级国有化的意义。他说："只有在生产资料或交通手段真正发展到不适于由股份公司来管理，因而国有化在经济上已成为不可避免的情况下，国有化——即使是由目前的国家实行的——才意味着经济上的进步，才意味着在由社会本身占有一切生产力方面达到了一个新的准备阶段。"③不仅如此，"生产力的国家所有不是冲突的解决，但是它包含着解决冲突的形式上的手段，解决冲突的线索"。④恩格斯还明确指出：资产阶级国有化"本身就指明完成这个变革的道路"，即无产阶级取得国家政权后，"首先把生产资料变为国家财产"。⑤

后来，列宁依据帝国主义时代的新的经济情况进一步发展了恩格斯

　① 恩格斯：《反杜林论》，《马克思恩格斯选集》第3卷，第307页。
　② 恩格斯：《反杜林论》，《马克思恩格斯选集》第3卷，第307~308页。
　③ 恩格斯：《反杜林论》，《马克思恩格斯选集》第3卷，第317页。
　④ 恩格斯：《反杜林论》，《马克思恩格斯选集》第3卷，第318页。
　⑤ 恩格斯：《反杜林论》，《马克思恩格斯选集》第3卷，第320页。

的这个思想。列宁在同俄国社会革命党人和孟什维克作斗争时指出：社会主义并不像他们所想象的那样"远不可及的模糊的将来"。"其实，社会主义现在已经在现代资本主义一切窗口中出现，在这个最新资本主义的基础上每前进一步的每一重大措施中，社会主义都直接而实际地显示出来了。"①这当然不是说，社会主义经济可以在垄断资本主义经济中产生，而是说，垄断资本主义的发展为社会主义经济的建立创造了更充分的条件，并更具体地预示着"完成这个变革的道路"。事实上，列宁也正是这样分析的。他写道："国家垄断资本主义是社会主义的最完备的物质准备，是社会主义的入口，是历史阶梯上的一级，从这一级上升到叫做社会主义的那一级，没有任何中间级。"②有的同志把列宁这里所说的"最完备的物质准备"。仅仅看作是在国家垄断资本主义条件下生产社会化程度得到了更充分的发展。这当然是一个最重要方面，但这种理解并不完善。请看列宁对这个问题的分析。列宁曾经认为，20世纪20年代德国国家垄断资本主义的发展，为社会主义革命作了最完备的物质准备。因为"那里有现代大资本主义技术的'最新成就'，以及服从于容克资产阶级帝国主义的有计划的组织"。如果"不要军阀的、容克的，资产阶级的、帝国主义的国家，而同样用国家，但已是另一种社会类型、另一种阶级内容的苏维埃国家，即无产阶级国家来代替，那你们就会得到实现社会主义的全部条件"。"没有建筑在现代科学最新成就上的大资本主义技术，没有一个使千百万人在产品的生产和分配中最严格遵守统一标准的有计划的国家组织，社会主义就无从说起"。③在列宁看来，"全民的计算和监督"是"国家资本主义和社会主义所共有的东西"。④当然，二者的社会经济性质是根本不同的。列宁同时也强调指出："无产阶级若不在国家内占统治地位，社会主义也是无从设想的，这也是一个起码的常识"。⑤

可见，列宁在帝国主义时代对马克思主义关于社会主义国有化理论的发展，不仅在于他提供了社会主义革命的新理论，把马克思主义的无产阶级革命和无产阶级专政的理论推进到一个新的历史阶段（无产阶级

---

① ② 列宁：《大难临头，出路何在？》，《列宁选集》第3卷，第164页。重点是原有的。

③ 列宁：《论"左派"幼稚性和小资产阶级性》，《列宁选集》第3卷，第544~545页。

④ 列宁：《论"左派"幼稚性和小资产阶级性》，《列宁选集》第3卷，第546页。

⑤ 列宁：《论"左派"幼稚性和小资产阶级性》，《列宁选集》第3卷，第545页。

革命和无产阶级专政是社会主义国有化根本的政治前提），也不仅在于他指出了垄断资本主义、特别是国家垄断资本主义的发展，在生产力方面为社会主义国有化准备了更充分的物质条件，而且在于他指出了在无产阶级取得政权，并对剥夺者实行剥夺以后，要借鉴德国的国家垄断资本主义，建立起"使千百万人在产品的生产和分配中最严格遵守统一标准的有计划的国家组织"，实行"全民的计算和监督"。

我们在前面说明了马克思列宁主义关于在社会主义历史阶段社会主义社会公有制采取国家所有制形式的观点。不是凭空想出的，而是依据资产阶级国有化和国家垄断资本主义发展的事实提出的。那么，究竟为什么在这个历史阶段社会主义社会公有制必须采取国家所有制的形式呢？很显然，社会主义社会公有制经济要顺利地实现再生产，必然要求有一个社会经济中心，组织社会的生产、交换、分配和消费。在社会主义历史阶段，无产阶级国家的存在是不可避免的。在这种条件下，这个社会经济中心还只能是带有强制性的无产阶级的国家组织。这就是说，社会主义社会所有制还必须采取国家所有制的形式。关于这一点，列宁曾经作过清楚的说明。他写道："既然在消费品的分配方面存在着资产阶级的法权，那当然一定要有资产阶级的国家，因为如果没有一个能够迫使人们遵守法权规范的机构，法权也就等于零。"[1]列宁这里说的资产阶级国家，是没有资产阶级的资产阶级国家，即无产阶级的国家。列宁的这个分析，从分配这一个方面，说明了社会主义历史阶段无产阶级国家存在的必要性，也说明了社会主义社会公有制采取国家所有制形式的必要性。列宁还明确说过："在共产主义的'高级'阶段到来以前"，需要"武装工人的国家""对劳动标准和消费标准实行极严格的监督"。[2]

马克思列宁主义关于社会主义国有化的理论，在伟大的俄国十月革命中获得了光辉的胜利。苏联 1950 年工业总产值比 1917 年增长了 20 倍。[3]在这期间，还经受了 1918~1920 年反对外国武装干涉和国内战争以及 1941~1945 年反对希特勒德国侵略的战争，经济受到严重的破坏；否则，工业增长的幅度要大得多。这证明列宁、斯大林领导的苏联的社会主义

---

① 列宁：《国家与革命》，《列宁选集》第 3 卷，第 256 页。
② 列宁：《国家与革命》，《列宁选集》第 3 卷，第 254 页。
③ 苏联统计局编：《苏联国民经济六十年》，苏联统计出版社 1977 年俄文版，第 4 页。

国家所有制形式是适合了生产力的社会性质的，是大大促进了苏联工业生产发展的。

综上所述，马克思列宁主义关于社会主义国有化的理论之所以成为科学社会主义的重要组成部分，之所以是根本区别于空想社会主义的，不仅在于他们把社会主义国有化的终极原因归结为资本主义社会基本矛盾的发展上，而不是归结为对"永恒的真理和正义"的认识上；不仅在于他们把无产阶级革命和无产阶级专政看作是实现社会主义国有化的根本政治前提，而不是否定阶级斗争；不仅在于他们提出的社会主义国有化的形式，不是凭空想出的，而是根据资产阶级国有化和国家垄断资本主义发展的事实，并且建筑在社会主义社会公有制和按劳分配的要求上；更重要的①还在于已经为俄国十月社会主义革命的实践所证明了。

既然马克思列宁主义关于社会主义国有化理论是科学社会主义的组成部分，那么在原则上说来，对我国社会主义革命的实践也是适用的。但具体说来，究竟为什么是适用的，还需要阐述作为马克思列宁主义的普遍原理与中国革命具体实践相结合的毛泽东思想关于中国社会主义国有化的理论，还需要分析半殖民地半封建中国资本主义经济发展的具体情况。

2. 毛泽东思想关于中国社会主义国有化的理论，是马克思列宁主义的普遍原理与中国革命具体实践相结合的产物。

在半殖民地半封建的中国，帝国主义经济和官僚资本主义经济与封建主义经济一起占了统治地位。这两种资本主义经济均有着它本身固有的基本矛盾，特别是由于它们在半殖民地半封建中国社会的特有属性，成为阻碍中国经济发展的桎梏。②所以，毛泽东同志说过：帝国主义经济、封建主义经济和官僚资本主义经济是"中国最落后的和最反动的生产关系，阻碍中国生产力的发展"。③这是其一。其二，"中国的现代性工业的产值虽然还只占国民经济总产值的 10% 左右，但是它却极为集中，最大

---

① 按照毛泽东同志的说法："马克思列宁主义之所以被称为真理，也不但在于马克思、恩格斯、列宁、斯大林等人科学地构成这些学说的时候，而且在于尔后革命的阶级斗争和民族斗争的实践所证明了的时候。"（毛泽东：《实践论》，《毛泽东选集》第 1 卷，第 269 页）

② 详见本著《半殖民地半封建中国工业的基本特征》一篇。

③ 毛泽东：《中国社会各阶级的分析》，《毛泽东选集》第 1 卷，第 4 页。

的和最主要的资本是集中在帝国主义者及其走狗中国官僚资产阶级的手里"。①帝国主义的在华经济像它在本国的经济一样，都是垄断的、集中的经济，都是实现社会主义国有化的比较充分的物质基础，这是很清楚的。半殖民地半封建中国的工业是很落后的，但对在中国资本主义经济中占统治地位的官僚资本主义经济来说也是很集中的；而且就抗日战争胜利以后的官僚资本主义经济来说，其中有相当一部分就是从接收本来就很集中的日本、德国和意大利等帝国主义侵略国的在华经济得来的。毛泽东同志说过："这个国家垄断资本主义，在抗日战争期间和日本投降以后，达到了最高峰，它替新民主主义革命准备了充分的物质条件。"②需要说明的是：毛泽东同志这里说的虽然是官僚垄断资本主义的发展"替新民主主义革命准备了充分的物质条件"。但在中国，"民主主义革命是社会主义革命的必要准备，社会主义革命是民主主义革命的必然趋势"。③从这种相互连接的意义上，也可以说替社会主义革命准备了充分的物质条件。

正是根据这样的分析，毛泽东同志作出结论说："没收这些资本归无产阶级领导的人民共和国所有，就使人民共和国掌握了国民经济命脉，使国营经济成为整个国民经济的领导成分。这一部分经济，是社会主义性质的经济，不是资本主义性质的经济。"④

可见，在中华人民共和国建立以后，没收官僚资本，并清除帝国主义在华的一切经济势力，以建立社会主义国家所有制经济，是符合马克思列宁主义关于社会主义国有化理论的，是符合中国具体情况的，体现了马克思列宁主义的普遍原理与中国革命具体实践相结合的原则，是中国共产党和毛泽东同志对马克思主义关于社会主义国有化理论的一个重要发展。

这里人们可能提出这样的问题：中国民族资本主义经济并没达到垄断的阶段，生产的集中程度是不高的，那如何说明这部分私人资本主义经济的国有化呢？

第一，如果认为资本主义经济一定要达到垄断的阶段，才能实现社

①④ 毛泽东：《在中国共产党第七届中央委员会第二次全体会议上的报告》，《毛泽东选集》第 4 卷，第 1369 页。

② 毛泽东：《目前形势和我们的任务》，《毛泽东选集》第 4 卷，第 1197 页。

③ 毛泽东：《中国革命和中国共产党》，《毛泽东选集》第 2 卷，第 614 页。

会主义的国有化，这在理论上是没有根据的。马克思主义创始人在标志着科学共产主义诞生的纲领性文件《共产党宣言》中，就把剥夺资本、实现社会主义国有化，作为党的基本纲领提出来了。他们写道："无产阶级将利用自己的政治统治，一步一步地夺取资产阶级的全部资本，把一切生产工具集中在国家即组织成为统治阶级的无产阶级手里，并且尽可能快地增加生产力的总量。"① 在《共产党宣言》发表的前一年，即 1847 年，恩格斯在同样具有纲领意义的《共产主义原理》中，提出了马克思主义关于自由竞争的资本主义时代无产阶级革命的理论。这个理论认为："共产主义革命将不仅是一个国家的革命，而将在一切文明国家里，即至少在英国、美国、法国、德国同时发生。"② 但在 19 世纪中叶，所有这些文明国家均未达到垄断资本主义阶段。可见，马克思主义创始人并不认为，垄断资本主义的发展是在无产阶级取得政权后实现社会主义国有化的必须具备的条件。

第二，如前所述，资本主义经济必须实行社会主义国有化的根本原因，是在于资本主义基本矛盾的发展。这个基本矛盾也是民族资本主义经济所固有的。而且，只要我们对具体问题采取具体分析的态度，那么，尽管民族资本主义经济还未达到垄断的阶段，集中的程度不高，但在我国过渡时期的具体条件下，资本主义的基本矛盾也越来越尖锐了。这个时期在政治上的根本特征是建立了人民民主专政（即无产阶级专政），无产阶级成为国家的主人；在经济上的根本特征是建立了社会主义国家所有制，这个经济是有计划发展的。在这种政治、经济条件下，与资本主义基本矛盾（即生产社会性和生产资料的私人资本主义占有的矛盾）相联系的两个矛盾，即无产阶级和资产阶级的矛盾，以及私人企业内部的生产有组织性与社会生产的无政府的矛盾，③ 必然更加尖锐起来。而且矛盾的范围也扩展了，不仅有私人资本主义经济内部的矛盾，而且有私人资本主义经济与居于国民经济领导地位的社会主义国家所有制经济的矛盾；不仅有企业内部的阶级矛盾，而且有全体社会主义劳动者同资产阶

---

① 马克思、恩格斯：《共产党宣言》，《马克思恩格斯选集》第 1 卷，第 272 页。
② 恩格斯：《共产主义原理》，《马克思恩格斯选集》第 1 卷，第 221 页。
③ 恩格斯曾经对资本主义基本矛盾与无产阶级和资产阶级的矛盾，以及私人企业的生产有组织性与社会生产的无政府状态的矛盾的联系问题，作过详细的分析，参阅《反杜林论》第三篇第二章。

级的矛盾。总之，在我国过渡时期的条件下，"在资本主义企业和国家的各项经济政策之间，在它们和社会主义国营经济之间，在它们和本企业职工、全国各族人民之间，利害冲突越来越明显"。①

第三，诚然，民族资本主义经济同官僚资本主义经济是有区别的。但这个区别并不表明民族资本主义经济不需要实行社会主义国有化，因为无论是官僚资本主义经济，或是民族资本主义经济，均有资本主义的基本矛盾，而这正是社会主义国有化的基本原因。这个区别只是表明在实现社会主义国有化的方式上应该有所不同；对待官僚资本主义经济可以而且必须采取强行没收的办法；对待民族资本主义经济，正如毛泽东同志所指出的，在我国条件下，可以"用和平的方法，即用说服教育的方法"。②

可见，中国共产党和毛泽东同志对于民族资本主义经济采取的社会主义改造政策，也体现了马克思列宁主义的普遍原理与中国革命具体实践相结合的原则，并且是马克思主义关于社会主义国有化理论的另一个重要发展。

中国共产党和毛泽东同志关于对中国资本主义经济（包括官僚资本主义经济和民族资本主义经济）实现社会主义国有化的理论，也已经取得了伟大的胜利。如前所述，它大大促进了我国工业生产的发展。③

可见，提出中国生产力落后，否定建国以后实现社会主义国有化的必要性，否定建立社会主义国家所有制经济的必要性，这种观点无论在理论上和实践上都是没有根据的。

至于认为当前我国生产力落后，没有社会主义国家所有制存在的客观条件，应该退到集体所有制，这种观点的悖理性，就更加明显了。①既然建国以后实现的社会主义国有化同生产力的社会性质是相适应的，大大促进了生产力的发展；而且现在生产社会化的程度大大提高了。④那怎么反而要把社会主义国家所有制倒退到集体所有制呢？②毛泽东同志在1957 年指出："必须懂得，在我国建立一个现代化的工业基础和现代化的

①《中国共产党中央委员会关于建国以来党的若干历史问题的决议》，人民出版社 1981 年版，第 13 页。

②毛泽东：《在最高国务会议上的讲话》，《1956 年到 1967 年全国农业发展纲要（草案）》，人民出版社 1956 年版，第 2 页。详见本著《中国社会主义工业的建立》一篇。

③详见本著《中国社会主义工业的建立》一篇。

④详见本著《中国社会主义工业的发展》一篇。

农业基础，从现在起，还要十年至十五年。只有经过十年至十五年的社会生产力的比较充分的发展，我们的社会主义的经济制度和政治制度，才算获得了自己的比较充分的物质基础（现在，这个物质基础还很不充分）。"①毛泽东同志这里说的比较充分地发展社会生产力，以巩固社会主义的经济制度，当然首先包括了社会主义国家所有制经济制度。但既然发展生产力的一个重要目的是要巩固社会主义国家所有制的经济制度，那为什么在社会生产力有了发展的条件下，又要把社会主义国家所有制倒退到集体所有制呢？这些，显然是无法自圆其说的。

3. 对当前我国工业的生产力和马克思当年说的资本主义发达国家工业生产力，都要作如实的估计。

尽管否定社会主义国家所有制的观点，既不符合马克思列宁主义和毛泽东思想，也不符合十月革命以来的社会主义的实践，但有的同志仍然振振有词地说：马克思当时提出的社会主义国有化纲领，是要在资本主义高度发展的基础上实现的，而我国当前社会生产力水平比它们要低，因而不具备建立社会主义国家所有制的条件。

看来，为了澄清这种看法，仅仅作上述的理论分析还是不够的，还需要把我国当前工业生产力的发展水平和 19 世纪中叶英国的情况作一下对比，以便作出如实的估计。如前所述，马克思主义创始人在 19 世纪中叶曾经预言：社会主义革命有可能在一切文明国家同时取得胜利。在这同时，他们又提出了社会主义国有化的纲领。而在当时的文明国家中，英国的资本主义是发展得最充分的。所以，和英国当时工业生产力的发展状况作对比，是更有利于说明我们的问题的。

为了同样的目的，还需要把我国当前工业生产力的发展水平，同 20 世纪 20 年代德国的情况作一下对比。如前所述，列宁认为，20 世纪 20 年代德国国家垄断资本主义的发展，为社会主义革命作了最完满的物质准备。

为了便于作上述的两种对比，我们先把有关的数字列于表 1。

---

① 毛泽东：《一九五七年夏季的形势》，《毛泽东选集》第 5 卷，第 462 页。

表 1　中国和英国、德国的主要工业产品产量的比较 ①

国别	年代	原煤		原油		发电量		生铁		钢	
		总产量（万吨）	人均产量（吨）	总产量（万吨）	人均产量（吨）	总产量（亿度）	人均产量（度）	总产量（万吨）	人均产量（吨）	总产量（万吨）	人均产量（吨）
中国	1980	62000	0.6	10595	0.11	3006	312	3802	0.04	3712	0.04
英国	1850	1980	2.2	—		—		224	0.10	22	0.01
德国	1913	27734.2	4.1	12.1	0.002	203.28	321	1676.4	0.25	1832.9*	0.27*

　　表 1 表明尽管当前我国按人口平均计算的原煤和生铁的产量还不及 1850 年英国的水平，但钢的人均产量已经超过了当时的英国。原煤、电、生铁和钢的人均产量也不及 1913 年德国的水平，但原油的人均产量已经超过当时德国的水平。然而重要的是：在上述的主要工业产品的产量方面，当前我国不仅远远超过了 1850 年英国的水平，而且大大超过了 1913 年德国的水平。就原煤、生铁和钢等三种产品来说，1980 年中国产量依次分别为 1850 年英国产量的 12.5 倍、17 倍和 168.7 倍。就原煤、原油、电、生铁和钢等五种产品来说，1980 年中国产量依次分别为 1913 年德国产量的 2.2 倍、875.6 倍、14.8 倍、2.3 倍和 2 倍。按人口平均计算的主要工业产品产量固然能够更确实地反映一个国家工业生产力的发展水平。但主要工业产品的总产量也能反映这一点，特别是上述的主要工业产品总产量相差很大的情况，更能说明这一点。

　　这还是就传统工业品产量来说的，如果考虑到后来由于新的科学技术的发明和运用而产生的新的工业部门，那就更能表明当前我国工业生产力发展水平和当年英国、德国发展的差异了。就 1850 年英国工业生产来说，那时电力还没有发明和运用，因而与电力的运用有关的新兴工业部门，如机电工业、汽车制造工业、飞机制造工业、石油工业和化学工业，等等，还没有建立起来。更不要说本世纪 40 年代以来由于原子能、电子计算机和空间技术的发明和运用而产生的当代新的部门（如原子能工业、高分子合成工业、电子计算机工业、半导体工业、宇宙航空工业

---

　　① 中国数字见《中国经济年鉴》（1981），第 Ⅵ–27、31 页。英国和德国的数字分别见《英、法、美、德、日百年统计提要》，统计出版社 1958 年版，第 12、38、42、44 和第 187、194、196、198、200、210 页，系 1925 年的产量。按人口平均计算的产量，都是作者根据有关数字计算的。

和激光工业，等等）了。1913 年德国的工业生产中，虽然已经有了与电力的运用有关的新兴工业部门，但是与当代科学技术的发展有关的新兴工业部门，仍然是没有的，也是不可能有的。而我国当前，不仅那些与电力运用有关的工业有了很大的发展，而且与当代科学技术有关的新兴工业也已经或正在建立起来。在这方面，1850 年的英国和 1913 年的德国是无法比拟的。

从当前我国主要工业部门的生产技术水平看，也比当时的英国和德国的水平高得多。斯大林曾经把机械工业称作工业的心脏，一个国家机械工业产品技术水平，颇能代表这个国家的生产力发展状况。根据一机部对其所属的机电产品技术水平的初步分析，现有产品中约有 60% 以上为四五十年代水平；30% 以上为 60 年代的水平；相当于 70 年代水平的不到 5%。这个数据表明，我国当前工业生产的技术水平，比当代经济发达的国家还有很大的差距，但同时表明，比 1913 年德国的水平，特别是比 1850 年的英国的水平高得多。当然，当前我国农业大部分还是靠手工劳动，使用人力和畜力工具；工业当中也有一部分手工业生产，这些方面还是很落后的。但就社会主义国家所有制工业的主要部分的生产技术水平来看，就绝不能说比当年的英国和德国水平还要低，而是在许多方面都大大超过了当时它们的水平。

我们把当前我国工业生产力的水平和当年的英国和德国作对比，并不是要证明我国工业生产力已经发展到很高的水平了，甚至已经达到当代经济发达国家的水平了；而是要表明既不要把马克思所说的当年资本主义发达国家的生产力水平，想象得高不可攀，也不要把我国当前已经达到的生产力水平看得很低，而是要证明我国建国初期在社会生产力方面具备了实现社会主义国有化的物质条件，而当前又拥有了巩固社会主义国家所有制强大得多的物质基础，而是要证明那种认为我国当前社会生产力比较低，没有社会主义国家所有制存在的条件的观点，是不符合事实的。

4.经济生活中的许多弊病，并不是由社会主义国家所有制产生的。

有的同志又从另一个方面提出了否定社会主义国家所有制存在的论据。在他们看来，建国初期实现社会主义国有化还是必要的，但后来由此产生了一系列的弊病，为了消除这种弊病，现在需要把社会主义国家所有制改变为社会主义集体所有制。

乍一看来，这种观点似乎是从我国实际情况出发的，是从总结我国社会主义实践的经验教训出发的。但只要提出这个问题，即按照历史唯物主义的观点，考虑生产资料所有制形式的根本出发点究竟是什么，那么，就可以清楚地看出上述观点的出发点，不是从生产力的性质出发，而是从弊病出发来观察所有制问题，因而欠妥。

马克思主义认为："只有把社会关系归结于生产关系，把生产关系归结于生产力的高度，才能有可靠的根据把社会形态的发展看做自然历史过程。不言而喻，没有这种观点，也就不会有社会科学。"①这是历史唯物主义的基本观点，抛弃了这一点，就从根本上丢掉了历史唯物主义。马克思列宁主义正是依据这样的基本观点，从资本主义生产社会化发展的基本事实出发，从资本主义社会的基本矛盾，即生产社会性与生产资料的私人资本主义占有之间的矛盾的发展出发，提出了在无产阶级取得政权后实现社会主义国有化的问题。马克思列宁主义从来都是把这种社会化的生产同生产资料的社会主义国家所有制联系起来，从来都不把它同社会主义集体所有制联系起来。这并不是偶然的，因为只有前者才能同生产力的社会性质相适应，而后者是不能适应的。

诚然，马克思列宁主义也提出过建立社会主义的合作社问题。但马克思列宁主义从来都不是无条件地、孤立地提出这个问题，从来都没有把集体所有制看作是唯一的社会主义经济形式，而总是把无产阶级夺取政权和社会主义国家所有制经济居于领导地位，作为建立集体所有制的合作社的根本前提的，并且把这种合作社作为改造农民个体经济的形式来看待的；在这种合作社建立以后又是作为处于社会主义国家所有制经济领导下的一种社会主义经济形式，是处于向将来的共产主义社会过渡的形式。关于这一点，恩格斯和列宁都做过清楚的说明。恩格斯曾经说过：像法国这样小农经济还占很大比重的国家，"当我们掌握了国家权力的时候，我们绝不会用暴力去剥夺小农（不论有无报偿，都是一样），像我们将不得不如此对待大土地占有者那样。我们对于小农的任务，首先是把他们的私人生产和私人占有变为合作社的生产和占有，但不是采用

---

① 列宁：《什么是"人民之友"以及他们如何攻击社会民主主义者?》，《列宁全集》第 1 卷，第 120 页。

暴力，而是为此提供社会帮助"。①他又说过：在德国这类资本主义不甚发达的国家，"在向完全的共产主义经济过渡时，我们必须大规模地采用合作生产作为中间环节"。"但事情必须这样处理，使社会（首先是国家）保持对生产资料的所有权。这种合作社的特殊利益就不可能压过全社会的整个利益"。②列宁也明确说过："国家政权既已掌握在工人阶级手里，剥削者的政权既已推翻，全部生产资料（除工人国家暂时有条件地自愿租给剥削者的一部分生产资料外）既已掌握在工人阶级手里，现在情况就大变了。""现在我们有理由说，在我们看来，单是合作社的发展就等于……社会主义的发展。"③

上述错误观点从弊病出发，而不是从生产力的性质出发考虑所有制问题，那就必然会陷于无法解脱的矛盾之中，既然集体所有制同生产社会性是不适应的，如果把社会主义国家所有制都倒退到集体所有制，那就必然会同生产力的发展处于矛盾的状态中，必然会产生真正的更严重的弊病。

但上述观点的欠妥之处，不仅在于考虑问题的出发点方面，而且在于他对产生弊病的原因缺乏实事求是的分析，把它一股脑儿地都推到社会主义国家所有制的身上了。社会主义社会所有制是同生产力的社会性质相适应的，无产阶级国家又是"可以使劳动在经济上获得解放的政治形式"；④社会主义社会公有制通过这样的国家来占有，就表现为社会主义国家的所有制。所以，从原则上说来，把我国当前经济生活中的许多弊病都归之于社会主义国家所有制，是很难说得通的。

诚然，我国当前经济生活中确实存在许多弊病，但这些弊病产生的原因是很复杂的。例如，经济工作指导方面长期存在着严重的"左"倾错误；"文化大革命"10年中，林彪、江青两个反革命集团进行了破坏，造成了种种严重后果；作为社会主义国家所有制具体表现形式的经济管理体制还存在着重大缺陷；国家的政治生活还没真正地、全面地实现民主化，等等。但所有这些方面，同社会主义国家所有制都没有必然的联

---

① 恩格斯：《法德农民问题》，《马克思恩格斯选集》第4卷，第310页。
② 恩格斯：《致奥古斯特·倍倍尔（1886年1月20~23日）》，《马克思恩格斯〈资本论〉书信集》，第470页。
③ 列宁：《论合作制》，《列宁选集》第4卷，第687页。
④ 马克思：《法兰西内战》，《马克思恩格斯选集》第2卷，第378页。

系，我们并不能把它们看作是社会主义国家所有制造成的。

5. 否定社会主义国家所有制，将会产生种种严重后果。

如上所述，否定社会主义国家所有制存在的种种观点，都是难以存在的。但是，问题还不只是限于这一点，如果按照这种观点去做，还将会造成种种严重后果。主要是：难以保证国民经济的有计划的发展；难以巩固集体所有制经济和无产阶级专政。

但有人说，在把社会主义国家所有制改为集体所有制以后，仍然可以由无产阶级的国家或者另外组织一个社会经济中心，对宏观经济实行社会的调节，就可以保证国民经济的有计划发展，就可以解决上述问题。这里且不说这种设想在其他方面的种种弊病，只是提出：按照这种设想，究竟能否解决上述问题，首先是能否保证国民经济的有计划的发展？

为了说明这一点，看来还需要说明为什么社会主义国家所有制是保证国民经济有计划发展的根本经济条件？这是人们熟知的命题。但对这个命题所包含的具体内容似乎还阐述得不够。而上述的那种设想正是同这个情况有联系的。

我们认为，这个命题至少包括下述三个相互联系的重要内容：

第一，马克思主义认为，一定的生产资料所有制就是一定的生产关系的总和。马克思说过：资产阶级"私有制不是一种简单的关系，也绝不是什么抽象概念或原理，而是资产阶级生产关系的总和"。[①]就是说，资产阶级私有制不是离开资本主义生产关系的总和而单独存在的关系，而是包括资本主义的直接生产、交换、分配和消费这样几方面关系的总和；也绝不是什么抽象的概念，而是体现在上述几个方面的生产关系上。其所以是这样，因为这几个方面的生产关系，都是生产资料的资本主义私有制在经济上的实现。从一般的意义上，社会主义所有制也是社会主义生产关系的总和，它也是通过生产关系的各个方面实现的。作为社会主义国家所有制的代表的国家，对国民经济实行计划管理，就是这种所有制在经济上实现的一项极重要内容。用法学的语言来说，社会主义国家对国民经济的计划权，是它对归社会公有的生产资料所有权在组织社会经济生活方面的表现。这一点，正是社会主义国家所有制成为国民经济

---

① 马克思：《道德化的批判和批判化的道德》，《马克思恩格斯选集》第1卷，第191页。

有计划发展的根本经济条件的一个重要原因。

但是，如果把社会主义国家所有制改为集体所有制，那无论是国家也好，或者是社会经济中心也好，它没有对归社会公有的生产资料所有权，哪里会有组织社会经济生活的计划权呢？

第二，马克思主义还认为："每一个社会的经济关系首先作为利益表现出来。"①社会主义国家所有制也是首先作为利益表现出来的。在社会主义国家所有制经济中，尽管各个部门、各个地区和各个企业之间存在着局部利益的差别，但根本利益是一致的。正是这种根本利益的一致，使得社会主义国家有可能对国民经济实行计划管理。这也是社会主义国家所有制成为国民经济有计划发展的根本经济条件的另一个重要原因。

但是，如果把社会主义国家所有制改为集体所有制，由前者所产生的那种根本利益的一致，也就不存在了。而在集体所有制企业之间存在着利益上的重大差别。在这种条件下，国家或社会经济中心怎么可能对国民经济实行计划管理呢？当然，在社会主义国家所有制的条件下，集体所有制企业也是完全可能接受无产阶级国家的计划管理的。但在前者不存在的情况下，那就是另外一回事了。

第三，社会主义国家所有制之所以成为国民经济有计划发展的根本经济条件，还因为这种所有制使得社会主义国家掌握了国民经济命脉，掌握了大量的产品和资金。这是保证国民经济有计划的发展，调节各部门、各地区的比例关系，克服各部门、各地区的不平衡所不可缺少的物质力量。

但是，如果把社会主义国家所有制改为集体所有制，国家或社会经济中心的手中并不拥有物质力量，那如何保证国民经济的有计划发展呢？列宁曾经说过："要认真实行调节经济生活，就必须把银行和辛迪加（指工商业辛迪加——引者）同时收归国有。"②列宁的这段话是在 1917 年 2 月俄国资产阶级民主革命以后和十月社会主义革命前夕写的。当时面临着资产阶级临时政府和苏维埃政权并存的局面。列宁给苏维埃政权提出了向社会主义革命过渡的措施。在经济方面，这种过渡措施的内容之一就

---

① 恩格斯：《论住宅问题》，《马克思恩格斯选集》第 2 卷，第 537 页。
② 列宁：《大难临头，出路何在？》，《列宁选集》第 3 卷，第 141 页。

是调节经济生活，对社会生产和产品分配实行监督。显然，这种调节经济生活，远远不是社会主义国家对国民经济的计划管理。但即使如此，列宁还认为"必须把银行和辛迪加同时收归国有"。那社会主义国家对国民经济实行计划管理，不建立社会主义国家所有制，不掌握国民经济命脉，能够做得到吗？

需要着重指出：要保证国民经济有计划的发展，就必须有社会主义国家所有制经济，这一点现在已经不是由理论来证明的问题，而是应该由社会主义建设的实践来检验的问题了。从十月社会主义革命到现在的半个多世纪中，社会主义国家有许多成功的经验表明了这一点，有的国家的教训也证实了这一点。

把社会主义国家所有制改为集体所有制，那就连集体所有制本身也难以巩固。马克思说过："在一切社会形式中都有一种一定的生产支配着其他一切生产的地位和影响，因而它的关系也支配着其他一切关系的地位和影响。"①历史表明：在资本主义社会条件下，资本主义经济对合作社经济起着这种支配作用，使得合作社经济成为资本主义经济；只有在无产阶级专政和社会主义国家所有制的条件下，合作社经济才有可能成为社会主义的经济。如果社会主义国家所有制经济不存在了，合作社经济也就难以长期保持自己的社会主义性质。如果认为把社会主义国家所有制改为集体所有制，而又能长期保持集体所有制的社会主义性质，那在实际上就很难同罗伯特·欧文的空想社会主义划清界限。罗伯特·欧文曾经主张在资本主义社会条件下通过发展合作社来实现他的理想社会。这种主张之所以是一种幻想，"就是因为他们没有估计到阶级斗争、工人阶级夺取政权、推翻剥削者的阶级统治这样的根本问题，而幻想用社会主义来和平改造现代社会"。②同时，也由于他们忽视了与无产阶级夺取政权相联系的建立社会主义国家所有制这样的重要问题。而把社会主义国家所有制改为集体所有制，那就不仅是集体所有制赖以存在、巩固和发展的根本经济前提不存在了，根本的政治前提——无产阶级专政也难以巩固，这就必然危及到集体所有制本身的巩固。

---

① 马克思：《〈政治经济学批判〉导言》，《马克思恩格斯选集》第 2 卷，第 109 页。
② 列宁：《论合作制》，《列宁选集》第 4 卷，第 686 页。

那么，究竟为什么把社会主义国家所有制改为集体所有制，无产阶级专政也难以长期巩固呢？社会主义国家所有制和社会主义集体所有制，都是无产阶级专政赖以存在的经济基础，工人阶级和集体农民阶级也都是无产阶级专政赖以存在的阶级基础。但是，社会主义国家所有制和集体所有制以及工人阶级和集体农民阶级的地位和作用并不是并列的。社会主义国家所有制和工人阶级居于领导地位，起主导作用；社会主义集体所有制和集体农民阶级是处于被领导地位，不起主导作用。这样，把社会主义国家所有制改为集体所有制，不仅国家所有制不存在了，工人阶级的阶级属性也会发生变化，而且会危及集体所有制和集体农民经济地位的巩固，这怎么能够不影响无产阶级专政的巩固呢？

这里需要说明：由于过去经济工作指导方面长期存在着"左"的错误，曾经多次出现过急于把社会主义集体所有制变为社会主义国家所有制的所谓"穷过渡"，把大量的城镇集体所有制工业搞成了准国家所有制的工业，把一部分以手工劳动为基础的、本来应该实行集体所有制的小企业，也搞成了国家所有制。现在依据生产力的发展状况，稳步地把那些本来应该属于集体所有制的国家所有制，改成真正的集体所有制，那是适宜的。这在表面上看来，似乎是一种"倒退"，但在实际上是改正错误，然而这毕竟是工作中的部分问题，而不是全局问题。就是说，不是建国以后根本不应该实行社会主义国有化，也不是现在要把全部的社会主义国家所有制企业都改成集体所有制企业。

总之，我们认为，建国以后实现社会主义国有化是必要的，现在和整个社会主义历史阶段，社会主义国家所有制的存在也是必要的。我们应该以这一点为前提，来确认企业的社会主义国家所有制的经济性质。这就是我们对待这种企业的经济性质的基本观点。

社会主义国家所有制企业是相对独立的商品生产者

1. 国有企业成为相当独立的商品生产者的原因。

我们在前面用了大量篇幅详细地从理论上、实践上和政治上论证了社会主义国家所有制在整个社会主义历史阶段存在的必要性及其重要意义，并且以此为前提，确认了企业归社会主义国家所有的经济性质。但是，这并不表明我们赞同长期流行的这样一种传统观点，即否定国有企业是相对独立的商品生产者。

那么，究竟为什么社会主义国家所有制企业还是相对独立的商品生产者呢？按照历史唯物主义关于生产力决定生产关系的理论，也只有从生产力的发展状况中去探索它的原因。

劳动力和生产资料是一切社会生产的必要因素。只有把二者结合起来，才能实现社会的生产。因此，劳动力和生产资料的结合，是一切社会生产的出发点。但在人类社会发展的各个阶段，组织劳动力和生产资料结合的生产单位是不同的。人类社会生产发展的历史表明：这种一定的作为社会生产组织形式的基本生产单位，总是由一定的生产力决定的。在人类社会的初期，生产工具是十分简陋的石器，生产力极为低下，不仅进行生产，就是保卫人类的生存，都需要依靠集体的力量。这样，原始公社就成为基本的生产单位。按照马克思的说法，"这种原始类型的集体的或合作的生产自然是单个人软弱的结果，而不是生产资料社会化的结果。"①后来，到了原始社会的末期铁制的生产工具出现了，以单个的家庭作为生产的组织形式，才有了可能。在人类历史上，这种生产组织形式曾经长期地作为一种生产单位而存在着。只是到了近代，由于资本主义大机器工业的发展，这种生产组织形式才逐渐地趋于瓦解，并逐渐地为另一种生产组织形式，即以使用机器设备作为物质技术基础的、存在复杂的分工协作关系的、大规模的资本主义企业所代替了。在资本主义社会条件下，企业是社会生产的基本单位。

资本主义社会的基本矛盾，即生产的社会性和生产资料的私人资本主义占有之间的矛盾的发展，要求消灭生产资料的资本主义私有制和建立生产资料的社会主义的公有制，但并没有提出改变企业作为基本生产单位的要求。各国社会主义革命的经验也已经证明：在无产阶级夺取政权之后，可以而且必须做到前一方面，但并不能改变后一方面的事实。当然，随着生产资料所有制性质的根本变革，企业的社会经济性质也根本改变了，即由资本主义的企业变成了社会主义的企业；而且随着社会生产力的发展，企业的专业化、协作化、集中化和联合化都会得到进一步的发展。但是，企业作为社会生产基本单位的功能，不仅当前没有消失，而且在可以预见的将来也不会消失。至于到将来的共产主义社会是

---

①《马克思致维·伊·查苏利奇信初稿》，《马克思恩格斯全集》第 27 卷，俄文 1935 年版，第 681 页。

否会消失，只好留待以后的实践去证实，我们这里不去探讨它。

现在的问题是：具体地说来，究竟为什么企业作为社会基本生产单位的功能还将长期存在下去呢？

如前所述，由于现代工业生产力的发展，使得工业企业拥有越来越现代化的、越来越复杂的技术装备，拥有数量愈来愈多的、科学技术文化水平愈来愈高的、各种不同类型的劳动者，现代工业企业内部的劳动分工和协作、生产过程各个组成部分之间的联系以及工业企业之间的联系，都是越来越复杂，越来越严密的。

还需指出：在社会主义历史阶段，还存在着商品生产。但我们这里说的商品生产还不涉及社会主义国家所有制企业也是相对独立的商品生产者，因为这正是要证明的问题。但下述四方面的商品生产关系是很清楚的：①在社会主义国家所有制与社会主义集体所有制之间存在着商品生产关系。②由社会主义国家所有制企业提供的消费资料也是当做商品来生产的。③在各种社会主义公有制形式与作为社会主义经济必要补充的个体经济之间也是商品生产关系。④由社会主义国家所有制企业提供的出口产品也是当作商品来生产的。与这些商品生产相联系的国内外市场情况是很复杂的，并且处于迅速的变化过程中。

面对着这样复杂、多变的生产和市场的状况，如果把整个的社会主义国家所有制经济当作一个生产单位来看待，由国家直接来组织全部的劳动力和生产资料的结合，企业所有的生产经营活动都由国家直接指挥，这简直是不可能的。这里且不说其他条件，单就作为管理的必要条件之一的信息也是不具备的。尽管现代科学技术大大发展了，但也不可能把全部企业的所有的生产、经营活动及时地传达到远离企业的国家，因而国家也不可能对全部企业的所有微观活动作出及时的、正确的决策，即使是正确的，也难以及时地反馈到企业。这样，如果强行由国家直接管理所有企业的全部微观活动，势必贻误企业的生产和经营，阻碍企业生产和经营的发展，甚至造成重大障碍，使企业的生产和再生产无法顺利地进行下去。

但是，如果依据这样复杂、多变的生产和市场的情况，把社会主义国家所有制企业作为一个生产和经营单位，使得企业在国家的统一领导下，依据国家计划的要求，直接组织劳动力和生产资料的结合，组织企业的生产和经营，对企业的微观经济活动拥有不同程度的决策权，那么，就有利于发挥处于生产和市场第一线的企业在组织生产和经营方面的积极性，有利于企业生产和再生产的顺利进行，有利于促进企业生产和经营的发展，有利于提高企业经济活动的效益。

可见，社会主义国家所有制企业之所以还是生产和经营单位，正是由现代工业生产力决定的。

可见，社会主义国家所有制企业尽管还是一个生产和经营单位，但同资本主义企业又是不同的。这不仅在于二者的社会经济性质是根本不同的，后者是资本主义的，前者是社会主义的；而且在于后者是完全独立的，前者只是相对独立的。其所以如此，是基于资本主义基本矛盾的发展，适应于生产社会化发展的要求而建立的社会主义国家所有制必然要求对整个国民经济实行计划管理，要求对宏观经济活动以及与国家经济命脉有关的骨干企业和国计民生有关的主要产品拥有决策权，企业只能在国家计划指导下，对微观的经济活动拥有一定的决策权。所以，在社会主义国家所有制经济的条件下，企业只能是相对独立的生产、经营单位。

社会主义国家所有制企业作为相对独立的生产、经营单位表明：企业在生产上和经营上都有相对的独立性。这就使得社会主义国家所有制经济中发生了生产资料的所有权和使用权的相对分离。在这里，生产资料是归代表全体劳动者的社会主义国家所有的，但是由国家计划指导下的企业直接经营的。这里所说的"相对分离"，也是同资本主义社会条件下资本所有权与使用权的完全分离相比较而言的。因为，在社会主义国家所有制的经济中，即使改变了当前的管理体制，国家也不是单纯的生产资料所有者，它在组织社会主义生产和再生产方面仍然负担着重要的经济职能；企业不仅不是生产资料的所有者，在生产资料的使用方面也只是在国家计划指导下拥有不同程度的决策权，并不拥有完全意义上的经营权。而且企业拥有一定程度的对微观经济活动的决策权，从其主要的意义上，还是为了更有效地完成国家计划规定的任务；而国家对国民经济的计划管理，正是社会主义国家所有制在经济上实现的一个极重要方面。从这个意义上，也就是为了更有效地维护社会主义国家所有制。

这是问题的一方面。另一方面，在社会主义历史阶段，社会生产力是会大大地向前发展的，但还不能达到社会产品极大丰富的程度；脑力劳动和体力劳动、工业和农业以及城市和乡村之间的对立已经消灭了，它们之间的重大差别也逐步趋于缩小，但在一个长时间内，这种差别还将存在着；在社会生产力巨大增长的基础上，劳动日的长度有可能趋于缩短，劳动强度也有可能趋于减轻，但还达不到实现共产主义社会的地步；在社会主义经济、政治制度下，以马克思主义为指导的意识形态处于领导地位，人民的共产主义觉悟有可能逐步提高，并逐步摆脱剥削阶级的思想影响，但这些也需要经历一个很长的历史过程。这样，在社会主义的历史阶段，尽管具有共产主义劳动态度的人会愈来愈多，但对社会大多数成员来说，还不能做到把劳动看作是生活第一需要，而是把劳动仅当做谋生手段。

有人认为这一点只是适用于劳动者个人，似乎对企业劳动者集体是不适用的。这是值得商榷的。其实，企业劳动者集体就是由劳动者个人组成的。既然劳动者个人把劳动仅仅当作谋生手段，那企业劳动者集体也不能不是这样。

然而如前所述，在社会主义历史阶段，社会主义国家所有制企业还是相对独立的生产和经营单位，在生产上和经营上都具有相对独立性。这样，国有企业之间的生产上和经营上的成果就必然存在着差别。为了简明地说明问题，我们可以假定两个生产同类产品的企业，它们拥有的职工人数及其技术等级和劳动时间都是相同的，因而两个企业劳动者个人实际付出的劳动量的总和也是相等的。但是，由于两个企业的生产管理和市场经营的水平有差别，它们在组织生产和经营决策方面的集体努力程度有差别，作为企业劳动者集体，它们向社会提供的有效劳动量仍然是可以不等的。就是说，经营管理好的企业，有效劳动多些，无效劳动少些，因而提供的社会必要劳动量就多些；反之，经营管理差的企业，相对说来，有效劳动少些，无效劳动多些，因而提供的社会必要劳动量就少些。但企业劳动者集体也是把劳动仅当做谋生手段的。因而，它们不仅要求取得与它们的生产成果相适应的收入（由国家作了各项必要的扣除之后），而且要求取得与它们的经营成果相适应的收入（也是由国家作了各项必要的扣除之后）。

这样，社会主义国家所有企业也就有了自己的相对独立的经济利益。

就是说，无论就社会主义国家和国有企业之间的关系来看，或者就国有企业与国有企业之间的关系来看，国有企业都不具有完全独立的经济利益，它们之间的根本利益都是一致的，是融合在一起的，不能分开的，只有局部利益的差别。正因为它们之间的根本利益是一致的，因而可能做到符合社会主义国家的利益，也可以符合国有企业的利益；符合这个国有企业的利益，也可以符合那个国家企业的利益。当然，也要看到它们之间的局部利益的差别，而且不应该忽视这些矛盾的处理。在国家和企业之间的利益发生矛盾时，可以而且应该使企业的局部利益服从国家的整体利益；并在这个前提下，兼顾企业的利益。在国有企业和国有企业之间的利益发生矛盾时，也要从国家的整体利益出发，要提倡社会主义的协作精神，并兼顾双方的利益。

但这里所说的兼顾企业的利益，都只能是限制在企业取得与自己的生产、经营成果相适应的收入的范围内（由国家依据整个国民经济发展的需要作了必要的适当的扣除以后）。只有限制在这个范围内，才能做到有利于国家，有利于其他企业，也有利于本企业，才能体现三者利益的一致，才能符合国有企业相对独立经济利益的固有的经济属性。反之，如果企业采取坑害国家和其他企业的手段，去追逐自己的利益，那就越出了国有企业固有的相对独立经济利益的范围，而成为受到剥削阶级或小私有者思想的影响而形成的本位主义的利益了。

总之，在社会主义国家计划的指导下，企业对归国家所有的生产资料拥有一定的使用权，并有自己的相对独立的经济利益。正是两方面的特点，使得国有企业成为相对独立的商品生产者。因为在社会主义国家计划指导下，国有企业对生产资料拥有一定的使用权，是企业作为相对独立的商品生产者从事某种独立经营的必要条件。而企业拥有相对独立的经济利益，又是它作为相对独立商品生产者的必需动力。但国有企业相对独立的经济利益的实现，要求遵循商品生产的基本规律即价值规律来处理国有企业之间的经济关系。很显然，只有在国有企业的产品价格由价值决定的条件下，企业的生产经营成果才可以在盈利上得到表现。在由国家按照发展整个国民经济的需要作了必要的、适当的扣除以后，企业就可以得到与它的生产经营成果相适应的收入。因此，社会主义国家所有制企业成了相对独立的商品生产者。

2. 对否定国有企业是相对独立的商品生产者的观点的分析。

把上面的分析归结起来，可以说，既要肯定企业归社会主义国家所有的经济性质，又要看到国有企业还是相对独立的商品生产者。

但有的同志认为，这种看法并不符合马克思、列宁关于社会主义社会的构想。

的确，马克思曾经构想：在社会主义制度取代资本主义制度以后，整个社会将会变成一个工厂。在那里，"设想有一个自由人的联合体，他们用公共的生产资料进行劳动，并且自觉地把他们许多个人劳动力当作一个社会劳动力来使用"。①后来，马克思又进一步具体地说：在共产主义社会第一阶段，即社会主义社会阶段，"每一个生产者，在作了各项扣除之后，从社会方面正好领回他所给予社会的一切。他所给予社会的，就是他个人的劳动量"。②列宁在《国家与革命》中，还明确指出：在社会主义社会，"全体公民都成了一个全民的、国家的'辛迪加'的职员和工人"。"整个社会将成为一个管理处，成为一个劳动平等、报酬平等的工厂"。③

乍一看来，把社会主义国家所有制企业说成是相对独立的商品生产者，是不完全符合马克思、列宁的这些论述的。我们说不完全符合，是因为我们首先肯定了企业归社会主义国家所有的经济性质，这是我们的基本看法，我们只是说社会主义国家所有制企业是相对独立的商品生产者。我们这样说还抛开了社会主义社会必然存在的社会主义集体所有制，以及作为社会主义经济必要补充的个体劳动者私有制。如果加上这些，那么，同上述的马克思、列宁关于社会主义社会的构想的差距还要更大一些。因为这些同我们这里讨论的问题无关，我们把它舍去了。

但是，列宁说过："马克思主义的全部精神，它的整个体系要求人们对每一个原理只是（α）历史地，（β）只是同其他原理联系起来，（γ）只是同具体的历史经验联系起来加以考察。"④如果这样来看待马克思、列宁的上述论述，那就将是另外一种结论了。

---

① 马克思：《资本论》，《马克思恩格斯全集》第 23 卷，第 95 页。重点是引者加的。

② 马克思：《哥达纲领批判》，《马克思恩格斯选集》第 3 卷，第 10~11 页。重点是引者加的。

③ 列宁：《国家与革命》，《列宁选集》第 3 卷，第 258 页。

④ 列宁：《给印涅萨·阿尔曼德（1916 年 11 月 30 日）》，《列宁全集》第 35 卷，第 238 页。

　　马克思生活在自由竞争的资本主义时代，他没有看到社会主义革命的胜利。列宁生活在垄断资本主义时代，并领导了俄国十月社会主义革命的胜利，但在由资本主义向社会主义过渡的开始阶段就逝世了。然而，他们也只是按照自己的科学社会主义的理论，根据对资本主义社会现实矛盾的分析，指出了代替资本主义制度的社会主义社会所必然具有的基本特征，即生产资料的公共所有、计划经济和按劳分配。这些基本原则已经被半个多世纪的社会主义实践证明为颠扑不破的真理。但是，无论是马克思，或者是列宁，都没有脱离现实，去向壁虚构社会主义新社会的实施细则，而总是谆谆告诫同时代的共产主义者，不要陷入空想，去臆造社会主义的种种定义，或虚构社会主义社会的详图。马克思主义创始人还反复教导共产党人："我们的学说不是教条，而是行动的指南。"①"人的思维是否具有客观的真理性，这并不是一个理论的问题，而是一个实践的问题。"②在俄国十月社会主义革命取得胜利以后，列宁又进一步具体指出："今天只能根据经验来谈论社会主义。"③又说：社会主义"新社会仍然是一种抽象东西，只有经过一些想建立某种社会主义国家的各种各样的尚不完善的具体尝试，这种抽象的东西才会在实际生活中体现出来"。④马克思列宁主义的这些论述表明：他们从来都没有想用自己关于社会主义经济的某些论述来束缚后人的手脚，相反，他们总是要求和鼓励后人以马克思主义理论为指南，从事新的社会主义的实践，并且依据这种实践来检验、修正和丰富马克思主义的理论。而生活在社会主义新时代的人们，有责任、也有条件依据社会主义实践提出的原理，来修正、补充马克思主义。这不是违反马克思主义，而是进一步完善马克思主义。

　　也有同志担心：提出社会主义国家所有制经济中发生了生产资料的所有权和使用权的分离，企业是相对独立的商品生产者，会使社会主义国家所有制瓦解为各个企业的集体所有制。这种看法的根据，似乎是不足的。

---

　　①《恩格斯给弗·阿·左尔格的信（1886年11月29日）》，《马克思恩格斯选集》第4卷，第456页。

　　②马克思：《关于费尔巴哈的提纲》，《马克思恩格斯选集》第1卷，第16页。

　　③列宁：《全俄工农兵和红军代表苏维埃第五次代表大会人民委员会的报告》，《列宁全集》第27卷，第480页。

　　④列宁：《论"左派"幼稚性和小资产阶级性》，《列宁选集》第3卷，第546页。

从人类社会经济发展的历史来看，在许多社会经济形态下，都发生过性质不同、程度各异的生产资料所有权和使用权的分离，但都没有改变生产资料所有制的性质。

早在奴隶制社会就发生过生产资料的所有权与使用权的分离。据史书记载，迦太基奴隶制国家的农业是很发达的。在奴隶主庄园中，属于奴隶身份的庄园管事，掌管庄园的收支、买卖，执行奴隶主的命令；当奴隶主不在的时候，他还代替奴隶主发布命令，执行对奴隶的惩罚。虽然管事比其他的奴隶较为自由，但经济地位也与奴隶一样。每一个奴隶，包括管事本身在内，每隔一段时间，按照规定的标准，从奴隶主那里取得赖以维持生存的必需品。所得的数量是以"劳动"为标准的，由于管事的劳动比其他的奴隶要轻，因而所得的数量也比较少。①这些情况表明：在这种奴隶制的庄园经济中，在奴隶主和庄园管事之间已经发生了一定程度的生产资料的所有权与使用权的分离，但它丝毫也没有改变奴隶制经济的本质。

在封建社会的末期，由于商品经济的发展，作为封建剥削主要形式的地租由实物形态转变为货币形态，农民逐渐摆脱了对地主的人身的依附关系，成为"纯粹的货币关系"，成为"单纯的租佃者"。②这时封建土地的所有权和使用权在比较完全的意义上发生了分离。但地主仍然凭借封建的土地所有权占有农民的剩余劳动，而且剥削进一步加重了。这种土地的所有权与使用权的分离，也没有改变地主土地所有权的性质，没有改变地主对农民的剥削关系。

在资本主义制度下，资本的所有权与使用权大量地、越来越广泛地发生了分离。但单纯的货币资本家凭借资本的所有权占有作为剩余价值转化形态的利息。它也没有改变资本的所有权，没有改变资本家对无产者的剥削关系。

在社会主义国家所有制经济中，整个经济生活都是在国家的统一领导下进行的，国家计划不仅控制宏观的经济活动，而且控制着同宏观经济有重要联系的微观活动；企业只是在国家计划指导下，享有一定的对

---

① 马克思：《资本论》，《马克思恩格斯全集》第 25 卷，第 432、1046 页。
② 马克思：《资本论》，《马克思恩格斯全集》第 25 卷，第 899~900 页。

微观经济活动的决策权。国家依据对生产资料的所有权和整个国民经济发展的需要占有企业相当一部分、甚至大部分纯收入，企业只是限于取得与自己生产、经营成果相适应的收入。所以，无论是国有企业对于生产资料的使用权，或者是它的独立的经济利益，都是在很有限的范围内存在的。它怎么会改变社会主义国家所有制的经济性质呢？

国有企业成为相对独立的商品生产者，不仅不会瓦解社会主义国家所有制，而且会促进这种所有制的进一步巩固和发展。事实上，只有最适合于生产力性质的所有制，才最能促进生产力的发展，从而为这种所有制的巩固奠定强大的物质基础。如前所述，在社会主义国家所有制经济中，国有企业拥有一定的使用权，享有相对独立的经济利益，成为相对独立的商品生产者，正好是由社会生产力决定的，是适合了生产力发展的要求，是有利于调动企业组织生产和经营的积极性，有利于促进企业经济活动效益的提高，因而是有利社会主义国家所有制的巩固的。

（三）国家所有制工业企业在国民经济中的作用

我们在前面分别考察了社会主义国家所有制工业企业在生产力和生产关系方面的特点。这就便于进一步分析国有工业企业在社会主义国民经济中的作用。

如果抛开生产关系不说，只从生产一般的角度来考察，那么，社会主义国家所有制工业是社会生产的基本单位。这是它在国民经济中的地位。如果把生产关系引进来考察，那么，社会主义国家所有制工业企业是相对独立的商品生产者。这是它在社会主义国家所有制经济体系中的地位。社会主义国家所有制工业企业的这种二重地位，我们在前面已经做过详细分析。现在我们就从这种二重地位出发，去探讨国有工业企业在社会主义国民经济中的作用。

第一，一切协作的劳动都需要统一的指挥。马克思说过："凡是有许多个人进行协作的劳动，过程的联系和统一都必然要表现在一个指挥的意志上，表现在各种与局部劳动无关而与工场全部活动有关的职能上，就像一个乐队要一个指挥一样。"①

在社会主义的现代工业企业中，这种统一指挥的作用显得更加重要。因为，①这种工业企业是以现代技术装备起来的，企业内部的分工和协作以及各个生产过程的联系是十分严密的。②伴随着生产上专业化协作的发展，企业无论在原料、材料、燃料、动力、设备、工具等的供应方面，或者在本企业产品的销售和服务方面，都越来越广泛地、越来越多地、越来越紧密地依赖于其他有关的企业。③这些互为条件、互相依存的企业，又都是处于国家统一计划的指导下进行生产的。一个企业完不成国家计划，就会引起连锁反应，影响有关的许多企业计划的完成。

这样，工业企业通过管理，一方面把企业内部的生产力的各个要素合理地组织起来，使得各部分劳动者和各个生产环节能够有秩序地有节奏地工作；另一方面又把本企业的供、产、销活动和社会上其他的有关的经济单位的活动衔接起来，使得企业的生产、交换、分配和消费诸过程能够协调起来，从而保证企业的生产能够正常地连续地进行下去。由于各个企业的生产是相互联系的，并且都是受到国家计划的指导的。因而，企业对生产的管理，就不仅是企业的生产得以连续进行的必要条件，从各个企业相互依存的意义上说，又是社会生产得以连续进行的必要条件。

第二，工业企业通过管理，保护着生产力的各个要素，不断提高它们的水平和效能；并能形成新的生产力。

随着现代工业的发展，高空、高温、井下、水下、海上、野外等等影响人身健康和安全的作业日益增多。但同时又为劳动保护提供了越来越好的物质条件。这样，企业在保护劳动力方面有必要、也有可能起着越来越重要的作用。随着现代工业的发展，教育成为工业企业的一个重要部门，在某种范围内出现了工业企业与教育趋于融合的趋向。这表明：企业在发展职工教育、提高职工的科学技术文化水平方面的作用，是大大增长了。

在现代工业企业中，拥有大量的、复杂的技术设备，需要及时地、经常地保养和维修。现代工业物质技术基础的重要特点，是需要不断地对原有技术装备进行更新和技术改造，以技术更先进的、效能更高的新

---

① 马克思：《资本论》，《马克思恩格斯全集》第 25 卷，第 431 页。

设备替换原有的设备。在这些方面，企业也起着不容忽视的作用。

但企业通过管理所起的作用，不仅在于保护已有的生产力的各个要素，不断提高它们的水平和效能，而且在于它是形成新的生产力的必要条件。马克思在讲到简单协作的时候说过："这里的问题不仅是通过协作提高了个人生产力，而且创造了一种生产力，这种生产力必然是集体力。"这是"由于许多力量融合为一个总的力量而产生的新力量。"①现代工业企业是一个复杂的生产体系，装备着先进技术，生产专业化又得到了高度的发展。在这里由协作而产生的新的生产力，是简单协作无法比拟的。但这种新的强大的生产力，是以企业管理作为前提的。没有企业科学地组织生产活动，这种新的生产力根本无法产生。

作为社会生产基本单位的企业，它在上述诸方面所起的作用，必然对整个社会生产的发展起着极重要的影响。

第三，在社会主义制度下，工业企业一方面通过合理地组织生产力和正确的经营决策，另一方面通过发挥社会主义制度的优越性和加强思想政治工作，使得劳动者的劳动积极性得到充分的发挥，使得人力、物力、财力得到节约而充分的使用，以提高劳动生产率和资金利润率，增进生产的发展速度。由于企业是社会主义经济的细胞，因而企业的生产增长速度和经济效益的提高幅度，也就决定了社会的生产发展速度和经济效益的提高幅度。

第四，企业通过生产活动，为社会提供了生产资料和消费资料，提供了剩余产品的价值；并且通过生产实践和教育活动，培训了技术力量。这样，企业就不仅在维持原有的社会生产规模，保持社会简单再生产方面，而且在提供追加的生产资料和消费资料、增加资金积累和培训各种技术力量等方面，为社会扩大再生产准备了物力、财力和人力的条件。因此，作为社会基本生产单位的企业的生产，不仅是本生产周期内整个社会生产发展的基础，而且是后续生产周期扩大再生产的基础；就像细胞是人体构成的基本要素，发达的细胞是人体健康的基础一样；也像连队是部队的基本战斗单位，连队的战斗力是整个部队战斗力的基础一样。

我们强调国有企业在社会主义国民经济中的作用，并不否定社会主

---

① 马克思：《资本论》，《马克思恩格斯全集》第23卷，第362页。

义国家的地位和作用。作为社会主义国家所有制代表的国家，在这种经济体系中居于主导地位，在整个社会主义国民经济中也居于领导地位。社会主义国民经济的有计划的发展，正是依靠国家在全社会范围内组织实现的。这样，就可以避免资本主义社会那样的生产无政府状态和周期性的经济危机，保证国民经济有计划按比例发展，并在宏观经济的范围内，避免了各种生产资源的巨大浪费，使得它们得到合理的使用，同时又为作为社会基本生产单位的企业生产的正常进行和不断发展，创造了根本前提，为充分发挥企业的积极性开辟了无限广阔的场所。这些都是社会主义经济制度根本优越于资本主义经济制度的地方。

但是，社会主义国家的作用并不能代替国有企业的作用。

首先，如前所述，国有企业是社会生产的基本单位；与这种地位相联系，它还有一系列的作用。国有企业的这种地位和作用，是社会主义国家所不能代替的。不仅如此，由于国有企业是基本的生产单位，社会主义国家有计划地组织国民经济的作用，还需要通过企业的活动来落实，还有赖发挥企业的作用。

其次，前面也已说过：国有企业是相对独立的商品生产者。与这种经济地位相联系的国有企业的作用，也是社会主义国家所不能代替的。

马克思说过："资本主义生产不仅是商品生产，它实质上是剩余价值的生产。"①马克思这里虽然讲的是资本主义的生产实质，但具有一般的方法论的意义。就是说，一定的生产目的，总是一定的生产资料所有制的实质。如前所述，国有企业的基本经济性质在于它是归社会主义国家所有的。因而国有企业的生产，主要是为了满足社会日益增长的物质、文化生活的需要。但国有企业又是相对独立的商品生产者，它进行生产局部地也必然是为了本企业劳动者的利益。

列宁也曾指出："这种为共同市场而劳作的独立生产者之间的关系叫做竞争。"②列宁这里讲的是以生产资料私有制和本人劳动为基础的简单商品生产者之间的竞争。国有企业是以生产资料公有制为基础的，情况是根本不同的。但它也是相对独立的商品生产者，因而在它们之间也不可

① 马克思：《资本论》，《马克思恩格斯全集》第 23 卷，第 556 页。
② 列宁：《论所谓市场问题》，《列宁全集》第 1 卷，第 81 页。

避免地存在竞争关系。当然，这是社会主义的竞争关系，而不是资本主义的竞争关系。

社会主义建设的实践证明：只有把国有企业主要为社会利益生产和部分为本企业利益生产适当地结合起来，并注意发挥国有企业之间的竞争作用，才能充分调动企业的积极性。如果只是强调为社会利益生产的一面，而不兼顾企业的局部利益，也不为开展国有企业之间的竞争创造条件，那就会挫伤、压抑国有企业的积极性，这是一方面。另一方面，国有企业在国家计划的指导下，对微观的经济活动拥有一定的决策权。这就要求在坚持实行社会主义计划经济为主的前提下，发挥市场调节的辅助作用，以补充国家计划的不足。

可见，与国有企业的相对独立的商品生产者的经济地位相联系的、上述的两方面作用，都是社会主义国家的作用所不能代替的，而且是不能忽视的。忽视了这一点，不仅会否定国有企业的作用，而且使得社会主义国家的作用也不可能得到充分的发挥，甚至有落空的危险。问题在于：社会主义国家作用的实现，在许多方面都离不开企业作用的发挥。

我们强调国有企业的作用，也不否定社会主义劳动者的作用。在一切社会的生产中，劳动者都是最基本的生产力。在社会主义制度下，劳动者摆脱了被剥削被压迫的地位，成为社会生产的主人，他们在社会生产中的作用，比以往任何时期都无可比拟地提高了。充分发挥劳动者个人的积极性，对于加速社会主义现代化建设，具有决定的意义。

但是，社会主义劳动者个人的作用，显然也不能代替前述的国有企业的一系列作用。不仅如此，劳动者个人作用的实现，也离不开国有企业作用的发挥。在现代工业生产中，离开了企业的组织作用，生产根本无法进行，劳动者个人的作用就无从发挥。劳动者个人作用的充分发挥也是如此。很明显，劳动者的科学技术文化的提高，在很大的程度上离不开企业的培训，按劳分配原则的贯彻和思想政治工作的进行等等与提高劳动积极性有关的一系列措施，也都不能脱离企业的组织工作。

为了揭示社会主义生产关系对于资本主义生产关系的巨大优越性，这里还有一个问题是必须说明的。我们在前面阐明国有企业在社会主义国民经济中的四点作用时，基本上是从国有企业作为社会生产的基本单位这种地位出发的。而资本主义企业也是资本主义社会的基本生产单位。

因而，这些作用在许多方面对资本主义企业也是适用的。那么，能否说，社会主义国家所有制企业在发展社会生产方面所起的作用同资本主义企业是差不多的呢？不能这样说。尽管二者都是社会生产的基本单位，在国民经济中起着许多类似的作用。但是，二者的社会经济性质是根本不同的，因而社会主义国家所有制企业在促进社会生产发展方面的作用，是资本主义企业无法比拟的。

为了说明这一点，我们先分析国有企业内部的经济关系。

第一，在社会主义企业中，不存在资本家和无产者的对立，不存在资本家"剥削社会劳动过程的职能"，因而不存在由这种对立和剥削而产生的"监督劳动"的职能。[①] 当然，在社会主义制度下，劳动还没有成为大多数劳动者的第一生活需要，还仅仅是谋生手段。这样，社会主义的企业管理还要在一个方面作为监督劳动而起作用。但这已经不是资本家对无产者的监督，不是阶级对立关系，而是根本利益一致的社会主义劳动者之间的监督，是新型的社会主义的互助关系。

第二，一定的企业管理，总是一定的生产资料所有制在生产过程方面的实现。资本主义的企业管理总是体现了资本家（作为人格化的资本）的意志。第二次世界大战以后，许多经济发达的资本主义国家的企业在形式上搞了名目繁多、五花八门的所谓"民主管理"。但这不过是在现代科学技术有了飞速发展并得到广泛应用、工人阶级的觉悟和文化水平有了巨大提高以及社会主义国家的企业民主管理有了发展等等条件下，资本家为了欺骗工人而采取的一种策略手段，其终极目的还是为了榨取更多的剩余价值。从问题的这个实质意义上说，资本主义企业的管理，不论其形式如何，只能是资本家意志的专政。社会主义企业的管理则与此根本不同，它是生产资料的社会主义公有制在生产过程方面的实现，它必须体现生产资料主人——劳动群众的意志，它能够实现真正意义上的民主管理。以上两点可能使得社会主义劳动者具有比资本主义社会劳动者高得多的劳动积极性。

第三，资本主义企业管理也力图通过合理组织生产力和调节生产关系来促进生产的发展。但它在合理组织生产力方面必然会遇到资本主义

---

① 马克思：《资本论》，《马克思恩格斯全集》第 23 卷，第 367~369 页。

生产目的即追求利润的限制；在调节生产关系上，又不可能超越资本主义私人所有制的界限。这样，资本主义企业管理在促进生产力方面的作用必然被限制在狭隘的范围内。在社会主义公有制的条件下，企业在合理组织生产力和调节生产关系方面，既没有资本主义利润的限制，也没有资本主义私有制的障碍，因而它在发展生产方面，道路是无比广阔的。

就企业之间的经济关系来说，在资本主义制度下，各个资本家之间在剥削、压迫工人方面有根本利益的一致，他们可以作为一个阶级共同对付无产阶级。但在争夺市场、瓜分剩余价值方面，又存在着利害冲突。在这方面是"你死我活"的竞争关系，是"大鱼吃小鱼"的关系。其结果必然会阻碍和破坏社会生产力。

社会主义企业之间的经济关系则与此相反。当然，在它们之间也存在着竞争，但是是社会主义的竞争。同时还存在着社会主义的竞赛和社会主义协作的关系。社会主义企业之间的竞争、竞赛和协作，是社会主义生产能够高速度发展的一个重要因素。就企业与国家的关系来看，私人资本主义企业是完全独立的。尽管在本世纪30年代发生了空前严重的经济危机以后，许多资本主义国家都奉行凯恩斯的理论，加强了国家对经济生活的干预，但也没有改变私人资本主义企业这种独立的地位，而且也不想改变这种地位。就是第二次世界大战以后对经济生活干预最多的日本政府，也公然宣称：他们经济体制的基本特征是私人企业的自由竞争。这样，他们也就不可能从根本上消除社会生产的无政府状态和周期性的经济危机。

在社会主义国家所有制经济中，国家居于主导地位，企业只是相对独立的商品生产者。这样，就有可能在坚持实行社会主义计划经济的前提下，发挥市场调节的辅助作用。这样，既可以保证国民经济的有计划发展，又可以发挥企业的作用。

正是由于社会主义国家所有制企业在社会经济关系方面具有上述的一系列的优越性，因而它在促进生产的发展方面，是私人资本主义所无法比拟的。

以上的分析，都是从社会主义生产关系的本质来说的。但同时也应该看到：由于林彪、江青两个反革命集团在"文化大革命"期间进行了长达10年的破坏，我国社会主义经济基础和上层建筑的许多方面都受到了损害。当前我国的经济制度和政治制度的许多具体环节还存在着重大缺陷，以至当前我国企业管理还显得非常落后，不及发达的资本主义国家。我国工业生产力还比较低。这一切，就使得社会主义国家所有制企业在发展生产方面的作用还远没有充分发挥出来，社会主义生产关系在这方面的优越性也远没有发挥出来。但从问题的本质来看，从长远的发展趋势看，社会主义国有企业在这方面的作用必将大大超过资本主义企业。这是肯定无疑的。

六、社会主义国家所有制工业
企业的生产目的

社会主义国家所有制工业企业（以下简称国有企业）的生产目的主要是为了满足人民物质文化生活的需要，但是，局部地只是为了本企业劳动者的物质、文化生活的需要。明确这一点，在理论上、实践上都有重要的意义。

（一）三十年来社会主义建设实践证明了什么

对比是认识真理的重要方法，实践是检验真理的唯一标准。为了揭示客观存在的国有企业生产目的的上述内容，有必要依据建国三十年来社会主义建设实践作几种对比。

第一，"一五"计划和二、三、四等三个五年计划的对比。劳动生产率是反映企业积极性的一个重要指标。国有工业企业全员劳动生产率的年平均增长速度，"一五"时期为8.7%，二、三、四等三个五年计划时期分别为 -5.4%、2.5% 和 1.3%。可见，"一五"时期增长速度较快，其他时期较低甚至是负数。什么原因呢？有人说，"一五"时期企业积极性高，是因为在生产发展基础上职工生活逐步有了提高；后续几个五年计划时期企业积极性低，是由于生产有了增长，但生活并没有得到改善。从主要方面说，这当然是对的。但还需补充说："一五"时期还由于在一定程度上较好地兼顾了企业的经济利益；后续三个计划时期在兼顾企业经济利益方面则呈现出每况愈下的趋势。"一五"时期实行了企业奖励金制度。这项制度尽管也是很不完善的，但相对后续的"三五"、"四五"时期来说，还是较好的。"一五"时期以后，企业基金制度迭有变化，但总的趋势是企业基金和经营状况的关系越来越疏远，而同工资总额的关系却越来越密切；对于企业资金用于奖金和集体福利部分的限制也越来越严格。①这样，就越来越严重、以至完全抹煞了企业的经济利益。

第二，扩大企业自主权试点企业与非试点企业的比较。四川省从1978 年第四季度开始在部分国有企业进行了扩大企业自主权的试点工作。1979 年 84 个试点企业的利润比 1978 年增长了 33%，高于非试点企业的1.2 倍。利润是企业经营好坏和积极性高低的综合指标。就满足企业生产第一方面目的来说，在试点企业与非试点企业之间是很难找出什么差别的。差别就在于同非试点企业相比，试点企业在较大的程度上兼顾了企业的经济利益。按照 1978 年国家规定，一般企业实行双重利润提成办法：一是根据企业完成任务情况，按工资总额的 3%~5% 提取基金，用于企业职工的集体福利和奖金；二是企业的主管部门按整个部门的超计划利润的 5%~15% 提取企业基金，用于所属企业的生产、奖励和集体福利。而四川省的试点企业，按照省里规定可以按计划利润的 5% 和超计划利润的 20%~25% 提取企业基金，用于本企业的生产、集体福利和奖金。可见，试点企业是在较大的程度上把企业的经营状况和企业的经济利益结合起来了。

第三，自负盈亏（或盈亏责任制，以下均同）的试点和扩大企业自主权试点的比较。四川省在总结 1979 年扩大企业自主权试点企业经验的基础上，1980 年又在 5 个国有企业实行独立核算、国家征税、自负盈亏的试点。1980 年前 6 个月，5 个自负盈亏试点企业，在向国家交纳各项税金后，企业所得 1474 万元，剔除原来在成本中开支、现由企业自己负担的工资、福利、奖金后，企业净收入 778 万元，和 1979 年同期利润留成相比，增长 1.9 倍。这些原来进行扩大企业自主权试点的企业在转为自负盈亏的试点以后，积极性进一步高涨的原因，显然也是因为自负盈亏比

---

① 汪海波、吴敬琏、周叔莲：《必须把劳动者的一部分收入和企业的经营状况紧密地联系起来》，《经济研究》1978 年第 12 期，第 39~41 页。

原来的利润分成能够初步地在比较完整的意义上把国家和企业的经济利益结合起来。

上述这种同一的、普遍的、巩固的、持久的现象证明：构成社会主义基本经济规律重要内容的国有企业的生产目的，主要是为了满足社会全体劳动者的生活需要，局部地也是为了满足本企业劳动者的生活需要。前者是国有企业生产发展的主要动力，后者也是重要动力。

（二）国有企业的生产目的在理论上需要做出怎样的分析

为什么国有企业的生产除了主要为了提高人民的物质文化生活以外，局部地还是为了本企业劳动者的物质利益呢？

一定的经济规律是产生于一定的经济条件的基础上的。我们对于社会主义基本经济规律的考察，对于国有企业生产目的的考察，必须从生产资料的社会主义国家所有制的特点，从社会主义国家所有制经济中劳动力和生产资料结合方式的特点去寻找它的根源。

在社会主义条件下，企业还是社会的基本生产单位。这不是人们主观随意赋予的，而是社会生产力决定的。资本主义基本矛盾的发展，要求消灭生产资料的资本主义私有制，建立社会主义公有制，但并不提出改变企业作为社会主义的基本生产单位的要求。各国社会主义革命的经验证明了这一点。当然，随着生产资料所有制性质的根本改变，企业的社会主义性质也根本改变了。劳动者和生产资料的结合，是社会主义生产的出发点。企业既然是社会的基本生产单位，那么，这种结合就只能首先直接在企业范围内进行。这是一方面的特点。另一方面，在社会主义历史阶段，劳动还没有成为人们生活的第一需要，仅仅是谋生手段。这无论对于劳动者个人，或者对于企业劳动者集体都是适用的。因而对于前者或后者都是把劳动作为谋生手段来实现同生产资料结合的。

劳动力和生产资料结合方式的这两方面特点，决定了国有的生产资料，只能由企业使用；国家和企业的关系是经济核算制的关系，国家要依据全体劳动者的利益，对企业实行集中的统一领导，并需从企业集中一部分纯收入，企业在生产经营上和经济利益上均具有相对独立性，企业在国家计划指导下独立地组织生产、交换和分配，独立核算，自负盈亏，并取得与它们的生产经营成果相应的收入；企业和企业之间的关系是具有相对独立经济利益的商品生产者的关系，并需遵循等价交换的原则。不具备这些条件，企业就不能作为基本的生产单位来组织正常的经济活动，也不能实现它把劳动作为谋生手段同生产资料结合的经济要求。

这样，上述的劳动力和生产资料结合的特殊方式以及由此决定的经济形式，不仅使得企业生产主要地为了满足本企业劳动者的生活需要，而且使得企业生产局部地只是为了满足本企业劳动者的生活需要，成为客观的经济要求，并为此提供了客观的经济上的可能性。因而都是社会主义国家所有制经济的本质。社会主义建设实践证明：这种本质不只是决定着社会主义国家所有制经济的直接生产过程，而且决定着它的包括生产、交换、分配和消费在内的总生产过程。[①]因而都成为社会主义基本经济规律的最重要的内容。

上面的分析表明：从主要方面看，斯大林所揭示的社会主义生产目的尽管对社会主义国有制经济是适用的，但整个说来，它实际是共产主义社会的生产目的。因为，暂且不论在共产主义条件下，企业是否还是社会的基本生产单位，但有一点是可以肯定的，那时劳动已经成了人们生活的第一需要，劳动者不再把劳动仅仅当作谋生手段实现同生产资料的结合。这样，原来企业生产局部地为了本企业物质利益的要求也就消失了。

但是，长期以来，人们都用斯大林提出的社会主义生产目的来说明国有企业的生产目的。从主要方面说，这并没有错，但并不是完全正确的，因为它忽视了企业生产局部地为了本企业物质利益的要求。这种观点，同生产资料所有制问题上曾经流行的形而上学和法学观念是有联系的。用这种观念来考察生产资料所有制，就会把它当作可以脱离生产关系而独立存在的东西。但实际上，一定的所有制就是一定的生产关系的总和，是不能分离的。用上述观念考察问题，就会只从法权关系来把握

---

① 根据斯大林的定义："资本主义的经济规律是这样一种规律，它不是决定资本主义生产发展的某一个别方面或某些个别过程，而是决定资本主义生产发展的一切主要方面和一切主要过程，因而是决定资本主义生产的实质，决定资本主义生产的本质的。"（《苏联社会主义经济问题》，人民出版社1961年版，第30页）如果抛开由生产关系的性质差别而带来的差别，只从共同方面来说，那么，各个社会（包括社会主义社会）的基本经济规律也都具有这样的作用。

生产资料所有制，而忽视它的经济内容。但在实际上，生产资料的占有不是发生在对它的想象之中，"而是发生于对这些条件的实际活动、现实关系之中，即实际利用它们作生产者主观活动的条件"。①所以，用这种观点看问题，往往只是看到社会主义国家所有制和共产主义全民所有制的共同点，很容易忽视前者的特点。这样，国有企业生产局部地为了本企业物质利益的要求，也就自然从他们的视野中消失了。

国有企业生产主要为了提高人民的生活，局部地为了本企业的物质利益，二者是有差别的，是有矛盾的。但在根本上是一致的，并不是对抗性的矛盾。因为①这两方面都植根于生产资料的社会主义公有制。②前一方面反映社会全体劳动者的整体利益，后一方面反映企业劳动者的局部利益，前一种整体利益包括后一种局部利益，大于局部利益，所以，企业的局部利益虽然有独立的意义，但是可以而且必须服从整体利益；当然，承认这种局部利益，对于发展整体利益，也是必要的。③企业无论是为了提高人民生活，还是为了本企业的物质利益，都必须依靠企业的集体劳动。所以，这两方面是统一的，是能够相容的。现实经济生活也已经证明：企业经济利益是伴随国家经济利益的增长而增长的，两者的增长是结合在一起的。上海轻机公司1980年进行了独立核算、国家征税、自负盈亏的试点。1980年1~7月向国家缴纳各种税金和费用4200多万元，比1979年同期增加436万元，同时公司净得697万元，比按利润留成时多得176万元。

当然，在社会主义社会实际经济生活中，也常有企业为了自己的局部利益而损害社会整体利益的现象。但是，需要着重指出：这种用损害社会整体利益以谋取的企业利益，并不是社会主义国有企业应有的、正常的局部利益。如前所述，这种应有的、正常的局部利益，是同社会整体利益相结合的，并服从于社会整体利益的。因此，它并不是国有企业生产在主要为了提高人民生活的前提下，局部地为了本企业物质利益必然带来的后果。这种用损害社会整体利益以谋取企业的利益，实际上是由于受到资产阶级思想的影响而产生的本位主义的东西。当然，这种情况的发生，同经济管理体制改革不配套、不同步，国家的行政管理、监

①　马克思：《政治经济学批判大纲（草稿）》第3分册，人民出版社1963年版，第111页。

督工作跟不上，改革还缺乏经验，也有很大关系。所以，如果认为国有企业生产在主要为了提高人民生活的前提下，局部地为了本企业的物质利益，就可以用损害社会整体利益的办法以谋取企业利益，那是一种莫大的误解，那在实际上是把本位主义的东西当作了社会主义国有企业应有的、正常的物质利益。可见，在这里，划清国有企业应有的、正常的物质利益和本位主义的界限，在理论上、实践上，都是必要的。

需要进一步指出：正是由于国有企业生产主要为了提高人民的生活，局部地为了本企业的物质利益，二者根本上是一致的，因而国家运用经济杠杆、经济政策、经济立法以及必要的行政手段，是可以解决二者之间的矛盾的。所以那种认为国有企业生产主要为了满足人民生活需要，局部为了本企业物质利益，必然会破坏国家计划的看法，是缺乏根据的。当然，鉴于企业局部利益与国家整体利益有矛盾，剥削阶级思想影响很深，当前的改革又不配套，因而需要十分注意运用经济的、立法的和行政的手段来解决二者之间的矛盾；否则，就会造成不应有的损失！

（三）对生产目的问题一些质疑的剖析

有一种观点认为，在社会主义生产目的问题上，马克思、恩格斯、列宁也说过同斯大林类似的话。他们据此认为，斯大林揭示的社会主义生产目的对国有企业是完全适用的，企业并不存在局部地为了本企业物质利益的要求，这种观点是值得商榷的。

应该肯定，在社会主义生产目的问题上，马克思、恩格斯、列宁确实说过同斯大林类似的话。问题是如何正确地对待这些论述？列宁说过："马克思主义的全部精神，它的体系要求人们对每一个原理只是（α）历史地，（β）只是同其他原理联系起来，（γ）只是同具体的历史经验联系起来加以考察。"[①]显然，我们也应该这样做。关于第三项，我们在本文的第一部分已经做过了，现在就第一、二项再做些说明。这里需要分别三种情况：

---

① 列宁：《给印涅萨·阿尔曼德》，《列宁全集》第35卷，第238页。

第一，马克思主义的理论本身有一个发展过程。在它开始形成的阶段，还没有把共产主义社会区分为社会主义阶段和共产主义阶段。这时他们讲的共产主义社会的生产目的，显然是指共产主义社会的。例如，恩格斯在 1847 年说的共产主义"社会就将生产出足够的产品，可以组织分配以满足全体成员的需要，"① 就是这个情况。

第二，后来，马克思主义建立了共产主义两个阶段的学说。这时论述社会主义生产目的时，也讲过同斯大林类似的话。但在很多情况下，往往是把资本主义和共产主义这两种社会经济形态的生产目的作对比时说的，也是泛指包括社会主义和共产主义这两个阶段在内的共产主义社会说的。

显然，我们不能依据这两种情况就说马克思、恩格斯、列宁在社会主义生产目的上说的话，同斯大林说的是一个意思，并据此认为斯大林揭示的社会主义生产目的完全适用于国有企业，否定企业生产局部地为了本企业物质利益的要求。

第三，列宁在专门论述社会主义生产目的时，也讲过同斯大林类似的话。但我们必须联系这些思想赖以存在的前提来考察。这个前提就是：他曾经设想社会主义社会能够直接组织劳动力和生产资料的结合，而不需要通过作为社会生产的基本单位的企业。这一点，列宁说得很清楚：在消灭生产资料私有制、建立社会主义公有制以后，"组织由整个社会承担的社会主义的产品生产代替资本主义商品生产，以充分保证社会全体成员的福利和使他们获得自由的全面发展"。②列宁在另一处说得还要明白一些："由整个社会承担的（因为这既包括计划性又指出计划的执行者），不仅满足社会成员的需要，而且充分保证社会全体成员的福利和自由的全面的发展。"③后来，列宁更明确地指出："整个社会将成为一个管理处，成为一个劳动平等、报酬平等的工厂。"④列宁的这个思想是直接继承马克思的。马克思在论述体现按劳分配原则的劳动报酬形式时曾经设想过："他（劳动者——引者）从社会方面领得一张证书，证明他提供了多少劳

---

① 恩格斯：《共产主义原理》，《马克思恩格斯选集》第 1 卷，第 222 页。
② 列宁：《关于制定俄国社会民主工党纲领的材料》，《列宁全集》第 6 卷，第 11 页。
③ 列宁：《对普列汉诺夫的第二个纲领草案的意见》，《列宁全集》第 6 卷，第 37 页。重点是引者加的。
④ 列宁：《国家与革命》，《列宁选集》第 3 卷，第 258 页。

动(扣除他为社会基金而进行的劳动),而他凭这张证书从社会储存中领得和他所提供的劳动量相当的一分消费资料。"①很清楚,马克思的这些论述,也是以社会直接组织劳动力和生产资料的结合,而不需要通过作为社会的基本生产单位的企业为前提的。但已有的社会主义各国的经验证明:无产阶级夺取政权、建立社会主义公有制以后,还不能做到这一点。所以,我们也不能依据第三种论述就说列宁和斯大林揭示的社会主义生产目的对国有企业的生产目的是完全适用的,否定企业生产局部地为了本企业物质利益的要求。

如果我们进一步联系马克思列宁主义的其他原理以及这些原理的发展来考察,那问题就更加清楚了。

第一,马克思和列宁多次指出:在社会主义社会,劳动还不是生活的第一需要,仅仅是谋生手段。这虽然是对劳动者个人说的,但对企业劳动者集体也是适用的。而且,如果说,在俄国十月革命以前,列宁曾经设想由社会直接组织生产,那么,在这以后,在他总结了社会主义实践经验以后,看法也就改变了。列宁生前召开的俄共(布)第十二次代表大会《关于工业的决议》就明确指出:工厂是"基本工业单位"。②列宁生前还强调"企业建立在经济核算制的基础上"。③这显然也是以企业作为基本的生产单位为前提的。马克思、列宁的这些论述,为我们考察国有企业的生产目的提供了基本论据。如前所述,我们正是依据企业是基本的生产单位和劳动仅仅是谋生手段,说明了社会主义制度下劳动力和生产资料结合的特殊方式:首先直接在企业范围内结合,企业劳动者集体是把劳动仅仅当作谋生手段来实现同生产资料的结合的,并由此论证了企业生产局部地为了本企业物质利益的要求。事实上,列宁生前已经明确指出:准备向共产主义过渡,"不是直接依靠热情,而是借助于伟大革命所产生的热情,依靠个人兴趣,依靠个人利益上的关心,依靠经济核算"。④经济核算作为社会主义生产关系的一个方面,就是在国家的统一领导下,企业在生产经营上和经济利益上有相对独立性。这同认为企业的

---

① 马克思:《哥达纲领批判》,《马克思恩格斯选集》第3卷,第11页。重点是引者加的。
②《苏联共产党代表大会、代表会议和中央全会决议汇编》第2分册,人民出版社1964年版,第267页。
③ 列宁:《给财政人民委员部》,《列宁全集》第35卷,第549页。
④ 列宁:《十月革命四周年》,《列宁选集》第4卷,第572页

经济利益也是企业的一个生产目的和动力，是相吻合的。

第二，马克思、列宁对资本主义基本经济规律的考察，也从方法论上给了人们以有益的启示。马克思根据对资本主义生产关系总和的分析，揭示了剩余价值规律是资本主义基本经济规律；还结合资本主义生产关系在其各个发展阶段上的特点，具体说明了剩余价值规律作用的各种形式。在资本主义发展的初期，由于资本还只是开始占领了某些部门，封建经济关系还占统治地位，资本之间的竞争只是在某些部门内部开展起来，形成了商品的社会价值。在这种经济条件下，剩余价值通过利润的形式归各个部门的资本家占有。后来，随着资本占领了各个主要生产部门，扫荡了封建残余。这样，不仅部门内的竞争进一步发展起来，而且部门间的竞争也发展起来。于是，利润转化为平均利润。在后一过程实现了的条件下，一般说来，各个部门的资本家得到的只是平均利润。但是，那些生产条件较好、劳动生产率较高的企业还可以获得超额利润；而在那些存在垄断条件的部门，由于利润平均化的过程受到了阻碍，从而产生了垄断利润。随着自由竞争的资本主义发展到垄断资本主义，由于出现了工业垄断、金融资本垄断和国家垄断资本主义，出现了资本输出、国际垄断组织等经济条件，因而垄断组织可以获得大大超过平均利润的垄断利润，而局外企业就连平均利润也难以得到了。马克思列宁主义的这些分析启发我们：对社会主义生产目的的研究，必须结合社会主义生产关系的特点来进行；否则就会抹煞社会主义生产目的和共产主义生产目的的区别。

可见，如果联系马克思列宁主义的上述原理来考察，那么，说国有企业的生产主要为了提高人民的生活，局部地为了本企业劳动者的经济利益，不仅同他们的科学理论体系是不矛盾的，而且正是依据他们提供的方法论和论据作出的。

还有一种观点认为，社会主义国家所有制企业具有相对独立的经济利益，但这种利益是通过价值规律、按劳分配规律和物质利益规律来体现的，而不是作为社会主义基本经济规律在生产目的上体现的，企业并不存在局部地为了本企业物质利益的要求。这种看法也有不妥之处。

诚然，价值规律的作用可以体现全民所有制企业相对独立的经济利益，但它并不能代替社会主义基本经济规律的作用，不能代替国有企业生产目的的作用。

　　第一，从价值规律本身的要求来说，它只提出商品价值由社会必要劳动量决定的问题，它不对社会主义生产目的提出什么要求。斯大林曾经正确地指出："当然，价值规律在资本主义条件下有广阔的作用范围，它在资本主义生产的发展方面发生很大的作用，但是它不仅不决定资本主义生产的实质和资本主义利润的基础，甚至没有提出这样的问题。所以，价值规律不能是现代资本主义的基本经济规律。"①斯大林这里分析的是资本主义条件下价值规律不能成为资本主义基本经济规律的原因。但是，从一般意义上说，斯大林讲的这个道理，也适用于社会主义社会，即社会主义经济中价值规律不提出社会主义生产目的。

　　第二，在一定的社会经济条件下，价值规律体现一定的经济利益，总是通过一定的作用形式来实现的。而这种不同的作用形式从价值规律本身也是不能得到说明的，而只能从一定的生产资料所有制关系以及由此决定的生产目的中去寻找答案。例如，在简单商品经济的条件下，价值规律通过价格围绕价值上下波动的形式来实现。显然，这是体现了小商品生产者的经济利益的，是由以本人的劳动和生产资料私有制为基础的经济条件以及由这种经济条件决定的生产目的（即为了满足小商品生产者的生活需要）决定的。在资本主义有了发展的条件下，价值规律就通过价格围绕生产价格上下波动而实现其作用了。这是体现了自由竞争的资本主义时代资本家的经济利益的，是利润平均化的结果。而到了垄断资本主义时代，价值规律在相当大的一个范围内是通过垄断价格来实现的。这当然是表现了垄断资本的利益，是由垄断这种经济条件产生的追求垄断利润这个目的决定的。对于社会主义条件下价值规律作用形式问题，也必须这样来看待。社会主义国有企业生产的商品是依照价值还是依照生产价格交换，虽然还是一个有争论的问题，但这个问题从价值规律本身是难以找到答案的，而必须由社会主义国家所有制以及由此决定的生产目的去进行探索。

　　第三，国有企业的产品无论是依照价值还是依照生产价格交换，企业都可以获得额外收入。这种额外收入可以是由企业使用、但归国家所

---

① 斯大林：《苏联社会主义经济问题》，人民出版社1961年版，第29页。

有的较好的技术装备和自然条件形成的，也可以是由企业较高经营管理水平形成的。这种额外收入的分配也无法由价值规律来说明。但国有企业生产目的的两个方面却可以解释这一点。依照这种生产目的的要求，第一种额外收入应由国家通过税收、利润上缴等方式收归社会；第二种额外收入除了由国家作适当扣除外，企业必须取得与它的经营成果相适应的收入。

按劳分配规律的作用也能反映国有企业相对独立的某些经济利益。但如果认为按劳分配规律的作用可以代替社会主义基本经济规律的作用，可以代替社会主义生产目的的作用，其悖理性就更明显了。因为价值规律的作用虽然不能代替基本经济规律的作用，但毕竟是生产领域中的经济规律，毕竟在生产、交换经济领域中都起作用的规律；而按劳分配规律虽然在社会主义经济中居于十分重要的地位，并对社会主义生产产生重大的影响，但它毕竟是分配领域中的经济规律，它本身也不对社会主义生产目的提出什么要求。如果认为按劳分配规律可以代替社会主义基本经济规律的作用，可以代替社会主义生产目的的作用，那在实际上就是认为按劳分配规律成为支配社会主义总生产过程的规律了。这当然是不妥的。

至于用物质利益规律来代替社会主义基本经济规律的作用，来代替社会主义生产目的的作用，就更值得商榷了。每一个社会的经济关系首先是作为利益表现出来。在各个社会特有的经济规律的体系中，有许多经济规律也是体现了各种社会生产关系承担者的物质利益的。那么，在这许多经济规律之外，怎么还可能单独存在一个物质利益规律呢？就社会主义经济中特有的经济规律体系的实际情况来看，社会主义基本经济规律主要体现了社会全体劳动者的物质利益，局部地只是体现了企业劳动者集体的物质利益；价值规律体现了社会主义国家所有制的工人和集体所有制的农民以及具有相对独立性的国有企业劳动者集体的物质利益；按劳分配规律体现了与社会的（或集体的）利益相结合的劳动者个人的物质利益；社会主义积累规律体现了劳动者的长远利益和当前利益的结合。除了这些体现了劳动者的物质利益的社会主义经济规律以外，哪里还有什么独立的社会主义物质利益规律呢？

＊　　　　　　　　　　　　　＊

　　如果上述国有企业生产目的的看法是正确的，那么这就为经济管理体制的改革，阐明了一项根本原则。胡乔木同志说过："国家、生产单位和生产者个人这种利益上的统一，是社会主义制度所决定的，必须反映这种利益上的统一，是社会主义经济管理体制的根本规律之一"。[①]这是为什么呢？基本的一点在于：国有企业生产主要为了提高人民的物质文化生活，局部地只是为了本企业的物质利益；而社会主义经济管理体制是必须反映社会主义基本经济规律这一要求的。国有企业之所以必须逐步做到独立核算，国家征税，自负盈亏，就是因为它较充分地反映了社会主义基本经济规律的这一要求。当然，同时也较充分地反映了价值规律的要求。

---

① 胡乔木：《按照客观经济规律办事，加速实现四个现代化》，人民出版社 1978 年版，第 18~19 页。

七、社会主义国家所有制工业
企业之间的竞争

社会主义商品生产理论是政治经济学社会主义部分的重要内容，是我国经济管理体制改革的一个重要理论根据。而社会主义竞争理论又是社会主义商品生产理论的组成部分，也是同我国经济管理体制改革紧密相连的。这里就社会主义国家所有制工业企业竞争问题作些初步探讨。

（一）竞争规律赖以存在的经济条件

马克思主义哲学认为，规律就是事物的本质。[①]经济规律就是经济关系的本质。因此，一定的经济规律总是在一定的经济条件的基础上产生的。那么，社会主义竞争规律赖以产生的经济条件是什么呢？就是社会主义的商品生产。就社会主义国有工业企业之间的竞争来说，就是国有工业企业是相对独立的商品生产者。

为了说明这一点，首先需要明确一个方法论。马克思说过："只有了解了资本的内在本性，才能对竞争进行科学的分析，正像只有认识了天体的实际的、但又直接感觉不到的运动的人，才能了解天体的表面运动

[①] 列宁说："所以，规律和本质是表示人对现象、对世界等等的认识深化的同一类的（同一序列的）概念，或者说得更确切些，是同等程度的概念。"（《黑格尔〈逻辑学〉一书摘要》，《列宁全集》第 38 卷，第 159 页）

一样。"①马克思这里说的是要对资本主义竞争进行科学的分析，就必须了解作为资本内在本性的剩余价值生产。尽管社会主义商品生产是根本区别于资本主义商品生产的，但要正确地分析社会主义的竞争，也必须了解社会主义商品生产的目的。根据马克思的上述分析，这是必须始终把握的一个重要的科学方法。

如前所述，②社会主义国家所有制工业企业的生产目的，主要是为了满足人民物质文化生活的需要，但部分地也只是为了本企业劳动者的物质利益。

那么，作为相对独立的商品生产者的国有企业的生产目的，是怎样决定着社会主义的竞争，使得竞争成为一种客观必然性的呢？

国有企业要实现上述的生产目的，就要求它的产品能够按照社会价值来出售。这样，在其他条件相等的情况下，那些经营管理水平高的企业，个别价值就低于社会价值，在完成了对国家的上缴任务以后，企业的利润就多；反之，那些经营管理水平低的企业，个别价值就高于社会价值，在完成了对国家的上缴任务以后，企业的利润就少，甚至亏本。这样，国有企业才有可能取得与它的生产经营成果相适应的收入。

按照马克思对资本主义商品生产所作的分析，"要使生产部门相同、种类相同，质量也接近相同的商品按照它们的价值出售，必须具备两个条件：第一，不同的个别价值，必须平均化为一个社会价值"。第二，这种商品的供求关系是一致的。就是说，"耗费在这种商品总量上的社会劳动总量，就必须同这种商品的社会需要的量相适应，即同有支付能力的社会需要的量相适应"。③如果抛开社会经济关系性质的根本区别不说，只从共同意义上来理解，那么马克思讲的这个道理，对社会主义的商品生产也是适用的。

但在社会主义经济条件下，商品按价值出售的这两个条件，也并不是自始就是具备的。尽管社会主义商品生产根本区别于资本主义商品生产，但作为商品生产一般来说，商品经济内在的固有矛盾也是存在的。

---

① 马克思：《资本论》，《马克思恩格斯全集》第 23 卷，第 352 页。

② 详见本著《社会主义国家所有制工业企业的生产目的》一篇。

③ 马克思：《资本论》，《马克思恩格斯全集》第 25 卷，第 201、215 页。

在社会主义条件下，生产商品的个别劳动时间和社会必要劳动时间、个别价值和社会价值的矛盾是存在的。商品中的使用价值和价值的矛盾也是存在的。在商品流通的条件下，这个内在的矛盾就表现为商品和货币的对立，同时商品买卖就分裂为卖（商品→货币）和买（货币→商品）两个阶段。所以，商品经济矛盾的本身就包含了买卖分离、供求脱节的可能性。这是从抽象的商品经济一般的意义上说的。如果把作为相对独立的商品生产者的国有企业列入考察的视线，那么上述矛盾的存在更是一目了然的事。可见，社会主义商品生产与资本主义商品生产的区别，不在于不存在上述的矛盾，而在于矛盾的性质是不同的，解决的途径也是不同的。在资本主义制度下，上述矛盾是对抗性的，要通过消灭资本主义制度才能从根本上解决；在社会主义制度下，矛盾是非对抗性的，社会主义制度本身能够逐步地解决这个矛盾。

社会主义经济是有计划发展的，它同资本主义生产的无政府状态是根本不同的。这样，商品的社会价值的形成并不像资本主义社会那样完全通过竞争在商品生产者背后自发形成的，商品的供求关系主要也不是依靠价值规律自发地调节的。国家计划机关依据统计资料可以在某种范围内测算出商品社会价值的近似值，并且主要通过计划调节有关国计民生的重要商品的供求关系。

但是，要形成商品按照社会价值出售的上述两个条件，只靠国家计划还是不够的。因为商品的品种成千上万，而国家的计划事实上只能包括主要的、在数量上很有限的产品，并不能囊括所有的产品。列宁早就说过："现在对我们来说，完整的、无所不包的计划 = '官僚主义的空想'。不要追求这种空想。"[1] 显然，对国家计划所不包括的那部分商品来说，上述两个条件的形成当然需要通过企业之间的竞争。在这方面，社会主义经济同资本主义经济的区别是：整个经济是在国家计划指导下发展的，即使对这部分商品来说，国家仍然可以通过有计划地利用价值规律加以调节。因而竞争也会受到国家计划的调节；同时企业之间的根本利益是一致的，只是局部利益有区别。但是，企业毕竟是具有相对独立利益的商品生产者，这部分商品按价值出售的两个条件的形成，也离不

---

① 列宁：《给柯·马·克尔札诺夫斯基》，《列宁全集》第35卷，第473页。

开企业之间的竞争。

这样说，并不意味着竞争对国家计划包括的那部分商品按社会价值出售两个条件的形成就不起任何作用了。因为竞争也是社会主义商品经济的内在规律，它对各部分商品生产都是在不同程度上起作用的。如果考虑到下列两种情况，那就可以更明显地看到这种作用。

第一，即使抛开那些可能避免的重大的宏观决策的失误不说，仅仅考虑到存在着客观和主观的矛盾，仅仅考虑到认识上的原因，那么，国家的计划也不可能完全符合客观的实现。比如，假定国家规定的某种商品的计划价格高于客观存在的该种商品的社会价值，那么，在企业真正成为相对独立的商品生产者的条件下，不仅个别价值低于社会价值的企业，而且占多数的个别价值等于社会价值的企业，都可以获得较多的盈利，这就会促进这种商品生产的发展。而在价格管理体制作了根本改革和社会对该种商品需要量已定的条件下，就会导致商品价格的下降。反之，如果国家的计划价格低于社会价值，就会引起相反的后果。可见，竞争在这里起着检验国家计划价格是否正确的作用，并促进国家计划机关修正计划价格上的错误。

第二，各种商品的社会价值是在不断变化的。因为，在正常情况下，社会主义社会生产力总是不断地、迅速地发展的。这样，即使国家的计划价格原来是符合社会价值的，但过了一段时间就变得不符合了。而计划价格又难以灵敏地、及时地反映这个变化。但在这种情况下，如果计划价格不依据由竞争形成的新的已经下降了的社会价值相应的下降，也会产生我们在第一点中所说的后果。可见，由竞争促成的这种社会价值就会促使计划机关调整价格，并成为国家调节计划价格的根据。我们在上述两点中，都是举的竞争在形成社会价值方面（这是商品按社会价值出卖的第一个条件）的作用，但它在调节供求关系（这是商品按社会价值出卖的第二个条件）方面也起着类似的作用。为免重复，这里就略而不论了。

我们在前面从企业作为相对独立的商品生产者的最本质属性，即其生产目的出发，论述了生产部门内部企业之间的竞争。我们在作这种论述时是舍弃了各个生产部门企业之间的竞争的。但在实际上这种竞争也是存在的，并且也是由这种本质属性决定的。

按照国有企业作为相对独立的商品生产者最本质要求，要取得与它的经营成果相适应的收入。这样，如果我们考察的对象不只是一个生产部门内部企业之间的交换，而是各个生产部门企业之间的交换，那么商品就不能是按社会价值出售，而是要按照社会生产价格出售。因为如果按照社会价值出售，那么，在其他条件相同的情况下，资金有机构成较高的部门，即单位产品平均资金占用量较高的部门，利润率就低，在完成了对国家的上缴利润以后，企业的利润也低，甚至亏本；资金有机构成较低的部门，即单位产品平均资金占用量较低的部门，利润率就高，在完成了对国家的上缴任务以后，企业的利润也高。这样，各个部门的企业就不能获得与它的经营成果相应的收入。但是，如果商品按社会生产价格出售，就可以消除因各个生产部门资金有机构成高低的不同而带来的利润率和企业利润的差异。因为社会生产价格是由"部门平均成本价格加部门产品平均资金占用量乘社会平均资金利润率"来确定的；而社会平均资金利润率又是由"部门生产的剩余产品价值的总和除部门平均占用资金的总和"决定的。这样，尽管各个部门的资金有机构成不同，单位产品平均资金占用量有差异，但在其他条件相等的情况下，都可以做到等量资金取得等量利润，在完成对国家的上缴任务以后，各个部门的企业都可以获得与自己的经营成果相适应的收入。

那么，社会主义商品的社会价值是如何转化为社会生产价格的呢？在这方面，社会主义经济也是根本区别于资本主义经济的。在资本主义条件下，价值向生产价格的转化完全是通过各个生产部门资本家的自由竞争（即资金的自由转移）自发地实现的。在社会主义条件下，是以计划经济为主的，即使在将来经济管理体制改革完成以后，各个生产部门的投资也是由国家中长期计划确定的投资方向所左右的，有关国民经济命脉的骨干企业和国计民生的主要产品的生产投资，是由国家决定的，企业用自有资金进行扩大再生产也受到国家计划的调节。而且，国家也可能测算出社会平均资金利润率和社会生产价格的近似值。

但是，正像部门内的竞争在促成社会价值方面起着作用一样，部门间的竞争在促成社会生产价格方面也是有作用的。

第一，它促使国家修正计划价格方面的错误。国家无论是测算社会价值，或是测算社会生产价格，都不可能完全正确。但是，如果国家规定的计划价格，使得资金有机构成高的部门获得的利润低于平均利润，使得资金有机构成低的部门获得的利润高于平均利润，那么，就会影响前者生产的发展，并促进后者生产的增长。这样，在企业作为相对独立的商品生产者和这两个部门产品需要量已定的条件下，前者的价格就会上升，后者的价格会下降。其结果，就会促使国家的计划价格向客观存在的社会生产价格靠拢。

第二，竞争会使得各个生产部门的生产力不断地发展，资金有机构成不断地发生变化；而这种变化又不可能是等速度的。这样，各个部门的资金利润率，从而社会资金平均利润率和社会生产价格，都是处于不断地变动状态中。在这方面，国家计划价格也难以做出及时的反映。这样，也会形成上述第一点的后果。所以，由各部门的竞争所促成的变化了的社会生产价格，也会促使国家调整计划价格。

第三，就是国家确定的投资方向和重要的建设项目，在某种程度上也是要受到部门间竞争的制约。因为决定投资方向和重要建设项目的一个最重要因素，就是经济效益的大小，而在商品价格符合商品价值（或者社会生产价格）的条件下，其中最主要的就是利润率的高低。这一点，在我国当前建设浪费严重，经济效益很差，而又资金缺少的情况下，尤需注意。但是，各个部门的利润率是受到竞争影响的。

总之，作为相对独立的商品生产者的企业，要实现自己的生产目的，要获得与生产经营成果相适应的收入，不仅要求在国家计划指导下，在某种限度内，开展部门内的竞争，而且要求开展部门间的竞争。而企业的这种经济地位，以及与这种经济地位相适应的、企业拥有的一定的经营自主权，又为开展这些竞争提供了条件。

显然，如果企业拥有与自己经济地位相适应的一定的经营自主权，那么，它就可以在某种范围内和某种程度上决定着商品供求关系的变化和商品价格的变化，就可以使得部门与各企业在这两方面展开竞争。正是这些方面的竞争促使商品的个别价值均衡为社会价值。

企业拥有一定的计划权，在财务方面又拥有生产发展基金和后备基金。这样，企业也就拥有一定的投资权，在某种限度内能够限制某个部门产品的发展，能够促进另一个部门生产的发展。随着竞争的展开，企业之间的联合也在发展。企业的联合为限制某种生产、扩展另一种生产提供了更有利的条件。特别是跨部门的企业联合的发展，在某种程度上为资金在部门之间的转移，开辟了一条新的途径。在价格体制改革完成以后，企业拥有一定的定价权和调价权；价格的形式也要由单一的统一计划价格转变为统一计划价格、浮动计划价格和国家计划指导下的自由议价等多种形式。这样，在某种限度内，一方面资金可以在部门之间转移；另一方面价格又可以变化，这就可以使得部门间在这些方面展开竞争。这种竞争就会促使商品的社会价值向社会生产价格的转化。但这种转化将不只是发生在实行浮动计划价格和国家计划指导下的自由议价的产品上，就是实行国家统一计划价格的产品，也要受到这种转化的影响。因为在同一的市场内，经济运动的诸方面是相互联系的，多种价格形式之间也是相互影响的。可以设想，如果实行浮动计划价格和国家计划指导下的自由议价的产品价格是以社会生产价格为基础的，而实行统一计划价格的某种产品的价格低于社会生产价格，那么，这种产品的需求会增长，因为使用这种产品，成本低，企业盈利高；同时会影响生产这种产品的企业积极性，阻碍这种生产的发展，因为企业盈利低，甚至发生亏损。这两方面的结果都会促使国家的统一计划价格也要以社会生产价格为基础来修订。这样说，当然不排斥在一定的条件和一定的时期内，某些产品的计划价格可以低于或高于生产价格。

可见，企业作为相对商品生产者的经济地位，一方面要求开展部门内和部门间的竞争；另一方面又为竞争创造了条件。这就使得竞争成为社会主义的经济规律。

如前所述，竞争是社会主义的经济规律，并已在我国经济生活中显示了它的青春活力。但是，不仅长期以来人们否定社会主义竞争，而且现在也还有人持不同意见。[1]这究竟是什么原因呢？显然不能只是用主观与客观的矛盾、事物的本质与现象的差别这样一些一般性的认识上的原因来解释。实际上，它还有更复杂、更深刻的原因。

第一，这首先是同不正确地对待马克思主义的有关理论有联系的。这表现在：现在还有人常常引用恩格斯的下列论断来否定社会主义的竞争。恩格斯说过：在新的社会制度下，"一切生产部门将由整个社会来管理，也就是说，为了公共的利益按照总的计划和在社会全体成员的参加

---

[1] 参见《社会主义竞争问题讨论综述》，《理论与实践》1980 年第 12 期，第 60 页。

下来经营。这样，竞争将被这种新的社会制度消灭，而为联合所代替"。①

　　应该怎样看待恩格斯的这个论断呢？需要明确的是：恩格斯在作这个论断时马克思主义还没有共产主义社会两个阶段的理论，因而没有理由认为恩格斯这里讲的"新的社会制度"是专指社会主义社会。而从恩格斯在同一著作《共产主义原理》的有关论述来说，宁可说是专指共产主义社会。例如，恩格斯说："在这种社会制度下，一切生活必需品都将生产得很多，使每一个社会成员都能够完全自由地发展和发挥他的全部力量和才能。""把生产发展到能够满足全体成员需要的规模。"②

　　这里，有人可能提出这样的问题：在马克思主义有了共产主义社会两个发展阶段理论时，马克思主义还是认为，在社会主义制度下，竞争是会消灭的。这也是确实的。大家知道，马克思在《哥达纲领批判》中第一次系统地提出了共产主义社会两个阶段的理论；但马克思也是认为在共产主义社会第一阶段不存在商品生产，当然也不会存在竞争。但是，马克思主义的这个原理是有一系列的理论前提的。用恩格斯的话来说："一切生产部门将由整个社会来管理，也就是说，为了公共利益按照总的计划和社会全体成员的参加下来经营。"这意味着：建立了单一的全社会的社会主义公有制，不存在社会主义公有制的多种形式，更不存在少量的私有制；整个社会生产由一个社会经济中心来管理，不存在作为基本经济单位的企业；人们之间只有根本利益的一致，没有像现在企业那样的局部利益的差别；因而不存在商品生产，不存在竞争。这一点，又是以当时的社会主义革命理论为前提的。马克思主义在 19 世纪中叶曾经认为，社会主义革命可以同时在资本主义最发达的国家取得胜利，因而革命胜利后有可能建立单一的全社会的社会主义公有制。但是，后来的社会主义革命实践超越了马克思主义的上述理论。社会主义革命是首先在资本主义只有中等发展（如俄国），甚至只有初步发展的国家（如中国）取得胜利的。这样，在无产阶级革命取得胜利以后，不仅社会主义公有制还存在多种形式，即社会主义的国家所有制和集体所有制，还存在适当数量的私有制（如个体经济和国家资本主义经济等等）。这样，多种类

---

① 恩格斯：《共产主义原理》，《马克思恩格斯选集》第 1 卷，第 217 页。
② 恩格斯：《共产主义原理》，《马克思恩格斯选集》第 1 卷，第 217、223 页。

型的商品经济就必然会存在；与此相适应，多种类型的竞争也是不可避免的。而按照马克思主义科学体系的要求，任务不是依据马克思主义的个别原理去"裁剪"已经发展了的社会主义经济生活，而是依据社会主义实践去修正不适合新的情况的个别原理。还要指出的是：马克思主义关于单一的全社会的社会主义公有制建立以后商品生产就可消失的理论，现在似乎还只能看做是一种设想，它是否是科学的结论，还要留待以后的实践去证明。但从已有的社会主义实践来看，在一个可以预见的时期内，企业作为社会生产的基本单位的职能还难以消失，劳动仅仅作为谋生手段难以改变，企业作为相对独立的商品生产者的经济地位也难以改变。这样，即使建立了单一的全社会的社会主义公有制，也还难以作出商品生产消灭的判断。

与上述不正确对待马克思主义理论的表现相类似的，还有另一种表现。有人引证恩格斯的下列论断，认为社会主义制度下只存在竞赛，并不存在竞争。恩格斯说：在新的社会制度下，"个人之间的竞争，即资本与资本相争、劳动与劳动相争等等，就会归结为以人的本性为基础的并且到目前为止只有傅立叶一人作过一些说明的竞赛，这种竞赛将随着对立的利害关系的消灭而被限制在它所特有的合理的范围内"。①恩格斯认为，在新的社会制度下，随着公有制的建立，人们之间的根本利益的对立消失了，因而资本主义那样的竞争也不存在了；并且在根本利益一致的基础上产生了社会主义的竞赛，这无疑是完全正确的。但恩格斯当时没有、也难以预见社会主义经济中还存在商品生产和由此产生的竞争。根据上述同样的道理，我们并不能依据这一点来否定社会主义经济中实际已经存在的竞争。

不正确地对待马克思主义的理论还特别突出地表现在有人依据斯大林有关论断来否定社会主义的竞争。斯大林说过："国民经济有计划发展的规律，是作为资本主义制度下竞争和生产无政府状态的规律的对立物而产生的。它是当竞争和生产无政府状态的规律失去效力以后，在生产资料公有化的基础上产生的。"②斯大林认为，资本主义的竞争和无政府状态与社会主义的有计划发展是对立的，并且在社会主义公有制的基础上，

---

① 恩格斯：《政治经济学批判大纲》，《马克思恩格斯全集》第1卷，第615页。
② 斯大林：《苏联社会主义经济问题》，人民出版社1975年版，第6~7页。

资本主义的竞争和无政府状态已经不存在了，在这个限度内，这个论断是正确的。但是，这个论断也是有缺陷的。斯大林笼统地否定社会主义制度下存在竞争，是欠妥的，并且使它自己不可避免地陷入理论上的矛盾状态中。尽管斯大林关于社会主义商品生产和价值规律的理论是很不完整的，但他还在某种范围内承认了社会主义的商品生产和价值规律的作用；[①]然而有商品生产，就有竞争，而且价值规律的作用也是不能脱离竞争的。斯大林把竞争和无政府状态联系在一起作为一个规律表述，把竞争当作计划的对立物，这些也是值得斟酌的。这一点我们留到本文的第三部分去作详细的论述。这里只是指出：依据这些显然有缺陷的理论来否定社会主义的竞争，更是不妥的。还需着重指出：斯大林的这些提法，特别使人不易认识、甚至害怕承认社会主义的竞争。因为同资本主义经济相比较，社会主义经济的一个根本优越性，就是前者的生产是无政府状态的，后者是有计划发展的。如果竞争必然同无政府状态联系在一起，并且同计划是对立的，那怎么能承认社会主义竞争呢？这就能够从一个方面说明政治经济学社会主义部分发展史上一个很有趣的矛盾现象：尽管商品生产，价值规律和竞争是不可分割的，但从苏联情况来看，人们从否定社会主义商品生产和价值规律的作用，到最后由斯大林确认社会主义的商品生产和价值规律的作用，中间虽然也经过了几十年的时间，然而并不承认社会主义的竞争。在我国，从赞成斯大林的上述观点到现在许多人都承认社会主义的竞争，又经过了二三十年的时间。造成这种情况的原因是多方面的，但斯大林在这个理论问题上的缺陷，不能不说是一个因素。

不正确地对待马克思主义的理论还表现在：有人看不到或者否认马克思关于资本主义竞争理论的一般内容对认识社会主义竞争的指导意义。比如，马克思关于要对竞争作科学的分析就必须了解资本主义的生产本质，[②]部门内的竞争决定社会价值和部门间的竞争决定生产价格[③]等等论

---

①　斯大林把社会主义的商品关系局限在社会主义的国有企业和集体企业之间，否认国有企业之间也是商品关系；他承认价值规律在社会主义流通领域中的调节作用，否认价值规律对社会主义生产的调节作用。尽管这样，但从政治经济学社会主义部分发展史来说，这仍然是一个重要的发展。

②　马克思：《资本论》，《马克思恩格斯全集》第 23 卷，第 352 页。

③　马克思：《资本论》，《马克思恩格斯全集》第 25 卷，第 201 页。

断，如果把它反映的资本主义生产关系抽象掉，只从一般内容来说，那么这些论断在某种限度内对认识社会主义的竞争都是有指导意义的。这是因为尽管这两种生产关系的性质是根本不同的，但它们都是商品生产；而且从这个商品生产一般的某些方面来看，社会主义商品生产同资本主义商品生产的共同点，比社会主义商品生产同简单商品生产的共同点还要多一些。这不仅表现在社会主义商品的范围虽然小于资本主义，但总的说来，二者的商品范围比简单商品生产要大得多；更重要的还在于二者都是以社会化大生产为基础的。而马克思关于资本主义竞争的理论，既反映了资本主义生产关系的特点，又反映了以社会化大生产为基础的商品生产的某些共同点。这一点，特别明显地表现在部门之间的竞争上。马克思说过：部门间的竞争同部门内的竞争相比，"要求资本主义生产方式发展到更高的水平"。[①] 这不仅是因为在资本主义发展的初期，封建主义生产方式还占统治地位，封建割据限制着国内统一市场的形成，阻碍着部门间竞争的发展；而且因为大机器工业还不发展，各部门之间的资本有机构成的差别并不悬殊，利润率相差不大，价值向生产价格转化的意义并不像后来那样大。但在资本主义生产方式占了统治地位以后，不仅妨碍竞争的封建主义因素被排除了，而且伴随着大机器工业的发展，各部门资本有机构成和利润率的差别大大扩展了，这时价值向生产价格转化的经济意义就突出出来了。于是，部门间的竞争也发展起来。在简单商品生产条件下，部门间的竞争也不发展。这除了当时的社会经济关系的因素以外，同它是以手工工具作为物质技术基础也有直接联系。在社会主义商品生产条件下，部门间竞争也比简单商品生产显得重要。这不仅是因为社会主义商品生产的范围大大扩大了，而且因为它是以社会化大生产作为物质基础的。从这方面说，马克思关于资本主义竞争的理论对于研究社会主义商品生产的指导意义，比对于研究简单商品生产还要大一些。但是，如果我们看不到、甚至否认这一点，那就放弃了认识上的武器，当然也就妨碍我们对于社会主义竞争的认识。

　　第二，我国现行的中央高度集权的、行政管理为主的经济管理体制，也妨碍人们正确认识社会主义的竞争。在这种经济管理体制下，企业是

---

　① 马克思：《资本论》，《马克思恩格斯全集》第 25 卷，第 201 页。

国家行政机关的附属物，企业既无一定的经营自主权，又无相对独立的经济利益，企业活像一个算盘珠，拨一下，动一下，不拨不动，哪里还有什么竞争可言呢。

第三，迄今为止，在我国国民经济中居于重要地位的农业还是半自然经济。1978 年农业创造的收入在整个国民收入的比重为 35.6%，种植业产值在农业总产值的比重为 67.8%；粮食作物大约占了 70% 以上；而粮食生产的商品率只有 20% 左右。在我国工业生产中，商品生产的比重虽然大得多，但大部分生产资料实际上并不是当作商品来生产的，许多工业生产组织又都是"大而全"和"小而全"，商品交换也是很不发展的。这种情况当然也妨碍着人们对竞争的认识。

第四，我们党在全国解放前的革命根据地就有某些组织社会主义竞赛的经验，解放后又从苏联学习了组织社会主义生产竞赛的经验；再加上前述理论上的错误，久而久之，似乎社会主义并不存在竞争，只要组织社会主义竞赛就行了。

这一切都会阻碍人们去正确地认识社会主义的竞争。

这里需要进一步指出：近几年来承认社会主义竞争的人越来越多了。但有的同志对于社会主义竞争产生原因的分析，是值得讨论的。比如，当前学术界在肯定社会主义竞争的人中，流行着一种观点，只是从价值规律的要求（即"商品价值是由社会必要劳动时间来决定，商品交换要按等价交换原则进行"）来论证竞争规律。[1] 这种论证方法是有缺陷的。①要说明部门的竞争，当然要联系到上述的价值规律的作用，但如果不从社会主义商品经济的最本质属性，即其生产目的出发来进行论证，那就没有抓到问题的根本点，也是不符合马克思关于这个问题的方法论的。②它也没有从这一点出发，联系价值向生产价格的转化，来说明部门间竞争的必然性。③它更没有从商品经济关系来说明竞争得以展开的客观条件。因而也就没有对社会主义竞争规律作完整的说明。

---

[1]《社会主义竞争问题讨论综述》，《理论与实践》1980 年第 12 期，第 60 页。

（二）从两种对比中考察社会主义竞争的本质特点

一切事物的特点，总是在同其他事物相比较而存在的，我们要认识社会主义竞争的本质特点，首先需要把它同资本主义竞争作比较。

第一，资本主义的竞争是以资本主义私有制和资本主义商品生产为基础的。社会主义国有企业之间的竞争是以社会主义国有制企业作为相对独立的商品生产者为基础的。

第二，在资本主义经济中，参与竞争的主要是私人资本主义企业。这些企业的所有者——资本家，作为一个阶级来说，他们在压迫、剥削无产阶级方面，有根本利益一致的一面；但就他们争夺市场的斗争来说，又有根本利益冲突的一面。按照马克思的说法，"资本家在他们的竞争中表现出彼此都是虚伪的兄弟，但面对着整个工人阶级却结成真正的共济会团体。"① 当然，在按照等量资本取得等量利润（即资产阶级共同瓜分无产阶级创造的剩余价值）的时候，"竞争实际上表现为资本家阶级的兄弟情谊"。"但是，一旦问题不再是分配利润，而是分配损失"的时候，"竞争也就变为敌对的兄弟之间的斗争了"。② 资本主义的竞争关系，是在根本利益有着一致一面，同时又有对抗一面的资本家之间的斗争关系。社会主义的竞争则与此根本相反。就社会主义国有企业之间的竞争来说，参与竞争的是国有企业，是相对独立的商品生产者。它们之间的根本利益是一致的，只有局部利益的差别。所以，这种竞争关系是根本利益一致，但有局部利益差别的国有企业之间的相互促进的关系。

第三，资本主义生产的唯一目的是获取利润。资本主义的竞争也是服从于这一点的。社会主义国有企业的生产目的主要是为了提高社会全体劳动者的生活，局部地只是为了提高本企业劳动者的生活，也会在社会主义竞争中反映出来。当然，社会主义企业竞争的目的也表现为争取更多的利润上。从形式上看，它同资本主义的竞争有相同的地方。但在

---

① 马克思：《资本论》，《马克思恩格斯全集》第 25 卷，第 221 页。
② 马克思：《资本论》，《马克思恩格斯全集》第 25 卷，第 282 页。

本质上是根本不同的。因为这些利润不是用于资本积累和资本家的生活消费，而主要是用于提高社会全体劳动者的生活（包括旨在提高人民生活的社会主义积累），一部分用于改善本企业劳动者的生活。

第四，在资本主义条件下，竞争除了受到某些垄断条件的限制外，一般是能够充分展开的。在垄断前的资本主义阶段，尤其是这样，以致使得自由竞争成为它的根本特征。在社会主义经济正常发展的情况下，国家计划是反映了社会全体劳动者的整体利益。社会主义的竞争虽然同这种整体利益有一致的一面，但同时反映了企业劳动者集体的局部利益。这种局部利益可以而且必须服从整体利益。所以，社会主义企业之间的竞争也是可以而且必须受到国家计划的调节。因此，社会主义的竞争也就成为一种国家计划指导下的有限制的竞争。

第五，资本主义企业的竞争，除了采取提高产品质量和降低产品价格等手段以外，还采取各种欺骗手段，甚至采取各种暴力手段。在社会主义条件下，"在开展竞争中，所有的生产和经营单位，都应当保证完成国家的产销计划，在改善经营管理，加强经济核算，增加花色品种，提高产品质量，减少能源和原材料消耗，降低成本和费用，提高劳动效率，改进服务工作等方面下工夫，比优劣，不断提高生产水平、技术水平和经营管理水平，以取得良好的经济效果。"①关于社会主义企业应该采取的正当的竞争手段，陈云同志最近指出："六五计划期间一个重要任务是进行现有企业的技术改造，这也应当是我们今后发展工业的一条新路子。……上海老企业多，应当特别注意这个问题。现在一些轻纺企业在上海开花，在外地结果，反过来进入上海市场，挤上海的产品。这是好事，不要用行政措施去挡，要接受这个挑战，迎上去和它们竞争。办法就是加强技术改造，提高质量，降低成本。另外，要有若干个大企业，能灵活地搞小批量生产，增加花色品种，使产品迅速适应市场变化的需要。"②陈云同志在这里不仅指出了外地企业与上海企业之间的竞争"是好事"，而且根据"六五"计划的任务和上海的具体情况强调了通过加强技术改造的办法，提高质量，降低成本，增加花色品种，适应市场的需要。这些都是

---

① 《国务院关于开展和保护社会主义竞争的暂行规定》，《人民日报》1980 年 10 月 30 日。
② 《人民日报》1982 年 12 月 3 日第 1 版。

社会主义企业正常的竞争手段。

当然，由于企业的局部利益与社会的整体利益有矛盾的一面，再加上各种剥削阶级和小资产阶级的思想影响还广泛地存在着，当前经济管理体制改革不配套，国家的经济、行政和立法管理还不健全，企业采取违反社会主义原则的手段竞争，也是时有发生的。但对社会主义经济来说，这是非法的，是在社会主义制度本身的范围内可以自觉地不断解决的。

最后，资本主义的竞争，使得一些私人企业主胜利，发财，另一些企业主失败，破产，甚至丧生（在这方面，真正是你死我活的争斗）；使得资本主义生产无政府状态，资本主义的基本矛盾（生产社会性和私人资本主义占有之间的矛盾）和阶级矛盾都加剧了。社会主义的竞争会使得优胜的企业获得较多的经济利益，但这既不是剥削的收入，也不会使他们成为资本家；那些经营不好的企业也会被淘汰，但职工都会得到适当的安排，不会成为失业者。社会主义的竞争，是在国家计划指导下开展的，虽然也会带来盲目性，但不会造成社会生产的无政府状态。社会主义竞争既然推动了社会生产力的发展，也就加强了社会主义的经济制度和政治制度的物质基础。

所有这些区别，都明显地反映了社会主义生产关系对于资本主义生产关系的巨大优越性。

这里还有必要指出：有人在论述社会主义竞争与资本主义竞争的本质区别时提到："社会主义竞争是建立在生产资料公有制的基础上的"，其目的"是为了提高劳动生产率，不断地满足整个社会的物质和文化需要"。[1]当然不能认为这种说法是错误的，但却不是全面的，甚至没有抓到问题的关键。如前所述，如果社会主义国家所有制企业不是相对独立的商品生产者，如果企业的生产不是局部地为了满足本企业劳动者的生活，那就不会有国有企业之间的竞争。有一点是十分清楚的：将来的共产主义社会也是以生产资料公有制为基础的，生产目的也是为了满足整个社会的物质和文化生活，但是不会有竞争。恩格斯说过：资本主义的"竞争建立在利害关系上"。[2]从共同的意义上，任何竞争都是建立在利害关系

---

① 《社会主义竞争问题讨论综述》，《理论与实践》1980 年第 12 期，第 60 页。
② 恩格斯：《政治经济学批判大纲》，《马克思恩格斯全集》第 1 卷，第 612 页。

上；没有利益的差别，也就不会有竞争。社会主义竞争和资本主义竞争在这方面的区别，不在于有没有利益差别，而在于这种利益差别的性质不同。

为了充分认识社会主义竞争的本质特点，首要的和根本的是要把它同资本主义的竞争作比较。但仅仅停留在这一点，也是不够的。为此，还有必要把它同社会主义竞赛作一下对比。它们之间最根本的区别可以归结为：社会主义竞赛就是生产资料的社会主义公有制的产物，它同社会主义国有制企业作为相对独立的商品生产者的经济地位是没有联系的，它的目的就是为了提高社会全体劳动者的生活，它是根本利益一致的社会主义企业（在企业之间开展竞赛的场合）或者社会主义劳动者个人（在劳动者个人间开展竞赛的场合）的互助合作关系。而社会主义竞争是同社会主义国有制企业作为相对独立的商品经济地位相联系的，它的目的除了主要为了提高人民的生活，部分地只是为本企业的物质利益，它是根本利益一致，但有局部利益差别的社会主义企业之间的互相促进的关系。总之，似乎可以说，社会主义竞赛是社会主义公有制的经济范畴，而社会主义竞争是社会主义商品经济的范畴。正像国民经济有计划发展的规律是社会主义公有制的经济规律，而价值规律是社会主义商品经济的规律一样。

正因为这样，将来随着社会主义社会向共产主义社会的过渡，社会主义商品经济不存在了，社会主义竞争也就退出了历史舞台。但这时的公有制在一个高级阶段上发展了，生产目的就只是为了满足整个社会劳动者的生活需要，人们之间的根本利益是一致的，没有社会主义商品经济带来的那种局部利益的差别，因而竞赛也将在一个高级阶段上发展起来。所以，社会主义竞争只是社会主义商品经济的范畴，而竞赛不只是社会主义公有制经济的范畴，而且将是共产主义公有制经济中的更为发展了的经济范畴。恩格斯说过："竞争的实质就是消费力对生产力的关系。在一个和人类本性相称的社会制度下，除此之外，就不会有另外的竞争。"①恩格斯这里说的"竞争的实质"，就是竞赛的实质，即竞赛是为了使得社会生产满足社会全体劳动者的生活需要；这里所说的"和人类

————————
① 恩格斯：《政治经济学批判大纲》，《马克思恩格斯全集》第1卷，第615页。

本性相称的社会制度",就是共产主义制度。恩格斯在这里清楚地指明了共产主义竞赛的实质,指出了竞赛这一经济范畴在共产主义社会中也是存在的。

有人把社会主义竞赛同社会主义竞争的区别归结为不一定同参加竞赛者的物质利益相联系,或者归结为不发生淘汰落后的问题。这是值得商榷的。

就前一种归结来说,马克思主义认为,每一种经济关系首先表现为利益关系。无论是社会主义竞争,或者社会主义竞赛都是社会主义的经济关系,都是社会主义的物质利益关系,都是同提高全体劳动者的生活相联系的,都是同全体劳动者的整体物质利益相联系的。所以,即使是社会主义竞赛也不可能脱离参加者的物质利益。当然,社会主义竞赛和社会主义竞争所反映的物质利益关系除了上述的根本共同点以外,又是有区别的。参与社会主义竞争的企业是同价值规律作用带来的物质利益相联系的。比如,竞争优胜者的商品个别价值低于社会价值,企业的盈利就多,企业职工得到的物质福利也多;而竞争失败者的商品个别价值高于社会价值,企业的盈利就少,甚至亏本,以至被淘汰。企业职工虽不会因此失业,但物质福利总会受到影响。而参与社会主义竞赛的企业和劳动者个人是同按劳分配规律作用带来的物质利益相联系的。比如,给予竞赛成绩好的企业和个人以物质奖励,就是属于这个情况。但这是社会主义竞赛和社会主义竞争在物质利益关系方面的差别,而不是表明前者同物质利益的脱离。当然,在过去一个时期内,由于受"左"倾错误的影响,在社会主义竞赛中没有充分实行物质奖励。但这是一种不正常的情况,并不能根据这一点,就否定社会主义竞赛同按劳分配规律作用带来的物质利益的联系。这样说,也不是否定在社会主义竞赛中需要发扬共产主义风格,开展共产主义的劳动竞赛。但就多数情况说来,在社会主义阶段,竞赛是不能脱离物质奖励的。当然,到了共产主义社会,这种物质奖励就不需要了。但即使在这个阶段,竞赛也是为了提高全社会劳动者的生活,还是同全体劳动者的整体物质利益相联系的。所以,在任何意义上都不能把竞赛和社会主义竞争的区别,归结为竞赛不一定同参加者的物质利益相联系。

把社会主义竞赛和社会主义竞争的区别归结为不会发生淘汰的问题,

是没有错的。因为企业是相对独立的商品生产者，是独立核算、自负盈亏(或盈亏责任制)的；而价值规律的作用要求产品按照社会价值或社会生产价格来出售。在这种情况下，如果某些落后企业生产的产品根本不适合市场的需要，或者成本太高，发生亏损，那么这些企业的被淘汰将是不可避免的。这确实是社会主义竞争的一个重要特点，是社会主义竞赛所不具有的。但是，淘汰问题并不是社会主义竞争和社会主义竞赛的全部区别，也不是最根本的区别。所以，如果把社会主义竞赛和社会主义竞争的区别，只是归结为一个淘汰问题，也是欠妥的。

(三) 社会主义竞争的作用

作为社会主义经济规律的竞争，在促进社会主义经济的发展方面起着重要的作用。但在当前，我国中央高度集权的经济管理体制还没有根本改革，企业作为国家行政机关附属物的面貌还没有根本改变，企业还没有作为相对独立的商品生产者在实际生活中表现出来，因而竞争的作用也还没有充分显示。然而在中国共产党第十一届中央委员会第三次全体会议以来，随着调整、改革、整顿、提高方针的贯彻，特别是扩大企业自主权和发挥市场调节辅助作用，竞争在我国经济生活中已经初步显示出它的活力。这表现在下列几个方面：

第一，在社会主义竞争过程中，企业都会竞销自己的商品。这样，竞争就会促使企业按市场需要进行生产，使得商品的供给与需求的比例关系得到调节。在国民经济比例关系失调的情况下，竞争可以促使生产"短线产品"（即供不应求的产品）的企业加快发展生产；可以迫使生产"长线产品"（即供过于求的产品）的企业及时压缩"长线产品"的生产，并按社会需要转产"短线产品"；还可以迫使产品根本没有销路或长期经营亏损的企业在竞争中淘汰。这一切都有助于国民经济的调整。比如，四川省自贡鸿鹤化工总厂生产的纯碱、氨水，从 1975 年以来都是畅销产品。但从 1979 年以来，由于其他的化肥厂的竞争，氨水成了滞销产品。纯碱仍然是畅销产品。该厂依据自己的优势采取了技术措施，压缩了氨水的生产，增加了纯碱的生产。就 1980 年 5、6 两个月的情况来看，经济效果是很显著的。如果不采取技术措施，这两个月只能产纯碱 14000 多吨，而要产氨水 16000 多吨。但在采取技术措施以后，纯碱增加到 18000 多吨，氨水下降到 6000 多吨。这样，"长线产品"截短了，"短线产品"拉长了。[①] 1979 年以来，北京市对生产重复、销路不足的 100 多个企业实行关、停、并、转，[②] 用这些厂的人员、厂房、设备，加强产品有销路、经济效果好的企业。这样，就可以在不搞或少搞基本建设的条件下，提高一批"短线产品"的生产能力。[③]

第二，企业为了争取有利的销售条件，必然会在市场上展开比产品质量、比花色品种、比对用户服务、特别是比价格的竞争。这样，竞争就会推动企业提高产品质量，增加花色品种，提高服务水平，降低生产成本。在我国，由于经济工作指导方面"左"倾思想的影响，特别是由于林彪、"四人帮"一伙的反革命破坏，存在着产品质量低，花色品种少，服务质量差，消耗大，浪费多，效率低，"官工"、"官商"作风。因而竞争也就富有特殊重要的意义。

比如，辽宁省旅大棉纺厂在靠质量品种竞争、靠质量品种盈利思想指导下，把提高产品质量、增加品种作为占领市场的手段，并取得了显著的成效。1980 年上半年该厂生产的 45 种产品，混合入库一等品率达到 97.4%，其中出口被单布、床单全部达到优良产品，有 11 个品种被评为省名优或优质产品，有 5 种被评为全国优质产品。1980 年该厂设计出 327 个新品种、新花样，在辽宁省第二次选样定产会上，中选率达到 85%。由于产品质量高，品种多，因而销路广，利润高。1980 年上半年利润比上年同期提高了 71.4%；其中仅仅由于混合入库一等率就增长了 8.1%，就盈利 11 万元；每台布机创利润 3.1 万元，每人创利润 5700 元，在全省名列前茅。[④]

又比如，浙江省鄞县歧阳电讯器材厂的主要产品是电话交换总机的部件——端子板。近几年来，该厂遇到的竞争对手越来越多，为了提高产品的竞争能力，三次降低了每套端子板的售价：1978 年从 14 元降到 11

---

① 《经济管理》1980 年第 11 期，第 37 页。
② 即关闭企业，停止企业的生产，合并企业，转变企业产品的生产方向。
③ 《北京日报》1980 年 6 月 24 日。
④ 《辽宁日报》1980 年 7 月 31 日。

元，1979 年又降到 10 元，1980 年再降到 9.5 元。连续三次降低，每年要减少利润四五万元。该厂为了避免减少利润，并进一步增加利润，一是搞技术革新，降低原材料消耗。他们改革了焊片冲压模具，节约了大批铜片，这样节省下来的铜片，一年可以多产端子板 2000 多套。二是建立了一套严格的质量管理制度，各道工序都把质量指标落实到人，实行奖赔制度，使得产品合格率从 90% 上升到 97%。过去该厂废品多，每年损失达 3 万多元，现在这个"漏洞"堵住了。三是组织工人开展岗位练兵，提高技术水平，使得劳动生产率成倍提高。这样，端子板产量从 1979 年的 5 万套增加到 1980 年的 7.5 万套，但还是供不应求。销量扩大了，成本降低了，虽然价格降低了，但 1979 年还盈利 28 万元，比 1978 年增加了 20%；1980 年上半年利润比 1979 年同期又增长了 10%。[①]

　　企业在竞争中提高了产品质量，降低了成本，不仅在国内市场上，而且在国际市场上提高了竞争能力；不仅会扩大出口，为国家多创外汇，而且可以减少进口。四川省自贡鸿鹤化工总厂的沉钙车间，1971 年开始生产磷酸氢钙饲料，1974 年达到部颁标准，开始出口北欧一些国家。开头几年一直供不应求。到 1978 年该车间生产的这种产品已经由 400 吨提高到 1000 吨左右。但产品质量并没提高，在国际市场上的竞争能力并没增长，销路没有打开，于是出现产品积压。到 1978 年 4 月不得不停产。这年下半年该厂依据日本客商提出的质量要求[②]生产特级品磷酸氢钙饲料。1979 年春天，这种特级品首先在广州交易会上引起了一些外国客商的注意。会后，该厂的存货很快销售一空。到 1980 年下半年，仅日本一家公司要求每月供货 800 吨；并要求 1981 年全年供货 1.2 万吨，并满口答应把这种饲料的价格提高 20% 以上。这是该厂提高产品竞争能力、为国家多创外汇的例证。该厂还提供了提高产品竞争能力，为国家节约外汇的例证。该厂氯甲烷车间生产的氯仿，从 1965 年以来一直是供不应求的。但到 1978 年却出现了严重的滞销。这一方面是由于国内同行的竞争；另一方面也由于中央一些部门又从国外市场进口了一批氯仿。进口氯仿的原因是国外产品质量高（该厂生产的氯仿纯度只有 96% 左右，而

---

①《浙江日报》1980 年 7 月 20 日。

② 这个标准比化学工业部部颁标准要高，要求含磷量高 8%，含氟量低 40%，含砷量小 50 倍。

国外的达到 99.9%)、价格低。此后，该厂氯甲烷车间在生产、技术和经营管理等方面采取了一系列措施，于 1979 年 10 月生产出了纯度在 99% 以上的特级品氯仿，质量与进口的相当，价格也便宜。于是中央有关部门压缩了进口，国内用户争相订货。1980 年该厂最多只能生产 1200 吨氯仿，可是要求供货的数量已经超过 2000 吨。[①]

第三，企业为了提高产品的竞争能力（包括提高产品质量、增加花色品种和降低生产成本等），就要充分发挥职工群众的积极性，特别是技术人员的积极性。陕西省铜川市整流变压器厂基于这样的认识，在 1978 年整顿企业中，一次就把 16 名大专院校毕业生提拔到科室和车间领导岗位上来。对于中等专业学校的毕业生也视其情况，把他们放在关键岗位上。1979 年以来，还任命两名工程师和一名会计师、17 名助理工程师和 18 名技术员。在厂级领导干部中，也有两名大学毕业生。同时，还依据按劳分配原则和技术人员的贡献，给予适当的奖励。比如，设计人员一年得到的奖金要比普通工人多一倍。这些就调动了技术人员在提高竞争能力方面的积极性。大学毕业生陈双全当了设备动力科副科长以后，严格实行科学管理，使设备完好率很快由原来的 44% 提高到 89%。大学毕业生李良久提为质量管理科科长以后，就组织研究产品外观质量问题，迅速使得长期难以解决的产品外观在喷漆、光度、色泽等方面都有了很大提高，受到用户欢迎。担任全厂加工图纸设计的技术科，在配备了 5 名大学生以后，使得变压器品种由原来的 4 个增加到 7 个，规格由原来的 50 多个增加到 200 多个。这就大大地扩展了该厂产品的销路，改变了原来的"吃不饱"（即生产任务不足）的状况。在 1980 年的生产计划中，有四分之三是该厂自己承揽的。[②]

第四，企业为了提高竞争能力需要提高劳动生产率，因而需要采用新技术，发展专业化分工与协作。这就要求走企业联合化的道路。所以说，竞争是联合的"催化剂"。比如，上海华生电扇厂于 1979 年联合国有企业江宁电镀厂、新中金属品厂和集体企业长风鼓风机厂、伟光五金厂、新建电器材料厂，组成上海华生电扇总厂，实行分工协作。原来华生电

①《经济管理》1980 年第 11 期，第 35~37 页。
②《陕西日报》1980 年 12 月 7 日。

扇厂 60 多年来专业生产电扇，技术力量雄厚，但厂房场地小，设备旧，劳动力少，无论在产品的产量或质量方面，都不能满足市场的需要，而参加总厂的其他厂原来生产任务不足，但厂房场地多，设备多，劳动力多。这样，双方都不能适应日益加强的市场竞争的需要。但是，通过联合，利用各方的有利条件，互相补充，一下子使整个总厂厂房建筑面积由原来华生厂的 2.3 万多平方米增加到 4.2 万多平方米；职工人数也由 1400 多人增加到 3900 多人，为生产的发展创造了条件。该厂 1979 年电风扇产量突破了 40 万台，并有一部分出口，为国家创外汇 400 万美元。1980 年将力争突破 50 万台，为国家创造更多的外汇。①

　　第五，竞争既然可以促使企业按照社会需要组织生产，截短"长线产品"，拉长"短线产品"，并可以促使企业降低成本。这些都有利于企业为国家多提供利润和税收。同时也有利于打破分配上"吃大锅饭"的现象。因为那些经营好的企业，企业的利润留成多，职工的奖金和福利也多；反之，那些经营差的企业，利润留成也会少，职工的奖金和福利也少。比如，1980 年，为了调整国民经济的需要，国家给甘肃省兰州煤矿机械厂下达的生产计划只相当于该厂生产能力的 20%。如果只是完成这个任务，该厂 1980 年是要发生亏损的。但该厂在保证优先完成国家下达的煤矿机械生产任务的前提下，一方面到全国有关地区调查市场需求，并且根据这种调查把民用建筑和城市建设需要的建筑设备和建筑材料列入了生产计划。这样，1980 年上半年该厂实际完成的产值比国家下达的全年计划还要多 1.8 倍。另一方面，为了加强产品在市场上的竞争能力，该厂还狠抓了产品质量、品种和降低成本、薄利多销的工作，这样该厂生产的产品销售价格也较低。比如，他们生产的钢片散热器，售价比兰州市场价格低 25%。该厂 1980 年上半年产值、产量、劳动生产率和利润分别比去年同期增长 62%、54%、55% 和 21%，上缴国家的利润和税金共达 24.3 万元。② 又如北京市电子仪表行业 44 个实行利润留成的国有企业中，26 个经营好的企业 1980 年全年利润比上年增长 30% 以上，职工得到的奖金比 6 个经营较差、获利少的企业职工高一倍。

---

　①《解放日报》1980 年 7 月 7 日。
　②《甘肃日报》1980 年 7 月 15 日。

可见，社会主义竞争在发展社会主义经济中起着重要的作用。

但是，开展社会主义竞争也会带来种种问题，应该怎样认识和对待这些问题呢？

第一，竞争会产生一些盲目性。这是必须引起足够注意，并须认真加以解决的。

但在社会主义制度下，竞争不会引起社会生产的无政府状态。为了说明这一点，首先需要分析斯大林的一个观点。

如前所述，斯大林把竞争和生产无政府状态作为一条资本主义经济规律来表述，曾经使得人们讳言社会主义的竞争。因此，社会主义竞争究竟是否会造成社会生产的无政府状态，是一个需要专门进行探讨的重要理论问题。

为了说明这个问题，首先需要简要地分析一下资本主义条件下竞争和无政府状态的关系。毫无疑问，竞争是加剧社会生产无政府状态的一个因素。正像社会生产无政府状态是加剧竞争的一个因素一样。但是，也正像后者不是前者产生的原因一样，前者也不是后者产生的原因。前者产生于资本主义的商品生产关系，后者也产生于资本主义的商品生产关系，产生于资本主义的基本矛盾。[①]还需着重指出的是：竞争不仅有加剧社会生产无政府状态的一面，还有调节资本主义生产、克服由社会无政府状态引起的比例失调的一面。关于这一点，恩格斯曾经明白地指出过："竞争的规律是：供和求始终力图互相适应，但是正因为如此，就从来不会互相适应。"[②]马克思也说过这样的话：竞争，"总是力图把耗费在每一种商品上的劳动总量化为这个标准"，即"同这种商品的社会需要的量相适应"。[③]说来也奇怪，人们都承认价值规律对资本主义生产的调节作用，但却不承认竞争在这方面的作用。但价值规律的调节作用，正是通过竞争过程实现的。如果只是承认前者的调节作用，而否认后者的调节作用，在逻辑上是矛盾的。在资本主义经济中，竞争虽然不是社会生产无政府状态的根本原因，但二者还是并存的。

---

① 恩格斯：《反杜林论》，《马克思恩格斯选集》第 3 卷，第 311~313 页。
② 恩格斯：《政治经济学批判大纲》，《马克思恩格斯全集》第 1 卷，第 613 页。
③ 马克思：《资本论》，《马克思恩格斯全集》第 25 卷，第 215 页。

可是，从历史上来看，在简单商品生产的条件下，已经出现了竞争，并在生产上产生了盲目性，但并没有、也不可能出现社会生产的无政府状态。只是随着资本主义生产方式的确立，"社会生产的无政府状态已经表现出来，并且愈来愈走向极端"。[①]所以，即使对以生产资料私有制为基础的商品生产（包括简单商品生产和资本主义商品生产）来说，把竞争看作是社会生产无政府状态的根本原因，把竞争和无政府状态作为一条规律来表述，无论在理论上或历史上都是不正确的。

至于认为在社会主义制度下，"竞争就必然造成生产无政府状态"的观点，[②]那更是不妥的。

首先应该肯定，在社会主义制度下，竞争也会产生盲目性。党的十一届三中全会以后，我国开始在经济管理方面实行了计划经济为主与市场调节为辅的原则，并进行了扩大企业自主权的试点。于是，社会主义的竞争也就初步地开展起来，并开始显示了它的生命力。但与此同时，也在生产建设方面出现了一些盲目性。

一是重复建设。我国棉纺工业生产能力已大大超过了国内原料供应的可能，每年需要从国外进口大量棉花。但这两年乱上棉纺企业的现象相当严重。1979年纺织部系统内的棉纺织企业比上年增加180个，社队办的小棉纺厂增加了808个；全国棉纺锭达到1663万锭，比上年增加102万锭。1980年估计比1979年又增加80万锭，正在建设的还有246万锭。全国计划内的卷烟厂83家，年生产能力1500万箱；但由于原料不足，年生产量仅有1261万箱，计划内大厂子已吃不饱，但近几年又搞了许多计划外的小烟厂，1979年生产能力约达200万箱；1980年又新建了一批小烟厂。这就使得产烟区的烟叶调出数大量减少，使大烟厂的生产受到严重影响。当前我国一些老机械厂活不足，而新机械厂又在盲目发展。据二十个省、市、自治区的统计资料，1980年头10个月新建了2081个机械工业企业。轻工业部原来安排28个厂点定点生产电风扇，1980年估计全国已有多家进行这种产品的生产。

二是盲目生产。我国一般机床生产早就过剩。1979年的利用率只有

---

① 恩格斯：《反杜林论》，《马克思恩格斯选集》第3卷，第313页。

②《社会主义竞争问题讨论综述》，《理论与实践》1980年第12期，第61页。

52.1%，这年计划生产 9.8 万台，实际完成 13.9 万台。

形成上述情况的原因，当然是多方面的，但竞争的开展，显然也是一个因素。就社会主义国有企业来说，企业的局部利益同社会的整体利益在根本上是一致的，但也是有矛盾的，而且企业易于忽视整体利益，易于重视局部利益。这样，社会主义企业的竞争产生盲目性，就不是偶然的现象。因此，根本否认社会主义竞争会产生盲目性的观点，是不能成立的。这种观点不利于全面地认识社会主义竞争规律的作用，也不利于正确地利用竞争规律，不利于限制竞争带来的某些消极作用。

但同时也应该肯定，社会主义的竞争不会造成社会生产的无政府状态。这是由社会主义商品经济的特点决定的。就社会主义国家所有制经济来说，企业是相对独立的商品生产者，它的生产主要是为了社会全体劳动者的生活需要：局部地是为了本企业劳动者的生活需要。就前者来说，它同反映社会整体利益的国家计划的要求是一致的，完全可以接受国家计划的指导。就后者来说，它同国家计划有矛盾的一面。但由于二者在根本上是一致的，因而也可能接受国家计划的指导；而且，国家可以通过有计划地利用价值规律的调节作用，来适应企业这方面的要求，并使企业的生产符合国家计划的需要。

企业作为相对独立的商品生产者还意味着：社会主义国家对企业是处于领导地位的。①对国民经济的发展方向和结构具有决定意义的中长期计划、重要的比例关系以及重大的基本建设投资，都是由国家规定的；关系国计民生的重要产品要按照国家的计划进行生产和分配；关系国计民生的骨干企业产品的发展方向和产销协作关系，要由国家批准。②国家还要采取各种措施来加强对企业的领导。比如，国家要把国民经济的发展趋势、比例要求和有关的控制数字告诉企业；商业、物资、外贸、物价、银行、统计等部门要定期发布各种主要产品的生产能力、产量、价格、销售和库存以及社会需要量的预测等方面的情况。又如，国家要运用价格、税收、信贷、利息等经济杠杆引导企业按照社会需要进行生产。再者，国家要采取必要的行政手段对企业进行监督和控制，如对企业开业、转业、歇业进行登记等。还有，国家要制订各种经济立法来规范企业的经济活动。在这种情况下，只要国家的宏观决策不发生重大的失误，是不会因为企业的竞争而导致社会生产无政府状态的。

这里需要说明的是：我国经济比例关系的严重失调，显然不是由社会主义竞争造成的，而是长期存在的"左"倾错误导致的结果。就是近年来新产生的某些盲目性，虽然同社会主义竞争有一定的联系，但主要还是由于经济领导机关缺乏统一的规划和必要的指导，市场情报系统未建立以及价格不合理等造成的。

还要进一步指出的是，社会主义竞争会带来某些盲目性，这点是问题的一方面。另一方面，竞争有利于加强国家的计划指导，有利于克服生产上的盲目性。由竞争所引起的市场供求关系的变化，可以为国家编制计划提供供求的信息，可以检验计划是否正确，可以校正计划的失误，可以促使计划的调整；竞争作为"压力机"，可以有力地推动企业为完成国家计划而努力；国家可以利用价值规律的调节作用来促进国民经济有计划的发展，而价值规律的调节作用是同竞争相联系的，从这方面来说，竞争也有助于加强国家的计划指导作用。这些都是就国家计划所包括的那部分产品来说的。对国家计划所不包括的那部分产品来说，竞争可以促使企业主动按市场需要来进行生产，克服盲目性。

全面地认识社会主义竞争的作用，有助于正确贯彻以计划经济为主、市场调节为辅的原则，有助于正确地进行经济管理体制的改革。

第二，竞争还会挤垮一些落后的企业。

从社会的观点看，通过竞争淘汰一些产品没有销路、经济效益很差（特别是经营亏损）的企业，以便腾出人力、物力、财力来发展社会需要的、经济效益好的先进企业，这是一件好事。在国民经济比例关系失调、能源紧张和原材料供应不足的情况下更是如此。

但在正常情况下，社会主义经济是有计划发展的；先进地区和落后地区可以在产品方面实行合理的分工（如先进地区可以发展一些高精尖的产品，落后地区可以多搞一些一般的产品）；国家可以在财政上给予落后地区以必要的援助。所以，一般说来，社会主义竞争是不会像资本主义竞争那样造成大批的企业倒闭。就我国当前的情况来说，更是如此。因为当前的竞争的范围是很有限的；社会需要的许多方面还远远没有得到充分满足；每个企业（包括落后企业）总有长处和短处。所以，只要注意调查社会需要，并且做到扬长避短，大多数企业是不会被挤垮的。

然而竞争引起一些企业的淘汰，也只是问题的一个方面。另一方面，在国家计划的指导下，开展竞争有助于克服生产上的盲目性，因而也有助于防止大批企业被淘汰。过去只要国家计划调节，不允许企业竞争，曾经几次发生国民经济比例关系的严重失调，从而引起大批企业的关、停、并、转。像 60 年代初期的那次调整和当前的这次调整就是这样。如果在国家计划指导下开展竞争，是有助于避免这一点的。

第三，竞争还会在就业方面造成一些困难。就业问题是当前我国经济生活中的一大难题。竞争既然会促使企业提高劳动生产率，并会造成一些企业被淘汰，那么从这方面说，就可能使就业问题更为突出。

但是，如前所述，既然在社会主义条件下，竞争不会造成资本主义社会那样的大批企业的倒闭，也就不会由此造成大批工人的就业问题。而且，既然竞争在某种程度内有助于克服生产上的盲目性，有助于防止国民经济比例关系的严重失调，从而有助于防止大批企业的关、停、并、转，也就有助于防止由此造成的大批工人的就业问题。同时，竞争还能为解决就业问题创造条件。竞争可以调动企业的积极性，扩大生产规模，开辟许多新的行业；竞争可以促进劳动生产率的提高，增加国民收入，为社会服务事业的发展提供物质基础。这些都有利于大大地扩展就业门路。

第四，竞争也会引起技术封锁。过去在技术上也是采取"吃大锅饭"的办法。一个企业花了很大的劲，搞出一项新技术，无代价地转给其他企业使用。从表面上看，这种做法有利于新技术的推广，实际上是鼓励企业"坐享其成"，挫伤企业创造新技术的积极性。现在开展了竞争，新技术的推广和应用与企业的经济利益密切联系在一起，能使企业自己的产品在生产和销售上处于有利的地位。在这种情况下，要像过去那样无代价地转让新技术，企业当然不愿意了。在没有采取正确的解决办法以前，技术封锁问题也就发生了。从这方面说，技术封锁是我国经济体制改革前进过程中发生的问题，是对那种落后的"吃大锅饭"办法的一种抵制。

那么，究竟应该如何解决这个矛盾呢？一方面要看到它的合理的一面。无代价地转让新技术，是违反企业作为相对独立的商品生产者的经济要求的，是违反企业一定的经营管理自主权及其物质利益的；是不利于调动企业创造新技术的积极性，也不利于企业在这方面展开竞争的。另一方面也要看到它的不合理的一面。技术封锁要影响新技术的推广，并造成企业之间在创造新技术上的重复劳动，浪费社会的人力、物力和财力。所以，这个问题既不能听任其存在，也不能重复过去"吃大锅饭"的办法，而是尽快实行新技术有代价的转让。这样，既保护了新技术发明者的权益，又有利于新技术的推广。当然，同时，也要进行思想政治工作，提倡发扬社会主义的协作精神，开展技术交流。至于那些从国外引进的先进技术，并不是企业努力的结果，自然需要在国家统一领导下，实行无偿转让。

总起来说，开展社会主义竞争虽然会带来一系列的问题，但它不会造成像资本主义竞争那样的后果；而且这些问题通过社会主义制度本身是可以逐步解决的。这正是社会主义经济优越于资本主义的一个重要方面。

（四）怎样开展和保护社会主义竞争

在当前的情况下，应该创造哪些条件，来进一步开展和保护社会主义竞争呢？

第一，开展竞争必须在坚持社会主义计划经济为主的前提下，逐步扩大企业自主权，使企业成为相对独立的社会主义经济单位。只有这样，企业有了责，有了权，也有了利，手脚可以放得开，又有了动力，竞争才能充分展开。

为了维护企业自主权，企业根据国家政策法令所拥有的、一定的产、供、销、人、财、物等方面的权力，任何地区和部门不得任意干预。企业之间签订的合同和协议，应当互相信守，并受到国家法律的保护，毁约一方要负担经济责任和法律责任。企业在保证完成国家计划和国家规定的供货任务的条件下，可以根据市场需要，安排生产计划，或承担协作任务。除国家计划分配的物资以外，企业可以根据择优的原则，在国家政策法令许可的范围内，到外地、外单位购买所需的物资，有关地区和主管部门不得进行阻挠。属于国家分配的物资，也要逐步做到使企业有选择供货单位的余地。对一切侵犯企业自主权的做法，企业有权抵制和上诉。

第二，在社会主义公有制经济占优势的情况下，在坚持计划经济为主的条件下，允许和提倡各种经济成分之间、各个企业之间，发挥所长，开展竞争。为此，在经济活动中，除国家指定的由有关部门和单位专门经营的产品以外，其余的不得进行垄断，搞独家经营。对一些适宜于承包的生产建设项目和经营项目，可以试行招标、投标的办法。对于有利于国计民生的集体经济和个体经济，注册开业后，应当予以支持，在货源、贷款、税收、劳动力、产品销售等方面，统筹安排，给予方便。他们的正当权益，应受到国家法律的保护，任何单位、任何人都不得平调他们的资财，强加给不合理的负担，侵犯他们的利益。所有这些，都是开展社会主义竞争（包括社会主义国有企业之间的竞争）所必要的。

第三，广开流通渠道，为竞争开辟场所。为此，企业超计划的和自己组织原材料生产的产品，以及试制的新产品，原则上可以自销。其中属于国家短缺的统购统销或统配产品，首先由国家收购，有些也允许企业自销一部分。自销价格要按照有关规定办理。要增加流通渠道，减少中间环节，允许企业采取多种形式，实现产需结合，加速商品流转。地区之间、城乡之间可以互设销售机构，举办展销会，委托代销，推销商品。

第四，开展竞争必须对不合理的价格逐步地进行调整。因为竞争固然可以表现在质量、品种、服务等方面，但最重要的还是表现在价格上。但当前价格管理权限过于集中，使得生产成本低的先进企业想降价也降不了，而落后企业却可以躺在统一价格的"靠椅"上过日子，并且向先进企业争能源、争原料、争市场，使得先进企业生产能力不能充分发挥，甚至减产。这样，竞争就难以开展起来。

为了解决这个问题，当前可以采取这样的办法：国家指定的一部分商品，其价格允许在规定的幅度内上下浮动。生产资料的价格，企业根据国家政策和市场的供求变化，有权在不影响财政上缴任务的前提下，自行调低；调高价格必须按照物价管理权限的规定，报经审批。但同人民生活关系密切的重要商品价格，必须保持基本稳定。

第五，开展竞争必须打破地区封锁和部门分割。因为，全国统一的社会主义市场是竞争在全国范围内充分展开的必要条件。为此，任何地区和任何部门都不得封锁市场，不得禁止外地商品在本地区、本部门销售。对本地区出产的原材料必须保证按国家计划调出，不得进行封锁。采取行政手段保护落后，抑制先进，妨碍商品正常流通的做法，都是不合法的，应当予以废止。

第六，为了鼓励企业在革新技术和创造发明方面开展竞争，为了保障有关单位和人员应有的经济利益，对创造发明的重要技术成果要实行有偿转让。当然，同时也要提倡发扬社会主义协作精神，开展技术交流。

第七，企业之间的竞争，要严格遵守国家的政策法令，采取合法的手段进行。要树立企业的信誉和道德。不准弄虚作假，行贿受贿，投机倒把，牟取暴利，损害国家和人民的利益。对于违法乱纪的有关人员，国家应该根据情节轻重依法予以处理。这是保障社会主义竞争健康发展的一个必要条件。

第八，为了促进竞争的顺利发展，还必须有国家的正确指导。各级政府和主管部门要运用经济规律，利用价格、税收、信贷、利率等经济杠杆，制定必要的经济法规，指导竞争的健康发展。能源、原材料，要优先供应那些质量好、消耗少、成本低、竞争力强的企业。对后进企业，有些要进行整顿，帮助它们改善经营管理，努力赶上先进企业；有些要结合国民经济的调整，进行改组、转产或并厂，鼓励走联合的道路。经济上发达的地区要注意帮助经济上不发达的地区。各级经济管理部门还需加强计划指导和市场管理，做好调查研究、预测预报工作，对产品的发展趋势、市场情况等进行综合分析，指导企业搞好生产和经营，避免由于竞争可能引起的生产建设的盲目性。[1]

总之，创造了这些条件，就可以使得竞争得到顺利展开，使得竞争得到有效的保护。

---

[1] 以上分析参见《国务院关于开展和保护社会主义竞争的暂行规定》，《人民日报》1980年10月30日。

八、扩大社会主义国家所有制工业企业的自主权

（一）扩大企业自主权，是改革经济管理体制的关键

什么是改革现行经济管理体制的关键？在这个问题上，有过三种不同的观点：第一种观点，是要巩固和加强以中央主管部门为主的集中管理；第二种观点，是要在中央的统一领导下，以省、市、自治区为主分散管理；第三种观点，是要在坚持社会主义计划经济为主国家统一领导的前提下，扩大企业自主权，使企业成为相对独立的社会主义经济实体。

那么，究竟哪一种看法是正确的呢？马克思主义认为，实践是检验真理的唯一标准。为了说明这个问题，让我们先回顾一下建国以后在改革经济管理体制方面的实践经验吧！

建国初期为了克服当时的分散状况，为了粉碎帝国主义对我国的经济封锁，制止通货膨胀，争取国家财政经济状况的根本好转，需要适当缩小地方的权力，加强中央的集中统一。这对于保证夺取革命战争在全国的胜利以及稍后的抗美援朝战争的胜利，对于迅速恢复被战争破坏了的国民经济，起了重要的作用。从第一个五年计划开始，随着经济上的社会主义改造的基本完成，又进一步加强了中央的集中统一，逐步形成了一套苏联型的中央集权的经济管理体制。首先，在这个期间大批国有企业上收归中央直接管理。1953 年以前，工业企业除华北地区以外，基

本上是由各大行政区管理的。1954 年撤销了各大行政区，主要工业企业陆续收归中央各工业部直接领导。中央各部门管理的企业，1953 年是2800 多个，1957 年增加到 9300 多个。当时，国营工业、交通和基本建设的计划，基本上采取指令形式自上而下地下达。随着个体的农业、手工业和资本主义工商业的社会主义改造的完成，对它们的计划控制也逐步加强。在基本建设方面，90% 左右的投资都是由中央部门直接安排的。全国重要的生产资料实行中央统一分配的制度。中央统一分配的物资，1953 年为 220 多种，1957 年达到 530 多种。在这种经济管理体制下，地方特别是企业的权益是很小的，企业的人财物、产供销都听命于国家的行政机关，甚至连基本折旧基金也全部上缴中央，纳入国家预算。

　　但这种经济管理体制在当时社会经济发展水平不高、经济结构较为简单的条件下，同社会生产力的发展要求还有较多的适应的一面。但是，另一方面，随着社会主义建设事业的发展，这种经济管理体制的弊病也越来越明显地暴露出来。这种体制的主要弊病，一是管理权力过于集中，二是"吃大锅饭"。其结果必然降低经济效果。于是，1958 年开始对这种体制进行了改革，改革的中心是扩大地方（省、市、自治区）的经济管理权限。其要点有：一是将中央各部直属企业大部分下放给地方管理。从 1958 年 3 月到该年年底，中央直属企业共下放了 8000 多个，中央各部只保留了 1000 多个重要的、特殊的以及"试验田"性质的企业，下放企业占到总数的 87%；二是实行中央和地方两级财政，实行"收支挂钩、比例分成、一定五年"的办法；三是减少了国家统一分配的物资。1958年归中央统一分配的物资一度减少到 130 多种，比 1957 年减少了 75%；四是把招收临时工的权力下放给省、市、自治区，由地方根据需要自行安排；五是扩大了地方的计划权，规定地方在保证完成国家规定的生产、建设任务以及设备、原材料、消费品的调拨计划的前提下，可以对本地区的生产指标进行调整，允许地方搞生产上第二本账，[①]基本建设项目的审批权也相应下放给地方。同时，实行计划体制的"双轨制"，即中央主管部负责制订全行业的全国统一计划，地方负责地区的全面计划，国家计委和国家经委根据这两个方面的计划，制订全国的统一计划。

----

　　① "第一本账"是中央规定的生产指标，是必成数；"第二本账"是地方调整后的生产指标，是期成数。

　　如果仅就处理中央和地方的经济管理权限这个意义上来说，那么可以讲这次改革的方向是对的，并且是取得了一定的成绩的。经过这次改革，在某种程度上调动了地方的积极性。在一段时间内地方工业也确实发展得很快。

　　但是，随着中央经济管理权限的下放，国民经济的发展就失去控制。特别计划方面的"两本账"制度，造成生产指标层层加码，基本建设项目随便上马，职工人数任意增加，实际等于没有计划。这就导致了国民经济比例关系的严重失调，即是"乱"。但乱的主要原因还是当时经济工作指导方面的"左"的错误。其突出表现是生产、建设上的高指标，分配上的高积累。就国家（包括中央和地方）和企业关系这个最根本方面来说，"死"的情况并没有根本改变。诚然，1958 年国家对企业开始实行了利润留成制度。在此以前，企业所实现的利润，除了根据国家规定的条件提取一小部分奖励基金以外，全部上缴国家。1958 年国家规定：根据各个企业第一个五年计划期间的奖励基金、超计划奖金和"四项费用"①的总和，参照同一时期实现的利润，确定企业利润留成的比例。企业根据这个比例分到的利润，主要用于四项费用、集体福利事业和发放奖金等开支。这对调动企业的积极性当然是有好处的。但是，企业作为国家行政机关（包括中央和地方）附属物的面貌仍然如故。所以，当时经济管理中存在的问题，不仅是"乱"，而且是"死"。

　　根据当时国民经济比例关系严重失调的情况，1961 年开始实行"调整、巩固、充实、提高"的八字方针。为了适应调整国民经济的需要，又重申了中央的集中管理。过去在企业、计划、人财物权力等方面下放不当的一律收了上来，基本上又恢复到 1957 年以前的做法，有些方面甚至比那时还要集中。到 1963 年，中央部门直属企业达到 10000 多个，中央统一分配的物资达到 500 多种。在计划管理上，实行中央集中领导下的以"条条为主的、条块结合"②的计划体制。为了贯彻"八字"方针，1962 年国家还规定：除商业企业外，国营企业暂停实行利润分成制度。但企业依照国家规定仍然可以按工资总额的一定比例从利润中提取奖励

---

① 即技术组织措施费、新产品试制费、劳动安全保护费和零星固定资产购置费。

② "块块管理"是指中央、地方（省、市、自治区）按地区进行的经济管理；"条条管理"是指中央各主管部门（如冶金部、石油部、化工部，等等）按不同行业进行的经济管理。

基金和超计划奖金。

这次经济管理权限的上收，对于迅速恢复比例失调的国民经济，是起了重要作用的。但经济管理体制原有的弊病几乎原封不动地存在着。随着经济形势的好转，矛盾又更加突出来了。于是从 1964 年开始，又把中央的一些管理权限陆续下放给地方。到 1970 年又决定进一步扩大地方权限，再次将中央各部（不包括军工各部）直属的大部分企业（包括像鞍钢、大庆油田那样的大企业）下放给地方管理。减少了国家统一分配的物资（1972 年比 1966 年减少了 61%），并对钢材、水泥、木材、煤炭等 12 种产品在全国范围或部分地区试行"地区平衡、差额调拨"①的办法。在财政体制上增加了地方的机动财力，企业基本折旧基金随着企业下放全部留给地方和企业。1971~1973 年实行了定收定支、收支包干、保证上交、结余留用的"财政收支包干"的办法。同时还扩大了地方对基本建设计划统筹安排的权限。

这次体制改革也取得了一定的成绩，对调动地方的积极性是起了重要作用的。但伴随着这次体制改革，也发生了国民经济比例关系的严重失调，出现了严重的混乱。但这种"乱"主要是由于林彪、"四人帮"一伙的反革命破坏活动和经济工作指导方面的"左"倾错误造成的。

通过这次改革，虽然在改善中央和地方的关系上有些前进，但对经济生活实行行政管理的体制并没有根本改变。区别只是在于：过去中央行政机关的经济管理权限大一些；现在地方行政机关的经济管理权限大一点。这样，这种管理体制的固有弊病在根本上还没有什么触动。而且，在"文化大革命"期间，由于林彪、"四人帮"一伙反革命的破坏，就连原来国家规定的工业企业可以从利润中提取一定奖金的制度也被取消了。粉碎"四人帮"以后，为了克服国民经济中存在的半计划、半无政府状态，又强调了国家集中的统一领导。于是，中央下放的企业又陆续上收。仅 1978 年改为中央部门直接领导的企业、事业单位以及改由中央部门直接供给物资的生产科研单位就有近 1000 个；与此同时，下放地方管理的

---

　　① 即根据各省、市、自治区上年的消费水平和当年的产需情况，由国家主管物资分配部门和省、市、自治区商定该种物资调出（或调入）数量后，在该省、市、自治区范围内的地方企业和中央企业（军工、铁道、外贸等特殊部门除外）生产建设需要的该类物资均由地方分配供应，国家不再直接管理，只对各地产品品种、规格进行余缺调剂。调出调入指标也可以一定几年不变。

产品基本上也都收回来了。①

可见，如果不算我国中央集权的经济管理体制的形成阶段（即国民经济恢复时期和第一个五年计划时期），那么二十多年来，我国经济管理体制基本上经历了两放、两收的过程。其中两放的过程也就是两次改革的过程。这些改革的中心主要是调整国家行政机构内部中央和地方的经济管理权限。

这两次改革经济管理体制的实践说明了什么问题呢？它表明：在已往的二十多年，人们已经觉察到经济管理体制上的问题，并试图加以改进。但在一个长时期内，体制改革主要限制在"条条"同"块块"的关系上，即中央集权和地方分权的关系上。但这种关系是属于国家行政机关内部的权力划分问题。在对经济活动仍然实行行政管理的条件下，即使把中央高度集权改为中央和地方分权，把大批企业下放给地方管理，由于没有改变国家行政管理的基本模式，这种改变只不过使企业从中央行政机关的附属物变成地方行政机关的附属物，并不能收到发挥企业的主动性和积极性，使整个经济生活"活"起来的效果。相反，在这种情况下，"下放"还往往由于中央的行政控制减弱，而又没有适当的经济控制来代替，容易造成生产指标层层加码，基本建设蜂拥而上，经济生活出现严重的混乱。这样，经济体制的改革也就免不了在放了收、收了放的老套中兜圈子。但这种反复的实践，也启示人们逐渐认识到：要改革我们现行的过于集中、窒息活力的经济体制，根本的问题不在中央和地方之间的权力划分，而在于使得企业拥有一定的自主权。所以，历史经验表明：进一步加强中央集权当然不能成为经济体制改革的关键，扩大地方分权也起不到这样的作用，只有在国家领导下，在坚持社会主义计划经济为主的条件下，扩大企业自主权，才是经济体制改革的关键。那么，究竟为什么是这样呢？这就需要做出理论上的说明。

为了在理论上说明改革我国经济管理体制的关键，既不是进一步加强中央集权，也不是扩大地方分权，而是在国家领导下，扩大企业自主权。先要明确三个基本观点：

① 参见刘国光主编：《国民经济管理体制改革的若干理论问题》，中国社会科学出版社1980年版，第20~27页。

第一，什么是经济管理体制？经济管理体制，就它的直接含义来说，是指一定的经济（包括生产、流通、分配和消费等方面）的组织形式、管理权限划分、管理方式、管理机构设置的整个体系。而社会的经济关系，即参与经济活动的各个方面、各个单位、各个个人之间的利益关系，就是通过这样的体系表现出来的。比如，一般说来，社会主义国家的经济管理体制都是反映了中央和地方、地方和地方、国家（中央和地方）和企业、国家和劳动者个人、企业和劳动者个人等方面的经济利益关系。当然，各个国家的经济管理体制在反映这些经济利益关系方面是有正确与否、妥善与否之分的。但总是在不同程度上反映了这些经济利益关系的。所以，从实质的意义上说，一定的经济管理体制就是一定的社会生产关系的具体表现形式。

第二，按照马克思主义的观点，一定的事物的形式是由一定的事物内容决定的，是要服从一定的事物的内容的。既然一定的经济管理体制是一定的社会生产关系的表现形式，那么，究竟应该采取哪种经济管理体制，就不是决定于人们的主观愿望，而应该决定于客观存在的社会生产关系的要求。

第三，马克思主义认为，一定的生产关系是由一定的生产力决定的；先进的生产关系是能促进生产力发展的，落后的生产关系会阻碍生产力的发展。这样，对马克思主义说来，衡量生产关系是否先进的唯一标准，就是看它能否适应并促进社会生产力的发展。衡量某种社会生产关系的标准是这样，衡量作为生产关系的表现形式的经济管理体制，也应该如此。

现在我们依据这些基本观点，再来说明需要回答的问题。这里的基本论点有以下两方面：一方面，如前所述，在社会主义阶段，社会主义国家所有制企业还是相对独立的商品生产者。[①]另一方面，企业是社会生产力的基础。由于企业是社会生产的基本单位，生产力的各个要素是在企业里直接结合起来的。这样，各个企业生产力的总和就构成了整个社会的生产力，各个企业生产力水平的高低也决定着社会生产力水平的高低。就像细胞是人体的基本构成要素，细胞的活力越大，人的身体也越健壮一样。

---

① 详见本著《社会主义国家所有制工业企业》一篇。

这就能够说明为什么扩大企业自主权是改革经济管理体制的关键。所谓扩大企业自主权，就是要使得国有企业真正成为相对独立的社会主义经济实体，从而使它作为相对独立的商品生产者这样一种经济关系获得适当的、具体的表现形式。这是符合客观存在的经济关系的要求的。而且也正是因为它适应了企业作为相对独立的商品生产者的要求，因而才能解放企业的生产力，才能充分发挥企业的主动性和积极性，才能大大促进整个社会生产力的发展。这同时也就克服了中央高度集权的、以行政管理为主的经济体制的主要弊病。

这也能够说明为什么进一步加强中央集权不仅不能成为经济体制改革的关键，而且同经济体制改革的要求完全是背道而驰的。因为正是现行的中央集权的经济体制，不适应企业作为相对独立的商品生产者这样一种经济关系的要求，束缚了企业的生产力。如果还要进一步加强它，那就会在错误的道路上越走越远了。这是就经济体制改革的发展方向来说的。当然，进行体制改革，是需要在坚持社会主义计划经济为主的前提下来进行的。

这还能够说明为什么扩大地方分权也不能成为经济体制改革的关键。尽管适当地扩大地方分权对于调动地方的积极性，对于发展社会生产力都是有积极作用的，但它并不能够改变企业作为国家行政机关附属物的地位。因而，它同企业作为相对独立的商品生产者这样一种经济关系的要求也是相矛盾的，也会束缚企业的生产力。它同样不能克服现行的经济体制的主要弊病。

（二）扩大企业自主权的实质，就是要使企业成为相对独立的社会主义经济实体

我们在前面说明了企业作为相对独立的商品生产者这种客观存在的经济关系，要求扩大企业自主权。这是问题的一方面。另一方面，又只有通过扩大自主权，才能使企业成为相对独立的社会主义经济实体，从而能够真正反映企业作为相对独立的商品生产者的经济要求。为了说明问题的后一方面，首先需要说明企业作为国家行政机关的附属物没有自

主权的具体情况。这一点，我们在前面只是笼统地提了一下。现在为了说明从哪些方面扩大企业自主权，才能使得企业成为相对独立的社会主义经济实体，就不能不具体谈谈。

企业作为国家行政机关的附属物表现在哪些方面呢？

第一，在计划管理方面：社会主义经济是计划经济，企业生产当然要在国家计划（包括指令性计划和指导性计划）指导下进行。但现行计划管理体制的问题是：国家（包括中央和地方）集中过多、过死，企业毫无计划权。其结果是：①企业的各项计划指标都由国家确定，但又往往脱离实际，而企业无权改变。而且，国家规定的各项经济技术指标，并不是由一个领导机关统一下达，而是由许多部门分头下达。这些指标之间又没有综合平衡，互相"打架"。这样，企业无法落实计划。有人把这种情况形象地说成是："小媳妇，公婆多。"在封建社会里，媳妇是受公婆管的，一点权也没有。而现在的企业，不只有一个公婆，而是有许多公婆（包括中央和地方的许多经济管理机关）。②这种计划体制还往往形成这样的状况：企业有生产能力，产品也有销路，但计划没有安排，不能生产；产品没有销路，已经形成大量积压，但还要强迫继续生产。这就不仅严重地束缚了企业的积极性，而且造成人力、物力、财力的大量浪费。据估算，截至 1978 年 6 月底，全国各部门的商品和物资库存相当于上半年工业总产值。处理这些商品和物资的损失估计有上百亿元，其中盘亏报废损失的商品和物资有几十亿元。[①]

第二，在物资管理方面：当前物资管理采用的是行政调拨的方法，不是采用商品流通的办法。这种管理体制的突出问题是：既分"条条"，又分"块块"，十分复杂。物资管理分三类：一类物资由国家统一分配，归中央管；二类物资归有关部门管；三类物资归地方管。但生产一类物资，需要三类物资；生产三类物资，也需要一类物资。比如，暖气片是三类物资，但生产暖气片要生铁，而生铁却是一类物资。再如，麻袋是一类物资，而生产麻袋的黄麻是三类物资。这样，名义上是集中管理，实际上是最大的分散管理。据调查，北京市统配、部管物资是 804 种，但分属 309 个部门管理。这样，企业要点物资，不知要跑多少地方才能解

---

①《经济研究》1979 年第 5 期，第 36 页。

决。所以，只好开"骡马大会"。但这种"大会"根本不是现代化的管理，而是类似封建时代"日中为市"式的管理方法。这种管理体制，也必然会造成采购物资人员满天飞。

这种体制的另一个突出问题是：生产计划与物资供应计划不衔接，制订计划时就留有缺口。而且往往是生产指标层层加码，物资供应指标层层扒皮。有人把这一点说成是"三八制"，即订物资供应指标时，只及生产指标的80%；订货时又打一个八折；取货时再打一个八折。三个八折，使得物资供应指标只有生产指标的一半。这真是"小媳妇难为无米之炊"，不能不严重挫伤企业积极性！

在产品销售方面，采取统购包销的办法，企业没有销售产品的权力。这不仅会把企业经营生产的手脚束缚起来，而且往往造成产销脱节。

第三，在财务管理方面，基本上是一种统收统支的办法。企业的利润上交国家，亏损由国家补贴；发展生产所需要的资金，除留用一部分折旧费外，都由国家拨款；企业使用国家资金（包括固定资产和流动资金）也不承担经济责任；职工工资、奖金和集体福利都按国家统一规定执行。

这样，企业的经济权限很小，不仅小到没有扩大再生产的权力，连简单再生产的权力也不能保证。这表现在：折旧率很低，留给企业的折旧费更少。上海市工业的折旧率平均只有4.2%，按现行规定70%由企业安排使用，设备更新需要34年以上。鞍钢的折旧率更低，平均为2.92%，按现行规定企业留70%，需要48年多。这是一种"复制古董、冻结技术进步"的设备管理制度，它必然造成设备陈旧落后，使得许多设备超期服役，带病作业，每年还要耗费大量维修费，增加成本开支。这是其一。其二，实行这种管理体制，企业的物质利益和经营成果不挂钩，赚钱赔钱一个样。这样，企业也就缺乏内在的经济动力。

第四，在劳动管理方面，国家对企业也统得过死。工资、奖金和集体福利方面统得过死的情况已如上述。在劳动管理方面也是如此。这特别突出表现在：企业的劳动力都是由国家劳动部门分配给企业，不分企业技术繁简、劳动强度轻重对性别的要求，一律是男女搭配，硬向企业分配，以致弄得企业在组织生产方面非常为难。像鞍山钢铁公司这样的重工业企业，有时在分配来的新工人中，女的竟然占到45%。企业不仅无权择优录取工人,而且对于因劳动生产率提高而多余的工人,也无权处理。[①]

上述情况表明:在现行经济管理体制下,企业是国家行政机关的附属物。企业既无必要的经营管理的自主权,又缺乏内在的动力。企业活像一个算盘珠,拨一拨,动一动;不拨就不动。所以,企业要获得与上述的相对独立的商品生产者的经济地位相适应的经营管理自主权,就必须通过改革经济体制,扩大企业自主权来实现。

那么,企业究竟拥有怎样的自主权,才能使得企业成为相对独立的社会主义经济实体呢?任何社会的生产均必须具有劳动力、劳动资料和劳动对象这样三个要素。在任何社会条件下任何经济主体要组织生产,必须拥有对劳动力、生产资料的所有权或支配权,必须拥有对生产过程的管理权,否则,生产过程是无法进行的。社会主义国有企业不是完全独立的商品生产者,而是相对独立的商品生产者,因而它不拥有对生产资料的所有权,生产资料是归社会主义国家所有的;国家还对国民经济实行计划管理。企业只是在国家计划指导下,对生产资料拥有一定的经营管理权;也拥有一定的对生产过程的经营管理权。由于社会主义生产还是商品生产,这个生产总过程不仅是包括直接的生产过程,而且是生产过程和流通过程的统一;生产资料和产品不仅表现为实物形态,而且表现为价值形态,即货币形态。这样,企业不仅对生产资料,而且对它的货币表现形态——资金,不仅对产(生产过程),而且对供、销(流通过程)都拥有一定的经营管理自主权。上述的人、财、物和产、供、销等方面的经营管理自主权,都集中表现在制订计划上。所以,企业还需要在国家计划指导下,拥有一定的制订计划的权力。这样,企业在人、财、物和产、供、销以及计划等方面都拥有一定的经营管理自主权。

显然,如果企业在上述各方面拥有一定的经营管理自主权,那么,企业不仅可以在国家领导下,在某种限度内有权独立地从事生产经营活动,而且由于把企业的经营成果和企业的物质利益紧密地联系起来,企业有了自己的独立的经济利益,从而增加了内在的经济动力。这样,企业就会真正地名符其实地成为独立核算、自负盈亏(或盈亏责任制,以下均同)的实体,企业作为相对独立的商品生产者才能在实际经济生活

① 《红旗》1979 年第 10 期,第 54~58 页。

中表现出来。这同时也就说明了扩大企业自主权的实质，就是在实际上使得企业成为相对独立的社会主义经济实体。

既然扩大企业自主权的实质是这样，那么它必然会解放作为社会生产力基础的企业生产力，必然会大大加快我国的社会主义建设，并为巩固我国的社会主义经济、政治制度提供强大的物质基础。但是，有的同志担心扩大企业自主权会产生资本主义自由化。其实，在国家的领导下，正确地扩大企业自主权，是不会导致资本主义自由化的。

第一，扩大企业自主权，不仅是以坚持社会主义公有制为前提，而且是为了进一步完善社会主义公有制。如前所述，社会主义国家所有制企业还是相对独立的商品生产者。但现行的中央高度集权的经济管理体制，却剥夺了企业应有的一定的经营管理自主权。这种管理体制同社会主义国有制企业的相对独立的商品生产者的经济地位是相矛盾的，是很不完善的。但扩大企业自主权，就能把企业的相对独立的商品生产者的地位和作用在实际经济生活中真正体现出来。这同社会主义国有制企业的特点是相符合的。这种改革后的新的经济管理体制比原来的体制要完善得多。

第二，扩大企业自主权，不仅是以坚持社会主义计划经济为前提，而且是为了进一步完善社会主义计划经济制度。扩大企业自主权是在国家的领导下进行的，是在坚持社会主义计划经济为主的前提下发挥市场调节的辅助作用的。这样，整个国民经济的发展方向、增长速度、结构变化、积累和消费的比例、基本建设投资规模和方向、总的工资水平和物价水平以及重点建设项目等重大问题，都是由国家决定的；企业只是在国家计划指导下，在一定的范围内独立自主地进行生产经营活动。但企业这种一定的经营自主权，对于发挥企业的主动性，依据社会和市场的需要组织生产，避免产销脱节，也会产生有益的作用。问题还在于：市场调节的辅助作用，对促进国民经济有计划的发展也起着重要的作用。这就是：为编制计划提供供需情报的信息，检验计划是否合乎实际并及时纠正其中失误；使供求矛盾得以迅速暴露，并通过价格等经济杠杆促使供求趋向平衡；消费者通过在市场上的抉择对生产者的监督；对社会资源合理分配的选择；等等。可见，在坚持计划经济为主、市场调节为辅的条件下扩大企业自主权，比原来的计划体制也要完善得多。

第三，在扩大企业自主权的同时，还要完善科学的行政管理，要健全社会主义民主制度（特别是企业内部的民主管理制度），要加强社会主义法制和思想政治工作。所有这些措施，都会有效地保证我国的经济沿着社会主义的轨道继续前进。

但是，这并不是说，在扩大企业自主权的过程中，不可能在某种范围内和某种程度上发生损害国家利益、违反国家计划要求的分散主义现象。问题在于：企业的局部利益和国家的整体利益尽管在根本上是一致的，但也是有矛盾的。特别是由于剥削阶级思想的影响还很广、很深，再加上当前国家的经济管理、行政管理和经济立法都很不健全。因此，分散主义现象是完全可能发生的，而且在事实上也已经发生了。但这种现象已经越出了企业应有的经营自主权的范围。在社会主义国家所有制经济中，企业之所以要享有一定的经营自主权和一定的物质利益，是企业作为相对独立的商品生产者的要求。但相对独立商品者本身就意味着企业是为国家所有的，是要服从国家计划的要求的。从最重要方面来说，给予企业一定的经营自主权和物质利益，是要调动企业的积极性，促进国家计划的实现；分散主义则与此相反，它是削弱国家统一领导，不顾国家计划的实现的滥用权。所以，企业应有的经营自主权和分散主义是有原则区别的两回事。

尽管在扩大企业自主权的过程中，会发生某些分散主义的现象，但由于上述的原因，并不会导致资本主义的自由化。

（三）扩大企业自主权必须遵循的基本原则

"正确贯彻计划经济为主、市场调节为辅的原则，是经济体制改革中的一个根本性问题。"[①]扩大企业自主权也必须遵循这项基本原则。为了说明这一点，我们先来分析这项基本原则以及相应的计划管理形式。在无产阶级专政建立以后，在消灭了资本主义私有制、建立了社会主义公有

---

① 胡耀邦：《全面开创社会主义现代化建设的新局面》，《中国共产党第十二次全国代表大会文件汇编》，人民出版社 1982 年版，第 25 页。

制以后，就从根本上解决了资本主义的基本矛盾，也消除了资本主义社会那样的生产无政府状态，使得国民经济的有计划发展成为社会主义经济发展的一条客观规律。这样，国家在管理国民经济中有必要、也有可能实行计划经济为主的原则。就是说，"有计划的生产和流通，是我国国民经济的主体。"①

但是，在我国社会主义建设的现阶段，在社会主义经济占优势的条件下，还要允许多种经济形式并存。在社会主义经济形式中，国家所有制经济居于主导地位，集体所有制经济在工业中也占有重要的地位，在农业中还居于优势。即使是在社会主义国家所有制经济中，国有企业也是相对独立的商品生产者。此外，还必须有适当数量的劳动者个体经济作为社会主义经济必要的补充。在上述的多种经济形式存在的条件下，不仅必然存在商品生产，而且有多种形式的商品生产，即社会主义国家所有制经济的商品生产，集体所有制经济的商品生产，劳动者个体经济的商品生产。在作为相对独立的商品生产者的国有企业之间，根本利益是一致的，但也存在着局部利益的差别。在国有企业与集体企业以及集体企业与集体企业之间，根本利益也是一致的，但也存在着重大差别。适当数量的劳动者的个体经济虽然是社会主义经济的必要补充，但二者之间也有利益上的矛盾。

此外，当前我国社会生产力的发展很不平衡，表现为多层次的状态，即手工工具、半机械化工具、机械化设备、半自动化设备和自动化设备同时并存；我国人口多，地大物博，民族多，各地自然条件差别很大，各种社会需要极为复杂，而且经常变化。这些又使得各种产品生产能力和各种社会需要的计算，变得更加复杂起来，难以作出精确的计算。

在上述条件（主要是多种经济形式的商品生产）下，价值规律对生产和流通必然起调节作用，其作用的形式不仅主要是为国家自觉地所利用，而且在一定范围内自发地起调节作用。因此，国家在管理经济时，还必须实行市场调节为辅的原则。就是说，"允许对于部分产品的生产和流通不作计划，由市场来调节，也就是说，根据不同时期的具体情况，

---

① 胡耀邦：《全面开创社会主义现代化建设的新局面》，《中国共产党第十二次全国代表大会文件汇编》，人民出版社 1982 年版，第 24 页。

由国家统一计划划出一定的范围，由价值规律自发地起调节作用"。[①]对作为主体的、由国家计划调节的生产和流通来说，这部分由市场调节的生产和流通尽管是从属的、次要的，但就在某种范围内实现社会生产与社会需要的适应，避免社会生产与社会需要的脱节来说，也是必需的，有益的，成为有计划的生产和流通的必要补充。

为了贯彻上述原则，国家在计划管理方面，需要依据产品和企业在国民经济中的重要性以及其他方面的特点，采取不同的计划管理形式。就社会主义国家所有制经济来说，①对于关系国计民生的生产资料和消费资料的生产和分配，尤其是对于关系国民经济全局的骨干企业，必须实行指令性计划。②对许多产品和企业要实行指导性计划。这种计划管理形式与第一种计划管理形式不同，虽然都需要自觉利用价值规律，但它的实现主要不是靠指令，而是主要靠运用经济杠杆。③各类小商品，可以允许企业依据市场供求的变化情况灵活地自行安排生产。当然，国家也需要通过政策法令和工商行政工作来加强对这种小商品生产的管理。

对上述的计划经济为主、市场调节为辅的原则以及相应的计划管理形式的分析表明：①计划经济为主、市场调节为辅的原则，反映了社会主义经济关系及其客观规律的要求。扩大企业自主权是经济管理体制的改革，经济管理体制是生产关系的具体形式。所以，扩大企业自主权，也必须反映社会主义经济关系及其客观规律的要求，必须遵循以计划经济为主、市场调节为辅的原则。②计划经济为主、市场调节为辅的原则及其相应的计划管理形式，既反映了作为社会主义国家所有制经济代表的国家的整个利益，又反映了作为相对独立商品生产者的国有企业的局部利益。从这方面说，扩大企业自主权，也必须遵循这项原则。③计划经济是社会主义经济的基本特点和基本优越性，放弃了这一点，必然会偏离社会主义方向。这一点也决定了扩大企业自主权必须按照上述原则行事。

---

① 胡耀邦：《全面开创社会主义现代化建设的新局面》，《中国共产党第十二次全国代表大会文件汇编》，人民出版社 1982 年版，第 24 页。

（四）扩大企业自主权的成效

为了进一步说明扩大企业自主权的必要性及其方向的正确性，有必要分析扩大企业自主权已经取得的巨大成效。

1978 年底召开的党的十一届三中全会指出："现在我国经济管理体制的一个严重缺点是权力过于集中，应该有领导地大胆下放，让地方和工农业企业在国家统一计划指导下有更多的经营管理自主权。"[①] 1979 年 4 月党的中央工作会议提出了"调整、改革、整顿、提高"的方针。

在党中央的号召下，我国经济管理体制改革的试点工作在 1978 年底就开始了。经过两年的努力，扩大企业自主权的试点工作不断发展，并已具有相当大的规模。1979 年，全国参加扩大企业自主权试点的企业达到 4000 多个。1980 年，除西藏外，各省、市、自治区参加试点的国有工业企业进一步增长到了 6000 个，占全国预算内工业企业 42000 个的 16％，产值占 60％，利润占 70％。按照国家规定，试点企业在利润留成、生产计划、产品销售、新产品试制、资金使用、奖励办法、机构设置以及人事等方面，不同程度地都有了一些自主权。

这种以实行利润留成为特征的扩大企业自主权，在一定程度上适合了企业作为相对独立商品者的要求，因而调动了企业积极性，取得了较好的经济效益。

1979 年，全国工业总产值增长 8.5％，而 4000 多个进行扩大企业自主权试点的企业增长 11.6％，普遍高于非试点企业。[②]

继 1979 年之后，1980 年扩权企业又取得了显著的经济效益。这一年，相当一部分扩权企业生产任务不足，再加上原材料涨价、能源紧张等不利因素，给企业完成生产计划和上缴财政收入任务带来了一定的困难。但是，由于扩权在某种程度上把企业的责、权、利结合起来了，把企业的经济利益和生产经营成果结合起来了，把国家利益和企业利益结

---

①《中国共产党第十一届第三次全体会议公报》，人民出版社 1979 年版，第 7 页。
②《新时期》1980 年第 6 期，第 7 页。

合起来了，使企业获得了更充沛的内在动力；伴随着竞争的展开，又给企业增加了外在压力。这就比较充分地调动了企业的积极性，促使绝大多数企业实现了增产增收。根据对 28 个省、市、自治区地方工业 5777 个扩权试点企业（不包括盈亏责任制的试点企业）的统计，1980 年完成工业产值 1653.5 亿元，比上年增长 6.8%；实现利润 333.6 亿元，增长 11.8%；上交利润 290 亿元，增长 7.4%。在增产增收的基础上，实现了国家利益和企业利益的结合。在上述扩权试点企业实现的 333.6 亿元利润中，上交国家 290 亿元，占全部实现利润的 87%；企业利润留成 33.3 亿元，占实现利润的 10%；其余 3% 属于归还贷款、政策性补贴等。同非试点企业提取企业基金的办法相比较，试点企业实际多得 12.4 亿元，占增长利润 35.2 亿元的 35.2%；增长利润的大部分也归了国家。[①] 这表明：扩大企业自主权，实现了增产增收，国家和企业都增加了收入。

上述的扩大企业自主权的试点，是以实行利润留成为特征的。此外，1980 年以来，一些省、市、自治区还选择了少数企业进行了在国家计划指导下以税代利、独立核算、自负盈亏的试点。据不完全统计，到 1980 年底，进行这种试点的有一个市（柳州市）、一个公司（上海市轻工机械公司）和 80 多个企业。根据 18 个省、市、自治区的统计，到 1981 年底，全国进行以税代利、独立核算、自负盈亏的试点企业，达到 456 个，其中有的是全市、县的试点，有的是一个城市范围内的试点。[②] 同实行利润留成相比较，实行自负盈亏，可以在更大的程度上适合国有企业作为相对独立的商品生产的要求，因而也取得更大的经济效益。这一点，我们将在下一节去做详细的分析。

在扩大企业自主权的工作已经达到相当大的规模的基础上，我国经济管理体制改革的工作又有了进一步的发展。这就是 1981 年上半年开始在全国普遍推行的工业经济责任制。目前实行这种责任制的企业已占全国工业企业的 80% 以上。[③]

工业经济责任制，就它本来的、全面的含义来说，是在国家计划指导下，以提高经济效益为目的，责、权、利紧密结合的生产经营管理制

①《中国经济年鉴》(1981)，第Ⅳ-36 页。
②《人民日报》1983 年 2 月 15 日第 1 版。
③《红旗》1982 年第 23 期，第 17 页。

度。企业的经济责任、经济权力和经济利益三者是相互联系的有机整体。但是，其中经济责任是第一位的，是整个经济责任制的主体和核心，是决定经济权力和经济利益的。当然，经济权力和经济利益也是经济责任制的必要组成部分，前者是实现经济责任制的重要条件，后者是实现经济责任制的重要动力。责、权、利相结合的经济责任制，首先反映了社会主义国家所有制经济的要求，同时也反映企业作为相对的商品生产者的要求。为了实现"责"字当头的要求，企业的主管部门、企业、车间、班组和职工，都要层层明确各自在经济上对国家应负的责任，建立、健全企业的生产、技术、经营管理等各项专责制和岗位责任制，为全面完成国家计划而努力。为了实现"责"字当头的要求，还要正确处理国家和企业、职工三者之间的利益关系，把企业、职工的经济责任、经济效益和经济利益联系起来，要首先保证国家多得，其次才是企业多留和职工多得，还要在企业内部认真贯彻按劳分配原则，多劳多得，少劳少得，有奖有罚。

总的说来，推行工业的经济责任制，调动了企业和职工的积极性，提高了企业的经营管理水平，加强了企业内部的各个职能部门的协作关系，从而提高了经济效益。这种情况在那些经济责任制搞得比较好的单位，是表现得很明显的。比如，推行权、责、利相结合的经济责任制，有效地调动了首都钢铁公司广大干部、工人当家做主的积极性，全公司出现了争为企业当家理财、争为国家多做贡献的动人局面，使企业的各项工作走上了提高经济效益的新路子。

1981年上半年，由于国家计划要求钢铁减产，首钢据此估算全年只能完成利润2.65亿元，不但比上年减少2516万元，下降8.67%，而且比规定上缴给国家的财政任务2.7亿元还相差500万元。面对这样尖锐的矛盾，首钢职工振奋精神，照顾大局，为国分忧，知难而进，决心摆脱过去那条"减产减收，甚至增产减收"的老路，闯出一个"提高经济效益，力争减产增收"的新局面。经过职工代表大会讨论，确定了全年拿下3.12亿元利润的高难度的奋斗目标。

为了完成这个目标，他们在企业内部推行了经济责任制，采用全面包、层层包、包到人、包保合一的办法，把公司对国家承担的经济责任，包括上交利润、分品种的产品调拨量以及节能等各项任务，加上生产、技术、经营管理全面工作的要求，层层落实到了厂矿、处室和车间、班组、个人，并根据贡献的大小实行有较大差别的奖励。这种包、保、奖的办法，把全面完成国家计划、提高经济效益落到了实处，把经济责任、经济效益、经济利益统一起来，把国家、企业、职工三者利益结合起来，一下子就把6万多名职工的积极性进一步调动了起来，使全公司的经济面貌和精神面貌为之一新。因而，经济效益十分显著。1981年实现利润达到3.14亿元，比上年增长9.42%，上交利润比上年增长8.9%。1981年上半年月平均利润为2334.5万元，实行经济责任制后的8~12月，连续5个月利润在3000万元以上，创历史最高水平。可比产品总成本1981年下半年比上半年降低5.48%，平均每月从降低成本中收益338万元。经济效益的提高还表现在产值利润率由1980年的34.3%提高到38.23%，销售利润率由31.14%提高到33.69%，资金利润率由17.06%提高到17.86%，都处于同行业的高水平。在52项可比的经济技术指标中，有30项在同行业中领先，有的还达到了国际先进水平。生产秩序更加稳定，安全生产出现了近二十几年来的最好局面。

经济责任制给首钢带来的最深刻的变化，是在群众中出现了密切关心国家、关心企业、关心集体的风气。许多职工认为，过去讲职工当家做主，多是从政治上不受剥削、压迫，翻身得解放的意义上讲，在办企业上怎样当家做主，还没有充分体现出来。实行经济责任制后，那种"干部当家，工人管干"的局面打破了，每个职工都把国家的经济发展、企业的经营好坏看成与自己息息相关，自觉起来当家理财。运输部卸车机上的钢丝绳，过去用坏一头就换新的，现在一头用坏后就倒头使用，两头都用坏就切短用在电铲上，在电铲上两头都用坏了，再切短用在推土机上。这样的事不胜枚举。

实行经济责任制后，治了懒人的病，鼓了勤快人的劲。焊管车间的"四大名人"都有显著转变：一个过去人称"大懒"的，现在格外勤快，当上了班长，成了车间里的先进人物；一个"迟到大王"，现在再也不迟到了；一个过去爱讲怪话的，现在不讲怪话了；一个1968年进厂的工人，过去两次升级都没他的份，车间干部布置工作他总挑鼻子挑眼，人称他是"对着干"，现在为搞好经济责任制积极提建议，成了车间干部的"参谋"。

职工团结协作更加紧密，集体主义精神大发扬。初轧厂有个轧钢工操作水平低，指标完成得差。听说实行经济责任制，他怕自己拿奖金太少扯班里后腿，决心迎头赶上。由于经济责任制联系着集体利益，班里派高水平的操作工手把手地教他，使他赶上了先进水平。

职工好学上进的劲头起来了。许多职工感到，不懂"经济"，就搞不好经济责任制。实行经济责任制后，一个个经济讲座办起来了，学技术、学经济、学管理的空气很浓。烧结除尘工段有个青年电焊工，过去认为"不学技术，照样吃饭"，现在主动向老师傅请教，买技术书自学，技术水平提高很快。他说："光靠一身力气，不学无术，难以混日子了。"

过去的一年是首钢企业面貌大变的一年，是 30 年来在经营管理上取得重大突破的一年。正像首钢一些同志所说的那样，一年间出现了"四个前所未有"：经济效果之大，前所未有；群众当家理财的主人翁责任感、积极性，前所未有；经营管理之强化和深化，前所未有；各职能部门、各生产单位以及人与人之间的团结协作，前所未有。[1]

推进工业经济责任制的意义还在于：它是我国经济管理体制改革的一个新的突破。以前扩大企业自主权，还是局限在盈利企业的范围内；现在推行工业经济责任制，不仅包括了盈利企业，而且扩及到微利企业，以至亏损企业。以前扩大企业自主权，主要是涉及到国家和企业的关系，涉及到企业的责、权、利的结合；现在推行工业经济责任制，则不仅涉及到这一方面，还涉及到企业内部的关系及其权、责、利的结合。所以，无论从广度上说，或者从深度上说，推行工业生产经济责任制，都是我国经济管理体制改革的进一步发展。

上述的经济管理体制改革已经取得的成就表明：通过逐步地扩大企业自主权，推行并完善经济责任制，把企业的责、权、利正确地结合起来，使得企业逐步成为相对独立的社会主义经济实体，就可以充分调动企业和劳动者的主动性和积极性。从这方面来说，我国已经进行的经济管理体制的改革方向是正确的。当然，我国经济管理体制的改革还正处在探索和试验的过程，改革是局部的，不完善的，还存在这样或那样的问题。比如，无论是扩大企业自主权的试点，还是推行经济责任制，都没有做到（当前也不可能做到）使企业在国家计划指导下，并在国家计

---

[1]《北京日报》1982 年 1 月 22 日第 1 版。

划所允许的范围内，取得与相对独立的商品生产者的地位相适应的、一定的微观决策权，也没有做到（当前也不可能做到）使企业取得与生产经营成果相适应的收入（由国家依据社会的需要作了必要的适当的扣除以后），因而还没有成为（当前也不可能成为）相对独立的社会主义经济实体。这当然不利于发挥企业的积极性。

再如，扩大企业自主权的试点，实际上主要是实行了利润留成；推行经济责任制开始也是从分配入手的，对企业实行利润留成和盈亏包干等办法，对职工实行超产奖、计件工资和浮动工资等办法。但对企业和职工的责任缺乏全面的、具体的规定，也缺乏全面的、严格的考核。在开始实行经济责任制时，只是突出了利润指标的考核，而忽略了对产品的质量、品种和成本等方面的全面考核。即使在分配方面，如在确定利润留成的基数、比例和使用方向以及奖金的提取、发放等方面，也缺乏明确的规定和有效的控制。特别是没有随着微观经济的搞活，相应地从宏观方面加强管理、控制和监督，忽视了充分运用国家计划、经济杠杆、经济立法以及必要的行政手段。这样，就助长了有些企业单纯追求利润，利大大干，利小不干，造成了新的产需脱节，生产上、建设上的盲目性有所发展；也助长了有些企业采取扩大利润留成的基数和比例，甚至不惜违反国家财经纪律，任意截留上交国家的税收和利润，并滥发奖金、补贴和"福利产品"，以损害国家的利益。

但在最近一年多来，工业经济责任制是得到了不断的发展和完善的。这表现在：坚持贯彻责、权、利相结合的原则，把企业向国家承担的经济责任放到了首位；利润留成形式因地制宜，灵活多样，不搞一刀切；在企业内部全面地、层层地落实经济责任制；在企业内部认真贯彻按劳分配的原则，采取奖勤罚懒的办法；实行经济责任制，以提高经济效益为目的，等等。所以，当前我国工业经济责任制已经开始走上健康发展的道路。

总之，上述的分析证明：在坚持社会主义计划经济为主的条件下，扩大工业企业自主权（包括实行以利润留成为特征的企业自主权，以自负盈亏为特征的企业自主权和推行工业经济责任制）是必要的，方向是正确的，是取得了巨大成效的。

（五）当前需要加快以税代利的步伐

在当前扩大企业自主权、完善工业经济责任制的过程中，需要加快以税代利的步伐。

相对于过去长期实行统负盈亏的制度来说，实行利润留成，在改革我国经济管理体制方面，是前进了一大步。但这种制度也有它的局限性。就是说，它只是在一定程度上适合了社会主义国家所有制企业作为相对独立的商品生产者的要求，它还没有真正使得国有企业成为国家计划指导下的相对独立的经济实体，没有真正实现责、权、利的紧密结合，没有真正实现国家利益和企业利益、职工个人利益的结合。相比之下，实行以税代利、自负盈亏的制度，则有助于实现这些要求。原因如下：

第一，利润留成制度虽然是对过去统负盈亏制度的一个重大突破，但它并没有从根本上改变"吃大锅饭"的平均主义体制。在实行利润留成制度的条件下，企业生产经营得好，盈利多，企业可以多得利润分成，生产发展基金、集体福利基金、奖励基金和后备基金就会多些，但工资基金并不能增长；反之，如果企业生产经营得不好，盈利少，甚至发生亏损，那也只是影响前面四种基金，工资基金也不会减少。而且，由于利润留成比例不像税率那样，具有法律规定的那样严肃性，因而有时还可以调整计划利润的指标，即使盈利少，但仍然可以得到利润分成，对前面四种基金的影响也不大。可见，在实行利润留成制度的条件下，企业所负的盈亏责任是很有限的。在这里，并没有把企业的生产经营成果和企业的物质利益紧密地结合起来。因而，企业既缺乏必要的条件，又缺乏必要的动力，去实现作为相对独立的经济实体的职能，因而难以充分调动企业的主动性和积极性。

但是，在实行以税代利、自负盈亏的条件下，企业必须全面完成国家计划规定的任务，必须完成国家法律规定的上缴税收任务，余下的盈利才能由企业支配。这样，如果企业生产经营得好，盈利就多，企业的发展生产基金、工资基金、集体福利基金和奖励基金以及后备基金就多；反之，如果企业生产经营得不好，盈利就少，企业的几项基金就少。所以，企业经营得好坏，不仅影响到发展生产基金，也不仅是要影响到集体福利基金和奖励基金，而且会影响到工资基金。这样，同实行利润留成制度相比较，实行以税代利、自负盈亏制度，企业不仅要在大得多的程度上负盈，而且在一定意义上说真正要负亏。当然，同生产资料私有制企业或集体所有制企业相比较，一般说来，国家所有制企业还做不到完全意义上的自负盈亏，只能做到相对的自负盈亏。而且，尽管从原则上说来，国营的大、中、小企业都必须实行，而且可能实行自负盈亏，但在程度上也必然会有某些差别。比如，大型企业固定资产多，盈利多，在实行自负盈亏制度方面，总会受到某些限制。小型企业，固定资产少，盈利少，在实行自负盈亏方面，限制就要少一些。①但是，从发展趋势来说，实行以税代利、自负盈亏的制度，可以使得企业真正成为相对独立的社会主义经济实体，可以把企业的生产经营成果和企业的物质利益更紧密地结合起来，可以使得企业获得必要的条件和动力去实现它的职能。当然，在整个经济管理体制还没有根本改革的条件下，单靠实行以税代利、自负盈亏制度，还不能完全做到这一点。但在这方面，总是前进了一大步。

第二，在实行利润留成制度的条件下，国有企业难以摆脱作为条条（中央各经济部门）和块块（地方）等行政机关附属物的地位，而且，由于企业上缴利润，同条条和块块的物质利益又有紧密的联系。这样，就会带来条条和块块对企业的过多的行政干预，束缚企业的积极性。

如果实行以税代利、自负盈亏，国有企业就易于摆脱作为条条和块块的行政机关附属物的地位，并切断了由上缴利润而形成的同条条和块块的物质利益关系，因而有利于企业从条条和块块的束缚下解放出来。

第三，在实行利润留成制度下，难以排除由企业占用资源优劣和资金多少而带来的盈利差别，从而造成企业之间的苦乐不均，不利于发挥企业的积极性。

但实行以税代利、自负盈亏的制度，可以通过增设资源税和资金税的办法，来排除企业由占用资源和资金不同而形成的盈利差别，从而有

---

① 这里还要说明一点，在过去的长时期内，由于"左"的指导思想的影响，许多本来应该实行集体所有制企业，也搞成了国家所有制企业。现在对这些企业实行的（或即将实行的）自负盈亏制度，在实际上同集体所有制企业实行的自负盈亏制度，是没有多少区别的。

助于克服企业之间苦乐不均的现象，有助于发挥企业的积极性。

第四，实行利润留成制度，企业上缴国家的利润，缺乏可靠的保证，不稳定。如果实行以税代利、自负盈亏的制度，企业的利润是通过税收的形式上缴的。税率具有法律的效力，比利润留成比例严肃。在一般情况下，是不予调整的。因而更具有可靠性和稳定性。而且，实行这种制度，从征收所得税来说，它的课税依据是企业的实现利润，所得税的量与企业实现利润的量存在着密切的依存关系；这种制度又可以比较充分地调动企业的主动性和积极性，有效地促进实现利润的增长。这样，以税代利、自负盈亏的制度，不仅可以保证财政收入的稳定，而且可以促进财政收入的稳步增长。保证国家收入的稳定增长，是保证社会主义国家所有权在经济上得以实现的一个重要方面。

可见，以税代利、自负盈亏的制度，既体现了社会主义国家所有制的要求，又体现了国有企业作为相对独立的商品生产者的要求，使企业成为相对独立的经济实体，把企业的生产经营成果与企业的物质利益结合起来，把责、权、利结合起来，把国家和企业、职工个人三方面利益结合起来。这就是实行以税代利、自负盈亏制度的必要性。

当然，要使得企业真正成为相对独立的经济实体，还必须根本改革现行的经济管理体制，特别是很不合理的价格体系。但是，价格体系的改革，是一个牵动全局的问题。"国务院认为，在六五计划后三年，全面改革价格体系的条件尚未成熟。"①相比之下，实行以税代利，不涉及各种产品的比价，也不涉及消费者的利益。这样，当前实行以税代利，就具有更大的可能性和现实性。因此，国务院决定："今后三年内，在对价格不作大的调整的情况下，应该改革税制，加快以税代利的步伐。"②

当前实行以税代利、自负盈亏之所以具有更大的可能性和现实性，还因为3年（1980~1982年）来改革试点的经验已经证明：以税代利、自负盈亏的改革是一项成熟的经验。总的说来，3年来，以税代利、自负盈亏的改革试点，经济效益是好的。参加试点的企业，销售收入的增长明显地高于总产值的增长，特别是实现利润和上交税费的增长，大大高于总产值和销售收入的增长。这表明它们的经济效益有了很大的提高。而

---

① ② 赵紫阳：《关于第六个五年计划的报告》，《人民日报》1982年12月14日第4版。

且，在企业实现利润的增长部分中，保证了大部分以税金和资金占用费的形式上缴国家，企业所得也增加了，对国家、对企业都有利。根据 18 个省、市、自治区 456 个试点企业的材料统计，与 1980 年相比，1981 年这些企业的总产值增长 2.5%，销售收入增长 8.9%，实现利润增长 18%，上缴国家税费增长 13.6%。[①]1981 年这些企业的全部利润分配比例中，国家征税收入占 76.82%，企业留利占 23.18%。在本年利润增长部分的分配比例中，国家收入占 60.13%，企业留利占39.87%。[②]

总之，加快以税代利、自负盈亏改革的步伐，既有必要，也有可能。

但是，这项改革也像整个经济管理体制的改革一样，必须遵循下列的方针："从实际出发，全面而系统地改，坚决而有秩序地改，有领导有步骤地改，经过试验，分期分批，循序前进。既不能犹豫观望、等待不办，也不能一哄而起，一刀切。"[③]就实行以税代利、自负盈亏的改革来说，有的企业可以一步走，在征收所得税、调节税等项税收以后，实行独立核算，自负盈亏；有的企业征税后，所余利润可以采取不同的形式在国家和企业中进行分配，然后再由这种税利并存逐步过渡到以税代利、自负盈亏；一般小型企业可以实行国家征税，资金付费，独立核算，自负盈亏。

---

① 《人民日报》1982 年 12 月 17 日第 4 版。
② 《经济日报》1983 年 2 月 15 日第 1 版。
③ 赵紫阳：《春节祝词》，《人民日报》1983 年 2 月 14 日第 1 版。

九、社会主义国家所有制工业企业的利润留成

近两年来配合调整进行了经济管理体制的改革。其中，以实行利润留成为特征的扩大企业自主权的工作，已经取得了重大进展。1980年，除西藏外，各省、市、自治区进行扩大自主权的国有工业企业已经发展到6000多个，占全国预算内工业企业42000个的15%，产值占60%，利润占70%。正确处理国家和扩权企业之间的利益分配关系，即利润留成问题，已经成为巩固扩权成果的一个重要关键。同时，就利润留成的某些一般理论来说，对当前正在进行试点、而在将来还要大大发展的以税代利、自负盈亏（或盈亏责任制，以下均同）的企业也是适用的。这里试就这个问题作些粗浅的探索。

（一）国家所有制工业企业提取利润留成的原因

社会主义国家所有制工业企业为什么必然要提取利润留成？这是考察利润留成遇到的首要问题。现在有人虽然承认企业利润留成的必要性，但又否认现阶段社会主义国家所有制的特点。这就难免陷于不能自圆其说的地步。实际上，利润留成正是同现阶段社会主义国家所有制的特点相联系的，是国有企业作为相对独立的商品生产者这种经济地位的要求。

马克思主义认为，一定的所有制就是一定的生产关系的总和，它是通过一定的生产、交换、分配和消费等方面的生产关系实现的。一定的

剩余产品的分配，是一定的分配关系的重要内容，因而也是一定的所有制的实现。在社会主义制度下，纯收入（即剩余产品的价值）的分配也是如此。所以，我们要说明企业在纯收入分配中占用一定的比例，就必须从现阶段社会主义国家所有制企业在经济地位方面的特点，去探索它的根源。

如前所述，社会主义国家所有制企业不是单纯的基本生产单位，而是具有相对独立经济利益的商品生产者。①

国有企业的这种经济地位，一方面使得企业有可能去占有它所创造的一部分纯收入；另一方面也使这种占有成为一种经济上的必要。这里所说的"必要"有两层意思：一是作为相对独立的商品生产者从事全部供产销经济活动所必要的；二是取得与它的经营成果相适应的收入所必要的。当前扩权企业还正处在改革的过程中，它们取得的那部分利润留成，就量上来说自然还没有达到作为一个相对独立的商品生产者所必须具有的那部分纯收入的地步。②但就它必须取得利润留成的原因来说，上面的分析对它是完全适用的。

（二）国家所有制工业企业利润留成的构成

相对独立的商品生产者的国有企业提取的利润留成需要相应地分为几类基金。

首先，需要用于企业的扩大再生产，建立生产发展基金。这是作为相对独立的商品生产者的企业在现代生产力条件下组织生产的需要。"现代工业的技术基础是革命的。"③现代技术发展要求有一定的积累。在

---

① 详见本著《社会主义国家所有制工业企业的基本特征》一篇。

② 这是就问题的本质和发展趋势来说的，是就经济管理体制改革在一个较长的时间内所要达到的目标来说的。因此，它不意味着现在还要提高企业利润留成的比例。问题在于：企业利润留成比例的大小，不仅决定于企业作为相对独立的商品生产者的要求，而且决定于社会生产力的发展状况，以及国家集中资金用于重点建设和其他方面的需要。这几年，由于各种原因，国家集中的资金已经不能保证重点建设的需要。所以，现在的问题是需要由国家集中必要的资金，以用于重点建设。当然，在集中资金的过程中，仍然需要照顾地方和企业的需要。

③ 马克思：《资本论》，《马克思恩格斯全集》第23卷，第533页。

这个意义上可以说，"现代社会不逐年实行积累就不能发展。"[1]这一点，无论对于资本主义社会或者社会主义社会，无论对于整个社会主义社会或者作为相对独立的商品生产者的企业，都是适用的。在这种条件下，如果不建立生产发展基金，企业是不可能在国家计划指导下独立地组织生产活动的。同时，建立生产发展基金，也是作为相对独立的商品生产者企业内在经济本性的要求。这种企业的生产目的主要是为了满足社会全体劳动者的生活需要，局部地只是为了本企业劳动者的生活需要。[2]社会主义经济既然还是商品经济，国有企业还是相对独立的商品生产者，那么，竞争规律就起作用。这种内在动力（生产目的）和外在压力（竞争）推动企业改进生产技术，发展生产，因而也要求有一定的积累。

其次，为了使得国有企业能够取得与它的经营成果相应的收入，还必须把企业利润留成的一部分用于职工的集体福利，建立集体福利基金。

再次，为了实现上述同样的目的，还必须把企业利润留成的一部分用于企业职工的奖励，建立奖励基金。

最后，为了给企业的生产发展基金、集体福利基金和奖励基金建立后备，还必须依据企业利润留成的增长情况，建立后备基金。

曾经有一种观点认为，企业利润留成是全部属于国家所有的。现在又有另一种说法，似乎它又是全部属于企业集体所有的。这两种看法都有值得商榷的地方。

我们认为，由利润提成建立的生产发展基金，仍像原来的生产基金一样，属于社会主义国家所有，但也在国家计划指导下，由具有相对独立的商品生产者的企业使用。原因如下：

第一，按照马克思主义的观点，生产关系的性质总是由生产力的性质决定的。这一点，无论是对生产过程中的生产关系，或者是对再生产过程中的生产关系，无论是对原有的生产基金，或者是对由利润提成建立的生产发展基金，都是适用的。按照我们在第一节所作的分析，社会主义国有制企业是相对独立的商品生产者。由生产力决定的这种状态在一个长时间内是不会改变的，因而提不出改变社会主义国有制企业作为

---

[1] 斯大林：《论苏联土地改革的几个问题》，《列宁主义问题》，人民出版社 1973 年版，第 341 页。
[2] 详见本著《社会主义国家所有制工业企业的生产目的》一篇。

相对独立的商品生产者经济地位的要求。当然更提不出改变为企业集体所有制的要求。因为生产的社会化的程度是会不断提高的。

第二，马克思主义还认为，任何社会的再生产过程，都不只是物质资料的再生产过程，同时又是原有的生产关系的再生产过程。这是对各个社会（包括社会主义社会）都适用的普遍规律。从这方面说，由利润提成建立的生产发展基金也会保留同原来的生产基金一样的经济性质。就是说，是以社会主义国家所有的，但由作为相对独立的商品生产者使用的。如果认为由利润留成建立的生产发展基金是归企业集体所有的，那么，随着再生产过程的不断进行，归企业集体所有的资金就会越来越多，最终会变成企业集体所有制，即显然是悖理的。

第三，就实际经营使用及经营使用的目的来看，由利润提成建立的生产发展基金同原有的生产基金一样，都是在国家的指导下由企业经营使用的，企业使用的目的，主要是为了满足人民的生活的需要，只是部分地为了本企业的物质利益。

这一切表明：生产发展基金像原有的生产基金一样，是属于国有的，但由具有相对独立的商品生产者经济地位的企业使用。

职工奖励基金则具有同生产发展基金不同的性质，它是属于企业集体所有的。①如前所述，社会生产力的发展状况使得企业要求取得与它的经营成果相应的收入，使得国有企业成为相对独立的商品生产者。职工奖励基金归企业集体所有，正是同生产力的发展要求是一致的，是国有企业成为相对独立的商品生产者在分配方面的一个重要表现。②就职工奖励基金的实际用途来看，也是由企业依照按劳分配原则分给本企业劳动者个人使用的。

这种性质的分析，对集体福利基金中直接分给劳动者个人使用的部分也是适用的。但就集体福利设施（如职工住宅、职工医院等项建设）部分来说，基本上同生产基金的归属性质是一样的。

至于后备基金，应视其用途而定。如用于生产发展基金，则属于国有的，但由作为相对独立的商品生产者的企业使用的，如用于职工奖励基金，则是属于企业集体所有的。

上述的前三种基金在经济发展中的作用是不等的，生产发展基金具有决定意义；而且从发展趋势看，生产发展基金（包括用于这项资金的后备基金）在利润留成中要占大部分。如果抛开各种基金性质差别不说，仅从这种具有决定意义和主体意义上来看，似乎仍然可以说，利润提成是属于国有的，但由作为相对独立的商品生产者的企业使用。

（三）国家所有制工业企业利润留成的量的规定

企业提留的利润的量的规定，即它在企业纯收入中所占的比重，也是需要考察的一个重要方面。本文只拟就决定这个比重的若干原则问题作些分析。

第一，人类社会经济的发展历史表明：剩余产品的分配最能明显地表现生产资料所有制的性质。现阶段的社会主义国家所有制是归国家所有的。这一点决定了国家集中的纯收入在纯收入总额中应占大部分，而企业提留的纯收入只能占小部分。这一小部分，也是由国有企业作为相对独立的商品生产者所必须建立的生产发展基金、集体福利基金、职工奖励基金和后备基金等多种基金的需要量决定的。当然，企业对这四种基金的需要是有很大的弹性的，并有最低的限量和最高的限量。这个最低限量就是企业对上述四种基金的最低需要量，最高限量就是国家必须掌握的积累基金和消费基金，必须集中的纯收入的最低需要量。①在社会主义制度下，国家的整体利益和企业的局部利益在根本上是一致的，但也存在着非对抗性矛盾。这个矛盾是可以依据兼顾国家和企业两方面利益以及企业局部利益服从国家整体利益的原则，逐步地得到解决的。作为相对独立商品生产者的国有企业在各个时期提取的纯收入比重，就是由国家依据上述的兼顾国家利益和企业利益的原则以及各该时期的诸种具体条件，在最低限量和最高限量之间确定的。

第二，企业提取纯收入的比重，不仅是由企业作为相对独立的商品生产者的经济地位决定的，而且受到生产力发展水平的制约。恩格斯说过："分配方式本质上毕竟要取决于可分配的产品的数量，而这个数量当

---

① 当然，国家集中的纯收入，不仅包括从国有企业中的纯收入（虽然这是主要的部分），而且包括从集体企业和其他非社会主义企业中集中的纯收入。我们在这里也把后者抽象掉了。

然随着生产和社会组织的进步而改变，从而分配方式也应当改变。"[1] 1980年全国扩权企业提留的利润大约占总利润的 10% 左右。这远远不能满足扩权企业在建立生产发展基金、集体福利基金、职工奖励基金和后备基金等方面的需要，也大大低于其他有关国家的水平。但在当前国民经济还存在着困难，国家需要集中必要的资金，用于重点建设。这样，平均说来企业利润留成比例，还难以提高。而在征收了能源、交通税以后，这个比重实际上会有一定的下降。只有随着经济的发展，这个比重才可以进一步提高。

第三，企业提取纯收入的比重，还要受到社会总产品的物质构成，即生产资料产品和消费资料产品对比关系的制约。马克思说得好："要积累，就必须把一部分剩余产品转化为资本。但是，如果不是出现了奇迹，能够转化为资本的，只是劳动过程中可使用的物品，即生产资料，以及人用以维持自身的物品，即生活资料。"[2] 积累基金的实现需要物质保证，消费基金的实现也需要物质保证；社会主义国家集中的纯收入是这样，企业提取的纯收入也是这样。在企业建立的生产发展基金、集体福利基金、职工奖励基金和后备基金的比例关系已定的条件下，企业提取的纯收入比重的大小就关系着企业对生产资料和消费资料需要的多少。这个比重的大小，不仅要受到纯收入多少的限制，而且受到社会总产品物质构成的制约。

随着企业利润留成制度的实行，积累也就分割为国家集中的积累和企业分散的积累。在这种情况下，要实现国民经济的综合平衡，不仅需要组织国家的积累和物质资料的平衡，而且需要组织企业的积累与物质资料的平衡。如果只注意前一种平衡，而忽视后一种平衡，那么，不仅后一种平衡不能实现，而且必然要影响到前一种平衡的实现，这样，也就不会有全局的综合平衡。1980 年原来全国全民所有制单位基本建设投资计划为 590 亿元，这已经超过了国家可能提供的物力和财力。执行结果，基本建设投资总额达到了 539 亿元，比上年增长 7.8%，其中国家预算内投资比上年减少 24.9%；部门、地方、企业的自筹投资比上年大约

① 《恩格斯致康·施米特（1890 年 8 月 5 日）》，《马克思恩格斯选集》第 4 卷，第 475 页。
② 马克思：《资本论》，《马克思恩格斯全集》第 23 卷，第 637 页。

增长了 50%。基本建设投资规模过大，加剧了国民经济的比例失调。近年来，有些企业违反国家规定，滥发奖金和补贴，也扩大了商品可供量和居民购买力的差距。这些经验表明：要保证国民经济的有计划按比例的发展，不仅需要组织国家集中的纯收入与物资供应的平衡，而且需要组织企业提取的纯收入与物资供应的平衡。这些经验还证明了企业提取纯收入的比重，要受到社会产品的物质构成的制约。

（四）国家所有制工业企业利润留成的形式

正确地选择利润留成的形式，对于巩固扩权的成果，具有重要的意义。曾经有过一个设想：在扩权企业中实行一种利润留成形式，如基数利润留成加增长利润留成。但近年来各地扩权经验表明：单是采用这一种形式是难以行得通的。于是各地还采用了全额利润分成、计划利润留成和超计划利润分成、单一增长利润分成（即只按照增长的利润分成）、单一超计划利润分成（即只按照超计划的利润分成）以及对微利企业实行"利润定额包干，超收比例分成或全部留给企业"等等形式。

现在许多地方都总结了这方面的经验，根据不同情况采取了不同的利润留成形式。武汉市 1981 年依据对本市扩权企业的调查，除了大部分扩权企业仍然继续采用上年实行的利润留成形式以外，也在照顾国家财政困难的条件下，对一部分扩权企业利润留成的形式作了变动。主要的变动是：对经营管理好、盈利水平高、利润增长难度大、主要经济技术指标已经超过本企业历史最高水平的企业，将基数利润留成的"环比"改为"定比"，一定几年不变。对确因客观原因、生产任务不足、产品结构变化、原材料涨价、造成利润大幅度下降的企业，改行超计划利润留成办法。对微利企业实行利润包干，其福利费和奖金甚至需要从成本中开支。

显然，依据各类企业的不同情况，分别采取不同的利润留成形式，对于正确处理国家和企业之间的利益关系，巩固扩大企业自主权的成果，调动企业积极性，是有重要意义的。

（五）国家所有制工业企业利润留成的历史作用

企业利润留成，从企业财务管理体制改革这个角度来说，是由原来的统负盈亏过渡到自负盈亏的一种良好的过渡形式。现在有一种观点认为，只有那些以手工劳动为主的企业才需要实行自负盈亏，而机械化、半机械化的企业只要实行利润留成就行了。这种看法是值得商榷的。

利润留成之所以能够成为我国经济管理体制改革过程中的一种良好的过渡形式，因为：①它既使企业获得了一定的自留资金，又使企业在某种程度内实现了取得与自己经营成果相应的收入的要求，因而在一定程度上满足了企业作为相对独立的商品生产者的经济要求。而且，企业利润留成又不像企业自负盈亏那样要求有严格的条件（包括微观和宏观两方面的条件），因而在开始进行经济管理体制改革的时候，是比较容易实行的。②正因为利润留成具有上述的优点，因而能够在一定程度上，调动企业劳动者集体的积极性，促进生产的发展，实现国家多收，企业多留，劳动者个人多得。据 28 个省、市、自治区地方工业 5777 个扩权企业（只包括以实行利润留成为特征的扩权企业，不包括实行自负盈亏的试点企业）的初步统计，1980 年完成工业总产值 1653.5 亿元，比上年增加 6.8%，比全部国有工业总产值增长 6.2% 的速度，高出 0.6%。实现利润 333.6 亿元，增长 11.8%；上缴利润 290 亿元，增长 7.4%，这些也都超过了没有实行扩权的企业。在增产、增收的基础上，较好地实现了国家利益和企业利益的结合。在 333.6 亿元实现利润中，上缴国家的占 87%，企业利润留成占 10%，其余 3% 属于归还贷款、政策性补贴等。同没有实行扩权企业提取企业基金的办法比较，扩权企业实际多得 12.4 亿元，占增长利润 35.3 亿元的 35.2%；在增长利润中，大部分也是归国家的。③以实行利润留成作为最重要内容的扩权工作的进展，开始显示了新的经济管理体制的优越性，提高了人们对于改革的自觉性，并在宏观和微观两个方面提高了管理水平，取得了初步改革的经验，同时又要求整个经济管理体制进行配套的同步的改革。所有这些，不仅会推动经济管理体制进一步改革，而且在管理、经验和思想等方面准备了条件。

但是，现行的利润留成并不是改革的终点。因为无论在企业自留资金或者在取得与企业经营成果相应的收入方面，利润留成都只是在一定程度上满足了企业作为相对独立的商品生产者的要求。近年来我国也进行了以税代利、自负盈亏的试点。尽管由于宏观经济条件不具备，这种自负盈亏还只能是初步的，但它也显示了比利润提成具有更强大的生命力。然而，实行企业自负盈亏，不仅是在比较充分的意义上适合了企业作为相对独立商品生产者的经济要求，而且使得国家集中纯收入也有可靠的保证。这就从一个最重要方面，保证了社会主义国家所有制在经济上的实现。企业实行自负盈亏也并不排斥国家的计划指导。由于自负盈亏为价值规律的调节作用提供了良好的机制，因而可以较好地在坚持计划经济为主的条件下，发挥市场调节的辅助作用，保证国民经济有计划的发展。所以，从财务体制来说，自负盈亏应该成为经济管理体制改革的终点。

当然，机械化、半机械化企业的生产力水平比手工劳动的企业是要高的。但从我们在第一节分析中可以看到：这种生产力的发展水平，还远远没有达到要求改变企业作为相对独立商品者的地步，因而并不能改变自负盈亏原则的普遍适用性。

在这里需要说明的是：这种意见和那种主张通过税利结合实现自负盈亏的意见是不同的。后一种意见还是肯定自负盈亏的，只不过实行自负盈亏的途径不是以税代利，而是税利结合。实现自负盈亏是采用前一种模式好，还是采用后一种模式好，或是依据不同条件分别实行这两种模式好，这是一个需要专门探讨的问题，本文不拟涉及了。

十、社会主义国家所有制工业企业相对的自负盈亏

　　长期以来，我国学术界几乎都否定社会主义国有企业是相对独立的商品生产者，从而否定它需要实行自负盈亏。但在党的十一届三中全会以后，随着经济管理体制改革工作的展开和学术界百家争鸣方针的贯彻，有一些同志认为国有企业是相对独立的商品生产者，必须实行自负盈亏。但也有一些同志仍然坚持原来的看法。最近，又有一些同志在这方面提出了一些新的看法。他们认为，应该依据企业生产力发展水平的不同情况，采取多种经营管理办法。他们把国有企业分成四类：第一类企业，生产力发展水平和资金有机构成高，在生产力要素中物的因素已起主要作用；第二类企业，生产力发展水平和资金有机构成中等，人和物的作用不相上下；第三类企业是半机械化企业；第四类企业是手工劳动的企业。在第三、四类企业中人的因素还起主要作用。他们认为，对这四类企业应该分别实行"统负盈亏"、"基数利润留成加增长利润留成"、"全额利润分成"和"自负盈亏"等四种经营管理办法。

　　这些意见是很值得重视的。它启发人们：当前对扩权企业要区别不同情况采取"基数利润留成加增长利润留成"和"全额利润分成"等等多种办法；对为数众多的以手工业劳动为主的小型企业可以提前实行自负盈亏。这是一方面。另一方面，就它否定国有企业需要普遍实行自负盈亏来说，又有值得商榷的地方。而这方面不仅涉及到社会主义商品生产这样的重要理论问题，而且关乎我国经济管理体制改革的实践。这里拟就后一方面的问题提出一些粗浅的意见。

（一）国家所有制工业企业实行相对的自负盈亏的原因

一定的经济管理体制是一定的生产关系的具体表现形式；一定的生产关系又是由一定的生产力决定的。为了说明对社会主义国有企业必须实行自负盈亏的经济管理体制（或盈亏责任制），也必须依照这种科学的方法去进行探索。

如前所述，社会主义国家所有制企业不是单纯的社会生产的基本单位，而是具有相对独立利益的商品生产者。[①]

这里所说的"相对独立利益"指的是在社会主义国家所有制经济中，各个国有企业是同一所有制内部的各个经济单位的关系，它们之间的根本利益是一致的，只有局部利益的差别。这一点，不仅同资本主义企业之间存在着利害冲突的关系是根本不同的，而且同以社会主义集体所有制为基础的集体企业根本利益一致的不同所有者之间的关系也有重大的区别。

从原则上说来，国有企业的这种经济地位，决定了国家对它们必须实行相对的自负盈亏。自负盈亏是商品经济通行的经营管理原则。社会主义国有企业是相对独立的商品生产者，因而应当实行相对的自负盈亏。就是说，企业盈利了，大部分纯收入要上交生产资料的所有者，即社会主义国家；企业留下的只是纯收入的一部分。即使在留下来的一部分中，大部分仍然是属于国家所有的生产发展基金和用于生产发展基金的那部分后备基金，真正归企业集体所有的只是用于职工的集体福利基金、工资奖励基金以及用于这部分基金的后备基金。企业亏了，一般说来，企业取得的集体福利基金和工资奖励基金就要受到影响，企业甚至要关、停、并、转，职工的生活会受到影响。但由于企业是整个社会主义国有经济的一个细胞，企业职工作为全体职工的一分子享有对全部国有企业的生产资料所有权，他们的就业和基本收入，还是有保证的。但是，实行这样相对的自负盈亏是与企业作为相对独立的商品生产者的经济要求

---

① 详见本著《社会主义国家所有制工业企业的基本特征》一篇。

相符合的。因为它可以使企业获得一定的生产发展基金，以促进它的发展，使得企业取得与自己劳动和经营成果相应的收入，为企业发展生产增加了内在动力。

综上所述，社会主义社会生产力的发展状况，决定了国有企业是相对独立的商品生产者；企业的这种经济地位又决定了对国有企业必须实行相对的自负盈亏的经济管理体制。

有的同志认为，在当前的半机械化、机械化和自动化的国有企业中，就具备了不实行自负盈亏的生产力条件，只要实行全额利润分成，基数利润留成和增长利润分成就行了，仍然可以实行统负盈亏。这是欠妥的。

第一，按照我们在前面所作的分析，自负盈亏的经营管理体制是同企业作为相对独立的商品生产者的经济地位相联系的。所以，从根本上说来，要取消自负盈亏的经营管理原则，就要社会生产力的发展达到要求改变企业作为相对独立的商品生产者的地位。为此，一是要改变企业作为社会生产的基本单位。将来究竟需要一种什么样的生产力才能达到这一点，暂且不论。但在一个可以预期的长时间内还看不出社会生产力的发展会导致企业丧失作为社会生产基本单位的功能。二是要使劳动不仅仅是谋生手段，而是普遍成为人们生活中的第一需要。这只有在生产力极大的发展了以后才有可能。显然，现阶段的生产力离这种水平还是相差很远的。还要指出，这里所说的要求改变企业作为相对独立的商品生产者经济地位的生产力，是指的社会生产力，而并不是指的那一部分企业的生产力。所以，只是根据部分企业生产力发展水平高一些，就否定自负盈亏，从而在实质上否定企业的相对独立的商品生产者的经济地位，这在方法论上就是不适当的。

第二，国家统负盈亏不符合企业作为相对独立的商品生产者这种经济地位的要求。这不仅为过去的经验证明了，在理论上也是如此。因为它不能满足居于这种经济地位的企业必然产生的拥有一定的生产发展基金的要求。而这一点首先是企业在现代生产条件下组织生产、发展生产的必要条件。因为"现代工业的技术基础是革命的"。[①]而现代技术的发展则要求有一定的积累。在这个意义上可以说，现代社会不逐年积累就不

---

① 马克思：《资本论》，《马克思恩格斯全集》第 23 卷，第 533 页。

能发展。这一点，无论对资本主义社会或者对社会主义社会，也无论对整个社会主义社会或者对作为相对独立商品生产者的企业，都是适用的。建立这种基金也是属于这种经济地位的企业本身的要求。这种企业的生产主要是为了社会全体劳动者生活需要，局部是为了本企业劳动者的生活需要。在社会主义商品生产条件下，竞争无疑是起作用的。这种内在动力（生产目的）和外在压力（竞争）推动企业改进生产技术，发展生产，因而也要求有一定的生产发展基金。但实践已经证明：单靠国家采取拨款的方式，并不能满足企业的这种要求。居于这种经济地位的企业不仅要求取得与它的劳动成果相应的收入（由国家作了各项扣除之后），而且要求取得与它经营成果相应的收入（也由国家作了必要的扣除之后）。但实行统负盈亏，仅仅给予企业基金，那充其量也只能使得企业取得与劳动成果相应的收入，而根本不可能使企业取得与经营成果相应的收入，因为这种管理原则根本不允许企业在国家指导下进行相对独立的经营。

第三，当前实行"基数利润留成和增长利润分成"和"全额利润分成"的企业，只是在一定程度上适应了企业作为相对独立的商品生产者的经济要求。因而作为经济管理体制改革的发展趋势来说，它们也必将过渡到自负盈亏。

也有同志提出：关系国家经济命脉的骨干企业要执行国家的指令性计划，不能实行自负盈亏。这种把执行指令性计划和相对的自负盈亏制绝对对立起来的看法，在理论上，根据是不足的。实际上，实行指令性计划国有企业和执行指导性计划国有企业的区别，不在于能否实行相对的自负盈亏，而在于自负盈亏的相对程度是不同的，前者低一些，后者高一些。

这种看法在事实上也是不能成立的。①1981年上半年以来，许多国有企业都实行了利润包干制和亏损包干制，而这些企业也都程度不同地执行了国家的指令性计划。当然，这种利润包干或亏损包干同将来体制改革完成后的盈亏负责制还有区别。但它已经开始表明：指令性计划和盈亏负责制是相容的。②在当前农业生产还不能充分满足人民需要、而又不能通过价格机制调节农业生产的条件下，国家尤其必须对粮食等重要农产品生产实行指令性计划。按照上述观点，进行这种农产品生产的集体所有制农业企业也不能实行自负盈亏。这显然是不妥的。

（二）国家所有制工业企业实行相对的自负盈亏的作用

我们在前面就国有企业必须实行自负盈亏的原因同持异议的同志展开了讨论。现在再就实行自负盈亏的作用同他们进行商榷。

第一，有的同志担心：企业实行自负盈亏是否会减少国家的收入。因为在他们看来，自负盈亏的企业进行竞争的结果，有的企业盈利，有的企业亏损，那么，国家从前者多得的部分能否弥补从后者少得的部分？

这种担心事实上是从下述假定出发的：企业实行自负盈亏以后，盈利水平是不增长的；国家从盈利企业得到的收入等于甚至小于由亏损企业减少的收入。

但是，这些假定在理论上是不能成立的。如前所述，自负盈亏的经营管理体制是适合企业作为相对独立的商品生产者经济地位的要求，它可以使得企业获得与经营成果相应的收入。这样，就增加了企业发展生产的内部动力。同时，企业实行自负盈亏，又为企业之间的竞争创造了良好的机制，从而增加了企业发展生产的外部压力。企业实行自负盈亏，还可以使得企业获得一定的生产发展基金和其他有利于企业组织生产、发展生产的微观条件。实行自负盈亏的企业是在国家计划指导下进行经济活动的，有着资本主义企业所不可能有的发展生产的良好的宏观条件。这样，在正常情况下，多数自负盈亏企业的盈利是可以增长的，不增的甚至亏损的总是少数。这样增长的盈利又是可以在兼顾国家和企业两方面利益，并且首先保证国家多得，其次才是企业多留的原则下进行分配的。所以，一般说来，在国家指导下的自负盈亏，可以在增产增收的基础上，实现国家得大头，企业得小头，劳动者个人得零头。对这一点持怀疑态度是没有根据的。

事实也已经证明了这一点。近年来，我国已经进行了自负盈亏的试点。尽管由于宏观方面的经济条件还不完全具备，这种自负盈亏还只是初步实现的。但实践已经证明：它不仅大大优越于统负盈亏，而且也优越于"基数利润留成加增长利润留成"和"全额利润分成"。四川省 5 个实行自负盈亏的企业，与 1979 年相比，1980 年生产总值增长 41.2%，利润增长 81.7%，上缴国家的税收增长 47.6%。① 既高于实行企业基金的企业，也高于实行利润留成的企业。有的同志认为，试点企业是盈利企业，不是微利或亏损企业；因而还不足以说明问题。但问题在于：这是一种符合经济本质（即企业作为相对独立的商品生产者的经济地位）的现象，是规律性的现象、稳固的现象、持久的现象。因而，在少数的盈利企业中实行自负盈亏可以表现出优越性；在多数企业中，在微利或亏损企业中，实行自负盈亏也可以表现出优越性。实际上，1981 年上半年以来，各地对亏损企业实行的亏损包干的经验已经开始证明了这一点。

上述的那种担心还反映了这样一种看法：似乎只有国家集中的纯收入才是属于国有的，而自负盈亏企业在完成对国家的上缴任务以后自留的纯收入都是属于企业集体所有的。这是一种相当流行的看法，又具有重要的理论、实践意义。

我们认为，在企业自留的纯收入中，除了用于企业的奖励基金（包括用于这部分基金的那部分后备基金）是属于企业集体所有以外，用于发展生产的、在企业自留的纯收入中占了相当大的部分（或大部分、从发展趋势上看更是如此）的生产发展基金（包括用于这部分基金的那部分后备基金），仍像原来的生产基金一样，属于社会主义国家所有的，是由作为相对独立商品生产者的企业使用的。②

但也需要指出：尽管国家集中的纯收入和企业自留的生产发展基金在经济性质上是相同的，但前者用于国家宏观方面的需要，后者用于企业微观方面的需要，这是有区别的。因而必须依照兼顾国家和企业两方面需要，并且首先保证国家的需要，其次才是照顾企业的需要的原则进行妥善的安排；需要十分注意采取经济的、行政的、立法的和思想教育的等等手段，来保证这个原则的实现。否则，对国家的全局利益是不利的。

第二，有的同志还担心：企业实行自负盈亏，能否保证国民经济有计划按比例地发展？

如前所述，自负盈亏这种经济管理体制，是由企业作为相对独立的商品生产者的经济地位决定的，因而是它的表现形式。所以，从问题的

---

① 《社会科学研究》1981 年第 3 期，第 19 页。
② 详见本著《社会主义国家所有制工业企业的利润留成》一篇。

本质说来，这种担心可以归结为：作为相对独立的商品生产者企业的经济活动，特别是它们之间的竞争是否必然导致社会生产的无政府状态。国有企业的局部利益和社会的整体利益在根本上是一致的，但也有矛盾。而且，企业往往易于忽视整体利益，重视局部利益。因而，自负盈亏企业开展竞争也会产生某些盲目性，并且事实上已经产生了某些盲目性。否认这一点并不妥当，而且对实际工作也是不利的，它妨碍人们去加强国家的计划管理，去克服这种盲目性。但是，这种竞争并不必然造成社会生产的无政府状态。从根本上说来，这是由生产资料的社会主义的生产目的决定的，是由计划经济为主、市场调节为辅这一根本原则来保证的。

第三，有的同志认为，在生产力发展水平较高，特别是自动化的企业中，物的因素起着主要作用，人的因素并不重要，因而不需要采取自负盈亏的方式来调动劳动者积极性。他们甚至认为：实行自负盈亏会造成"苦乐不均"，违反按劳分配，影响企业积极性，特别是盈利少和亏损企业的积极性。

这里涉及到一系列理论问题需要弄清楚，我们先来讨论在生产力发展较高的企业，如在自动化企业中，提高劳动者的积极性是否是不重要的？应该肯定，在自动化企业中，现代技术装备在提高劳动生产率方面的作用比手工劳动企业中手工工具的作用无可比拟地提高了。但这绝不是说，在前一类企业中，提高劳动者的积极性是不重要的。因为一般和整个地说来，生产工具是由劳动者创造和使用的，所以，劳动者在生产中的能动作用在任何条件下都是不能忽视的。特殊地说来，在自动化企业中，尤其不能忽视科学技术人员、工程技术人员和生产经营管理人员的作用。按照马克思的说法："劳动资料取得机器这种物质存在方式，要求以自然力来代替人力，以自觉应用自然科学来代替从经验中得出的成规。"① 这样，在机械化、自动化生产条件下，科学技术人员和工程技术人员的劳动，就成为生产上必要的、越来越重要的因素，他们本身也成为越来越重要的生产劳动者。在以现代技术作为物质基础的商品生产条件下，生产经营管理人员在生产中的作用也无可比拟地提高了。马克思说得好："生产过程越是按社会的规模进行，越是失去纯粹个人的性质，作

---

① 马克思：《资本论》，《马克思恩格斯全集》第23卷，第423页。

为对过程的控制和观念总结的簿记就越是必要；因此，簿记对资本主义生产，比对手工业和农民的分散生产更为必要，对公有生产，比对资本主义生产更为必要。"①马克思这段话不仅说明了簿记对社会主义公有制比对资本主义私有制更为重要，而且说明了生产越是社会化，簿记就越是重要。马克思这里说的是簿记，是企业经营管理的一个方面，但对企业整个的经营管理也都是适用的。所以，在机械化、自动化生产的条件下，生产经营管理人员也是越来越重要的生产劳动者。所以，在自动化企业中，提高企业劳动者的积极性仍然是重要的，在某些方面（如提高经营管理人员的积极性）还有更为特殊的重要意义。

那么，如何调动生产力发展水平较高的企业的劳动者积极性呢？一个极为重要的方面，就是采取适合社会生产力性质的生产关系和适合生产关系本质要求的经济管理体制。如前所述，这种生产关系就是社会主义国家所有制，就是企业成为相对独立的商品生产者。这种经济管理体制就是相对的自负盈亏。所以，对生产力较高（包括自动化）的国有企业，也须实行相对的自负盈亏。

实行自负盈亏是否会造成"苦乐不均"呢？苦乐不均是一种通俗的说法，按照它的科学的含义来说，苦是指的企业得到的收入（确切地说，是指的用于企业集体福利和职工奖励的那部分收入）小于它的劳动和经营的成果（由国家作了各项扣除之后）；乐是指的企业得到的收入大于它的劳动和经营的成果，这通常是由于把某些客观条件（如资源丰富，交通便利，占用固定资产较多，等等）形成的一部分额外收入也由企业占有了。在具备宏观经济条件的情况下，正确地实行自负盈亏，正是为了要使企业取得与它的劳动、经营成果相应的收入，正是要克服当前存在的"苦乐不均"现象，怎么实行自负盈亏反而会造成"苦乐不均"呢？

至于认为实行自负盈亏会违反按劳分配，那是由于承袭了按劳分配的传统观念，忽略了按劳分配规律在社会主义国家所有制经济中作用的特点。按照这种传统观念，社会主义全民所有制企业职工的收入只能同劳动成果相联系，而不能同经营成果相联系。但在实际上，社会主义国家所有制企业还是相对独立的商品生产者，这就决定了企业职工的收入

---

① 马克思：《资本论》，《马克思恩格斯全集》第 24 卷，第 152 页。

不只是同劳动成果相联系（尽管这是主要的），而且同经营成果相联系（尽管这是部分的）。如果把这一点放在我们的视线内，那么，实行自负盈亏，不仅不违反按劳分配，而且正是同按劳分配规律在社会主义国家所有制经济中的这个作用特点相一致的。

认识这个特点，对于调动企业劳动者积极性具有十分重要的意义。长期以来，由于不承认这个特点，企业没能取得与自己劳动成果相适应的收入，尤其没有取得与经营成果相适应的收入。这就严重地挫伤了企业劳动者集体的积极性。过去这方面的教训已经够多的了！

那么，实行自负盈亏是否会挫伤那些盈利少和亏损企业的积极性呢？这是一种过多的忧虑。如前所述，由于社会主义生产力发展的限制，使得企业（包括所有国有企业）劳动者集体不仅把劳动，而且把经营也当作谋生的手段，企业不仅要求取得与劳动成果相应的收入，而且要求取得与经营成果相适应的收入。实行自负盈亏正是适应了这个要求，那怎么只是会调动盈利多的企业的积极性，挫伤盈利少和亏损企业的积极性呢？按照这种逻辑，按劳分配也只能调动劳动数量多、质量好的劳动者的积极性，而会挫伤劳动数量少、质量差的劳动者的积极性；只有实行平均主义才能调动后一部分劳动者的积极性。这不是荒唐可笑吗？在这里，温习一下恩格斯的下述论断，是颇有启发的。恩格斯说过："每一种社会的分配和物质生存条件的联系，如此深刻地存在于事物的本性之中，以致它经常反映在人民的本能上。当一种生产方式处在自身发展的上升阶段的时候，甚至在和这种生产方式相适应的分配方式里吃了亏的那些人也会热烈欢迎这种生产方式。大工业兴起时期的英国工人就是如此。"[1] 恩格斯在这里深刻地揭示了一条历史唯物主义的原理：作为生产关系组成部分的分配关系，是否会受到人民群众的拥护，关键在于它是否适合生产力发展的要求。即使像资本主义的分配关系，在资本主义的上升时代，也会受到遭其剥削的工人的热烈欢迎。如前所述，社会主义国有制以及企业作为相对独立的商品生产者的经济地位是与社会生产力的发展相适应的，相对的自负盈亏的经济管理体制又是与这种生产关系相适应的；实行自负盈亏，盈利多、职工收入多的企业与盈利少或有亏损、职

---

① 恩格斯：《反杜林论》，《马克思恩格斯选集》第 3 卷，第 188 页。

工收入少的企业之间，并不存在剥削与被剥削的关系，仅仅由于劳动和经营的成果不同，那么，实行自负盈亏为什么不能受到盈利少或亏损企业的拥护而会挫伤他们的积极性呢？

　　总之，在国家指导下实行相对的自负盈亏，有利于调动企业劳动者集体的积极性，促进生产的发展；在增产增收的基础上，可以实现国家多收、企业多留、劳动者个人多得；它不仅不会妨碍国民经济有计划地发展，而且会促进国家计划的实现。但同时也需着重指出：这也仅是一个可能性，要把这种可能变成现实性，一个重要条件就是要求国家通过计划、经济、立法、行政和思想教育等手段，加强国民经济的计划管理，加强对宏观经济的指导、控制和监督。

十一、工业的经济效益[①]

（一）讨论经济效益问题的重要性

1958 年"大跃进"以后，经济工作指导思想方面累犯"左"的错误，其突出表现就是片面强调速度问题的重要性，把它看作是社会主义建设中压倒一切的、最重要的问题，忽视经济效益，甚至根本不计经济效益。这种"左"的指导思想曾经几度给我国社会主义建设事业造成了严重的损失！

1978 年底召开的党的十一届三中全会重新确立了马克思列宁主义、毛泽东思想的正确路线。1981 年 6 月中共中央发表了《关于建国以来若干历史问题的决议》，进一步表明党在领导思想方面已经完成了拨乱反正的任务。1981 年底召开的五届人大四次会议提出：经济效益问题是社会主义经济中的"一个核心问题"。提高经济效益，是考虑一切经济问题的"根本出发点"。"速度比较实在、经济效益比较好、人民可以得到更多实惠"是今后我国发展经济的新路子。[②] 这些表明：我国经济发展战略已经有了根本的转变。

但在实际经济工作中，片面追求产值、忽视经济效益的情况，仍然

---

① 本篇虽然一般地论述提高经济效益问题，但重点是讲提高工业的经济效益，故名提高工业的经济效益。
② 赵紫阳：《当前的经济形势和今后经济建设的方针》，人民出版社 1981 年版，第 14~16 页。

是不容忽视的。根据有关部门初步估算，1981年虽然工业总产值比上年增长了4.2％，但工业总产值中的水分大约占了0.9％。这里所说的水分包括以下三种情况：①没有按照国家规定计算产值的部分。如以现价当不变价，以半成品当成品，甚至废品也计算了产值，以及违反规定重复计算的产值。②产品没有达到规定的指标，由使用价值下降所引起的损失部分。③不符合或超过社会现实需要的那部分产品，主要是由于品种、规格不对路造成的积压产品和新增加的超过正常周转需要的库存产品。正如赵紫阳同志所指出的："当前有必要强调端正工业生产上的指导思想，就是说，要讲求经济效益，有一个扎扎实实的没有水分的速度。不仅工业生产上是这样，在基本建设、流通领域，以至整个经济工作中，都有个端正指导思想的问题。"①

因此，为了在实际经济工作中彻底清除过去的"左"的影响，为了认识经济发展战略根本转变的重要意义，为了把我国经济的发展真正转到新路子上来，为了争取国家财政经济情况的根本好转，为了推进社会主义现代化事业，提出经济效益问题来讨论，显然是十分必要的。

（二）经济效益的概念

抽象法是政治经济学这门科学用来剖析复杂经济现象的一种锐利武器。社会主义的经济效益是一个包含着丰富内容的概念，它概括了社会主义经济生活中很复杂的现象。这里试图运用抽象法分析这个概念，分下列三个步骤来进行。

第一，先从抽象的、共同的意义上分析起。这里所说的抽象的意义，包含两层意思：一是撇开了现代化生产这个因素；二是舍弃了社会主义生产关系这个因素，只是从某种共同意义上来论述经济效益这个概念。

从这个角度来考察，就物质生产部门来看，简单说来，所谓经济效益就是投入和产出的比较。所谓投入，依据评价经济效果标准的选择，可以是劳动的占用，也可以是劳动的消耗；可以是物化劳动的消耗，也

---

① 赵紫阳：《关于当前经济工作的几个问题》，《人民日报》1982年3月31日第1版。

可以是活劳动的消耗；等等。所谓产出，也是依据评价经济效果标准的选择，可以是使用价值形成的生产成果，也可以是价值形式的生产成果，等等。

所谓提高经济效益，就是在一定的条件下，用同样多的投入获得较大的、以至最大的产出，或者说以较小的、以至最小的投入获得同样多的产出。这里所说的产出，都是指的一定质量的产出。从这方面来说，所谓提高经济效益，概括地讲，就是节省劳动时间。

第二，上述的经济效益和提高经济效益的概念，并不能完全概括现代化生产中的某些新现象。

随着近代工业特别是现代工业生产的巨大发展，有种类越来越多的、数量越来越大的自然资源加入到人类社会的生产过程。诚然，自然资源从来都是人类社会生产的一个必要因素，是物质财富的一个重要来源。马克思说过："劳动并不是它所生产的使用价值即物质财富的唯一源泉。正像威廉·配第所说，劳动是财富之父，土地是财富之母。"[1]但在资本主义社会以前，自然资源作为生产社会物质财富的必要因素，主要还是局限在农业的生产过程中，除了土地这种自然资源以外，其他的自然资源种类不多，数量不大。随着近代工业特别是现代工业的发展，自然资源加入的生产过程，并不局限于农业，甚至主要还不是农业，而是广泛地参加了工业以及其他的生产过程，其品种之多、数量之大，是过去的时代所无法比拟的。从这方面来说，自然资源在人类社会生产中的作用是大大增长了。当然，在人类社会初期，社会生产力极为低下，人类的生存资料，差不多也就是依靠自然资源来提供。在这种条件下，自然资源在人类生活中也是极为重要的。但这种重要性，是社会生产力不发展的结果，人类对自然资源的需求，是极有限的。在当代社会生产中，自然资源的重要性，却是现代化生产发展的结果，它对自然资源的需求，是原始社会所望尘莫及的。这是根本不同的。

同时，随着现代化生产的巨大发展，许多自然资源的相对有限性（即相对于人类社会生产发展的需要来说是有限的）也日益明显地暴露出来。

---

① 马克思：《资本论》，《马克思恩格斯全集》第23卷，第57页。

这样，节约自然资源问题就以异常迫切、异常尖锐的形式摆在人类的面前，从而迫使人类在生产同量的产品时，不仅要考虑以尽量少的劳动占用和劳动消耗，而且要考虑以尽量少的自然资源的占用和耗费。

在现代化生产的条件下，节约自然资源的重要性，达到了这样的程度：为了节约某种自然资源，人类不得不耗费大量的劳动。

我国社会主义建设的经验，也充分证明了节约自然资源的重要性和迫切性。比如，就能源来说，在 1952~1978 年，我国原煤产量由 0.66 亿吨增长到 6.18 亿吨，石油产量由 44 万吨增长到 10405 万吨，分别增长了 8.4 倍和 235.5 倍。尽管如此，对我国来说，节约能源却从来没有这样迫切过。当然，当前迫切需要节约能源的原因，是很复杂的。一般说来，在过去一个长时期内，我们曾经忽视了采掘工业的发展，造成了当前采掘工业和加工工业的不协调状态。就石油工业来说，在 60 年代中期以后，忽视了石油的普查勘探工作，以致形成了当前石油开采和储备比例关系的失调。更重要的还是能源使用中的浪费很大。但是，有一点也是很清楚的：随着工业和整个国民经济的发展，对能源的需求，是比过去大大增长了。这样，节约能源的意义也显得更为突出了。

但是，这仅仅是近代特别是现代工业发展的一方面结果；另一方面，环境保护和生态平衡问题也尖锐起来了。

自然环境和生态平衡，是社会生产和人类生活的必要条件。但在资本主义社会以前漫长的历史发展中，农业是社会生产的主要部门，生产工具是手工工具，动力主要依靠人力和畜力。因而，一般说来，并不发生自然环境和生态平衡遭到破坏的问题。当然，在这个历史时期中，有些地方也发生过由于大规模毁林开垦而造成的自然环境和生态平衡的破坏。但从长期的历史发展来看，保护自然环境和维系生态平衡，并没有成为社会生活中的严重问题。

随着近代大工业的发展，这个问题也就产生了。蒸汽机的使用是 18 世纪发生的产业革命的重要标志。随着蒸汽机的使用，煤炭工业、金属冶炼、机器制造等等工业部门也就发展起来。于是环境污染问题也就发生了。但是，直到 20 世纪初，这个问题还是局限在部分地区，主要是工业发达的资本主义国家。到了 50 年代以后，随着石油工业、化学工业、汽车工业、金属冶炼工业等部门在世界范围内的巨大发展，环境污染和生态平衡破坏也就发展成为世界性的严重问题。这时，水体、大气、土壤污染加剧了；城市噪声突出了；陆地、海洋和高空都受到了污染；生态平衡遭到了严重破坏。

正是这种情况又迫使人们在生产过程中要考虑生产对自然环境和生态平衡的影响。

所以，我们如果把现代化生产纳入考察提高经济效益的范围，那么，一方面不仅要考虑以尽量少的劳动占用和耗费，而且要考虑以尽量少的自然资源占用和耗费，去获取同量的产出；另一方面，不仅是要考虑产出，而且要考虑对自然环境和生态平衡的影响。这里的比较，不仅有劳动占用、耗费和产出的比较，而且有自然资源占用、耗费和产出的比较；还要有产出与对自然环境、生态平衡影响的比较，有产出与控制环境污染所需投资的比较。

可见，在现代化生产的条件下，经济效益的概念向前发展了。这是很自然的。按照马克思主义的哲学观点，社会存在决定社会意识。社会生产向前发展了，经济学的概念也必须跟着发展。

第三，我们在前面考察经济效益的概念时，是舍弃了社会主义生产关系的因素。但任何社会的生产都有两个方面，生产力和生产关系。而经济效益这个概念所概括的是社会生产过程中的经济现象，它不仅要反映社会生产力的发展状况，而且要反映社会生产关系的性质。我们在前面作第一点分析时，抽象了具体的生产力和生产关系，实际上讲的是经济效益一般。在作第二点分析时，也只是引进了现代化生产这样的生产力因素。现在则必须把社会主义生产关系的因素，引进经济效益概念的考察范围。在作这种考察时，社会主义经济效益概念又要增加哪些内容呢？

为了说明这一点，需要指出社会主义生产关系的两个最本质的特点：①生产的目的主要是为了满足人民物质文化生活的需要。当然，在社会主义制度下，社会需要也是多方面的，有发展生产的需要，有提高人民生活的需要，有巩固无产阶级专政的需要。但发展生产是为了提高人民生活，巩固无产阶级专政归根结底也是为了巩固和发展社会主义的经济制度，为了保障人民的物质文化生活。②生产是有计划发展的。在社会主义制度下，就是要通过有计划的发展国民经济，来满足上述各方面的需要，特别是提高人民生活的需要。

社会主义生产关系的这种特点，决定了社会主义经济效益概念的内容，除了包括上述的第一、二两点以外，还有下列一些特殊的涵义。

首先，在私人资本主义企业中，作投入与产出的比较时，必须和只能从企业的范围着眼。在社会主义制度下，投入和产出的比较，不能只是局限于企业的范围，而必须同时从国民经济的范围着眼。当然，在这里，微观的经济效益和宏观的经济效益在根本上是一致的，后者是由前者构成的。但二者又是有矛盾的。比如，某种产品的生产，如果只是从微观角度考察，可能是投入少、产出多、经济效益好。但如果从宏观角度考察，可能是社会所不需要的，那产出在实际上等于零，经济效益差。在这方面，社会主义经济遵循的原则是：必须把微观的经济效益与宏观的经济效益结合起来，在二者发生矛盾时，要使前者服从于后者。

其次，在私人资本主义企业中，在作投入与产出的比较时，往往局限于当前的经济效益。在社会主义经济中，无论是考虑微观的经济效益，或是考虑宏观的经济效益，都必须把当前生产周期的经济效益与后续生产周期的经济效益紧密结合起来。

最后，资本主义企业经济效益好坏的最主要的标志，"是用最小限度的预付资本生产最大限度的剩余价值"。①社会主义经济效益好坏的标志，当然也要从企业范围内作投入与产出的比较，但更主要的还是从社会范围内，用同量的劳动和自然资源的占用、耗费，生产出较多的、以至最多的、能够满足人民物质文化生活需要的最终消费品。

我们在上面分三步分析了社会主义经济效益这一概念所包括的三方面内容。完整地认识这些内容，不仅在理论上是必要的，在实践上也是有益的。比如，如果忽视了第二方面，就可能造成自然资源以及环境污染和生态平衡的破坏，给社会生产和人民生活造成长期的严重的后果。再如，如果忽视了第三方面的内容，就可能生产出社会所不需要的产品，浪费社会的生产资源，降低经济效益。

---

① 马克思：《剩余价值理论》，《马克思恩格斯全集》第 26 卷 Ⅱ，第 625 页。

（三）提高经济效益的客观必然性

社会主义经济效益这一概念概括了社会主义经济生活中复杂的现象，反映了许多社会主义经济规律的要求。但从最重要的方面来说，反映了社会主义基本经济规律、国民经济有计划按比例发展规律和节约劳动时间规律的要求。

关于反映社会主义基本经济规律和国民经济有计划按比例发展规律的要求问题，前面的分析，已经涉及到了。这里就反映节约劳动时间规律要求问题，作些详细的分析。

提高经济效益比较全面地反映了节约劳动时间规律的要求。这里所说的"比较全面"，是相对于提高劳动生产率来说的。后者只是体现了活劳动耗费的节约，而前者既反映了包括活劳动耗费和物化劳动耗费在内的全部耗费的节约，又反映了劳动占用的节约。

这里有一个问题是需要进一步说明的，即为什么说节约劳动时间规律是最重要的社会主义经济规律？关于这一点，马克思这样写道："正像单个人的情况一样，社会发展、社会享用和社会活动的全面性，都取决于时间的节省。一切节约归根到底都是时间的节约。……因此，时间的节约，……在共同生产的基础上仍然是首要的经济规律。这甚至是更加高得多的程度上成为规律。"[1]

这里有三点是需要说明的：①从某种共同的意义上说，在人类社会发展的各个发展阶段都存在着节约劳动时间的趋向，[2]就像都存在着提高劳动生产率的趋向一样。但是，能够实现物化劳动和活劳动的全面节约、微观范围内和宏观范围内劳动时间节约的紧密结合以及当前生产周期和后续生产周期劳动时间节约的紧密结合的，却只是社会主义社会和共产主义社会特有的经济发展趋势。因此，马克思把节约劳动时间规律称作

---

[1] 马克思：《经济学手稿（1857~1858）》，《马克思恩格斯全集》第 46 卷上，第 120 页。

[2] 马克思说过："资本有一种节约的趋势，这种趋势教人类节约地花费自己的力量，用最少的资金来达到生产的目的。"（《剩余价值理论》，《马克思恩格斯全集》第 26 卷Ⅱ，第 625 页）当然，在前资本主义社会，节约的趋向远不如资本主义社会那样明显。但这种趋向也是存在的。

"共同生产的基础上"的经济规律。②按照列宁的说法，客观事物的本质是有不同的层次的；而规律和本质是同一层次的概念。①因而似乎可以说，规律也是具有不同的层次的。就居于同一层次的社会主义经济规律体系来说，节约劳动时间规律居于重要的地位。当然，从马克思列宁主义政治经济学的整个理论体系来说，一定社会的基本经济规律在各该社会的经济规律体系中，总是居于主导的地位。社会主义基本经济规律也是这样。但是，作为社会主义基本经济规律核心内容的社会主义生产目的的实现，是离不开劳动时间的节约的。显然，劳动时间越是得到充分的节约，人民物质文化生活水平越有可能得到迅速的提高。国民经济有计划按比例发展的规律、价值规律和按劳分配规律，在社会主义经济规律体系中也都居于重要的地位。但是，国民经济有计划按比例发展规律的一个重要作用，就是促使社会劳动的节约在宏观范围内的实现，并为微观范围内劳动时间的节约创造了条件。价值规律和按劳分配规律也都具有促使社会劳动得到节约的作用。可见，在社会主义经济规律体系中，有的规律的作用的实现，有赖于劳动时间的节约；有的规律又从不同方面、在不同程度上体现了节约劳动时间的要求。从这种意义上说，节约时间规律是社会主义社会和共产主义社会"首要的经济规律"。③就居于不同层次的社会主义经济规律体系来说，节约时间规律还居于更重要的地位。例如，在工业布局中，必须遵循客观存在的地区之间经济发展不平衡的规律。只有这样，才能使得各地区优越的经济、自然等方面的优势得到充分的发挥，使得社会劳动得到充分的节约。可以说，这个规律的作用，在相当大的程度上体现了节约劳动时间的要求。可见，相对于地区之间经济发展不平衡这一类较浅层次的经济规律来说，可以讲，居于较深层次的节约劳动时间规律又"是更加高得多的程度上"的经济规律。

　　既然提高社会主义经济效益反映了社会主义基本经济规律、国民经济有计划按比例发展规律和节约劳动时间规律的要求,②因而，它就是有

---

　　① 列宁说过："所以，规律和本质是表示人对现象、对世界等等的认识深化的同一类的（同一序列的）概念，或者说得更确切些，是同等程度的概念。"（《黑格尔〈逻辑学〉一书摘要》，《列宁全集》第 38 卷，第159页）

　　② 作者在有的文章中论述经济效益概念内容时，只谈到了前述的第一方面，未谈第二、三方面。因而，认为提高经济效益就只是反映了节约劳动时间规律的要求。现在看来，在社会主义条件下这样来分析经济效益概念的内容，是不全面的，是需要依照这里的分析来补充的。

客观必然性。但要把社会主义经济制度在提高经济效益方面的优越性充分地发挥出来，也还需要一系列的条件。就我国三十多年社会主义建设的经验来看，最重要的是党和国家宏观经济决策正确，经济结构协调，经济管理体制合理，企业经营管理水平高。在政治方面，要有安定团结的环境。

（四）提高经济效益的重大意义

提高经济效益，是一切社会发展的基础，也是社会主义社会发展的基础

这一点表现在下述三个方面：

第一，先就提高经济效益与发展社会生产力的关系来说。按照历史唯物主义的观点，一切社会的发展都依赖于社会生产力的发展。而提高经济效益的实质就是劳动时间的节约。在某种共同意义上说，劳动时间的节约就等于社会生产力的发展。马克思对这一点作过这样的说明："真正的经济——节约——是劳动时间的节约（生产费用的最低限度和降到最低限度）。而这种节约就等于发展生产力。"[①] 这就是说，发展社会生产力，可以降低生产费用，增加剩余产品的价值；通过节约在某种限度内也可以产生这样的结果。

第二，再就提高经济效益与增加社会财富的关系来看。马克思主义政治经济学认为，使用价值是一切社会的财富的物质内容，是人类社会生存的永恒条件。[②] 而从最重要的方面来说，社会财富的增长在于经济效益的提高。马克思说过："真正的财富就在于用尽量少的价值创造出尽量多的使用价值，换句话说，就是在尽量少的劳动时间里创造出尽量丰富的物质财富。"[③]

第三，就提高经济效益与增加剩余产品的关系看。如前所述，剩余产品的增长与经济效益的提高是直接相联系的。剩余产品的价值是积累

① 马克思：《经济学手稿（1857~1858）》，《马克思恩格斯全集》第46卷下，第225页。
② 马克思：《资本论》，《马克思恩格斯全集》第23卷，第48、56页。
③ 马克思：《剩余价值理论》，《马克思恩格斯全集》第26卷Ⅲ，第281页。

的泉源。积累是扩大再生产和发展科学、文化、教育事业的重要泉源。恩格斯说过："人类社会脱离动物野蛮阶段以后的一切发展，都是从家庭劳动创造出的产品除了维持自身生活的需要尚有剩余的时候开始的，都是从一部分劳动可以不再用于单纯消费资料的生产，而是用于生产资料的生产的时候开始的。劳动产品超出维持劳动的费用而形成的剩余，以及社会生产基金和后备基金从这种剩余中的形成和积累，过去和现在都是一切社会的、政治的和智力的继续发展的基础。"[①]

上述三方面的情况表明：提高经济效益是一切社会发展的基础，也是社会主义社会发展的基础。为了进一步证明这一点，我们还可以作以下三种比较。

首先，从原始公社到资本主义社会的各个社会经济形态发展的历史表明：相继后起的社会的经济、文化发展水平都超过了前续的社会，特别是资本主义社会的经济、文化发展水平更是大大超过了以往的各个时代。这一点，同后起社会的经济效益比较高，特别是同资本主义社会的经济效益高，是有直接联系的。

其次，如果把当代发达的资本主义各国的情况作一下对比，我们还可以看到两点：

（1）在第二次世界大战以后，日本的经济效益的提高速度比其他资本主义国家要高，因而经济增长率也比较高。表1可以说明这一点。

表1　经济增长率与劳动生产率增长速度的比较　　　　单位:%

国　别	国民生产总值增长率		劳动生产率的增长速度
	1964~1968 年	1969~1973 年	1960~1973 年
日　本	10.2	9.1	10.7
美　国	5.2	3.0	3.6
法　国	5.3	6.1	6.5
联邦德国	4.3	4.9	5.9
英　国	3.1	1.9	3.5

表1表明：在上述期间内，日本的劳动生产率的增长速度大大高于美国、法国、联邦德国和英国，因而经济增长率也大大高于其他的资本主

[①] 恩格斯：《反杜林论》，《马克思恩格斯选集》第 3 卷，第 233 页。

义国家。

（2）尽管在本世纪 70 年代，主要资本主义国家的经济效益和美国的差距进一步趋于缩小了，但直到目前，美国的经济效益仍然是最高的。据联邦德国经济研究所提供的统计资料，1980 年，美国工业每小时有效劳动的实际收益为 31 马克，联邦德国为 23 马克，日本和法国为 20 马克。因而，美国仍然是当代经济文化最发达的资本主义国家。

最后，尽管我国是一个社会主义国家，但由于各种原因，当前我国的经济效益还是比较低的。比如，平均每一钢铁职工每年生产的钢，1977 年中国为 10.5 吨，日本为 330 吨。当前我国每年耗能量与日本相等，而日本创造的收益比我国高三四倍。1979 年，日本工业企业固定资产净值与销售收入的比例为 1：3.7，我国工业企业为 1：1.4，日本比我国高 1.5倍以上；而销售收入与占用流动资金的比例，日本为 1：0.13，我国为1：0.33，我国比日本高 1.5 倍。可见，我国无论在劳动生产率方面，或者在能源消耗和资金利用方面，都比日本差得多。经济效益比较低，正是当前我国经济发展水平不及发达的资本主义国家的一个十分重要的原因。

上述三方面的对比表明：提高经济效益，对各个社会（包括社会主义社会）的发展，都有极为重要的作用。

提高经济效益，是我国社会主义建设中的一个核心问题

依据已往 30 多年社会主义建设的经验，在我国社会主义经济发展中经常遇到的重要问题有：社会主义生产目的问题，社会主义生产的经济效益问题，社会主义生产的发展速度问题，社会主义国民经济按比例发展的问题，等等。在这些问题中，经济效益问题是一个核心问题。但是，在过去经济工作指导方面的"左"倾错误的影响下，流行的观点却把生产发展速度问题看作是压倒一切的、最重要的问题。这表现在下列三个重要方面：

第一，只是片面强调生产发展速度的重要性，忽视生产的经济效益，甚至根本不计生产的经济效果。这种观点是片面的。

首先，这里需要明确：已往和现在通常讲的生产增长速度都是指的工业和农业等物质生产部门总产值的增长速度，并不是指的国民收入的增长速度，更不是指的剩余产品价值的增长速度。[①]在这种意义上来讲速度，那么，只是在经济效益提高的条件下，社会财富才有可能迅速地增长。如果经济效益降低了，那么社会财富就不能得到迅速增长，甚至会减少。可见，只有建筑在经济效益提高基础上的发展速度，才会是对社会生产有益的；否则，就是益处不大的，或是无益的，甚至是有害的。还需指出，现在计算工业的增长速度，就是计算工业总产值，舍弃了产品的结构、性能和质量等使用价值的指标。所以，依照这种办法计算的工业速度，最多只能反映出工业的产出量的增减，[②]不能反映上述的有关使用价值内容的变化。这样，在现行经济管理体制下，如果片面强调提高工业生产的发展速度，必然造成产品的品种减少、质量下降和货不对路。其结果是：工业速度提高了，品种减少了，质量下降了，货不对路的情况增长了。这样的速度，是图虚名，而招实祸。

为了说明把增长速度建筑在提高经济效益的基础上的重要意义，把我国的经济发展和当代经济发达的国家作一下对比，是很有必要的。在1953~1980年，我国国民生产总值增长了四倍多（已经扣除了物价上升的因素），每年平均增长速度为6.1%。这种增长速度同当代世界主要国家相比较，并不算慢。近30年来，国民生产总值的每年平均增长速度，日本为8.3%，联邦德国为5.3%，法国为4.7%，美国为3.5%，英国为2.6%。可见，我国国民生产总值的增长速度，仅次于日本，比其他的主要资本主义国家都要高。

1953~1980年，我国每年平均的总投资率为28.8%。远比大多数西方国家要高，也低于日本。日本自1960年以来，总投资率一直维持在30%以上。

但是，我国的投资效益比较低。1953~1980年，我国平均每100元投资增加的国民生产总值为23元，日本为35元，联邦德国为32元。我国的投资效率比日本和联邦德国要低三分之一。

---

① 请注意：本文都是在这个意义上讲的速度。
② 这里还需指出：即使对产出量变化的反映，也不是很准确的。因为当前计算工业总产值是以"工厂法"计算的，即是以企业为单位计算的。这样，一件产品由本厂加工是一个产值数，同外厂协作，由外厂加工，由于重复计算，产值增长了。但实际上社会财富的价值并没增加。反之，如果企业之间搞联合，由于减少了重复计算，产值下降。但实际上社会财富的价值也没有减少。

上述的对比情况表明：在过去一个长时间内，我们走的是一条高速度、高积累、低效益的路子。这样，虽然积累高、速度快，但实际增加的财富不多。这正是我国同经济先进国家还有很大差距的一个重要因素。这个差距集中地表现为按人口平均计算的国民生产总值，我国比经济发达国家还要低得多。1980 年，按人口平均计算的国民生产总值，美国为 10668 美元，日本为 8718 美元，联邦德国为 12167 美元，法国为 10647 美元，英国为 7130 美元，而我国只有 291 美元。美国比我国高 35.7 倍，日本高 29 倍，联邦德国高 40.8 倍，法国高 35.6 倍，英国高 24.1 倍。这种情况说明：只有在讲究经济效益的基础上提高生产发展速度，才能有效地增加社会财富。

其次，经济效益是制约生产发展速度的一个重要因素。下述简单的公式可以清楚地说明这一点。

积累率（亦即投资率，指总积累额即总投资额占国民生产总值的比率）乘以投资效率，等于经济增长率。换成西方的习惯说法，就是投资率除以追加资本系数，[1]等于经济增长率。

上述公式表明：在投资率已定的条件下，经济增长率是同投资效率成正比的。当然，这是简单的公式，它抽象了许多具体情况，因而把它运用于实际生活，还要注意许多条件。但它表明了提高经济效益对于增进发展速度的重要作用。

再次，只有在经济效益增长的基础上，提高发展速度，才有持久的速度，否则，就必然要出现大起大落的情况。这样，从长期看，速度不是提高了，而是下降了。建国以后 30 余年的社会主义建设的经验反复地证明了这一点。最突出的例子是：第一个五年计划期间，伴随着工业生产的增长，经济效益也提高了。这个时期每 100 元积累增加的国民收入为 35 元。因而工业得到了持续的增长，整个计划时期工业总产值年平均增长速度达到了 18%。与此相反，第二个五年计划期间，由于经济工作指导方面的"左"的错误，头三年（1958~1960 年）工业总产值年平均增长速度达到了 32.8%，但同时经济效益大大下降了。这个时期每100 元积累增加的国民收入下降到 1 元。因而后两年（1961~1962 年）为 -28.2%。

---

[1] 追加资本系数是指平均每单位新增加的产值与所需要的追加资本比率。

这样，整个计划时期的年平均增长速度只有 3.8%。

上述情况表明：在处理生产速度和经济效益的关系时，必须要把生产增长放在经济效益提高的基础上，而决不能忽视经济效益。

第二，片面强调发展速度的重要性，否定一定的发展速度要以一定的比例关系为前提；强调比例要服从于速度，而不是强调比例要服从于经济效益。

这种观点的片面性，首先就在于它否定了速度对于比例的依存关系。当然，生产的发展速度也是改变比例关系的条件。但这并不能否定比例对于速度的制约作用。

这种观点的片面性，还在于它否定了经济效益对于比例关系的制约作用。当然，适当的比例关系是取得宏观经济效益的一个必要条件。但是，比例关系有失调的比例关系和协调的比例关系的区别；在协调的比例关系中也有最佳的比例关系和次佳的比例关系的区别。很显然，我们抛弃失调的比例关系和次佳的比例关系，选择协调的比例关系和最佳的比例关系，只能是以提高经济效益为出发点的。

第三，片面强调发展速度的重要性，有时把速度本身当作经济发展的目标；有时虽然也提出社会主义生产的目的是为了提高人民的生活，但又把盲目追求高速度作为达到这个目标的手段。

这种看法的错误，不仅在于它否定了社会主义的生产目的主要是为了提高人民的物质文化生活，也不仅在于它没有看到盲目追求高速度，达不到发展社会生产、提高人民生活的目的，甚至造成相反的后果，而且在于它否定了提高经济效益，也是增加剩余产品的价值、提高人民生活的极重要途径。

我们在上面批判上述错误观点的同时，也说明了实现社会主义生产目的对于提高经济效益的依赖性，说明了经济效益对于速度和比例的制约作用，从而说明了提高经济效益是社会主义建设中的一个核心问题。

现在需要进一步指出：党的十二大提出的我国 20 年经济发展战略的目标、重点和步骤，涉及到经济的效益、速度、比例和社会主义生产目的等一系列重要问题，其中提高经济效益是核心问题。这一点，正确地反映了我国 30 年社会主义建设的经验，并符合社会主义经济发展的客观要求。

第一，就经济增长速度与提高经济效益的关系看，我国 20 年工农业总产值的增长是以提高经济效益为前提的。

这首先就是要求要有扎扎实实的，不带水分的速度。1953~1980 年，我国工农业总产值每年平均增长速度达到了 8.2%。这种较高的经济增长速度，从一个重要方面体现了社会主义制度的优越性。但在过去的长时期内，由于受到"左"的指导思想的影响，违反量力而行的原则，盲目追求产值的高速度，许多年份都带有较大的水分。按照 20 年工农业总产值翻两番、即增长三倍的要求，平均每年增长速度为 7.2%。这个速度虽然比过去低一点，但它体现了量力而行的原则，是可以做到实实在在的。这样说，是考虑到下列因素的作用：经济工作的指导思想已经清除了"左"的错误，回到了马列主义、毛泽东思想的科学轨道上来；经济结构将继续进行调整；经济管理体制将完成改革；科学技术将得到发展；经济、计划管理和企业的经营管理水平、生产技术水平和劳动者的思想、文化素质将得到提高。

20 年各个发展阶段上的经济增长速度也都是可以做到扎扎实实的。据预测，前 10 年工农业总产值可以达到 5%~6%，后 10 年可以提高到 8% 以上；前 10 年中的头 5 年为 4%~5%，后 5 年提高到 5%~6%。就是说，前 10 年的经济增长速度比后 10 年要低；前 10 年中的头 5 年比后 5 年又要低。前 10 年之所以比后 10 年要低，是考虑到经济调整、企业整顿和经济改革的完成，能源、交通落后状况的改变，重大科学技术的攻关和企业的技术改造，人才的成长和技术水平、经营管理水平的提高，均需经历较长的时间。这些制约经济增长的因素，在"六五"期间表现得尤为突出，因而这个期间的经济增长速度比"七五"时期还要低。后 10 年之所以可能比前 10 年要高，是基于那时已经实现了经济结构和经济体制的合理化，企业经营管理已经走上了正轨，社会主义精神文明建设将取得巨大成就。社会主义制度的优越性将得到比较充分的发挥；农业的科学技术和现代技术装备将获得较大的提高，工业的技术改造也将大规模地、普遍地开展起来；能源、原材料和机械等工业部门的产量将有较大的增长；伴随着科学技术的巨大进步及其在生产中的广泛运用，能耗、物耗将大大降低，产品质量和加工深度将显著提高；许多附加价值大的新兴工业部门，如电子工业、核能工业、石油化学工业、精细化学工业、新型材料工业和生物技术工业等将获得更为迅速的发展。

由过去不少年份水分较大的速度改变为今后扎实的速度，表明经济的增长是以提高经济效益为前提的。因为所谓"水分"除了由于没有按照规定计算产值而虚报的部分以外，主要是产品没有达到质量标准而造成的损失部分，以及不符合或超过社会现实需要的那部分产品，即主要是由于货不对路而造成的积压产品和超过正常周转需要的库存产品。这表明为此而耗费的一部分社会劳动是无效益的。与此不同，扎实的速度除了表明全部产值都是实际存在的以外，主要是指产品符合规定的质量标准，品种、数量都符合社会现实的需要，因而表明了为此而耗费的社会劳动都是有效益的。

但我国20年经济增长速度以提高经济效益为前提，并不只限于速度是扎实的，更重要的还在于要求显著改变过去那种国民收入增长幅度大大落后于工农业总产值的状况。1980年同1952年相比，工农业总产值增长8.1倍。由于种种原因，国民收入只增长4.2倍，经济效益很差。而今后20年的经济增长，则要求国民收入的增长速度尽量缩小同工农业总产值增长速度的差距，以至于要接近、等于工农业总产值的增长速度。按照马克思主义政治经济学的观点，国民收入的增长，取决于下列三个因素：①物质生产过程中使用的劳动量的增长。②劳动生产率的提高。③生产资料的节约。我国劳动力资源极为丰富，劳动力使用中的浪费也很大，因而第一个因素对我国今后国民收入的增长具有某种特殊重要的作用。但从长时期看，国民收入的增长主要还是依靠第二、第三两个因素，也就是依靠物质生产过程中的活劳动和物化劳动的节约。从这个主要意义上说，20年经济发展过程中国民收入的较快增长，是经济效益提高的一个突出表现。

第二，就速度与比例以及比例与效益的关系看，我国20年工农业总产值的增长要求遵守一定的比例关系，这同时也是服从于提高经济效益的要求。

在过去的长时期内，由于盲目追求产值的高速度，主要是重工业产值的高速度，忽视一定的经济增长速度要以一定的经济比例关系为前提，几次导致了国民经济比例关系的严重失调，使得经济发展时而大上，时而大下，损失了大量的社会劳动。今后20年的经济增长则要求遵守一定的比例关系。就战略部署看，前 10 年中的头 5 年经济增长速度之所以要比后 5 年低，就是为了在提高经济效益的基础上，实现稳定的国家财政收支平衡，争取国家财政经济状况的根本好转；而前 10 年之所以要比后 10 年低，一个重要原因就是为了继续完成调整国民经济、实现国民经济的均衡发展。如果前 10 年，特别是头 5 年盲目追求高速度，不顾国家财政收支已经基本平衡，但还没实现稳定平衡，经济调整已经取得巨大胜利，但还远没有完成的情况，那么，已经大大缓解的经济中的潜在危险又会进一步发展，已经显著改善的比例失调状况又会进一步加剧，其结果继大上而来的必然是大下。就战略重点看，20 年内之所以一定要牢牢抓住农业、能源和交通、科学和教育这几个根本环节，把它们作为经济发展的战略重点，不仅因为它们是决定国民经济发展的基础性部门，而且因为它们在一个长时期内都是国民经济中突出的薄弱环节。只有加强了这些薄弱环节，才有可能实现国民经济的综合平衡。这一点，正是经济稳定的持续的增长，取得良好的微观、宏观经济效益的根本条件。

第三，就人民生活与速度、效益的关系看，今后 20 年要求在提高经济效益的前提下，实现工农业总产值翻两番；在这个基础上，城乡人民的收入也将成倍增长。

1952~1980 年，全国人民平均消费水平提高了一倍。我国原来底子薄；人口多，人口增长快；又长期面临着帝国主义和其他国外敌对势力的侵略威胁，不得不把大量的资金耗费在国防上。在这些条件下，人民生活得到这样大的改善，是很不容易的，是一个了不起的成就，体现了社会主义制度的优越性，但是，由于过去的长时间，盲目追求产值的高速度，严重忽视经济效益，致使人民生活提高不快。在上述期间内，人民生活提高幅度比工农业总产值增长幅度相差七倍多，比国民收入增长幅度相差三倍多。当然，今后 20 年，人民生活的增长速度也低于（必须低于）工农业总产值和国民收入的增长速度，但前者同后者的差距是要大大缩小的。这个对比说明：把人民生活的提高建筑在效益提高条件下经济增长的基础上，是正确地反映了效益、速度对于人民生活的制约关系。如果像过去某些时期那样，只顾产值的增长，不问效益的降低，那不仅达不到提高人民生活的目的，甚至会适得其反。只有在经济效益提高条件下，实现产值增长的高速度，才会有人民生活的稳定、迅速的提高。

　　我们在上面强调了提高经济效益是社会主义建设中的核心问题。这样说，当然不否认生产发展速度问题的重要性。一般说来，速度问题是社会主义建设中的一个重要问题。特殊地说来，由于我国原来经济很落后，人口又多，并长期地受到帝国主义的侵略威胁，加速社会主义建设具有特别重要的意义。

　　这样说，也不是否定当前调整时期工业需要一定的发展速度。问题在于：①这次调整与前一次（即1963~1965年）调整不同，农业生产有了全面的、持续的、迅速的增长，农民对工业品的需求是大大增长了。在这种形势下，工业没有一定的发展速度，就不能满足农民的需要。②这次调整的另一个重要特点，就是每年新就业的职工很多，原来职工的工资和奖金增长幅度较大。比如，1979~1981年，3年中全国共安排待业青年2600万人，国家每年对农副产品销售的补贴增加到200多亿元，1981年全国职工工资总额比1978年增加246亿元，增长43%：职工平均工资从1978年的614元，增加到768元，增长25.1%。①这样，为了扩大就业和提高劳动生产率，为了满足职工对于工业消费品的日益增长的需要，也必须有工业的发展与之相适应。③工业提供的税收和利润是国家财政收入的最主要来源，为了完全消除国家的财政赤字，并保证财政收入有适当的、持续的增长，从根本上争取国家财政经济情况的好转，也需要工业有一定的增长速度。④当前的经济调整是为90年代的经济振兴打基础的。显然，要实现这个任务，也需要工业有一定增长速度。

　　但是，无论就当前来说，或者就长远来说，都要把提高速度建筑在经济效益增进的基础上，建筑在客观可能的基础上，都必须是扎扎实实的、不带水分的速度，必须是持久的、而不是一时的速度，必须是能给人民带来更多实惠的速度。

提高经济效益，是当前调整时期的一项迫切任务

　　1980年底，党中央和国务院提出了在经济上进一步实现调整的方针。这是因为当时经济中出现了潜在的危险，主要表现为连续两年（即1979年和1980年）出现大量财政赤字，货币发行过多，物价上涨。其直接原因，主要是由于这两年基本建设投资规模不仅没有得到压缩，而且有了

---

　　①《人民日报》1982年3月6日第1版。

进一步的增长。另外，这两年大幅度地提高了人民的消费水平，这基本上是做得对的，但步子也迈得快了一些。就其更深刻的原因来说，则由于长期存在的"左"倾错误，造成了国民经济比例关系严重失调，现行经济管理体制存在严重缺陷，企业管理水平很低，因而经济效益很差。

经过 1981 年的努力，我国在贯彻经济上进一步实现调整方针方面，取得了巨大的成就，稳定经济的目标已经基本实现。但是，经济中的潜在危险并没有完全消除。这表现在下面两个方面：

首先，1981 年基本实现稳定经济的目标，并不是在提高经济效益的基础上取得的，而是靠大大压缩国家的财政支出达到的。经济效益不仅没有显著提高，在某些重要方面还下降了。这表现在：① 社会主义全民所有制工业企业全员劳动生产率，1980 年为 12031 元，1981 年下降到11896 元，减少了 1.1%。②1981 年国家预算内的工业企业可比产品总成本，比上年增加了 15 亿元，上升了 1%。③部分产品质量下降，能耗上升。据冶金、煤炭等 10 个部门 1~11 月 62 项主要产品质量指标统计，比上年同期下降的有 26 项，占 42%，在 43 项主要产品能耗指标中，1~11月比去年同期回升的有 28 项，占 65%。这些情况表明：产生经济中潜在危险的更深刻根源，并没有消除。

其次，就经济中潜在危险的一些表现来看，1981 年的财政收支虽然基本上实现了平衡，但仍然有部分赤字，即 25.4 亿元。这是其一。1981年货币净投放量比上年减少了 28.4 亿元。但是，这年年底，市场货币流通量达到了 396.34 亿元，比上年增长了 14.5%；而同年工业总产值增长了 4.1%，社会商品零售总额增长了 9.8%。就是说，市场货币流通量的增长幅度大大超过了工农业总产值和社会商品零售总额的增长幅度。此其二。零售商品货源的增长也赶不上社会商品购买力的增长。1981 年末零售商品库存比上年末增长了 110 亿元；而年末的社会商品购买力增加了164.3 亿元。此其三。上述三方面的情况证明：从表现形式上看，经济中的潜在危险也是没有完全消除的。

如何完全消除经济中的潜在危险呢？再像 1981 年那样大幅度地压缩基本建设投资已经不可能了。因为，如果只是按照 1982 年国家计划安排的 380 亿元的基本建设投资来说，那已经见"锅底"了，不能再压缩了。何况在实际执行中，基本建设投资又突破了国家的计划。而且，即使能再大幅度地压缩基本建设投资，也并不是釜底抽薪的办法。

靠大幅度地提高工农业生产的发展速度，在当前调整时期也不可能。而且，如果不提高经济效益，只是提高发展速度，也不能从根本上解决问题。

所以，对当前完全消除经济中的潜在危险来说，提高经济效益是一个切实可行的最重要办法，因而是一个紧迫的任务。赵紫阳同志强调指出："把各项经济工作转到以提高经济效益为中心的轨道上来，是实现财政经济根本好转的关键。"①

提高经济效益，是实现 20 年经济发展战略的一个极重要因素

第一，就实现战略目标看，要实现工农业总产值翻两番和城乡人民收入的成倍增长，需要增加的积累基金和消费基金，将是十分庞大的数字。据预测，单是 20 余年的固定资产投资就需要 3 万亿元以上。这首先需要依靠在提高经济效益基础上使得国民收入较快地增长。因为经济效益的提高意味着社会劳动的节约，节约社会劳动正是国民收入增长的最重要因素；国民收入较快的增长，可能使得积累基金和消费基金同时较快地增长。但由于种种原因，20 年内增长的国民收入既不能充分满足追加的货币资金（就国民收入的一部分货币形态而言）的需要，也不能完全满足追加的生产资料（就国民收入的一部分实物形态而言）的需要。资金和某些重要生产资料不足，将是我国 20 年经济发展过程中的尖锐矛盾。这个矛盾在前 10 年特别是头 5 年表现得尤为突出。比如，在单位社会产品物耗量不变的条件下，工农业总产值增长 3 倍，钢材和水泥也要相应地增长。但据预测，钢材和水泥只能增长 1 倍。因此，还需要通过节约地使用资金和生产资料来实现经济发展的战略目标。

第二，要使得战略重点能够满足实现战略目标的需要，也有赖于经济效益的提高。能源是当前和今后一个时期制约我国经济发展的最重要因素，要使得能源能够满足战略目标的需要，一方面要适当集中资金，在提高经济效益的前提下加快能源的开发；另一方面要靠能源的节约使用，最近一个时期主要是靠节能。在单位产品能耗不变的条件下，适应工农业总产值翻两番的需要，能源也要翻两番。但据预测，能源大约只

能增长 1 倍。这样，要满足战略目标的需要，就要把单位产品的能耗降低一半，把能源弹性系数降为 0.5%。

第三，就实施战略步骤来说，也离不开经济效益的提高。我国 20 年经济发展的战略部署要分两步走：前 10 年主要是打好基础，积蓄力量，创造条件；后 10 年要进入一个新的经济振兴时期。"六五"时期是前 10 年打基础的关键时期。如前所述要实现"六五"计划的根本任务，即争取国家财政经济情况的根本好转，就必须要以提高经济效益为基础。这样说，并不意味着提高经济效益对"七五"、"八五"和"九五"计划是不重要的。恰恰相反，由于这三个五年计划时期的经济增长速度是越来越高的，因而提高经济效益也是它们得以实现的基础。显然，较高的经济增长速度是以剩余产品的较快增长，从而是以经济效益的逐步提高为基础的。

总之，提高经济效益对于实现 20 年经济战略目标、重点和步骤都具有十分重要的意义。战略目标、重点和步骤都是战略的组成部分。所以，集中起来说，提高经济效益是实现经济战略的最重要因素。

提高经济效益，也是实现社会主义最终胜利的一个最主要条件

这里所说的实现社会主义的最终胜利，包括以下两方面的含义：

首先，是要资本帝国主义制度的彻底消灭。这样，已经取得社会主义革命胜利的国家才能完全避免帝国主义的侵略威胁，才算是获得了最终胜利。斯大林在同党内机会主义者托洛茨基、季诺维也夫和加米涅夫等人作斗争时，详尽地发挥了列宁关于社会主义革命可能首先在一国取得胜利的思想，并把这个问题区分为两个方面：一方面，社会主义可能在一个国家内胜利，即无产阶级可能夺取政权，并可能建成完全的社会主义；另一方面，没有其他国家革命的胜利，社会主义就不可能在一个国家内获得完全的最后胜利。①斯大林的这个思想是完全正确的。

帝国主义制度的消灭，主要依靠资本主义国家内部的无产阶级革命。但是，已经取得无产阶级革命胜利的国家充分发挥社会主义经济制度的优越性，对于促进资本主义国家的无产阶级革命运动的发展，具有重要的作用。在这里，提高经济效益也是不容忽视的一个方面。列宁说过：

---

① 详见斯大林：《论列宁主义问题》，人民出版社 1973 年版，第 159~160 页。

"劳动生产率，归根结底是保证新社会制度胜利的最重要最主要的东西。资本主义造成了在农奴制度下所没有过的劳动生产率。资本主义可以被彻底战胜，而且一定会被彻底战胜，因为社会主义能够造成新的更高得多的劳动生产率。"①列宁这里虽然是针对一个国家内的社会主义革命说的，但对世界范围内社会主义制度战胜资本主义制度也是适用的。这样，依据列宁的这个思想，我们完全可以说：资本主义可以被彻底战胜，而且一定会被彻底战胜，因为社会主义能够造成新的、更高得多的经济效益。这里所谓"完全可以说"，就是劳动生产率的提高仅仅表明活劳动的节约，而经济效益的提高则不仅表明这一点，而且表明物化劳动的节约，表明劳动占用的节约，表明产品质量的提高，等等。

其次，就是彻底消灭阶级和阶级差别。按照列宁的说法，社会主义就是消灭阶级。②如果把列宁这里讲的消灭阶级，不只是理解为消灭对立的阶级，而且是包括消灭脑力劳动和体力劳动差别在内的阶级差别，那很显然，没有经济效益的巨大提高，没有劳动时间的巨大节约，社会的剩余产品不可能有巨大的增长，科学、文化、教育事业也不可能有大的发展，劳动者的劳动时间也不可能有显著的缩短。这样，也就不可能消灭脑力劳动和体力劳动的差别，不可能彻底消灭阶级差别。

总之，提高经济效益，不论对当前的经济调整，或者对长远的社会主义建设，也不论是对国内阶级和阶级差别的彻底消灭，或者对世界无产阶级社会主义革命的完全胜利，都具有十分重要的意义。

（五）提高经济效益的可能性及其巨大潜力

第一，社会主义经济制度首先为在微观经济范围内提高经济效益提供了十分巨大的客观可能性。

"资本主义生产始终不变的目的，是用最小限度的预付资本生产最大限度的剩余价值或剩余产品。"③因此，资本主义在企业范围内，提高经济

---

① 列宁：《伟大的胜利》，《列宁选集》第4卷，第16页。
② 列宁：《无产阶级专政时代的经济和政治》，《列宁选集》第4卷，第89页。
③ 马克思：《剩余价值理论》，《马克思恩格斯全集》第26卷Ⅱ，第625页。

效益能够达到很高的程度。但是，也正是由于这一点，雇佣劳动者对节约劳动（包括活劳动和物化劳动）的关心总是有限制的。与此相反，在社会主义经济制度下，劳动者是生产资料和生产过程中的主人，摆脱了被剥削、被压迫的地位，生产的目的是为了提高劳动者的生活。这样，劳动者对节约劳动（包括活劳动和物化劳动）的关心就是资本主义社会所无法比拟的。马克思曾经说过："在一切社会状态下，人们对生产生活资料所耗费的劳动时间必然是关心的，虽然在不同的发展阶段上关心的程度不同。"① 上述的理论分析表明：只有在社会主义制度下，劳动者对劳动时间的节约，才是最关心的。

第二，社会主义的经济制度还为在宏观经济范围内提高经济效益，为实现宏观经济效益和微观经济效益的结合，提供了客观的可能。

在资本主义经济中，私人企业之间存在着利害的冲突，社会生产是无政府状态的。这就从根本上决定了资本主义社会不可能在宏观经济范围内提高经济效益，也不能实现宏观经济效益与微观经济效益的结合。诚然，在第二次世界大战后，随着国家垄断资本主义的发展，随着资产阶级国家对经济生活干预程度的加深，它们也企图在某种程度上提高宏观经济效益，并实现宏观经济效益与微观经济效益的结合。但由于它们不能改变资本主义私有制，因而从根本上说来，它们的企图是不能得到实现的。

在社会主义经济中，尽管各个部门、各个地区、各个企业存在着局部利益的差别，但它们之间的根本利益是一致的，国民经济是有计划发展的，因而社会主义国家有可能在宏观范围内提高经济效益，并实现宏观经济效益与微观经济效益的结合。当然，在社会主义制度下，宏观经济效益和微观经济效益是有区别的，而且这两种效益又往往分别同国家的整体利益和企业的局部利益相联系，因而这种差别常常表现为国家利益和企业利益的矛盾。但这两种利益在根本上是一致的，因而可能把宏观经济效益与微观经济效益结合起来，在二者发生矛盾时，还可以使得提高微观经济效益服从于提高宏观经济效益。

第三，在社会主义经济制度下，还可能实现当前的经济效益与长远

---

① 马克思：《资本论》，《马克思恩格斯全集》第23卷，第88页。

的经济效益的结合。

在一切剥削阶级占统治地位的社会里，由于剥削阶级狭隘的阶级利益的限制，往往只顾当前的经济效益，忽视以至损害长远的经济效益。恩格斯说得好："直到现在所有的一切生产方式，都只在求得劳动的最近最直接的有用的效果，那些只是在以后才显示出来而且是由于逐渐的重复和积累才发生作用的进一步的结果，一直是完全被忽视的。"[1]

随着生产资料的社会主义公有制的建立，也就摆脱了生产资料私有制局限，同时经济是有计划发展的，因而就有可能把当前的经济效益和长远的经济效益紧密地结合起来，在二者发生矛盾时，并且可以把当前经济效益的提高服从于长远的经济效益的提高。

总之，无论是对提高微观经济效益，或者是对提高宏观经济效益，也无论是对提高当前经济效益，或者是对提高长远经济效益，社会主义经济制度都提供了十分巨大的客观可能性。

但是，由于过去在经济工作指导方面长期存在着"左"的错误，造成了国民经济比例关系的严重失调，经济管理体制存在着严重的弊病，经济企业经营管理水平很低；同时也由于累犯阶级斗争扩大化的"左"的错误，特别是由于林彪、江青两个反革命集团在"文化大革命"中进行了长达10年的破坏，因而客观上存在的提高经济效益的巨大可能性，还远远没有得到充分利用，以致当前的经济效益还很低。然而从当前提高经济效益的角度来说，经济效益低正好表明了提高经济效益的潜力是很大的。

当前经济效益低，表现在建设、生产和流通等方面。具体说来，有以下十点：

（1）积累效益降低。每百元生产性积累提供的国民收入，第一个五年计划时期平均为60元，第五个五年计划时期平均为34元，降低了43%。

（2）建设周期延长。全国大中型项目的建设周期（按施工项目与建成投产项目的比率计算），第一个五年计划时期平均为6年，第五个五年计划时期延长到12年，增长了1倍。

（3）劳动生产率提高速度缓慢了。每一工业劳动者创造的净产值，

---

① 恩格斯：《自然辩证法》，人民出版社1955年版，第147页。

1979、1980 两年平均每年只增长 3%，大大低于第一个五年计划时期每年增长 16.9%的速度。

（4）物质消耗提高了。每百元社会总产品的物质消耗，1979、1980 两年比第一个五年计划时期平均多消耗 27%。

（5）能源利用效益降低了。每吨能源生产的国民收入，1979、1980 两年比第一个五年计划时期平均降低了 53%。

（6）固定资产的利用效益降低了。社会主义全民所有制工业企业每百元固定资产原值提供的工业总产值，1979、1980 两年平均为 103 元，比 1957 年的 138 元降低了 26%。

（7）产品成本提高了。社会主义全民所有制企业每百元销售收入的成本，1979、1980 两年比第一个五年计划时期平均提高了 5.4%。

（8）资金利税率降低。社会主义全民所有制工业企业每百元资金提供的利润和税金，1979、1980 两年平均为 24.8 元，比 1957 年的 34.7 元减少了 28%。

（9）产品质量差。1980 年全国重点工业企业的产品质量指标中，还有 22 项没有达到历史最好水平。

（10）流动资金周转缓慢。1980 年末社会主义全民所有制企业占用流动资金周转一次需要 4 个多月，比第一个五年计划期间的 3 个月延长 1 个多月。其中社会主义全民所有制工业企业每百元产值占用的流动资金，1980 年为 30.1 元，比第一个五年计划时期平均的 28.4 元多占用了 6%。

应该说明：各个时期的经济结构、产品结构和技术结构不完全相同，在客观上存在着许多不可比的因素；而且，在当前经济调整过程中，某些方面经济效益的下降也是难以完全避免的。但当前的经济效益比历史上经济效益较好的第一个五年计划时期差距这样大，经济效益差，从而提高经济效益的潜力大，则是十分明显的。

且不说把当前的经济效益提高到历史上的较好水平，可以显著地增加社会财富，即使是在 1980 年的基础上稍有提高，那也是很可观的。如果在 1980 年社会主义全民所有制工业企业全员劳动生产率的基础上提高 1%，每个劳动力可以多创造 120 元。只此一项，全年就可增加 40 亿元。如果在 1980 年国家预算内工业企业可比产品总成本的基础上降低 1%，一年就可以增加利润 15 亿元。如果在 1980 年国家预算内工业企业每百元产值占用定额流动资金的基础上降低 1 元，全年就可以节省 31.8 亿元。

如果再把全国工业平均的经济效益和上海作一下比较，也可以清楚地看到提高经济效益的潜力是很大的。

（1）劳动生产率比较高。1980 年上海工业企业全员劳动生产率，按工业总产值计算为 29.606 元，比全国平均水平高出 1.5 倍。

（2）能源的利用率高。1980 年上海每万吨工业能源消费量生产的工业产值比全国平均水平高出 2.4 倍。

（3）固定资产利用效益高。1980 年上海每百元固定资产原值提供的工业产值为 293.9 元，比全国平均水平高出 1.5 倍。

（4）流动资金占用少。1980 年上海每百元工业产值占用定额流动资金为 17.3 元，比全国平均水平少占用 40.8%。上海流动资金周转时间为 62 天，比全国平均水平快 70%。

（5）资金利税率高。1980 年上海每百元资金（固定资产净值加定额流动资金）提供的利润和税收为 74.3 元，比全国平均水平高出将近两倍。

这里也要说明：上海的经济效益比全国好，是有客观原因的。比如，上海没有采掘工业，只有加工工业；而在我国，采掘工业不仅比加工工业占用的资金多，而且价格也比较低。据估计，如果上海也像全国其他地区一样搞采掘工业，那么，1980 年上海工业企业的资金利税率就要从 74.3 元降到 64 元。

但是，上海的工业经济效益比较高，也是有一系列的主观原因的。①不断地进行了工业结构和组织结构的调整。建国以后，上海先后进行了四次大的调整和改组，大大地提高了经济效益。1952 年上海市共有各类工厂 25878 个，全员劳动生产率为 6288 元，平均每个职工为国家创造的利润和税金为 1200 元。但经过四次大的调整和改组以后，到 1980 年底，全市的工厂合并、改组为 6770 个，比 1952 年减少了将近四分之三，而同一时期全员劳动生产率增长了 3.7 倍，平均每个职工为国家创造的利润和税金增长 6.5 倍。②不断地进行了产品结构的改革，扩大了高中档产品的比重。当前上海每件棉纱提供的纺织和印染的利润和税收为 1094 元，而全国平均只有 569 元。其原因就是上海的高中档产品的比重高。③不断地对原有企业进行了技术改造。建国以来，在上海新增加的工业产值中，由新建企业增加的产值只占四分之一，由对现有企业进行技术改造增加的产值占四分之三。④不断地改进和提高了企业的经营管理水平。1980 年上海在农产品和煤炭、木材等部分工业品提价的条件下，社会主义全民所有制工业企业每百元资金提供的利润和税收达 76.7 元，比 1976 年提高了 10.5 元；而同一时期，全国其他地区（扣除上海市）平均只是提高了 5.4 元。

可见，如果把全国工业的经济效益逐步提高到上海的水平，那么，社会财富也将有显著的增长。比如，天津地方国营工业的综合经济效益只为上海的 57%，如果达到上海资金利税率的水平，一年就可以为国家多贡献 22190 万元。

然而，当前提高经济效益的有利条件，不仅在于潜力大，而且在于为发挥这些潜力提供的一系列的有利情况。

首先，1978 年底召开的党的十一届三中全会，重新确立了马列主义、毛泽东思想的路线。次年 4 月召开的党的中央工作会议全面提出了"调整、改革、整顿、提高"的方针。1980 年 12 月召开的党的中央工作会议又提出了在经济上实行进一步调整、政治上实现进一步安定的重大决策。1981 年底召开的五届人大四次会议提出了发展国民经济的新路子。1982 年 9 月召开的党的十二大提出了我国 20 年经济发展的宏伟战略目标、战略重点、战略部署和一系列的经济政策。1982 年底召开的五届人大五次会议又通过了《国民经济和社会发展第六个五年计划（1981~1985）》。所有这些，都是从我国国情出发的，都是符合马列主义、毛泽东思想的。同时，党的十一届三中全会以来，开创和发展了安定团结的政治局面。建国以后 30 多年的社会主义建设经验证明：党的路线正确、政治局面安定是发展我国社会主义生产、提高经济效益的两项根本保证。

其次，经过几年对国民经济的调整，原来严重失调的农业、轻工业和重工业的比例关系，以及积累和消费的比例关系，已经基本上趋于协调。这是提高经济效益必需的宏观经济条件。当然，调整国民经济的任务并没有完成。但是，"我国国民经济的调整工作进入了一个新的更加深入的阶段。现在的调整工作，就是要在统筹安排人民生活和生产建设的前提下，进一步调整农业、工业内部的产业结构和产品结构，调整企业的组织结构，使国民经济在稳定发展中大大提高经济效益"。①

（六）提高经济效益的重要途径

为了说明提高经济效益的途径，首先有必要分析我国经济效益差的原因。

需要着重说明：我国经济效益差，并不是由于社会主义制度不优越，而是下述一系列的原因，使得这种优越性没有得到充分的发挥。

第一，由于过去经济工作指导方面长期存在着"左"的错误，盲目追求高速度，无论在建设方面，或是在生产方面都造成了巨大的浪费和损失。

1950~1979 年，国家基本建设投资总额达到 6500 亿元，其中一部分在建设过程中就浪费掉了，或者长期形成不了固定资产。在已经形成的固定资产 4500 亿元（即交付使用率只有 70%）中，有些建设项目由于仓促上马，准备工作做得很差，缺乏可行性研究，以致有的建设项目的水源、地质条件没有搞清，有的原料供应不落实，动力、交通条件不配套，投产后也形成不了综合生产能力，或者生产能力不能得到充分利用，经济效益很差。例如，1970~1979 年先后建成投产的 503 个大中型工业企业的 34 种主要产品，生产能力利用率在 70% 以下的就有 15 种，有些还只有 60%，甚至 50% 以下。这 503 个工业企业每百元总产值占用的定额流动资金为 35.8 元，比全国平均水平高 15%，流动资金周转期为 131 天，比全国平均水平长 10 天。三线建设的浪费和损失更大，经济效益更低。

由于长期地盲目追求高速度，在生产上也造成了严重的浪费和损失。"大跃进"和"文化大革命"以后，两次清产核资，由于产品质量差，不能用，每次都有上百亿的产品报废。1980 年底，全国钢材库存高达 1960 万吨，其中约有四五百万吨是超储的；机电设备库存高达 611 亿元，其中超储达 20 亿元。这些超储物资不得不大幅度削价处理。

第二，由于过去经济指导方面的失误，造成了产业结构的严重失调，

---

① 赵紫阳：《关于第六个五年计划的报告》，《人民日报》1982 年 12 月 14 日第 3 版。

这也大大降低了整个工业的经济效益。

首先，由于长期地片面发展重工业，忽视了轻工业的发展。在 1950~1979 年，由于重工业的基本建设投资比轻工业多了 9.2 倍，使得在社会主义全民所有制工业固定资产中，轻工业所占的比重由 23.7% 下降到 14.9%，重工业由 76.3% 上升到 85.1%，从而大大影响了资金的利用效益。比如，1979 年社会主义全民所有制工业每百元固定资产实现的工业总产值，轻工业比重工业高 2.7 倍；每百元固定资产实现的利润和税金，轻工业比重工业高 2.5 倍；每百元工业产值占用的流动资金，轻工业比重工业少二分之一。当然，轻工业经济效益高，是同当前价格不合理有关的。就是说，农产品价格低，工业品价格高；在工业品价格中，某些矿产品价格低，加工工业产品价格高。这样，轻工业产品中的一部分利润，实际上是由农产品或某些矿产品转过来的。但即使扣除了这些因素，轻工业在资金使用方面的经济效益仍然比重工业高得多。

其次，在重工业中，又片面发展加工工业，忽视采掘工业的发展，特别是燃料动力工业的发展。1957~1979 年，采掘工业（包括煤、石油、天然气等能源工业）产值只增长了 4.4 倍，原材料工业产值也只增长了 7.2 倍，而加工工业产值却增长了 11.3 倍。这就使得不少加工工业陷于"无米之炊"的境地，生产能力得不到充分发挥。据估计，1979 年由于燃料、动力和原材料供应不足，致使全国工业约有五分之一的生产能力闲着。

第三，由于现行的经济管理体制存在着严重的弊病，使得企业成为国家行政机关的附属物，束缚了作为社会生产基本单位的企业积极性。这就必然大大降低了微观的经济效益，其结果也就降低了宏观的经济效益。

在现行的经济管理体制下，必然造成"部门所有"和"地区所有"的分割，致使大量的社会资源和生产能力不能充分发挥作用，许多社会财富呆滞在流通过程中。比如，1979 年，全国有金属切削机床仅次于美国和苏联，居世界第三位，但利用率只有 52%；一机部系统有千吨以上的水压机，比欧洲共同体的拥有量还要多，利用率也只有 30%；全国共有进口的电子计算机 269 台，正常使用的只占三分之一。在现行的物资管理体制下行行设库、层层设库的情况是难以避免的。在现行的商业管理体制下，商品也不可能完全按经济区划流通。这些都会降低宏观的经济效益。

第四，由于经济指导工作方面"左"的错误，特别是由于林彪、江青两个反革命集团进行了长达 10 年的破坏，企业管理水平很低，一部分企业管理还很混乱，浪费现象严重。"企业遍地是黄金"这句话就是反映了一部分企业的这种状况。这也是企业经济效益低的一个十分重要的原因。

当然，我国经济效益不高，也有客观原因。①半殖民地半封建中国的经济文化十分落后；建国以后又长期面临着国外敌对势力的侵略威胁，因而需要集中力量，加速发展重工业，以便奠定工业化基础，并增强国防力量。②我国又长期处于帝国主义和霸权主义的封锁境地。这样，在吸取世界先进的技术和经营管理方法方面，也遇到了很大的限制。③我国原有人口就多，而增长又很快，逐年增长的社会财富，有相当大的一部分要用于新增加的人口的消费需要。这些都妨碍了我国经济效益的提高。

但是，除了这类客观原因以外，上述的经济工作指导思想、产业结构、经济管理体制和企业管理等方面的因素，曾经是我国经济效益低的极重要原因，其中产业结构、经济管理体制和企业管理等方面的因素，直到现在还是我国提高经济效益的障碍。

党的十一届三中全会总结了建国以后的社会主义建设的经验，纠正了长期存在的"左"的错误，使党的路线重新回到马列主义、毛泽东思想的轨道上来。在这以后，全面提出了"调整、改革、整顿、提高"的方针。1981 年五届人大四次会议又提出了发展国民经济的新路子，即"速度比较实在、经济效益比较好、人民可以得到更多实惠的新路子"。[1]提出"调整、改革、整顿、提高"的方针和发展国民经济的新路子，标志着我国经济发展战略的根本转变。这个战略转变包括一系列的、丰富的、深刻的内容，其中一个极为重要的方面，就是由过去的盲目追求高速度转变到把提高经济效益作为社会主义建设的根本出发点。

这里需要指出：近几年来在贯彻"调整、改革、整顿、提高"的方针方面，方向是对的，并取得了巨大的成绩。这正是近几年来经济效益比 1976 年有所提高的基本原因。但在实际工作方面，也是有缺点的。在调整方面，1979、1980 两年基本建设投资不仅没有大量压缩，而且还进一步增长了。这个问题在 1981 年解决了，但 1982 年基本建设投资又突破了

---

[1] 赵紫阳：《当前的经济形势和今后经济建设的方针》，人民出版社 1981 年版，第 14 页。

国家的计划，上得过猛。在压缩工业生产战线方面，在企业的关、停、并、转方面，成效仍不显著。在体制改革方面，由于微观改革不配套、宏观改革不配套以及微观改革与宏观改革之间不配套，也在一定程度上助长了生产上和建设上的盲目性的发展，企业偷税漏税、截留上缴利润和滥发奖金、补贴和福利费的现象也有所增长。在企业整顿方面的收效也不甚显著。这些正是近几年来经济效益还未显著提高的主要原因。当然，在这方面也有客观原因。比如，1981 年大幅度地压缩基本建设投资，是完全必要的。但在一定时期内，也给重工业的发展带来不利的影响。

上述的分析（包括对经济效益下降原因的分析，以及贯彻调整、改革、整顿、提高方针取得的成绩和缺点的分析）表明：提高经济效益的主要途径，就是进一步贯彻"调整、改革、整顿、提高"的方针，走发展国民经济的新路子。具体说来，①就是必须认真执行赵紫阳总理在五届人大四次会议上提出的十条方针：①依靠政策和科学，加快农业的发展。②把消费品工业的发展放到重要地位，进一步调整重工业的服务方向。③提高能源利用效率，加快能源工业和交通运输业的建设。④有重点有步骤地进行技术改造，充分发挥现有企业的作用。⑤分批进行企业的全面整顿和必要改组。⑥讲究生财、聚财、用财之道，增加和节省建设资金。⑦坚持对外开放政策，增强我国自力更生的能力。⑧积极稳妥地改革经济管理体制，充分有效地调动各方面的积极性。⑨提高全体劳动者的科学文化水平，大力组织科学攻关。⑩从一切为人民的思想出发，统筹安排生产建设和人民生活。②

这里主要围绕提高工业生产、建设的经济效益问题，着重讲以下几个方面：

积极稳妥地加快经济管理体制改革的进程

"改革经济体制，是全面提高经济效益，实现社会主义现代化的重要保证。50 年代对私营工商业的社会主义改造，废除了资本家对工人的剥削。这次的改革是要打破'大锅饭'、'铁饭碗'那一套旧框框，真正实现多劳多得、少劳少得、不劳不得，其意义不下于对私营工商业的改

---

① 这里所谓"具体说来"，即围绕发展国民经济的新路子而提出的十条方针，就是"调整、改革、整顿、提高"方针的具体体现。

② 赵紫阳：《当前的经济形势和今后经济建设的方针》，人民出版社 1981 年版，第 16~46 页。

造。"①当前之所以要适当加快经济管理体制改革的进程，还因为以下原因：

首先，不加快改革，就不能适应农业发展的需要。党的十一届三中全会以来，由于党的各项经济政策在农村得到了落实，特别是由于实行了联产承包责任制，大大地调动了农民的社会主义生产积极性，农业生产得到了全面的、持续的高涨，并由原来的自给经济、半自给经济逐步向商品经济发展。这样，城乡之间的商品交换就大大发展了。但现行经济管理体制的一个根本弊病，就"是不能很好地鼓励企业关心社会的需要，关心市场的需要，其结果是产需脱节"。②这样，如果不改革体制就会挫伤农民的积极性，阻碍作为国民经济基础的农业的发展；反过来也会限制工业的发展。

其次，不加快改革，也不能适应进一步调整国民经济的需要。"经过这几年的调整，积累和消费的比例关系，农业、轻工业和重工业的比例关系，已经基本上趋于协调。我国国民经济的调整工作进入了新的更加深入的阶段。现在的调整工作，就是要在统筹安排人民生活和生产建设的前提下，进一步调整农业、工业内部的产业结构和产品结构，调整企业的组织结构，使国民经济在稳定发展中大大提高经济效益。"③要顺利完成这个更加深入的调整阶段的任务，一方面需要加强国家的计划指导、行政管理和经济立法等项工作；另一方面又必须充分利用价值规律的作用，充分发挥与价格有关的一系列经济杠杆的作用。但现行的经济管理体制是妨碍充分发挥价值规律和价格等经济杠杆的作用的。因此，不改革现行经济管理体制，价值规律和价格等经济杠杆就缺乏良好的、发生作用的机制。因而，就会妨碍调整工作的顺利进展。

再次，不加快改革，就不能适应全面整顿企业的需要。现行经济管理体制的一个主要弊端，"在分配方面是吃大锅饭、平均主义"。④显然，不改革现行的经济管理体制，企业整顿就缺乏应有的动力，就会阻碍整顿工作的进展，整顿的成果也难以巩固。

最后，不加快改革，也不能适应社会主义现代化建设的需要。实现

---

① 赵紫阳：《关于第六个五年计划的报告》，《人民日报》1982 年 12 月 14 日第 4 版。
② 赵紫阳：《经济振兴的一个战略问题》，《光明日报》1982 年 10 月 17 日第 4 版。
③ 赵紫阳：《关于第六个五年计划的报告》，《人民日报》1982 年 12 月 14 日第 3 版。
④ 赵紫阳：《当前的经济形势和今后经济建设的方针》，人民出版社 1981 年版，第 39 页。

社会主义现代化，需要适当地建设新的企业。但在我国当前的情况下，既有必要、也有可能主要通过现有企业的技术改造，来达到社会主义现代化。而现行经济管理体制的另一个根本弊端，"是不能很好地鼓励企业关心技术进步，其结果就是大家通常所说的'几十年一贯制'"。① 显然，不改革现行经济管理体制，我国是不可能实现社会主义现代化的。

当前，不仅有必要适当加快经济管理体制改革的步伐，而且有可能做到这一点。因为，①党中央已经为我国经济管理体制的改革制订了一系列正确的路线、方针和政策。这是加快改革的领导方面的条件。②如前所述，经过几年的调整，我国原来严重失调的农业、轻工业和重工业以及积累和消费的比例关系，已经基本上趋于协调，财政收入由连年下降开始转为上升。这是加快改革的有利经济条件。③近几年的改革，特别是农村的经济改革，初步显示了由改革所产生的伟大力量。这就大大打开了人们的眼界，解放了人们的思想，提高了人们对改革重要性的认识，激发了人们改革的热情，增强了人们改革的信心。这是加快改革有利的群众条件。④经过近几年的改革，积累了许多改革的经验，其中有不少是成熟的成功经验。这是加快改革有利的经验条件。⑤经过近几年改革实践的锻炼，培养了一大批勇于改革和善于改革的骨干力量。这是加快改革有利的干部条件。因此，"改革的进程有必要也有可能适当加快"。②

但是，改革经济管理体制，必须坚定不移地遵循下列方针："从实际出发，全面而系统地改，坚决而有秩序地改，有领导有步骤地改，经过试验，分期分批，循序前进。"③

根据国务院的安排，"全面的改革，预期可在七五计划期间逐步展开。在今后三年内，一方面要抓紧制定经济体制改革的总体方案和实施步骤，另一方面要更积极更深入地进行各项改革的试验。""在具体工作上，重点是做三件事：一，对国营企业逐步推行以税代利，改进国家和企业的关系；二，发挥中心城市的作用，解决'条条'和'块块'的矛盾。三，改革商业流通体制，促进商品生产和商品交换。通过这三项工

---

① 赵紫阳：《经济振兴的一个战略问题》，《光明日报》1982 年 10 月 27 日第 4 版。
② 赵紫阳：《关于第六个五年计划的报告》，《人民日报》1982 年 12 月 14 日第 4 版。
③ 赵紫阳：《春节祝词》，《人民日报》1983 年 2 月 14 日第 1 版。

作，把整个经济体制改革工作带动起来。"①

这里还需指出：当前正在进行的国家机构改革，在提高经济效益方面，也有极重要的意义。

首先，在现行的高度集中的、以行政管理为主的经济管理体制下，提高国家机关的行政工作效率，对于增进经济效益，具有特别重要的作用。即使是将来经济管理体制改革完成以后，国家机关的行政工作效率也仍然是重要的。但要提高国家机关的行政工作效率，就必须对现在的国家机构进行改革。因为目前机构臃肿、层次重叠、职责不清、效率很低的状况，已经到了不能容忍的地步。

其次，这次国家机构的改革，并不精减人员。但也正是由于这一点，就便于在较大的规模上开展和加强干部的轮训工作，提高整个干部队伍的素质。"这是一次具有战略意义的重大建设。"因为"干部轮训搞好了，干部才干增长了，我们的事业肯定会发展得更快更好，由此而产生的效果是不可估量的"。② 所以，尽管乍一看来，国家机构改革，似乎和提高经济效益是无关的，但在实际上，关系重大。赵紫阳同志说得好："我国的经济调整工作和当前正在进行的机构改革，以及经济体制的改革，都是直接间接地为了提高经济效益。"③

继续调整工业生产结构

首先是要继续把发展消费品工业放到重要位置上。在这方面，继续发展主要生产消费品的轻工业具有极其重要的意义。这首先是提高人民生活的需要。此外，如前所述，轻工业生产的经济效益比重工业要高得多。这样，在当前经济中的潜在危险还未完全消除的条件下，发展轻工业还有特殊重要的意义。它可以使得农业、轻工业和重工业的比例关系进一步趋于协调，以实现经济的良性循环，取得良好的宏观经济效益和长远经济效益。它还有利于平衡财政收支，稳定市场，稳定经济。这一点，是提高微观经济效益和宏观经济效益的一个根本前提。在 1979~1981 的 3 年间，轻工业提供了 31600 多亿元的消费品，占全国消费品零售总额的三分之二；为国家提供了 1000 亿元的资金积累，占整个工业资金积累

① 赵紫阳：《关于第六个五年计划的报告》，《人民日报》1982 年 12 月 14 日第 4 版。
② 赵紫阳：《关于国务院机构改革的报告》，《人民日报》1982 年 3 月 9 日第 2 版。
③ 赵紫阳：《同世界银行高级副行长斯特思的谈话》，《人民日报》1982 年 3 月 4 日第 4 版。

的二分之一；给国家创净汇 130 亿美元。应该指出，近几年来在发展轻工业方面取得了巨大的成效。1979 年轻工业生产增长了 9.6%，1980 年增长了 18.4%，1981 年增长了 13.6%。这一年轻工业占工业总产值的比重已经上升到 51.3%。这样，原来严重失调的轻工业和重工业的比例关系，已经基本上趋于协调。但是，基于上述的原因，仍然需要继续把发展包括轻工业在内的消费品工业放到重要位置上。

　　同时，也需要进一步调整重工业的服务方向。马克思主义政治经济学认为，任何社会的生产，最终总是为消费服务的。这是一条客观规律。就主要生产生产资料的重工业和主要提供消费品的农业、轻工业的关系来说，这条规律就表现为前者是为后者服务的。当然，在重工业生产中也必须有自我服务的部分。但这部分生产最终也还是为消费品生产服务的。但在过去的长时期内，由于片面强调发展重工业，使得重工业成为自我服务型的。这当然不是说重工业不需要自我服务的部分，而是说自我服务的部分过大了。因此，必须调整重工业的服务方向，使得重工业和农业、轻工业的关系进一步协调起来，实现经济的良性循环，取得良好的经济效益。前几年，重工业的发展速度下降了，1981 年重工业生产还比上年下降了 4.7%。但在调整服务方向方面仍然取得了显著的成就。然而当前重工业的服务方向仍然不能适应消费品生产和整个国民经济发展的要求，需要继续进行调整。

　　这里有一点是需要说明的：调整重工业服务方向，并不意味着重工业发展速度越低越好。相反，即使就当前的调整时期来说，重工业也必须有一定的发展速度。一是平衡财政收支、稳定市场、发展出口贸易的需要，因为重工业是国家财政收入、消费品和出口物资的重要来源；二是发展农业和轻工业的需要；三是整个国民经济技术改造的需要；四是以后经济振兴时期提高经济增长速度的需要。

　　当然，在开始调整国民经济时，在有的年份，重工业的发展速度有一定的下降，是难以避免的。因为重工业的许多部门是长线生产，超过了国民经济的需要，产品积压；同时，重工业过去主要是为基本建设服务的，而基本建设投资有了大幅度的压缩。但在当前，重工业有一定的增长速度是可能的。一是因为随着重工业服务方向的调整，重工业的市场越来越广阔；二是因为随着国民经济技术改造的进行，对重工业产品的需要也在增长。比如，随着重工业服务方向的调整，1981 年冶金工业生产的薄钢板和带钢分别比上年增长了 25.3％和 17.3％；机械工业生产的食品机械、养鸡成套设备以及日用玻璃、日用化工、自行车、缝纫机等加工机械设备都几倍、几十倍地增长了，出口机电产品总值达到3.1 亿美元，增长了 28.8％。值得提出的是，在重工业中居于重要地位的机械工业和化学工业已经越过了生产下降的谷底，开始了回升。1982 年，重工业生产增长速度大大提高了。可见，事实表明：在调整时期，重工业保持一定的速度是可能的。就今后经济发展的趋势来说，随着国民经济的发展和国民经济技术改造的进行，还要求重工业的优先发展。但这种优先发展，必须以农业和轻工业的发展为基础，必须适应农业、轻工业和整个国民经济发展的需要。

需要着重指出：当前还要把调整工业的产品结构放在重要地位。这对于节约各种生产资源，提高产品质量、性能和技术水平，发展新产品；对于按比例地发展国民经济；对于提高人民生活；对于提高微观和宏观的经济效益，都有重要的意义。

调整工业产品结构，总的说来，就是要求各个工业生产部门都要依据社会和市场的需求、节约能源和原材料、提高产品质量和性能等项原则来发展新型产品。在消费品工业方面，要依据人民生活提高的需要以及由此引起的消费结构的变化情况，着力增产适销对路的中高档产品、名牌优质产品、农村需要的产品、出口需要又有竞争能力的产品以及国内外市场需要的各种新型产品。钢铁工业要降低铁钢比，提高合金钢和普通低合金钢的比重以及钢的成材率，并增产短线产品。在有色金属方面，要优先发展铝，着力增产铝锌，有条件地发展铜和其他短线产品。在化学工业方面，要加速增产磷肥、钾肥，逐步提高二者在化肥中的比重，要努力增产高效、低残留农药，要大力发展基本化学、石油化学和精细化学等产品。在建筑材料工业方面，要重点增产水泥、平板玻璃和卫生陶瓷，同时要发展新型建筑材料。在机械工业和电子工业方面，要搞好数量大而又耗能高的工业泵、风机、工业锅炉、小型电动机等项产品的更新换代，要改进载重汽车、小轿车以及机床等项产品的技术性能，要试制和生产能源开发、矿山建设和轧钢等方面所需要的大型成套设备。

分批进行企业的全面整顿和必要改组

企业的全面整顿，是提高经济效益十分重要的一项。当前企业的全面整顿，特别重要的内容有三项：一是建立起好的领导班子；二是建立和健全各种管理规章和责任制度；三是制定出节约能源、原材料为重点的技术改造规划，确定合理的产品发展方向。[①]所有这些，对提高微观经济效益和宏观经济效益，都是十分必要的。比如，湖北省沙市经过对企业的整顿，1980、1981 两年工业产值增长 80%，利润增长了 1.7 倍。[②]在这方面，整顿财经纪律也有重要的作用。据 26 个省、市、自治区的不完全统计，从 1981 年以来，共查出各种违反财经纪律金额 25 亿元（不包括查出偷漏税款 13 亿元），其中能增加财政收入的为 13 亿元。去年已经入国库的有 2 亿多元。[③]

企业的整顿工作，要同企业的调整和改组结合起来。企业的调整和改组对于提高经济效益也有极为重要的意义。比如，全国的地县小铁厂由 466 个减少到 1981 年的 276 个，保留的小铁厂加强了管理，结果炼铁焦比由 950 公斤降到 705 公斤，生铁成本由 303 元降到 243 元，亏损由 6.3 亿元减少到 1 亿元。

尽管这几年在关、停、并、转企业方面取得了一定的成绩，但当前仍然需要十分重视这方面工作。全国工业企业数，1978 年为 34.8 万个，1980 年底增加到 37.7 万个。据 26 个省、市、自治区的统计，1981 年 1~10 月，关停企业 7900 个，又新建企业 7800 个。这些新建企业，有些是需要的，但多数企业与大工业争原料和能源，产品质量差，物质消耗大，亏损多。比如，现在全国有小氮肥厂 1500 个，其中 1000 个亏损，历年亏损达到 40 亿元；有中小钢铁厂 1000 多个，其中有 451 个亏损，历年亏损达到 105 亿元。可见，通过关、停、并、转企业，对提高经济效益，也有不容忽视的重要作用。

有重点、有步骤地进行技术改造，充分发挥现有企业的作用

从比较广泛的意义上说，技术改造不仅包括现有企业，而且包括在新的、先进的技术基础上的新建。现有企业的技术改造，也不只是包括

---

① 赵紫阳：《关于第六个五年计划的报告》，《人民日报》1982 年 12 月 14 日第 1 版。

② 《人民日报》1982 年 3 月 6 日第 1 版。

③ 《南方日报》1982 年 3 月 8 日第 3 版。

用新的、更先进的设备替换原有的、比较落后的设备，而且包括工艺的
改造和新产品的开发等；设备更新也不只是包括生产设备在新的、先进
的技术基础上的更新，而且包括工艺设备和测试设备在新的、先进的技
术基础上的更新。但我们这里讲的技术改造，只是指的现有企业，特别
是现有企业在新的技术基础上的设备更新。

把投资重点转移到现有企业的技术改造，是当代经济发达国家在实
现工业现代化过程中的普遍发展趋势，也是我国工业现代化的必然趋向。

日本从 1963~1973 年，用于原有机床更新的部分，占新生产机床的
84%。美国从 1952~1972 年，用于原有机床更新的部分，占新生产机床
的 76%。在 1963~1972 年，日本共生产机床 162.4 万台，但同期机床拥有
量只增加了 26 万台。除少量出口外，绝大多数用于原有设备的更新改
造。1973~1978 年，美国的机床产量约为 110 万台，而同期的机床拥有总
量却减少了 36 万台，就是说，除出口外，绝大部分均用于原有企业的技
术改造。在第二次世界大战以后，苏联也逐步把投资重点由新建企业转
到原有企业的扩建和技术改造上来。在"二战"前，苏联投资中的 70%
用于新建，50 年代用于原有企业的扩建和技术改造的部分达到 50%，从
1960~1970 年由 55% 增加到 58%，在"九五"（1971~1975 年）计划中增
加到 67%，在"十五"（1976~1980 年）计划中又提高到 70%。[①]

这并不是偶然发生的现象。①在任何时候，新建企业的生产在社会
生产中总只占一小部分，而原有企业的生产，却占了大部分。②原有企
业的技术改造，比新建企业又具有投资少、见效快的优点。从上述两方
面相比较的意义上说，原有企业的技术改造比新建企业，在节约活劳动
和物化劳动方面，具有更好的经济效益。③在现代科学技术迅速发展的
条件下，科学技术从发明到在工业中运用的周期是大大缩短了。这样，
原有企业的技术改造也就显得更为迫切了。

上述的一般道理，对于我国社会主义工业现代化建设也是完全适用
的。应该说明，在过去奠定工业化基础的时期，实现工业扩大再生产，
主要靠新建企业也是必要的。现在我国已经建立了几十万个工业企业，
建立了独立的、比较完整的工业体系和国民经济体系。在这种条件下，

①《光明日报》1982 年 2 月 20 日第 3 版。

更有必要、也更有可能主要通过原有企业的技术改革，来实现工业的扩大再生产。所以，对原有企业进行技术改造，是实现我国工业现代化的一项极为重要的任务。

需要进一步指出：对原有企业进行技术改造，还是当前调整时期的一项迫切任务。

为了说明这一点，需要分析我国技术设备落后的状况。首先，我们从固定资产形成的过程来看。据有的同志分析，我国现有企业的技术装备，50~60年代形成的，约占固定资产原值总额的三分之一，70年代形成的略高于60%，其余为半殖民地半封建中国留下的。如果再把造价提高的情况考虑在内，并加以大略的调整，70年代形成的固定资产不到一半。现在我们对各个年代形成的固定资产分别作一些具体分析。

50~60年代形成的固定资产，主要的部分是第一个五年计划时期安排和开始建设的一批项目，包括从苏联引进的156项，从东欧各国引进的110项，共400多个项目。这批企业大部分是50年代的技术水平，少数是40年代后期的技术水平，总的说来，在当时是比较先进的。但是，20年来，对于这些企业主要是通过扩建来增加生产能力，提高产量；而对它们的技术改造却没有认真注意，因而技术面貌改变不大。

后来在60年代中后期，又引进了一批具有60年代初期水平的新技术设备，但是数量不大。同时，国内又利用50年代从苏联引进的技术，翻版建设了一批新项目，其中有少数重点骨干项目是对苏联50年代的技术进行了消化和吸收，同时还吸收和改进了其他国家的一些先进技术，比原有的技术水平有所提高，这些项目基本上具有了60年代的技术水平。例如，武钢的2500立方米高炉。

再后来，在70年代形成的固定资产中，包括了一批从国外引进的先进设备和技术，主要有大型石油化工装置、大型薄板轧机、电站设备等。我国利用这批引进的技术装备了近20个新建企业和对六七十个企业进行了扩建和改造。这批引进的技术，基本上具有60年代末期和70年代初期、中期的技术水平，是先进的或比较先进的。在70年代，国内通过自己设计、自己制造设备，也建设了一批企业，其中有一些是60年代设计和开始建设的，质量比较好。但是，70年代新建的项目，相当大的部分，尽管其中有些项目的技术设备水平并不低，但由于10年动乱的破坏，在地区布局上，在设备的制造和安装上，都存在严重问题，经济效益很差。

此外，从 50 年代末期以来，我国还建设了一大批小的工矿企业，一般说来，它们的技术装备都是落后的。

再来分析现在还在服役的主要设备的状况。以机床为例，役龄在 10 年以内的虽然占了 67.2%，但其中除了一小部分进口的以外，绝大部分都是"文化大革命"期间生产的，其中相当大的部分是粗制滥造的，技术落后、质量差、效率低。役龄在 10 年以上的，有一部分是"大跃进"时期生产的，性能和质量都很差。还有约 59 万台是服役 20 年以上的老机床。总之，我国机床大约有三分之一基本上是属于应该报废的，有三分之一是属于经过改造还可以使用的，有三分之一是属于比较好的普通机床。至于加工自动线、数控机床等先进设备，为数不多。

当然，各个产业部门的技术装备是有差异的。相对说来，新兴工业部门（如电子工业和石油化工等部门）的技术装备要先进一些，而一些老工业部门的技术装备则更为落后。比如，轻纺工业就有不少还是建国以前的设备，其中的棉纺设备，有五分之一以上是建国以前的，大部分已使用了五六十年，虽经改装，但技术相当落后。

依据上述情况，可以对我国工业的技术装备作个大致的估算：20% 左右具有 60~70 年代的技术水平，是先进的或比较先进的；20%~25% 左右技术上虽然已经落后，但陈旧程度还不算严重，设备基本完好，大体上还能适应当前我国生产的技术要求。以上两部分合计占 40%~45% 左右。其余的 55%~60% 中，有 35% 左右十分陈旧落后，生产的产品已难以达到原来的技术精度，能源消耗和物质消耗过高，浪费严重，已经到了迫切需要改造或报废的时候。还有 20%~25% 也已陈旧老化，加工精度低，能耗、物耗相当高，已经不能适应当前我国工业产品升级换代和采用新工艺的要求，只能勉强应付当前的生产。这部分设备也已经到了更新改造的时期。①

这是一方面的情况。另一方面，在当前调整时期，又迫切需要通过节约能源消耗来促进工业的发展，迫切需要通过加速发展轻工业促进整个国民经济的发展，迫切需要提高经济效益来取得财政经济状况的根本

① 马洪：《中国经济调整改革与发展》，山西人民出版社 1982 年版，第 265~266 页。

好转。而在上述的设备严重老化的情况（还要加上工艺落后和产品陈旧等情况）下，不对现有企业进行技术改造是难以做到的。所以，对现有企业进行技术改造，是当前调整时期的一项迫切任务。应该着重指出：对现有企业进行技术改造，也是实现本世纪最后 20 年经济发展战略目标的主要途径。

还需指出，尽管当前调整时期资金不足，但逐步地、有重点地、分批分期地对现有企业进行技术改造还是可能的。按照 1981 年的计划来看，国家总的固定资产投资规模大约为 622 亿元，其中基本建设投资约为 380 亿元，更新改造资金约为 242 亿元。目前全国工业企业每年的折旧基金和大修理费用约有 200 亿元，企业留成的生产基金和福利基金约有 300 亿元，共约 500 亿元。当然，企业留成的福利基金是不能用于技术改造的，折旧基金、大修理费用和生产基金也不能全部用于技术改造，但有相当大的一部分可以用于技术改造。而且，以发展的趋势看，更新改造资金在国家总的固定资产投资和企业留成的生产基金中所占的比重，是会逐渐上升的。比如，1982 年国家计划安排的基本建设投资总额为 380 亿元，保持了上年的水平；而更新改造资金为 250 亿元，比上年增加了 8 亿元。1981 年企业自有资金用于更新改造的部分，多数企业不过 20%~30%；1982 年计划提高到 30%~40%。此外，国家银行每年还要发放一定数量中短期的设备贷款。中国人民银行在 1980 和 1981 两年间，共发放中短期设备贷款 104 亿多元，支持了 4 万多个项目的技术改造。[①]可见，有重点有步骤地对现有企业进行技术改造，在资金条件方面也是具备的。

依据"一要吃饭、二要建设"的基本原则，正确处理积累和消费的比例关系

像农业、轻工业和重工业的比例关系一样，积累和消费的比例关系，也是国民经济中的一个最基本的比例关系。这样，正确处理积累和消费的比例关系，就成为保证国民经济按比例发展的一个十分重要的关键。而国民经济按比例发展，是取得良好的宏观经济效益和微观经济效益的根本条件之一。所以，正确处理积累和消费的比例关系，对于提高经济效益具有极重要的作用。

---

① 《人民日报》1982 年 3 月 12 日第 2 版。

党的十二大依据陈云同志的意见提出："'一要吃饭，二要建设'，是指导我国经济工作的一项基本原则。"[1]这项原则是符合马克思主义关于社会主义生产目的的理论的。显然，要实现社会主义的生产目的，首先要依据社会生产力的发展状况保证当前生产周期人民生活有适当的提高；为了后续生产周期人民生活能够不断地提高，同时又必须有一定的积累。这项原则也是完全符合我国国情的。建国以后，我国社会生产力已经有了巨大的发展。但当前我国还是一个发展中的社会主义国家，社会生产力发展水平还不高，特别是占全国人口绝大多数的农村生产力比较低。这样，整个社会的剩余产品率和人民生活水平还不高，特别是农业的剩余产品率和农民的生活水平比较低。在这种条件下，依据"一要吃饭，二要建设"的基本原则正确处理积累和消费的比例关系，就有特殊重要的意义。

正因为"一要吃饭，二要建设"是处理积累和消费关系的基本指导原则，因而是否贯彻了这个原则，就成为判断积累和消费比例关系是否协调的基本标志。

这里需要着重说明的是："六五"计划关于积累率（即积累基金占国民收入使用额的比重）的确定，是体现了这项基本原则的。

按照"六五"计划的规定：1985年积累率为29%左右。[2]实际上，整个"六五"期间合计的积累率也就是29%左右。乍一看来，"六五"期间的积累率比积累和消费比例关系较为协调的"一五"期间的积累率（24.2%）高了不少，那为什么说前者也体现了"一要吃饭，二要建设"的原则呢？原因如下：

第一，"六五"期间积累基金有了适当的增长，消费基金有了更快的增长。为了说明这一点，有必要把"六五"期间平均每年消费基金和积累基金增长的绝对额和速度，与积累和消费比例关系协调发展的"一五"时期，以及1953~1980年整个时期，做一下对比，如表2所示。

① 胡耀邦：《全面开创社会主义现代化建设的新局面》，《中国共产党第十二次全国代表大会文件汇编》，人民出版社1982年版，第21页。

②《中华人民共和国国民经济和社会发展第六个五年计划（1981~1985)》，《人民日报》1982年12月13日第1版。

表 2　消费基金和积累基金的增长①

各个时期	消费基金平均每年增长		积累基金平均每年增长	
	亿元	%	亿元	%
1957 年比 1952 年	45.0	8.1	26.6	12.4
1980 年比 1952 年	72.9	6.1	37.0	8.1
1985 年比 1980 年	128.1	4.6	25.1	2.1

表 2 表明：①就消费基金平均每年增长绝对额来看，"六五"期间比"一五"期间要大 1.85 倍，比 1953~1980 年要大 76%。这里没有扣除价格上升的因素，但即使是扣除了这一点，增长的幅度也是很大的。②就积累基金平均每年增长的绝对额来看，尽管"六五"期间平均每年增长的消费基金与积累基金总和比"一五"期间要多 81.6 亿元，比 1953~1980 年要多 43.3 亿元，但由于前一个时期平均每年增长的消费基金分别比以后两个时期要多 83.1 亿元和 55.2 亿元，因而前一个时期平均每年积累基金的增长额分别比后两个时期要少 1.5 亿元和 11.9 亿元。②③就消费基金平均每年增长速度与积累基金平均每年增长速度的对比关系来看，"一五"时期前者比后者要低 58%，1953~1980 年前者比后者要低 33%，而"六五"时期前者比后者要高 1.2 倍。③

这里需要说明的是：在"六五"期间，尽管积累基金的增长速度慢于

① 《中国统计年鉴》（1981 年），第 21 页；《中华人民共和国国民经济和社会发展第六个五年计划（1981~1985）》，《人民日报》1982 年 12 月 13 日第 1 版。

这里有两点说明一下：一是，1985 年数字是按 1981 年不变价格算的，其他年份的数字是按当年价格算的。二是，1985 年的消费基金和积累基金是按国民收入生产额算的，其他年份的消费基金和积累基金是按国民收入使用额算的。由于进出口差额和计算误差的影响，国民收入生产额和国民收入使用额是有少量的差异的。但从总体上说，这两点都不影响我们的分析。

② 需要说明：尽管"六五"时期平均每年增长的积累基金比"一五"时期要小，但由于作为前者基期的 1980 年的积累率高达 31.6%，而作为后者基期的 1952 年的积累率只有 21.4%，因而"六五"期间合计积累率仍然高于"一五"时期合计的积累率。所以，前者平均每年增长的积累基金小于后者，同前者积累率大于后者，并不是矛盾的。但如果不全面地分析这个问题，就会把前一个经济过程同后一个经济过程对立起来。

③ 这里也有两方面的问题需要说明：一方面，"一五"时期消费基金平均每年增长速度大幅度地低于积累基金平均每年增长速度，并不表明这个时期的积累率高于"六五"时期，这不仅因为作为"一五"时期的基期的 1952 年积累率低（只有 21.4%），而且因为 1952 年积累基金（为 130 亿元）比消费基金（为 477 亿元）要低 2.67 倍。所以，尽管这个时期积累基金增长速度很快，但积累率并不高。另一方面，"六五"时期消费基金平均每年增长速度大幅度地高于积累基金平均每年增长速度，也不表明这个时期的积累率低于"一五"时期，这不仅因为作为"六五"时期的基期的 1980 年积累率高（为 31.6%），而且因为 1980 年消费基金（为 2519 亿元）比积累基金（为 1165 亿元）要高 1.16 倍，就是说，前者的基数比后者大得多。因而，尽管这个时期消费基金的增长速度大大超过了积累基金的增长速度，但积累率仍然比"一五"时期要高。虽然"六五"时期积累率高，但正如前面已经分析的和后面将要分析的，积累和消费的比例关系还是协调的。

消费基金的增长速度，但作为 20 年（1981~2000 年）经济发展战略重点的能源和交通的建设资金是作为重点加以保证的，作为 20 年经济发展战略重点的农业以及教育和科学的投资也有了适当的照顾。

第二，与上述的"六五"期间的积累率的状况相适应，在这个期间，一方面社会生产将有适当的增长，另一方面人民的消费水平将有较快的提高。

按照"六五"计划的规定，1985 年包括农业、工业、建筑业、运输业、商业五个部门生产的社会总产品，按照 1980 年不变价格计算，达到 10300 亿元，比 1980 年的 8500 亿元增加 1800 亿元，平均每年增长 4%。其中农业总产值 2660 亿元，比 1980 年的 2187 亿元增长 21.7%，平均每年增长 4%；工业总产值 6050 亿元，比 1980 年的 4972 亿元增长 21.7%，平均每年也增长 4%。[①]这里也需指出："六五"期间的积累基金并不全部在这个期间形成固定资产，由它形成的固定资产更不仅是在这个期间、而且在一个长时期内都会成为发展生产的物质基础。所以，看待"六五"期间积累基金在发展生产方面的作用，并不能局限于这个时期，而必须从长时期看。

按照"六五"计划提供的资料，并依 1980 年不变价格计算，1985 年消费基金总额大约将达到 3159.5 亿元，每人平均的消费基金大约将达到 298.1 元，[②]前者大约比 1980 年的 2519 亿元增长了 640.5 亿元，后者大约[③]比 1980 年的 257 元增长 41.1 元。[④]

伴随着消费基金总额和按人口平均的消费基金的增长，按人口平均的个人消费基金也增长了。按照"六五"计划规定：1985 年城乡居民按人口平均的消费水平将达到 277 元，比 1980 年增加 50 元，平均每年增长 4.1%，比"一五"期间平均每年增长 4.2% 的速度仅低 0.1%，但比

---

①②《中华人民共和国国民经济和社会发展第六个五年计划（1981~1985）》，《人民日报》1982 年 12 月 13 日第 1 版。

③ 这里之所以用了四个"大约"，是因为按照"六五"计划规定："1985 年国民收入生产额达到 4450 亿元"；"1985 年消费基金占国民收入使用额的 71% 左右"；"要求 1985 年大陆人口总额控制在 10.6 亿人"。上述的消费基金总额和每人平均的消费基金，就是依据这些数字算出的。而且，同 1980 年的数字也有一定的不可比因素。就是说，1985 年的消费基金是消费率乘国民收入生产额得出的，而 1980 年的消费基金是用消费率乘国民收入使用额得出的。如前所述，由于进出口差额和计算误差的影响，国民收入生产额和使用额是有少量差异的。

④《中国统计年鉴》（1981 年），第 21 页；《中国经济年鉴》（1982），第Ⅷ-4 页。

1953~1980 年平均每年增长 2.6% 的速度要高出 1.5%。其中，城镇居民达到 547 元，比 1980 年增加 79 元，平均每年增长 3.2%，比"一五"时期平均每年增长 4.8% 的速度低 1.6%，但比 1953~1980 年平均每年增长 3.1% 的速度高出 0.1%；农村居民达到 212 元，比 1980 年增加 39 元，平均每年增长 4.2%，比"一五"期间平均每年增长 3.2% 的速度高 1%，比 1953~1980 年平均每年增长 2.2% 的速度高出 2%。① 可见，在"六五"期间，城乡人民（特别是占人口绝大多数的农村居民）的平均消费水平是将有显著提高的。

总之，"六五"时期的积累率，是体现了兼顾积累和消费的原则的，因而是协调的、基本合适的。

现在需要进一步说明的问题是："一五"期间合计的积累率 24.2%，是兼顾了积累和消费两方面的，而"六五"期间合计的积累率上升到 29% 左右，为什么仍然可能做到这一点呢？概括地说来，就是"六五"期间的社会生产力比"一五"期间大大地向前发展了。现在我们依据马克思主义关于生产决定分配的原理以及"六五"期间与"一五"期间社会生产力发展水平的差别，对这一点作具体的分析。

马克思说过："分配的结构完全决定于生产的结构，分配的本身就是生产的产物，不仅就对象说是如此，而且就形式说也是如此。就对象说，能分配的只是生产的成果，就形式说，参与生产的一定形式决定分配的特定形式，决定参与分配的形式。"② 社会总产品的分配是这样，其中所包括的积累基金和消费基金的分割也是如此。就是说，作为分配关系一个方面的积累基金和消费基金的比例关系，是生产资料所有制形式在经济上的实现；作为积累基金和消费基金来源的国民收入也是由生产提供的。而国民收入总量（特别是按人口平均计算的国民收入）是直接决定积累基金和消费基金的分割的。所以，积累和消费的比例关系是由社会生产力决定的。当然，生产关系对积累和消费的比例关系也有制约作用，这种制约作用一部分是直接的。就是说，在国民收入相等的条件下，由于生产关系的不同，积累和消费可以有不同的比例关系。但这只是在国民

---

① 《中国经济年鉴》(1982)，第 Ⅷ-28 页；《中华人民共和国国民经济和社会发展第六个五年计划 (1981~1985)》，《人民日报》1982 年 12 月 13 日第 4 版。

② 马克思：《〈政治经济学批判〉导言》，《马克思恩格斯选集》第 2 卷，第 98 页。

收入已定的条件下对这种比例关系的制约作用。另一部分是间接的。就是说，生产关系通过促进或阻碍社会生产力的发展，影响国民收入的增长，从而制约积累和消费的比例关系。但这种直接的或间接的制约作用，正好说明积累和消费的比例关系主要是由社会生产力的发展水平决定的。这就可以说明：为什么在人类社会的各个发展阶段，积累基金经历了由无到有的发展，积累率经历了由低到高的发展，在资本主义社会和社会主义社会的不同发展阶段，积累率也呈现出上升的趋势。这个变化当然受到了生产关系的制约，但主要还是要从社会生产力的发展方面去解释。

　　既然积累和消费的比例关系，主要是由社会生产力的发展水平决定的，而"六五"期间的生产比"一五"期间大大向前发展了，因而可以在兼顾积累和消费两方面的前提下，把积累率提高到29%左右。表3可以具体说明这一点。

表3　1957年和1985年积累率、每人平均积累基金、消费基金和国民收入之比较[①]

	1957年	1985年
积累率（%）	24.9	29.0
每人平均积累基金（元）	36.0	121.7
每人平均消费基金（元）	108.6	298.1
每人平均国民收入（元）	142.0	419.8

　　表3表明：①1985年的积累率比1957年高出4%左右。②1985年积累率虽然高于1957年，但是在兼顾积累和消费两方面的前提下实现的。其表现是：1985年每人平均积累基金虽然比1957年增长了2.38倍，与此同时，每人平均消费基金也增长了1.74倍。就是说，前者的增长幅度虽然大于后者，但后者的增长幅度也很大。③1985年每人平均国民收入比1957年增长了1.96倍。这一点，正是1985年在兼顾积累和消费的前提下，使得积累率达到29%左右的基础。因为只有在这个基础上才有可能

---

　　① 《中国统计年鉴》（1981年），第21页；《中华人民共和国国民经济和社会发展第六个五年计划（1981~1985）》，《人民日报》1982年12月13日第1、4版。
　　这里有三点需要说明一下：其一，1957年的积累基金是按国民收入使用额算的，因而每人平均的积累基金和消费基金的总和不等于每人平均的国民收入。其二，1985年的积累基金和消费基金是按国民收入生产额算的，因而每人平均的积累基金和消费基金的总和等于每人平均国民收入。其三，因此，1985年的数字和1957年的数字有一定的不可比因素。但不影响我们的结论。

在大幅度地提高每人平均消费基金的同时，使得每人平均积累基金获得更为迅速的增长。而这个基础又正是由社会生产力的发展所创造的。

需要指出的是：我们在表 3 中只是列出了 1957 年和 1985 年的数字，但它们是可以代表"一五"时期和"八五"时期情况的。对我们所要分析的问题来说，这些数字已经够用了。

"六五"计划确定的积累率体现了"一要吃饭，二要建设"的原则，是比较协调的。这是"六五"期间经济效益得以提高的重要保证。

缩短基本建设周期

我们在上面说明了"六五"计划规定的积累率是适当的。但就"六五"期间前两年的情况来看，在积累基金中占有很大比重的基本建设投资，1981 年有了大幅度的下降，但 1982 年又上得过猛。基本建设项目在建总规模，这几年也有了很大的压缩，但仍然显得过大。这样，控制当年基本建设投资规模，压缩基本建设项目在建总规模，以缩短基本建设周期，对于当前提高经济效益，仍然具有十分重要的意义。赵紫阳同志指出："缩短建设周期是基本建设战线提高经济效益的最根本措施。"[①]

所谓建设周期，是指建设项目全部建成平均需要的时间。建设周期长短，取决于每年的建设规模和当年投产比例的大小。比如，第一个五年计划期间，平均每年施工的大中型项目为 729 个，建成投产项目 119 个，投产率为 16.3%。这样，平均建设周期为 6 年。但到第五个五年计划时期，平均每年施工的大中型项目为 1238 个，每年建成投产 103 个，投产率为 8.3%，平均建设周期为 12 年。

值得指出的是，1981 年大中型建设项目的投产率仍然只有 8.5%，依此计算，建设周期仍为 10 年以上，比上年没有明显缩短。所以，建设周期长，仍然是当前基本建设中的一个突出问题，并且是投资效益差的一个极重要因素。原因如下：

（1）由于建设周期长，基本建设投资中形成的固定资产的比例降低，使得大量资金积压在建设过程中，不能发挥效益。比如，第一个五年计划期间固定资产交付使用率平均为 83.7%，第五个五年计划期间下降到 74.6%。就是说，每百元投资少形成固定资产9.1 元。由于投资形成的固

---

① 赵紫阳：《在唐山的讲话》，《人民日报》1982 年 3 月 10 日第 3 版。

定资产少了，占用的建设资金越来越多。第一个五年计划期间，每交付 100 元固定资产占用的建设资金为 126 元；第五个五年计划期间上升到 255 元，增长了一倍。

（2）由于建设周期长，增加了建设费用，提高了工程造价。按照近几年全国基本建设投资规模计算，建设周期每拖长一年，仅工资一项就要多支出 50 亿元。

（3）由于建设周期长，减少了经济效益。如果每年新增工业固定资产 200 亿元，按平均每百元固定资产一年增加利润和税收 25 元计算，全国工业建设项目每拖长一年，就要减少利润和税收 50 亿元。

（4）由于建设周期长，造成了上述三项后果，必然降低投资效益。第一个五年计划期间每百元固定资产平均增加国民收入 57 元，第五个五年计划期间下降到 30 元，减少了 47%。

建设周期长的原因是多方面的，有经济体制上的原因，有计划管理上的原因，有基本建设企业管理上的原因。但就基本建设投资本身来说，有两方面的原因是值得注意的。一是当年基本建设投资总额过大。很显然，如果当年基本建设投资规模过大了，超过了物资供应的可能，那是不能实现的，必然延长建设周期。如前所述，这个问题从 1981 年的建设实践来看，是解决了。但 1982 年基本建设投资的增长，主要是地方和企业的自筹投资的增长，又过猛了，突破了国家规定的基本建设投资的计划，因而当前仍然需要十分注意控制。二是在建项目总规模。就 1980 年的情况来看，在建的大中型项目为 986 个，平均每个项目的总投资为 3.04 亿元，在建的大中型项目的总投资为 3001 亿元，当年完成的投资为 216 亿元，建设周期为 13.9 年。如前所述，这种情况在 1981 年也无显著改变。可见，在建项目总规模过大，是当前建设周期长的一个极重要原因。

因此，要提高投资效益，要缩短建设周期，除了要注意控制当年投资额以外，还要压缩在建项目的总规模。

提高流动资金使用的经济效益

当前我国的流动资金数量是很大的，已经达到三千几百亿元。但使用的经济效益很差。这一点，前面已经扼要地提到了，这里再做些补充说明。

第一，提供的利润和税收少。1979 年社会主义全民所有制工业企业每百元流动资金提供的利润和税收为 25 元；1976 年为 19.4 元；第一个五年计划期间平均为 31.5 元。1979 年虽比十年动乱时期的 1976 年多提供 5.6 元，有很大进步，但比第一个五年计划期间的平均数低 6.5 元。如果按照第一个五年计划时期的平均水平计算，1979 年大约少收利润和税收 200 亿元。

第二，占用水平高。社会主义全民所有制工业企业每百元产值占用的流动资金，1979 年为 32.2 元；1976 年为 38.5 元；1965 年为 28.1 元。1979 年虽然比 1976 年下降 6.3 元，但仍比 1965 年多占用 4.1 元。如果按照 1965 年的占用水平计算，1979 年约多占用流动资金 100 多亿元。

第三，周转速度慢。这里以商业部为例，因为工业流动资金周转的快慢，要在商业和物资部门中表现出来。商业部系统的流动资余的周转速度，1979 年为两次，周转一次约需 180 天；1976 年为 1.88 次，191 天；1965 年为 2.24 次，161 天。1979 年比 1976 年加快 11 天，但仍比历史最好水平慢 19 天。

上述情况表明：提高流动资金的潜力很大。只要把当前的流动资金节约 2%~3%，就可节省 70 亿~100 亿元。

要提高流动资金的使用效益，总的说来，也是要贯彻调整、改革、整顿、提高的方针。当前重要的措施有两条：①加强计划管理。在现行的经济管理体制和价格体制还没有根本改革的条件下，还不可能更多地通过有计划地利用价值规律来调节生产。在这种情况下，加强国家集中统一的计划指导和行政干预，显得尤为必要。只有这样，才能有利于避免生产上的盲目性，避免产品的严重积压，避免流动资金占用过多。党的三中全会以来采取的对内搞活经济的政策是完全正确的。但由于宏观的指导控制和监督没有跟上，生产上出现了一定的盲目性。1981 年 1~11 月，预算内国营工业企业的产值比上年同期增长了 40.9 亿元，而销售收入只增长了 9.3 亿元，因而占用流动资金增加了 18.4 亿元。这主要是由于有些企业盲目地追求生产增长速度，造成产品质量差、品种少、成本高、货不对路。这种情况表明：当前加强国家的计划管理，对于提高流动资金的使用效益，具有十分重要的意义。②改善流通环节。就是说，要改变流通领域行行设库、层层设库和迂回运输的不合理状况，按经济区划和合理的流向，加快周转，减少流通费用。据有关部门测算，目前商业部门库存 600 亿元，其中各级批发站库存就占了 70%~80%。如果按经济区划实现商品流通，各个省、市、自治区设置四五个统一的批发站，全国就可以省出一二百亿元的资金。

在分析了提高经济效益的巨大可能性及其重要途径以后，我们可以得到这样的信念：尽管当前我国的经济效益低，但一定是会逐步提高的，新的经济振兴时期是会加快到来的，本世纪最后 20 年经济发展的宏伟目标是完全可能实现的，我们伟大祖国的社会主义现代化事业的前程似锦！

十二、党的思想政治工作，是实现社会主义工业现代化的保证①

党的思想政治工作是实现包括工业、农业、国防和科学技术四个方面在内的社会主义现代化的保证。但在当前，不重视思想政治工作，不善于做思想政治工作，却是相当普遍的现象。这样，论述思想政治工作的重要性，探索思想政治工作的特殊规律，以加强和改善党的思想政治工作，就成为当前理论战线一项重要的战斗任务。这里拟从我国社会主义社会的特点和当前的具体情况出发，就党的思想政治工作是实现社会主义现代化的保证问题，作些粗浅的探索。并先从党的思想政治工作的根本任务说起。

(一) 党的思想政治工作的根本任务

为了说明党的思想政治工作的根本任务，先要分析党的根本任务。关于这一点，毛泽东同志曾经作过这样的说明："社会的发展到了今天的时代，正确地认识世界和改造世界的责任，已经历史地落在无产阶级及其政党的肩上。""无产阶级和革命人民改造世界的斗争，包括实现下述的任务：改造客观世界，也改造自己的主观世界——改造自己的认识能

---

① 这里说的社会主义现代化，是包括工业、农业、国防、科学技术四个方面现代化在内的。这种分析，对社会主义工业现代化自然也是适用的，本书是专门讨论社会主义工业经济问题的，故在章的标题上，把社会主义工业现代化问题突出出来。

力，改造主观世界同客观世界的关系"。"从感性认识而能动地发展到理性认识，又从理性认识而能动地指导革命实践，改造主观世界和客观世界。"①毛泽东同志这里说的无产阶级政党改造客观世界的任务，就是无产阶级的历史使命：实现世界无产阶级革命，推翻资产阶级政治统治，建立无产阶级专政，消灭资本主义和一切剥削制度，逐步消灭一切阶级差别，逐步消灭一切主要由于社会生产力发展不足而造成的重大社会差别和社会不平等，最终实现共产主义制度。要实现这个改造客观世界的任务，无产阶级政党又必须改造自己的主观世界。改造客观世界，固然必须通过实践；改造主观世界，也不能离开实践。这不仅是因为真理的发现、检验和发展，必须通过实践；而且，"马克思主义的哲学认为十分重要的问题，不在于懂得了客观世界的规律性，因而能够解释世界，而在于拿了这种对于客观规律性的认识去能动地改造世界。"②显然，党的思想政治工作根本任务的规定，是不能离开上述党的改造客观世界根本任务的。问题在于：作为无产阶级先锋队的共产党，不仅自己要带头实现改造客观世界和主观世界的任务，而且必须领导无产阶级和人民群众实现改造客观世界和主观世界的任务。对无产阶级和人民群众来说，要实现改造客观世界和主观世界的任务，也是不能离开实践的。这样，党的思想政治工作的根本任务似乎可以归结为：用马克思主义的理论，用科学的共产主义思想，教育无产阶级和人民群众，并通过反复的实践，提高人们的革命觉悟，振奋人们的革命热情，增强人们认识世界和改造世界的能力，为实现党的改造客观世界任务而奋斗。

当然，上述的党的改造客观世界的任务，是需要经过很长的历史时期，经历不同的革命发展阶段而逐步实现的。就我国的情况来说，中国共产党领导全国人民已经彻底完成了新民主主义革命的任务，完成了生产资料私有制的社会主义改造的任务，现在已经进入了全面地进行社会主义现代化建设的新的历史时期。党在这个历史时期的总任务，就是把我们的国家逐步建设成为现代化的、高度民主的、高度文明的社会主义国家。这样，党在这个时期思想政治工作的根本任务，就是用马克思主

---

① 毛泽东：《实践论》，《毛泽东选集》第 1 卷，第 272～273 页。
② 毛泽东：《实践论》，《毛泽东选集》第 1 卷，第 268 页。

义理论，用科学的共产主义思想，提高人们的社会主义革命和社会主义社会主人翁以及共产主义的觉悟，振奋人们社会主义的革命和建设的热情，增强人们认识社会主义的革命和建设的客观规律以及从事这种革命和建设的能力，为实现党在这个时期的总任务而奋斗。

认识这个根本任务，对于明确思想政治工作的方向，对于激励党的思想政治工作人员的热情和增强他们的责任心，具有重要的意义。

（二）为什么实现社会主义现代化必须
要党的思想政治工作做保证

实现社会主义现代化之所以要以党的思想政治工作做保证是由现阶段社会主义建设中的三类矛盾决定的。

第一，在我国社会主义建设的现阶段，剥削阶级作为阶级已经消灭了，但阶级斗争在一定范围内还将长期存在。因为，①就国内大陆地区来说，完整的剥削制度以及与此相联系的剥削阶级早已消灭了，但极少数的剥削阶级残余分子和其他的敌对分子还存在，他们还会伺机进行捣乱。②台湾等地还存在着完整的剥削制度和剥削阶级，他们当中的反动分子也不会放弃对大陆的破坏。③帝国主义更不会放弃对中国进行侵略、渗透、颠覆的阴谋活动。④由于上述三种因素的作用，由于剥削阶级意识形态和国外资本主义思想文化的腐蚀，还会在干部和群众中产生少数的新剥削分子、腐化变质分子和刑事犯罪分子。

由于上述各项因素的作用，一定范围的阶级斗争是不可避免的，各种敌对分子必然会从经济、政治、文化等各方面破坏社会主义的制度。这就可能危及无产阶级专政、社会主义经济制度和社会主义现代化事业。因此，"对敌视社会主义的分子在政治上、经济上、思想文化上、社会生活上进行的各种破坏活动，必须保持高度警惕和进行有效的斗争"。[①]为了进行有效的斗争，需要多种条件，首先需要党的路线、政策正确，还需要进行多方面的工作。但党的思想政治工作虽然是其中不可缺少的重要

[①]《中国共产党中央委员会关于建国以来党的若干历史问题的决议》，人民出版社 1981 年版，第 56 页。

一项。这是创造各种条件所需要的，是排除各种思想障碍、顺利贯彻党的路线、政策所需要的，是提高人民的革命警觉性所需要的。这一点，正是党的思想政治工作成为社会主义现代化事业保证的首要原因。

第二，社会主义制度是消灭了阶级剥削和阶级压迫的，因而在这种制度本身的范围内，是排除了阶级矛盾和阶级斗争的。但是，这种制度本身也存在着它所特有的、多方面的矛盾。这里所说的"特有的"有两层意思：一是由社会主义制度本身产生的；二是具有社会主义性质的特点。这种矛盾是在根本利益一致的基础上部分利益的差别。它同资本主义社会的阶级对抗是根本不同的，同将来共产主义社会的矛盾也有重大的差别。这里所说的"多方面的"也有二重含义：一是这种矛盾普遍存在于经济关系、政治关系、思想文化关系、民族关系和家庭关系等各个方面；二是普遍存在各个方面的各个环节上。这里且以经济关系方面的矛盾为例作些说明。

在社会主义社会，存在着国家所有制和集体所有制这样两种社会主义公有制形式；存在着商品生产（这里不仅集体企业是商品生产者，国有企业也是相对独立的商品生产者）；存在着体力劳动和脑力劳动的差别以及城市和乡村的差别；存在着按劳分配原则。因而，在国家与企业（国有企业或集体企业）、劳动者个人之间，在国有企业（或集体企业）之间以及国有企业与集体企业之间，在企业（国有企业或集体企业）与劳动者个人（工人或农民）之间，在体力劳动者和脑力劳动者以及工人和农民之间，在中央政府和地方政府之间、中央各经济部门之间以及地方与地方之间，都存在着根本利益一致基础上的部分利益的差别。

正确处理这些矛盾，具有极重要的意义。①它有利于调动各方面（包括中央、地方、企业和个人）、各部分劳动者（包括工人和农民，体力劳动者和脑力劳动者）的积极性，加速社会主义现代化建设；反之，如果这些矛盾不能得到正确处理，就会压抑各方面和各部分劳动者的积极性，延缓社会主义现代化事业。②它有利于加强工人的团结、工人和农民的团结以及体力劳动者和脑力劳动者的团结，从而有利于加强无产阶级专政，为社会主义现代化事业提供强有力的政治保证；反之，如果这些矛盾得不到正确处理，就会产生相反的后果。关于这一点列宁曾经指出："政治同经济相比不能不占首位。""因为全部问题就在于（以马克思主义的观点来看，也只能在于）：一个阶级如果不从政治上正确地处理问题，就不能维持它的统治，因而也就不能解决它的生产任务。"①列宁这里说的"从政治上正确处理问题"，当然首先包括正确处理同敌对阶级之间的阶级斗争关系，但又不只是包括这一方面的关系，甚至更多地还包括正确处理无产阶级国家同工人阶级群众以及其他劳动群众的关系。在列宁看来，如果像托洛茨基所主张的那样，把战争时期军事命令手段搬到经济建设中来，用来对付工人群众，就会造成无产阶级国家和工人群众的对立，"就会使苏维埃政权灭亡"。②列宁这里说的虽然是无产阶级国家对待工人群众应该采取的正确方法，但对我们说的无产阶级国家需要正确处理社会主义经济中的各种经济利益关系也是适用的。因为这种关系处理不好，也会造成劳动群众和国家的对立，或者造成各部分劳动群众之间的对立，这些也都会削弱以至危及无产阶级政治统治，从而无法实现社会主义现代化事业。列宁这些分析虽然是在俄国过渡时期开始时说的，但说的是无产阶级国家和本阶级群众应有的正确关系，因而可以看作对整个社会主义阶段都是适用的。

要正确处理社会主义经济中的各种矛盾，首先也需要依靠党的路线、政策正确。但要使党的正确路线、政策为广大干部、群众所接受，并且自觉地坚决地贯彻执行，一刻也离不开党的思想政治工作。因为党的路线、政策体现了国家利益与个人利益以及长远利益与当前利益的结合；而在社会主义制度下，这些利益之间虽然在根本上是一致的，但也是有差别的。这样，要使干部和群众做到个人利益服从整体利益，当前利益服从长远利益，就需要对他们进行思想政治教育。这还只是抽象地就社会主义制度本身来考察的。但在实际上，资产阶级思想、封建残余思想和小资产阶级思想对干部和群众还有很广、很深的影响。如果考虑到这些，那情况就更为复杂了，思想政治工作也更为艰苦了。这是思想政治工作成为社会主义现代化保证的另一个极重要原因。

第三，社会主义社会除了存在一定范围的阶级斗争以及社会主义制度本身特有的矛盾以外，还存在着人类社会各个发展阶段上的共同矛盾，如主观与客观的矛盾。

---

①② 列宁：《再论工会、目前局势及托洛茨基和布哈林的错误》，《列宁选集》第 4 卷，第 441~442 页。

客观事物是很复杂的。每个事物都不是单纯地由一种矛盾构成的，而是由多种矛盾构成的矛盾体系，表现为多方面的对立统一。比如，每个事物都存在着一般和个别、质和量、肯定和否定、必然性和偶然性、形式和内容、现象和本质等等对立的统一。而且，矛盾的每一方面又包含着许多具体的矛盾。所以，可以说整个世界就是一个极为庞大的、无限复杂的矛盾体系。与客观世界的复杂性相适应，"人的认识不是直线（也就是说，不是沿着直线进行的），而是无限地近似于一串圆圈、近似于螺旋的曲线。"①

与主观和客观的矛盾相联系的认识和实践，也是对立的统一。认识是以实践为基础的，但又是一个相对独立的过程。这本身就包含了认识脱离实践、脱离客观实际的可能性。而且，"一个正确的认识，往往需要经过由物质到精神，由精神到物质，即由实践到认识，由认识到实践这样多次的反复，才能够完成。"②

这样，就很可能发生"把认识的某一个特征、方面、部分片面地、夸大地、发展（膨胀、扩大）为脱离了物质、脱离了自然、神化了的绝对"，就很可能把认识"这一曲线的任何一个片断、碎片、小段都能被变成（被片面地变成）独立的完整的直线"。而这种"直线性和片面性"，"就是唯心主义的认识论根源"。③

这种由主观和客观的矛盾所引起的"直线性和片面性"，在人们认识社会主义社会的现象时是很容易发生的。因为从整个的历史发展阶段来说，社会主义社会是一个比资本主义社会更高的社会发展阶段，因而是一个更复杂的社会机体。当然，我国目前还未达到发达的社会主义阶段，还处在不发达的社会主义阶段。但这个阶段也有它特殊的复杂性。在这个阶段，存在着多层次的生产力：手工生产、半机械化生产、机械化生产和自动化生产同时并存，因而在社会主义经济占优势的前提下，要允许多种经济形式同时并存，还要允许多种经营形式同时并存，交换关系、分配形式和消费结构也都是多样的。此外，像在民族关系和宗教关系等方面，也都存在着复杂的情况。

---

①③ 列宁：《谈谈辩证法问题》，《列宁选集》第 2 卷，第 715 页。

② 毛泽东：《人的正确思想是从哪里来的？》。

这也只是抽象地、一般地就主观和客观的矛盾来说的，如果联系到社会主义社会的具体情况，那么，就更会发生上述的"直线性和片面性"。就社会主义本身来说，已经不存在阶级剥削，因而不存在已往的"统治阶级的阶级利益"把"直线性和片面性"、把唯心主义"巩固起来"①的阶级局限性。这是社会主义制度优越于一切剥削制度的一个重要方面。但在社会主义社会，在一定范围内还存在着阶级斗争，人们还必然会受到这个斗争的影响；而且，社会主义制度也有它特有的利益矛盾。这种阶级斗争的影响和特有的利益矛盾，也在一定的时间、范围和程度上妨碍人们去如实地认识客观世界。再加上社会主义社会的生产力和科学技术还没有得到高度的发展，人们认识客观世界的能力还有很大的限制。在这些方面，社会主义社会和将来的共产主义社会又是不同的。因为在共产主义社会条件下，阶级斗争的影响和社会主义制度特有的利益矛盾都不存在了。随着共产主义社会的生产力和科学技术的高度发展，人们认识客观世界的能力也大大提高了。当然，即使在将来的共产主义社会条件下，作为唯心主义认识论根源的主观和客观的矛盾，以及先进和落后、革新和保守等社会矛盾，也还是存在的，因而，唯心主义就不可能从根本上完全消除。但同社会主义社会相比较，唯心主义的阵地肯定是无可比拟地缩小了。

毫无疑问，社会主义社会存在的主观和客观的矛盾会导致人们的认识脱离客观实际，妨碍人们正确认识和处理社会主义社会的各种矛盾，妨碍人们正确认识社会主义制度的优越性，妨碍党的路线、政策的贯彻执行，妨碍各部门、各地区、各单位以及干部和群众的积极性的发挥，从而妨碍社会主义现代化事业的发展。为此，也必须通过党的思想政治工作，用马克思列宁主义、毛泽东思想的科学理论武装干部和群众，引导人们的认识去如实地反映客观世界。这是党的思想政治工作成为实现社会主义现代化保证的第三个原因。

总之，对上述三方面矛盾（即一定范围的阶级斗争、社会主义制度特有的利益矛盾以及主观与客观的矛盾）分析表明：要实现党在新的历史时期的总任务，即建设现代化的、高度民主的、高度文明的社会主义

---

① 列宁：《谈谈辩证法问题》，《列宁选集》第 2 卷，第 715 页。

国家，就必须有党的思想政治工作作保证。

（三）对忽视党的思想政治工作的几种想法的分析

为了充分发挥党的思想政治工作在实现社会主义现代化建设中的保证作用，分析当前忽视党的思想政治工作的几种想法，是很有必要的。

有一种想法认为，现在进入了新的历史时期，党的工作着重点已经转到社会主义现代化建设上来，因而党的思想政治工作不像过去搞阶级斗争时期那样重要了。

应该肯定，在新的历史时期，党的思想政治工作是有变化的。一是为之服务的党的中心任务有了变化。在中国人民的革命战争年代，党的中心任务是领导全国人民，主要通过武装斗争形式，推翻帝国主义、封建主义和官僚资本主义的反动统治，建立中华人民共和国。党的思想政治工作是为这个中心任务服务的。在社会主义改造基本完成以前，党的中心任务是领导中国人民实现生产资料私有制的社会主义改造，同时实现社会主义工业化。党的思想政治工作是为这两方面任务、特别是前一方面任务服务的。现在进入了新的历史时期，党的思想政治工作要转变到为这个时期党的中心任务，即建设现代化的、高度民主的、高度文明的社会主义国家服务。二是具体的工作内容和某些工作方法也要发生变化。

但是，党的思想政治工作作为实现党的中心任务的保证这个重要地位，并没有变化。这一点，我们在前面已经作过详细的分析，这里就不重复了。现在需要进一步指出：在当前，思想政治工作还有某种特殊的重要性。问题在于以下几方面：

第一，当前正面临着一场资本主义思想腐蚀和反资本主义思想腐蚀的严重斗争。粉碎"四人帮"以来，特别是党的三中全会以来，经过全党、全国人民的共同努力，已经把党和国家从 10 年"文化大革命"所造成的严重危机中挽救过来，并重新走上了健康发展、兴旺发达的道路。但同时也要看到当前阶级斗争有所发展的事实。其主要表现：是经济领域中的违法犯罪活动，比 30 年前的"三反"、"五反"时期严重得多；刑事犯罪发案率比 50 年代中期成倍地增长了，犯罪的情节更严重了，规模更大了；在思想文化领域和整个社会风气方面，资本主义腐朽思想和封建残余思想的侵蚀以及崇洋媚外、丧失国格等现象的严重性，也是建国以来少见的。

当前这场斗争是在新的历史条件下发生的。这个新的历史条件就是对外实行开放政策，对内实行搞活经济的政策。这当然不是说这场斗争是由这两项政策造成的。这两项政策是体现了坚持社会主义原则的，是建国以后30年来社会主义建设经验教训的科学总结，是适合我国社会生产力发展的要求的，是加速社会主义现代化建设的重大战略，是坚定的无产阶级政策。这也不是说，这场斗争是由党在广东、福建两省特区实行的特殊政策和灵活措施造成的。因为特殊是相对于统一而言，灵活是相对于原则而言的，并且二者是结合在一起的。党的特殊政策是在统一国策之下的特殊政策；灵活措施也只能是在坚定的原则基础之上的灵活措施。如果特殊政策和灵活措施背离了社会主义方向，那就根本不是什么特殊政策和灵活措施，而是变成了向资本主义实行投降主义的东西了。明确这一点，具有重要的实践意义。不分清这一点，各种怀疑、非难这两项政策的议论就会滋生蔓延，就会动摇大家执行这两项政策的信心，这对我国社会主义现代化事业是极为不利的。

这场斗争是阶级斗争在新的历史条件下的表现。就是说，是极少数的剥削阶级残余分子和其他敌对分子、新剥削分子、台湾等地的反动分子和帝国主义势力利用新的历史条件在政治、经济和文化等方面对社会主义进行破坏的表现，是国内的剥削阶级意识形态和国外的资本主义文化进行腐蚀的结果。这里需要着重指出：①在一定的意义上可以这样说：在新的历史条件下，帝国主义实行的"和平演变"政策对我们的威胁比过去增大了。列宁在论到帝国主义资产阶级的策略的变化时说过：如果资产阶级的策略始终是一个样子，或至少是一种类型，那工人阶级能够很快学会同样也用一个样子和一个类型的策略去对付它了。其实，世界各国资产阶级都不免要规定出两种管理方式，两种保护自己的利益和捍卫自己的统治的斗争方法，并且这两种方法时而互相交替，时而错综复杂地结合起来。列宁这里说的帝国主义资产阶级的两种策略，就它对付社会主义国家来说，也就是武装侵略和"和平演变"的办法。美国前国务卿杜勒斯就曾经竭力鼓吹过这种"和平演变"的方法，他主张美国对付社会主义国家要全力以赴地执行"用和平手段取得胜利"的"高尚战略"，以达到"和平的转变"的目的。很显然，在我国实行对外开放政策的条件下，帝国主义出于它的侵略本性，必然伺机更多地施展其"和平演变"的策略。因为在这种条件下，帝国主义用来进行"和平演变"的渠道和手段，比过去大大增长了。从这方面来说，当前帝国主义"和平演变"策略的危险性，比50年代和60年代增长了。②在新的历史条件下，国内的新剥削分子和其他敌对分子用来进行剥削活动的渠道也增长了。他们出于自己的本性，也必然会乘机进行各种破坏活动。再加上在实行对外开放、对内搞活经济的过程中，由于缺乏经验，有些管理措施一时跟不上，还给他们留下了更多的可乘之机和更大的活动空隙。当然这也是政策执行中的问题，而不是政策本身的问题。

还要看到：我们是在十年"文化大革命"和林彪、"四人帮"两个反革命集团造成的极端严重破坏的情况下进入新的历史时期的。这种严重后果表现在很多方面，特别是党风不正了，社会风气也给败坏得不成样子。现在党风和社会风气比50年代和60年代中期以前也差得多。这些严重后果也是国内外的各种敌对分子进行活动的有利条件。这也是当前阶级斗争比过去有所发展的一个特殊条件。

我们说当前阶级斗争有所发展，并不意味着阶级斗争又成了社会主义社会的主要矛盾，阶级斗争还只是一定的范围内存在着，只是有所发展了。同时也不意味着要重复过去那样的政治运动，特别不是要重复过去阶级斗争扩大化的错误，而是要依照国家法律的规定，由司法机关去处理这个一定范围内的阶级斗争。

我们在这里提出这一点，是在于说明党的思想政治工作变得更加重要了。因为如果不能胜利地进行这场斗争，那么，社会主义制度的存在就有危险性，更谈不上实现社会主义现代化的建设了。而要胜利地进行这场斗争，党的思想政治工作是重要的一环。因为思想政治工作不仅可以提高干部和群众的革命警觉性，以打击敌对分子的破坏活动，而且可以提高大家抵御糖衣炮弹的能力，避免更多的人走入歧途。

第二，党的三中全会纠正了党内长期存在的"左"倾错误，使党的思想路线、政治路线、组织路线回到马克思主义的轨道上来。接着又提出了调整、改革、整顿、提高的方针。所有这些都是我党历史上的伟大转折，它对于实现社会主义现代化具有极重要的意义。但在这个伟大转折的过程中，也不可避免地会发生两方面的后果：一方面，它会使得某些部门、地区、经济单位和劳动者个人的局部利益和国家的整体利益之间的矛盾暴露出来，甚至激化起来；另一方面，在这个伟大历史转折过程中，总有一部分人由于各种原因而在认识上一时转不过来。这种利益上和认识上的矛盾表明：党的思想政治工作在贯彻党的三中全会路线、促进社会主义现代化建设方面的作用，是十分重要的。

第三，"中国共产党在新的历史时期的总任务是：团结全国各族人民，自力更生，艰苦奋斗，逐步实现工业、农业、国防和科学技术现代化，把我国建设成为高度文明、高度民主的社会主义国家。"[①]要实现这个总任务，需要大大发展我国社会生产力，同时要求我们调整生产关系不适合生产力发展的某些方面和环节，调整上层建筑不适应经济基础的某些方面和环节，使生产关系同生产力协调地向前发展，使上层建筑同经济基础协调地向前发展。为此，就需要改革。从破除过时的生产关系和上层建筑的某些环节的意义上来说，从解放生产力、推动社会前进的意义上来说。改革也是一场革命，而且是很深刻的革命。显然，要实现这个总任务，没有强有力的思想政治工作，是很难完成的。

可见，那种认为在新的历史时期党的思想政治工作变得不重要了的想法，是不切实际的。

还有一种想法认为，在实现社会主义现代化的过程中，科学技术在生产中的作用愈来愈大，劳动者在生产中的作用愈来愈小，因而做人的工作的党的思想政治工作也就越来越不重要了。

应该肯定，随着社会主义现代化建设的发展，科学技术在生产中的作用确乎是越来越大的。但是，科学技术在生产中的作用和劳动者在生产中的作用，并不是此长彼消的关系，而是互为表里的关系。就是说，前者作用的增长并不表明后者作用的下降，而是后者作用增长的表现。且不说作为知识形态上生产力的科学技术是由劳动者创造发明的，就是作为直接生产力的、在生产中得到运用的科学技术，即使是当代最先进

---

① 胡耀邦：《全面开创社会主义现代化建设的新局面》,《中国共产党第十二次全国代表大会文件汇编》，人民出版社 1982 年版，第 14 页。

的自动化技术，包括具有一定人工智能的机器人在内，一无例外都由劳动者设计和制造出来的，并且终究是在劳动者的管理下才能发挥作用的；否则，它就不会被创造出来，就是创造出来了也"没有用。不仅如此，它还会由于自然界物质变换的破坏作用而解体"。所以，劳动者的劳动不仅创造了它们，而且是使它们"当作使用价值来保存和实现的唯一手段"。①所以，科学技术在生产中作用的增长，并没有否定劳动者作为生产力能动要素的作用，而是更充分地表现了这种作用。

前面的分析是把生产过程中的劳动者作为一个整体来说的。但在实际上，在工业化、现代化生产的条件下，劳动者是分解为几个不同部分的。他们虽然都成为"总体工人的一个器官"，②但却分担着不同的职能。劳动者作为社会生产力能动要素的作用的增长，也表现在这种劳动分工的发展上。如果说，在手工劳动的条件下，对劳动者的文化科学水平没有多少要求的话，那么，在工业化、现代化生产条件下，则要求：①掌握应用科学的工程技术人员从事技术管理，甚至要求掌握基础科学和技术科学的研究人员参加生产管理。②要求掌握经济管理理论和现代科学技术的管理人员从事经营管理。③要求体力劳动者也具有越来越高的科学文化水平。③没有这几部分劳动者，生产根本无法进行，任何先进的技术设备也不能发生作用，更不要说充分发挥它们的效能了。

为了说明我们的问题，还需简要地回顾一下资产阶级企业管理实践和管理理论的发展。在资本主义生产方式确立以后，资本家为了维护和加强对无产者的剥削，曾经广泛使用"饥饿纪律"，这是一种经济强制。当代的资本主义国家也并没有放弃这种经济强制，但同时注意激发雇佣工人内在的积极性。比如，日本一些企业家提出：办企业的"基本理念"（即指导思想）之一，就是尊重人，重视人的因素，注重调动职工关心企业发展的主动性。为此，当代资本主义国家除了主要广泛采用经济刺激办法外，还实行"工人参与管理制度"，搞劳资"命运共同体"，等等。

资产阶级管理实践在他们的管理理论中是有反映的。当然，资产阶级管理实践也是受到他们的管理理论的指导的。西方资产阶级较为系统

① 马克思：《资本论》，《马克思恩格斯全集》第23卷，第207~208页。
② 马克思：《资本论》，《马克思恩格斯全集》第23卷，第556页。
③ 汪海波：《社会主义经济问题探索》，湖南人民出版社1981年版，第370~371页。

的管理理论，大体上经过了三个发展阶段：①19世纪末到20世纪初形成的所谓"古典管理理论"，强调严格管理，主张只有管得严，才能效率高。②从20世纪20年代开始发展起来的"行为科学理论"，强调人的行为，认为只有从人的行为本质中激发出动力来，才能提高效率。③第二次世界大战后产生的"最新管理理论"，是用"系统理论"把上述两种理论综合起来而形成的。可见，资产阶级管理理论发展的一个重要特点是：由原来重视物（机器设备）的作用，逐步转变为重视人（劳动者）的作用。

资产阶级管理实践和管理理论的发展，在某种程度上反映了在现代化生产中劳动者作用的增长。因为，①在现代化生产条件下，要求不同类型的劳动者（包括工程师、科学家、管理专家和工人）具有各自不等的、越来越高的科学文化水平。这并不是在劳动市场上任意雇佣一个劳动力就能满足资本家生产的需要。②在现代化生产条件下，职工中脑力劳动者的比重以及体力劳动者的脑力劳动成分越来越大。而脑力劳动如果不具有主动性是不可能有好的生产成果的。③在现代化生产条件下，如果不注意激发工人内在积极性，不要说充分发挥设备效能，提高经济效益，就连生产的正常进行也难以保证，并且很容易发生重大事故，给资本家造成重大损失。正是在现代化生产条件下，劳动者作为生产力能动要素的作用得到充分发展的背景下，资本家出于追求更多利润的需要，才重视劳动者的作用。

但在资本主义剥削制度下，既不可能充分认识劳动者在生产中的作用，也不可能充分发挥劳动者在生产中的作用。只有在社会主义制度下，才能做到这两点。

既然随着社会主义现代化建设的发展，劳动者作为生产力能动要素的作用会得到越来越充分的发展，那么，以做人的工作为对象的思想政治工作就不是变得越来越不重要，而是恰恰相反，变得越来越重要了。

还有一种想法认为，粉碎"四人帮"以后，贯彻了按劳分配原则，思想政治工作显得不那么重要了，甚至是可有可无的了。

过去长期存在的"左"的错误，忽视甚至否定在社会主义阶段必须实行按劳分配原则，给我国的社会主义建设事业造成了严重的损失。这个教训必须认真汲取，决不能再犯。但是，如果认为，只要实行按劳分配原则，不要思想政治工作，那就是从一个片面性走到了另一个片面性。

　　第一，按劳分配的特有职能固然是思想政治工作所不能代替的，[①]但思想政治工作的特有职能也是按劳分配所不能代替的。我们在前面分析的思想政治工作在进行阶级斗争、解决社会主义社会特有的利益矛盾以及主观与客观的矛盾方面的作用，都是按劳分配所不能代替的。为免重复，这里就不复述了。现在还需着重指出一点：思想政治工作在建设社会主义精神方面的作用，也是按劳分配所不能代替的。

　　以共产主义思想为核心的社会主义精神文明的主要内容包括两个方面：一方面是教育、科学、文化、艺术、卫生、体育事业的发展规模和发展水平；另一方面是社会政治思想和伦理的发展方向和发展水平。这两方面建设（即文化建设和思想建设）都是社会主义精神文明建设的不可分割的重要内容。然而，成为社会主义精神文明本质特征的则是后一方面。"它的主要内容，是工人阶级的、马克思主义的世界观和科学理论，是共产主义的理论、信念和道德，是同社会主义公有制相适应的主人翁思想和集体主义思想，是同社会主义政治制度相适应的权利义务观念和组织纪律观念，是为人民服务的献身精神和共产主义的劳动态度，是社会主义的爱国主义和国际主义，等等。概括起来说，最重要的就是革命的理想、道德和纪律。"[②]而思想政治工作在建设精神文明的这两个方面，特别是后一方面，有着按劳分配所不能代替的特殊职能。当然，贯彻按劳分配原则，在改造剥削阶级的不劳而获的思想，树立劳动光荣的社会主义风尚，形成"以集体利益和个人利益相结合的原则为一切言论行动的标准的社会主义精神"[③]等等方面，也有重要的作用。但是，社会主义、共产主义思想是科学共产主义理论体系的组成部分，是不可能在群众中自发产生的；它也不是平静地产生的，而是在克服剥削阶级思想和小私有者思想对劳动群众的影响中形成的，在社会主义生产建设实践中形成的。所以，如果脱离了党的思想政治工作，社会主义和共产主义思想的形成，是不可想象的。

---

　　① 详见拙著：《社会主义经济问题探索》，湖南人民出版社1981年版，第155~160页。

　　② 胡耀邦：《全面开创社会主义现代化建设的新局面》，《中国共产党第十二次全国代表大会文件汇编》，人民出版社1982年版，第33页。

　　③ 毛泽东：《〈中国农村的社会主义高潮〉的按语》，《毛泽东选集》第5卷，第244页。

　　这里顺便说明一下：实行按劳分配，首先是多劳，其次是多得；多得又是首先国家（或集体）多得，其次是劳动者个人多得。所以，它是指国家（或集体）利益和个人利益结合起来的物质利益关系。

　　需要进一步着重指出：按劳分配原则本身并没有完全"超出'资产阶级权利的狭隘眼界'"。①因此，单靠实行按劳分配，并不能在群众中树立起共产主义劳动态度。诚然，要在群众中普遍树立起共产主义劳动态度，需要多方面的条件，首先是物质条件，即社会生产力的高度发展。但这不是说现在不需要在群众中进行共产主义劳动态度的教育，也不是说现在不能够在一部分先进分子中逐步树立起共产主义劳动态度，更不是说共产主义劳动态度是伴随着社会生产力的发展自发地形成的。按照列宁的说法，在资本主义条件下，无产阶级的共产主义道德"是从无产阶级斗争的利益中引申出来的"。在社会主义条件下，"为巩固和完成共产主义事业而斗争，这就是共产主义道德的基础"。②当然，实践已经证明：仅仅有这个基础，既不可能在资本主义条件下，在全体无产阶级群众中树立起共产主义道德；也不可能在社会主义条件下，在全体人民群众中树立起共产主义道德。但在社会主义条件下，毕竟有了形成共产主义道德和共产主义劳动态度的利益基础。因而，当前不仅必须而且可能进行共产主义劳动态度的教育，不仅必须而且可能在一部分先进分子（从长期的发展趋势看，这一部分无论在绝对量或相对量上都是逐渐增长的）中逐步树立起共产主义劳动态度。然而，如果说，社会主义思想的形成都不能是自发的，那么，在群众中树立共产主义劳动态度，脱离了党的思想政治工作，更是无法想象的。

　　马克思主义认为，在任何历史阶段，进步的作为物质利益关系的生产关系从来是社会生产力发展的主要推动力量。否定了这一点，就要走向历史唯心主义。但同时认为，进步的社会意识形态对社会发展也有重大推动作用。社会主义思想和共产主义思想尤其具有这样的作用。否定了这一点，也不是辩证唯物主义。因此，进行社会主义和共产主义的思想教育具有极重要的意义，它不仅为将来实现共产主义逐步地创造了一个根本条件，而且也是加速实现社会主义现代化的重要推动力量。在经过"文化大革命"10年动乱的大破坏之后，在党风、民风严重不正的情况下，其重要性尤为突出。

---

　　① 列宁：《国家与革命》，《列宁选集》第3卷，第254页。
　　② 列宁：《青年团的任务》，《列宁选集》第4卷，第352、355页。

第二，像在其他的经济工作中一样，党的思想政治工作也是贯彻按劳分配原则的生命线。问题的关键在于：按劳分配是社会主义生产关系即社会主义经济基础的组成部分，它必须依靠社会主义的上层建筑（包括社会主义的意识形态）来维护。贯彻按劳分配原则是在克服各种非社会主义思想的过程中实现的。在我国，尤其要注意克服小资产阶级绝对平均主义思想。因为中国曾经经历了几千年的封建社会，又经历了百余年的半殖民地半封建社会；而分散的个体生产，就是封建统治的经济基础。所以，中国曾经是小生产占优势的国家。直到目前，小生产的思想影响仍然很广、很深。因此，事实并不是像有人想象那样，贯彻了按劳分配，思想政治工作变得不重要了；而是恰恰相反，越是认真地贯彻按劳分配，越是需要加强思想政治工作。否则，尽管主观上是想贯彻按劳分配，而实际上却搞成了平均主义。粉碎"四人帮"以后，我们在恢复奖金制度问题上的教训，不是已经充分地证明了这一点吗？本来，恢复作为体现按劳分配原则的、重要补充形式的奖金，要求相应地加强思想政治工作，但由于"文化大革命"造成的严重后果，思想政治工作不仅没有得到加强，而是大大削弱了。因而，在当前的奖金工作中，平均主义还是相当普遍地存在着。当然，这同经济管理、企业管理水平低等因素也有很大关系。但思想政治工作不得力，显然是一个重要因素。

总之，否认思想政治工作重要性的种种想法是没有根据的。明确这一点，对于改变当前相当普遍存在的不重视思想政治工作的情况是有益的。

（四）进行党的思想政治工作的根本条件

在社会主义经济制度下，国家利益、企业的集体利益和劳动者的个人利益虽然存在着部分的矛盾，但在根本上是一致的；发展社会主义事业，争取将来实现共产主义事业，是广大劳动群众的根本利益和共同的美好愿望。这是社会主义和共产主义的思想教育能够得以进行、并且取得成效的基础。如果没有这个基础，社会主义和共产主义的思想教育是难以进行的；进行了也难以取得成效。这一点，正是社会主义制度优越于资本主义制度的一个重要方面。当代的资本主义企业家也意识到劳动者在生产中的重要作用，并且除了采取经济刺激办法外，也注意做人的工作，在缓和阶级矛盾、巩固和加强资本主义剥削制度方面，也取得了一定的成效。但是，由于在资本主义企业中存在着阶级对抗，资本家自己又不可能放弃剥削，他充其量只能在资本主义的范围内作某些调整，这就从根本上决定了它不可能有我们这样的思想政治工作。

中国共产党的存在是思想政治工作得以进行的另一个根本条件。从进行思想政治工作来说，我们党有以下一些重要特点：①她是中国无产阶级的先进部队，是以马克思列宁主义、毛泽东思想的科学理论武装起来的。②她以逐步实现共产主义制度作为最终奋斗目的，以全心全意为人民服务作为唯一宗旨。③她在 60 多年的斗争中是重视思想政治工作的。因为党的全部历史经验证明：党的事业的胜利是建立在领导正确和群众自觉的基础之上的，而在领导正确这个条件具备之后，群众的自觉就是决定的因素，要群众自觉，思想政治工作就是不可缺少的。党在长期的斗争中也是善于做思想政治工作的，并积累了丰富的经验，形成了许多有关思想政治工作的重要理论和方法。所以说，从党的长期历史来看，重视思想政治工作，善于做思想政治工作，是我们党的一个重要特点，也是取得革命和建设胜利的一个重要法宝。显然，如果没有这样一个党，也就没有思想政治工作。

需要着重指出：党的三中全会以来，党的思想路线、政治路线和组织路线已经回到了马克思主义的轨道上来。现在党中央又把建设社会主义精神文明作为党在新时期总任务的一项重要内容，并强调了思想政治工作的重要性。这些就为进行思想政治工作提供了政治上、思想上、组织上的保证，并大大鼓舞了思想政治工作人员的斗志。

诚然，由于林彪、江青两个反革命集团进行了长达 10 年的破坏，党的思想政治工作受到了严重的摧残，实际工作中也存在着"左"的影响。但在上述的条件下，党的优良的思想政治工作传统是可以得到恢复的，而且已经在得到恢复；"左"的影响也是可以得到清除的，而且已经在清除。

还需看到：同过去相比，当前社会主义建设新时期具有许多新的特点，党的思想政治工作也需要依据变化了的新情况加以创新发展。这一点，在上述条件下，也是完全可以逐步做到的。

　　根据上面的分析，我们完全可以预期：党的思想政治工作的前景，像它所服务的中心任务，即社会主义现代化事业一样，是无限光明的；党的思想政治工作之花，必将在社会主义现代化事业中结出丰硕之果！在这方面存在的悲观情绪，同样是没有根据的。

工业经济效益问题探索 *

* 本著由经济管理出版社 1990 年 12 出版。

序 言

从 1986 年起，我承担了国家"七五"时期社会科学重点研究项目《中国经济效益的现状、问题和对策》，并获得了国家社会科学基金的资助；还承担了中国社会科学院"七五"时期重点研究项目《中国工业经济效益问题研究》，也获得了院重点研究项目基金的资助。这两个项目的研究成果，有的已经出版（如《中国国民经济各部门经济效益研究》已于1990 年 3 月由经济管理出版社出版，该书汇集了作者组织的有关经济研究所课题组撰写的中国工业、农业、交通运输业、消费品流通、物资流通、对外贸易、金融业和固定资产投资等 9 个部门经济效益问题的研究报告），有的已交出版社发稿（如《中国工业经济效益问题研究》已于1987年底交中国社会科学出版社，该书系马洪同志、周叔莲同志和作者组织的有关部门专家和研究单位学者集体撰写的专著），有的即将交出版社发稿（如《中国经济效益问题研究》，该书系作者组织的有关研究单位学者集体撰写的专著）。

在从事上述两个项目的研究过程中，我积累了大量的资料，研究了多方面的问题。这本题为《工业经济效益问题探索》的著作，就是这种研究的成果。

1949 年 10 月新中国成立以后，我国各族人民在中国共产党领导下，经过 40 年的艰苦奋斗，依靠社会主义制度的优越性，使社会主义建设事业取得了举世瞩目的伟大成就，使中国社会经济面貌发生了翻天覆地的惊人变化！中国工业经过 40 年的建设，也取得了巨大进步。这一点集中表现在：能源工业、原材料工业、机器制造业、消费品工业、高技术产业和科研开发等方面都达到了相当大的规模和相当高的水平，形成了一套独立的、较为完整的工业体系。[①]

但是，这40年我国工业和国民经济的发展，也存在着严重缺陷。其突出表现就是低效益的发展。这一点，是同新中国成立以后长期实行的传统经济发展战略和传统经济体制直接相关的。这种战略盲目追求经济的高速增长，忽视甚至根本不计经济效益。这种体制是低经济效益的体制。诚然，1978年底召开的党的十一届三中全会以后，特别是1980年底党的中央工作会议以后，1981年五届人大四次会议提出：提高经济效益，是社会主义建设的一个核心问题，是考虑一切经济问题的根本出发点。而且"六五"计划和"七五"计划规定的经济增长速度也并不高。但实际上，经济工作中盲目追求经济增长率、忽视经济效益的状况，并没有得到根本的转变。还要看到：1979年以后的经济体制改革（还要加上20世纪80年代初期的经济调整）曾经在20世纪80年代上半期卓有成效地提高了我国经济效益。但在这以后，由于两种体制转换时期各种矛盾的发展，使得我国经济效益提高的进程又遇到了严重的挫折，工业和国民经济低效益发展的面貌并没有多少改变，以致1989年11月召开的党的十三届五中全会又一次重申：当前生产、建设、流通领域中普遍存在着高消耗、低效益，高投入、低产出，高消费、低效率的现象，各方面浪费严重。并再次号召：坚定不移地把经济工作转到以提高经济效益为中心的轨道上来。

人类社会经济发展史表明：提高经济效益是一切社会发展的基础，当然也是社会主义社会发展的基础。我国社会主义建设实践还证明：提高经济效益是我国社会主义建设的核心问题，是当前治理整顿和深化改革的重要关键，是将来社会主义制度最终战胜资本主义制度的一个主要条件。因此，提高经济效益是关系经济发展、经济改革、人民生活提高和社会主义制度巩固的一个极其重要的全局问题。

本书试图在马克思主义指导下，以探讨我国实际的经济效益问题为中心。但是，由于传统的经济体制是低效益的体制，作为这种体制在意识形态上反映的传统经济理论，是忽视对经济效益问题研究的。在曾经

---

① 汪海波：《中国建成独立完整的工业体系》，《北京周报》（英文版）1989年第39期，第22~27页。

长期存在的"以阶级斗争为纲"的"左"的错误影响下，甚至把经济效益理论当做修正主义来批判。这样，在党的十一届三中全会以前的一个长时间内，经济效益问题的研究，并没有受到应有的重视。在这以后，这个问题的研究才有了比较充分的展开。当然，在许多方面还需要进一步深化。考虑到这一点，我在本书第一篇对经济效益的一般理论问题（包括经济效益的概念、提高经济效益的客观可能性及其重大意义等）做了分析。但作为本书主体的第二、三、四篇，都是分析我国工业经济效益变化的历史现状和特征，以及这些特征的成因和提高工业经济效益的途径的。这是其一。其二，本书对我国工业经济效益问题的分析，立足于运用大量的统计资料，力图突出实证的特点。其三，本书对我国工业经济效益的探讨，在很多方面是基于我所阐述的我国经济发展的周期理论。这些可以看做是本书的一些重要特点。

鉴于社会主义国家所有制工业在我国工业和国民经济中居于主导地位，本书主要考察了国有工业的经济效益问题。当然，其中许多分析，对我国其他经济成分的工业经济效益问题也是适用的。

本书引用的马克思主义经典著作以及党和政府的经济文献，主要都是人民出版社出版的，本书引用的统计资料，主要都是中国统计出版社出版的，故不一一注版名。只是在引用由其他出版社出版的书时才注版名。

本书统计资料的主要部分已经引用到了 1988 年，还有部分的统计资料已经引用到了 1989 年。

本书各章所列的表格，不只是供该章分析问题用，其中许多表格也供后续各章分析问题用。

本书写作过程中，国家计划委员会投资研究所刘立峰同志帮我对许多资料做了计算，并帮我写了某些部分（如第三章第四部分和第十二章第五部分），特在此向他表示感谢!

本书写作经历了近三年的时间，但由于作者水平有限，书中难免有错误。请读者给予批评指正。

作　者

1990 年 6 月 11 日

第一篇 社会主义工业经济效益概论

第一章 社会主义工业经济效益的概念

对于什么是社会主义经济效益（包括社会主义工业经济效益）的问题，流行的说法就是投入与产出的比较。从一定的意义上说，这种看法并没有错，而且不失为一种简单而明了的定义。但这个简单的、作为生产一般的经济效益定义，并没有揭示出商品生产条件下经济效益的特点，也没有揭示出现代化生产条件下经济效益的特点，更没有揭示出社会主义有计划的商品经济条件下经济效益的特点。因此，要完整地把握经济效益概念的全貌，并不能只是满足于这个简单的定义，而必须对它做深入的剖析。

但是，鉴于社会主义经济概念概括了社会主义经济生活中很复杂的现象，包含着丰富的内容，要说明它，需要采用科学的方法。这里试图运用经济学研究中的抽象法对社会主义经济效益这一概念进行剖析，分下列四个步骤来进行。

第一，先从抽象的、共同的意义上看。这里所说的抽象的、共同的意义，包括三层意思：一是撇开了商品生产这种经济形式；二是抽象了现代化生产这个因素；三是舍弃了社会主义生产关系这个因素，只是从生产一般的意义上来理解经济效益这个概念。

就物质生产部门来看，所谓经济效益就是投入和产出的比较。投入，依据评价经济效果标准的选择，可以是劳动的占用，也可以是劳动的消耗；可以是物化劳动的消耗，也可以是活劳动的消耗，等等。产出，也依据评价经济效果标准的选择，可以是各种形式的生产成果。

提高经济效益，就是在一定的条件下，用同样多的投入获得较大的，以至最大的产出，或者说以较小的，以至最小的投入获得同样多的产出。这里指的产出，都是指的一定质量的产出。从这方面来说，所谓提高经济效益，概括地讲，就是节省劳动时间。

第二，把商品经济因素引进来看。在商品经济的条件下，投入中的劳动占用和劳动耗费，都不是直接以劳动时间计算的，而是以价值计算的。价值量并不是由个别劳动时间决定的，而是由社会必要劳动量决定的。作为产出成果的商品，具有价值和使用价值二重性。其使用价值也具有商品经济的特征，必须是社会的使用价值，不论在质上和量上都必须是社会需要的使用价值。在这种条件下，投入和产出的比较，都是价值的比较。

第三，把现代化生产这个因素引进来看。随着近代工业特别是现代工业生产的巨大发展，有种类越来越多、数量越来越大的自然资源加入到人类社会的生产过程。诚然，自然资源从来都是人类社会生产的一个必要因素，是物质财富的一个重要来源。"马克思说过："劳动并不是它所生产的使用价值即物质财富的唯一源泉。"正像威廉·配第所说："劳动是财富之父，土地是财富之母。"① 但是，在资本主义社会以前，自然资源作为生产社会物质财富的必要因素，主要还是局限在农业生产过程中，除了土地这种自然资源以外，其他的自然资源种类不多，数量不大。随着近代工业特别是现代工业的发展，自然资源所加入的生产过程已经不再局限于农业，甚至主要还不是农业，而是广泛地加入了工业及其他行业的生产过程，其品种之多，数量之大，都是过去的任何时代所无法比拟的。从这方面来说，自然资源在人类社会生产中的作用是大大增长了。当然，在人类社会初期，社会生产力极为低下，人类的生存资料几乎全依靠自然资源来提供。在那时的条件下，自然资源在人类生活中也是极为重要的。但那种重要性，是社会生产力不发展的结果，而那时人类对自然资源的需求，也是极有限的。可是，在当代社会生产中，自然资源的重要性，却是现代化生产的结果。人们对自然资源的需求，是原始社会所望尘莫及的。二者根本不同。

另外，随着现代化生产的巨大发展，许多自然资源的相对有限性

① 马克思：《资本论》，《马克思恩格斯全集》第 23 卷，第 57 页。

（即相对于人类社会生产发展的需要来说是有限的）也日益明显地暴露出来。

这样，节约自然资源就以异常迫切、异常尖锐的形式作为一个很大的问题摆在人类面前，从而迫使我们在生产同量的产品时，不仅要考虑到尽量少的劳动占用和劳动消耗，而且还必须考虑到尽量少的自然资源的占用和耗费。在现代化生产的条件下，节约自然资源的重要性，达到了这样的程度：为了节约某种自然资源，人类不得不耗费大量的劳动。

需要着重指出：在我国现阶段，节约自然资源具有某种特殊的重要性。这是同我国自然资源占有及其开发利用的特点相联系的。一是自然资源短缺。诚然，我国自然资源总量很大，其中许多资源总量居世界前列；但由于人口众多，大部分资源每人平均占有量又低于世界每人平均占有的水平。据有关单位依据 20 世纪 80 年代初期的有关资料计算，45种主要矿产工业储量价值，中国人均占有为 1.19 美元，世界人均占有为 1.77 美元，中国人均占有只有世界人均占有的 67.2%。另外，有关部门依据 20 世纪 80 年代中期有关资料计算，在被计算的 35 种主要矿产工业储量中，我国人均占有储量高于世界平均水平的只有 11 种，占 31.4%；低于世界平均水平的有 24 种，占 68.6%（详见表 1-1）。二是自然资源的分布很不平衡。例如，南方水多煤少，北方水少煤多，水能资源则以西部最为丰富。这不仅给工业的合理布局和地区经济的均衡发展带来了困难，而且增加了运输量。因而节约自然资源，同时也就减少了运输量。三是自然资源利用效益很低。主要表现如下：

表 1-1　我国主要矿产人均工业储量与世界人均储量比较

矿　种	储量单位	中　国	世　界	中国人均工业储量为世界人均数的倍数
铁　矿	（含铁量）亿吨	8.3 吨/人	18.7 吨/人	0.44
锰　矿	万吨	0.23 吨/人	0.76 吨/人	0.30
铬铁矿	万吨	4.1 公斤/人	14.28 公斤/人	0.003
钒　矿	万吨	12.2 公斤/人	3.5 公斤/人	3.49
钛　矿	万吨	236 公斤/人	87.8 公斤/人	2.69
铜　矿	万吨	28 公斤/人	105 公斤/人	0.27
铅　矿	万吨	11 公斤/人	28.3 公斤/人	0.39
锌　矿	万吨	29 公斤/人	63 公斤/人	0.46

续表

矿　种	储量单位	中　国	世　界	中国人均工业储量为世界人均数的倍数
铋　矿	万吨	0.2公斤/人	0.09公斤/人	2.2
铝土矿	万吨	470.4公斤/人	4828公斤/人	0.10
镍　矿	万吨	3.9公斤/人	21.1公斤/人	0.13
钴　矿	万吨	0.08公斤/人	1.7公斤/人	0.05
钨　矿	万吨	2.1公斤/人	0.7公斤/人	3
锡　矿	万吨	1.6公斤/人	0.6公斤/人	2.67
钼　矿	万吨	3.3公斤/人	2.4公斤/人	1.38
汞　矿	吨	0.2公斤/人	521公斤/人	0.004
锑　矿	万吨	0.8公斤/人	1公斤/人	0.8
银　矿	万盎司	0.31盎司/人	2.3盎司/人	0.13
铂　矿	万盎司	0.0007盎司/人	0.25盎司/人	0.003
金　矿	万盎司	0.02盎司/人	0.3盎司/人	0.07
稀土矿	万吨	13.2公斤/人	3.1公斤/人	4.26
煤　矿	亿吨	267.3吨/人	40吨/人	6.67
石　油	万吨	3.85吨/人	18.7吨/人	0.21
耐火黏土	万吨	528公斤/人	14472公斤/人	0.04
萤　石	万吨	20.5公斤/人	135.4公斤/人	0.15
菱镁矿	万吨	1.16吨/人	0.71吨/人	1.63
磷　矿	万吨	5.4吨/人	7.1吨/人	0.76
硫铁矿	万吨	0.6吨/人	0.57吨/人	1.05
天然碱	万吨	45.8公斤/人	8226公斤/人	0.006
钾　矿	万吨	139.4公斤/人	3568公斤/人	0.04
硼　矿	万吨	23.9公斤/人	129.5公斤/人	0.18
重晶石	万吨	46.4公斤/人	95.2公斤/人	0.49
金刚石	万克拉	0.001克拉/人	0.399克拉/人	0.003
石　棉	万吨	24.4公斤/人	31.5公斤/人	0.77
石　墨	万吨	44.8公斤/人	31.6公斤/人	1.42

资料来源：美国矿业局:《矿产实况与问题》，1985年版;《矿产品概况》，1986年版;1983年世界能源会议(WEC):《能源资源调查》,《国际煤炭通讯》1983年11月25日。

（1）矿产资源利用率低。据有关部门1988年以来的统计资料，我国国有煤矿采矿回收率为50%~60%，地方煤矿为30%~40%，小煤窑仅10%~20%，综合起来看，煤炭总回采率在40%左右。再考虑矿山储量设计利用率、洗精煤回收率（55%）及运输损失率，全国煤炭能源最终利用率只在10%~20%，多数能源总利用效率为20%~30%；而日本、美国为51%，西欧一些主要国家达40%。我国铁矿采选冶回收率65%~69%，若考虑储量设计利用率及钢铁加工时的利用率，则铁矿资源总利用率只有 36.7%。主要有色金属采选冶回收率 50%~60%，再考虑矿山储量利用率及各工业部门有色金属材料一次直接利用率（一般 60%），则有色金属矿产资源总利用率只有 25% 左右。非金属矿综合回收率 20%~60%。我国矿产资源总利用率比发达国家低 10%~20%。

　　矿产资源综合利用率低。据统计，在我国 1845 个已开发矿山中，综合利用有用组分利用率达 70% 以上的矿山仅占 2%。有用组分利用率达 5% 的矿山不到 15%，有用组分利用率在 2.5% 以下的约占 75%。铜、铅、锌、镍等多金属矿山综合回收率为 10%~30%，而苏联、美国、日本等经济发达国家一般可达 66%~90%，综合回收系数 80%~90%。

　　二次资源利用率低。1981~1985 年资本主义世界铜、铝、铅 3 种金属废料回收利用量分别为消费量的 51%、32% 和 44%；苏联用废钢铁炼钢占总量的 1/3，西方国家已达 50%。我国"六五"期间，废钢回收 1.03 亿吨，实际利用仅占 20%，即为同期消费量的 8%。有色金属回收利用率只占同期产量的 11% 左右，比世界水平低 3~4 倍。

　　（2）矿产资源消耗高，产出少。据有关部门对 1985 年统计资料计算，我国能源消耗强度（折合成美元）为 20 吨/万美元，美国为 7.7 吨/万美元，西德为 1.9 吨/万美元，日本为 3.8 吨/万美元，我国为国外的 3~10 倍；铜、铝、铅、锌 4 种主要有色金属消耗强度为 82~271 吨/亿美元，美国、西德、日本分别为 30~169 吨/亿美元、40~126 吨/亿美元和 137~159 吨/亿美元，我国为国外的 2 倍，即创造每单位的国民收入，我国要比发达国家多投入 3~10 倍的能源、2 倍的有色金属资源。

　　但是，近代特别是现代工业发展要求十分重视节约自然资源，仅是它的一方面的结果；另一方面，环境保护和生态平衡问题也尖锐起来。

　　自然环境和生态平衡，是人类生活和社会生产的必要条件。在资本主义社会以前漫长的历史发展中，农业是社会生产的主要部门，生产工具是手工工具，动力主要是人力和畜力。因此，一般说来，并未发生自然环境和生态平衡遭到破坏的问题。尽管在这个历史时期中，有些地方也发生过由于大规模毁林开垦而造成的自然环境和生态平衡的破坏，但从长期的历史发展来看，保护自然环境和维系生态平衡，并没有成为社会生活中的严重问题。

随着近代大工业的发展，18世纪开始了蒸汽机的使用，煤炭工业、金属冶炼、机器制造等工业部门很快发展起来，于是环境污染问题也就发生了。但是，直到20世纪初期，相对以后时期来说，问题并不严重。20世纪50年代以后，随着石油、化学、汽车、金属冶炼等工业部门在世界范围内的巨大发展，环境污染和生态平衡破坏也就发展成为严重的社会问题。这时，水面、大气、土壤污染加剧，城市噪声突出，陆地、海洋、高空都受到影响，生态平衡遭到严重破坏，以致出现了20世纪以来第一次环境浪潮。当时工业发达国家环境污染达到了严重程度，直接威胁人们的生命和安全，成为重大的社会问题，影响了经济的发展。第二次浪潮是从20世纪80年代初出现的。这是伴随环境污染和大范围生态破坏出现的一次浪潮。人们关心的是一些影响范围大、危害严重的问题，主要有酸雨、臭氧层破坏和"温室效应"。这些问题严重威胁着人类的生存和发展，成为世界各国关注的大问题。前次浪潮，人们关心的重点是小范围的环境污染问题，污染源比较少，来龙去脉可以查清楚。环境污染对人体健康的影响和造成的经济损失虽然很大，但只是在一个工厂、地区，主要出现在经济发达国家，只要被污染的工厂、地区、国家下决心治理，污染就可以得到控制或解决。而这次浪潮，被污染的范围大，污染源和破坏源众多，分布广，来源杂，有来自经济活动的，也有来自日常生活的；既来自经济发达国家，又来自发展中国家，是对人类赖以生存的整个地球环境的危害。这种危害难以回避，对人类具有致命的影响。可见，第二次浪潮的范围和严重性都发生了重大变化。[①]

这里还要提到：1990年4月26日《黑龙江日报》载文，概括了20世纪30~80年代环境污染方面，震惊世界的九大公害事件。这对我们了解这里的问题是有益的，特摘录如下。

一是马斯河谷烟雾事件。1930年12月初，在比利时马斯河谷工业区，工业排出的二氧化硫有害气体和粉尘蓄积在大气中，引起几千人出现呼吸道症状，有60人死亡。

二是洛杉矶光化学烟雾事件。1943年在美国洛杉矶市，因汽车排出的尾气（碳氢化合物）产生一种光化学烟雾，使许多居民眼红、喉痛、

---

①《人民日报》1989年1月31日第3版。

咳嗽，严重的造成死亡。

三是多诺拉烟雾事件。1948 年 9 月在美国的多诺拉镇，因炼锌厂、钢铁厂、硫酸厂等排出的二氧化碳气体和粉尘，蓄积在深谷的大气中，造成当地居民约 6000 人患病，死亡 17 人。

四是伦敦烟雾事件。1952 年 12 月，在英国伦敦，因天空蓄积酸雾进入人体呼吸道，造成 2000 余人死亡。

五是四日市气喘病。1955 年，在日本四日市因石油化工厂排出的废气，造成 510 人得喘息病，有 36 人死亡。

六是富山骨痛病。1955 年在日本富山县神通川下游地区，由于锌冶炼厂排出含有金属镉的废水，到 1970 年"骨痛病"患者达 280 人。

七是水俣病。在日本水俣湾沿岸，自 1953 年以来陆续发现一些怪病，至 1959 年才搞清，因工厂排放含汞的废水污染，造成居民有机汞中毒，据统计共发病 180 余人，死亡 50 人。

八是多氯联苯中毒事件。1968 年日本一家食油工厂，在生产米糠油过程中，由于多氯联苯残留在米糠油中，造成大范围的中毒事件，患者达一万余人，死亡 16 人。

九是甲基异氰酸盐毒气中毒事件。1984 年 12 月印度博帕尔市一家农药工厂，因毒气渗漏，造成 20 万人中毒。

正是这种情况，迫使人们在生产过程中不得不考虑到生产对自然环境和生态平衡的影响；而且，越来越需要考虑这种影响。这一点对当前我国也有特殊重要的意义。如前所述，我国由于矿产资源的不合理开发，利用率低，大量能源资源以"三废"形式排入环境中，工矿业排放物绝大部分没有处理和回收利用，造成对环境的严重污染。据有关部门 1980~1983 年统计，全国工业及城市污水排放总量为 310 亿吨，未经处理排入水域的有害物质总量达 13 万吨，被污染的净水体 5156 亿吨，占我国流水面积的 19%；工业废气每年排放各种有害物质四千二百多吨，工业及矿业固体废渣等约 4.3 亿吨，其中煤矸石 1.1 亿吨、金属尾矿 1 亿吨，目前历年堆积的工业废渣及尾矿已达 53 亿吨，占地 59 万亩。据有关部门计算，1985 年我国因"三废"污染造成的经济损失达 525 亿元，其中资源损失 315 亿元，约占当年国民收入的 7.7%。而欧洲共同体国家一般只占国民生产总值的 3%~5%。

　　这里还要提到：在第一次环境浪潮时期，由于我国对环境问题还缺乏认识，结果丧失了时机，造成积重难返的环境污染局面。我国是社会主义国家，人口众多，人均耕地少，保护粮食生产是长期的战略任务，如果"温室效应"导致自然灾害增加、粮食减产，对我国是重大威胁。此外，我国有18000公里的海岸线，海平面如果因气候变暖上升，许多海拔低的工农业发达地区将被淹没；如果臭氧层耗损破坏，人体健康将遭到危害。因此，我国在第二次浪潮来临时，尤其需要考虑生产对自然环境和生态平衡的影响。

　　所以，我们如果把现代化生产纳入考察提高经济效益的范围，那么，一方面不仅要考虑到以尽量少的劳动占用和消耗，而且要考虑到以尽量少的自然资源的占用和消耗，去获取同量的产出；同时，还要考虑到对自然环境和生态平衡的影响。这里的比较，不仅有劳动占用、耗费和产出的比较，而且有自然资源占用、耗费和产出的比较，还要有产出与对自然环境、生态平衡影响的比较，有产出与控制环境污染和维系生态平衡所需投资的比较。

　　第四，把社会主义生产关系这个因素引进来看。我们在前面考察经济效益的概念时，舍弃了社会主义生产关系的因素。但任何社会的生产都包含着生产力和生产关系两个方面，而经济效益这个概念所概括的是社会生产过程中的经济现象，因此不仅反映了生产力的发展状况，而且还必然反映社会生产关系的性质。我们在前面作第一点分析时，抽象了具体的生产力和生产关系，实际上讲的是生产一般的经济效益。在作第二点分析时，也只不过引进了商品生产一般的因素。在作第三点分析时，也仅是引进了现代化生产这样的生产力因素。这里，我们还必须把社会主义生产关系的因素引进经济效益概念的考察范围。在作这种考察时，经济效益这一概念必然又要增加一些新内容。

　　为了说明这一点，先要指出社会主义生产关系两个最本质的特点：其一，从宏观经济的角度来说，在社会主义公有制条件下，生产的目的主要是为了满足人民物质文化生活的需要。其二，国民经济是有计划发展的。

　　社会主义生产关系的这种特点，决定了社会主义经济效益概念的内容，除了包括上述的第一、二、三点以外，还有下列的一些特殊含义。

（1）在私人资本主义企业中，作投入与产出的比较时，必须也只能从企业的范围着眼。而在社会主义制度下，投入和产出的比较，就不能只是局限于企业的范围，而必须同时从整个国民经济的范围着眼。当然，微观的经济效益和宏观的经济效益在根本上是一致的，后者是由前者构成的。但二者也是会有矛盾的。在社会主义经济条件下，必须把微观的经济效益与宏观的经济效益结合起来。

（2）在私人资本主义企业中，在作投入与产出的比较时，往往局限于当前的经济效益。而在社会主义经济中，无论是考虑微观的经济效益，或是考虑宏观的经济效益，都必须把当前生产周期的经济效益与后续生产周期的经济效益紧密结合起来。

（3）资本主义企业经济效益好坏的最主要的标志，"是用最小限度的预付资本生产最大限度的剩余价值或剩余产品"。① 社会主义经济效益好坏的标志，当然也应该从企业范围内作投入与产出的比较，但更主要的还是从整个社会范围内，力求用同样的劳动及自然资源的占用、耗费，并考虑到尽量减少对自然环境和生态平衡的破坏，生产出较多的，以至最多的能够满足人民物质文化生活不断增长的需要的产品。

这里需要说明以下两点：

首先，上述三点是侧重从社会主义社会的角度来考察的经济效益。如果从社会主义企业的角度来考察经济效益，情况则有很大的不同。对作为商品生产者的社会主义企业来说，经济效益好坏的主要标志仍然是利润的最大化。但在社会主义制度下，国民经济的宏观利益与企业的微观利益，尽管存在着这样那样的矛盾，但在根本上是一致的。而且，还存在着国民经济有计划发展规律和价值规律的调节作用。因而可能做到把宏观经济效益与微观经济效益，以及长远经济效益与当前经济效益结合起来。这是社会主义经济效益的一个带根本性的特点。但要把这种可能性变成现实性，需要适合社会主义有计划的商品经济要求的经济体制，以及正确的宏观经济政策。

其次，上述三点又是侧重从资本主义企业的角度说的。但是也需指出：在当代世界资本主义经济中，在这方面也有了重大的变化。在 20 世

---

① 马克思：《剩余价值理论》，《马克思恩格斯全集》第 26 卷 Ⅱ，第 625 页。

纪 30 年代，由于生产社会性和私人资本主义占有这一资本主义经济制度基本矛盾的尖锐化，曾经导致了空前严重的震撼资本主义社会制度的世界经济危机。在此以后，随着凯恩斯的宏观经济学的产生和发展，及其在资本主义国家政策中的运用，资产阶级政府在调节经济中，在某种限度内，也把企业的微观效益与国民经济的宏观效益结合起来。但是，由于资本主义企业与社会主义企业在所有制上具有根本区别，所以，前者不可能像后者那样实现上述三点。

上面，我们分析了社会主义经济效益这一概念所包含的四个方面的内容。完整地、全面地认识、理解这些内容，不仅在理论上是必要的，而且在实践中也是有益的。例如，如果只说上述第一方面，忽视了上述第二方面，那么生产出来的产品，其使用价值在质和量的方面，就可能不适合社会的需要，造成浪费；要是忽视了上述第三个方面的内容，就可能造成资源浪费，造成某些自然资源的短缺，或者造成环境污染和生态平衡的破坏，给社会生产和人民生活带来长期的不良后果，最终影响社会主义经济效益的提高；要是忽视了上述第四个方面的内容，就可能一方面某些产品紧缺，供不应求，满足不了人民物质文化生活的需要；而另一方面某些产品又为人民所不需要，严重积压和浪费，从而引起整个国民经济比例失调，极大地降低了社会主义的经济效益。

第二章 提高社会主义工业经济效益的客观可能性

一、提高经济效益，反映了节约劳动时间规律的要求

提高社会主义经济效益，比较全面地反映了节约劳动时间的要求。这里所说的"比较全面"，是相对于提高劳动生产率来说的。后者只是体现了活劳动消耗的节约，而前者既反映了包括活劳动耗费和物化劳动耗费的全部耗费的节约，又反映了劳动占用的节约。

对于节约劳动时间规律是最重要的社会主义经济规律，马克思是这样来论述的："如果共同生产已成为前提，时间的规定当然仍有重要意义。社会为生产小麦、牲畜等所需要的时间越少，它所赢得的从事其他生产，物质的或精神的生产的时间就越多。正像单个人的情况一样，社会发展、社会享用和社会活动的全面性，都取决于时间的节省。一切节约归根结底都是时间的节约。正像单个人必须正确地分配自己的时间，才能以适当的比例获得知识或满足对他的活动所提出的各种要求，社会必须合理地分配自己的时间，才能实现符合社会全部需要的生产。因此，时间的节约，以及劳动时间在不同生产部门之间有计划的分配，在共同生产的基础上仍然是首要的经济规律。这甚至在更加高得多的程度上成

为规律。"① 这里需要说明以下三点：

第一，从某种共同的意义上说，在人类社会的各个发展阶段，都存在着节约劳动时间的趋向，就像都存在着提高劳动生产率的趋向一样。马克思说："力图用尽可能少的花费——节约人力和费用——来生产一定的产品，也就是说，资本有一种节约的趋势，这种趋势教人类节约地花费自己的力量，用最少的资金来达到生产的目的。"② 当然，在前资本主义社会，节约的趋向远不如资本主义社会那样明显，但这种趋向事实上是存在的。而只有到了社会主义社会和共产主义社会，才能够实现物化劳动和活劳动的全面节约，实现微观范围内和宏观范围内劳动时间节约的紧密结合以及当前生产周期和后续生产劳动时间节约的紧密结合。这是社会主义社会和共产主义社会特有的经济发展趋势。因此，马克思把节约劳动时间规律称作"共同生产基础上"的经济规律。

第二，按照列宁的说法，客观事物的本质是有不同的层次的，而"规律和本质是表示人对现象、对世界等的认识深化的同一类的（同一序列的）概念，或者说得更确切些，是同等程度的概念。"③ 可以说，规律也是具有不同的层次的。就居于同一层次的社会主义经济规律体系来说，节约劳动时间规律居于重要的地位。当然，从马克思列宁主义政治经济学的整个理论体系来说，一定社会的基本经济规律在该社会的经济规律体系中，总是居于主导地位。社会主义基本经济规律也是这样。但是，作为社会主义基本经济规律核心内容的社会主义生产目的的实现，是离不开劳动时间的节约的。显然，劳动时间越是得到充分的节约，人民的物质文化生活水平越可能得到迅速的提高。此外，国民经济有计划发展的规律、价值规律和按劳分配规律，在社会主义经济规律体系中也都居于重要的地位。但是，国民经济有计划按比例发展的规律、价值规律和按劳分配规律也都具有促使社会劳动时间得到节约的作用。可见，在社会主义经济规律体系中，一系列的规律作用的实现，都有赖于劳动时间的节约；有的规律本身就从不同方面，在不同程度上体现了节约劳动时间的要求。从这种意义上说，节约劳动时间规律也就是社会主义社会和

---

① 马克思：《经济学手稿（1857~1858）》，《马克思恩格斯全集》第46卷（上），第120页。
② 马克思：《剩余价值理论》，《马克思恩格斯全集》第26卷Ⅱ，第625页。
③ 列宁：《黑格尔〈逻辑学〉一书摘要》，《列宁全集》第38卷，第159页。

共产主义社会"首要的经济规律"。

第三，就居于不同层次的社会主义经济规律体系来说，节约劳动时间规律处在更为重要的地位上。例如，在工业布局中，必须遵循客观存在的地区之间经济发展不平衡的规律，使不同地区的优势得到充分发挥，从而使得社会劳动能充分节约。可以说，这个规律的作用，在相当大的程度上也体现了节约劳动时间的要求。可见，相对于地区之间经济发展不平衡这一较浅层次的经济规律来说，居于较深层次的节约劳动时间的规律又是"更加高得多的程度上"的经济规律。

二、提高经济效益，反映了国民经济有计划发展规律的要求

国民经济有计划发展的规律的一个极重要作用，就是在国民经济中实现生产资源的合理配置，从而在宏观范围内实现社会劳动的节约；同时又为企业提高生产要素的运营效益，从而为在微观范围内实现劳动时间的节约创造前提条件。

这里需要进一步说明的问题是：国民经济有计划的发展，究竟是不是社会主义经济发展的一个客观规律。近年来，我国有的学者提出：当代资本主义国家存在计划调节，社会主义国家也存在计划调节。因此，国民经济有计划的发展，并不是社会主义经济的特有规律，而是资本主义经济和社会主义经济的共有规律。这就使得本来不成问题的问题有了问题。但这种观点是值得斟酌的。

应该肯定：在 1929~1933 年空前严重的、震撼整个资本主义世界的经济危机之后，特别是在第二次世界大战以后，当代资本主义国家普遍地在市场经济的基础上实行了一定程度的计划调节。

但这种情况的出现，是同下列条件相联系的。其一，资本主义基本矛盾的发展，使得一定程度的计划调节，成为资本主义经济发展的迫切需要。其二，国家垄断资本主义的发展，为在资本主义私有制基础上实行一定程度上的计划调节提供了经济上的可能。其三，凯恩斯的宏观经济学的建立，为实现这一点提供了理论基础。其四，现代数学和现代技术在国民经济管理中的应用，为实现这一点提供了现代的计算工具和技

术手段。其五，社会主义国家实行的国民经济计划的示范效应，也推动了这一点的实现。可见，资本主义国家实行的一定程度的计划调节，是在上述条件下资本主义国家调节资本主义经济矛盾的一种措施，而并不是资本主义经济的内在本质。恰恰相反，国家垄断资本主义仍然是以生产资料的资本主义私有制为基础的；而这种私有制尽管在其矛盾发展的时候，需要有一定程度的计划调节，但在根本上又同计划调节相矛盾。

但是，国民经济有计划的发展，却是社会主义经济的内在本质。为了说明这一点，需要说明为什么社会主义国家所有制是保证国民经济有计划发展的根本经济条件。这是人们熟知的命题。但对这个命题所包含的具体内容似乎还思索得不够。

我们认为，这个命题至少包括下述三个相互联系的重要内容：

第一，马克思主义认为，一定的生产资料所有制就是一定的生产关系的总和。马克思说过资产阶级"私有制不是一种简单的关系，也绝不是什么抽象概念或原理，而是资产阶级生产关系的总和"。① 就是说，资产阶级私有制不是离开资本主义生产关系的总和而单独存在的关系，而是包括资本主义的直接生产、交换、分配和消费这样几方面关系的总和；也绝不是什么抽象的概念，而是体现在上述几个方面的生产关系上。其之所以是这样，因为这几个方面的生产关系，都是生产资料的资本主义私有制在经济上的实现。从一般的意义上说，社会主义所有制也是社会主义生产关系的总和，它也通过生产关系的各个方面实现。作为社会主义国家所有制的代表的国家，对国民经济实行计划管理，就是这种所有制在经济上实现的一项极重要内容。用法学的语言来说，社会主义国家对国民经济的计划权，是它对归社会公有的生产资料所有权在组织社会经济生活方面的表现。这一点，正是社会主义国家所有制成为国民经济有计划发展的根本经济条件的一个重要原因。当然，这里说的计划不是社会主义产品经济条件下那种排斥市场机制的计划，而是社会主义有计划商品经济条件下那种与市场调节内在统一的计划。

第二，马克思主义还认为，"每一个社会的经济关系首先作为利益表

---

① 马克思：《道德化的批判和批判化的道德》，《马克思恩格斯选集》第 1 卷，第 191 页。

现出来"。① 社会主义国家所有制也是首先作为利益表现出来的。在社会主义国家所有制经济中，尽管各个部门、各个地区和各个企业之间存在着局部利益的差别，但根本利益是一致的。正是这种根本利益的一致，使得社会主义国家有可能对国民经济实行计划管理。这也是社会主义国家所有制成为国民经济有计划发展的根本经济条件的另一个重要原因。

第三，社会主义国家所有制之所以成为国民经济有计划发展的根本经济条件，还因为这种所有制使得社会主义国家掌握了国民经济命脉，掌握了大量的产品和资金。这是保证国民经济有计划的发展，调节各部门、各地区的比例关系，克服各部门、各地区的不平衡所不可缺少的物质力量。

可见，那种以为资本主义国家和社会主义国家都存在计划调节，因而，国民经济有计划的发展是资本主义经济和社会主义经济共同规律的观点，是把资本主义国家调节资本主义经济矛盾的措施和社会主义经济的内在本质混同起来了。需要指出：区别这一点，不仅在理论上是必要的，在实践上有助于正确认识和发挥社会主义经济的优越性。

三、提高经济效益，反映了价值规律的要求

在社会主义商品经济的条件下，价值规律在决定经济效益提高方面也起着十分重要的作用。原因如下：

第一，在社会主义商品经济条件下，商品价值量由社会必要劳动时间决定这一点，是作为一种经济强力驱使企业把生产商品的个别劳动时间不断地降低到社会必要劳动时间以下，以便获取超额利润并在竞争中处于有利的地位。为此，企业就必须采取各种措施，以提高经济效益。

第二，在社会主义商品生产条件下，价值规律不仅在提高微观经济效益方面起着极为重要的作用，在提高宏观经济效益方面也有不容忽视的重要意义。社会主义国民经济的按比例的发展，是提高宏观经济效益的根本条件，也是提高微观经济效益的必要条件。国民经济按比例发展，

① 恩格斯：《论住宅问题》，《马克思恩格斯选集》第 2 卷，第 537 页。

当然需要国家计划调节。但在企业作为商品生产者存在的条件下，要实行有效的计划调节就必须利用价值规律；否则，就是事倍功半，甚至是徒劳的。而且，国家计划调节事实上也只能涉及国民经济大的方面，小的方面还要依靠价值规律的自发作用实行市场调节。当然，即使在社会主义商品生产条件下，价值规律对生产的调节作用也会带来盲目性。但是，社会主义商品经济是在生产资料公有制基础上的商品经济，同时存在着计划调节。这就有可能把这种盲目性限制在很小的范围内。

但要说明上述的价值规律的重要作用，还必须说明社会主义经济也是商品经济。纵观商品经济产生和发展的历史，一般说来，商品经济关系是处于社会生产分工体系中相互分离的彼此独立经营的生产者或生产单位之间的利益差别关系。与此相联系，商品经济产生和发展的原因，一是社会分工的发展，二是形成相互分离的彼此独立经营的生产者或生产单位利益差别的生产资料所有制形式。社会主义社会商品生产体系存在的原因也是这样。不言而喻，社会主义社会的社会分工是在不断发展的。需要说明的，不是这个原因，而是另一个原因，即生产资料所有制形式。社会主义的实践证明：导致社会主义社会商品经济体系存在的这方面原因，一是作为国民经济主体的各种社会主义公有制的形式，主要是作为国民经济主导的、带有某些企业集体所有制因素的社会主义国家所有制，以及作为社会主义经济成分的基本构成因素之一的社会主义集体所有制；二是作为社会主义经济必要补充的各种非社会主义的所有制形式，主要是个体私有制、私人资本主义所有制和外国资本主义所有制。前一方面的原因是主要的，后一方面的原因是次要的。这里所说的社会主义社会中各种生产资料所有制形式（或社会主义社会中多种经济成分）只是它的基本形态，至于由这种基本形态而产生的派生形态（如由各种所有制而形成的联合所有制等），是可以略而不论的。这样，我们只要论证了上述各种所有制存在的必然性，也就从根本上说明了社会主义商品经济体系存在的原因。

然而，社会主义的集体所有制以及各种非社会主义的所有制成为商品经济的原因，是早已明确了的问题，无须多加说明。唯独社会主义的国有企业成为商品生产者的原因，是新中国成立以后一直到党的十二届三中全会以前都没有在党的中央文件中得到正式反映和为学术界、经济界普遍承认的难题。而且，这个问题在社会主义社会商品经济存在的原因中是极重要的问题。因此，需要单独地着重地进行考察。

我们认为，社会主义的国有企业之所以成为商品生产者，就是由于社会主义国家所有制还带有集体所有制的成分。

鉴于这个问题在理论上和实践上具有极端重要性，我们在下面将做较为详细的分析。

劳动力和生产资料是一切社会生产的必要因素。只有把二者结合起来，才能实现社会的生产。因此，劳动力和生产资料的结合，是一切社会生产的出发点。但在人类社会发展的各个阶段，组织劳动力和生产资料结合的生产单位是不同的。人类社会生产发展的历史表明：这种一定的作为社会生产组织形式的基本单位，总是由一定的生产力决定的。在人类社会的初期，生产工具是十分简陋的石器，生产力极为低下，不仅进行生产，而且保卫人类的生存，都需要依靠集体的力量。这样，原始公社就成为基本的生产单位。后来，到了原始社会的末期，铁制的生产工具出现了，以单个的家庭作为生产的组织形式，才有了可能。在人类历史上，这种生产组织形式曾经长期地作为一种生产单位而存在着。只是到了近代，由于资本主义大机器工业的发展，这种生产组织形式才逐渐地趋于瓦解，并逐渐地成为另一种生产组织形式，即被以使用机器设备作为物质技术基础的，存在复杂的分工协作关系的，大规模的资本主义企业所代替了。在资本主义社会条件下，企业是社会生产的基本单位。

资本主义社会的基本矛盾，即生产的社会性和生产资料的私人资本主义占有之间的矛盾的发展，要求消灭生产资料的资本主义私有制和建立生产资料的社会主义的公有制，但并没有提出改变企业作为基本生产单位的要求。各国社会主义革命的经验也已经证明：在无产阶级夺取政权以后，可以而且必须做到前一方面，但并不能改变后一方面的事实。当然，随着生产资料所有制性质的根本变革，企业的社会经济性质也根本改变了，即由资本主义的企业变成了社会主义的企业。但是，企业作为社会生产基本单位的功能并没有消失，而且也不会消失。

现在的问题是：具体地说来，究竟为什么企业作为社会基本生产单位的功能还将长期存在下去呢？

由于现代生产力的发展，使得企业拥有越来越现代化的、越来越复杂的技术装备，拥有科学技术文化水平越来越高的各种不同类型的劳动者，企业内部的劳动分工和协作、生产过程各个组成部分之间联系以及企业之间的联系，都是越来越复杂、越来越严密的。

还需指出：在社会主义历史阶段，还存在着商品生产。但我们这里说的商品生产还不涉及社会主义国家所有制企业也是商品生产者，因为这正是要证明的问题。但下述四方面的商品生产关系是很清楚的：一是在社会主义国家所有制与社会主义集体所有制之间存在着商品生产关系；二是由社会主义国家所有制企业提供的消费资料也是当做商品来生产的；三是在各种社会主义公有制形式与作为社会主义经济必要补充的个体经济、私人资本主义和外国资本主义经济之间也是商品生产关系；四是由社会主义国家所有制企业提供的出口产品也是当做商品来生产的。与这些商品生产相联系的国内外市场情况是很复杂的，并且处于迅速的变化过程中。

面对着这样复杂、多变的生产和市场的状况，如果把整个的社会主义国家所有制经济当做一个生产单位来看待，由国家直接来组织全部的劳动力和生产资料的结合，企业所有的生产经营活动都由国家直接指挥，这简直是不可能的。这里且不说其他条件，单就作为管理的必要条件之一的信息也是不具备的。尽管现代科学技术大大发展了，但也不可能把全部企业的所有的生产、经营活动及时地传达到远离生产和市场的国家，因而国家也不可能对企业的所有微观活动作出及时的、正确的决策，即使是正确的，也难以及时地反馈到企业。这样，如果强行由国家直接管理所有企业的全部微观活动，势必贻误企业的生产和经营，阻碍企业生产和经营的发展，甚至造成重大障碍，使企业的生产和再生产无法顺利地进行下去。

但是，如果依据这样复杂、多变的生产和市场的情况，把社会主义国家所有制企业作为一个生产和经营单位，使得企业在国家计划指导下，直接组织劳动力和生产资料的结合，组织企业的生产和经营，那么，就有利于发挥处于生产和市场第一线的企业在组织生产和经营方面的积极性；有利于企业生产和再生产的顺利进行；有利于促进企业生产和经营的发展；有利于提高企业经济活动的效益。①

可见，社会主义国家所有制企业之所以还是生产和经营单位，正是由现代工业生产力决定的，正是适应了生产社会化发展的要求。

社会主义国家所有制企业作为生产、经营单位造成了两种可能性：一是在社会主义国家和企业之间发生了生产资料所有权和使用权的分离；二是企业有了独立的物质利益。显然，如果企业不是生产经营单位，那不仅在社会主义国家所有制经济中不可能发生生产资料所有权与使用权的分离，而且国有企业也不可能有什么独立的物质利益。为了简明地说明问题，我们可以假定两个生产同类产品的企业，它们拥有的职工人数及其技术等级和劳动时间都是相同的，因而两个企业劳动者个人实际付出的劳动量的总和也是相等的。但是，由于两个企业经营管理水平有差别，它们在组织生产和经营决策方面的集体努力程度有差别，作为企业劳动者集体，它们向社会提供的有效劳动量仍然是可以不等的。就是说，经营管理好的企业，有效劳动多些，无效劳动少些，职工的劳动质量也高些，因而提供的社会必要劳动量就多些；反之，经营管理差的企业，相对说来，有效劳动少些，无效劳动多些，职工的劳动质量也差些，因而提供的社会必要劳动量就少些。可见，正是与国有企业作为生产经营单位相联系，才有可能在企业之间发生生产经营成果之间的差别，才有可能发生企业的独立的物质利益。

但是，企业作为生产经营单位也只是为这两种情况的发生提供了条件，而并不是它们产生的原因。显然，即使在将来的共产主义社会条件下，企业也还会是社会生产的基本单位。② 但那时候肯定不会发生社会主义条件下这样两种情况了。

那么，这两种情况发生的原因是什么呢？在社会主义历史阶段，社会生产力是会大大地向前发展的，但还不能达到社会产品极大丰富的程度；脑力劳动和体力劳动、工业和农业以及城市和乡村之间的对立已经

---

① 按照严格的科学概念，企业的根本特征不在于它是社会生产的基本单位，而在于它是以营利为目的，以出售产品的货币收入补偿生产上的支出并能获得盈利的生产单位。但这样的企业概念，像企业是商品生产者的命题一样，在这里都是有待证明的问题。只是为了分析问题的方便，我们权且在企业是社会生产的基本单位的意义上借用企业的概念。

② 也是在企业是社会生产的基本单位的意义上借用企业的概念。

消灭了，它们之间的重大差别也逐步趋于缩小，但在一个长时间内，这种差别还将存在着；在社会生产力巨大增长的基础上，劳动日的长度有可能趋于缩短，劳动强度也有可能趋于减轻，但还达不到实现共产主义社会所要求的地步。这样，在社会主义的历史阶段，尽管具有共产主义劳动态度的人会越来越多，但对社会大多数成员来说，还不能做到把劳动看做是第一生活需要，而是把劳动当做谋生手段。

长期以来，由于人们把整个社会主义国家所有制经济看做是一个生产单位，而不认为企业是一个生产单位，因而似乎这一点只是适用于劳动者个人，对企业劳动者集体是不适用的。这是值得商榷的。其实，企业劳动者集体就是由劳动者个人组成的。既然劳动者个人把劳动当做谋生手段，那企业劳动者集体也不能不是这样。就是说，企业劳动者集体不仅把劳动当做谋生手段，而且把经营企业的全部经济活动，都当做谋生手段。因而，企业不仅要求取得与它们的生产成果相适应的收入，而且要求取得与它们的经营成果相适应的收入（在企业上缴了国家各项收入以后）。这样，社会主义国家所有制企业也就有了自己独立的经济利益。

这一点，同时又赋予了企业以经济学意义上的对生产资料的经营使用权。显然，如果企业不是把组织经营活动看做是谋生手段，不由此给企业带来物质利益，那么，企业就不可能有什么经济学意义上的对生产资料的经营使用权。

在社会主义国家计划的指导下，企业对归国家所有的生产资料拥有使用权，并有自己独立的经济利益，因而似乎可以说，社会主义国家所有制带有某些企业集体所有制的成分。按照马克思主义的观点，一定的所有制就是一定的生产关系的总和；一定的生产关系又是首先作为一定的利益关系表现出来的。而社会主义国家所有制企业又具有独立的经济利益。从这方面来看，说社会主义国家所有制带有某些企业集体所有制的成分，无论在事实上或理论上都是可以的。

由于社会主义国家所有制还带有某些企业集体所有制成分，因而国有经济中还存在着局部劳动，存在着局部劳动和社会劳动的矛盾。正是这个矛盾使得国有企业生产的产品还必须表现为商品，生产商品的劳动还必须表现为价值。因为只有遵循商品经济的规律即价值规律来调节国有企业之间的商品交换，才能实现企业的独立经济利益，才能实现局部劳动向社会劳动的转化。虽然，只有在产品价格由社会价值的转化形态，社会生产价格决定的条件下，企业的生产经营水平越高，个别生产价格与社会生产价格的差距越大，剩余产品的价值量越多，在上缴了国家各项收入以后，归企业支配的收入越多，企业自留的生产发展基金、劳动报酬基金、集体福利基金和后备基金也越多。

归结起来说：其一，企业作为社会生产的基本单位，是社会主义国家所有制经济中生产资料所有权和使用权发生分离，以及企业具有独立的经济利益的条件；而由社会生产力的状况决定的企业劳动者集体把企业的生产经营看做谋生手段，是这种分离和这种利益赖以形成的原因。其二，企业对生产资料拥有使用权，以及具有独立的经济利益，是构成社会主义国家所有制带有某些企业集体所有制的成分的两个基本要素。其三，社会主义国家所有制带有某些企业集体所有制成分，又是使国有企业成为商品生产者的原因。

综上所述，既然提高社会主义经济效益反映了社会主义节约劳动时间规律、国民经济有计划发展规律和价值规律的要求，因而，它就具有客观可能性。但要把社会主义经济制度在提高经济效益方面的优越性充分地发挥出来，也还需要一系列的条件。就我国 40 年社会主义建设的经验来看，最重要的是党和国家宏观经济决策正确，经济结构协调，经济管理体制合理，企业经营管理水平高。在政治方面，要有安定团结的环境。

第三章　提高社会主义工业经济效益的重大意义

一、提高经济效益，是社会主义社会发展的基础

提高经济效益，是一切社会发展的基础，也是社会主义社会发展的基础。这一点表现在下述三个方面：

第一，先就提高经济效益与发展社会生产力的关系来说。按照历史唯物主义的观点，一切社会的发展都依赖于社会生产力的发展。而提高经济效益的实质就是劳动时间的节约。在某种共同意义上说，劳动时间的节约就等于社会生产力的发展。马克思对这一点作过这样的说明："真正的经济—节约—是劳动时间的节约（生产费用的最低限度和降到最低限度）。而这种节约就等于发展生产力。"① 这就是说，发展社会生产力，可以降低生产费用，增加剩余产品的价值；通过节约在某种限度内也可以产生这样的结果。

第二，再就提高经济效益与增加社会财富的关系来看。马克思主义政治经济学认为，使用价值是一切社会的财富的物质内容，是人类社会生存的永恒条件。② 而从最重要的方面来说，社会财富的增长在于经济效益的提高。马克思在引用并肯定李嘉图的话时说过："真正的财富就在于

① 马克思：《经济学手稿（1857~1858）》，《马克思恩格斯全集》第16卷下，第225页。
② 马克思：《资本论》，《马克思恩格斯全集》第23卷，第48、56页。

用尽量少的价值创造出尽量多的使用价值。换句话说，就是在尽量少的劳动时间里创造出尽量丰富的物质财富。"①

第三，就提高经济效益与增加剩余产品的关系看。剩余产品的增长与经济效益的提高是直接相联系的。剩余产品的价值是积累的源泉。积累是扩大再生产和发展科学、文化、教育事业的重要源泉。恩格斯说过："人类社会脱离动物野蛮阶段以后的一切发展，都是从家庭劳动创造出的产品除了维持自身生活的需要尚有剩余的时候开始的，都是从一部分劳动可以不再用于单纯消费资料的生产，而是用于生产资料的生产的时候开始的。劳动产品超出维持劳动的费用而形成的剩余，以及社会生产基金和后备基金从这种剩余中的形成和积累，过去和现在都是一切社会的、政治的和智力的继续发展的基础。"②

上述三方面的情况表明：提高经济效益是一切社会发展的基础，也是社会主义社会发展的基础。为了进一步证明这一点，我们还可以作以下四种比较。

第一，从原始公社到资本主义社会的各个社会经济形态发展的历史表明：相继后起的社会的经济、文化发展水平都超过了前续的社会，特别是资本主义社会的经济、文化发展水平更是大大超过了已往的各个时代。这一点，同后起社会的经济效益比较高，特别是同资本主义社会的经济效益高，是有直接联系的。已故苏联著名经济学家斯特鲁米林院士对人类社会技术进步和生产发展的速度曾作过粗略测算。他认为，石器时代技术进步的速度平均每一万年只提高 1%~2%；进入铁器时代，反映技术进步的劳动生产率的增长速度，平均每一百年提高 4% 弱；到蒸汽时代和电器时代，以美国为例，产业工人劳动生产率从 1870~1949 年，平均每年增长 1.5%~3%。③ 由于技术进步的速度越来越快，即使在资本主义国家，其工业发展速度也是加快而不是减慢的。英国在 1700~1780 年的 81 年间，其工业产值年平均增长率为 0.9%，而在 1781~1917 年的 137 年间，年平均增长率为 2.2%~2.5%。④ 上述材料表明：正是技术进步导致劳

① 马克思：《剩余价值理论》，《马克思恩格斯全集》第 26 卷Ⅲ，第 281 页。
② 恩格斯：《反杜林论》，《马克思恩格斯选集》第 3 卷，第 233 页。
③《人民日报》1982 年 11 月 19 日第 2 版（或苏《新时代》1959 年第 47 期）。
④《国民经济和社会统计资料（1950~1982）》，中国财政经济出版社 1985 年版（下同），第 33、432 页。

动生产率的提高，从而引起经济增长率的加快。

第二，如果把当代发达的资本主义各国的情况作一下对比，我们还可以看到以下两点：

（1）在第二次世界大战以后，日本的经济效益的提高速度比其他资本主义国家要高，因而经济增长率也比较高。

表 3–1　经济发达的资本主义国家国民生产总值增长率与国民经济劳动生产率增长速度的比较

单位：%

国别	国民生产总值增长率		劳动生产率的增长速度	
	1961~1970 年	1971~1980 年	1961~1970 年	1971~1980 年
日　本	10.4	4.6	9.1	4.0
美　国	4.4	3.0	2.7	0.8
法　国	5.5	3.6	4.9	3.3
联邦德国	4.4	2.7	4.7	3.2
英　国	2.9	1.9	2.7	1.8

表 3–1 表明：1961~1980 年，日本的劳动生产率的增长速度大大高于美国、法国、联邦德国和英国，因而经济增长率也是大大高于其他的资本主义国家。

（2）尽管 20 世纪 60 年代以来，许多主要资本主义国家的经济效益水平与美国的差距已趋于缩小，但直到目前，美国经济效益水平仍然是最高的。而且，正是由于这一点，美国仍然是当代经济、文化最发达的资本主义国家。

表 3–2、表 3–3 表明：在当代经济发达的国家中，美国的社会劳动生产率是遥遥领先的。因此，美国人均国民收入超过了所有的经济发达国家。

表 3–2　1987 年世界主要国家经济实力对比

（以美元为货币单位）

国别	国民收入	
	总额（亿元）	人均（元）
全世界	77750	1550
美　国	16500	6825
日　本	7200	5900
联邦德国	3650	5975
法　国	3150	5725
英　国	2450	4300

国别	国民收入	
	总额（亿元）	人均（元）
意大利	2200	3850
苏 联	11000	3900
中 国	5350	500

资料来源：苏联《世界经济与国际关系》1987 年第 11、12 期。
说明：统计数字均以 1980 年价格计算。

表 3-3　1987 年世界主要国家社会劳动生产率对比

单位：美元/年劳动者

国别	社会劳动生产率
全世界平均	5725
美 国	44825
日 本	—
联邦德国	25350
法 国	29150
英 国	21300
意大利	—
苏 联	13100
中 国	1300

资料来源：苏联《世界经济与国际关系》1987 年第 11、12 期。
说明：统计数字均以 1980 年价格算的。

第三，把当代经济发达的国家与第三世界国家 1800 与 1900 年经济发展的情况做一下对比，也很能说明问题。为此，我们依据日本学者江崎瑞于奈的计算，列表 3-4 于后。

表 3-4　1800 年和 1900 年各国国民生产总值在世界国民生产总值中的比重

（以世界国民生产总值为 100）　　　　　　　　　　　　单位：%

国别	1800 年	1900 年
欧 洲	28.0	62.0
美 国	0.8	23.6
日 本	3.5	2.4
第三世界	67.7	11.0
其中：中 国	33.3	6.2
印 度	19.7	1.7

资料来源：日本《读卖新闻》1988 年 5 月 16 日。

表 3-4 说明：1800~1900 年，欧洲和美国等资本主义国家，由于先后相继完成了资本主义工业化，社会劳动生产率有迅速的提高，因而，它们在世界国民生产总值所占的比重由 1800 年的 28.8% 上升到 1900 年的 85.6%；而广大的第三世界国家，社会生产力还停留在手工劳动阶段，社会劳动生产率处于停滞状态，在世界国民生产总值中的比重由 67.7% 下降到 11%。当然，在这期间，日本工业化进程相对缓慢，它在世界国民生产总值中的比重也由 3.5% 下降到 2.4%。

第四，我国是一个社会主义国家，但也是一个发展中国家，经济效益水平很低，因而经济、文化发展水平还远远落后于当代经济发达国家。我们把表 3-2 和表 3-3 所列的数字换算一下，并列表 3-5 和表 3-6 于后。

表 3-5 1987 年中国与当代经济发达国家经济实力的对比
（以中国为 1）

国　别	人均国民收入
中　国	1
全世界	3.1
美　国	13.7
日　本	11.8
联邦德国	12.0
法　国	11.5
英　国	8.6
意大利	7.7
苏　联	7.8

资料来源：同表 3-2。

表 3-6 1987 年中国与当代经济发达国家社会劳动生产率的对比
（以中国为 1）

国别	社会劳动生产率
中　国	1
全世界平均	4.4
美　国	34.5
日　本	—
联邦德国	19.5
法　国	22.4
英　国	16.4
意大利	—
苏　联	10.1

资料来源：同表 3-3。

表 3-5 和表 3-6 说明：由于我国社会劳动生产率成倍地乃至成十倍地低于当代经济发达的国家，我国人均国民收入也成倍地乃至成十倍地低于当代经济发达国家。值得注意的是，由于我国社会劳动生产率成倍地低于全世界平均水平，我国人均国民收入也成倍地低于全世界平均水平。

上述四方面的对比表明：提高经济效益，对各个社会（包括社会主义社会）的发展，都有极为重要的作用。

二、提高经济效益，是社会主义建设中的一个核心问题

依据已往多年社会主义建设的经验，在我国社会主义经济发展中经常遇到的重要问题有：社会主义生产目的问题，社会主义生产的经济效益问题，社会主义生产的发展速度问题、社会主义国民经济按比例发展的问题，等等。在这些问题中，经济效益问题是一个核心问题。但是，在过去经济工作指导方面的"左"倾错误的影响下，流行的观点却把生产发展速度问题看做是压倒一切的、最重要的问题。这表现在下列三个重要方面：

第一，只是片面强调生产发展速度的重要性，忽视生产的经济效益，甚至根本不计生产的经济效益。这种观点是片面的。

首先，这里需要明确：已往和现在通常讲的生产增长速度都是指的工业和农业等物质生产部门总产值的增长速度，并不是指的国民收入的增长速度，更不是指的剩余产品价值的增长速度。①在这种意义上来讲速度，那么，只是在经济效益提高的条件下，社会财富才有可能迅速地增长。如果经济效益降低了，那么社会财富就不能得到迅速增长，甚至会减少。可见，只有建筑在经济效益提高基础上的发展速度，才会是对社会生产有益的；否则，就是益处不大的，或是无益的，甚至是有害的。还需指出，现在计算工业的增长速度，就是计算工业总产值，舍弃了产品的结构、性能和质量等使用价值的指标。所以，依照这种办法计算的

---

① 本章是在这个意义上讲的速度。

工业速度，最多只能反映出工业的产出量的增减，[①]不能反映上述的有关使用价值内容的变化。这样，在传统经济管理体制下，如果片面强调提高工业生产的发展速度，必然造成产品的品种减少，质量下降和货不对路。其结果是：工业速度提高了，品种减少了，质量下降了，货不对路的情况增长了。这样的速度，是图虚名，而招实祸。

为了说明把增长速度建筑在提高经济效益的基础上的重要意义，把我国的经济发展和当代经济发达的国家作一下对比，是很有必要的。1953~1980年，我国国民生产总值增长了4倍多（已经扣除了物价上升的因素），每年平均增长速度为6.1%。这种增长速度同当代世界主要国家相比较，并不算慢。同前述时期相近的30年来，国民生产总值的每年平均增长速度，日本为8.3%，联邦德国为5.3%，法国为4.7%，美国为3.5%，英国为2.6%。可见，我国国民生产总值的增长速度，仅次于日本，比其他的主要资本主义国家都要高。

1953~1980年，我国每年平均的总投资率为28.8%。远比大多数西方国家要高，但低于日本。日本自1960年以来，总投资率一直维持在30%以上。

但是，我国的投资效益比较低。1953~1980年，我国平均每100元投资增加的国民生产总值为23元，日本为35元，联邦德国为32元。我国的投资效率比日本和联邦德国要低1/3。

上述的对比情况表明：在过去一个长时间内，我们走的是一条高速度、高积累、低效益的路子。这样，虽然积累高，速度快，但实际增加的财富不多。这正是我国同经济先进国家还有很大差距的一个重要因素。这个差距集中地表现为按人口平均计算的国民生产总值，我国比经济发达国家还要低得多。1980年，按人口平均计算的国民生产总值，美国为10668美元，日本为8718美元，联邦德国为12167美元，法国为10647美元，英国为7130美元，而我国只有291美元。美国比我国高35.7倍，日本高29倍，联邦德国高40.8倍，法国高35.6倍，英国高24.1倍。这

[①] 这里还需指出：即使对产出量变化的反映，也不是很准确的。因为当前计算工业总产值是以"工厂法"计算的，即是以企业为单位计算。这样，一件产品由本厂加工是一个产值数，同外厂协作、由外厂加工，由于重复计算，产值增长了。但实际上社会财富的价值并没增加。反之，如果企业之间搞联合，由于减少了重复计算，产值下降。但实际上社会财富的价值也没有减少。

种情况说明：只有在讲究经济效益的基础上提高生产发展速度，才能有效地增加社会财富。

其次，经济效益是制约生产发展速度的一个重要因素。下述简单的公式可以清楚地说明这一点。

经济增长率＝投资率（指总投资额占国民生产总值的比率）× 投资效率

上述公式表明：在投资率已定的条件下，经济增长率是同投资效率成正比的。当然，这是简单的公式，它抽象了许多具体情况，因而把它运用于实际生活，还要注意许多条件。但它表明了提高经济效益对于增进发展速度的重要作用。

最后，只有在经济效益增长的基础上，提高发展速度，才有持久的速度；否则，就必然要出现大起大落的情况。这样，从长期看，速度不是提高了，而是下降了。新中国成立以后30余年的社会主义建设的经验反复地证明了这一点。最突出的例子是：第一个五年计划期间，伴随着工业生产的增长，经济效益也提高了。这个时期每100元积累增加的国民收入为35元。因而工业得到了持续的增长，整个计划时期工业总产值年平均增长速度达到了18%。与此相反，第二个五年计划期间，由于经济工作指导方面的"左"的错误，头三年（1958~1960年）工业总产值年平均增长速度达到了32.8%。但同时经济效益大大下降了。这个时期每100元积累增加的国民收入下降到1元。因而后两年（1961~1962年）为－28.2%。这样，整个计划时期的年平均增长速度只有3.8%。

上述情况表明：在处理生产速度和经济效益的关系时，必须要把生产增长放在经济效益提高的基础上，而绝不能忽视经济效益。

第二，片面强调发展速度的重要性，否定一定的发展速度要以一定的比例关系为前提；强调比例要服从于速度，而不是强调比例要服从于经济效益。

这种观点的片面性，首先就在于它否定了速度对于比例的依存关系。当然，生产的发展速度也是改变比例关系的条件。但这并不能否定比例对于速度的制约作用。

这种观点的片面性，还在于它否定了经济效益对于比例关系的制约作用。当然，适当的比例关系是取得宏观经济效益的一个必要条件。但是，比例关系有失调的比例关系和协调的比例关系的区别；在协调的比例关系中也有最佳的比例关系和次佳的比例关系的区别。很显然，我们抛弃失调的比例关系和次佳的比例关系，选择协调的比例关系和最佳的比例关系，只能是以提高经济效益为出发点的。

第三，片面强调发展速度的重要性，有时把速度本身当做经济发展的目标；有时虽然也提出社会主义生产的目的是提高人民的生活，但又把盲目追求高速度作为达到这个目标的手段。

这种看法的错误，不仅在于它否定了社会主义的生产目的主要是提高人民的物质文化生活，也不仅在于它没有看到盲目追求高速度，达不到发展社会生产、提高人民生活的目的，甚至造成相反的后果，而且在于它否定了提高经济效益也是增加剩余产品的价值、提高人民生活的极重要途径。

我们在上面批判上述错误观点的同时，也说明了实现社会主义生产目的对于提高经济效益的依赖性，说明了经济效益对于速度和比例的制约作用，从而说明了提高经济效益是社会主义建设中的一个核心问题。

我们在上面强调了提高经济效益是社会主义建设中的核心问题。这样说，当然不否认生产发展速度问题的重要性。一般说来，速度问题是社会主义建设中的一个重要问题。特殊地说，由于我国原来经济很落后，人口又多，并长期地受到帝国主义的侵略威胁，加速社会主义建设具有特别重要的意义。

这样说，更不是意味着速度越低越好。实际上，在社会各种生产资源总量已定的条件下，一定的速度是充分发挥各种生产资源作用的必要条件，因而是提高微观和宏观经济效益的必要条件。如果速度过低了，则各种社会生产资源就会发生部分的闲置，经济效益不仅难以提高，甚至可能下降。这是我国 1985 年以来社会主义建设提供的一条重要的、值得重视的经验。

但是，无论就当前来说，或者就长远来说，都要把提高速度建筑在经济效益增进的基础上，建筑在客观可能的基础上，都必须是扎扎实实的、不带水分的速度，必须是持久的而不是一时的速度，必须是能给人民带来更多实惠的速度。

三、提高经济效益，是实现经济体制改革的一个最重要关键

经济体制改革是继社会主义制度在我国取得胜利以后的又一场伟大的革命，是进一步发挥社会主义制度优越性、推进社会主义现代化建设、巩固社会主义制度的一个最主要条件。但实现这项伟大任务的一个最重要关键，就是提高经济效益。

第一，经济体制改革要求有一个宽松的经济环境，要求社会总供给与社会总需求的基本平衡。我国当前，由于社会生产增长还难以充分满足社会主义建设发展和人民生活提高的需要，社会总供给与社会总需求之间的关系仍然是很紧张的。要解决这个矛盾，一方面要合理确定积累基金和消费基金的规模，把它们控制在国力能够承担的限度内；另一方面，在提高经济效益的基础上，保持适当的经济增长速度，以增加社会总供给，这也是解决这个矛盾的一个基本途径。还要着重指出：近几年来，由于固定资产投资和消费基金的膨胀，导致巨额的国民收入的"超分配"，导致总需求超过总供给，导致物价大幅度上涨。当然，决定物价上升的因素是很多的，但国民收入"超分配"显然是最主要的原因。可见，当前我国经济发展是在已经形成并且有了加剧的社会总需求超过社会总供给的条件下前进的。如果考虑到这个格局，那么提高经济效益在实现社会总供给与社会总需求的基本平衡方面就显得格外重要了。

第二，搞活企业是以城市为重点的整个经济体制改革的中心环节。为了增强企业特别是大中型企业的活力，必须继续坚决贯彻党和国家已经发布的关于扩大企业自主权的决定，从企业的外部和内部两个方面采取措施。其中，逐步地适当地增加国有企业的税后留利，以增强企业自我改造和自我发展的能力，是一个极重要的方面。而这一点也是要以提高经济效益为基础的。应该看到：伴随着经济体制的进展，国有企业的留利有了很大的增长。然而整个说来，当前国有工业企业的留利仍不能适应它作为一个商品生产者的需要。特别是大中型国有工业企业的留利普遍偏低，这方面的矛盾更为突出。要在保证国家的建设（特别是重点建设）资金和各项社会消费基金的需要条件下，来提高企业的留利，就

必须以提高经济效益为基础，并在这个基础上合理确定经济的增长速度；否则，就难以兼顾两方面的需要，以致顾此失彼。

第三，建立和完善社会主义的市场体系，是经济体制改革的另一项基本任务。其中，价格体系和价格管理制度的改革，又是决定整个经济体制改革成败的一个重要关键。但改革价格体系和价格管理制度必须严格遵循的一条原则，就是要充分考虑国家、企业和人民的承受能力，力求物价总水平的基本稳定，以避免引起大的社会震动。这里所说的国家的承受力就是指因价格改革而增加的财政支付能力，人民的承受力就是指因这一点而增加的生活费用的支付能力，企业的承受力就是指对于因这一点而增加的生产成本的消化力。前两种力都取决于企业经济效益的提高，企业收入的增长，以及由此而来的企业上缴国家财政收入的增长和职工收入的增长；后一种力更是直接取决于企业经济效益的提高。

第四，实现以直接调控为主向以间接调控为主的转变，也是经济体制改革一项基本任务。间接调控的最重要手段就是财政、金融和价格等经济杠杆。而国家要有效地运用这些经济手段，就需要国家拥有雄厚的财力。国家财力的增长，是以企业的经济效益的提高为基础的。

还要提到：我国经济体制改革和政治体制改革是互为条件、互相促进的。而在经济体制改革深入发展到今天，推进政治体制改革，对于深化经济体制改革，还具有迫切的、更为重要的意义。推进政治体制改革，需要多种条件。在这方面，提高经济效益也是个重要方面。例如，当前政治体制改革需要解决的一个重要问题，就是廉政。要解决这个问题，也要做多方面的工作。其中，提高政府工作人员的工资，就是一个重要的物质条件。这一点，在近年来物价大幅度上涨的情况下，显得尤为迫切。但要真正做到这一点，需要增加国家的财力，也需要提高企业的经济效益。

四、提高经济效益，是推进治理整顿的重要因素

近年来治理整顿取得了显著的初步成效。但也产生了一些新的矛盾。例如，当前工业经济效益严重滑坡的形势，与治理整顿的基本要求处于

尖锐的矛盾状态。这种局面要求人们采取各项措施加以改变，其中也要求人们增强对提高经济效益的认识。

第一，提高经济效益，是贯彻治理整顿指导思想的需要。无论在当前治理整顿时期，或者在以后长期经济发展中，我国都必须始终坚持把不断提高经济效益放在经济工作的首位，并牢固树立持续、稳定、协调发展的指导思想。但是，当前工业经济效益大幅度下降的情况（这一点，我们留待后面进行详细的讨论），不仅不符合提高经济效益的要求，而且长此以往也不符合经济持续、稳定、协调发展的要求。当然，在治理整顿初期，为了解决经济严重失衡问题，需要大幅度降低工业发展速度。这在一定时限内和一定程度上难以避免经济效益的下降。但时间长了，并不能实现经济的持续发展。问题在于：只有在经济效益提高的基础上，剩余产品才能迅速增长，才能兼顾人民对于提高物质文化生活的需要和生产发展对于增加积累基金的需要，从而才能在物质文明建设和精神文明建设两方面为经济的持续发展奠定基础；否则，就是不可能的。还要指出，当前我国经济既存在升温（速度过高）的危险，也存在滑坡（速度过低）的危险。这两种危险均不利于经济的持续、稳定、协调发展，要避免这两种危险，关键是要把提高经济效益放在第一位。

第二，提高经济效益，是实现治理整顿最主要目标的需要。这个最主要目标可以归结为治理经济总量失衡和结构失衡。经过近年来的治理整顿，我国存在的严重总量失衡和结构失衡有所缓解，但并没有根本解决。提高经济效益，一方面可以做到以同量的资金发展更多的生产建设，从而可以减轻由投资需求增长而带来的财政支出和信贷支出的压力；另一方面又可以减少企业的亏损和增加企业的盈利，从而减少国家对亏损企业的补贴和增加国家的财政收入，以及信贷的资金来源。达两方面都有利于逐步消除国家财政赤字和信贷膨胀。而更重要的还在于：在提高经济效益条件下发展生产，有利于淘汰和制止低效益、无效益甚至负效益的生产建设，大大减少投资需求，以有效地实现经济总量的平衡。

提高经济效益还可以一方面使得已经成为国民经济"瓶颈"的基础产业和基础设施以同量的资金为社会提供更多的有效供给，另一方面又使得国民经济各部门大量地节约能源、原材料和运输力，以较少的耗费生产同量的产出甚至更多的产出，从而缓解对基础产业和基础设施的需求。以提高经济效益为指导思想来发展生产，可以在增加企业盈利的基础上增加国家财政收入，从而有利于在抑制长线产业投入的同时，更多地增加短线产业的投入；还有利于实施对短线产业的各项优惠政策，并进一步推行企业兼并和发挥市场竞争优胜劣汰的功能。这样，就可以通过资金增量和存量两方面的调整，来抑制长线产业（主要是加工工业），拉长短线产业，逐步实现产业结构的协调发展。

第三，提高经济效益，是解决治理整顿中产生的新的矛盾的需要。这些新的矛盾除了上述的工业经济效益滑坡和工业速度存在滑坡危险以外，就是市场疲软和资金短缺。从根本上说来，这些矛盾是传统经济体制没有根本改革和多年经济过热所造成的经济严重失衡在治理整顿中的反映。但具体说来，市场疲软是同货不对路、产品质次、价高相联系的。而在比较广泛的意义上来说，从质和量的两方面生产社会需要的产品，提高产品质量（特别是开发高质量的新产品），降低产品成本，都是提高经济效益的题中应有之义。还有，依据上述相同的理由，提高经济效益，不仅可以逐步解决产业结构失衡问题，而且可以更迅速地、更有效地解决产品结构的失衡问题。这是解决市场疲软问题的一个重要方面。

市场疲软以及由此引起的三角债，是加剧资金短缺的最主要因素。但既然提高经济效益有利于解决市场疲软问题，因而也有利于缓解资金短缺问题。但从宏观和微观方面来说，以提高经济效益为指导思想来发展生产，就意味着资金配置效益和资金营运效益的提高，从而在节约资金支出和增加资金供给两方面逐步解决资金短缺问题。因此，可以说，提高经济效益是治理市场疲软和资金短缺的最重要、最可靠、最有效的途径。

第四，提高经济效益，是为治理整顿创造良好的环境和条件的需要。这里所说的良好的环境就是社会稳定。社会稳定是治理整顿绝对必需的环境。但要实现社会稳定，除了首先要在政治上进行多方面的工作以外，就是要实现作为社会稳定基础的经济稳定。要实现经济稳定，当前重要的要保证农业的稳定增长，逐步降低物价的涨幅，妥善处理待业问题。农业的稳定增长要依靠包括农业、工业在内的国民经济效益的提高，以便农民自己增加对农业的投入，也利于国家增加对农业的投入，适当提高农产品价格，并把化肥、农药等农用生产资料价格的涨幅控制在适当限度内。提高经济效益，还可以逐步消除作为物价上涨一个重要因素的成本推动；又可以保持经济的适度增长，从而把待业率控制在一定的范围，并可以增强企业和国家发展待业保险事业的能力，以利于实现社会的稳定。

这里所说的条件，就是围绕治理整顿，并为之服务的深化改革。治理整顿如果不同深化改革结合起来，就会重走过去在传统经济体制下主要依靠行政手段调整的老路子。这就不能从根本上实现治理整顿的目标，只要国家一放松宏观控制，就会反弹，导致更严重的经济过热和经济失衡。因此，深化改革是实现治理整顿的一个根本条件。但只有在提高经济效益的基础上，才能在兼顾中央、地方、企业和劳动者利益的条件下，适当增加财政收入在国民收入中的比重以及中央财政收入在全部财政收入中的比重，以加强和改善国家对宏观经济的调控能力，才能增加国家、企业和居民对价格改革的承受能力，以便逐步推进价格改革；才能在兼顾效益好的企业和效益差的企业利益的条件下，逐步推行按行业、部门以至社会的资金平均利润率来确定企业承包基础，以巩固和完善承包经营责任制，总之，才能进一步深化改革。

综上所述，提高经济效益，是推动治理整顿的重要因素。人们必须十分重视这个问题，千方百计切实解决这个问题。

五、提高经济效益，是实现社会主义最终胜利的一个最主要条件

这里所说的实现社会主义的最终胜利，包括以下两点含义：

第一，是要资本帝国主义制度的彻底消灭。这样，已经取得社会主义革命胜利的国家才能完全避免帝国主义的侵略威胁，才算是获得了最终胜利。斯大林详尽地发挥了列宁关于社会主义革命可能首先在一国取得胜利的思想，并把这个问题区分为两个方面：一方面，社会主义可能在一个国家内胜利，即无产阶级可能夺取政权，并可能建成完全的社会主义；另一方面，没有其他国家革命的胜利，社会主义就不可能在一个国家内获得完全的最后胜利。[①]斯大林的这个思想是完全正确的。

---

① 斯大林：《论列宁主义问题》，第 159~160 页。

帝国主义制度的消灭，主要依靠资本主义国家内部的无产阶级革命。但是，已经取得无产阶级革命胜利的国家充分发挥社会主义经济制度的优越性，对于促进资本主义国家的无产阶级革命运动的发展，具有重要的作用。在这里，提高经济效益也是不容忽视的一个方面。列宁说过："劳动生产率，归根结底是保证新社会制度胜利的最重要最主要的东西。资本主义造成了在农奴制度下所没有过的劳动生产率。资本主义可以被彻底战胜，而且一定会被彻底战胜，因为社会主义能够造成新的更高得多的劳动生产率。"①列宁这里虽然是针对一个国家内的社会主义革命说的，但对世界范围内社会主义制度战胜资本主义制度也是适用的。这样，依据列宁的这个思想，我们完全可以说：资本主义可以被彻底战胜，而且一定会被彻底战胜，因为社会主义能够造成新的、更高得多的经济效益。这里所谓"完全可以说"，就是劳动生产率的提高仅仅表明活劳动的节约，而经济效益的提高则不仅表明这一点，而且表明物化劳动的节约，表明劳动占用的节约，表明产品质量的提高，等等。

列宁的这个思想对当代的各个社会主义国家来说，具有特殊重要的意义。因为，其一，尽管当代已经出现了一系列的社会主义国家，但世界资本主义制度在世界经济中仍然占着优势。这种优势不仅表现在经济实力的对比上，更为重要的还表现在劳动生产率的对比上。其二，按照马克思主义的观点，资本主义国家的革命是资本主义基本矛盾发展的结果；各国人民走社会主义革命的道路应由他们自己来选择；社会主义国家从来不寄希望于依靠武力输出来消灭资本主义制度。而在核武器和其他先进的军事科学技术在社会主义国家和资本主义国家已经有了大量发展、并且正在发展的条件下，帝国主义国家难以实现用武力消灭社会主义国家的企图，越来越着重于对社会主义国家推行"和平演变"政策。这样，在社会主义国家和帝国主义国家就将有一个很长的"和平竞赛"时期。在上述两种情况下，提高经济效益，对于社会主义国家取得和平竞赛的胜利，就具有极为重要的意义。

第二，就是彻底消灭阶级和阶级差别。按照列宁的说法，社会主义

---

① 列宁：《伟大的创举》，《列宁选集》第4卷，第16页。

就是消灭阶级。[①]如果把列宁这里讲的消灭阶级，不只是理解为消灭对立的阶级，而且是包括消灭脑力劳动和体力劳动差别在内的阶级差别，那很显然，没有经济效益的巨大提高，没有劳动时间的巨大节约，社会的剩余产品不可能有巨大的增长，科学、文化、教育事业也不可能有大的发展，劳动者的劳动时间也不可能有显著的缩短。这样，也就不可能消灭脑力劳动和体力劳动的差别，不可能彻底消灭阶级差别。

列宁的这个思想对于我国来说，尤为重要。其一，我国还处于社会主义初级阶段，社会的经济、文化发展水平都还比较低，而且很不平衡。这样，距离消灭阶级差别所需要的经济效益水平，还有很大的距离。从这方面来说，提高经济效益具有更重要的意义。其二，我国已经确定了将要实行一国两制的制度，允许香港、澳门等地将来长期保留资本主义制度。在这些设想付诸实现之后，不仅在大陆存在着以社会主义经济为主体的多种经济成分，而且在香港、澳门等还存在着资本主义制度。这样，在一个很长的时期内，在我国国内，也存在着社会主义经济制度和资本主义经济制度的"和平竞赛"。而当前香港、澳门等地的经济效益水平还是远远超过大陆的。显然，提高经济效益，对于我国社会主义制度取得这场"和平竞赛"的胜利，也具有十分重要的意义。

总之，提高经济效益，无论对当前的社会主义建设事业，或者对于长远的社会主义经济、文化事业的发展；也不论是对国内社会主义事业的胜利，或者是对世界社会主义事业的胜利，都具有极重要的意义。

六、提高经济效益的两个重要方面

鉴于提高产品质量和降低物质消耗不仅在提高经济效益方面居于极重要的地位，而且在当前具有十分重要的意义，故在这里专门分析一下提高产品质量和降低物质消耗的一般意义和特殊意义。

一般说来，提高产品质量和降低物质消耗，总是提高经济效益的两个最重要方面。

---

① 列宁：《无产阶级专政时代的经济和政治》，《列宁选集》第4卷，第89页。

提高产品质量，可以减少以至消灭废品和不合格产品。废品不仅浪费了原材料、燃料和工时，而且提高了单位产品分摊的管理费用。不合格产品的返修，也会造成物化劳动和活劳动的浪费。从这方面来说，提高产品质量，实际上是降低产品成本的一个重要途径；对一定量的产出来说，它意味着减少了投入。

产品质量高，还意味着产品的技术水平高、性能好、功能多、效率高和使用寿命长。这样，质量高的生产资料产品可以提高劳动生产率，可以降低物质消耗，可以减少厂房面积的占用，可以进一步提高产品质量；质量高的消费资料产品，可以延长使用期限，可以满足消费者多方面的需要。从这方面来说，提高产品质量，就一定量的投入而言，实际上意味着增加了产出。

乍一看来，提高产品质量，要多费工时，要原材料质量高，要设备技术水平高，似乎既妨碍产出，又要增加投入。为了说明这一点，先要明确一个概念：在商品生产条件下，产出是商品，商品包括使用价值和价值两个因素。其使用价值量，既包括商品数量的多少，也包括商品质量的高低。而依靠提高商品质量所获得的使用价值量比依靠增加商品数量取得的同等的使用价值量，其所耗费的社会劳动量往往要少得多。例如，以一倍的（或一倍多的）社会劳动的消耗创造两倍的使用价值（在提高单位产品质量的场合），比用两倍的社会劳动消耗创造两倍的使用价值（在增加产品数量的场合），社会劳动的耗费就减少了一半（或不到一半）。当然，就商品价值量来说，如果优质不能优价，那么，作为产出一个方面的价值并没有得到完全的实现，提高产品质量在减少单位产品的投入和增加产出方面的作用也就没有得到充分的表现。但这是价格扭曲造成的，并不是价值规律发生作用的结果。然而即使是这样，与商品质量提高相联系的价值量的增长仍然是一个客观存在，仅仅由于价格机制的作用发生了部分的转移，以致在生产该项产品的企业手中没有得到完全的实现。至于由商品质量的提高，即单位产品使用价值量的增长而提高的社会经济效益仍然是存在的。这一点，也不会因为优质不能优价而得不到实现。

降低物质消耗也是提高经济效益的极重要之点。社会主义成本就是社会主义企业生产的产品中耗费的原材料、燃料、动力、设备等生产资料的价值和支付给劳动者的劳动报酬的价值以及管理费用的货币表现。可见，物质消耗是产品成本的一个基本方面，降低物质消耗是降低成本的一个基本途径。

在当前，提高产品质量和降低物质消耗还具有特殊重要的意义。前面说过：当前实现经济发展任务，最重要的关键是提高经济效益。这里所说的提高经济效益，是包括提高产品质量和降低物质消耗在内的。现在再就这两个因素的具体情况作进一步分析。

如前所述，由于近几年国民收入的超分配，使得社会总需求超过了社会总供给。在消费品的供求关系方面也是如此。近几年，由于人民收入水平增长过快，形成了大量的购买力，致使相当一部分购买力并没有实现。然而，不仅在消费品生产的价值总量方面满足不了消费品购买力的需求，而且伴随人民收入水平的迅速增长，消费结构也在发生显著变化，对消费品质量的要求也越来越高，再加以有些消费品本来质量就差，近年来部分产品质量下降，因而在产品质量方面也不能满足消费者的需要。在供不应求的商品中，有相当一部分是优质名牌产品；在滞销的商品中，有相当一部分是质量差的产品。这样，提高产品质量，对实现消费品的供求平衡就能起四重作用，一是扩大优质名牌产品的数量和比重；二是缩小质量差的产品的数量和比重；三是拓展消费者的新的消费需要；四是在优质优价的条件下可以提高商品的价格。提高生产资料产品的质量，在不同程度上也可以起着这样的作用。然而，提高产品质量并不限于在有利实现社会总供给与社会总需求的基本平衡，为经济体制改革创造必要的社会环境；而且在于它可以从质量方面显示改革的优越性，并使人民从这方面得到实惠，以争取更多的人对改革的支持，并坚定人们对于改革的信心，为改革创造良好的社会条件。

按照我国经济发展的要求，各行各业都要有相当一部分（而且是越来越多的部分）产品的质量和性能达到发达国家 20 世纪 70 年代末 80 年代初的水平，并有一批重要产品按照国际标准组织生产。而提高产品的技术水平，正是提高产品质量的一个基本方面。这项任务的实现是同提高产品质量联系在一起的。

提高产品质量，同降低产品成本一样，又是积极增强出口创汇能力的基本环节。

　　因此，作为提高经济效益的一个基本方面的产品质量的提高，在实现当前经济发展任务方面有着重要的意义。在这里，降低产品物质消耗也有不容忽视的重要作用。显然，要实现这个任务，需要提高经济效益，降低产品成本。但是，今后我国工业产品成本的变化将存在这样一个客观趋势：职工劳动报酬在产品成本中的比重将会上升。当然，为了保证国家和企业对于积累基金和社会消费基金的需要，也为了不至妨碍工业产品在国际市场上竞争能力的提高，必须改变这几年实际工资增长高于工业劳动生产率增长速度的状况。但是，在过去的一个长时期内职工工资提高得很慢，当前职工工资水平也不高。因此，同过去长时期相比较，今后职工工资的增长速度还是要提高的，工资在工业产品成本的比重也会上升的。从这方面来说，降低产品的物质消耗就显得特别重要。

　　需要进一步指出：过去我国固定资产折旧率很低，既不能完全反映固定资产的有形损耗，更不能反映固定资产的无形损耗。诚然，1979年以来，固定资产折旧率是有提高的。但仍然没有完全反映固定资产的实际消耗，还需逐步提高。在这种情况下，降低原材料和燃料等消耗的重要性又变得更为突出。

　　经济发展任务的实现，要求提高产品质量和降低物质消耗。但当前这两方面的情况同这个任务的要求是很不适应的。近几年来，全国主要工业产品质量下降率在上升，全国主要工业产品物质消耗率在上升。与上述情况相联系，国有独立核算工业企业可比产品成本在上升。这种经济发展任务的要求与当前现实状况的矛盾，进一步表明了提高产品质量和降低产品物质消费的重要性。

　　尽管当前存在着部分产品质量下降和部分产品物质消耗上升的情况，但在提高产品质量和降低物质消耗两方面都存在着很大的潜力。我国产品质量和物质消耗的水平和当代世界先进水平相比较，还有很大差距。这就是提高产品质量和降低产品物质消耗方面的巨大潜力。

　　然而，即使把我国当前的物质消耗状况和新中国成立以来物质消耗较低的年份作一下比较，也可以明显地看到这方面的潜力。例如，当前物质消耗占工业总产值的比重比20世纪50年代上升了。当然，一般说来，在一定时期内，物质消耗比重的上升，包含了某种合理的因素。因为，"劳动生产率的增长，表现为劳动的量比它所推动的生产资料的量相对减少，或者说，表现为劳动过程的主观因素的量比它的客观因素的量相对减少"。①

但是，如果由此认为，在任何时候，劳动生产率的增长都会导致物质消耗比重的提高，而且是按同一比例提高，那就把问题绝对化了。问题在于，有些技术进步会推动劳动生产率的提高，并由此引起"劳动的量比它所推动的生产资料的量相对减少"，导致物质消耗比重的上升，有些技术进步则只是引起生产资料价值量的下降，甚至引起单位产品耗费的生产资料使用价值数量的减少，导致物质消费比重的下降。而且，生产资料的节约也不仅取决于技术进步，还取决于企业的经营管理水平和劳动者的技术水平，以及与经济体制和经济政策相联系的企业和劳动者在节约生产资料方面的积极性。还要看到：物质消耗比重的大小还取决于产业结构、产品结构、折旧率以及生产资料产品价值与价格的背离等因素。正因为这样，新中国成立以后各个时期工业物质消耗比重和工业劳动生产率变动的幅度甚至变动的方向都不一致的。国有工业企业全员劳动生产率1952年比1949年提高了38.7%，而工业物质消耗的比重却由67.9%下降到66.9%；"一五"时期前者平均每年提高8.7%，而后者为65.6%，比1952年下降了1.3个百分点；"二五"时期前者平均每年下降了5.4%，后者为65.4%，比"一五"时期下降了0.2个百分点；1963~1965年，前者平均每年提高23.1%，后者为64.5%，比"二五"时期下降了0.9个百分点；"三五"时期前者平均每年提高2.5%，而后者为63.7%，比三年调整时期下降了0.8个百分点；"四五"时期前者平均每年下降了0.3%，后者为64.3%，比"三五"时期上升了0.6个百分点；"五五"时期前者平均每年提高了3.8%，后者为65.4%，比"四五"时期提高了1.1个百分点；"六五"时期前者平均每年提高4.7%，后者为66.9%。比"五五"时期提高了1.5个百分点。②所以，近几年来，工业物质消耗比重有了较大幅度的提高，固然包含了劳动生产率提高这样一些合理的因素，但也包含了经济管理体制的弊病、经营管理水平低、生产技术落后、原材料和能源等中间产品质量差，以及产业结构和产品结构

---

① 马克思：《资本论》，《马克思恩格斯全集》第23卷，第683页。
②《中国统计年鉴》（1987），第57页；《中国工业经济统计资料（1986）》，第207页。

有缺陷等不合理的因素。这些不合理的因素就包含了降低物质消耗的巨大潜力。

需要进一步指出，在一定条件下，劳动生产率的增长可以导致单位工业产品物质消耗比重的上升，但并不会造成单位工业产品物质消耗绝对量的上升。而我国当前许多单位工业产品物质消耗绝对量比历史较好水平都上升了。这种情况更清楚地表明了近几年来物质消耗比重上升所包含的上述各项不合理因素，进一步显示了降低物质消耗的巨大潜力。

当前我国在提高产品质量和降低物质消耗两方面存在的巨大潜力，正是表明了从这两方面下工夫对于提高经济效益和实现当前经济发展的任务，都有不容忽视的重要作用。

总之，无论从一般道理说，或者从当前具体情况看，也无论从提高经济效益看，或者从实现当前经济发展的任务看，提高产品质量和降低物质消耗，都是一个极为重要的方面。

第四章　评价社会主义工业经济效益的原则

评价社会主义经济效益时，需要遵循以下原则：

第一，正确处理宏观经济效益和微观经济效益的关系。

所谓宏观经济效益，指的是从整个国民经济的总体上来考察的经济效益，也就是社会经济效益。所谓微观经济效益，通常就是指从企业角度来考察的效益，即企业经济效益。

宏观经济效益，是一个比微观经济效益更为重要的问题。因为宏观经济效益是一个全局问题，而微观经济效益是一个局部问题。而且，如果宏观经济效益很差，微观经济效益的提高就难以持久。当然，微观经济效益是宏观经济效益的基础，没有微观经济效益的提高，宏观经济效益的提高也是难以实现的。因此，在社会主义有计划的商品经济条件下，微观经济效益与宏观经济效益是统一的。但是，二者又是有矛盾的。而且，二者的矛盾又常常是同国民经济利益与企业利益的矛盾结合在一起的。因此，在处理宏观经济效益与微观经济效益的关系时，必须注意把二者恰当地结合起来。

但传统的经济理论只是片面强调微观经济效益要服从宏观经济效益，而不是要把二者结合起来。这是传统的经济体制的反映。因为在这种体制下，既忽视企业的经济利益，又忽视企业的经济效益，只强调国民经济的利益和宏观的经济效益。

值得注意的是，近年来一些论著中还在重复传统的经济理论，只提微观经济效益服从宏观经济效益，而不讲二者的结合。这就没有分清传统经济体制下与社会主义有计划的商品经济体制下处理微观经济效益与宏观经济效益原则的区别。在社会主义有计划的商品经济条件下，首先确认国民经济利益和宏观经济效益；其次确认企业是商品生产者，从而也确认企业的经济利益和经济效益，因而需要把二者适当地结合起来。还需指出：在社会主义有计划的商品经济条件下，在实现二者的结合时，主要又不是依靠行政手段，主要依靠经济手段，依靠价值规律的调节作用。

但在当前，另一种观点也值得注意：即只讲微观经济效益，而不讲与宏观经济效益的结合，甚至以损害宏观经济效益为代价来获取微观经济效益。这也是对社会主义有计划商品经济条件下宏观经济效益与微观经济效益统一关系的歪曲。

第二，正确处理长远经济效益与当前经济效益的关系。

在社会主义有计划的商品经济条件下，当前经济效益与长远经济效益有矛盾的一面，但又有统一的一面，我们应当而且能够把它们二者恰当地结合起来。在处理两者之间的关系时，要注意目前的经济效益，又要讲求长远的经济效益，要使二者正确地结合起来，以保证社会再生产过程能够正常进行，经济效益能够不断提高，社会经济能够得到稳定的持续的发展。

第三，正确处理直接经济效益和间接经济效益之间的关系。

在社会主义条件下，国民经济是一个有机的统一体，各部门、各企业之间是相互联系、相互制约的。有些部门、有些建设项目或有些产品本身的经济效益并不很大，但它却为其他部门、其他建设项目或其他产品的发展创造了有利条件，提高了它们的经济效益。相反，有些部门，有些建设项目或有些产品本身的经济效益较好，但妨碍了其他部门、其他建设项目或其他产品的发展，影响了它们的经济效益的提高。可见，有些部门、项目或产品的经济效益还间接地通过其他部门、项目或产品反映出来。因此，我们在评价某一部门、某一建设项目、某一产品的经济效益时，必须考虑这种经济联系，进行全面分析，既考察其直接效益，也要考察其间接效益。

第四，正确处理经济效益和政治效果、社会效果的关系。

在社会主义国家里，进行生产建设时，不仅出于经济的原因，还有政治原因和社会原因。例如，为了巩固国防，需要建设制造原子弹、导弹的工厂。因此,在评价生产建设的经济效益时,还要考虑政治和社会方面的效果。但这不是说可以只讲政治效果,而不顾经济效益;恰恰相反,即使单纯由于政治原因或社会原因而搞的生产建设,也要讲求经济效益,进行各种不同方案的比较分析,选择经济效益最优的方案,把经济效益同政治效果、社会效果很好地结合起来。

以上各点是从评价社会主义经济效益原则来说的。但要把这些原则全面地正确地贯彻到评价经济效益的实际工作中去,还是一件很复杂、很艰巨、很长期的工作。其中,最重要的是合理的经济管理体制、科学的经济发展战略,还要设计一套完整的科学的用以评价经济效益的指标体系。

第五章 评价社会主义工业经济效益的综合指标

我国原有的评价经济效益的指标，是在产品经济理论和传统经济体制占统治地位的条件下形成的。它虽然不能适应社会主义有计划的商品经济的要求，但要制定一套完整的、系统的、科学的适应社会主义有计划商品经济要求的指标体系，涉及到许多理论问题和方法问题，是一件很复杂、很艰巨的研究工作，需要进行专门的论述。这里仅就综合评价工业经济效益的需要，提出以下两个指标：一是全资金利润率，二是全要素生产率。前一个指标是针对当前统计工作中资金利润率和资金利税率的缺陷而提出的综合评价工业经济效益的指标。为了把这个完整的科学的资金利润率指标同当前统计工作中的资金利润率指标区别开来，故将前者称为全资金利润率，将后者仍称为资金利润率。提出后一个指标，是试图有分析地运用当代西方经济学的有用成果，来综合评价工业经济效益。

评价经济效益，需要制定一系列的指标，建立指标体系。经济效益的大小，是要通过一定的指标来表现的。指标是评价经济效益的工具。由于生产建设活动是十分复杂的，许多因素交错在一起，因此，就需要有许多指标，从不同的方面，不同的角度来反映经济效益。这些指标相互联系，相互补充，形成一套完整的体系，全面地评价一项经济活动，全面地反映整个生产、建设过程的经济效益。但是，这些指标是从不同角度反映生产、建设过程某一方面的经济效益，因而不能从整体上反映生产、建设过程的经济效益。不仅如此，这些指标也有相互矛盾的一面。

就是说，有些指标提高的幅度不同（有的指标提高的幅度大，有的指标提高的幅度小），有些指标还存在着反差，甚至巨大的反差（有的指标提高的幅度很大，有的指标下降得很多）。这样，要评价生产、建设过程的总体效益，就需要有综合的经济效益指标，把它放在主要的位置上，作为评价的主要依据。全资金利润率和全要素生产率就是这样的指标。

一、全资金利润率

在价格体制和价格体系合理的条件下，全资金利润率是评价工业生产综合经济效益的一个重要指标。为了说明这一点，首先需要明确全资金利润率的科学含义及其特点。

$$全资金利润率 = \frac{利润}{资金}$$

这里所说的利润，是指的全部剩余产品价值的表现形态。这里所说的资金包括两个部分：一是固定资产净值；二是流动资金。流动资金又包含两方面：一是生产中的原料、材料、燃料和辅助材料等所包含的价值；二是劳动报酬基金。这样，资金就从价值形态方面完整地体现了投入。在固定资产方面，资金不仅包含了资金的耗费（即折旧基金部分），而且包含了资金的占用。在流动资金方面，不只包含了原料、材料、燃料和辅助材料等的支出，而且包含了劳动报酬基金的支出。这是一方面；另一方面，利润又从价值形态方面完整地体现了从经济效益观点来看的最重要产出，即全部剩余产品价值。所以，在价格合理的条件下，全资金利润率是社会主义商品经济中综合评价工业生产经济效益一个重要指标。

在这方面，上述的作为综合考察工业经济效益指标的全资金利润率与当前统计工作中的资金利润率是不同的。当然，在外观形态上前者的公式与后者的公式是一样的，即是：

$$资金利润率 = \frac{利润}{资金}$$

但是，二者的内涵是不同的。后者的利润并不是剩余产品价值的完整形态，而是剩余产品价值的一部分，即从剩余产品价值中扣除了税收以后的余额。这是从产出方面来说的。就投入方面来说，资金中包含的固定资产，有时指的是固定资产净值，但有时又指的固定资产原值，资金中包含的流动资金，只是包含了定额流动资金，并没有包括非定额流动资金；定额流动资金中又只是包含了原料、材料、燃料和辅助材料等的支出，并不包括劳动报酬基金；即使是包含了劳动报酬基金，那也只是包括了工资、奖金和津贴等项，而不包括医疗费、工伤费、退休费以及物价和住房补贴等项。因而，后者不能成为完整的综合考察工业生产经济效益的指标。

这样说，并不否定后者过去、现在和将来存在的意义。在传统的经济体制下，为了保证国家的财政收入，以及推行企业的经济核算，曾经把国有企业对国家的财政上缴分割为税收和利润两种形式。在经济体制改革开始以后，相继实行了企业基金和企业利润留成制度，税收和利润两种上缴形式存在必要性更明显了。实行利改税以后，也没有完全改变这两种形式。而且，从经济体制改革发展的需要来看，税利分流还是一种必然的趋势。与此相联系，无论过去、现在和将来，后者的存在就是不可避免的。

这样说，也不否定后者在某种限度内可以成为综合考察工业生产经济效益的指标。因为后者的分子毕竟包括了一部分剩余产品价值，而分母还包含了大部分资金。但是，也正是因为这一点，后者又不能像前者那样，成为完整地评价工业生产经济效益的综合指标。

现在需要进一步说明的问题是：为什么在社会主义商品经济条件下，也要像在资本主义商品经济条件下那样，把资金（本）利润率（请注意：这里讲的都是全资金或资本利润率。）作为考察经济效益的综合指标？为了说明这一点，先要分析在资本主义商品经济条件下这样做的原因。第一，资本主义商品生产过程是劳动过程与价值增殖过程的统一，就劳动过程来说，生产资料也像劳动力一样，都是生产要素。与此相联系，在价值增值过程中，尽管剩余价值是由作为可变资本物质载体的劳动力创造的，但作为不变资本物质载体的生产资料也是必要的条件。第二，资本家实际获利的程度并不决定于剩余价值与可变资本的比例，而是决定于剩余价值与包括可变资本和不变资本在内的总资本的比例，即不决定于剩余价值率，而决定于利润率。第三，在资本主义商品生产条件下，商品价值量是由社会必要劳动量决定的。这无论是对活劳动耗费，或者是对物化劳动的耗费，都是一样的。这样，不仅节约活劳动耗费，可以获得超额剩余价值，而且节约物化劳动耗费，也可以做到这一点。第四，资本家的阶级利益不仅不需要揭露剩余价值与可变资本的内在联系，而且要极力掩盖这种内在联系，不把剩余价值与可变资本联系起来，而把剩余价值与全部预付资本联系起来，就是掩盖这种内在联系的一个极重要方法。因此，资本家总是把剩余价值归结为全部预付资本的产儿；他考察获利程度也总是以资本利润率大小来衡量的。而对资本主义商品生产来说，资本家获利程度也就是经济效益高低的集中表现。因而，也可以说，资本家总是以资本利润率作为考察经济效益的综合指标。

毫无疑问，就社会经济性质来说，社会主义的商品生产根本区别于资本主义的商品生产。但是，第一，社会主义商品生产过程也是劳动过程与价值增殖过程的统一，生产资料不仅是劳动过程的要素，而且以生产资料作为物质载体的不变资金，尽管不是剩余产品价值的创造泉源（这个泉源是劳动），但也是价值增殖过程的必要条件。因此，对作为商品生产者的社会主义企业来说，它要进行生产和实行价值增殖，不仅必须以货币资金购买劳动力，而且必须以货币资金购买生产资料。第二，与此相联系，对以剩余产品价值最大化作为直接生产目的的社会主义企业来说，它的实际获利程度，也不能以剩余价值率高低来衡量，而是以资金利润率高低来衡量。因为社会主义商品生产与资本主义商品生产一样，也是发达的商品生产。在这种条件下，资金也变成了商品。这种商品的使用价值就是生产平均利润的权利。这就不难想象，社会主义企业只要求比例于它所支付的可变资金取得剩余产品的价值，而不要求比例于它所支付的不变资金取得剩余产品的价值。而宁可说，社会主义企业既要求实现前一点，也要求实现后一点，总之，是要求比例于它所支付的总资金取得剩余产品的价值。第三，在社会主义商品生产条件下，价值决定也像资本主义商品生产条件下一样，由社会必要劳动时间确定的；对活劳动耗费和物化劳动的耗费均是如此。这样，无论是活劳动耗费，还是物化劳动的耗费，如果耗费多了，超过了社会必需的平均水平，那就得不到社会承认，形成虚费；反之，如果耗费少了，低于社会必需的平均水平，还可以获得超额利润。第四，在社会主义商品经济条件下，已经消灭了资本主义的剥削，国家利益、企业利益和劳动者个人利益在根本上是一致的。这样，无论是社会主义国家，还是社会主义企业，都没有必要对工人去掩盖由工人剩余劳动创造的剩余产品价值与作为可变资金物质载体的劳动力之间的内在联系；正好相反，马克思主义理论公开地、明白地向工人揭示了这种内在联系。但是，这种理论上的说明，并不能改变社会主义商品经济条件下客观存在的这种经济关系：社会主义企业不仅要比例于它所支付的可变资金取得剩余产品价值，而且要比例于它所支付的全部资金取得剩余产品价值，从而，要以资金利润率作为考核经济效益的综合指标。因为这是作为商品生产者的企业的经济利益所要求的。马克思说过："由商品生产关系所形成的经济特点，在受商品生产关系束缚的人们看来，无论在理论上得到说明以前，或者在理论上得到说明以后，都是永远不变的，正像空气形态在科学把空气分解为各种元素之后，仍然作为一种物理的物态继续存在一样。"①马克思的这个论述，对我们这里讨论的问题也是适用的。

总之，在社会主义商品经济条件下，对企业，从而对整个工业部门也要以资金利润率作为考核经济效益的综合指标。

这同时也说明了剩余产品价值率在评价经济效益方面的局限性。剩余产品价值率是考核劳动成本支出（即劳动报酬基金支出）的经济效益的一个最重要指标，并对社会主义现代化建设具有重要的意义。但依据前面的分析，也可以明显看到它的缺陷。第一，剩余产品价值率仅仅反映了企业比例于可变资金支出取得剩余产品价值的要求，而没有反映企业比例于预付总资金的支出取得剩余产品价值的要求。这是远远不能适应作为商品生产者企业的要求。第二，剩余产品价值是由作为可变资金物质载体的劳动力创造的。所以，从创造剩余产品价值的源泉的观点看，剩余产品价值率的公式无疑是科学的。但是，就创造剩余产品价值的条件来看，不仅包括作为可变资金物质载体的劳动力，而且包括作为不变资金物质载体的生产资料。然而，剩余产品价值率的公式却只反映了前者的作用，而没有反映后者的作用。这样，如果从价值增殖条件的角度看问题，那么，剩余产品价值率公式就具有片面性，并且会造成片面的结论，即把剩余产品价值率的变化，仅仅归结为劳动力的作用，忽略了

---

① 马克思：《资本论》，《马克思恩格斯全集》第23卷，第91页。

生产资料在这方面的作用。这显然是不妥的，正是由于上述的原因，尽管剩余产品价值率是考核经济效益的一个重要指标，但却不能成为综合指标。

在最简单、最抽象的意义上可以说，经济效益就是投入和产出的比较。这样，我们既然把全资金利润率$\left(= \dfrac{\text{剩余产品价值}}{\text{资金}}\right)$作为考核经济效益的综合指标，那也可以把全资金净产值率$\left(= \dfrac{\text{净产值（国民收入）}}{\text{资金}}\right)$、全资金国民生产总值率$\left(= \dfrac{\text{国民生产总值}}{\text{资金}}\right)$和全资金总产值率$\left(= \dfrac{\text{总产值}}{\text{资金}}\right)$作为考核经济效益的综合指标。但是，由于剩余产品价值在评价经济效益方面具有特殊重要的作用，因而，资金利润率仍不失为最重要的考核经济效益的综合指标。然而，全资金净产值率、全资金国民生产总值率和全资金总产值率，也都有各自的优点和适用范围，因而，在综合评价经济方面也有不容忽视的重要作用。

我们在前面主要分析了全资金利润率是考核工业生产经济效益的一个综合指标。根据上面讲过的道理，我们也可以把百元积累基金（或百元固定资产投资）带来的剩余产品价值（或净产值，或国民生产总值，或总产值）看做是考核工业建设经济效益的综合指标。由于这方面的道理，同前面讲的相同，故不赘述了。

二、全要素生产率

为了考察评价工业生产经济效益的综合指标，还需要有分析的吸收现代资产阶级经济学的有益成分。在这方面，全要素生产率（即综合要素生产率）是值得重视的。为此先扼要地叙说一下全要素生产率的基本内容。

全要素生产率（Total Faetor Productivity，TFP）是现代资产阶级经济学关于经济增长理论的一个重要概念。全要素生产率的增长率可以定义为各生产要素生产商品的经济、技术效率，是产出增长率与投入要素（资金和劳力）增长率加权和之间的差额。

为了计算全要素生产率，可以设计出各种不同的数学模型。依据生产函数原理设计的增长速度方程式，是一种在国际上被广泛采用的数学模型。其公式如下：

$T = Y - (\alpha K + \beta L)$。

T：表示全要素生产率增长率。

Y：表示产出增长率。

K：表示资金投入增长率。

L：表示劳动投入增长率。

α：表示资金产出弹性系数。

β：表示劳动产出弹性系数。

资金产出弹性系数，就是在其他情况不变时，资金投入每增加 1%，产出就增加 α%；劳动产出弹性系数，就是在其他情况不变时，劳动投入每增加 1%，产出就增加 β%。

为了简化研究的条件，以及便于进行历史比较和国际比较，这里假定规模经济效益不变，因而也就意味着 $\alpha + \beta = 1$。

测算资金产出弹性系数和劳动产出弹性系数的方法很多，重要的有以下三种：一是回归法，包括用时间序列数据和横截面数据的回归法。二是经验法，即依据经验确定资金产出弹性系数和劳动产出弹性系数的方法。三是比例法（即份额法）。比如，把利润占国民收入的比例看做是资金产出弹性，把工资占国民收入的比例看做是劳动产出弹性。

如何评价现代资产阶级经济学提出的全要素生产率，是当前经济效益研究方面的一个重要问题。因为它涉及在我国评价经济效益的工作中怎样正确运用这个公式，克服当前我国评价经济效益指标的缺陷，做好评价经济效益的工作。

在这方面，当前有两种情况很值得注意。一是把全要素生产率看做是资产阶级庸俗经济学的组成部分，对它采取不予理睬的态度，甚至认为不屑一顾。二是不加分析地把全要素生产率照搬过来，既不分析它在什么意义上是正确的，在什么意义上是不对的；又不分析它的优点和缺陷。显然，这两种态度都不免有失偏颇。

全要素生产率的公式，即 $T = Y - (\alpha K + \beta L)$，可以还原为 $Y = T + \alpha K + \beta L$。这样，全要素生产率的公式就把价值产出的增长，笼统地、不加区别地归结为全要素生产率、资金投入和劳动投入的增长。所以，如果我们从创造价值的源泉的观点来观察问题，全要素生产率的公式显然不符合马克思主义的劳动价值论，并包含了资产阶级庸俗经济学的成分。从这方面来说，对全要素生产率是需要加以分析的。但是，就价值产出形成的条件来说，产出增长率增长确实同全要素生产率、资金投入和劳动投入的增长相联系的。从这方面来说，全要素生产率公式包含了科学的成分，需要加以肯定。

全要素生产率公式表明：它把产出增长率的增长，一方面归结为全要素（包括资金和劳动）投入的增长；另一方面归结为全要素生产率的增长。而按照全要素生产率公式提出者的解释，全要素生产率主要决定于资源配置改善、规模经济和知识进步三项因素；知识进步又包含劳动者素质、经营管理和技术装备水平提高三个方面。这样，全要素生产率公式，不仅把决定外延扩大再生产的两个要素（资金和劳动）投入的作用分别地量化了，而且把决定产出增长率两个要素（外延的和内涵的）分别地量化了。这就不仅为分别地测算资金投入和劳动投入在外延扩大再生产中的作用提供了可能，而且为分别地测算外延因素和内涵因素在产出增长率中的作用提供了可能，为考察综合经济效益（即全要素生产率）提供了可能。这正是全要素生产率公式基本的优点和社会功能，并且因此具有巨大的实用价值。

就我国当前的情况来看，运用全要素生产率公式测算工业的综合经济效益，具有重要的迫切意义。1978 年以来，一方面，国有工业企业劳动生产率在逐年上升；另一方面，国有工业企业资金利税率（这是统计工作中的资金利税率）又几乎是逐年下降的。

这种巨大的反差表明：要从整体上把握工业生产的经济效益，依靠劳动生产率和资金利税率是不行的。这不仅是因为二者都是局部生产率指标，而且二者的分子和分母是不同的，决定这些分子和分母的因素也是各异的。这就不仅会发生二者增长幅度的不同，而且会发生反差，甚至巨大的反差。因而无法依据二者来考核综合经济效益的状况。要考核综合经济效益必须要有综合的经济效益指标。如前所述，全要素生产率就是这样的一种综合经济效益指标。

但必须着重指出：发生这种巨大反差，是同劳动生产率这项经济效

益指标的缺陷，也有直接的联系。如前所述，劳动生产率 =

$$\frac{总产值（或净产值，或某种产品质量）}{劳动者人数}$$。这个公式把作为分子的产出只

是归结为作为分母的劳动要素决定的。但在实际上，分子是由各个生产
要素（包括资金和劳动）的增长以及全要素生产率的增长决定的。这样
做，很容易同资金利税率产生巨大的反差。当然，产生这种反差的原因
也是多方面的。但把由多种因素形成的产出仅仅归结为劳动要素，显然
是一个重要原因。

　　但长期以来，流行的观点都把作为劳动生产率公式分子的产出仅仅
归结为劳动要素，并由此把劳动生产率作为考核劳动要素效益的指标，
而且似乎这是来自马克思的观点。但这是一种误解。马克思明白说过：
"劳动生产力是由多种情况决定的，其中包括：工人的平均熟练程度，科
学的发展水平和它的工艺上应用的程度，生产过程的社会结合，生产资
料的规模和效能，以及自然条件。"[1] 可见，马克思并没有把劳动生产率的
增长仅仅为劳动要素，而是归结到所有的生产要素。当代美国著名的资
产阶级经济学家萨缪尔森对这个问题也曾做过明确的剖析。他写道：
"虽然我们习惯于衡量和谈论劳动生产率的增长，但这并不一定意味着生
产率的增长（不论是增长的多大部分）来源于劳动者较大程度的努力，
或来源于较大的劳动强度，也不意味着来源于劳动者较大程度的努力和
教育，或来源于劳动大军的较多的主动性和积极性；就此而论，也不意
味着来源于精力旺盛和聪明灵活的管理机构。任何简单的解释不能概括
全部事实。"[2] 可见，萨缪尔森也认为，不能把劳动生产率的增长仅仅归结
为劳动要素，而应该归结为全部生产要素。

　　总之，由于劳动生产率公式，把由多种因素作用结果的产出仅归结
为劳动要素，而没有把这多种因素的作用分离开来，使得它既不能成为
单独的、严格的考核劳动要素效益的指标，又不能成为综合考核全要素
效益的指标。这样说，并不意味劳动生产率指标没有存在的余地了。第
一，劳动生产率可以作为衡量社会生产力发展程度的指标。第二，在某

---

① 马克思：《资本论》，《马克思恩格斯全集》第 23 卷，第 53 页。
② ［美］萨缪尔森：《经济学》（下册），商务印书馆 1986 年版（下同），第 145 页。

些情况下（如在作为分子的产出增长仅仅完全由于或部分由于劳动要素作用强度加大的情况下），劳动生产率也可以作为衡量劳动要素效益的指标。但一般说来，劳动生产率公式既不能作为单独的、严格的考核劳动要素效益的指标，也不能作为考核整体效益的综合指标。

我们对劳动生产率公式的分析进一步表明：运用全要素生产率公式就可以把形成产出的各种因素的作用分离开来，并分别加以量化，就可以克服劳动生产率公式（以及其他类似的公式）的上述缺陷。

我们在前面肯定了全要素生产率的优点及其社会功能。这并不意味着全要素生产率不存在缺陷和局限性。第一，如前所述，从价值创造的源泉来看，全要素生产率包括庸俗经济学的成分。而在采取比例法（即份额法）测算资金产出弹性系数和劳动产出弹性系数的场合，这种庸俗经济学成分就显得更为明白了。因为在这种场合，全要素生产率是明白地把利润归结为资本的产物，仅仅工资才是劳动的产物。这显然是违反马克思主义劳动价值论的庸俗经济学理论的。

第二，即使就价值产出形成条件来看问题，全要素生产率也存在明显的缺陷。就是说，无论是采取回归法、经验法或比例法，都难以把资金投入增长率、劳动投入增长率和全要素生产率和产出增长率方面的作用准确地量化出来，而宁可说带有相当大的不准确性。当代一些著名的资产阶级经济学家已经指出了这一点。萨缪尔森在综合论述这个问题时写道："剑桥大学 J. 鲁宾逊教授和 N. 卡尔多教授怀疑，作为一个总量并且和总量一起生产总产量的'资本'是否可以有效地被衡量出来。这一怀疑肯定是有理由的。他们进一步怀疑，根据这种被认为是生产函数的东西而计算出来的边际生产率是否能被用来解释工资率和利润率以及劳动者和财产所有者在国民生产总值中所占的相对份额。"[1]

第三，全要素生产率是属于应用经济学的范畴，比较接近实际经济生活。但它毕竟是一种抽象理论（当然，抽象的层次要低一些），舍象了实际经济生活中的许多具体情况，做了一些假定。比如，它假定规模经济效益不变，从而假定 $\alpha + \beta = 1$。但在实际经济生活中，规模经济也是不断变化的。这样，依据全要素生产率计算出来的数据同实际情况就会

---

① ［美］萨缪尔森：《经济学》（下册），第 161 页。

有距离。这也是一种局限性。

这里还要着重指出：全要素生产率的理论是以发达的资本主义商品经济以及与此相联系的、完善的资本主义市场体系为基础的。而我国当前商品经济还很不发达，市场体系发育得很不健全。这样，把全要素生产率公式运用到我国来，就需要注意到由上述资本情况产出的一系列的差别。比如，发达的资本主义国家虽然存在失业，但却不存在由我国当前具体条件（主要是统包统配的劳动制度，劳动力市场没有形成，社会生产力水平低，以及就业人口多）决定的大量的隐性失业。又如，与资本主义基本矛盾的发展相联系，它们也存在设备利用率不高的情况，特别在经济危机时期更是这样。但却不存在由我国当前具体条件（主要是统收统支的财务制度，生产资料市场不发展，企业产权市场没建立，以及长期存在的基础生产与直接生产的严重失衡）决定的、大量的、固定的设备闲置状况。而这些区别既会影响到劳动产出弹性系数和劳动投入增长率的计算，又会影响到资金产出弹性系数和资金投入增长率的计算，从而影响到全要素生产率的确定。所以，我们把全要素生产率运用到我国来，还会遇到我国具体条件的限制，从而需要注意到这些特点，并在全要素生产率计算中把这些特点适当地反映出来。当然，这也是一件很复杂的工作，需要做出巨大的努力才能做到。

但如前所述，全要素生产率不仅把决定外延扩大再生产的两个要素（即资金和劳动）投入的作用分别地量化了，而且把决定产出增长率的两个要素（外延的和内延的）分别地量化了。从这方面来说，在综合地考察经济效益方面，全要素生产率这个指标比全资金平均率具有更重要的作用，更值得重视。

第二篇　我国工业经济效益变化的历史、现状和特征

第六章　我国工业经济效益变化的历史和现状

一、用全要素生产率这个指标来综合反映我国工业经济效益变化的历史和现状

依据第五章的分析，在综合考察工业经济效益方面，全资金利润率这个指标不如全要素生产率这个指标适宜。所以，我们在这里就以全要素生产率这个指标，来综合反映新中国建立以来工业经济效益变化的历史和现状。

为此，首先就要计算这个时期的全要素生产率。

要计算全要素生产率，需在投入和产出等方面有统一的计算口径。但在当前已经公布的统计资料中，在全部工业企业的投入和产出等方面，还缺乏有统一口径的资料；只是在社会主义国家所有制独立核算工业企业方面具有这样的资料。因此，我们在计算全要素生产率时无法用全部工业企业的资料，而只能用国有的独立核算工业企业的资料。

这种资料反映的工业经济效益的变化情况，无疑是不全面的。但是，由于国有工业在我国全部工业中占有主导地位，而且国有的独立核算工业企业在全部国有工业企业（包括独立核算企业和非独立核算企业）中占了大部分。所以，用这种资料来反映我国工业经济效益的变化情况，是具有很大的代表性的。更何况本书本来就是侧重考察国有工业的经济

效益。

为了有统一的计算口径，我们在计算投入和产出等项因素时，都是按可比价格计算的。

我们计算国有的独立核算工业企业全要素生产率，是依次按下列三个步骤进行的。

第一，计算投入。从理论上来说，计算投入要包括资金投入、劳动投入和土地投入等方面。但一般只计算资金投入和劳动投入。在这里，我们也只计算这两方面。

我们计算的资金投入，包括两个方面：一是固定资产净值。这方面的计算结果，即历年固定资产净值的变化，见表6–1。

表6–1　社会主义国家所有制独立核算工业企业历年的固定资产净值

年份	当年价（亿元）	价格指数（以1952年为100）	可比价（亿元）
1952	101.1	100.0	101.1
1953	120.9	98.6	122.6
1954	152.5	97.8	155.9
1955	171.9	94.8	181.3
1956	198.7	92.0	216.0
1957	241.3	88.7	272.0
1958	330.6	90.5	365.3
1959	447.1	95.8	466.7
1960	570.8	99.4	574.3
1961	604.9	100.7	620.6
1962	657.3	101.2	649.5
1963	670.7	100.6	666.7
1964	709.7	99.4	714.0
1965	777.2	97.4	798.0
1966	828.9	96.6	858.1
1967	854.1	96.5	885.1
1968	884.4	94.5	935.9
1969	919.1	94.1	976.7
1970	1033.3	93.2	1108.7
1971	1156.9	94.2	1228.1
1972	1301.1	95.0	1369.6
1973	1459.0	95.3	1531.0
1974	1561.2	95.2	1639.9

年份	当年价（亿元）	价格指数（以1952年为100）	可比价（亿元）
1975	1716.3	96.1	1786.0
1976	1846.4	97.0	1903.5
1977	2011.3	98.1	2050.3
1978	2225.7	98.8	2252.7
1979	2378.6	100.8	2359.7
1980	2528.0	102.7	2461.5
1981	2709.3	106.3	2548.7
1982	2914.0	108.9	2675.9
1983	3161.0	111.3	2840.1
1984	3395.5	116.2	2922.1
1985	3980.8	129.2	3081.1
1986	4543.8	129.1	3519.6
1987	5242.4	136.6	3837.8
1988	6040.4	155.1	3894.5

资料来源：①《中国统计年鉴》(1987)，第177页；《中国统计年鉴》(1988)，第377页；《中国统计年鉴》(1989)，第324页；②《中国工业经济统计资料（1986)》，第314页；③《国民收入统计资料汇编（1949~1985)》，第37、40页。

　　二是流动资金。从理论上说，流动资金包括经济工作中的定额流动资金和非定额流动资金，以及劳动报酬基金。但劳动报酬基金包含在劳动投入中了，这里可以不算。由于作者掌握资料的限制，也没计算非定额流动资金部分。但在过去的一个长时期内，定额流动资金占了全部流动资金的大部分，非定额流动资金占的比重很小。当然，1979年经济体制改革以来，前者的比重有所下降，后者的比重有所上升。但也没有根本改变前者比重大、后者比重小的状况。所以，我们在计算流动资金时，没有包括非定额流动资金部分，虽然会使流动资金数据偏小，但不会有大的影响。这方面的计算结果，即历年流动资金的变化，见表6-2。

表6-2　社会主义国家所有制独立核算工业企业历年的定额流动资金

年份	当年价（亿元）	价格指数（以1952年为100）	可比价（亿元）
1952	46.0	100.0	46.0
1953	57.6	100.0	57.6
1954	59.8	101.7	58.8
1955	64.8	100.1	64.7

续表

年份	当年价（亿元）	价格指数（以1952年为100）	可比价（亿元）
1956	72.5	72.7	99.7
1957	90.5	92.8	97.5
1958	139.0	92.8	149.8
1959	217.4	93.3	233.0
1960	303.7	93.8	323.8
1961	291.6	95.0	307.0
1962	235.3	105.0	224.1
1963	231.4	112.7	205.3
1964	238.6	109.4	218.1
1965	260.1	94.6	275.0
1966	290.5	94.7	306.8
1967	359.7	88.0	408.8
1968	407.2	86.1	472.9
1969	443.3	77.9	569.1
1970	511.8	82.5	620.4
1971	582.5	82.0	710.4
1972	673.5	81.4	827.4
1973	741.1	81.4	1038.0
1974	801.9	81.5	983.9
1975	852.7	81.5	1046.3
1976	928.0	77.6	1195.9
1977	973.9	80.1	1215.9
1978	1047.3	81.0	1293.0
1979	1109.0	87.7	1264.5
1980	1135.7	87.0	1305.4
1981	1163.7	87.9	1323.9
1982	1231.9	88.7	1388.8
1983	1291.5	92.1	1402.3
1984	1359.6	91.8	1481.1
1985	1623.3	99.2	1636.4
1986	1951.8	111.9	1744.2
1987	2215.0	121.3	1826.1
1988	2563.0	125.2	2047.1

资料来源：①《中国统计年鉴》（1987），第314页；《中国统计年鉴》（1988），第379页；《中国统计年鉴》（1989），第324页；②《中国工业经济统计资料（1986）》，第177页；③《国民收入统计资料汇编（1949~1985）》，第37、40页。1962年可比价格是估计数。

　　计算劳动投入，可以是计算劳动力人数，也可以是计算劳动报酬基金。我们在这里计算的是劳动报酬基金。按照严格的科学意义来说，劳动报酬基金不仅应该包括统计工作中的工资，而且应该包括大部分劳保福利费用（主要是医疗费、工伤费和退休费等），还应该包括物价补贴和房租补贴等。但由于资料的限制，这里计算的劳动报酬基金，只包括工资和劳保福利费用，而不包括物价补贴和住房补贴等。这样计算出的劳动报酬基金，同实际状况相比是偏小的。特别是在 1979 年经济体制改革以来各项补贴大大增加的情况下，尤为如此。但由于我们在后面计算产出时，采用的劳动报酬基金，也是这个口径。这样，在分母和分子两方面都存在偏小的缺陷，因而对我们计算数据的影响并不大。还有一点需要说明一下：由于我们缺乏有些年份（包括 1952 年至 1957 年，1965 年至 1974 年以及 1985 年至 1988 年等）国有工业劳动保险费用的资料，这些年份的数字是按照其他许多年份该项费用占国有单位劳动保险费用总额的 51% 折算的。这虽然也不完全准确，但也没有大的差异。这方面的计算结果，即历年职工劳动报酬的变化，见表 6-3。

表 6-3　社会主义国家所有制独立核算工业企业职工历年的劳动报酬

年份	当年价（亿元）			职工生活费用价格总指数（以 1952 年为 100）	可比价（亿元）
	工资总额	劳保福利费总额	合计		
1952	24.6	4.9	29.5	100.0	29.5
1953	33.0	7.4	40.4	105.2	38.4
1954	35.2	8.5	43.7	106.6	41.0
1955	35.1	8.8	43.9	106.9	41.1
1956	43.4	13.6	57.0	106.8	53.4
1957	50.7	14.2	64.9	109.6	59.2
1958	76.1	14.5	90.6	108.4	83.6
1959	102.7	20.3	123.0	108.7	113.2
1960	114.0	21.3	135.3	111.5	121.3
1961	104.3	17.5	121.8	129.5	94.1
1962	86.9	14.2	101.1	134.5	75.2
1963	82.0	14.9	96.9	126.5	76.6
1964	84.4	14.0	98.4	121.8	80.8
1965	86.4	15.1	101.5	120.3	84.4
1966	89.9	15.6	105.5	118.9	88.7
1967	94.9	16.0	110.9	118.1	93.9

续表

年份	当年价（亿元）			职工生活费用价格总指数（以1952年为100）	可比价（亿元）
	工资总额	劳保福利费总额	合计		
1968	99.0	16.1	115.9	118.2	98.1
1969	106.6	16.6	123.2	119.3	103.3
1970	118.7	17.4	136.1	119.3	114.1
1971	133.0	18.9	151.9	119.2	127.4
1972	149.0	21.2	170.2	119.4	142.5
1973	154.2	22.0	176.2	119.5	147.4
1974	161.0	22.5	183.5	120.3	152.5
1975	169.1	24.8	193.9	120.8	160.5
1976	178.2	25.7	203.9	121.1	168.4
1977	187.0	30.1	217.1	124.4	174.5
1978	204.1	33.1	237.2	125.3	189.3
1979	230.3	45.8	276.0	127.6	216.3
1980	269.1	56.2	325.3	137.2	237.1
1981	280.6	62.6	343.3	140.6	244.1
1982	297.0	71.4	368.4	143.4	256.9
1983	307.5	80.3	378.8	146.3	265.1
1984	377.9	95.9	473.8	150.3	315.2
1985	442.3	136.1	578.4	168.2	343.9
1986	533.7	171.1	704.8	180.1	391.3
1987	636.1	212.1	848.2	195.8	433.2
1988	792.1	274.2	1066.3	236.3	451.3

资料来源：①《中国劳动工资统计资料（1949~1985）》，第122、137、189、190页；②《中国统计年鉴》（1987），第647、676、690页；《中国统计年鉴》（1988），第183、203、778页；《中国统计年鉴》（1989），第129、151、688页；③《中国社会统计资料（1977）》，第69页。

第二，计算产出。计算产出，可以计算总产值（包括生产资料补偿基金、劳动报酬基金和剩余产品基金），也可以计算净产值（只包括劳动报酬基金和剩余产品基金）。就考察经济效益的视角来说，净产值的增减更能反映经济效益的变化。因此，我们在这里计算了净产值的变化。

但由于受到资料的限制，我们在这里计算的实际上只是净产值的近似值，即统计工作中的利润、税收和劳动报酬基金之和。前一方面的计算结果，即历年利润和税金的变化，见表6-4。后一方面的计算结果已于前面说过。

表 6–4　社会主义国家所有制独立核算工业企业历年的利润和税金

年份	当年价（亿元）	价格指数（以 1952 年为 100）	可比价（亿元）
1952	37.4	100.0	37.4
1953	54.4	101.6	53.5
1954	64.6	95.1	67.9
1955	71.5	92.1	77.6
1956	87.4	84.1	103.9
1957	115.1	91.4	125.9
1958	218.5	90.9	240.4
1959	323.8	91.4	354.3
1960	381.6	90.7	420.7
1961	145.6	94.9	153.4
1962	135.0	98.5	137.1
1963	185.0	97.4	195.4
1964	243.8	97.9	249.0
1965	309.2	91.9	336.5
1966	386.4	88.0	439.1
1967	263.8	87.1	302.9
1968	223.6	85.1	262.8
1969	345.0	82.0	420.7
1970	472.1	78.6	600.6
1971	522.4	78.2	668.0
1972	546.2	77.6	703.9
1973	566.8	77.3	733.2
1974	512.7	77.3	663.3
1975	582.7	76.3	763.7
1976	535.5	76.1	703.7
1977	633.9	75.7	837.4
1978	790.7	76.1	1039.0
1979	864.4	77.1	1121.1
1980	907.1	77.0	1178.1
1981	923.3	77.2	1196.0
1982	972.2	77.2	1259.3
1983	1032.8	77.1	1339.6
1984	1152.8	79.0	1459.2
1985	1334.1	83.1	1605.4
1986	1341.1	85.8	1563.4
1987	1514.1	91.3	1658.4
1988	1774.9	99.1	1791.0

资料来源：①《中国工业经济统计资料（1986）》，第 177 页；②《中国统计年鉴》（1987），第 50、51、315 页；《中国统计年鉴》（1988），第 51、52、378 页；《中国统计年鉴》（1989），第 29、30、325 页。

第三，计算全要素生产率。这种计算可以有多方面的内容，但就我们考察的目的来看，最重要的计算有二：一是计算逐年的全要素生产率；二是计算各个经济周期的年平均全要素生产率。第一种计算固然是重要的，但第二种计算也不容忽视。历史经验表明：在现阶段我国条件下，经济增长速度对经济效益具有重要的影响；而经济发展又具有周期性，波峰年份与波谷年份的经济增长速度有很大的差异，因而经济增长速度在这两种年份对经济效益的影响也有很大的不同。这样，按照经济周期来计算年平均全要素生产率，并依此考察工业经济效益的变化，是比较符合实际情况的。因而这一点成为贯彻本书始终的一个基本方法。

我们先来做第一种计算。在上述的投入和产出计算的基础上，我们可以分别计算产出增长率以及资金投入和劳动投入的增长率。依据我们在前面对全要素生产率所做的分析，可以进一步计算出全要素投入合计的增长率，并进而计算出全要素生产率的增长率，以及这种增长率在产出增长率中所占的比重。

在做这种计算时，有一个问题是需要明确的，即如何确定资金产出弹性系数（α）和劳动产出弹性系数（β）？在这个问题上，当前我国学术界有两种观点。一种观点认为，资金产出弹性系数要高一些，劳动产出弹性系数要低一些。比如，$\alpha = 0.6$，$\beta = 0.4$。另一种观点认为，资金产出弹性系数要低一些，劳动产出弹性系数要高一些。比如，$\alpha = 0.4$，$\beta = 0.6$。

我们同意这样的说法：就我国当前的具体情况来看，劳动产出弹性系数要低于资金产出弹性系数。其理由如下：①尽管相对经济发达国家来说，我国劳动密集型企业的比重大，但远不能成为劳动产出弹性系数大的理由。因为我们计算全要素生产率，是计算劳动产出弹性系数对增量的影响，而不是对存量的影响。②在劳动就业方面，我国同经济发达的资本主义国家不同。在后者那里，劳动力增减，是决定于企业生产发展的需要，是由劳动力市场调节的。因而，劳动产出弹性系数大。而在我国过去的长时期内，在劳动力就业方面，实行统包统配的制度和低工资、多就业的政策，造成了"铁饭碗"和大量的隐性失业。这种就业的制度和政策，不仅使得企业难以依据生产需要的变化来减少劳动力存量，而且劳动就业人数的增长在很大程度上也是脱离生产发展需要的。这一点，就成为我国的劳动产出弹性系数比经济发达的资本主义国家低得多的一个重要原因。③在我国，劳动力对产出的影响很突出地反映在劳动力在各个产业部门分配上（如劳动力由农业向非农业产业的转移）。但这种影响已经反映在全要素生产率的变化上，不需要通过劳动产出弹性系数来反映。

但同时也要指出：无论怎样确定产出弹性系数（即资金产出弹性系数大于劳动产出弹性系数，或者资金产出弹性系数小于劳动产出弹性系数）尽管对全要素生产率有一定的影响，但影响不大，不会改变全要素生产率的变化趋势，而宁可说表现了相同的变化趋势。

为了证明这一点，我们在下面计算全要素生产率时，做了两方面计算：一是资金产出弹性系数小于劳动产出弹性系数，即 $\alpha = 0.4$，$\beta = 0.6$；二是资金产出弹性系数大于劳动产出弹性系数，即 $\alpha = 0.6$，$\beta = 0.4$。

这两方面计算的结果，即历年全要素生产率增长率及其在产出增长率中所占的比重，见表 6–5。在表 6–5 中，"1 栏"各项都是依据 $\alpha = 0.4$ 和 $\beta = 0.6$ 计算的，"2 栏"各项都是依据 $\alpha = 0.6$ 和 $\beta = 0.4$ 计算的。表 6–5 说明：在全要素生产率增长率项目内，"1 栏"与"2 栏"在 1953~1988 年的 36 年中，相差 0~1 个百分点的有 22 年，相差 1~2 个百分点的有 5 年，相差 2~3 个百分点的有 4 年，相差 3~4 个百分点的有 3 年，相差 4~5 个百分点的有 1 年，相差 5~6 个百分点的有 1 年。

可见，这两方面计算的差别对各年全要素生产率增长率虽有一定的影响，但并不大，因而不会改变它的变化趋势。

但基于前面对我国具体情况的分析，我们在以后的分析中，只是采用了第二方面的计算方法，即 $\alpha = 0.6$，$\beta = 0.4$。

现在我们再进行第二种计算，即计算各个经济周期的年平均全要素生产率。在这里首先遇到的问题是经济周期的概念及其划分的标准问题。

从某种共同意义上来说，经济周期都包含以下过程：以高峰为起点，经历下降阶段，达到谷底，再经历上升阶段，到达高峰。从前一个高峰到达后一高峰就为一个经济周期。需要说明：由于个经济周期的具体情况不同，高峰、下降、谷底和上升各阶段的持续时间和速度的增减幅度是有差别的。

经济周期的高峰阶段具有多种特征，如经济增长速度高，固定资产投资增长幅度大，通货膨胀率高等。但在这些因素中，经济增长速度高

表6-5　社会主义国家所有制独立核算工业企业历年全要素生产率增长率及其在产出增长率中所占的比重

(增长率比上一年±)

年份	产出增长率 亿元	产出增长率 %	资金投入增长率 亿元	资金投入增长率 %	劳动投入增长率 亿元	劳动投入增长率 %	全要素投入增长率合计 (%) 资金 1	资金 2	劳动 1	劳动 2	合计 1	合计 2	全要素生产率 (%) 1	全要素生产率 (%) 2	全要素生产率增长率在产出增长率中占的比重 (%) 1	2
1952	66.9	—	147.1	—	29.5	—	—	—	—	—	—	—	—	—	—	—
1953	91.9	37.4	170.2	15.7	38.4	30.2	6.4	9.4	18.1	12.1	24.5	21.5	12.9	15.9	34.5	42.5
1954	108.9	18.5	214.7	26.1	41.0	6.8	10.4	15.7	4.1	2.7	14.5	18.4	4.0	0.1	21.6	0.5
1955	118.5	8.8	246.0	14.6	41.1	0.2	5.8	8.8	0.1	0.1	5.9	8.9	2.9	-0.1	33.0	—
1956	157.3	32.7	315.7	28.3	53.4	29.9	11.3	17.0	17.9	12.0	29.2	29.0	3.5	3.7	10.7	11.3
1957	185.1	17.7	369.5	17.0	59.2	10.9	6.8	10.2	6.5	4.4	13.3	14.6	4.4	3.1	24.9	17.5
1958	324.0	75.0	515.1	39.4	83.6	41.2	15.8	23.6	24.7	16.5	40.5	40.1	34.5	34.9	46.0	46.5
1959	467.5	44.3	699.7	35.8	113.2	35.4	14.3	21.5	21.2	14.2	35.5	35.7	8.8	8.6	20.0	19.4
1960	542.0	15.9	898.1	28.4	121.3	7.2	11.4	17.0	4.3	2.9	15.7	19.9	0.2	-4.0	1.3	—
1961	274.5	-49.4	927.6	3.3	94.1	-22.4	1.3	2.0	-13.4	-9.0	-12.1	-7.0	-37.3	-42.4	—	—
1962	212.3	-22.7	873.6	-5.8	75.2	-20.1	-2.3	-3.5	-12.1	-8.0	-14.4	-11.5	-8.3	-11.2	—	—
1963	272.0	28.1	872.0	-0.2	76.6	1.9	-0.1	-0.1	1.1	0.8	1.0	0.7	27.1	27.4	96.4	97.5
1964	329.8	21.3	932.1	6.9	80.8	5.5	2.8	4.1	3.3	2.2	6.1	6.3	15.2	15.0	71.4	70.4
1965	420.9	27.6	1073.0	15.1	84.4	4.5	6.0	9.1	2.7	1.8	8.7	10.9	18.9	16.7	68.5	60.5
1966	527.8	25.4	1064.9	-0.8	88.7	5.1	-0.3	-0.5	3.1	2.0	2.8	1.5	22.6	23.9	89.0	94.1
1967	396.8	-24.8	1293.9	21.5	93.9	5.9	8.6	12.9	3.5	2.4	12.1	15.3	-36.9	-40.1	—	—
1968	360.9	-9.0	1408.8	8.9	98.1	4.5	3.6	5.3	2.7	1.8	6.3	6.3	-15.3	-15.3	—	—
1969	524.0	45.2	1545.8	9.7	103.3	5.3	3.9	5.8	3.2	2.1	7.1	7.9	38.1	37.3	84.3	82.5
1970	714.7	36.4	1729.1	11.9	114.1	10.5	4.8	7.1	6.3	4.2	11.1	11.3	25.3	25.1	69.5	69.0
1971	795.4	11.3	1938.5	12.1	127.4	11.7	4.8	7.3	7.0	4.7	11.8	12.0	-0.5	-0.7	—	—
1972	846.4	6.4	2197.0	13.3	142.5	11.9	5.3	8.0	7.1	4.8	12.4	12.8	-6.0	-6.4	—	—
1973	880.6	4.0	2569.0	16.9	147.4	3.4	6.8	10.1	2.0	1.4	8.8	11.5	-4.4	-7.5	—	—

续表

年份	产出增长率 (亿元)	产出增长率 (%)	资金投入增长率 (亿元)	资金投入增长率 (%)	劳动投入增长率 (亿元)	劳动投入增长率 (%)	全要素投入增长率合计(%) 资金 1	资金 2	劳动 1	劳动 2	合计 1	合计 2	全要素生产率增长率(%) 1	全要素生产率增长率(%) 2	全要素生产率增长率在产出增长率中占的比重(%) 1	全要素生产率增长率在产出增长率中占的比重(%) 2
1974	815.8	-7.4	2623.8	2.1	152.5	3.5	0.8	1.3	2.1	1.4	2.9	2.7	-10.3	-10.1	—	—
1975	924.2	13.3	2850.0	8.6	160.5	5.2	3.4	5.2	3.1	2.1	6.5	7.3	6.8	6.0	51.1	45.1
1976	872.1	-5.6	3099.4	8.8	168.4	4.9	3.5	5.3	2.9	2.0	6.4	7.3	-12.0	-12.9	—	—
1977	1011.3	16.0	3266.2	5.4	174.5	3.6	2.2	3.2	2.2	1.4	4.4	4.6	11.6	11.4	72.5	71.3
1978	1228.3	21.5	3545.7	8.6	189.3	8.5	3.4	5.2	5.1	3.4	8.5	8.6	13.0	12.9	60.5	60.0
1979	1337.4	8.9	3624.2	2.2	216.3	14.3	0.9	1.3	8.6	5.7	9.5	7.0	-0.6	2.9	—	32.6
1980	1415.2	5.8	3766.9	3.9	237.1	9.6	1.6	2.3	5.8	3.8	7.4	6.1	-1.6	-0.3	—	—
1981	1440.1	1.8	3872.6	2.8	244.1	3.0	1.1	1.7	1.8	1.2	2.9	2.9	-1.1	-1.1	—	—
1982	1516.2	5.3	4064.7	5.0	256.9	5.2	2.0	3.0	3.1	2.1	5.1	5.1	0.2	0.2	3.8	3.8
1983	1604.7	5.8	4242.4	4.4	265.1	3.2	1.8	2.6	1.9	1.3	3.7	3.9	2.1	1.9	36.2	32.6
1984	1774.4	10.6	4403.2	3.8	315.2	18.9	1.5	2.3	11.3	7.6	12.8	9.9	-2.2	0.7	—	6.6
1985	1949.3	9.9	4717.5	7.1	343.9	9.1	2.8	4.3	5.5	3.6	8.3	7.9	1.6	2.0	16.2	20.2
1986	1954.7	0.3	5263.8	11.6	391.3	13.8	4.6	7.0	8.3	5.5	12.9	12.5	-12.6	-12.2	—	—
1987	2091.6	7.0	5663.9	7.6	433.2	10.7	3.0	4.6	6.4	4.3	9.4	8.9	-2.4	-1.9	—	—
1988	2372.1	13.4	5941.6	4.9	451.3	4.2	2.0	2.9	2.5	1.7	4.5	4.6	8.9	8.8	66.4	65.7
1953-1987 年平均		10.3		11.0		8.0	4.4	6.6	4.8	3.2	9.2	9.8	1.1	0.5	10.7	4.9
1953-1988 年平均		10.4		10.8		7.9	4.3	6.5	4.7	3.2	9.0	9.7	1.4	0.7	13.5	6.7

资料来源：同表 6-1、表 6-2、表 6-3 和表 6-4。

是决定性的，其他各项因素都是受这一点制约的。所以，我们可以把经济增长速度作为划分高峰阶段的主要依据。与此相联系，划分下降、谷底和上升阶段也都要以速度作为主要依据。

依据这个主要标准，我们把 1953 年以来我国经济的发展，划分为七个经济周期。这里需要说明四点：①这里考察的是国民经济的发展周期，因而这里讲的经济增长速度，不能只是工业的增长速度，而是国民生产总值的增长速度或社会总产值的增长速度。由于资料的限制，我们这里用的是社会总产值增长速度。这是从理论上来说的。但在实际上，新中国成立以来，我国社会总产值的增上速度在决定性的程度上是由工业总产值的增长速度左右的。因而从社会总产值来考察的经济周期（包括波峰、下降、波谷和上升阶段）同工业总产值来考察的经济周期是吻合的。②1965 年社会总产值的增长速度很高，为 19%。但这年的社会总产值还低于 1960 年。因而具有恢复性质。而且，1966~1968 年社会总产值的下降，是由于"文化大革命"这种政治因素的破坏，并不是经济周期正常发展进程中的下降阶段。或者说，如果没有政治因素的破坏，1966~1968 年的社会总产值是有可能继续上升至高峰的。因此，我们在划分经济周期时，并没有把 1965 年算做经济发展的高峰，而是把这个高峰向前延伸了。③1969 年社会总产值的增长速度也很高，为 25.3%。但这个速度是在 1967 年、1968 年两年负增长的基础上取得的，在很大程度上也带有恢复性质，因而不能算做经济周期的高峰。1970 年社会总产值在 1969 年增长的基础上，又提高了 24.2%，可以算做经济周期的高峰。④依据已有的材料来判断，1988 年是我国经济发展的第七周期的波峰年，1989 年是这个周期下降阶段或波谷阶段，但 1989 年不是这个周期的结束。

我国历年经济周期划分的具体情况，见表 6-6。

表 6-6　经济周期的划分

（以上年为 100）　　　　　　　　　　单位：%

周　　期	年份	社会总产值增长速度	工业总产值增长速度
第一周期（1953~1955 年）	1953	118.7	130.3
	1954	108.5	116.3
	1955	106.1	105.6
第二周期（1956~1957 年）	1956	117.9	128.1
	1957	106.1	111.5

续表

周　期	年份	社会总产值增长速度	工业总产值增长速度
第三周期（1958~1969 年）	1958	132.6	154.8
	1959	118.0	136.1
	1960	104.7	111.2
	1961	66.5	61.8
	1962	90.0	83.4
	1963	110.2	108.5
	1964	117.5	119.6
	1965	119.0	126.4
	1966	116.9	120.9
	1967	90.1	86.2
	1968	95.3	95.0
	1969	125.3	134.3
第四周期（1970~1977 年）	1970	124.2	132.6
	1971	110.4	114.7
	1972	104.5	106.9
	1973	108.7	109.5
	1974	101.8	100.6
	1975	111.6	115.5
	1976	101.4	102.4
	1977	110.3	114.6
第五周期（1978~1984 年）	1978	113.1	113.6
	1979	108.5	108.8
	1980	108.4	109.3
	1981	104.7	104.3
	1982	109.5	107.8
	1983	110.2	111.3
	1984	114.7	116.3
第六周期（1985~1987 年）	1985	117.1	121.4
	1986	110.3	111.7
	1987	114.1	117.7
第七周期	1988	115.8	120.8
	1989		108.3

资料来源：《中国统计年鉴》(1989)，第 46 页；《人民日报》1990 年 2 月 21 日第 2 版。

说明：无论是按照社会总产值的增长速度，还是按照工业总产值的增长速度来划分经济周期，其结果是一致的。

我们依据表 6-5、表 6-6 的数据，就可以计算出各个经济周期年平均的全要素生产率。这方面的计算结果，即历年各个经济周期年平均全要素生产率的增长率及其在产出增长率中所占的比重，见表6-7。但由于第七周期还未完结，因而表6-7没有反映该周期年平均全要素生产率增长率及其在产出增长率的比重。

综上所述，表6-5综合反映了社会主义国家所有制独立核算工业企业历年经济效益的变化。表6-7综合反映了这个期间各个经济周期经济效益的变化。

二、对前述全要素生产率计算正确性的进一步分析

我们在前面对全要素生产率的计算过程表明：这种计算是有事实根据的。但为了进一步证明这一点，我们在下面再做两种比较。

第一，全要素生产率与全资金利润率的比较。

如前所述，全资金利润率在综合评价工业经济效益方面尽管没有全要素生产率适宜，但也是综合评价工业经济效益的重要指标。因此，把全要素生产率与全资金利润率的变动趋势做一番对比，很有助于我们判明在前面对全要素生产率变动趋势所做计算的真实性。

我们依据前述表6-1、表6-2、表6-3、表6-4、表6-6的数据，可以分别计算出社会主义国家所有制独立核算工业企业历年全资金利润率和各个时期年平均全资金利润率。这两项计算结果分别见表6-8和表6-9。这里也需说明：由于第七周期没有完结，因而表6-9也没有反映第七周期的年平均全资金利润率。

我们只要把表6-5和表6-8做一下对比，就可以看到：第一，在1953年至1988年的36年中，全要素生产率正增长的年份为21年，负增长的年份为15年；全资金利润率分别为23年和13年。前者与后者在正负增长方面只相差两年。而且，这两年的差距也很小。1955年全要素生产率负增长0.1%，全资金利润率正增长0.6%，二者只差0.7个百分点；1980年前者负增长0.3%，后者正增长0.2%，二者只差0.5个百分点。第二，在正增长或负增长的幅度方面也存在着相同的趋向。比如，在这36年中，全要素生产率正增长率最高的年份是1958年，为34.9%，负增长率最高的年份为1961年，是42.4%；全资金利润率正、负增长率最高的

单位：%

表 6-7　社会主义国家所有制独立核算工业企业各个周期年平均全要素生产率增长率及其在年平均产出增长率中所占的比重

时　期	①产出增长率	②资金投入增长率	③劳动投入增长率	④全要素投入增长率合计			⑤全要素生产率增长率	⑥全要素生产率增长率最高年份	⑦全要素生产率增长率最低年份	⑥高于⑤	⑦低于⑤	⑥高于⑦	⑧全要素生产率增长率在产出增长率中所占比重
				资金	劳动	合计							
第一周期 (1953~1955 年)	21.0	18.7	11.7	11.2	4.7	15.9	5.1	1953 年 为 15.9	1955 年 为-0.1	10.8	5.2	16.0	24.3
第二周期 (1956~1957 年)	25.0	22.6	20.0	13.6	8.0	21.6	3.4	1956 年 为 3.7	1957 年 为 3.1	0.3	0.3	0.6	13.6
第三周期 (1958~1969 年)	9.1	12.7	4.8	7.6	1.9	9.5	-0.4	1958 年 为 34.9	1961 年 为-42.4	35.3	42.0	77.7	—
第四周期 (1970~1987 年)	8.6	9.8	6.8	5.9	2.7	8.6	0	1970 年 为 25.1	1976 年 为-12.9	25.1	12.9	38.0	0
第五周期 (1978~1984 年)	8.4	4.4	8.8	2.6	3.5	6.1	2.3	1978 年 为 12.9	1981 年 为-1.1	10.6	3.4	14.0	27.4
第六周期 (1985~1987 年)	5.6	8.8	11.2	5.3	4.5	9.8	-4.2	1985 年 为 2.0	1986 年 为-6.6	6.2	2.4	8.6	—

资料来源：同表 6-5 和表 6-6。

表 6-8 社会主义国家所有制独立核算工业企业历年全资金利润率

年份	资金总额 (亿元，可比价)	利润、税收总额 (亿元，可比价)	全资金 当年（%）	利润率 比上年±（百分点）
1952	176.6	37.4	21.2	—
1953	218.6	53.4	24.4	3.2
1954	255.7	67.6	26.4	2.0
1955	287.1	77.6	27.0	0.6
1956	369.1	103.9	28.2	1.2
1957	428.7	125.9	29.4	1.2
1958	598.7	240.4	40.2	10.8
1959	812.8	354.3	43.6	3.4
1960	1019.4	420.7	41.3	−2.3
1961	1021.7	153.4	15.0	−26.3
1962	948.8	137.1	14.5	−0.5
1963	948.6	195.4	20.6	6.1
1964	1012.9	249.0	24.6	4.0
1965	1157.4	336.5	29.1	4.5
1966	1253.6	439.1	35.0	5.9
1967	1387.8	302.9	21.8	−14.2
1968	1506.9	262.8	17.4	−4.4
1969	1649.1	420.7	25.5	8.1
1970	1843.2	600.6	32.6	7.1
1971	2065.9	668.0	32.3	−0.3
1972	2339.5	703.9	30.1	−2.2
1973	2716.4	733.2	27.0	−3.1
1974	2776.3	663.3	23.9	−3.1
1975	2992.8	763.7	25.5	1.6
1976	3267.8	703.7	21.5	−4.0
1977	3440.7	837.4	24.3	2.8
1978	3735.4	1039.0	27.8	3.5
1979	3840.5	1121.1	29.2	1.4
1980	4004.0	1178.1	29.4	0.2
1981	4166.7	1196.0	29.1	−0.3
1982	4321.6	1259.3	29.1	0
1983	4507.5	1339.6	29.7	0.6
1984	4718.4	1459.2	30.9	1.2
1985	5061.4	1605.4	31.7	0.8
1986	5655.1	1563.4	27.7	−4.0
1987	6097.1	1658.4	27.2	−0.5
1988	6392.9	1791.0	28.0	0.8

资料来源：同表 6-1、表 6-2、表 6-3 和表 6-4。

表6-9　社会主义国家所有制独立核算工业企业各个周期年平均全资金利润率

单位：%

时期	①年平均全资金利润率	②比上一周期±	③利润率最高年份	④利润率最低年份	③比①高	④比①低	③比④高
第一周期（1953~1955年）	26.1	—	1955年为27.0	1953年为24.4	0.9	1.7	2.6
第二周期（1956~1957年）	28.8	2.7	1957年为29.4	1956年为28.2	0.6	0.6	1.2
第三周期（1958~1969年）	26.4	-2.4	1959年为43.6	1962年为14.5	17.2	11.9	29.1
第四周期（1970~1977年）	26.5	0.1	1970年为32.6	1976年为21.5	6.1	5.0	11.1
第五周期（1978~1984年）	29.4	2.9	1984年为30.9	1978年为27.8	1.5	1.6	3.1
第六周期（1985~1987年）	28.7	-0.8	1985年为31.7	1987年为27.2	3.0	1.5	4.5

资料来源：同表6-8。

年份，也是这两年，分别为正10.8%和负26.3%。这个对比说明：表6-5大体上正确地反映了新中国建立以来工业经济效益变化的趋势。

　　表6-7和表6-9的对比也可以说明这一点。第一，除了第一周期不便对比以外，第二周期全要素生产率年平均增长率为3.4%，全资金利润率增长率为2.7%。第三周期二者分别为-0.4%和-2.4%。第四周期二者分别为0和0.1%。第五周期二者分别为2.3%和2.9%。第六周期二者分别为-4.2%和-0.8%。可见，二者的正增长或负增长大体上呈现出相同趋势。第二，在上述六个周期内，全要素生产率年平均增长率和年平均全资金利润率的波动幅度最小的都是第二周期。在这个周期，全要素生产率年平均增长率为3.4%；增长最高年份1956年为3.7%，只比年平均增长率高出0.3个百分点；增长最低年份1957年为3.1%，只低0.3个百分点；1956年也只比1957年高0.6个百分点。在这个周期，年平均全资金利润率为28.8%；最高年份1957年为29.4%，只比年平均全资金利润率高出0.6个百分点；最低年份1956年为28.2%，也只低0.6个百分点；1957年只比1956年高出1.2个百分点。在上述六个周期内，全要素生产率年平均增长率和年平均全资金利润率的波动幅度最大的要算是第三周期。在这个周期，全要素生产率年平均增长率为-0.4%；最高年份1958年为34.9%，比年平均增长率高出35.3个百分点；最低年份1961年为-42.4%，低42个百分点；1958年比1961年高出77.7个百分点。在这个周期，年平均全资金利润率为26.4%；最高年份1959年为43.6%，比年平均全资金利润率高出17.2个百分点；最低年份1962年为14.5%，低11.9个百分点；1959年比1962年高29.1个百分点。可见，在上述各个周期内，全要

素生产率年平均增长率与年平均全资金利润率的波动幅度的变化趋向大体上也是相同的。

第二，全要素生产率与统计工作中资金利税率的比较。

依据前面第五章的分析，统计工作中资金利税率，在综合评价工业经济效益方面，不如全资金利润率适宜，更不如全要素生产率适宜。但是，它仍不失为综合评价工业经济效益的一个指标。所以，把全要素生产率与统计工作中的资金利税率做一番对比，也有助于我们判明在前面对全要素生产率变动趋势所做计算的真实性。

社会主义国家所有制独立核算工业企业历年资金利税率的变动趋势如表6-10所示。

表 6-10　社会主义国家所有制独立核算工业企业历年资金利税率
（按不变价格计算）

年份	当年（%）	比上年±（百分点）
1952	25.4	—
1953	30.4	5.0
1954	30.4	0
1955	30.0	−0.4
1956	32.1	2.1
1957	34.6	2.5
1958	46.5	11.9
1959	48.7	2.2
1960	43.6	−5.1
1961	15.9	−27.7
1962	15.1	−0.8
1963	20.5	5.4
1964	25.7	5.2
1965	29.8	4.1
1966	34.5	4.7
1967	21.7	−12.8
1968	17.3	−4.4
1969	25.3	8.0
1970	30.6	5.3
1971	30.0	−0.6
1972	27.7	−2.3
1973	25.8	−1.9

续表

年份	当年（%）	比上年±（百分点）
1974	21.7	−4.1
1975	22.7	1.0
1976	19.3	−3.4
1977	21.2	1.9
1978	24.2	3.0
1979	24.8	0.6
1980	24.8	0
1981	23.8	−1.0
1982	23.4	−0.4
1983	23.2	−0.2
1984	24.2	1.0
1985	23.8	−0.4
1986	20.7	−3.1
1987	20.3	−0.4
1988	20.6	0.3
1989	17.2	−3.4

资料来源：《中国工业经济统计年鉴》（1988），第49页；《中国统计年鉴》（1988），第335页；《中国经济年鉴》（1989），第948页。

如前所述，在1952年至1988年的36年中，社会主义国家所有制独立核算工业企业全要素生产率正增长年份为21年，负增长年份为15年。而表6-10提供的资料表明：在这36年中，这些企业的资金利税率正增长年份为17年，零增长年份为两年，负增长年份为17年。二者相比，后者比前者多两个零增长年，多三个负增长年。但就这些年份来看，差距不大。1954年和1980年是资金利税率的零增长年；而这两年全要素生产率增长率分别为0.1%和−0.3%，分别只差0.1和0.3个百分点。1982、1983和1985这三年，资金利税率分别负增长0.4%、0.2%和0.4%，而这三年全要素生产率增长率分别为0.2%、1.9%和2%。其中，1982年的差距也不大，为0.6个百分点，1983和1985这两年差距要大些，分别为2.1和2.4个百分点。此外，在正负增长幅度方面也存在大体相同的趋向。比如，在这36年中，资金利税率正增长幅度最高年份1958年为11.9%，负增长幅度最高年份1961年为27.7%；而全要素生产率正、负增长率最高年份也是这两年，分别为34.9%和42.4%。所以，就多数年份来说，表6-5和表6-10反映的工业经济效益变动趋势是相同的。

当然，这里也仅仅是就二者的变动趋势（包括正负增长的趋势，以及正负增长幅度的差距等）而言的。由于资金利税率和全要素生产率的内涵及其计算方法都是不同的，因而二者在各个年份的增长比例不一致是正常的，一致是偶然的。这一点，不仅对资金利税率和全要素生产率的对比可以这样说，对全资金利润率和全要素生产率的对比也必须这样看。

第七章　我国工业经济效益变化的特征

现在我们依据第六章各表提供的数据及其他有关数据，来分析新中国建立以来工业经济效益变化的特征。但限于我们掌握的资料，对于特征的分析，在时间跨度上有区别，有的涉及建国以来的情况，有的则仅涉及近十年或近几年来的情况。

一、工业经济效益变化的周期性和周期的不规则性

历史经验表明：社会主义经济的发展具有周期性。与经济发展的周期性相联系，包括工业经济效益在内的经济效益的变化也具有周期性。表 6-5 和表 6-7 提供的数据表明：在 1953 年至 1987 年期间，我国工业经济效益伴随着经济发展周期的变化，大体上也经历了六个周期：第一周期为 1953 年至 1955 年，第二周期为 1956 年至 1957 年，第三周期为 1958 年至 1969 年，第四周期为 1970 年至 1977 年，第五周期为 1978 年至 1984 年，第六周期为 1985 年至 1987 年。因为尽管在上述六个周期内，工业经济效益的变化各具特点，但都经历了从波峰到波谷的过程。就是说，在上述六个周期内，全要素生产率增长率由 1953 年的 15.9% 下降到 1955 年的 -0.1%；再由 1956 年的 3.7% 下降到 1957 年的 3.1%；又由 1958 年的 34.9% 下降到 1961 年的 -42.4%，经过曲折变化，上升到 1969 年的 37.3%；再由 1970 年的 25.1% 下降到 1976 年的 -12.9%；经过上升再由 1978 年的 12.9% 下降到 1981 年的 -1.1%；经过上升再由 1985 年的 2% 下

降到 1986 年的-12.2%，1987 年上升到-1.9%。

这里需要进一步说明：依据表 6-6 提供的资料，1988 年我国经济发展又进入了第七个波峰年。这一年无论是社会总产值和工业总产值的增长速度都是很高的。二者分别达到了 15.8%和 20.8%，都接近了经济发展第六周期波峰年 1985 年的增长速度（这一年二者增长速度分别为 17.1%和 21.4%）。但到 1989 年，经济增长速度又急剧下降了。这一年工业增长速度下降到 8.3%。当然，1989 年是否成为第七经济周期的波谷阶段，还需要由 1990 年及其以后的经济发展来证实。但已有的经济资料可以证明：从 1989 年起，我国经济发展已经进入了第七周期从波峰到波谷的发展过程。与此相联系，我国工业经济效益又一次经历了从上升到下降的过程。1988 年，社会主义国家所有制独立核算工业企业全要素生产率由 1987 年的-1.9%上升到 8.8%，全要素生产率增长率在产出增长率所占的比重高达 65.7%。二者分别比第六经济周期波峰年 1985 年高出 6.8 个和 45.5 个百分点。由于掌握资料的限制，现在我们还无法计算出 1989 年全要素生产率的增长率及其在产出增长率中的比重。但现有的统计资料可以充分证明：1939 年工业经济效益是大幅度下降了。例如，这年社会主义国家所有制独立核算工业企业全员劳动生产率只比上年增长 1.6%，比上年增长幅度（为 8.3%）回落了 6.7 个百分点；国家预算内工业企业工业资金利税率、工业销售利税率和工业可比产品成本降低率三者分别为 19.41%，17.27%和-22.4%，比上年（1988 年三者分别为 21.99%，19.30%和-12.3%）分别降低了 2.58 个、2.03 个和-10.1 个百分点。[1]

但是，新中国建立以来这段时期内工业经济效益的变化周期是有特点的。这首先就是周期的不规则性，表现为以下几方面：第一，周期期长的不规则性。表 6-7 的资料说明：在 1953 年至 1987 年期间，与我国经济发展周期相联系的工业经济效益变化的第一周期为三年，第二周期为两年，第三周期为十二年，第四周期为八年，第五周期为七年，第六周期为三年；平均说来，每个周期为 5.8 年；最短周期比平均周期少 3.8 年，比最长周期少 10 年；最长周期比平均周期多 6.2 年。

第二，周期各发展阶段的不规则。如前所述，社会主义经济发展周

---

①《人民日报》1990 年 2 月 6 日第 2 版。

期也要经过这样四个阶段：波峰阶段，下降阶段，波谷阶段和上升阶段。与此相联系的工业经济效益的变化也是如此。然而，在1953~1987年期间，有的周期的发展，并没有明显表现出四个发展阶段。比如，第一周期就只经历了1953年的波峰、1954年的下降、1955年的波谷，没有经历上升阶段。第二周期就只经历了1956年波峰到1957年波谷两个阶段，并无四个阶段的区分。这是其一。其二，有些周期并不是依次经历波峰、下降、谷底和上升四个阶段，而是在经历了波峰、下降、谷底、上升、再下降、再到波峰。比如，第三周期在经历了1958年的波峰之后，1959年开始下降，到1961年进入了谷底，1963年开始上升，到1966年本来还可以继续上升，但由于"文化大革命"的破坏，1967年又开始下降，直到1970年才达到波峰。第四周期也有类似的情况。这个周期在经历了1970年的波峰之后，1971年开始下降，1974年进入谷底，1975年开始上升，1976年本来也可以继续上升，同样由于"文化大革命"的破坏，1976年急转直下，1977年又开始上升，到1978年达到波峰。

第三，周期各发展阶段增长速度（包括正、负增长速度）的不规则，其突出表现就是跳跃性。比如，社会主义国家所有制独立核算工业企业全要素生产率的增长率由1953年（波峰）的15.9%下降到1954年的0.1%，由1957年（波谷）的3.1%上升到1958年（波峰）的34.9%，由1962年的-11.2%上升到1963年的27.4%，又由1966年的23.9%下降到1967年的-40.1%，由1968年的-15.3%上升到1969年的37.3%，由1970年（波峰）的25.1%下降到1971年的-0.7%，由1976年的-12.9%上升到1977年的11.4%，由1978年（波峰）的12.9%下降到1981年（波谷）的-1.1%，由1985年（波峰）的2%下降到1986年（波谷）的-12.2%，再上升到1988年（波峰）的8.8%。如前所述，1989年工业经济效益又有大幅度的下降。

二、工业经济效益的波动曲线趋于下降和水平低下

（一）工业经济效益的波动曲线趋于下降

如前所述，新中国建立以来，我国工业经济效益的变化具有周期性，

呈现出一条波动曲线。现在需要进一步指出：这条波动曲线的总的变化趋势是下降的。

工业经济效益变化的下降趋势首先表现在各个经济周期波峰年份全要素生产率的变化上。表6-7表明：第一经济周期波峰年份1953年社会主义国家所有制独立核算工业企业全要素生产率增长率为15.9%，其后相继的五个经济周期的波峰年份（即1956、1958、1970、1978年和1985年）全要素生产率增长率分别为3.7%、34.9%、25.1%、12.9%和2%。这六个波峰年全要素生产率增长率在产出增长率所占的比重分别为42.5%，11.3%，46.5%，69%，60%和20.2%。可见，尽管从第一周期到第三周期各个波峰年份的全要素生产率增长率有波动，但是趋于上升的；然而在此以后，第四、五、六周期波峰年份的全要素生产率增长率是趋于下降的，特别是第六周期波峰年份全要素生产率增长率只有2%，成为各个周期波峰年份的最低水平。就全要素生产率增长率在产出增长率所占的比重来看，第一周期至第四周期也有波动，但也是上升的，其后两个周期又趋于下降了。诚然，作为第七经济周期波峰年的1988年全要素生产率增长率回升了8.8%，特别是该年全要素生产率增长率在产出增长率所占的比重达到了65.7%。但这个情况并不妨碍就前六个经济周期波峰年全要素生产率的变化情况来说，工业经济效益波动曲线呈现下降的趋势。

再就各个经济周期年平均全要素生产率的变化来看，表6-7提供的资料说明，前六个经济周期社会主义国家所有制独立核算工业企业全要素生产率年平均增长率分别为5.1%，3.4%，-0.4%，0，2.3%和-4.2%；年平均的全要素生产率增长率在产出增长率所占的比重分别为24.3%，13.6%，负数，0，27.4%和负数。就前一组数字看，第一经济周期至第三经济周期是下降的，其后，主要是第五经济周期有明显回升，达到2.3%，但仍低于第一、二经济周期。而到第六经济周期又大幅度下降了，成为六个周期的最低水平。所以，这里虽有波动，但总的趋势是下降的。就后一组数字看，第一、二、三、四、六经济周期的情况与第一组数字是相似的，特点在于第五经济周期回升幅度很高，达到27.4%，成为六个周期的最高水平。但问题在于第六经济周期的经济效益水平很低。至于第七经济周期，由于客观的经济发展过程还没有完结，很难判断。当然，作为第七经济周期波峰年的1988年，其经济效益水平较高。但伴随工业增长速度大幅度下降，1989 年工业经济效益水平又大幅度下降了。比如，1989 年，国有独立核算工业企业全员劳动生产率仅比上年提高了 1.6%，比上年增长幅度回落了 6.7 个百分点。这年国家预算内工业企业可比产品成本降低率为-22.4%，比上年增加了-10.1 个百分点；工业销售利税率为 17.27%，比上年的 19.3%下降了 2.03 个百分点；工业资金利税率为 19.41%，比上年的 21.99%下降了 2.58 个百分点。① 所以，第七经济周期平均的经济效益水平是高还是低，还要看以后经济的发展状况而定。但是，不论怎样，就前六个经济周期总的发展情况来看，似乎可以说，经济效益水平是趋于下降的。当然这只是就社会主义国家所有制独立核算工业经济效益的情况所做的判断，并不能完全代替对全部工业经济效益的判断，更不能代替对整个国民经济效益的判断。

（二）工业经济效益水平的低下

1. 国内有关的价值指标和使用价值指标的对比

前面说明了建国以来工业经济效益的下降趋势。而我国工业经济效益水平本来就不高。因而这同时就说明了当前我国工业经济效益水平的低下。但为了进一步说明这一点，我们还就国内有关的价值指标和使用价值指标做一下对比。

首先，在全要素生产率的变化方面，就 1987 年（这是第六经济周期工业经济效益低的年份）与 1952 年相比较的 35 年的情况来看，社会主义国家所有制独立核算工业企业全要素生产率年平均增长率仅为 0.5%，这种增长率在产出增长率所占比重只有 4.9%。即使就 1988 年（这是第七经济周期的波峰年，系工业经济效益高的年份）与 1952 年相比较的 36 年的情况来看，上述两个数字分别也只有 0.7%和 6.7%（详见表 6-5）。这些数字集中地反映了我国工业经济效益水平的低下。

诚然，如前所述，全要素生产率这个指标在综合反映经济效益的变化方面，虽然有它的巨大社会功能，但也有局限性。而且，在我国传统经济体制下，存在过价格扭曲的情况。在当前新旧两种经济体制交替的条件下，这种扭曲情况并没根本改变。而全要素生产率也是一种价值指标。因为全要素生产率表现为产出增长率与生产要素投入增长率的差额；

---

① 《人民日报》1990 年 2 月 8 日第 2 版。

而后二者都是以价值指标为基础计算出来的。因此，全要素生产率这个指标尽管可以大体上反映我国工业经济效益的变化趋势，但并不是很精确的。

为了更准确地分析我国工业经济效益的低下状况，需要考察有关的使用价值指标的变化情况。这些使用价值指标包括以下四项：①重点工业企业实物劳动生产率。②重点工业企业单位产品物耗。③重点工业企业设备利用。④重点工业企业产品质量。这里需要说明：由于我们掌握的资料的限制，只能考察上述四项指标在1980~1988年间的变化情况。诚然，这种考察不能像全要素生产率增长率指标那样可以从总体上反映建国以来我国社会主义国家所有制工业经济效益的状况。但是，由于重点工业企业在我国国有工业中占有重要位置；使用价值指标又可以摆脱价值指标变动和扭曲的影响；这些年份又正是近十年。因而在某种意义上可以说，这种考察能够更准确地从某些重要方面反映当前我国工业经济效益的状况。

我们依据有关资料，对上述四项指标1980~1988年的数据做了计算。计算结果分别见表7-1、表7-2、表7-3和表7-4。这些表格的资料表明：第一，在1981~1988年期间，重点工业企业实物劳动生产率稳定、提高率分别依次为28%，53.8%，57.6%，69.2%，69.1%，68.9%，48.2%和71.4%，重点工业企业单位产品物耗稳定、降低率分别依次为45.4%，65.6%，63.7%，64.7%，45.1%，56%，51%和49%；重点工业企业设备利用率稳定、提高率分别依次为28.1%，66.7%，60.7%，56%，57.9%，69.6%，42.6%和28.8%；重点工业企业产品质量稳定、提高率分别依次为42.1%，59.2%，72.4%，73.7%，55%，50%，62.1%和60.3%。

第二，与历史最高水平相比，1987年重点工业企业实物劳动生产率稳定、提高率为20.7%，重点工业企业单位产品，物耗稳定、降低率为28%，重点工业企业设备利用率稳定、提高率为22.3%，重点工业企业产品质量稳定、提高率为36.2%；1988年上述四项指标分别为21.5%，34%，19.2%和36.9%。

这些数字告诉我们：第一，作为第五经济周期波谷年份的1981年，重点工业企业实物劳动生产率降低率高达72%；即使在第六经济周期波峰年份1985年，降低率仍为30.9%；到该周期波谷年份1987年，降低率又提高到51.8%；第七经济周期波峰年份1988年，降低率仍有28.6%。

表7-1　重点工业企业实物劳动生产率

项目	单位	1980年	1981年	1982年	1983年	1984年	1985年	1986年	1987年	1988年	历史最高水平 年份	历史最高水平 指标
一、煤炭工业												
原煤全员效率	吨/工	0.912	0.870	0.873	0.891	0.903	0939	1.001	1.053	1.092	1986	1.001
回采工效率	吨/工	4.129	4.040	4.094	4.229	4.292	4.405	4.544	4.881	5.158	1986	4.544
掘进工效率	米/工	0.125	0.115	0.113	0.113	0.114	0.116	0.114	0.117	0.118	1957	0.277
二、石油工业												
炼油工人	吨/人·年	—	—	—	—	—	928	938	923	931	1986	938
三、电力工业												
发电工人	万度/人·年	83.90	130.7	131.9	132.0	150.0	157.0	169.0	183.0	—	1986	169.0
四、冶金工业												
高炉炼铁	吨/人·年	1302	1225	1282	1387	1431	1466	1614	689	737	1986	1614
平炉炼钢	吨/人·年	569	515	506	534	527	490	564	577	591	1965	635
电炉炼钢	吨/人·年	187	185	187	207	209	220	228	166	163	1986	228
侧吹转炉炼钢	吨/人·年	354	338	350	266	261	261	288	128	160	1980	354
顶吹转炉炼钢	吨/人·年	575	604	619	635	675	688	741	510	530	1986	741
五、化学工业												
硫酸	吨/人·年	815	759	754	743	628	558	553	654	590	1980	815
纯碱（氨碱法）	吨/人·年	532	425	379	372	382	412	417	421	413	1980	532
纯碱（联碱法）	吨/人·年	531	474	486	448	478	445	462	480	347	1980	531
电解烧碱（隔膜液碱100%）	吨/人·年	254	232	238	234	258	238	292	278	239	1986	292
电解烧碱（水银液碱100%）	吨/人·年		211	169	248	251	233	235	242	251	1984	251
合成氨（国内大中型）	吨/人·年	236	210	198	196	169	192	194	231	193	1980	236

续表

项目	单位	1980年	1981年	1982年	1983年	1984年	1985年	1986年	1987年	1988年	历史最高水平 年份	历史最高水平 指标
合成氨（大型引进）	吨/人·年	4364	4069	3785	3624	4299	4258	4018	3825	4050	1980	4364
六、建筑材料工业												
水泥全员效率	吨/人·年	269	245	240	252	251	254	255	255	260	1980	269
七、纺织工业												
棉纱工人	工/吨·年	—	—	—	—	—	30.48	30.51	29.58	29.64	1986	30.51
棉布工人	工/万米	—	—	—	—	—	97.43	97.05	94.64	95.11	1986	97.50
八、轻工业												
机制纸及纸板	吨/人·年	14.73	13.49	14.49	15.70	16.88	19.82	19.79	19.75	19.75	1985	19.82
自行车	辆/人·年	298	256	250	253	270	302	294	311	310	1985	302
缝纫机	架/人·年	164	138	154	143	130	195	178	179	193	1985	195
手表	只/人·年	514	524	647	602	592	575	738	662	723	1986	738
原盐	吨/人·年	145.99	158.26	145.87	152.80	156.00	179.29	173.24	188.45	216.96	1985	179.29
甘蔗糖	吨/人·年	23.70	26.10	24.99	24.70	22.86	31.64	31.32	34.21	30.67	1985	31.64
甜菜糖	吨/人·年	16.07	17.65	18.34	20.80	25.76	24.26	23.51	20.24	20.49	1984	25.76
卷烟	箱/人·年	204.51	195.92	169.25	166.70	188.00	200.00	197.40	174.00	197.00	1980	204.51
合成洗涤剂	吨/人·年	30.21	33.18	37.86	41.30	41.42	56.46	67.70	67.66	78.15	1986	67.70
九、与上年相比												
其中：提高率（以总计为100)	%		28	53.8	53.8	69.2	65.3	68.9	48.2	71.4		
稳定率	%		0	0	3.8	0	3.8	0	0	0		
降低率	%		72	46.2	42.4	30.8	30.9	31.1	51.8	28.6		
十、与历史最高水平相比												

续表

项目	单位	1980年	1981年	1982年	1983年	1984年	1985年	1986年	1987年	1988年	历史最高水平 年份	历史最高水平 指标
其中：1987年提高率（以总计为100）	%											20.7
稳定率	%											0
降低率	%											79.3
1988年提高率（以总计为100）	%											17.9
稳定率	%											3.6
降低率	%											78.6

资料来源：《中国统计年鉴》（1981），第258~259页；《中国统计年鉴》（1983），第287~288页；《中国统计年鉴》（1985），第372~373页；《中国统计年鉴》（1987），第307页；《中国统计年鉴》（1988），第370页；《中国统计年鉴》（1989），第342页；《中国工业经济统计资料》（1986）），第212~215页。

说明：由于掌握资料的限制，除煤炭工业和冶金工业（其中电炉炼钢除外）以外，历史最高水平年份的统计均不包括1980年以前的数字。

表7-2　重点工业企业单位产品物耗指标

项目	单位	1980年	1981年	1982年	1983年	1984年	1985年	1986年	1987年	1988年	历史最高水平 年份	历史最高水平 指标
一、煤炭工业												
企业耗坑木	立方米/万吨	101.5	97.6	90.9	83.7	76.4	71.70	67.02	57.6	—	1986	67.02
原煤生产耗炸药	公斤/万吨	3279	3117	3117	2994	2984	2970	27.35	2565	2563	1986	2735
原煤生产耗钢材	吨/万吨	12.10	12.05	12.45	11.43	11.40	11.30	11.27	10.66	11.12	1986	11.27
企业综合耗电	度/吨	34.34	37.84	35.88	36.35	36.68	37.29	39.12	39.55	40.89	1970	25.62
洗精煤回收率	%	56.16	55.27	52.49	54.08	54.37	55.01	52.94	53.30	53.00	1965	59.25
二、石油工业												
油田企业原油自用率	%	1.64	1.54	1.50	1.50	1.46	1.52	1.55	1.64	1.70	1965	1.18
油田原油损耗率	%	2.27	2.30	2.29	2.30	2.03	1.65	1.57	1.55	1.90	1986	1.57
原油（气）生产耗电	度/吨	38.84	39.82	42.96	45.08	47.24	51.58	53.39	64.50	73.27	1975	25.73
原油加工耗电	度/吨	39.44	39.77	39.49	34.59	40.69	41.86	42.29	41.73	44.34	1970	36.80
原油加工耗燃料油	公斤/万吨	29.21	26.13	22.57	19.24	18.59	18.73	19.71	20.02	20.53	1984	18.59
三、电力工业												
发电耗标准煤（六千瓦以上电厂）	克/度	413	407	404	400	398	398	398	398	397	1983	398
供电耗标准煤（六千瓦以上电厂）	克/度	448	442	438	434	432	431	432	432	431	1985	431
发电厂用电率（六千瓦以上电厂）	%	6.44	6.40	6.32	6.21	6.28	6.42	6.54	6.66	6.69	1957	5.99
其中：火电	%	7.65	7.76	7.71	7.78	7.70	7.78	7.83	7.88	7.94	1957	7.17
水电	%	0.19	0.19	0.209	0.234	0.250	0.28	0.28	0.31	0.34	1957	0.14
线路损失率（五百千瓦以上电厂）	%	8.93	8.98	8.64	8.53	8.28	8.18	8.15	8.48	8.18	1965	7.31
四、冶金工业												
生铁耗铁矿石	公斤/吨	1793	1799	1814	1830	1825	1820	1794	1772	1765	1980	1793

续表

项目	单位	1980年	1981年	1982年	1983年	1984年	1985年	1986年	1987年	1988年	历史最高水平 年份	历史最高水平 指标
生铁耗燃料（综合焦比）	公斤/吨	585	579	577	575	571	568	556	572	589	1986	556
生铁耗焦炭（人炉焦比）	公斤/吨	539	540	538	535	524	519	513	592	557	1986	513
平炉钢耗钢铁料	公斤/吨	1079	1090	1095	1095	1092	1105	1121	1113	1117	1965	1014
其中：生铁	公斤/吨	773	772	772	768	773	802	821	834	848	1983	768
电炉钢耗钢铁料	公斤/吨	1042	1046	1037	1034	1037	1040	1029	1047	1043	1983	1034
其中：生铁	公斤/吨	128	109	118	113	128	155	163	124	109	1981	109
侧吹转炉耗钢铁料	公斤/吨	1190	1186	1194	1171	1171	1177	1173	1251	1256	1983	1171
其中：生铁	公斤/吨	1018	996	1023	1095	1077	1101	1091	1027	1065	1980	996
顶吹转炉耗钢铁料	公斤/吨	1152	1150	1148	1143	1137	1135	1126	1135	1135	1965	1116
其中：生铁	公斤/吨	1050	1033	1027	1017	1019	1026	1018	1036	1031	1983	1017
全焦耗湿煤	公斤/吨	1431	1427	1427	1431	1432	1440	1436	1400	1413	1983	1431
电炉钢耗电	吨/度	647	651	643	625	619	626	607	670	644	1984	619
硅铁耗电	度/吨	9173	9459	8421	8996	8885	8889	8873	8687	8823	1982	8421
电解铝耗直流电	度/吨	15432	15730	16108	15633	15456	15047	15294	15378	15250	1985	15047
电解铝耗铝氧	公斤/吨	1960	1962	1963	1956	1954	1953	1964	1962	1960	1985	1953
铜选矿"回收率	%	88.3	88.0	86.3	87.1	87.4	85.8	86.1	85.62	85.35	1983	88.3
铝选矿"回收率	%	85.3	86.2	86.4	86.0	84.7	83.1	84.1	83.86	83.14	1982	86.4
锌选矿"回收率	%	88.2	89.1	88.4	88.5	87.7	88.1	88.1	87.18	88.32	1981	89.1
镍选矿"回收率	%	69.8	73.3	74.4	82.2	82.3	82.2	82.1	83.12	83.11	1984	82.3
锡选矿"回收率	%	61.0	58.1	56.8	58.6	57.0	58.3	54.6	56.83	58.61	1980	61.0
钨选矿"回收率	%	85.8	85.1	83.9	83.7	81.4	81.6	81.7	82.04	82.85	1980	85.8
钼选矿"回收率	%	84.8	84.1	84.3	83.8	80.2	77.7	82.0	82.56	—	1980	84.8

续表

项目	单位	1980年	1981年	1982年	1983年	1984年	1985年	1986年	1987年	1988年	历史最高水平 年份	历史最高水平 指标
粗铜冶炼回收率	%	97.05	96.9	97.1	97.2	97.2	97.27	97.16	97.30	97.40	1985	97.27
粗铅冶炼回收率	%	94.83	95.0	95.1	95.4	94.4	95.1	95.12	95.06	93.57	1983	95.40
锌冶炼回收率	%											
镍冶炼回收率	%	80.69	81.23	82.00	82.0	82.5	83.11	—	—	—	—	—
锡冶炼回收率	%	96.35	97.06	96.80	96.7	96.9	95.91	96.17	96.02	96.13	1981	97.06
五、化学工业												
合成氨耗人炉焦、白煤(中型企业)	公斤/吨	1326	1321	1314	1301	1281	1283	1262	1364	1297	1986	1262
合成氨耗电(中型企业)	度/吨	1441	1445	1434	1406	1352	1385	1418	1260	1423	1984	1352
合成氨耗天然气(大型企业)	百万大卡/吨	10.08	10.07	9.93	9.89	9.70	9.67	9.78	9.60	9.43	1985	9.67
合成氨耗电(大型企业)	度/吨	14.4	14.73	14.69	14.86	11.54	11.79	11.79	11.26	12.19	1984	11.54
电石耗焦炭	公斤/吨	587	580	575	558	561	557	560	558	558	1985	557
电石耗电	度/吨	3533	3558	3518	3479	3450	3468	3472	3418	3324	1984	3450
隔膜液碱耗直流电	度/吨	2442	2465	2448	2397	2393	2359	2356	1619	2348	1986	2356
水银液碱耗直流电	度/吨	3192	3274	3200	3182	3214	3307	3256	3238	3217	1983	3182
硫酸耗硫铁矿	公斤/吨	992	994	988	987	987	994	980	992	983	1983	987
硫酸耗电	度/吨	89.7	92	88	91	97	88	97	105	102.86	1982	88
聚氯乙烯耗电石	公斤/吨	1464	1464	1466	1452	1402	1449	1466	1468	1409	1984	1402
普通过磷酸钙耗磷矿	公斤/吨	3708	3735	3701	3701	3707	3731	3741	2232	3696	1983	3701
普通过磷酸钙耗硫酸	公斤/吨	2477	2471	2492	2547	2441	2467	2414	2003	2425	1986	2414
高压聚乙烯耗乙烯	公斤/吨	1059	1068	1054	1054	1054	1052	1048	1065	1042	1986	1048
聚丙烯耗丙烯	公斤/吨	1170	1166	1171	1150	1150	1162	1132	1176	1134	1986	1132
顺丁橡胶耗丁二烯	公斤/吨	1046	1040	1039	1035	1035	1035	1034	1032	1030	1986	1034
氯丁橡胶耗电石	公斤/吨	3193	3263	3135	3107	3038	3024	3027	3027	3020	1985	3024

续表

项目	单位	1980年	1981年	1982年	1983年	1984年	1985年	1986年	1987年	1988年	历史最高水平 年份	历史最高水平 指标
冰醋酸耗乙醛	公斤/吨	779	776	773	772	785	779	785	782	782	1983	770
纯苯耗粗苯	公斤/吨	1483.6	1496.8	1517	1472	1494	1498	1470	1440	1502	1986	1470
六、机械工业												
电炉钢冶炼耗电	度/吨	809.3	830.6	822.0	781.4	791.0	818.0	786.9	765.1	748.6	1983	781.4
化铁炉金属炉料耗焦	公斤/吨	108.3	116.3	120.9	138.2	122.2	120.7	130.0	124.1	126.4	1980	108.3
钢材利用率	%	67.8	66.9	65.4	65.8	65.8	67.5	67.4	68.5	73.9	1980	67.8
七、建筑材料工业												
水泥熟料烧成耗标准煤	公斤/吨	206.5	207.5	207.62	206.01	205.85	201.10	198.15	193.30	191.20	1986	198.15
水泥综合耗电	度/吨	96.7	98.6	100.0	100.90	102.39	103.93	105.59	106.23	107.31	1970	91.20
平板玻璃耗标准煤	公斤/重量箱	30.85	30.81	30.55	30.10	29.88	30.76	31.04	32.66	31.56	1957	29.51
平板玻璃耗纯碱	公斤/重量箱	9.76	9.86	9.73	9.72	9.78	10.12	10.03	10.12	10.26	1983	9.72
平板玻璃耗电	度/重量箱	3.64	3.80	3.71	3.49	3.65	5.26	5.43	5.37	6.74	1983	3.49
玻璃纤维纱耗电	度/吨	4600	4499	4392	4273	4148	4310	—	—	—	—	—
八、森林工业												
原条出材率	%	87.7	87.3	88.2	88.6	88.9	89.4	89.6	90.5	90.3	1986	89.6
锯材出材率	%	69.5	69.2	69.6	70.2	71.9	71.4	70.1	67.5	67.9	1984	71.9
九、纺织工业												
粘胶纤维（短丝）耗标准煤	吨/吨	2.71	2.62	2.57	2.66	2.66	2.34	2.19	2.20	2.35	1986	2.19
粘胶纤维（长丝）耗标准煤	吨/吨	10.34	11.21	9.93	10.21	9.87	9.22	8.21	9.20	8.62	1986	8.21
粘胶纤维（短丝）耗电	度/吨	2155	2108	2131	2161	2962	1967	1917	1948	2067	1986	1917
粘胶纤维（长丝）耗电	度/吨	9672	10068	10085	9744	9557	9205	9514	10060	9865	1985	9205
粘胶纤维（短丝）耗硫酸	公斤/吨	960	950	950	931	911	920	899	895	921	1986	899
粘胶纤维（长丝）耗硫酸	公斤/吨	1320	1460	1320	1411	1401	1336	1374	1436	1399	1982	1320
粘胶纤维（短丝）耗烧碱	公斤/吨	670	660	850	663	645	649	648	637	642	1984	645

续表

项目	单位	1980年	1981年	1982年	1983年	1984年	1985年	1986年	1987年	1988年	历史最高水平 年份	历史最高水平 指标
粘胶纤维（长丝）耗烧碱	公斤/吨	860	860	830	856	859	844	845	856	855	1982	830
棉纱通扯净用棉量（包括化纤）	公斤/吨	1065	1064	1067	1067	1063	1064	1068	1068	1070	1981	1064
棉纱耗电	度/吨	1827	1888	1862	1894	1943	1983	1914	1946	1969	1980	1827
棉布用纱量	公斤/百米	15.13	15.78	15.63	16.63	18.84	16.17	16.3	16.7	16.3	1957	13.4
棉布耗电	度/百米	20.29	21.14	21.00	21.70	22.66	23.07	23.03	23.44	23.69	1962	14.1
印染布耗碱	公斤/百米	1.60	1.70	1.78	1.67	1.65	1.75	1.86	1.84	1.83	1980	1.60
印染布耗标准煤	公斤/百米	38.07	39.85	40.06	41.60	44.41	44.43	45.69	43.33	42.59	1980	38.07
十、轻工业												
本色化学木浆耗木材	立方米/吨	4.7	4.7	4.6	4.6	4.6	4.6	4.7	4.7	4.69	1970	4.6
本色化学木浆耗碱	公斤/吨	472	467	464	465	456	421	469	473	463	1985	421
机械木浆耗木材	立方米/吨	2.53	2.54	2.5	2.5	2.5	2.5	2.5	2.6	2.56	1982	2.5
机械木浆耗电	度/吨	1505	1520	1482	1467	1473	1522	1548	1544	1588	1983	1467
新闻纸耗电	度/吨	487	523	495	258	530	556	549	559	565	1980	487
家用缝纫机耗生铁	公斤/架	33.0	32.9	32.8	32.3	31.7	31.6	31.7	31.41	31.58	1985	31.6
28″载重自行车耗钢材	公斤/辆	28.7	29.0	28.1	29.8	29.7	29.9	29.5	29.2	29.39	1980	28.7
闹钟耗铜材	公斤/万只	—	—	1691	1733	1613	1650	1851	1667	1588	1984	1613
15—40 瓦普通灯泡耗钨丝	米/只	1.29	1.31	1.32	1.29	1.29	1.29	1.25	1.30	1.33	1986	1.25
日用陶瓷耗标准煤	吨/吨			1.8	1.6	1.6	1.2	1.2	1.3	1.3	1985	1.2
重革耗牛皮	吨/吨	0.865	0.875	0.890	0.91	0.92	0.89	1.01	0.92	0.94	1980	0.865
重革耗猪皮	吨/吨	1.89	1.78	1.85	1.93	1.91	1.93	1.91	1.94	1.91	1981	1.78
重革耗栲皮	公斤/吨	800	800	790	770	750	750	750	750	730	1984	750

续表

项目	单位	1980年	1981年	1982年	1983年	1984年	1985年	1986年	1987年	1988年	历史最高水平 年份	指标
十一、与上年相比												
其中：降低率（以总计率为100）	%		40.3	61.6	55.9	52.9	39.2	49.0	45.0	44.9		
稳定率	%		8.1	4.0	7.8	11.8	5.9	7.0	6.0	4.1		
提高率	%		54.6	34.4	36.3	35.3	54.9	44.0	49.0	51.0		
十二、与历史最高水平相比												
其中：1987年降低率（以总计为100）	%											26
稳定率	%											2
提高率	%											72
1988年降低率（以总计为100）	%											32
稳定率	%											2
提高率	%											66

资料来源：《中国统计年鉴》（1981），第 248~251 页；《中国统计年鉴》（1983），第 280~283 页；《中国统计年鉴》（1985），第 335~368 页；《中国统计年鉴》（1987），第 304~306 页；《中国统计年鉴》（1988），第 367~369 页；《中国统计年鉴》（1989），第 339~341 页；《中国工业经济统计资料（1986）》，第 212~222 页。

说明：由于掌握资料的限制，历史最高水平年份的统计，只是部分地包含了 1980 年的数字。

7-3　重点工业企业设备利用及其他指标

项目	单位	1980年	1981年	1982年	1983年	1984年	1985年	1986年	1987年	1988年	历史最高水平 年份	历史最高水平 指标
一、煤炭工业												
回采工作面平均月产量	吨/个	11032	10908	11150	11643	11555	11728	12197	13082	13941	1986	12197
掘进工作面平均月进度	米/个	107.87	99.70	101.02	102.44	105.03	104.20	104.13	107.07	111.21	1980	107.87
生产掘进率	米万吨	197.24	182.29	179.78	175.66	175.14	169.01	160.89	157.06	152.31	1980	177.24
开拓掘进率	米万吨	29.14	25.10	23.80	22.73	23.22	20.33	19.95	19.45	19.40	1980	29.14
二、石油工业												
油井利用率	%	89.58	89.84	91.14	91.95	92.83	86.22	86.70	86.67	85.05	1984	92.83
三、电力工业（五百千瓦以上电厂）												
发电设备平均利用小时	小时	5078	4955	5007	5101	5190	5308	5388	5392	5313	1970	5526
水电	小时	3293	3520	3708	4104	3860	3853	3882	3771	3710	1957	5105
火电	小时	5775	5511	5542	5513	5748	5893	5974	6011	5907	1970	6100
四、冶金工业												
烧结机利用系数	吨/平方米·台时	1.22	1.26	1.27	1.29	1.30	1.34	1.34	1.35	1.36	1985	1.34
烧结机日历作业率	%	73.12	69.93	73.75	76.06	78.32	79.26	82.04	77.69	78.65	1986	82.04
高炉利用系数	吨/立方米·昼夜	1.555	1.471	1.548	1.591	1.649	1.688	1.738	1.731	1.830	1786	1.738
平炉利用系数	吨/平方米·昼夜	8.77	8.26	8.37	8.90	9.67	10.40	10.99	11.43	11.84	1986	10.99
平炉炉顶寿命	次	418	393	390	377	373	363	363	351	309	1965	832
平炉平均每炉冶炼时间	时：分	7：21	7：26	7：25	7：15	7：00	6：49	6：22	6：00	6：00	1986	6：22
电炉日历作业率	%	77.78	74.98	76.57	78.41	79.44	80.13	79.79	80.38	78.82	1985	80.13
电炉利用系数	吨/百万伏安·昼夜	16.58	16.01	16.50	17.88	17.83	17.32	17.73	15.01	14.4	1970	19.04
电炉平均每炉冶炼时间	时：分	3：55	3：52	3：52	3：48	3：46	3：45	3：40	3：40	3：39	1986	3：40

续表

项目	单位	1980年	1981年	1982年	1983年	1984年	1985年	1986年	1987年	1988年	历史最高水平 年份	历史最高水平 指标
电炉炉日历作业率	%	77.13	75.01	77.00	81.97	79.43	82.91	84.31	71.83	69.11	1986	84.31
侧吹转炉炉利用系数	吨/公称吨·昼夜	31.20	33.79	35.69	35.20	32.10	31.12	33.90	20.95	22.30	1957	39.82
侧吹转炉炉衬寿命	次	184	168	168	323	283	246	281	176	62	1983	323
侧吹转炉平均每炉冶炼时间	分	33	33	35	48	49	53	51	—	39	—	—
侧吹转炉炉日历作业率	%	60.36	65.71	66.99	70.61	64.00	68.55	70.14	46.59	44.99	1983	70.61
顶吹转炉利用系数	吨/公称吨·昼夜	16.54	16.31	16.94	18.08	20.30	19.82	19.46	22.30	22.59	1984	20.30
顶吹转炉炉衬寿命	次	560	501	521	541	570	606	655	357	374	1986	655
顶吹转炉平均每炉冶炼时间	分	35	35	34	34	34	34	32	34	34	1965	30
顶吹转炉炉日历作业率	%	46.56	46.97	47.40	50.58	52.97	52.08	54.18	51.16	50.21	1986	54.18
初轧机日历作业率	%	57.45	57.21	53.33	60.89	61.73	65.15	63.11				
五、化学工业												
硫酸（100%）触媒容积利用系数	吨/立方米·日	3.42	3.68	3.53	3.53	3.68	3.42	3.60	3.70	3.43	1986	3.60
纯碱（氨碱法）炭化塔容积利用系数	吨/立方米·日	0.80	0.80	0.80	0.80	0.83	0.79	0.78	0.75	0.74	1984	0.83
纯碱（联碱法）炭化塔容积利用系数	吨/立方米·日	0.59	0.59	0.55	0.51	0.54	0.55	0.52	0.48	0.50	1980	0.59
合成氨造气炉利用系数	立方米/平方米·日	19846	19301	19296	18207	18359	16840	19295	21810	14271	1980	19846
合成氨触媒容积利用系数	吨/立方米·日	35.52	31.95	33.34	32.53	30.70	33	33	26	23.56	1980	35.52
尿素合成塔容积利用系数	吨/立方米·日	7.20	6.96	7.05	7.07	7.30	7.54	7.57	7.74	7.53	1986	7.57
六、机械工业												
每吨锻锤能力产量	吨	236.9	174.2	194.0	223	223	244	253	242	209	1986	253
金属切削机床利用率	%	49.1	45.2	49.1	48.2	48.2	50.3	48.4	49.6	49.9	1975	59.91

续表

项目	单位	1980年	1981年	1982年	1983年	1984年	1985年	1986年	1987年	1988年	历史最高水平 年份	历史最高水平 指标
七、建筑材料工业												
回转窑小时产量	吨	2493	2494	2620	2811	2955	3027	3496	3636	3769	1986	3496
水泥磨小时产量	吨	4101	4170	4355	4549	4732	4993	5588	5849	6188	1986	5588
回转窑运转率	%	85.27	84.51	83.26	83.62	82.67	84.07	81.34	80.77	78.40	1957	86.25
水泥磨运转率	%	71.62	67.42	67.82	67.82	67.10	67.67	—	—	—	—	—
平板玻璃熔窑熔化能力	公斤/平方米·日	1307	1313	1338	1371	1345	1342	1366	1369	1359	1983	1371
八、森林工业												
平均每台拖拉机年集材量	立方米	4492	4395	4401	4503	4418	4284	4356	4261	4070	1957	6019
平均每辆汽车年运材量	立方米	5431	4983	4607	4985	5038	4804	4754	4654	4456	1957	6063
平均每台森铁机车年运材量	立方米	32128	29805	29330	29505	24159	26442	26110	27446	24813	1975	35073
九、纺织工业												
每千锭时平均产纱量(混合数)	公斤	24.79	23.87	24.69	24.13	22.80	23.93	21.27	22.48	22.24	1970	28.8
棉纺锭设备利用率	%	102.35	100.96	97.84	94.65	90.04	96.36	98.18	99.45	96.09	1980	102.35
棉布织机每台时产量(混合数)	米	4.15	3.99	3.97	3.84	3.65	3.57	3.59	3.57	3.53	1970	4.33
棉布织机设备利用率	%	99.54	99.87	98.98	96.27	93.35	97.54	96.42	96.84	94.17	1981	99.87
棉织机设备运转率	%	94.74	94.56	94.21	93.28	91.95	93.89	94.06	93.85	93.58	1980	94.74
毛线精纺锭千锭时产量	公斤	67.24	63.77	67.25	57.24	65.84	61.54	57.34	55.67	54.87	1982	67.25
精梳毛织机每台时产量	米	2.45	2.35	2.23	2.22	2.22	2.15	2.14	2.08	2.02	1980	2.45
粗梳毛织机每台时产量(不包括素毛毯)	米	3.35	3.22	3.25	3.17	2.97	2.79	2.75	2.63	2.61	1980	3.35
长毛绒织机每台时产量	米	3.86	3.85	3.68	3.44	3.12	3.08	3.17	3.33	—	1980	3.86
驼绒织机每台时产量	米	12.46	12.94	13.35	12.80	12.26	12.92	13.2	12.09	—	1982	13.35
提花毛毯织机每台时产量	条	1.32	1.21	1.15	1.15	1.25	1.23	1.27	1.20	1.18	1980	1.32
麻袋织机每台时产量(混合数)	米	—	—	—	—	22.59	23.51	24.29	23.76	23.40	1986	24.29

续表

项目	单位	1980年	1981年	1982年	1983年	1984年	1985年	1986年	1987年	1988年	历史最高水平 年份	历史最高水平 指标
苎麻织机每台时产量	米	3.68	3.65	3.68	3.38	3.29	2.86	2.75	2.64	2.32	1980	3.68
丝织机每台时产量	米	2.44	2.38	2.24	2.19	2.22	2.10	2.18	2.11	2.09	1980	2.44
十、与上年相比												
其中：提高率（以总计为100）	%		21.1	59.7	53.6	47.3	54.4	64.3	40.7	25.0		
稳定率	%		7.0	7.0	7.1	8.7	3.5	5.3	1.9	3.8		
降低率	%		71.9	33.3	39.3	44.0	42.1	30.4	57.4	71.2		
十一、与历史最高水平相比												
其中：1987年提高率（以总计为100）	%										20.4	
稳定率	%										1.9	
降低率	%										77.7	
1988年提高率（以总计为100）	%										19.3	
稳定率	%										0	
降低率	%										80.8	

资料来源：《中国统计年鉴》（1981），第255~257页；《中国统计年鉴》（1983），第289~291页；《中国统计年鉴》（1985），第369~371页；《中国统计年鉴》（1987），第308~309页；《中国统计年鉴》（1988），第371~372页；《中国统计年鉴》（1989），第343~344页；《中国工业经济统计资料（1986）》，第211~218页。

说明：由于掌握资料资料的限制，历史最高水平年份的统计，只是部分地包含了1980年以前的数字。

表7-4　重点工业企业产品质量指标

项目	单位	1980年	1981年	1982年	1983年	1984年	1985年	1986年	1987年	1988年	历史最高水平	
											年份	指标
一、煤炭工业												
商品煤灰分	%	21.58	21.17	20.91	20.31	20.05	19.78	19.77	19.19	18.83	1986	19.77
商品煤含矸率	%	0.51	0.46	0.45	0.40	0.39	0.33	0.25	0.19	0.15	1986	0.25
洗精煤灰分	%	10.27	10.33	10.32	10.31	10.30	10.27	10.28	10.27	10.15	1980	10.27
洗精煤水分	%	12.03	11.78	11.60	11.51	11.38	11.50	11.31	11.36	11.16	1986	11.31
二、石油工业												
油田外运原油含水率	%	0.34	0.37	0.37	0.32	0.34	0.36	0.41	0.40	0.43	1983	0.32
石油产品质量合格率	%	99.93	99.99	99.99	100.00	99.99	99.99	99.99	100.00	100.00	1983	100.00
三、电力工业												
周波合格率	%	99.66	99.82	98.28	96.96	98.24	99.35	96.52	97.87	97.68	1981	99.82
四、冶金工业												
高炉生铁合格率	%	99.92	99.94	99.94	99.95	99.95	99.97	99.97	99.79	99.86	1985	99.97
平炉钢锭合格率	%	98.76	98.62	97.95	98.31	98.84	98.77	98.89	98.83	98.93	1957	99.03
电炉钢锭合格率	%	99.45	99.40	99.41	99.43	99.51	99.45	99.41	98.91	97.42	1984	99.51
侧吹转炉钢锭合格率	%	99.26	99.22	99.21	99.26	99.19	99.14	99.29	98.46	98.26	1986	99.29
顶吹转炉钢锭合格率	%	98.63	98.38	98.45	98.72	99.03	99.33	99.12	98.85	99.56	1985	99.33
钢材合格率	%	99.04	98.75	98.73	98.98	99.01	98.86	98.78	98.36	98.35	1980	99.04
焦炭结焦率	%	76.64	76.89	76.99	77.08	76.77	76.81	76.58	77.23	76.81	1970	78.24
冶金焦率	%	93.41	93.43	93.87	93.77	93.44	93.49	93.30	92.42	93.79	1982	93.87
冶金焦灰分	%	13.54	13.58	13.70	13.81	13.86	13.94	13.76	14.05	14.02	1980	13.54
冶金焦硫分	%	0.70	0.69	0.69	0.68	0.69	0.70	0.69	0.70	0.67	1983	0.68
铁精矿品位	%	62.89	62.66	62.52	62.13	62.06	62.44	62.69	—	—	—	—

续表

项目	单位	1980年	1981年	1982年	1983年	1984年	1985年	1986年	1987年	1988年	历史最高水平 年份	指标
五、化学工业												
磷矿石品位	%	28.54	27.90	27.80	27.70	28.08	28.50	28.42	29.09	29.43	1980	28.54
硫酸合格率	%	—	—	—	100.00	100.00	99.99	99.99	100.00	100.00	1983	100.00
纯碱（氨碱法）合格率	%	—	—	—	100.00	49.96	100.00	99.9	99.97	99.84	1983	100.00
普通过磷酸钙平均有效磷含量	%	14.61	14.45	14.31	14.07	16.06	14.34	14.62	14.77	14.82	1984	16.06
尿素合格率	%	99.29	96.68	97.18	98.34	99.23	99.28	99.62	99.82	99.85	1986	99.62
电石平均发气量	升/公斤	292.1	291.1	293.0	294.0	292	295	294	304.00	296	1985	295
电解烧碱（隔离法液碱）合格率	%	100.0	100.0	100.0	100.0	100.0	100.00	100.00	100.00	100.00	1980	100.00
聚氯乙烯合格率	%	99.30	99.12	99.25	99.22	99.33	99.2	99.4	99.79	99.52	1986	99.40
轮胎外胎综合合格率	%	99.79	99.74	99.75	99.75	99.79	99.76	99.73	99.77	99.75	1980	99.79
高压聚乙烯合格率	%	97.57	95.78	98.37	98.47	98.71	98.87	99.06	99.38	99.75	1986	99.06
顺丁橡胶一级品率	%	99.83	99.11	98.37	99.07	99.82	99.09	99.67	99.72	99.29	1980	99.83
氯丁橡胶一级品率	%	99.57	99.97	98.93	99.19	99.27	94.20	89.5	93.84	95.23	1981	99.97
冰醋酸合格率	%	100.00	99.98	99.98	100.0	100.0	99.97	99.2	100.00	99.97	1980	100.00
纯苯合格率	%	100.00	100.00	100.0	100.0	100.0	100.00	100.00	100.00	100.00	1980	100.00
六、机械工业												
铸铁件废品率	%	10.3	10.1	8.6	9.99	7.81	8.88	9.27	9.93	9.66	1984	7.81
主要零件项目抽查合格率	%	93.8	95.3	95.0	96.13	94.58	—	—	—	—	1984	—
七、建筑材料工业												
水泥熟料平均标号	号	585	589	595.0	598.0	596.0	604	611	618.00	614.00	1986	611
出厂水泥合格率	%	99.99	99.99	99.97	99.96	100.00	99.99	99.99	100.00	100.00	1984	100.00
平板玻璃一级品率	%	77.78	78.06	78.94	82.50	83.31	82.25	75.52	69.49	68.54	1958	89.96
八、森林工业												
锯材一等品率	%	72.6	78.0	80.7	80.1	83.7	84.5	84.5	85.9	83.7	—	—
胶合板一、二等品率	%	92.8	88.8	88.4	89.6	85.3	86.6	78.3	85.9	83.7	1980	92.8

续表

项目	单位	1980年	1981年	1982年	1983年	1984年	1985年	1986年	1987年	1988年	历史最高水平 年份	历史最高水平 指标
纤维板一、二等品率	%	73.9	79.6	83.0	87.8	86.6	87.5	84.8	84.8	87.0	1983	87.8
九、纺织工业												
粘胶纤维正品率	%	98.40	98.43	98.58	98.76	99.07	98.60	99.06	98.48	98.13	1984	99.07
合成纤维正品率	%	99.11	97.98	98.49	98.97	99.14	98.91	98.41	98.11	98.13	1984	99.14
棉纱一等一级以上品率	%	98.38	98.58	98.86	98.77	98.95	98.49	98.77	98.76	99.09	1984	98.95
棉布入库一等品率	%	96.66	95.98	95.92	95.52	95.53	94.89	95.33	95.78	96.13	1965	97.40
印染布入库一等品率	%	90.67	88.77	88.94	87.66	86.23	84.93	83.78	84.56	85.57	1965	94.50
精纺毛织品入库一等品率	%	93.66	93.46	93.49	92.46	93.58	93.07	90.66	90.87	92.16	1980	93.66
毛线入库一等品率	%	94.13	93.23	92.22	92.56	93.78	94.34	93.93	93.95	93.99	1985	94.34
桑蚕丝正品率	%	98.18	97.48	97.00	97.02	97.83	98.36	98.88	97.97	98.84	1986	98.88
丝织品入库一等品率	%	93.65	93.04	91.32	89.78	88.20	86.47	83.49	76.70	81.54	1980	93.65
十、轻工业												
新闻纸成品率	%	—	92.1	92.7	92.5	93.0	92.9	92.9	91.9	94.10	1984	93.0
凸版纸成品率	%	—	86.3	86.8	87.7	97.5	90.6	88.4	89.8	90.10	1984	97.5
缝纫机质量分	分	90.3	87.2	88.9	89.5	91.6	91.86	91.30	92.03	91.14	1985	91.86
自行车质量分	分	81.9	85.7	89.0	91.4	93.3	94.18	93.74	93.19	90.85	1985	94.18
手表质量分	分	88.1	84.7	90.4	91.3	90.0	114.81	94.32	92.78	91.64	1986	94.32
普通灯泡综合合格率	%	89.1	88.3	89.0	89.3	89.3	90.3	88.3	88.6	88.2	1985	90.3
卷烟合格率	%	99.4	99.4	99.3	99.2	99.1	99.0	98.8	88.9	88.3	1980	99.4
每只一号电池平均放电时间(光)	分钟	1120	1054	1.022	104.9	1054	1007	1043	1004	72.2	1980	1120
出口陶瓷合格率	%	76.0	73.2	717	67.9	65.1	68.1	78.2	70.8	70.6	1986	78.2
重革合格率	%	98.6	98.7	98.6	98.6	98.9	99.2	99.3	99.5	99.5	1986	99.3
轻革合格率	%	98.5	98.8	98.3	98.4	98.7	98.2	98.0	98.3	98.7	1981	98.8

续表

项目	单位	1980年	1981年	1982年	1983年	1984年	1985年	1986年	1987年	1988年	历史最高水平 年份	历史最高水平 指标
精铝钢一级品率	%	66.6	67.3	65.0	66.6	70.4	70.6	69.6	71.2	73.3	1985	70.6
十一、与上年相比												
其中：提高率（以总计为100）	%		35.1	49.1	65.5	63.9	50.0	36.7	56.9	50.0		
稳定率	%		7.0	10.1	6.9	9.8	5.0	13.3	5.2	10.3		
下降率	%		57.9	40.8	27.6	26.3	45.0	50.0	37.9	39.7		
十二、与历史最高水平相比												
其中：1987年提高率（以总计为100）	%											24.1
稳定率	%											12.1
下降率	%											63.8
1988年提高率（以总计为100）	%											28.1
稳定率	%											8.8
下降率	%											63.1

资料来源：《中国统计年鉴》（1981），第252~254页；《中国统计年鉴》（1983），第284~286页；《中国统计年鉴》（1985），第362~364页；《中国统计年鉴》（1987），第302~303页；《中国统计年鉴》（1988），第365~366页；《中国统计年鉴》（1989），第337~338页；《中国工业经济统计资料（1986）》，第212~222页。

说明：①1985年手册表质量满分为130分。②由于资料的限制，历史最高水平年份的统计，只有部分年份包含了1980年以前的数字。

第二，1981 年重点工业企业单位产品物耗提高率高达 54.6%，甚至在 1985 年和 1988 年仍然分别高达 54.9% 和 51%。

第三，1981 年重点工业企业设备利用率降低率 1981 年达到 71.9%，1985 年还有 42.1%，1988 年高达 71.2%。

第四，1981 年重点工业企业产品质量降低率 1981 年高达 57.9%，1985 年和 1988 年分别还有 45% 和 139.7%。

以上各项指标都是分别与上年相比较算出的。从这里已经可以清楚看到我国工业经济效益低下的状况。但如果把作为波谷年份 1987 年和作为波峰年份 1988 年上述四项指标与历史上最好水平做一下对比，还可以进一步看到这一点。这种比较见以下第五点。

第五，与历史最高水平相比较，1987 年重点工业企业实物劳动生产率降低率高达 79.3%，重点工业企业单位产品物耗提高率高达 78%，重点工业企业设备利用率降低率高达 77.7%，重点工业企业产品质量降低率高达 63.8%。甚至到 1988 年，上述四项指标仍然分别高达 78.5%，66%，80.8% 和 63.1%。

2. 我国工业经济效益水平与世界各国的对比

为了进一步说明我国工业经济效益的低下状况，还需要把我国工业经济效益水平同当代世界上各种类型的国家（包括经济发达国家、新兴工业化国家和发展中国家）做一对比。当然，由于社会经济制度的根本不同，生产力发展水平的巨大差异以及计算经济效益的方法和指标体系的区别，中外工业经济效益的价值指标就有很大的不可比性。但既然都是发达的商品生产（就我国与发达的国家相比较而言），或者都是发展中国家（就我国与发展中国家相比较而言），因而总有或多或少的可比性。至于经济效益的实物指标，可比性就更大了。

我们分以下五个方面来进行这种对比。

（1）全要素生产率的对比

如前所述，全要素生产率这个指标虽然也有局限性，但不失为综合表现经济效益变化的一个很重要的指标。当然，在国与国之间来比较全要素生产率，比在国内做比较，带有更大的不精确性，这特别是由于要受到常常处于变动中的汇率的影响。但由于全要素生产率具有的上述的社会功能，因而仍是当今国际流行的、比较各国经济效益的重要指标。

表 7-5 包含了经济发达的资本主义国家美国、日本、联邦德国、法国、英国和苏联，新兴工业化国家巴西和韩国；还有经济发达的资本主

表 7-5　世界各国全要素生产率的年平均增长率及其在年平均产出增长率中所占的比重

单位：%

国 别	年 份	产出增长率	全要素投入增长率	全要素生产率增长率	全要素生产率增长率在产出增长率中占的比重
美 国	1948~1969	4.00	2.09	1.91	47.75
	1960~1973	4.30	3.00	1.30	30.23
	1973~1979			−0.10	
	1979~1986			0.10	
	1986~1989			0.20	
日 本	1953~1971	8.81	3.95	4.86	55.16
	1960~1973	10.90	6.40	4.50	41.28
	1973~1979			1.80	
	1979~1986			1.70	
	1986~1989			1.90	
联邦德国	1950~1962	6.27	2.78	3.49	55.66
	1960~1973	5.40	2.40	3.00	55.55
	1973~1979			1.80	
	1979~1986			0.80	
	1986~1989			0.70	
法 国	1950~1962	4.70	1.24	3.46	73.62
	1973~1979			2.10	
	1979~1986			1.20	
	1986~1989			1.30	
英 国	1950~1962	2.38	1.11	1.27	53.36
	1973~1979			0.20	
	1979~1986			1.00	
	1986~1989			2.00	
韩 国	1960~1972	9.70	5.50	4.30	43.29
巴 西	1950~1960	6.85	3.15	3.70	54.00
	1955~1970	6.18	4.08	2.10	34.00
	1966~1974	7.27	5.67	1.60	22.00
苏 联	1950~1962	6.30	4.50	1.80	28.57
12个市场经济工业国平均数		5.51	2.81	2.70	49.00
19个发展中国家平均数		6.45	4.45	2.00	31.00

资料来源：世界银行：《中国：长期发展的问题和方案》，1984 年；E. F. 丹尼尔森：《日本经济增长速度为什么这样快》，1976 年；经济合作与发展组织：《经济展望》1988 年 6 月。1986~1989 年为预测数。

义国家（即市场经济工业国）12 国的平均数以及发展中国家 19 国的平均数。其中所列的大多数国家全要素生产率变化的时间是很长的，从 20 世纪四五十年代直至 80 年代。把我国全要素生产率和涉及这样大范围和长时间的国家做比较，显然是很有意义的。当然，这里有许多不可比的因素，很难准确判明其可比程度。但无论如何，从这种对比中，是可以看到我国工业经济效益水平的低下。

在做这种比较时，还需要明确比较的着重点。这种比较当然要包括我国全要素生产率增长率与其他国家的比较。但更重要的还是各国之间的全要素生产率增长率在产出增长率所占比重的比较。因为全要素生产率增长率增长的最重要的经济意义就是在于这种增长在产出增长率所占比重的大小。就我国与其他国家在这方面的比较来说，着重这一点尤为必要。因为在表 7-5 中除了日本和韩国以外，我国产出增长率比其他国家要高得多。而全要素生产率增长率等于产出增长率与全要素投入增长率（各要素增长率的加权数之和）之差。这样，我国全要素生产率增长率每个百分点所包含的最重要经济内容，即其在产出增长率所占的比重，比其他国家要小得多。

正是基于这样的想法，并且考虑到有较多的可比性，我们不把我国各个年份而仅把各个经济周期的全要素生产率（见表 6-7）和表 7-5 中所列各国做比较。这种比较表明：我国第一、二、五经济周期的全要素生产率年平均增长率都不低，特别是第一经济周期全要素生产率年平均增长率（为 5.1%）超过了表 7-5 中所列各国的各个时期。但是，第一，我国各个经济周期全要素生产率年平均增长率波动幅度太大，特别是第六经济周期下跌到-4.2%。这在表 7-5 中所列各国各个时期都是没有的。必须着重指出：我国各个年份以及与此相联系的各个经济周期之间的全要素生产率增长率波动过大，正是我国经济效益水平低的重要原因之一。如表 6-5 所示，在 1953 年至 1987 年的 35 年中，我国全要素生产率年平均增长率仅为 0.5%，这种增长率在年平均产出增长率所占比重仅为 4.9%。除了少数国家的少数年份不说，这两项水平很低的指标比表 7-5 所列的相应指标相差的幅度是很大的，甚至达到几倍乃至十多倍。

第二，更重要的问题还在于：除了巴西 1966 年至 1974 年的情况不说，我国六个经济周期的全要素生产率增长率在产出增长率中所占的比重，低于甚至远远低于表 7–5 中所有国家的各个时期。即使对这一比重达到 27.4%，从而成为六个经济周期最高水平的第五周期来说，相差的幅度也是很大的。而正是这一点，集中地表现了我国工业经济效益水平的低下。

（2）资金利用效益的对比

我国工业资金利用效益与国外的对比，可以分为以下两个方面：一是固定资产利用效益的对比。1985 年我国全部独立核算工业企业每百元固定资产原值实现的产值（即固定资产原值产值率），黑色金属工业为 75 元，石油工业为 79 元，电子工业为 211 元，食品工业为 234 元；而美国的这 4 个工业部门相应的指标依次分别为 392 元、403 元、396 元和 612 元，分别为我国的 5.2 倍，5.1 倍，1.9 倍和 2.6 倍。[①]

二是流动资金利用效益的对比。据世界银行估算，1981 年我国工业流动资金占资金总量的比重约为 32.8%。而此项指标苏联在 1972 年为 29.5%，是我国的 90%；英国在 1970 年只有 12.6%，为我国的 38%；日本在 1970 年只有 11.5%，为我国的 35%；韩国在 1963 年只有 7.0%，仅为我国的 21%；甚至印度在 1978 年也只有 27.9%，只及我国的 85%。而且，流动资金中库存增加部分占国民生产总值的比重也过大。我国在 1985 和 1986 年此项指标分别为 8.1% 和 6.6%，而美国在 1984 年为 1.5%，日本在 1982~1983 年和法国在 1983~1984 年都不到 1%。[②] 我国不仅工业流动资金占用比例过高，而且工业资金周转速度过慢、时间过长。工业固定资金周转 1 次要用 20 余年，而发达国家只需几年；工业定额流动资金周转 1 次，我国在 1979 年是 122 天，1982 年是 111 天，1983 年是 106 天，1984 年是 102 天，1985 年是 101 天，1986 年是 108 天，而美国制造业流动资金周转 1 次只有 50 天，日本企业则只需 47 天。[③]

（3）劳动生产率的对比

我国工业劳动生产率与国外的对比，分别按照价值指标和实物指标来进行。

一是价值指标的对比。表 7–6 表明：1978 年我国工业劳动生产率水平比美国、日本、联邦德国、法国、英国、意大利、加拿大和澳大利亚等

---

①《工业经济管理丛刊》1986 年第 7 期第 32 页、第 8 期第 65 页。这里对国内个别数据做了订正。

②《工业经济管理丛刊》1986 年第 7 期第 32 页、第 8 期第 65 页。

③《中国工业经济研究》1987 年第 2 期第 9 页。

经济发达国家要低 6.40 倍至 17.04 倍，比巴西、韩国和土耳其等新兴工业化国家要低 2.24 倍至 4.84 倍，甚至比发展中国家印度也要低 0.84 倍。到 1986 年，我国工业劳动生产率水平一方面同有些国家的差距有了一定程度的缩小，另一方面同有些国家的差距又有了一定程度的扩大。比如，我国工业劳动生产率水平同日本的差距由 1978 年低 12.79 倍扩大到 1986 年的 16.19 倍；而同联邦德国的差距由 1978 年低 17.04 倍缩小到 1986 年的 12.53 倍。又如，我国工业劳动生产率水平同韩国的差距由 1978 年低 2.24 倍扩大到 1986 年的 2.28 倍；而同土耳其的差距由 1978 年低 4.84 倍缩小到 1986 年的 4.10 倍。总之，到 1986 年，甚至一直到当前我国工业劳动生产率水平低下的情况并没有根本改变。

表 7-6　我国工业劳动生产率与其他国家的对比

	工业⑧劳动生产率 (按工业就业人员人均工业产值计算，美元/人·年)ⓑ				各国为中国的倍数 (中国为 1)	
	1978 年	1980 年	1985 年	1986 年	1978 年	1986 年
中　国ⓒ	1595	1804	2372	2548	1.00	1.00
美　国	25851	30173	…	42189ⓓ	16.20	16.55
日　本	21988	24450	29621	43824	13.79	17.19
联邦德国	28785	31099	25860	34497ⓒ	18.04	13.53
法　国	23684	33432	…	…	14.84	18.53ⓕ
英　国	11803	22128	23268	29203ⓓ	7.40	11.46
意大利	16306	22283	24470	35289	10.22	13.84
加拿大	22060	28390	…	…	14.39	15.74ⓕ
澳大利亚	24358	27662	31140	35964ⓓ	15.27	14.11
印　度	2941	3937	5061	…	1.84	2.13ⓒ
巴　西	6911	11249	8525	…	4.33	3.59ⓒ
韩　国	5175	6572	7670	8367	3.24	3.28
土耳其	9328	12260	11472	13003ⓒ	5.84	5.10

资料来源：《世界经济》1989 年第 8 期第 94 页。

说明：ⓐ本表工业包括矿业、制造业、电力、煤气和供水。ⓑ中国产值数字按当年价格、1980 年汇率计算；其他各国按当年价格、当年汇率计算。ⓒ包括建筑业。ⓓ产值系估算数字。ⓔ就业人数系估算数字。ⓕ1980 年数字。ⓖ1985 年数字。

二是实物指标的对比。尽管表 7-7 所列我国主要工业部门实物劳动生产率指标均系 1985 年数字，而经济发达国家的指标系 20 世纪 70 年代初期或中期的数字，二者相差十年左右的时间。但我国工业劳动生产率水平仍然大大低于经济发达国家。其中，我国采煤工人实物劳动生产率

低于经济发达国家的 0.9 倍至 7.6 倍，采油工人实物劳动生产率低 1.3 倍
至 1.6 倍，发电工人实物劳动生产率低 0.02 倍至 1.03 倍，水泥工人实物
劳动生产率低 4.4 倍至 20.4 倍，棉纱工人实物劳动生产率低 0.23 倍至 0.6
倍。可见，实物指标对比更具体地、确凿地证明：我国工人劳动生产率
水平远远低于经济发达国家。

表 7-7　我国主要工业部门实物劳动生产率水平与其他国家的对比

项目 国家	原煤（矿井工人） （吨/工）	原油（采油工人） （吨/人·年）	电力（发电工人） （万度/人·年）	水泥（工人） （吨/人·年）	棉纱（工人） （件/人·年）
中　国	0.9（1985）	1322（1985）	157（1985）	254（1985）	30（1985）
美　国	7.7（1976）	3050（1960）	318（1971）	3165（1973）	
苏　联	2.9（1976）	3478（1972）		1369（1975）	
日　本	3.0（1976）		227（1975）	5430（1973）	48（1970）
联邦德国	3.2（1976）		160（1975）	2920（1975）	46（1970）
英　国	2.2（1976）		165（1973）	2500（1973）	37（1974）
法　国	1.7（1975）			3640（1973）	45（1970）

资料来源：《国外经济统计资料（1949~1976）》，中国财政经济出版社 1979 年版（下同），第 291~293 页；
《中国统计年鉴》（1987），第 307 页。

（4）物资消耗的对比

我们在这里分析我国工业物资消耗与国外的对比。也分别按照价值
指标和实物指标来进行。一是单位工业产品消耗的钢材与世界各国的对
比。据统计，前几年每百万美元工业产值消耗的钢材，中国为 353 吨，美
国为 132 吨，日本为 146 吨，印度为 379 吨。[①] 这就是说，我国工业每百
万美元产值消耗的钢材为美国的 2.67 倍，为日本的 2.42 倍，为印度的
1.07 倍。可见，我国工业单位产品的钢材消耗大大超过了美国和日本，
仅比印度低一点。

二是我国和日本的主要工业产品的物资消耗的对比。表 7-8 说明：
在石油、电力、冶金、建筑材料、化学、轻工和纺织 7 个工业部门的 26
项实物物资消耗指标中，中国只有 3 项指标低于日本，其余 23 项都高于
日本，甚至成倍地高于日本。

（5）能源消耗的对比

限于我们掌握的资料，这里所做的比较，不是我国单位工业产值的

①世界银行：《中国：长期发展的问题和方案》，1984 年。

表 7-8　1985 年中国和日本主要工业产品实物物资消耗指标比较

	项目	单位	中国	日本	中国为日本的倍数
石油工业	原油加工耗电	度/吨	41.86	37.06	1.13
	原油加工耗原料油	公斤/吨	18.73	14.42	1.3
电力工业	发电标准煤耗	克/度	398	390	1.02
	发电厂用电率（火电）	%	7.78	4.94	1.57
	发电厂用电率（水电）	%	0.28	0.46	0.61
	线路损失率	%	8.18	5.8	1.41
冶金工业	生铁耗铁矿石	公斤/吨	1820	1627	1.12
	生铁耗燃料	公斤/吨	568	500	1.14
	生铁耗焦煤	公斤/吨	519	484	1.07
	电炉钢耗钢铁料	公斤/吨	1040	1061	0.98
	电炉钢耗生铁	公斤/吨	155	44	3.52
	侧吹转炉耗生铁	公斤/吨	1101	1091	1.01
	顶吹转炉耗钢铁料	公斤/吨	1133	1022	1.11
建筑材料工业	水泥熟料耗标准煤	公斤/吨	201	107	1.88
	水泥综合耗电	度/吨	103.9	112.6	0.92
	平板玻璃耗纯碱	公斤/重量箱	10.12	8.52	1.19
	平板玻璃耗电	度/重量箱	5.26	1.37	3.84
	玻璃纤维纱耗电	度/吨	4310	1534	2.81
化工工业	电石耗焦炭	公斤/吨	557	369	1.51
	顺丁橡胶耗丁二烯	公斤/吨	1035	550	1.88
轻工业	本色化学木浆耗木材	立方米/吨	4.6	3.6	1.28
	机械木浆耗木材	立方米/吨	2.5	2.3	1.09
纺织工业	粘胶纤维耗标准煤	公斤/吨	5190	200	25.95
	粘胶纤维耗电	度/吨	4960	2145	2.31
	粘胶纤维耗硫酸	公斤/吨	1092	279	3.91
	粘胶纤维耗烧碱	公斤/吨	730	194	3.76

资料来源：《中国统计年鉴》（1987），第 304~306 页；［日］香西泰：《中国的价格问题》。

能源消耗量与其他国家的比较，而是单位国内生产总值或国民收入的能源消耗量与其他国家的比较。这当然不能准确地说明我国工业生产中的能源消耗水平。但由于工业消耗的能源在能源消费总量中占有很大的比重，[1] 因而这里所做的比较，在很大的程度上是可以表明我国工业的能源消耗水平的。

---

[1] 我国工业部门用电量占国民经济各部门用电量的比重，1980~1987 年在 79.3%~81% 之间浮动。参见《中国工业经济统计年鉴》（1988），第 17 页。

表 7-9　我国能源消费水平与其他国家的比较

(按标准燃料计算)

	能源消费量（按 1 美元国内生产总值或国民收入平均计算的能源消费量，千焦耳 1 美元）						中国为各国的倍数	
	1970 年	1975 年	1978 年	1980 年	1985 年	1986 年	1978 年	1986 年
按国内生产总值计算								
中　国	…	…	84486	56412	37336	34495	—	—
美　国	66522	43841	34014	26792	16862	15929	2.48	2.16
日　本	45466	21670	11460	12031	10172	6585	7.37	5.23
联邦德国	49161	22743	16392	12947	16515	11353	5.15	3.03
法　国	40276	17299	13885	10610	12445	8578	6.08	4.02
英　国	67020	35168	26774	14825	17849	16049	3.15	2.14
意大利	44908	24926	19426	12964	13460	8917	4.35	3.86
加拿大	66248	40643	34373	28493	21204	20195	2.45	1.71
澳大利亚	50047	24836	23340	18819	19607	19200	3.78	1.79
印　度	41688	33073	28003	25109	26592	26532	3.01	1.30
巴　西	26256	16783	13586	9847	12126	11439	6.21	3.01
韩　国	71262	48614	27551	24662	22099	20324	3.06	1.69
土耳其	37668	20892	17573	16449	25047	24669	4.80	1.39
按国民收入计算								
中　国	79261	91781	97734	67013	44223	41361	—	—
苏　联	66145	67558	63982	61650	57458	59180	1.53	0.69
匈牙利	99730	80411	71882	65708	45626	42766	1.36	0.96
捷克斯洛伐克	79793	69919	71895	64756	56883	55770	1.36	0.74

资料来源:《世界经济》1989 年第 8 期第 95 页。

　　表 7-9 说明：1978 年，我国生产单位国内生产总值或国民收入耗费的能源量为西方经济发达国家的 2.45 倍至 7.37 倍，为新兴工业化国家的 3.06 倍至 6.21 倍，甚至为发展中国家印度的 3.01 倍，为苏联东欧国家的 1.36 倍至 1.53 倍。在这以后，我国单位国内生产总值或国民收入消耗的能源有了大幅度的下降，以至到 1986 年，为西方经济发达国家的倍数下降到 1.71 倍至 5.23 倍，为新兴工业化国家的倍数下降到 1.39 倍至 3.01 倍，为发展中国家印度的倍数下降到 1.3 倍，为苏联、东欧国家的倍数下降到 0.69 倍至 0.96 倍。但即使如此，我国单位国内生产总值或国民收入消耗的能源量，仍然大大超过经济发达国家和新兴工业化国家，甚至超过发展中国家的印度，只是低于苏联和东欧国家。

　　总起来说，无论是全要素生产率的对比，或者是单项生产要素利用效益的对比（包括资金利用效益、劳动力利用效益、物资利用效益和能源利用效益），都充分地证明当前我国工业经济效益水平是很低的，不仅大大低于经济发达国家，也显著低于新兴工业化国家，在某些方面甚至低于有的发展中国家。

三、工业各生产要素利用效益与工业整体经济效益变化态势的正相关性和差异性

我们在前面两个部分把工业生产作为一个整体，考察了新中国成立以来我国工业经济效益变化的特征。下面各节再从工业的各生产要素、各部门、各地区、大中小型企业和各经济成分经济效益的变化方面来考察这种特征。本节先考察工业的各生产要素利用效益的变化特征。这里所说的工业各生产要素的利用效益，包括固定资产净值利税率、流动资金利税率、劳动报酬基金利税率、平均每亿元工业总产值消耗的物资和能源，以及可比产品成本降低率。

这里首先需要说明：我们在前面已经用全要素生产率这个评价工业经济效益的综合指标说明了新中国成立以来工业经济效益变化的两个重要特征，即工业经济效益变化的周期性和周期的不规则性，以及工业经济效益的波动曲线趋于下降和水平低下。同时，我们还说明了全资金利润率这个评价工业经济效益的综合指标和全要素生产率虽有区别，但前者所反映的工业经济效益变化趋势同后者基本上是一致的。这样，我们在这里分析工业各生产要素利用效益变化特征时，只需要把它们和全资金利润率的变化趋势做一下比较就可以了。而且，由于固定资产净值利税率、流动资金利税率和劳动报酬基金利税率与全资金利润率具有更多的可比性，因而做这种对比还有利于更清楚地说明问题。

只要把表7-10所表明的社会主义国家所有制独立核算工业企业固定资产净值利税率的变化，与表6-8和表6-9所反映的同类企业全资金利润率的变化做一对比，就可以清楚看到：①在1953~1988年的36年中，全资金利润率比上年正增长22年，零增长1年，负增长13年；固定资产净值利税率正增长21年，零增长1年，负增长14年。其中20个正增长

表 7-10　社会主义国家所有制独立核算工业企业历年固定资产净值利税率

年份或周期	固定资产净值 (亿元，可比价)	利润和税金 (亿元，可比价)	固定资产净值利税率	
			当年（%）	比上年或上一周期±（百分点）
1952	101.1	37.4	37.0	—
1953	122.6	53.5	43.6	6.6
1954	155.9	67.9	43.6	0
1955	181.3	77.6	42.8	−0.8
1956	216.0	103.9	48.1	5.3
1957	272.0	125.9	46.3	−1.8
1958	365.3	240.4	65.8	19.5
1959	466.7	354.3	75.9	10.1
1960	574.3	420.7	73.3	−2.6
1961	620.6	153.4	24.7	−48.6
1962	649.5	137.1	21.1	−3.6
1963	666.7	195.4	29.3	8.2
1964	714.0	249.0	34.9	5.6
1965	798.0	336.5	42.2	7.3
1966	858.1	439.1	51.2	9.0
1967	885.1	302.9	34.2	−17.0
1968	935.9	262.8	28.1	−6.1
1969	976.7	420.7	43.1	15.0
1970	1108.7	600.6	54.2	11.1
1971	1228.1	668.0	54.4	0.2
1972	1369.6	703.9	51.4	−3.0
1973	1531.0	733.2	47.9	−3.5
1974	1639.4	663.3	40.5	−7.4
1975	1786.0	763.7	42.8	2.3
1976	1903.5	703.7	37.0	−5.8
1977	2050.3	837.4	40.8	3.8
1978	2252.7	1039.0	46.1	5.3
1979	2359.7	1121.1	47.5	1.4
1980	2461.5	1178.1	47.9	0.5
1981	2548.7	1196.0	46.9	−1.0
1982	2675.9	1259.3	47.1	0.2
1983	2840.1	1339.6	47.2	0.1
1984	2922.1	1459.2	49.9	2.7
1985	3081.1	1605.4	52.1	2.2
1986	3519.6	1563.4	44.4	−7.7
1987	3837.8	1658.4	43.2	−1.2

续表

年份或周期	固定资产净值 （亿元，可比价）	利润和税金 （亿元，可比价）	固定资产净值利税率	
			当年（%）	比上年或上一周期 ± （百分点）
1988	3894.5	1791.0	46.0	2.8
第一周期年平均 （1953~1955）			43.3	—
第二周期年平均 （1956~1957）			47.1	3.8
第三周期年平均 （1958~1969）			41.3	−5.8
第四周期年平均 （1970~1977）			45.0	3.7
第五周期年平均 （1978~1984）			47.6	2.6
第六周期年平均 （1985~1987）			46.2	−1.2

资料来源：同表6-1和表6-4。

年和11个负增长年是相同年份。就是三个正负增长不同的年份，相差幅度不大。1955年前者增长0.6%，后者负增长0.8%；1957年前者增长1.2%，后者负增长1.8%；1971年前者负增长0.3%，后者增长0.2%。两个零，正增长不同的年份相差幅度也小。1954年前者增长2%，后者为零；1982年前者为零，后者增长0.2%。②就六个周期的变化情况来看，按全资金利润率和固定资产净值利税率的高低顺序安排，前者为第五周期、第二周期、第六周期、第四周期、第三周期和第一周期，后者为第五周期、第二周期、第六周期、第四周期、第一周期和第三周期。可见，前者与后者的前四个周期是相同的，差别只是在后两个周期。而且差的幅度也不大，前者第一周期的全资金利润率比第三周期低0.3个百分点，后者第一周期的固定资产净值利税比第三周期高两个百分点。前者与后者的六个周期年平均正负增长的周期也是一致的，即正增长均为第二、四、五周期，负增长均为第三、六周期。可见，这个期间社会主义国家所有制独立核算工业企业固定资产净值利税率的变化与全资金利润率的变化呈现出极大的正相关性。正是这种相关性表明：固定资产净值利税率的状况是决定工业经济总体效益变化趋势的一个最重要的因素。这当然不是偶然的现象。就我们这里考察的1952~1988年的情况来看，在社会主义国家所有制独立核算工业企业中，固定资产净值一直占了资金总额的大部分（详见表6-1和表6-8）。

当然，并不能把固定资产净值利税率等同于全资金利润率。就我们这里所做的规定来看，前者决定于固定资产净值（分母）和利税总额（分子），后者决定于全部资金（分母）和利税总额（分子）。尽管分子是相同的，但分母是不同的。正是由于后一个经济变量的不同，不仅全资金利润率和固定资产净值利税率在少数正、负增长和零、正增长年份上有区别，而且一般年份增长幅度上也各相异。但前述有关数据表明：这些差别并不能否定固定资产净值利税率是制约全资金利润率变化趋势的一个最重要因素。

把表7-11所表明的社会主义国家所有制独立核算工业企业流动资金利税率的变化，与表6-8和表6-9所反映的同类企业全资金利润率的变化做一比较也可以看出：二者的变化具有一定的正相关性，但又有较大的差别。其表现是：①如前所述，在1953~1988年的36年中，全资金利润率正增长22年，零增长1年，负增长13年；而流动资金利税率正增长23年，负增长13年。其中正增长的18个年和负增长的10个年是相同的年份。②在六个周期中，按全资金利润率和流动资金利税率的高低顺序安排，前者依次为第五周期、第二周期、第六周期、第四周期、第三周期和第一周期；后者依次为第二周期、第一周期、第三周期、第六周期、第五周期和第四周期。可见，高低顺序是完全不同的。正是由于二者的变化虽然有较大的差别，但又有一定的正相关性，而且流动资金在资金总额中只占小部分（详见表6-2和表6-8），因而并不改变全资金利润率的变化态势，而只是制约上述全资金利润率变化趋势的一个因素。

把表7-12所反映的社会主义国家所有制独立核算工业企业劳动报酬基金利税率的变化与表6-8和表6-9所表现的同类企业全资金利润率的变化比较一下，还可以看到：二者的变化具有较大的正相关性，但也有一定的差别。这就是说，①在1953~1988年的36年中，全资金利润率正增长22年，零增长1年，负增长13年，而劳动报酬基金利税率正增长23年，负增长13年。其中正增长17年和负增长10年都是相同的年份。②在六个周期中，按全资金利润率和劳动报酬基金利税率的高低顺序安排，前者依次为第五周期、第二周期、第六周期、第四周期、第三周期和第一周期；后者依次为第五周期、第四周期、第六周期、第三周期、

表7-11　社会主义国家所有制独立核算工业企业历年流动资金利税率

年份或周期	定额流动资金 (亿元，可比价)	利润和税金 (亿元，可比价)	定额流动资金利税率	
			当年 (%)	比上年或上一周期 ± (百分点)
1952	46.0	37.4	81.3	—
1953	57.6	53.5	92.9	11.6
1954	58.8	67.9	115.5	22.6
1955	64.7	77.6	119.9	4.4
1956	99.7	103.9	104.2	−15.7
1957	97.5	125.9	129.1	24.9
1958	149.8	240.4	133.7	4.6
1959	223.0	354.3	158.9	25.2
1960	323.8	420.7	129.9	−29.0
1961	307.0	153.4	50.0	−79.9
1962	224.1	137.1	61.2	11.2
1963	205.3	195.4	95.2	34.0
1964	218.1	249.0	114.2	19.0
1965	275.0	336.5	122.4	8.2
1966	306.8	439.1	143.1	20.7
1967	408.8	302.9	74.1	−69.0
1968	472.9	262.8	55.6	−18.5
1969	569.1	420.7	73.9	18.3
1970	620.4	600.6	96.8	22.9
1971	710.4	668.0	94.0	−2.8
1972	827.4	703.9	85.1	−8.9
1973	1038.0	733.2	70.6	−14.5
1974	983.9	663.3	67.4	−3.2
1975	1046.3	763.7	73.0	5.6
1976	1195.9	703.7	58.8	−14.2
1977	1215.9	837.4	68.9	10.1
1978	1293.0	1039.0	80.4	11.5
1979	1264.5	1121.1	88.7	8.3
1980	1305.4	1178.1	90.2	1.5
1981	1323.9	1196.0	90.3	0.1
1982	1388.8	1259.3	90.7	0.4
1983	1402.3	1339.6	95.5	4.8
1984	1481.1	1459.2	98.5	3.0
1985	1636.4	1605.4	98.1	−0.4
1986	1744.2	1563.4	89.6	−8.5
1987	1826.1	1658.4	90.8	1.2

年份或周期	定额流动资金 （亿元，可比价）	利润和税金 （亿元，可比价）	定额流动资金利税率	
			当年（%）	比上年或上一周期±（百分点）
1988	2047.1	1791.0	87.5	-3.3
第一周期年平均 （1953~1955）			109.9	—
第二周期年平均 （1956~1957）			116.5	6.6
第三周期年平均 （1958~1969）			95.3	-21.2
第四周期年平均 （1970~1977）			74.3	-21.0
第五周期年平均 （1978~1984）			90.8	16.5
第六周期年平均 （1985~1987）			92.7	1.9

资料来源：同表 6-2 和表 6-4。

表 7-12 社会主义国家所有制独立核算工业企业历年劳动报酬基金利税率

年份或周期	劳动报酬基金 （亿元，可比价）	利润和税金 （亿元，可比价）	劳动报酬基金利税率	
			当年（%）	比上年或上一周期±（百分点）
1952	29.5	37.4	126.8	—
1953	38.4	53.5	139.3	12.5
1954	41.0	67.9	165.6	26.3
1955	41.1	77.6	188.8	23.2
1956	53.4	103.9	194.6	5.8
1957	59.2	125.9	212.7	18.1
1958	83.6	240.4	287.6	74.9
1959	113.2	354.3	313.0	25.4
1960	121.3	420.7	346.8	33.8
1961	94.1	153.4	163.0	-183.8
1962	75.2	137.1	182.3	19.3
1963	76.6	195.4	255.1	72.8
1964	80.8	249.0	308.2	53.1
1965	84.4	336.5	398.7	90.5
1966	88.7	439.1	495.0	96.3
1967	93.9	302.9	322.6	-172.4
1968	98.1	262.8	267.8	-54.8
1969	103.3	420.7	407.3	139.5
1970	114.1	600.6	526.4	119.1

年份或周期	劳动报酬基金 （亿元，可比价）	利润和税金 （亿元，可比价）	劳动报酬基金利税率	
			当年（%）	比上年或上一周期±（百分点）
1971	127.4	668.0	524.3	−2.1
1972	142.5	703.9	494.0	−30.3
1973	147.4	733.2	497.4	3.4
1974	152.5	663.3	435.0	−62.4
1975	160.5	763.7	475.8	40.8
1976	168.4	703.7	417.9	−57.9
1977	174.5	837.4	479.9	62.0
1978	189.3	1039.0	548.9	69.0
1979	216.3	1121.1	518.3	−30.6
1980	237.1	1178.1	496.9	−21.4
1981	244.1	1196.0	490.0	−6.9
1982	256.9	1259.3	490.2	0.2
1983	265.1	1339.3	505.2	15.0
1984	315.2	1459.2	462.9	−42.3
1985	343.9	1605.4	466.8	3.9
1986	391.3	1563.4	399.5	−67.3
1987	433.2	1658.4	382.8	−16.7
1988	451.3	1791.0	396.9	14.1
第一周期年平均 （1953~1955）			165.1	—
第二周期年平均 （1956~1957）			204.1	39.0
第三周期年平均 （1958~1969）			315.5	111.4
第四周期年平均 （1970~1977）			477.9	162.4
第五周期年平均 （1978~1984）			498.4	20.5
第六周期年平均 （1985~1987）			413.1	−85.3

资料来源：同表 6-3 和表 6-4。

第二周期和第六周期。其中有三个周期（即第五周期、第六周期和第一周期）位次是相同的，有三个周期（即第二周期、第三周期和第四周期）是不同的。正因为劳动报酬基金利税率与全资金利润率的变化趋势，虽有一定的差别，但有较大的相关性；而且劳动报酬基金在资金总额中又只占更小的份额（详见表 6-3 和表 6-8），因而前者的变化趋势也成为制约后者的变化趋势的一个因素。

就表 7-13 所反映的平均每亿元工业总产值消耗的 12 种物资来说，其中生铁、钢材、铜、铝、锌、硫酸、烧碱、橡胶和煤九种物资"二五"时期（1958~1962 年）至"四五"时期（1971~1975 年）都比"一五"时期（1953~1957 年）上升了，只有铅、木材和纯碱三种物资在这个期间下降了。这种大部分物资消耗上升的状况，是与表 6-9 所表现的第三周期（1958~1969 年）和第四周期（1970~1977 年）全资金利润率比第二周期（1956~1957 年）有所下降的情况相适应，并且显然是构成这种下降的因素之一。

就表 7-13 所反映的 1980 年以来平均每亿元工业总产值消耗的能源（包括煤炭、原油、天然气和电力等）来说，都大幅度地下降了。其中 1980~1984 年的下降，显然是第五周期（1978~1984 年）全资金利润率达到六个周期最高水平的一个因素。而 1985 年以后的下降，又成为阻滞第六周期（1985~1987 年）全资金利润率下降的一个因素。当然，由于能源消耗只是资金耗费的一小部分，因而这种下降也不可能根本改变第六周期全资金利税率的下降格局。

就表 7-14 所反映的 1952~1988 年社会主义国家所有制独立核算工业企业可比产品成本的降低率与表 6-8 和表 6-9 所反映的同类企业全资金利润率相比较来看，前者降低的年份共有 23 年，同后者提高年份相同的有 16 年；前者提高的年份共有 12 年，同后者降低年份相同的有 8 年。特别是 1985~1987 年可比产品成本连续 3 年大幅度上升，显然是第六周期（1985~1987 年）全资金利润率下降的一个重要因素。可见，可比产品成本降低率与全资金利润率的变化趋势，也呈现出很大的正相关性。

综上所述，就工业各生产要素利用效益的变化趋势与作为工业整体经济效益综合表现的全资金利润率的变化态势的相互关系看，大体上有三种情况：一是前者与后者呈极大的正相关性，同时又在资金总额中占了大部分，因而成为决定全资金利润率变化态势的最重要因素。比如，固定资产净值利税率的变化就是这样。二是前者与后者部分地呈现正相关性，部分地又表现出差异性。其中正相关性成为制约全资金利润率变化趋势的一个重要因素；由于它在资金总额中占了小部分，因而这种差

表7-13　历年平均每亿元工业总产值消耗的物资和能源

年份或时期	生铁(吨)	钢材(吨)	铜(吨)	铝(吨)	铅(吨)	锌(吨)	木材(万立方米)	硫酸(吨)	烧碱(吨)	纯碱(吨)	橡胶(吨)	煤炭(万吨)	原油(吨)	天然气(万立方米)	电力(万千瓦小时)	能源(吨标准煤)
1953	6029	3478	104	17	47	29	2.43	725	267	525	103	12.0				
1954	6534	3441	82	14	55	41	2.39	838	264	544	103	11.5				
1955	7092	3877	87	13	50	48	2.34	882	222	622	92	12.1				
1956	8692	4439	111	40	74	58	2.78	980	201	584	91	11.4				
1957	9190	4149	113	46	74	60	2.50	1041	209	641	101	11.7				
1958	14178	5556	175	108	97	57	2.31	793	235	543	104	18.7				
1959	16486	4910	170	103	94	57	1.88	825	262	536	89	19.9				
1960	18941	3345	130	115	77	43	1.71	929	251	485	97	22.9				
1961	13737	4869	83	78	52	42	2.12	1000	273	488	101	21.6				
1962	9452	5014	103	100	73	64	2.43	1375	355	582	127	18.3				
1963	8371	5404	105	99	72	70	2.10	1628	393	615	132	16.1				
1964	8078	5417	119	106	79	71	1.95	1789	392	614	126	14.1				
1965	8555	5363	127	110	76	73	1.69	1921	417	633	119	12.9				
1966	9468	5041	145	128	79	73	1.60	2003	434	632	117	11.6				
1967	7508	5104	131	130	75	69	1.55	1544	449	622	123	11.2				
1968	8582	5089	132	186	74	63	1.55	1194	423	513	141	11.9				
1969	7776	5038	132	189	72	71	1.21	1476	438	517	139	11.4				
1970	8307	4627	135	167	70	69	1.06	1409	421	459	125	12.1				
1971	8918	4796	133	145	56	57	0.93	1501	426	421	116	12.5				
1972	9539	4751	120	153	55	57	0.90	1545	425	403	124	12.4				
1973	9373	4979	134	132	56	50	0.88	1689	416	383	123	11.5				
1974	8154	4813	124	127	46	49	0.89	1575	407	357	110	11.3				
1975	8200	4718	114	115	44	44	0.82	1512	408	336	110	11.3				
1976	7328	4530	98	112	41	45	0.85	1388	392	310	109	11.6				
1977	7253	4310	92	107	40	42	0.76	1419	392	324	103	11.2				

续表

年份或时期	生铁(吨)	钢材(吨)	铜(吨)	铝(吨)	铅(吨)	锌(吨)	木材(万立米)	硫酸(吨)	烧碱(吨)	纯碱(吨)	橡胶(吨)	煤炭(万吨)	原油(吨)	天然气(万立方米)	电力(万千瓦小时)	能源(吨标准煤)
1978	7942	4390	96	105	44	45	0.69	1545	381	321	100	10.9				
1979																
1980												8.3	18326	264.3	4848.1	78411
1981												7.7	16677	224.0	4755.6	72380
1982												7.7	15435	197.2	4666.3	70374
1983												7.4	14597	182.8	4535.2	67045
1984												7.0	12971	161.7	4268.0	62592
1985												6.3	11321	132.1	3839.4	56872
1986												6.2	10200	—	3700.0	54400
"一五"时期年平均	7760	3945	101	29	62	50	2.5	915	228	590	98	11.7				
"二五"时期年平均	15297	4609	130	103	80	52	2.0	953	269	522	104	20.6				
1963~1965年平均	8352	5392	119	106	76	72	1.9	1800	368	622	125	14.1				
"三五"时期年平均	8329	4944	135	161	72	69	1.4	1526	432	540	129	11.7				
"四五"时期年平均	8815	4809	124	133	51	51	0.88	1492	416	376	117	11.8				
"五五"时期年平均																
"六五"时期年平均												7.2	13879	174.3	4356.0	64890

资料来源:《中国统计年鉴》(1987),第366~367、369、374~375 页;《中国统计年鉴》(1988),第 434~436 页。
说明:工业总产值按比价价格计算。

表 7-14　社会主义国家所有制独立核算工业企业历年可比产品成本比上年降低率

单位：%

1952	2.3	1971	3.5
1953	3.1	1972	1.7
1954	6.2	1973	0.9
1955	7.0	1974	−2.6
1956	8.8	1975	3.9
1957	3.8	1976	−2.3
1958	8.3	1977	4.6
1959	6.6	1978	4.6
1960	2.8	1979	0.3
1961	−13.9	1980	−1.1
1962	4.2	1981	−1.2
1963	9.5	1982	−0.4
1964	8.6	1983	0.2
1965	8.8	1984	−2.0
1966	8.9	1985	−7.7
1967	−2.6	1986	−7.3
1968	−2.5	1987	−7.0
1969	6.3	1988	−15.59
1970	9.3		

资料来源：《中国工业经济统计资料（1949~1984）》，第 126 页；《中国工业经济统计资料（1986）》，第 210 页；《中国统计年鉴》（1987），第 323 页；《中国统计年鉴》（1988），第 389 页；《中国统计年鉴》（1989），第 335 页。

异虽然会对全资金利润率的变化态势发生一定的影响，但不根本改变其变化态势。比如，流动资金利税率的变化就是这样。三是前者与后者是逆向变动的，但由于前者只占资金总额的一小部分，因而并不改变后者变化的总趋势。比如，1980 年以来平均每亿元工业总产值消耗能源的变化就是如此。

四、主要工业部门经济效益变化的不平衡性

为了说明这一点，我们先对表 7-15（即主要工业部门固定资产净值利税率）做些分析。这里有三点需要说明：第一，限于我们掌握资料的限制，在这里采用了固定资产净值利税率这个指标。显然，这并不是考

单位：%

表7-15　主要工业部门固定资产净值利税率

年份	总计	冶金工业	电力工业	煤炭及焦工业	石油工业	化学工业	机械工业	建筑材料工业	森林工业	食品工业	纺织工业	缝纫工业	皮革工业	造纸工业	文教艺术用品工业	其他工业
1978	41.2	20.0	27.7	4.8	118.7	45.8	37.1	34.7	19.3	111.9	122.7	235.8	143.3	48.4	82.8	37.2
1979	37.8	20.8	25.3	8.5	103.3	42.0	30.9	27.7	18.5	103.6	110.2	106.7	70.2	47.9	68.9	26.4
1980	37.5	23.1	24.2	7.4	93.3	41.3	25.9	27.7	23.0	98.0	119.4	129.1	78.6	40.4	69.0	34.8
1981	35.3	22.2	23.7	5.4	79.2	38.6	21.5	23.6	24.3	98.6	110.8	104.5	62.0	32.1	63.6	33.6
1982	33.5	23.8	22.0	4.5	74.2	40.1	23.5	25.6	23.8	86.4	74.8	79.0	38.9	30.1	59.0	38.2
1983	33.4	25.5	21.3	4.6	67.2	43.5	28.7	26.5	23.2	74.9	49.7	69.6	37.6	30.8	55.0	32.8
1984	34.6	28.3	20.4	4.3	72.6	44.1	34.1	25.9	23.0	73.3	42.5	67.8	38.2	32.0	50.4	31.5
1985	35.7	31.3	17.8	2.3	55.4	37.7	42.8	28.0	23.3	72.5	47.6	68.9	49.5	38.9	54.4	28.6
1986	30.7	27.9	16.7	0.1	46.8	35.4	30.5	26.5	20.6	66.8	38.5	47.9	44.3	35.3	45.7	26.1
1987	29.8	27.9	17.1	—	39.1	38.9	32.1	22.4	27.1	64.9	32.9	42.1	38.4	35.3	42.2	23.9
1987比1978± 百分点	-11.4	+7.9	-10.6	—	-79.6	-6.9	-5.0	-12.3	+7.8	-47.0	-89.8	-193.7	-104.9	-13.1	-40.6	-13.3
1987比1978± 百分比	-27.7	+39.5	-38.3	—	-67.1	-15.1	-13.5	-35.5	+40.4	-42.0	-73.2	-82.2	-73.3	-87.1	-49.0	-35.8

资料来源：《中国工业经济统计年鉴》（1988），第58~61页。

察各主要工业部门综合经济效益的很合适指标。但在同等条件下，分析它们之间经济效益变化的差异时，用这个指标还是能够说明问题的。

第二，我们在计算各主要工业部门各年的固定资产净值利税率都是按当年价格计算的，既没有排除原有的价格扭曲的影响，也没有排除1979年以来价格变动的因素。这显然会对我们的计算产生影响，但这限于我们掌握的资料。然而说明这一点是很重要的，它表明我们在下面分析的各工业部门固定资产净值利税率，是包含了价格扭曲因素的。

第三，我们这里要考察的不是各主要工业部门经济效益波动的周期性及其下降趋势。因为这些问题已经在前面分析过了。这里要考察的是各主要工业部门经济效益变化的升降趋势和增减幅度，以及与此相联系的它们之间的经济效益变化的差异。

现在我们就来做这种分析。表7-15表明：第一，1978~1987年固定资产净值利税率，无论是就各主要工业部门的总计来说，或者就大多数工业部门来说，都显著下降了。唯独冶金工业和森林工业的固定资产净值利税率有了显著上升。前者由1978年的20%上升到1987年的27.9%；后者由19.3%上升到27.1%。这样，二者与主要工业部门总计和其他大多数工业部门的固定资产净值利税率的差距就大大缩小了。比如，前者与总计之比由1978年的1：0.485上升到1987年的1：0.936；后者由1：0.468上升到1：0.909。

第二，在上述期间，煤炭及炼焦工业、电力工业和建筑材料工业的固定资产净值利税率有了大幅度的下降，以致1987年仍然显著低于主要工业部门总计的固定资产净值利税率。

第三，在上述期间，石油工业和化学工业的固定资产净值利税率也有很大的下降。但到1987年高于主要工业部门总计的固定资产净值利税率。

第四，在上述期间，机械工业的固定资产净值利税率虽有下降，但下降的幅度相对说来不大。因而它就由1978年低于主要工业部门总计的固定资产净值利税率4.1个百分点，上升到高于后者2.3个百分点。

第五，在上述期间，食品工业、纺织工业、缝纫工业、皮革工业、造纸工业和文教艺术用品工业的固定资产净值利税率有了更大幅度的下降。但由于1978年这些工业固定资产净值利税率大大高于主要工业部门总计的固定资产净值利税率，因而到 1987 年，尽管前者同后者的差距大大缩小了，但前者仍然高于后者。

可见，在上述期间，各主要工业部门经济效益的变化呈现出复杂的、不平衡的形态（有的上升，有的下降；上升和下降的幅度也很不相同），但作为采掘工业和原材料工业的煤炭及炼焦工业、冶金工业、森林工业、建筑材料工业和电力工业的经济效益低于各加工工业（包括机械工业、食品工业、纺织工业、缝纫工业、皮革工业、造纸工业和文教艺术用品工业）的情况，并没有根本改变；石油工业和化学工业的经济效益虽然保持了较高水平，但也低于食品工业、缝纫工业和文教艺术用品工业。所以，从总体上说，加工工业经济效益高于采掘工业和原材料工业的基本格局似乎没有根本的改变。

为了说明这一点，我们还可以看一下表 7-16 所列的情况。资金利税率在综合评价工业经济效益方面，比固定资产净值利税率要合适一些。但前面说过，这个指标也不理想。但由于掌握资料的限制，我们在表 7-16 中仍然用了这个指标。

表 7-16　1987 年主要工业行业资金利税率　　　　　　　单位：%

总　　计	19.95	纺织业	19.80
煤炭采选业	-1.04	棉纺织业	21.10
石油和天然气开采业	14.64	毛纺织业	23.95
黑色金属矿采选业	12.60	丝绢纺织业	17.50
有色金属矿采选业	11.34	缝纫业	17.67
建筑材料及其他非金属矿采选业	13.04	皮革、毛皮及其制品业	15.78
土砂石开采业	16.34	木材加工及竹、藤、棕、草制品业	17.06
化学矿采选业	7.77	锯材加工业	17.78
采盐业	19.98	人造板制造业	16.07
其他矿采选业	26.12	家具制造业	14.06
木材及竹材采运业	21.16	木制家具制造业	12.57
自来水生产和供应业	7.90	造纸及纸制品业	24.71
食品制造业	17.47	造纸业	25.21
粮食加工业	5.24	纸制品业	22.63
饮料制造业	20.76	印刷业	20.94
烟草加工业	192.65	文教体育用品制造业	33.51
饲料工业	21.04	工艺美术品制造业	22.51

续表

总　计		机械工业	15.36
电力、蒸汽、热水生产和供应业	16.52	工业专用设备制造业	15.28
电力生产业	14.97	日用机械制造业	41.38
水力发电业	11.97	自行车制造业	53.58
电力供应业	19.88	缝纫机制造业	29.31
石油加工业	86.94	钟表制造业	32.92
炼焦、煤气及煤制品业	9.32	照相机制造业	20.67
化学工业	24.90	交通运输设备制造业	12.50
基本化学原料制造业	27.63	铁路运输设备制造业	15.97
有机化学产品制造业	38.34	汽车制造业	21.33
日用化学产品制造业	32.66	电气机械及器材制造业	22.32
医药工业	33.99	日用电器制造业	26.47
化学纤维工业	19.93	洗衣机制造业	28.24
橡胶制品业	36.21	电冰箱制造业	44.84
塑料制品业	17.08	电热器具制造业	14.54
建筑材料及其他非金属矿物制品业	16.78	电子及通信设备制造业	16.72
水泥制造业	17.57	日用电子器具制造业	22.50
黑色金属冶炼及压延加工业	22.00	电视机制造业	28.86
有色金属冶炼及压延加工业	18.18	收音机、录音机制造业	15.07
金属制品业	21.77	仪器仪表及其他计量器具制造业	15.78
日用金属制品业	25.84	其他工业	19.04

资料来源：《中国工业经济统计年鉴》(1988)，第90~93页。

表7-16表明：第一，1987年，在煤炭采选业、石油和天然气开采业、黑色金属采选业、有色金属采选业、建筑材料及其他非金属矿采选业、采盐业、其他矿采选业、木材和竹材采选业以及自然水生产和供应业等九项主要属于采掘的工业中，只有第六、七、八三项的资金利税率高于主要工业行业总计的资金利税率，其余六项在采掘工业中居于最主要地位的行业的资金利税率均低于（甚至远远低于）总计的资金利税率。

第二，1987年，原材料工业的资金利税率高于采掘工业。如主要依靠烧煤的电力生产业的资金利税率比煤炭采选业要高出16.01个百分点。石油加工业的资金利税率比石油和天然气开采业要高出72.3个百分点。黑色金属和有色金属冶炼及压延加工业的资金利税率比黑色金属和有色金属采选业分别高出9.4个和8.84个百分点。建筑材料及其他非金属矿物制品业的资金利税率比建筑材料及其他非金属矿采选业高 3.74 个百分点。

第三，1987 年，在加工工业中居于最主要地位的许多工业行业的资金利税率既高于原材料工业，更高于采掘工业。其中尤为明显的是日用的加工工业。比如，日用化学产品制造业的资金利税率为 32.66%；日用金属制品业为 25.84%；日用机械制造业为 41.33%；日用电器制造业为 26.47%，其中电冰箱制造业为 44.84%；日用电子器具制造业为 22.5%，其中电视机制造业为 28.86%。

可见，表 7-16 不仅进一步表明了采掘工业经济效益低于原材料工业、原材料工业经济效益低于加工工业，而且明显地表现了经济效益向日用的加工工业倾斜，尤其是向与现代化学、电子技术相联系的日用加工工业倾斜。

必须指出：上述各主要工业部门固定资产净值利税率的下降，以及原来经济效益较高的工业部门固定资产利税率更大幅度的下降，是构成上述期间我国工业经济效益趋于下降及其水平低下的重要因素。

五、各地区工业经济效益变化差异性

我们从表 7-17、7-18 和 7-19 提供的资料，可以清楚看到：各地区工业经济效益变化的差异性。主要有以下四个特点：第一，总的说来，在 1985~1987 年期间，无论是各省、市、自治区的工业企业资金利税率，或者是城市的（包括全国城市和沿海城市）工业企业资金利税率都是下降的。但这方面的变化却表现得很不平衡。

就各省、市、自治区独立核算工业企业资金利税率的变化来说，1987 年只有广西、贵州、云南、西藏 4 个省、自治区比 1985 年提高了，其余 25 个省、市、自治区比 1985 年下降了；只有 13 个省、自治区比 1986 年提高了，其余 16 个省、市、自治区下降了；其上升和下降的幅度也很不相同。

就全国城市社会主义国家所有制独立核算工业企业资金利税率的变化来说，在上述期间，无论是人口多的城市，或者人口少的城市，都是下降的。但下降的百分点和百分比又是各异的。

表 7-17 各省、市、自治区独立核算工业企业资金利税率　　　单位：%

地 区	1985 年	1986 年	1987 年	1987 年比 1985 年±百分点	1987 年比 1985 年±百分比
全国平均水平	24.02	20.43	19.95	-4.07	-16.95
北 京	35.55	29.92	28.23	-7.32	-20.59
天 津	34.79	30.21	28.05	-6.74	-19.38
河 北	19.77	17.95	17.49	-2.28	-11.54
山 西	13.21	12.15	12.65	-0.56	-4.23
内蒙古	10.64	9.54	10.08	-0.56	-5.26
辽 宁	25.93	22.83	20.98	-4.95	-19.08
吉 林	17.58	13.76	15.83	-1.75	-9.95
黑龙江	19.72	16.67	16.64	-3.08	-15.61
上 海	56.90	39.77	34.16	-22.74	-39.96
江 苏	29.69	22.58	20.73	-8.96	-30.17
浙 江	32.57	25.78	25.53	-7.04	-21.61
安 徽	22.12	20.13	19.45	-2.67	-12.07
福 建	22.29	19.93	22.03	-0.26	-1.16
江 西	16.28	14.18	14.86	-1.42	-8.76
山 东	23.79	20.89	20.54	-3.25	-13.66
河 南	18.63	17.18	16.77	-1.86	-9.98
湖 北	20.88	18.48	19.22	-1.66	-7.95
湖 南	22.53	21.28	20.70	-1.63	-7.23
广 东	25.41	20.83	20.87	-4.54	-17.86
广 西	20.94	20.90	22.78	+1.84	+8.87
四 川	18.12	14.17	15.38	-2.74	-15.12
贵 州	15.01	14.35	16.76	+1.75	+11.65
云 南	23.29	22.70	25.13	+1.84	+7.90
西 藏	0.84	0.68	4.17	+3.33	+396.42
陕 西	14.15	12.57	12.25	-1.9	-13.42
甘 肃	17.31	16.24	15.89	-1.42	-8.20
青 海	7.79	8.26	6.53	-1.62	-16.17
宁 夏	10.62	8.82	9.40	-1.22	-11.48
新 疆	14.71	13.14	11.58	-3.13	-21.27

资料来源：《中国统计年鉴》(1987)，第 322 页；《中国统计年鉴》(1988)，第 388 页。

　　就 14 个沿海城市社会主义国家所有制独立核算工业企业资金利税率的变化来说，1987 年比 1985 年提高的只有两个市，其余 12 个市都下降了；增减幅度也有很大差别。

表 7-18　城市社会主义国家所有制独立核算工业企业资金利税率　　单位：%

年份	全国总计	城市合计	城市为全国(%)	200万以上人口城市	100~200万人口城市	50~100万人口城市	20~50万人口城市	20万以下人口城市
1985（324个城市）	23.8	26.9	113.0	38.8	30.2	24.7	19.3	19.4
1986（353个城市）	20.4	23.1	113.2	31.2	25.7	21.2	5.1	18.3
1987（381个城市）	20.3	21.5	106.1	27.4	24.3	21.0	17.4	17.1
1987年比1985年增长的百分点	-3.6	-5.4	-6.9	-11.4	-5.9	-3.7	-1.9	-2.3
1987年比1985年增长的百分比	-15.1	-20.1	-6.1	-29.4	-19.5	-14.9	-9.8	-11.9

　　资料来源：《中国统计年鉴》（1986），第74页；《中国统计年鉴》（1987），第72页；《中国统计年鉴》（1988），第79页。

　　第二，在上述期间，各省、市、自治区和各城市工业企业资金利税率变化的一个重要特征，就是经济效益高的地区下降的幅度比经济效益差的地区要大。

　　表 7-17 表明：1985 年独立核算工业企业资金利税率大于全国平均水平（为 24.02%）的北京、天津、辽宁、上海、江苏、浙江和广东 7 省市，1987 年下降的百分点和百分比也都超过了平均数（分别为-4.07 个百分点和-16.95%）。其中，原来超过最多的上海市下降的百分点和百分比也最大，二者分别为-22.74 个百分点和-39.96%。在 1985 年资金利税率小于全国平均水平的其余 22 个省、自治区中，1987 年有 18 个省、自治区下降的百分点和百分比都低于全国平均数，还有 4 个省、自治区上升了。而且，经济效益愈差的省、自治区，下降的幅度愈小，其中有的省、自治区甚至大大上升了。比如，西藏上升了 3.33 个百分点和 396.42%。

　　表 7-18 和表 7-19 说明：①就城市和全国的社会主义国家所有制独立核算工业企业资金利税率的变化来看，1985 年前者高于后者 3.1 个百分点，但 1987 年前者下降的百分点和百分比又比后者多 1.8 个百分点和 5%。②就大城市和小城市资金利税率的变化来看，总的说来，在上述期间，原来资金利税率愈高、人口愈多的城市，下降的百分点和百分比愈大；原来资金利税率愈低、人口愈少的城市，下降的百分点和百分比也愈小。其中，只有 20 万人口以下的城市，原来的资金利税率比 20 万~50 万人口的城市高 0.1 个百分点，1987 年下降的百分点和百分比也比后者大，

表7-19　14个沿海城市社会主义国家所有制独立核算工业企业资金利税率

（包括市辖县）

单位：%

年份	总计	大连	秦皇岛	天津	烟台	青岛	连云港	南通	上海	宁波	温州	福州	广州	湛江	北海
1985	43.16	33.07	18.44	35.03	18.83	39.09	15.13	25.96	58.53	35.83	16.14	24.00	37.00	22.37	21.24
1986	33.5	29.1	9.0	30.2	18.2	32.5	14.0	21.7	40.7	35.7	12.9	17.0	30.6	22.0	16.7
1987	29.8	27.5	15.2	28.0	17.3	30.8	15.9	20.9	34.0	30.1	10.3	19.7	28.9	24.0	19.0
1987年比1985年增长的百分点	-13.36	-5.57	-3.24	-7.03	-15.3	-8.29	+0.77	-5.06	-24.53	-5.73	-5.84	-4.3	-8.1	+1.63	-2.24
1987年比1985年增长的百分比	-30.95	-16.84	-17.57	-20.06	-8.12	-21.20	+5.08	-19.49	-41.91	-15.99	-36.18	-17.91	-21.89	+7.28	-10.54

资料来源：《中国统计年鉴》(1986)，第75~76页；《中国统计年鉴》(1987)，第73~74页；《中国统计年鉴》(1988)，第80~81页。

但比 50 万人口以上的城市还是要小得多。③就 14 个沿海城市和全国城市的社会主义国家所有制独立核算工业企业资金利税率的变化来看，1985 年前者比后者要高 16.26 个百分点。而到 1987 年前者比后者要多下降 7.96 个百分点和 10.85%。④就 14 个沿海城市本身的社会主义国家所有制独立核算工业企业资金利税率的变化来说，也呈现出表 7-17 所表明的相同趋势。即 1985 年资金利税率较高的城市，1987 年下降的幅度也较大；原来资金利税率较低的城市，下降的幅度也较小，其中有的城市还上升了。比如，资金利税率较高的上海，在上述期间下降了 24.53 个百分点和 41.91%，而资金利润率较低的连云港却上升了 0.77 个百分点和 5.08%。

第三，与上述第二点相联系，经济效益好的地区与经济效益差的地区之间的差距缩小了。这就是说，就多数省份来看，这种差距的缩小主要不是靠后者经济效益更快的提高，而是靠前者经济效益更快的下降。

表 7-17 表明：1985 年独立核算工业企业资金利税率超过全国平均水平（为 24.02%）的北京、天津、辽宁、上海、江苏、浙江和广东 7 省市，共超过的幅度由原来的 1.39~32.88 个百分点，下降到 1987 年的 0.78~14.21 个百分点。资金利税率最高的上海与资金利税率最低的西藏之间的差距，由 1985 年的 56.06 个百分点下降到 1987 年的 29.99 个百分点。

表 7-17 和表 7-18 说明：①资金利税率较高的城市与资金利税率较低的全国各省、市、自治区的平均水平的差距，由 1985 年的 3.1 个百分点下降到 1987 年的 1.3 个百分点。②资金利税率较高的 50 万以上人口的城市与资金利税率较低的 20 万~50 万人口的城市的差距，由 1985 年的 5.4~19.5 个百分点，下降到 1987 年的 3.7~10 个百分点。③资金利税率较高的 14 个沿海城市与资金利税率较低的全国城市的差距，由 1985 年的 16.26 个百分点，下降到 1987 年的 8.3 个百分点。

第四，前述第三点中各项数字同时表明：沿海各省、市比其他省、自治区，大城市比小城市，以及沿海城市比全国其他城市资金利税率较高的面貌，仍然存在着。

这里需要说明：各地区工业企业资金利税率的下降，以及经济效益高的地区资金利税率较大幅度的下降，是构成上述期间我国工业经济效益趋于下降及其水平低下的一个重要因素。

六、大中型和小型工业企业经济效益变化的非均衡性

我们从表 7-20 的资料中，可以看到：在 1980~1987 年期间，无论是全部独立核算工业企业，或者是大中型独立核算工业企业，资金利税率都显著下降了。但在上述期间，前者的资金利税率下降了 3.02 个百分点，下降了 13.2%；后者分别下降了 4.17 个百分点和 16.3%。可见，后者资金利税率下降的百分点和百分比都超过了前者。这就意味着大中型工业企业经济效益下降的速度超过了包括大中小型在内的全部工业企业，也超过了小型工业企业，因而大中型工业企业的经济效益不仅绝对地下降了，而且相对地（即相对于全部工业企业和小型工业企业）下降了。

表 7-20　全部和大中型独立核算工业企业的资金利税率　　　　单位：%

年份	全部工业企业	大中型工业企业
1980	22.97	25.65
1985	20.72	23.06
1986	20.43	23.06
1987	19.95	21.48

资料来源：《中华人民共和国 1985 年工业普查资料》第一册，第 548~549、554~555 页；第三册，第 1180~1181、1196~1197 页。《中国统计年鉴》(1987)，第 321、325 页；《中国统计年鉴》(1988)，第 387、391 页。

但值得注意的是：如果按投产年份分析，那么，1976 年至 1985 年期间，大中型工业企业资金利税率不仅在下降速度上大于全部工业企业从而大于小型工业企业，而且在水平上也低于全部工业企业，从而低于小型工业企业。表 7-21 的资料就可以证明这一点。按投产年份分的 1985年全部和大中型独立核算工业企业的资金利税率，除了 1949 年及以前投产的企业以外，1950~1952 年、1953~1957 年、1958~1962 年、1963~1965年、1966~1970 年和 1971~1975 年六个时期投产的大中型工业企业的资金利税率均不同程度地高于包括大中小型在内的全部工业企业，从而不同程度地高于小型企业。但在 1976~1980 年和 1981~1985 年两个时期却发生了相反的变化，即这两个时期投产的大中型工业企业的资金利税率小于全部工业企业，从而小于小型工业企业。

表 7–21　按投产年份分的 1985 年全部和大中型独立核算工业企业的资金利税率

单位：%

按投产年份分组	①全部工业企业	②大中型工业企业	①：②（以①为1）
合计	20.72	23.06	1.113
1949 年及以前	29.55	29.19	0.988
1950~1952 年	22.64	23.81	1.053
1953~1957 年	22.29	25.22	1.132
1958~1962 年	21.18	22.27	1.052
1963~1965 年	21.20	23.34	1.101
1966~1970 年	17.66	19.22	1.088
1971~1975 年	15.81	18.38	1.163
1976~1980 年	16.99	16.50	0.971
1981~1985 年	13.89	10.81	0.778

资料来源：《中华人民共和国 1985 年工业普查资料》第一册，第 544~545；第三册，第 702~705 页。

当然，这两个时期投产的大中型工业企业仅仅是全部大中型工业企业的一部分，因而并没改变表 7–15 所表明的全部大中型工业企业的资金利税率高于全部工业企业，从而高于小型工业企业的状况。

需要说明：不仅大中小型工业企业资金利税率的绝对下降，而且大中型工业企业资金利税率的相对下降，都是构成我国上述期间工业经济效益趋于下降及其水平下降的重要因素。

七、各种所有制或同一所有制内部各类企业之间
工业经济效益变化差异的复杂性

各种所有制或同一所有制内部各类企业之间，在工业经济效益差异方面，存在着复杂情况：有的是属于正常差异，有的则是属于非正常的差异。我们先分析其正常差异。

表 7–22 和表 7–23 表明：从总体上来说，尽管 1980 年到 1985 年，各种所有制工业企业的资金利税率都下降了，但社会主义国家所有制工业企业资金利税率高于集体所有制工业企业，更高于外资工业企业和其他经济类型工业企业。这种经济效益的差异可以看做是正常情况。因为整个说来，无论从生产关系的要素来看，或者从生产力的要素（包括生产

设备和劳动者素质等）来看，社会主义国家所有制工业企业都优于其他经济成分。

表 7-22　各种所有制独立核算工业企业的资金利税率　　　　　单位：%

所有制类型	1980 年	1985 年
总计	22.97	20.72
国家所有制工业企业	23.10	21.07
中央企业	22.44	20.48
地方企业	23.48	21.39
县（旗）属企业	12.31	13.52
集体所有制工业企业	21.80	19.14
县（旗）属企业	15.58	13.17
城市（镇）街道办企业	24.63	23.39
乡办企业	21.92	17.76
全民与集体合营工业企业	34.08	30.16
外资工业企业	23.86	15.50
其他经济类型工业企业	17.95	8.33

资料来源：《中华人民共和国 1985 年工业普查资料》第三册，第 1180~1181、1196~1197 页。

但从某些局部情况来看，无论是同一所有制内部的工业企业之间，或者是不同所有制的工业企业之间，又存在着多方面的异常差异。第一，在社会主义国家所有制内部，地方工业企业生产力要素不及中央工业企业先进，但不论是 1980 年，或者 1985 年，前者的资金利税率却超过了后者。

第二，国家和集体合营的工业企业在生产力要素方面也赶不上国有工业企业。比如，1980 年国家与集体合营工业企业的固定资产原值还没有超过 500073 万元的，1985 年也没有超过一亿元的；而国有企业却有超过十亿元以上的。然而，从总体上来看，1980 年和 1985 年前者的资金利税率分别超过后者的 47.5% 和 43.1%。就同等经营规模的情况来看，1985 年同 1980 年相比，前者两组企业（即固定资产原值在 1000 万元—不足 5000 万元的企业和 10 万元以下的企业）的资金利税率是上升的，其他各组企业资金利税率是下降的；而后者各组企业资金利税率都是下降的。

第三，集体所有制工业企业尽管从总体上说在生产力方面落后于国有工业企业，因而 1980 年和 1985 年的资金利税率前者均低于后者。但就

表 7-23　各种所有制独立核算工业企业按不同规模分组的资金利税率

单位：%

按固定资产原值分组	总计		国家所有制工业企业		集体所有制工业企业		国家与集体合营工业企业		外资工业企业		其他经济类型工业企业		轻工业		重工业	
	1980年	1985年	1980年	1985年	1980年	1985年	1980年	1985年	1980年	1985年	1980年	1985年	1980年	1985年	1980年	1985年
总计	22.97	20.72	23.10	21.07	21.80	19.14	34.08	30.16	23.86	15.50	17.95	8.33	43.10	26.62	17.04	18.03
10亿元以上	28.63	20.35	28.61	20.35									30.23	29.30	28.59	20.05
5亿元～不足10亿元	15.38	18.62	15.38	18.62										3.35	15.38	19.04
1亿元～不足5亿元	17.77	18.08	17.77	18.08									27.25	18.99	17.48	18.00
5000万元～不足1亿元	13.85	19.87	13.85	19.68		50.39		62.53		26.93			47.04	42.81	9.94	14.37
1000万元～不足5000万元	27.65	26.38	27.67	26.49	22.02	24.31	28.98	33.21	30.83	11.64		-0.06	72.30	39.91	12.88	17.22
500万元～不足1000万元	26.30	20.66	26.37	20.31	21.28	22.50	35.87	26.80	12.48	14.61		0.16	55.84	26.53	13.26	16.55
400万元～不足500万元	22.61	20.76	22.18	20.31	24.35	21.99	45.60	25.89		8.74			41.62	24.86	13.15	17.33
300万元～不足400万元	24.38	21.15	24.19	20.45	25.22	22.64	30.77	27.17		13.81		0.20	41.88	24.17	14.29	18.50
200万元～不足300万元	23.76	20.11	23.91	19.10	22.69	21.35	32.90	28.02	-7.91	14.85			37.64	21.37	14.36	18.90
100万元～不足200万元	23.10	18.40	22.52	17.53	23.87	18.89	34.50	28.08	4.09	23.99		20.89	33.97	18.44	14.65	18.36
50万元～不足100万元	20.73	17.36	19.94	15.51	21.18	18.08	39.05	24.58		18.85	22.70	13.00	27.59	17.03	14.40	17.72
10万元～不足50万元	19.82	16.71	19.65	15.64	19.83	16.85	32.19	31.44	11.01	18.34	2.29	11.38	22.64	16.00	16.95	17.55
10万元以下	26.19	19.13	41.41	19.05	24.79	19.07	28.41	33.12	35.79	45.83	14.88	13.35	24.81	17.09	28.44	22.70

资料来源：《中华人民共和国1985年工业普查资料》第三册，第1084-1089、1100~1105页。

同等经营规模的情况来看，情况则是相反的。在固定资产原值 5000 万元~不足一亿元的工业企业中，1985 年前者的资金利税率远远高于后者。在固定资产原值 1000 万元~不足 5000 万元工业企业中，1985 年与 1980 年相比，前者的资金利税率是上升的，后者是下降的。当然，1985 年前者的资金利税率仍低于后者。在固定资产原值 500 万元~不足 1000 万元工业企业中，1985 年与 1980 年相比，前者的资金利税率也是上升的，后者也是下降的。这样，前者的资金利税率就由 1980 年低于后者变成 1985 年高于后者。在固定资产原值 400 万元~不足 500 万元以及 300 万元~不足 400 万元的工业企业中，1985 年与 1980 年相比，无论是前者资金利税率或者后者的资金利税率都是下降的。但无论是 1980 年或 1985 年，前者的资金利税率都高于后者的资金利税率。在固定资产原值 200 万元~不足 300 万元的工业企业中，1985 年与 1980 年相比，前者和后者的资金利税率也都是下降的。但后者下降的幅度比前者更大，因而前者的资金利税率就由 1980 年低于后者变成了 1985 年高于前者。在固定资产原值 100 万元~不足 200 万元、50 万元~不足 100 万元以及 10 万元~不足 50 万元的工业企业中，1985 年与 1980 年相比，尽管前者和后者的资金利税率也都是下降的，但在这两个年份，前者的资金利税率都高于后者的资金利税率。在固定资产原值 10 万元以下的工业企业中，1985 年与 1980 年相比，后者的资金利税率有了大幅度下降，前者的资金利税率也有下降，但相对说来，下降幅度不大，以致前者的资金利税率也由 1980 年远远低于后者变成为 1985 年略高于后者。总之，无论就 1980~1985 年资金利税率的变动趋势（上升与下降的差异以及下降幅度的差别）来看，或者就 1985 年大部分同等经营规模工业企业资金利税率水平来看，相对说来，集体所有制工业企业的经济效益都要比国有工业企业高。

第四，在集体所有制工业企业中，一般说来，县（旗）属企业的技术装备要高于城市（镇）街道办企业，更要高于乡办企业。但无论 1980 年或 1985 年，县（旗）属企业的资金利税率都低于城市（镇）街道办企业，甚至都低于乡办工业。当然，在这期间三者的资金利税率都是下降的。

我们把上述四种差异称之为异常差异，是从生产关系的先进性或生产力的先进性的角度来考察的。如果把社会主义有计划的商品经济这一重要因素引进考察的范围，那么，对这种差异的异常性还可以看得更清楚。因为在发达的社会主义有计划商品经济条件下，在企业之间的竞争能够充分展开的情况下，必然会形成平均利润率。与此相联系，商品的价值也会转化为生产价格。这样，与先进的生产关系和生产力相联系的个别企业，就会获得超额利润。因而，从总体上来说，这类企业的资金利税率是比较高的。这种比较高的资金利税率才是社会主义有计划商品经济发展的正常情况。与此相对比，上述四种差异显然是一种不正常的差异。这一点，是由下列几种重要情况造成的：一是商品价格与价值的背离；二是不平等的竞争；三是没有形成平均利润率。比如，在传统经济体制下，相对商品价值来说，采掘工业产品和原材料工业产品的价格较低，加工工业产品价格较高。1979 年经济体制改革以来，经过调整和放开价格，这种比价不合理的格局有所改善。但在 1985 年以后，由于通货膨胀，又形成了不合理的比价复归。这样，相对商品价值来说，主要作为加工工业轻工业产品价格较高，而采掘工业和原材料工业占有很大比重的重工业产品价格较低的情况就没有根本改变。这样，重工业的资金利税率就低，轻工业的资金利税率就高。表 7-23 表明：1980 年，轻工业资金利税率比重工业要高出 26.06 个百分点。其后几年虽有所变化，但1985 年还高出 8.59 个百分点。此后，这种比价关系又发生了有利于轻工业的变化。但是，相对说来，在国有的中央工业中，重工业占的比重大，轻工业占的比重小；地方工业则是相反的情况，重工业品的比重小，轻工业占的比重大。就国有工业与国家和集体合营工业相比较来说，也存在类似的情况。就是说，前者重工业比重大，轻工业比重小；后者重工业比重小，轻工业比重大。这是国有工业中地方工业资金利税率高于中央工业、国家与集体合营工业资金利税率高于国有工业的一个最重要原因。又如，1979 年经济体制改革以来，相对说来，集体所有制企业放得比较活，而国有企业受传统经济体制束缚要多得多。在集体所有制各类企业之间也存在类似的情况。就是说，集体所有制的县（旗）属企业受国家行政干预比较多，而城市（镇）街道办企业和乡办企业则放得比较活。这样，在国有企业和集体企业之间以及集体所有制的县（旗）属企业和城市（镇）街道办企业、乡办企业之间就存在着诸种不平等的竞争。这种不平等的竞争是导致同等经营规模的集体企业资金利税率高于国有工业以及集体所有制的城市（镇）街道办的企业、乡办企业的资金利税率高于县（旗）属企业的重要原因之一。

最后，需要指出：上述各类企业资金利税率的下降以及它们之间存在的异常差异，是构成我国工业经济效益水平低下，并成为阻滞工业经济效益的一个重要因素。

八、速度效益型

我们在前面第三、四、五、六、七部分中，分别从工业各生产要素、各部门、各地区、大中小型企业和各经济成分五方面分析了我国工业经济效益的变化特征。在这种分析中贯穿了一个线索，即第二部分分析的我国工业经济效益波动曲线趋于下降及水平低下。这里再从较深的层次上，即从经济增长类型上，对这一特征做一总括性的分析。

依据人类各个社会发展的历史经验，就经济增长中的速度和效益的关系来看，可以区分为两种类型：一是速度效益型，即经济效益的提高主要是与速度的增长，从而与生产要素投入的增长相联系的。二是效益速度型，即经济增长速度的提高，主要是与经济效益的提高，从而主要与各生产要素效能的发挥相联系。

新中国成立以来，我国工业经济的发展正是属于第一种类型。正是这一点集中地表现了我国工业经济效益水平的低下。

表7-24表明：一般说来，工业增长速度波峰的年份，就是工业经济效益增长波峰的年份；工业增长速度下降的年份，就是工业经济效益下降的年份；工业增长速度波谷的年份，就是工业经济效益波谷的年份；工业增长速度上升的年份，就是工业经济效益上升的年份。总之，二者呈现出极大的相关性。为了表示这种相关性，可以把这种经济称做速度效益型经济。但是，这里的工业增长速度是以工业总产值来计算的，从而工业增长速度的提高是以工业的多投入为前提的。因而也可以说，工业经济效益的提高，主要是与投入的增长相联系的，主要不是与各生产要素效率的发挥相联系的。所以，这种速度效益型经济的本身，就是低效益的经济。

表 7-24　历年工业增长速度与全要素生产率增长率的比较　　　单位：%

年份	工业增长速度（比上年±）	全要素生产率增长率（比上年±）
1952	—	—
1953	31.4	15.9
1954	16.1	0.1
1955	6.7	−0.1
1956	35.1	3.7
1957	9.2	3.1
1958	71.6	34.9
1959	35.2	8.6
1960	13.8	−4.0
1961	−39.6	−42.4
1962	−17.3	−11.2
1963	10.3	27.4
1964	19.9	15.0
1965	27.1	16.7
1966	21.1	23.9
1967	−15.4	−40.1
1968	−5.1	−15.3
1969	34.7	37.3
1970	31.0	25.1
1971	14.0	−0.7
1972	5.6	−6.4
1973	8.4	−7.5
1974	−1.3	−10.1
1975	13.7	6.0
1976	−1.1	−12.9
1977	13.3	11.4
1978	14.4	12.9
1979	8.9	2.9
1980	5.6	−0.3
1981	2.5	−1.1
1982	7.1	0.2
1983	9.4	1.9
1984	8.9	0.7
1985	12.9	2.0

续表

年份	工业增长速度（比上年±）	全要素生产率增长率（比上年±）
1986	6.2	−12.2
1987	11.3	−1.9
1988	12.6	8.8

　　资料来源:《中国工业经济统计资料（1949~1984）》，第 33 页；《中国统计年鉴》(1987)，第 257 页；《中国统计年鉴》(1988)，第 310 页；《中国统计年鉴》(1989)，第 263 页。

　　说明：本表工业增长速度是按社会主义国家所有制工业企业的数据计算，全要素生产率增长率是按国有独立核算工业企业的数据计算。二者口径不一致，但差别不大，不影响我们据此做出的结论。

　　表 7-25 进一步说明：在第一经济周期，年平均工业增长速度与年平均全要素生产率增长率之比为 1 : 0.29。到第二经济周期就下降为 1 : 0.16。第三经济周期则进一步下降了。第四经济周期略有回升。第五经济周期有较大的回升，为 1 : 0.28。第六经济周期则又跌入谷底，以致成为六个经济周期中的最低值。这些数据证明：工业经济效益即使保持前续经济发展周期同等的提高速度，也要有更高的工业增长速度。因而，也就是说，要有更多的投入。而这种相关关系的发展，又是同我国工业生产资源总量愈来愈大，特别是同工业生产资源闲置状况愈来愈严重的情况相联系的。所以，这种相关关系的发展，更深刻地表明了我国工业经济效益每况愈下的困境。

表 7-25　各个经济周期年平均工业增长速度与全要素生产率增长率的比较

单位：%

周期	①年平工业增长速度	②年平均全要素生产率增长率	①：②（以①为 1）
第一周期（1953~1955 年）	17.7	5.1	1 : 0.29
第二周期（1956~1957 年）	21.4	3.4	1 : 0.16
第三周期（1958~1969 年）	9.3	−0.4	—
第四周期（1970~1977 年）	10.0	0	—
第五周期（1978~1984 年）	8.1	2.3	1 : 0.28
第六周期（1985~1987 年）	10.1	−4.2	—

　　资料来源：同表 6-7 和表 7-24。

　　表 7-26 和表 7-27 的数据，可以进一步证明我们的上述结论。

　　表 7-26 表明：一般说来，在经济发展的波峰年份，全要素投入增长率较高，全要素生产率增长率也较高。在经济发展的下降年份，全要素

表 7-26　各年全要素投入增长率与全要素生产率增长率的比较　　单位：%

年份	全要素投入增长率（比上年±）	全要素生产率增长率（比上年±）
1952	—	—
1953	21.5	15.9
1954	18.4	0.1
1955	8.9	−0.1
1956	29.0	3.7
1957	14.6	3.1
1958	40.1	34.9
1959	35.7	8.6
1960	19.9	−4.0
1961	−7.0	−42.4
1962	−11.5	−11.2
1963	0.7	27.4
1964	6.3	15.0
1965	10.9	16.7
1966	1.5	23.9
1967	15.3	−40.1
1968	6.3	−15.3
1969	7.9	37.3
1970	11.3	25.1
1971	12.0	−0.7
1972	12.8	−6.4
1973	11.5	−7.5
1974	2.7	−10.1
1975	7.3	6.0
1976	7.3	−12.9
1977	4.6	11.4
1978	8.6	12.9
1979	7.0	2.9
1980	6.1	−0.3
1981	2.9	−1.1
1982	5.1	0.2
1983	3.9	1.9
1984	9.9	0.7
1985	7.9	2.0
1986	12.5	−12.2
1987	8.9	−1.9
1988	4.6	8.8

资料来源：同表 6-5。

表 7-27 各个经济周期年平均全要素投入增长率与全要素生产率增长率的比较

单位：%

周期	①年平均全要素投入增长率	②年平均全要素生产率增长率	①：② （以①为1）
第一周期（1953~1955年）	15.9	5.1	1：0.32
第二周期（1956~1957年）	21.6	3.4	1：0.16
第三周期（1958~1969年）	9.5	-0.4	—
第四周期（1970~1977年）	8.6	0	—
第五周期（1978~1984年）	6.1	2.3	1：0.38
第六周期（1985~1987年）	9.8	-4.2	—

资料来源：同表6-7。

投入增长率下降，全要素生产率增长率也随之下降。在经济发展的波谷年份，全要素投入增长率很低，甚至负增长，全要素生产率增长率也跌入谷底，多为负增长。在经济发展的上升年份，全要素投入增长率上升，全要素生产率增长率也随之上升。这种极为密切的相关性最清楚地表明：在上述期间内，工业经济效益的提高主要是与全要素投入的增长相联系的，主要不是与全要素效能的发挥相联系的。

表 7-27 又表明：在第一经济周期，年平均全要素投入增长率与全要素生产率增长率之比为 1：0.32。到第二周期则下降为 1：0.16。第三周期又进一步下降了。第四周期略有回升。第五周期上升较大，为 1：0.38。但第六周期又大幅度地下降。这又极明白地表明：工业经济效益的提高，要以更多的投入为条件。

这里需要指出：我们在上面强调了工业经济效益与工业增长速度，从而与工业生产要素投入的极为密切的联系，是在于说明后二者的增加是前者提高的条件，说明这是低效益的经济，说明工业经济效益的下降趋势；而绝不是说前者就等于后二者。

九、工业经济效益水平某种程度的扭曲

工业经济效益的特征，是可以从各方面来考察的。我们在第一、二部分从总体上考察了工业经济效益在运动形态上及其水平发展趋势上的特征；在第三、四、五、六、七部分分别考察了工业的各生产要素、各部门、各地区、大中小型企业和各经济成分经济效益的变化特征；第八

部分从更深的层次上（即经济增长的类型上）考察了工业经济效益水平方面的特征。这一部分我们将从工业经济效益水平真实程度方面考察其特征。

应该肯定，我们在前面八个部分对工业经济效益特征的分析，主要是依据我国统计局发布的统计资料的，基本上是可靠的。

但是，由于在过去的40年中，前30年工业经济是在传统的经济体制下运行的，后10年是处于新旧体制交替的时期，因而使得工业总体、工业的各生产要素、各部门、各地区、各企业的经济效益水平发生了一定程度的扭曲，以致成为一个不可忽视的重要特征。

然而，由于我们掌握材料的限制，还不能精确地从量的方面揭示这种扭曲程度，只能大体上指出形成这种扭曲的因素以及扭曲的方面。

第一，价格形成方面的因素。

新中国建立以后，长期实行优先发展重工业的经济发展战略和包括价格管理体制在内的高度集中的、以行政指令为主的、排斥市场机制的经济管理体制，以致从总体上说来工业品价格高于价值，农产品价格低于价值，即保留了工农业产品价格的"剪刀差"。由于同样的原因，在工业内部也长期存在着采掘工业和原材料工业价格偏低、加工工业价格偏高的情况。

1979年经济体制改革开始以后，对价格进行了调整和放开，使得工业产品和农业产品之间以及工业内部各种产品之间的不合理的比价得到了一定的调整。但1985年以后，由于通货膨胀加剧，又形成了不合理的比价复归。而且，在这期间，各种产品价格放开的情况是不同的。相对说来，工业消费品价格放得比较开，工业生产资料价格管得比较严。即使在工业生产资料内部放开的情况也不尽相同。甚至对同一种工业生产资料也有部分管住部分放开的情况。而在供应短缺的情况下，价格放开与否，对价格影响是很大的。所以，这些情况甚至加剧了各种产品比价不合理的情况。

这样，从总体上说来，就会形成工业经济效益一定程度的虚增、农业经济效益一定程度的虚减，以及工业内部采掘工业和原材料工业经济效益一定程度的虚减、加工工业经济效益一定程度的虚增。不仅如此，还会造成各地区工业经济效益一定程度的扭曲。因为各地区工业和农业的比重，以及采掘工业、原材料工业和加工工业的比重是不等的。这样，工业比重高和加工工业比重高的地区，经济效益水平就有一定程度的虚增；而农业比重高和采掘工业、原材料工业比重高的地区，经济效益水平就有一定程度的虚减。这种经济效益扭曲的状况，尽管在已往的40年中有过曲折的变化，但基本格局并没有多少变化。

第二，成本核算方面的因素。

这里有两方面的因素，一方面，本该列入工业品成本的因素没有列足，甚至根本没有列入，以致造成工业成本一定程度的虚减和工业经济效益一定程度的虚增。

比如，在传统的经济体制下，由于否定社会主义商品生产和与之相伴随的竞争，因而根本否定固定资产的精神磨损，对固定资产物质磨损也估计不足，致使固定资产更新时间过长，以及与此相联系的折旧率过低。这样，就会把经济学意义上的一部分生产资料补偿基金变成了统计工作中的利润，从而造成了一定程度的成本虚减和相应的盈利上升。诚然，1979年经济体制改革以来，固定资产折旧率有了一定的提高。但这种提高并不能补偿固定资产的物质消耗和精神消耗。更为重要的是：1985年以来，通货膨胀连年加剧，而折旧费仍然是按照原定的固定资产原值计算的。从这方面来说，工业品成本虚减和利润虚增的情况不是缓解了，而是进一步加剧了。

又如，我国采掘工业中的地质勘探费是由国家事业费开支的，并没有列入矿山的固定资产，因而固定资产折旧费中也不包括地质勘探费。这也会在一定程度上造成采掘工业成本的虚减和盈利的虚增。

另一方面，本不应列入工业品成本的因素又列入了。比如，由企业办社会所引起的各项支出，社会上各种摊派，以及企业违反国家规定滥发给职工的现金和实物，等等。这些因素又会在一定程度上造成工业品成本的虚增和盈利的下降。

第三，流通方面的因素。

就最近几年来的情况来看，在这方面最重要的因素有：由于"倒买倒卖"猖獗，使得大量的工业盈利流入流通过程；出口商品收购价过低，也会造成工业盈利过多的外流。

第三篇　形成我国工业经济效益变化特征的原因

　　我们在前面从九个方面分析了我国工业经济效益变化的特征。这些特征的中心点在于：我国工业经济效益水平伴随着经济周期变化而波动，并趋于下降，水平低下。我们在本篇以下各章将围绕这个中心分析其形成的原因。

　　形成我国工业经济效益变化特征的原因，涉及国民经济的各个方面，乃至思想和政治等方面。但本书主要是从工业经济的角度来考察这些原因的。而且对工业经济因素也不拟做全面的分析，只是打算先分别考察其中的一些根本因素（如传统的经济发展战略和经济体制），然后就社会再生产各重要因素做些综合考察。至于其他因素（如作为第一生产力的科学技术，企业素质，人口的增长、安定团结的政治局面，以及社会主义精神文明建设等）尽管对工业经济效益也有很重要的作用，但本书对其中的某些问题不拟做专门分析，只是放在有关部分做说明，对其中的某些问题还舍而不论了。

第八章 传统的经济发展战略

一般说来，在当代社会生产条件下，国家的经济发展战略在提高经济效益方面起着十分重要的作用。它不仅是制约生产资源配置效益的极重要因素，而且给予生产要素运营效益以巨大影响。第二次世界大战以后，经济发达国家和发展中国家的经验证明：凡是实行了符合本国情况的、正确的经济发展战略的国家，都对本国经济效益的提高起了积极的促进作用；反之，就起了阻碍作用。在我国，社会主义国家所有制在国民经济中占了主导地位，国家具有特别巨大的经济管理职能，生产力落后，经济发展很不平衡，人口多，每人平均占有的自然资源量小，资金缺乏。在这诸种条件下，经济发展战略对经济效益的作用尤为重要。新中国成立以后的历史业已证明：凡是经济发展战略比较适合我国国情的时候，它对经济效益的提高起了有益作用；否则，就起了不利作用。

但需着重指出：传统的经济发展战略，是我国工业经济效益在周期波动中趋于下降和水平低下的最重要原因。因此，我们在这里先是从总的方面考察了传统经济发展战略与工业经济效益变化特征的关系，然后着重考察了这种战略在降低工业经济效益方面所起的作用。

一、传统的经济发展战略与工业经济效益的变化特征

传统经济发展战略的基本特点，是以经济增长速度为中心的。就是说，按照这种经济发展战略，考虑社会主义建设的重大经济问题都是以

经济增长速度作为出发点的；在处理经济增长速度与经济效益、经济结构、技术进步和人民物质文化生活的关系时都是要服从经济增长速度。

在论述传统的经济发展战略与工业经济效益的关系以前，这里还要再简要地明确经济增长速度与经济效益的关系。如果抛开经济非均衡增长这些具体情况不说，一般说来，这个关系似乎可以做这样的简要概括：在各种生产资源总量已定的条件下，如果生产增长速度过低，就会加重各种生产资源闲置状况，其利用程度也会下降，就要导致经济效益的滑坡。如果生产增长能够达到一定的速度，各种生产资源的闲置状况就会有所改善，其效能也可得到发挥，就可以使得经济效益不致下降。如果生产增长能够达到适当的高速度，各种生产资源的闲置状况就会降到合适的限度，其效能也可得到充分的发挥，经济效益也会得到较快的提高。如果生产增长速度过高，就一定的年份（如一年或两三年）来说，不仅可以把生产资源的闲置状况降到不合适的限度，也不仅可以使得其效能得到更充分的发挥，甚至可以发生因拼设备导致设备的过度损耗的情况。这样，表面上看来，经济效益指标可以很高，但是以各种生产资源更大的消耗为代价的。更严重的问题还在于：由于生产增长速度过高，导致国民经济比例关系的严重失调。这样，就会导致后续生产周期生产的大幅度下降，以及与此相联系的经济效益大幅度下降。

依据这个分析，并结合经济周期的各个阶段来考虑，传统的经济发展战略与工业经济效益的关系又可以做这样的简要概括：大致说来，在经济周期的上升阶段和波峰阶段，这种战略成为提高我国工业经济效益的最有力的因素。但这仅仅是问题的一方面；另一方面，这种战略同时又有降低经济效益的作用。而更严重的问题还在于：它为后续阶段经济效益大幅度下降埋下了种子。就是说，这种战略是工业经济周期的下降阶段和波谷阶段经济效益显著下降的根源。所以，总的说来，这种战略是我国工业经济效益水平的周期波动及其水平低下的最直接、最重要的因素。

以上的分析，是从总的方面来说的，撇开了各个时期传统的经济发展战略赖以实施的经济环境及其本身的特点和实施后果。但在实际上，这些方面的具体情况在各个时期是不同的。因而传统的经济发展战略对各个时期的经济效益的影响是有差别的。这样，我们在分析传统经济发展战略与工业经济效益关系时，需要考虑各个时期的具体情况。

第一，传统的经济发展战略赖以实施的具体环境。比如，在"一五"时期，虽然也是实行高速度发展工业的战略（主要是高速度发展重工业的战略），但相对后续时期来说，它对工业经济效益的积极作用要大一些，消极作用要小一些。其原因除了传统的经济体制正处于形成的过程以外，还由于半殖民地半封建中国经济畸形发展，农业在国民经济中比重小，工业比重小；轻工业比重大，重工业比重小。这样，新中国成立初期，农业和轻工业的增产潜力都大。而且，总的说来，这个时期相继进行的土地改革和农业合作化，以及没收官僚资本、民主改革和对民族资本主义工业的社会主义改造，又发挥了这些潜力。这样，尽管这个时期重工业发展速度很高，但农业和轻工业基本上还是可以承受的。当然，这个时期由于工业发展速度快，引起了经济比例关系失调以及与此相联系的经济周期波动。但相对后续时期来说，这种失衡和波动要小得多。这是第一经济周期（1953~1955年）和第二经济周期（1956~1957年）经济效益较好的一个重要原因。

又如，到第六经济周期（1985~1987年），工业生产资源总量很大，而且闲置情况比过去严重。在这种条件下，要保持同等的经济效益，就需要更高的速度。这一点，我们在前面的我国工业经济变化的第八个特征中已经做了详细的分析，这里就不重复了。

这些事例证明：同一的传统的经济发展战略在各个时期不同的经济环境中，对经济效益的影响是有差别的。

第二，传统的经济发展战略本身在不同时期也有区别。首先，尽管都是高速度发展工业的战略，但各个时期工业高速度发展的结构（包括产业结构、地区结构、大中小型企业结构和所有制结构等）是不同的。而工业的结构差异也会带来经济效益的差别（详见表7-15、表7-16、表7-17、表7-18、表7-19、表7-20、表7-22和表7-23）。这样，即使工业发展速度是相等的，由于各个时期工业结构的不同，传统经济发展战略对经济效益的影响也是有别的。

其次，尽管新中国成立以来的一个长时期内，都是实行的传统经济发展战略，但就其存在的形式来说，可以划分两个不同时期。"一五"计划期间（1953~1957年）至"五五"计划期间（1976~1980年）可以算做第一个期间。这个时期的特点是：从国民经济计划的制订到实行，都是以追求工业（主要是重工业，特别是钢铁工业）高速度发展为特征的。比如，1958 年（"二五"计划时期的第一年）提出钢产量要在 1957 年的 535 万吨的基础上翻一番，达到 1070 万吨。但经过苦干和蛮干，这一年钢产量只达到 800 万吨。1959 年又提出钢产量要达到 1800 万吨，实际只生产了 1387 万吨。1960 年仍然提出钢产量达到 1800 万吨。这一年钢产量虽然达到了 1866 万吨，但却造成了国民经济比例关系的严重失调。1970 年制定"四五"（1971~1975 年）计划时，又把生产指标定高了，要求 1975 年钢产量达到 4000 万吨。实际上到 1975 年只生产了 2390 万吨。1978 年制定《十年规划纲要》时，还是把生产指标定高了，要求 1985 年钢产量达到 6000 万吨。实际上到 1985 年只生产了 4679 万吨。[①] 可见，在这个期间，从计划指标的确定到计划的实施，都是追求工业的高速度发展的。当然，这个期间的各个计划时期是有区别的。比如，"一五"时期 1953 年和 1956 年的工业发展速度虽然也偏高了，但同 1958 年和 1970 年那样盲目追求工业的高速度发展还是有原则区别的。这一点，我们留待后面再做详细的说明。再有一点也需说明：1961~1965 年的经济调整时期[②] 工业发展速度基本上是合适的。所以，我们这里说的第一个期间并不包括这个调整时期。

"六五"计划期间（1981~1985 年）至"七五"计划期间（1986~1990 年）可以算做第二个期间。这个期间的特点是：计划规定的工业增长速度指标并不高，并且注意了重工业和轻工业的协调发展。但从已经发生的情况来看，在实施过程中仍然是盲目追求工业的高速度增长，并且在实际上也达到了包括重工业和轻工业在内的工业高速度增长。比如，"六五"计划要求：1985 年工业总产值达到 6050 亿元，比 1980 年的 4972 亿元增长 21.7%，平均每年增长 4%。在工业总产值中，轻工业产值达到 2980 亿元，比 1980 年的 2333 亿元增长 27.7%，平均每年增长 5%；重工业产值达到 3070 亿元，比 1980 年的 2639 亿元增长 16.3%，平均每年增长 3%。[③] 但实际执行结果，1985 年工业、轻工业和重工业的产值分别达

---

① 《中国工业经济统计资料（1949~1984）》，第 50 页；《中国工业经济统计资料（1986）》，第 146 页。

② 流行的看法是把 1963 年至 1965 年算做我国的经济调整时期。但在实际上，我国的经济调整工作从 1961 年就开始了。故在这里将 1961 年至 1965 年算做经济调整时期。

③ 《中华人民共和国国民经济和社会发展第六个五年计划（1981~1985）》，第 18 页。

到 9716 亿元、4610 亿元和 5106 亿元（按当年价格计算）；"六五"期间三者年平均增长率分别为 12%、13.5%和 10.7%（按可比价格计算），[①] 分别为计划数的 3 倍、2.7 倍和 3.6 倍。又如，"七五"计划要求：工业总产值 1990 年达到 13240 亿元，比 1985 年增长 43.4%，平均每年增长 7.5%。其中，轻工业总产值 1990 年达到 6610 亿元，重工业总产值达到 6630 亿元，平均每年各增长 7.5%。[②] 而 1986~1989 年 4 年实际执行结果是：1989 年工业、轻工业和重工业的总产值分别达到了 21880 亿元、10700 亿元和 11180 亿元（按当年价格计算）；这 4 年三者的每年增长率分别依次为 11.7%、17.7%和 20.8%，13.1%、18.6%和 22.1%，10.2%、16.7%和 19.4% 以及 8.3%、8.4%和 8.2%（按可比价格计算），[③] 分别为计划数的 1.6 倍、2.4 倍和 2.8 倍，1.8 倍、2.5 倍和 2.9 倍，1.4 倍、2.2 倍和 2.6 倍以及 1.11 倍、1.12 倍和 1.09 倍。这些数字表明："六五"计划执行结果，是工业、轻工业和重工业的年平均增长率成倍地超过了计划数；"七五"计划头 4 年的执行结果，虽然实际数和计划数的差距缩小了，但除了 1989 年以外，超过的幅度也是很大的。所以，尽管"六五"计划和"七五"计划要求的工业增长速度是不高的，[④] 但在计划执行中盲目追求工业高速度发展的倾向仍然是很明显的。

显然，上述传统的经济发展战略存在形式的差别，对各个时期工业经济效益的影响也是很不相同的。就"二五"时期和"六五"时期相比较来说，在前一个时期，计划本身就规定了不可能达到的重工业（特别是钢铁工业）发展速度，在执行中又盲目地贯彻这个方针。结果就造成了包括重工业和轻工业以及工业和农业在内的整个国民经济的总量失衡和结构失衡。而且，重工业的资金利税率比轻工业要低得多。这是"二五"时期工业经济效益大幅度下降的最重要的原因。后一个时期，计划本身规定的包括重工业和轻工业在内的发展速度并不高，只是在执行中实际达到了轻工业和重工业的高速增长。而且，这个时期已经开始进行

---

① 《中国统计年鉴》（1989），第 51、53 页。

② 国务院办公厅调研室编：《为胜利实现"七五"计划而奋斗》，中国经济出版社 1986 年版（下同），第 48 页。

③ 《中国统计年鉴》（1989），第 51、54 页；《人民日报》1990 年 2 月 21 日第 2 版。

④ 就实际执行来看，"六五"计划要求的工业增长速度，宁可说是偏低的。

了经济体制改革，作为工业发展基础的农业发展速度也很高。再加上，轻工业资金利税率比重工业高。这些是"六五"时期工业经济效益能够显著上升的重要原因。

第三，传统经济发展战略实施结果在不同时期也有特点。就第一、二两个经济周期所在的"一五"时期来说，也实行了传统的经济发展战略，并且也发生了急于求成的毛病，以致 1953 年在社会主义工业生产方面犯了"小冒进"的错误，1956 年又犯了局部冒进的错误，[①] 并形成了经济发展的两次周期（1953~1955 年为第一周期，1956~1957 年为第二周期）。但是，相对后续几个经济周期来说，这两个周期具有以下三个重要特点：一是波峰年份的工业增长速度在各个波峰年份中不是最高的。作为第一周期波峰年份 1953 年比上年增长 30.3%，作为第二周期波峰年份 1956 年比上年增长 28.1%（详见表 6-6）。这里还要注意到："一五"时期工业总产值是较低的，基数不高。二是由此引起的经济失衡的情况在各个波峰年份中也不是最严重的。依据表 8-1 和表 8-2 提供的资料，1953 年积累基金和国民收入增长速度的对比关系为 2.14 比 1，工业和农业增长速度的对比关系为 9.77 比 1，重工业和轻工业增长速度的对比关系为 1.38 比 1。1956 年这三组数字分别为 1.59 比 1，5.62 比 1，2.01 比 1。三是这种经济失衡状况得到了及时的调整。在 1953 年波峰年份过去以后，1954 年工业增长速度就下降到 16.3%，1955 年进一步下降到 5.6%。在 1956 年波峰年份过去以后，1957 年工业增长速度下降到 11.5%（详见表 6-6）。四是从总的方面，并相对于后续时期来说，"一五"时期经济还是较为协调、稳定、持续发展的。正是这些特点是构成第一、二两个周期经济效益水平较高的重要因素。也正是依据这些情况，我们可以认为，尽管"一五"时期也发生了急于求成的毛病，波峰年份经济增长速度也偏高了，但整个说来，这个时期经济工作指导思想还是健康的，不能说是犯了"左"的错误。

第三、四两个周期发生了不利于工业经济效益提高的变化。一是波峰年份工业增长速度是最高的，而且又没有得到及时的调整。作为第三

---

① 按照周恩来的说法："一九五三年小冒了一下，今年（指一九五六年——引者）就大冒了一下。"（《周恩来选集》下卷，第 235 页）

表 8-1　历年和各周期国民经济总量指数及其对比关系

周期	年份	①国民收入比上年±(%)	②积累基金比上年±(%)	③消费基金比上年±(%)	④货币流通量比上年±(%)	①比②(以①为1)	①比③(以①为1)	①比④(以①为1)	积累率(%)	消费率(%)
	1952	—	—	—	—	—	—	—	21.4	78.6
第一周期	1953	14.0	30.0	11.0	28.0	2.14	0.79	2.0	23.1	76.9
	1954	5.8	15.4	1.4	29.0	2.66	0.24	5.0	25.5	74.5
	1955	6.4	−1.5	9.0	—	—	1.41	—	22.9	77.1
第二周期	1956	14.1	22.4	7.7	40.2	1.59	0.55	2.85	24.4	75.6
	1957	4.5	7.2	3.8	25.0	1.60	0.84	5.55	24.9	75.1
第三周期	1958	22.0	62.7	3.9	6.8	2.85	0.18	0.31	33.9	66.1
	1959	8.2	39.1	−4.7	29.3	4.77	—	3.57	43.8	56.2
	1960	−1.4	−10.4	−4.6	—	—	—	—	39.6	60.4
	1961	−29.7	−60.8	−9.3	—	—	—	—	19.2	80.8
	1962	−6.5	−54.6	5.5	—	—	—	1.01	10.4	89.6
	1963	10.7	79.8	11.8	—	7.46	1.10	—	17.5	82.5
	1964	16.5	47.7	9.4	—	2.87	0.57	—	22.2	77.8
	1965	17.0	48.4	11.7	0.7	2.85	0.69	0.04	27.1	72.9
	1966	17.0	30.5	7.4	15.8	1.79	0.43	0.93	30.6	69.4
	1967	−7.2	−33.3	5.6	—	—	—	—	21.3	78.7
	1968	−1.5	3.1	−1.4	—	—	—	—	21.1	78.9
	1969	19.3	20.2	7.2	5.0	1.05	0.37	0.26	23.2	76.8
第四周期	1970	23.3	72.3	6.4	—	3.10	0.27	—	32.9	67.1
	1971	7.0	10.0	4.9	—	1.43	0.70	—	34.1	65.9
	1972	2.9	−6.0	5.8	11.1	—	2.00	3.84	31.6	68.4
	1973	8.3	14.6	7.3	8.9	1.76	0.87	1.07	32.9	67.1
	1974	1.1	−0.4	2.2	7.3	—	2.00	6.66	32.3	67.7
	1975	8.3	10.7	4.4	9.6	1.29	0.53	1.16	33.9	66.1
	1976	−2.7	−9.8	3.2	—	—	—	—	30.9	69.1
	1977	7.8	9.9	2.9	5.9	1.27	0.37	0.76	32.3	67.7
第五周期	1978	12.3	30.3	7.3	—	2.46	0.59	—	36.5	63.5
	1979	7.0	2.9	10.8	10.2	0.41	1.54	1.45	34.6	65.4
	1980	6.4	−1.5	10.3	13.0	—	1.60	2.17	31.5	68.5
	1981	4.9	−7.4	7.9	17.5	—	16.1	3.57	28.3	71.7
	1982	8.3	9.2	7.4	13.4	1.11	0.89	1.61	28.8	71.2
	1983	9.8	12.1	8.6	17.2	1.23	0.87	1.75	29.7	70.3
	1984	13.5	22.2	14.2	17.4	1.38	1.05	1.29	31.5	68.5
第六周期	1985	13.1	35.1	15.2	22.9	2.68	1.19	1.75	35.0	65.0
	1986	8.0	11.1	6.6	12.3	1.39	0.83	1.54	34.7	65.3
	1987	10.5	5.5	6.2	17.8	0.52	0.59	1.69	34.2	65.8

续表

周期	年份	①国民收入比上年±(%)	②积累基金比上年±(%)	③消费基金比上年±(%)	④货币流通量比上年±(%)	①比②(以①为1)	①比③(以①为1)	①比④(以①为1)	积累率(%)	消费率(%)
第七周期	1988	11.1	10.8	8.2	15.7	0.97	0.74	1.41	34.1	65.9
第一周期的年平均增长速度、年平均增长速度对比关系以及合计的积累率和消费率		8.7	13.9	7.1		1.60	0.82		25.4	74.6
第二周期的年平均增长速度、年平均增长速度对比关系以及合计的积累率和消费率		9.2	14.5	5.8		1.58	0.63		24.7	75.3
第三周期的年平均增长速度、年平均增长速度对比关系以及合计的积累率和消费率		3.8	3.6	3.3		0.95	0.87		26.3	73.7
第四周期的年平均增长速度、年平均增长速度对比关系以及合计的积累率和消费率		6.8	10.6	4.6		1.56	0.68		3.6	67.4
第五周期的年平均增长速度、年平均增长速度对比关系以及合计的积累率和消费率		8.9	9.0	9.4		1.01	1.06		31.3	68.7
第六周期的年平均增长速度、年平均增长速度对比关系以及合计的积累率和消费率		10.4	16.6	10.2		1.60	0.98		34.6	65.4
第七周期的年平均增长速度、年平均增长速度对比关系以及合计的积累率和消费率										

资料来源:《国民收入统计资料汇编（1949~1985）》，第12~13、18~19、30~31页;《中国统计年鉴》(1989)第30、36、39~40、65~66页。

说明:本表国民收入、积累基金、消费基金和货币流通量的增长速度是按可比价格计算的，积累率和消费率是按国民收入使用额的当年价格计算的。

周期波峰年份 1958 年工业增长速度高达 54.8%，1959 年又为 36.1%，1960 年还有 11.2%。作为第四周期波峰年份 1970 年工业增长速度在 1969 年增长 34.3%的基础上增长了 32.6%（详见表 6-6）。这两个波峰年的工业增长速度都超过了 1953 年和 1956 年。二是经济失衡的情况也是最严重的。依据表 8-1 和表 8-2 提供的资料，1958 年积累基金和国民收入、工

表8-2　历年各产业部门的增长速度及其对比关系

周期	年份	工业比上年±(%)	农业比上年±(%)	轻工业比上年±(%)	重工业比上年±(%)	电力工业比上年±(%)	采掘工业比上年±(%)	原材料工业比上年±(%)	加工工业比上年±(%)	货运量比上年±(%)	邮电业务量比上年±(%)
	1952	—	—	—	—	—	—	—	—	—	—
	1953	30.3	3.1	26.7	36.9	18.6				32.7	20.5
第一周期	1954	16.3	3.4	14.3	19.8	21.6				20.0	10.3
	1955	5.6	7.6	0.0	14.5	12.9				9.1	8.9
	1956	28.1	5.0	19.7	39.7	32.9				31.8	24.9
第二周期	1957	11.5	3.6	5.7	18.4	17.2				7.1	-1.3
	1958	54.8	2.4	33.7	78.8	36.8	89	60	93	39.9	42.2
	1959	36.1	-13.6	22.0	48.1	63.1	33	51	51	33.5	48.8
	1960	11.2	-12.6	-9.8	25.9	44.8	16	19	33	13.8	28.5
	1961	-38.2	-2.4	-21.6	-46.5	-17.7	-41	-38	-55	-35.2	-10.9
	1962	-16.6	6.2	-8.4	-22.6	-3.5	-20	-19	-27	-22.7	-10.5
	1963	8.5	11.6	2.3	13.8	7.0	5	12	18	3.0	-5.2
第三周期	1964	19.6	13.5	17.8	21.0	13.1	7	22	24	15.3	1.5
	1965	26.4	8.3	47.7	10.2	18.7	7	7	9	16.1	2.3
	1966	20.9	8.6	14.5	27.5	23.0	28	23.0	31	8.5	4.8
	1967	-13.8	1.6	-7.1	-20.0	-7.5	-17	-21	-20	-15.7	-5.3
	1968	-5.0	-2.5	-4.8	-5.1	-4.1	-2	-10	-3	-6.9	-7.0
	1969	34.3	1.1	25.0	44.1	36.2	28	42	49	20.0	8.6
	1970	32.6	5.8	19.9	44.3	16.4	14	52	41	21.3	10.3
	1971	14.7	3.2	6.4	21.1	18.7	20	15	26	11.8	11.4
	1972	6.9	-1.0	6.5	7.1	9.8	8	2	11	5.6	8.0
第四周期	1973	9.5	8.3	10.5	8.7	9.2	5	9	9	4.3	6.5
	1974	0.6	3.6	3.1	-1.2	1.0	3	-5	-1	-3.2	3.0
	1975	15.5	3.1	13.2	17.2	16.3	17	13.0	19	12.9	5.6
	1976	2.4	-0.4	3.6	1.6	3.8	3	-1	0	-0.4	10.8
	1977	14.6	-0.4	14.5	14.7	9.3	14	14	15	10.9	4.8

续表

周期	年份	工业比上年±(%)	农业比上年±(%)	轻工业比上年±(%)	重工业比上年±(%)	电力工业比上年±(%)	采掘工业比上年±(%)	原材料工业比上年±(%)	加工工业比上年±(%)	货运量比上年±(%)	邮电业务量比上年±(%)
	1978	13.6	8.1	10.9	15.6	14.1	13	18	14	11.2	4.5
	1979	8.8	7.5	10.0	8.0	9.5	2	12	5	215.9	7.7
	1980	9.3	1.4	18.9	1.9	6.6	0	4	0	1.3	6.2
第五周期	1981	4.3	5.8	14.3	-4.5	3.0	-2	-1	-9	-4.2	46.3
	1982	7.8	11.3	5.8	9.9	6.3	4	6	15	4.7	4.5
	1983	11.2	7.3	9.3	13.1	6.3	3	9	17	5.2	9.1
	1984	16.3	12.3	16.1	16.5	7.0	11	8	19	74.2	12.4
	1985	21.4	3.4	22.7	20.2	8.9	7	15	22	4.0	18.2
第六周期	1986	11.7	3.4	13.1	10.2	9.5	6	10	7	14.4	11.0
	1987	17.7	5.8	18.6	16.7	8.3	5	13	18	11.6	18.2
第七周期	1988	20.8	3.9	22.1	19.4	9.6	10	16	20	3.6	26.0
	1989	8.3	3.3	8.4	8.2	6.7					19.9

续表

周期	年份	工、农业增长速度的对比关系（以农业为1）	轻、重工业增长速度的对比关系（以轻工业为1）	工业和电力增长速度的对比关系（以电力为1）	重工业中采掘、原材料、加工工业增长速度的对比关系（以采掘工业为1）	工业与货运量增长速度的对比关系（以货运量为1）	工业与邮电业务量增长速度的对比关系（以邮电业务量为1）
	1952	—	—	—		—	—
	1953	9.77	1.38	1.63		0.8	1.48
第一周期	1954	4.79	1.38	1.33		0.815	1.58
	1955	0.74	1.14	2.32		0.615	0.62
	1956	5.62	2.01	1.17		0.88	1.12
第二周期	1957	3.19	3.22	1.49	1 : 0.87 : 1.05	1.61	—
	1958	22.8	2.34	1.09	1 : 1.13 : 1.14	1.37	1.29
	1959	—	2.18	2.85	1 : 1.06 : 1.14	1.07	0.74
	1960	—	—	—	1 : 1.03 : 0.76	0.81	0.39
	1961	—	—	—		—	—
	1962	—	—	—	1 : 1.02 : 0.92	—	—
	1963	0.73	6.00	0.83	1 : 1.07 : 1.13	2.83	13.00
	1964	1.45	1.18	0.74	1 : 1.14 : 1.15	1.07	11.50
第三周期	1965	3.18	0.21	0.71	1 : 0.99 : 1.02	1.63	4.35
	1966	2.43	1.89	1.09	1 : 0.97 : 1.03	2.45	—
	1967	—	—	—	1 : 0.95 : 0.96	—	—
	1968	—	—	—	1 : 0.92 : 1.00	—	—
	1969	13.2	1.72	1.45	1 : 1.11 : 1.16	1.7	3.98
	1970	2.67	2.34	0.53	1 : 1.33 : 1.24	1.44	2.98
	1971	4.9	2.95	1.28	1 : 0.96 : 1.05	1.24	1.28
	1972	—	1.14	1.42	1 : 0.94 : 1.03	1.23	0.86
	1973	1.13	0.81	0.97	1 : 1.02 : 1.04	2.20	3.16
第四周期	1974	0.17	—	1.66	1 : 0.92 : 0.96	0.96	0.20
	1975	5.00	1.28	1.05	1 : 0.96 : 1.02	1.20	2.76
	1976	—	0.50	1.58	1 : 0.97 : 0.97	—	0.22
	1977	—	1.00	0.63	1 : 1.00 : 1.00	1.34	3.04

续表

周期	年份	工、农业增长速度的对比关系（以农业为1）	轻、重工业增长速度的对比关系（以轻工业为1）	工业和电力增长速度的对比关系（以电力为1）	重工业中采掘、原材料、加工工业增长速度的对比关系（以采掘工业为1）	工业与货运量增长速度的对比关系（以货运量为1）	工业与邮电业务量增长速度的对比关系（以邮电业务量为1）
第五周期	1978	1.67	1.43	1.04	1 : 1.05 : 1.02	1.21	3.02
	1979	1.17	0.81	1.08	1 : 1.09 : 1.03	0.07	1.14
	1980	6.64	0.10	1.41	1 : 1.05 : 1.01	5.81	1.50
	1981	0.70	—	1.58	1 : 1.01 : 0.92	—	0.09
	1982	0.69	1.70	1.31	1 : 1.03 : 1.12	1.66	1.73
	1983	1.44	1.41	1.54	1 : 1.06 : 1.14	2.15	1.23
	1984	1.33	1.02	2.22	1 : 0.98 : 1.08	0.67	1.31
第六周期	1985	6.29	0.89	2.38	1 : 1.07 : 1.14	5.35	1.71
	1986	3.44	0.91	1.23	1 : 1.66 : 1.12	0.81	1.06
	1987	3.05	0.89	2.13	1 : 2.62 : 3.50	1.52	0.97
第七周期	1988	5.33	0.88	2.17	1 : 1.60 : 2.00	5.78	0.80
	1989	3.52	0.98	1.23			0.43

续表

周期	年份	工农业总产值构成(以总产值为100)		工业总产值构成(以总产值为100)		重工业总产值构成(以总产值为100)		
		农业	工业	轻工业	重工业	采掘工业	原材料工业	加工工业
	1952	56.9	43.1	64.5	35.5	15.3	42.8	41.9
第一周期	1953	53.1	46.9	62.7	37.3			
	1954	50.9	49.1	61.6	38.4			
第二周期	1955	51.8	48.2	59.2	40.8			
	1956	48.7	51.3	57.6	42.4			
	1957	43.3	56.7	55.0	45.0	14.6	39.7	45.7
	1958	34.3	65.7	46.5	53.5	15.0	35.5	49.5
	1959	25.1	74.9	41.5	58.5	13.4	36.1	50.5
	1960	21.8	78.2	33.4	66.6	12.4	34.2	53.4
	1961	34.5	65.5	42.5	57.5	13.7	39.4	46.9
	1962	38.8	61.2	47.2	52.8	14.2	41.3	44.5
	1963	39.3	60.7	44.8	55.2	13.0	40.5	46.5
第三周期	1964	38.2	61.8	44.3	55.7	11.5	40.9	47.6
	1965	37.3	62.7	51.6	48.4	11.1	39.7	49.2
	1966	35.9	64.1	49.0	51.0	11.2	38.3	50.5
	1967	40.1	59.9	53.0	47.0	11.6	37.9	50.5
	1968	46.9	58.1	53.7	46.3	11.9	36.1	52.0
	1969	36.3	63.7	50.3	49.7	10.6	35.5	53.9
	1970	33.7	66.3	46.2	53.8	8.5	38.0	53.5
	1971	30.7	69.3	43.0	57.0	11.8	39.2	49.0
第四周期	1972	29.5	70.5	42.9	57.1	12.0	37.3	50.7
	1973	29.6	70.4	43.4	56.6	11.5	37.4	51.1
	1974	30.3	69.7	44.4	55.6	12.0	36.2	51.8
	1975	28.2	71.8	44.1	55.9	12.1	35.1	52.8
	1976	27.7	72.3	44.2	55.8	12.3	34.9	52.8
	1977	25.2	74.8	44.0	56.0	12.3	34.7	53.0

续表

周期	年份	工农业总产值构成（以总产值为100）		工业总产值构成（以总产值为100）		重工业总产值构成（以总产值为100）		
		农业	工业	轻工业	重工业	采掘工业	原材料工业	加工工业
	1978	24.8	75.2	43.1	56.9	12.0	35.3	52.5
	1979	26.6	73.4	43.7	56.3	11.5	36.9	51.6
	1980	27.2	72.8	47.2	52.8	11.3	37.8	50.9
第五周期	1981	28.8	71.2	51.5	48.5	15.2	40.6	44.2
	1982	29.9	70.1	50.2	49.8	14.3	39.3	46.4
	1983	29.9	70.1	48.5	51.5	13.1	38.3	48.6
	1984	29.7	70.3	47.4	52.6	12.7	36.4	50.9
	1985	27.1	72.9	47.4	52.6	11.4	35.1	53.5
第六周期	1986	26.4	73.6	47.6	52.4	11.3	35.8	52.9
	1987	25.3	74.7	48.2	51.8	10.3	35.4	54.2
第七周期	1988	24.3	75.7	49.3	50.7			
	1989	23.0	77.0					

资料业源：《中国工业经济统计资料（1949~1984）》，第100~101页；《中国工业经济统计资料（1986）》，第124、134页；《中国工业经济统计资料（1987）》，第35页；《中国工业经济统计年鉴》（1988），第18页；《中国统计年鉴》（1981），第275、291页；《中国统计年鉴》（1987），第259页；《中国统计年鉴》（1988），第313、503、523页；《中国统计年鉴》（1989），第51、53、54、273、366、417、441页；《人民日报》1900年2月21日第2版。

业和农业、重工业和轻工业、工业和货运量以及工业与邮电业务量增长速度的对比关系分别为 2.85∶1，22.8∶1，2.34∶1，1.37∶1 以及 1.29∶1。上述前四项指标的差距都超过了 1953 年，只有第五项指标的差距低于 1953 年；这五项指标的差距都超过了 1956 年。同是依据上述二表的资料，1970 年上述五项指标分别为 3.1∶1，2.67∶1，2.34∶1，1.44∶1 和 2.98∶1。其中第一、三、四、五项指标的差距都超过或等于 [①] 1953 年、1956 年和 1958 年，只有第二项指标的差距低于这三年。这里还要提到：1970 年重工业中采掘工业、原材料工业和加工工业增长速度的对比关系为 1∶1.33∶1.24。这不仅比 1958 年的 1∶0.87∶1.05 的对比关系恶化了，而且成为 1958 年以来这方面对比关系失衡最严重的年份。正是这些特点构成了这两个周期经济效益大幅度下降的最重要的因素。并且正是依据这些情况，可以认为在这期间经济工作指导思想上犯了"左"的错误。

　　第五周期又发生了有利于工业经济效益提高的变化。就第五周期波峰年 1978 年的情况来看，工业增长速度过高以及由此引起的经济失衡的情况，都比第四周期波峰年 1970 年缓解了。这年工业比上年增长了 13.5%，大大低于 1970 年 32% 的速度（详见表 6-6）。当然，1977 年工业总产值比以前大大增长了，基数大多了。但即使扣除这些因素，工业增长速度还是下降了。我们依据表 8-1 和表 8-2 的资料，这年积累基金与国民收入、工业与农业、重工业与轻工业、工业与电力、重工业中采掘工业原材料工业与加工工业、工业与货运量以及工业与邮电业务量增长速度的对比关系分别为 2.46∶1，1.67∶1，1.43∶1，1.04∶1，1∶1.05∶1.02，1.21∶1 以及 3.02∶1。在这七项指标中，只有第四、七两项指标的差距比 1970 年扩大了，其他五项指标的差距都比 1970 年缩小了。更为重要的是：尽管 1979 年和 1980 年这两年经济调整工作没有什么进展，但 1981 年以后的经济调整工作是取得了重要成效的，从而使得国民经济中的主要比例关系由原来的严重失衡状态趋于基本协调了。比如，积累率由 1978 年的 36.5% 下降到 1981 年的 28.3%。在这期间，工业和农业增长速度的对比关系由 1.67∶1 下降到 0.7∶1。正是由于上述各项原因，再加

---

① 只有 1970 年重工业和轻工业增长速度的对比关系这一项指标等于 1958 年（同为 2.34∶1），其余指标都是超过的。

上这期间经济体制改革取得了重要成就，因而第五经济周期工业经济效益有了大幅度上升。当然，1978 年确实犯了以引进巨额的、超过国力的设备为特征的"洋跃进"的"左"的错误。但从整个第五周期来说，工业经济效益状况还是显著改善了。

到了第六周期又发生了不利于工业经济效益的变化。就第六周期波峰年 1985 年的情况来看，在基数很大的条件下，工业增长速度仍然达到了 21.4%，大大超过了 1978 年的 13.5% 的速度（详见表 6-6）。而且 1986 年和 1987 年的经济调整工作不力，致使这两年的工业增长速度仍然分别达到了 11.7% 和 17.7%（详见表 6-6）。这样，经济总量失衡情况就比过去严重多了。依据表 8-1 的资料，1985 年积累基金与国民收入增长速度的对比关系达到了 2.68 : 1。这年不仅进一步发生了投资需求膨胀，而且进一步发生了消费需求膨胀，以致消费基金与国民收入增长速度的对比关系也达到了 1.19 : 1。与此相联系，在过去连续六年货币流通量增长速度大大超过国民收入增长速度的基础上，这年前者与后者的对比关系又达到了 1.75 : 1。与经济总量失衡相联系，经济结构的失衡状况也比过去严重多了。依据表 8-2 的资料，工业和农业，重工业和轻工业，工业和电力，重工业中采掘工业、原材料工业和加工工业，工业和货运量以及工业和邮电业务量增长速度的对比关系分别为 6.29 : 1，0.89 : 1，2.38 : 1，1 : 1.07 : 1.14，5.35 : 1 以及 1.17 : 1。在上述六项指标中，只是第二、六两项指标的差距比 1978 年缩小了，其余四项指标的差距都扩大了。这就是说，工业与基础产业、基础设施的失衡状况更严重了。正是由于这些原因，再加上经济体制改革的失误，使得第六周期的工业经济效益水平跌入六个周期的最低谷。

以上我们从总的方面考察了传统经济发展战略对工业经济效益的影响，并结合这种战略在各个时期赖以存在的经济环境和它本身的特点及其实施结果做了说明。如前所述，由于传统的经济发展战略是我国工业经济效益在周期波动中趋于下降和水平低下的最直接最重要的原因，所以，我们需要在下面专门论述一下这种战略在降低我国工业经济效益方面所起的作用。

二、传统的经济发展战略在降低工业经济效益方面的作用

传统的经济发展战略之所以成为降低我国工业经济效益最直接、最重要的因素，是因为盲目追求工业高速度发展造成了一系列的严重后果。主要有下列几个方面的原因。

（一）经济总量失衡

盲目追求工业高速度发展的首要恶果，是造成经济总量失衡，即社会总需求大大超过社会总供给。只要把表6-6和表8-1做一下对比，就可以清楚看到这样的因果关系链：几乎在每一周期的上升阶段，特别是波峰阶段，由于工业增长速度过快，都带动了积累基金的增长过快，从而使积累基金的增长速度大大超过了国民收入的增长速度；带动了货币发行量的增长过快，从而使货币发行的增长速度大大超过了国民收入的增长速度，也就是说带动了积累基金膨胀和经济总量失衡。

我们这样说，并不排除下列三种情况：一是在经济周期下降阶段和波谷阶段，在国民收入增长速度下降甚至负增长的情况下，由于积累率的提高（如1954年和1957年），或者在积累率居高不下的同时，由于消费基金大幅度增长（如1972年和1974年），导致货币流通量增长速度大大超过国民收入的增长速度。二是在1978年以前的许多年份，尽管由于积累基金增长过快，消费基金的增长受到了抑制，但由于生活资料生产和消费性服务的增长速度更慢于消费基金的增长速度，因而居民的购买力需求并没有得到完全实现。只是由于许多消费品实行国家直接定价和凭票供应，并没由此导致显性的通货膨胀，变成了隐性的通货膨胀。三是在1978年以后的许多年份，在积累基金持续膨胀的同时，还出现了持续年份更长的消费基金膨胀。当然，就1978年开始的头几年来说，这是纠正已往长期存在的片面强调积累、忽视消费的倾向所必需的，它具有归还历史欠账的性质。但在后来，存在持续多年的消费基金膨胀则是无疑的。但这种膨胀在很大程度上也是由工业增长速度过快导致的积累基金膨胀的结果。因为作为积累基金最主要形态的基本建设投资的相当大的部分（30%~40%）是要转化为当年的消费基金。所以，工业增长速度

过高是导致经济总量失衡的最直接、最重要的因素，从而也是降低工业经济效益的最直接、最重要的因素。这一点我们在下面的经济周期波动一节中将做进一步说明。

（二）产业结构失衡

我国工业发展的历史表明：工业的过快发展，总是力图通过过度倾斜的产业政策实现的。因而不仅造成经济总量失衡，而且带来产业结构失衡。表 8-2 可以比较全面地反映这种产业结构失衡状况。

表 8-2 提供的资料表明：产业结构失衡的主要表现形态，是工业（特别是加工业的某些部门）发展过快，基础产业发展过慢。具体说来如下：第一，1978 年以前，我国长期实行过度倾斜的产业政策，过快地发展重工业，以致严重地阻碍了提供主要生活资料的最重要的基础产业——农业和轻工业的发展。在 1978 年以前的每个周期的上升阶段，特别是波峰阶段，工业的增长速度大大超过了农业，重工业的增长速度大大超过了轻工业。其中，1958 年和 1969 年工业的增长速度分别达到了农业的22.8 倍和 31.2 倍；1958 年和 1970 年重工业的增长速度都达到了轻工业的2.34 倍。这样，1952 年至 1978 年，工业在工农业总产值中占的比重由43.1%上升到 75.2%，农业由 56.9%下降到 24.8%；重工业在工业总产值中的比重由 35.5%上升到 56.9%，轻工业由 64.5%下降到 43.1%。可以说，这个期间产业政策达到了极度的倾斜，使得农业和轻工业处于无力承受的地步。但在 1978 年以后的一段时间内（即在第五周期内）在调整工业和农业的发展速度方面，取得了显著的成就。在这个期间，除了 1980 年以外，工业和农业增长速度的对比关系是很协调的。在这期间，工业比重由 75.2%下降到 70.3%，农业比重由 24.8%上升到 29.7%。然而，好景不长，从第六周期开始，在发展工业和农业方面，又发生了向工业的过度倾斜，以致 1985 年的工业增长速度达到了农业的 6.29 倍，成为 1953年至 1989 年的 37 年中的第四个高峰年，仅低于 1953 年、1958 年和 1969年这三年。其后几年，工业发展速度也大大超过了农业。到了作为第七经济周期波峰年 1988 年，工业增长速度还达到了农业的 5.33 倍，1989 年前者仍为后者的 2.5 倍。致使工业比重又由 1984 年的 70.3%上升到 1989年的 77%，农业则由 29.7%下降到 23%；前者成为仅低于 1961 年的第二个高峰年，后者成为仅高于 1961 年的第二个低谷年。工农业失衡状态又

进一步加剧了。但是，除了 1980 年和 1981 年以外，在第五周期内，特别是第六周期以后，在调整重工业和轻工业的发展速度方面取得了长足的进展，使得二者的比例关系取得了持续的协调发展。这样，1978 年至 1988 年，轻工业比重由 43.1% 上升到 49.3%，重工业比重由 56.9% 下降到 50.7%。当然，这个期间作为加工工业的轻工业的高速发展，也有另一方面的后果。这一点，我们留待下面再做分析。

第二，1953 年以来，由于我国产业政策方面实行了向工业过度倾斜的政策，致使许多年份（特别经济发展周期的上升阶段和波峰阶段）作为主要基础产业的能源、原材料、交通运输和邮电不仅没有能够获得应有的超前发展，而且成为滞后发展的产业。需要着重指出：在 1978 年以后，这种过度倾斜的政策，不仅没有获得应有的调整，而且进一步加重了。在 1953 年至 1989 年的 37 年间，电力、货运量和邮电业务量的增长速度滞后于工业的年份分别为 26 年、22 年和 22 年；其中，在 1978~1989 年的 12 年间，三者分别为 12 年、8 年和 8 年。这里需要说明：1978 年以后电力持续滞后于工业的发展，是反映了这个期间节约能源方面取得了显著的成效。但这同时也表明了能源持续滞后于工业的发展。就重工业中的采掘工业、原材料工业和加工工业增长速度的对比关系来看，在 1958 年至 1988 年的 31 年间，采掘工业的增长速度滞后于原材料工业和加工工业的年份分别为 19 年和 23 年；其中，1978 年至 1988 年的 11 年间，二者分别为 10 年。这样，在重工业产值中，采掘工业、原材料工业和加工工业的比重，1957 年分别为 14.6%，39.7% 和 45.7%；到 1978 年，三者分别变为 12%，35.5% 和 52.5%；到 1987 年，三者又分别变为 10.3%，35.4% 和 54.2%。可见，在这期间，重工业中加工工业和采掘工业、原材料工业的失衡状态大大加剧了。

在做了这样的分析之后，我们需要进一步指出：1978 年以后轻工业的加速发展，固然协调了它同重工业总体的发展关系，但同时也作为一个重要因素加重了能源、原材料、交通运输和邮电的增长速度滞后于工业的情况。

为了进一步分析我国产业结构失衡的严重情况，我们还有必要做这样的说明：表 8-2 提供的各个产业部门增长速度的对比关系，是依据企业部门的产值为基础计算的。而企业部门是按企业生产的主产品划分的部门。这样，企业部门的产值不但包括各该部门生产的主要产品的产值，而且包括它们生产的次要产品的产值。从这方面说，企业部门产值的对比关系，并不能准确地反映产业结构。在这方面，用产品部门（即按性质和用途基本相同的产品划分的部门）产值的对比关系，来表现产业结构要准确得多。

如果从产品部门产值的对比关系角度来考察，还可以看到工业结构更严重地向加工工业倾斜。据有关部门计算，1987 年我国加工工业产值占全部工业产值的 61.9%，而采掘工业产值只占全部工业产值的 2.2%（加上煤炭、石油和天然气的产值也只占 6.5%），与加工工业产值之比为 1：28.1（加上煤炭、石油和天然气的产值，其比数也只为 1：9.5）；能源工业产值占全部工业产值的 10.9%，与加工工业产值之比为 1：5.7；原材料工业（包括重化工业）产值占全部工业产值的 25%，与加工工业产值之比为 1：2.5（如果不包括重化工业，原材料工业产值只占全部工业产值的 14.6%，与加工工业产值之比为 1：4.2）。[①]

上述各个时期产业结构的失衡，是导致经济周期波动的、仅次于经济总量失衡的一个重要因素，并且因此成为我国工业经济效益周期波动趋于下降的一个因素。

（三）扩大再生产形式的外延化

我国工业发展的历史还表明：盲目追求工业的高速度增长主要是通过建设新的项目实现的。这就导致了扩大再生产形式的外延化，主要表现为下列四个重要方面：第一，建国以来，基本建设投资在固定资产投资总额中占大部分的格局，基本上没有变化。

表 8-3 提供的资料表明：在 1953 年至 1988 年的 36 年间，我国工业的过快发展，主要是通过扩大基本建设投资实现的，而不是通过现有企业的技术改造进行的。其突出表现就是每逢经济周期的上升阶段，特别是波峰阶段，基本建设投资总额及其在固定资产投资总额中的比重都会有显著的上升。第一个波峰年 1953 年的基本建设投资总额比上年增长了 107.6%，占固定资产投资总额的比重达到了 98.7%；第二个波峰年 1956 年总额增长了 54.7%，比重为 96.5%；第三个波峰年 1958 年总额增长了

[①]《中国统计》1989 年第 9 期，第 33 页。作者在引用该数据时，对原文中的某些计算错误做了修正。

87.7%，比重为96.4%；第四个波峰年1970年总额增长了55.6%，比重为84.9%；第五个波峰年1978年总额增长了31%，比重为74.9%；第六个波峰年1985年总额增长了44.6%，比重为63.9%；第七个波峰年1988年总额还增长了13.6%，比重还有56.2%。

表8-3　社会主义国家所有制单位历年和各周期固定资产投资　　单位：亿元

周期	年份	固定资产投资			基本建设投资			更新改造及其他投资		
		总数	比上年±（%）	比重（%）	总数	比上年±（%）	比重（%）	总数	比上年±（%）	比重（%）
	1952	—	—	—	—	—	—	—	—	—
第一周期	1953	91.59	110.3	100.0	90.44	107.6	98.7	1.15		1.3
	1954	102.68	12.1	100.0	99.07	9.5	96.5	3.61	213.9	3.5
	1955	105.24	2.5	100.0	100.36	1.3	95.4	4.88	35.2	4.6
第二周期	1956	160.84	52.8	100.0	155.28	54.7	96.5	5.56	13.9	3.5
	1957	151.23	−6.0	100.0	143.32	−7.7	94.8	7.91	42.3	5.2
第三周期	1958	279.06	84.5	100.0	269.00	87.7	96.4	10.06	27.2	3.6
	1959	368.02	31.9	100.0	349.72	30.0	95.0	18.30	81.9	5.0
	1960	416.58	13.2	100.0	388.69	11.1	94.2	27.89	52.4	5.8
	1961	156.06	−62.5	100.0	127.42	−67.2	81.6	28.64	2.7	18.4
	1962	87.28	−44.1	100.0	71.26	−44.1	81.6	16.02	−44.1	18.3
	1963	116.66	33.7	100.0	98.16	37.7	84.1	18.50	15.5	15.9
	1964	165.89	42.2	100.0	144.12	46.8	86.9	21.77	17.7	13.1
	1965	216.90	30.7	100.0	179.61	24.6	82.8	37.29	71.3	17.2
	1966	254.80	17.5	100.0	209.42	16.6	82.2	45.38	21.7	17.8
	1967	187.72	−26.3	100.0	140.17	−33.1	74.7	47.55	4.8	25.3
	1968	151.57	−19.3	100.0	113.06	−19.3	74.6	38.51	−19.0	25.4
	1969	246.92	62.9	100.0	200.83	77.6	80.9	46.09	19.7	19.1
第四周期	1970	368.08	49.1	100.0	312.55	55.6	84.9	55.53	20.5	15.1
	1971	417.31	13.4	100.0	340.84	9.1	81.7	76.47	37.7	19.3
	1972	412.81	−1.1	100.0	327.98	−3.8	79.4	84.83	10.9	20.6
	1973	438.12	6.1	100.0	338.10	3.1	77.2	100.02	17.9	22.8
	1974	463.19	5.7	100.0	347.71	2.8	75.1	115.48	15.5	24.9
	1975	544.94	17.6	100.0	409.32	17.7	75.1	135.62	17.4	24.9
	1976	523.94	3.8	100.0	376.44	−8.0	71.8	147.50	8.8	28.2
	1977	548.30	4.6	100.0	382.37	1.6	69.7	165.93	12.5	30.3

续表

周期	年份	固定资产投资			基本建设投资			更新改造及其他投资		
		总数	比上年 ±（%）	比重 （%）	总数	比上年 ±（%）	比重 （%）	总数	比上年 ±（%）	比重 （%）
第五周期	1978	668.72	22.0	100.0	500.99	31.0	74.9	167.73	1.1	25.1
	1979	699.36	4.6	100.0	523.48	4.5	74.9	175.88	4.9	25.1
	1980	745.90	6.7	100.0	558.89	6.8	74.9	187.01	6.3	25.1
	1981	667.51	−10.5	100.0	442.91	−20.8	66.3	224.60	20.1	33.7
	1982	845.31	26.6	100.0	555.53	25.4	65.7	289.78	29.0	34.3
	1983	951.96	12.6	100.0	594.13	6.9	62.4	357.83	23.5	37.6
	1984	1185.18	24.5	100.0	743.15	25.1	62.7	442.03	23.5	37.3
第六周期	1985	1680.51	41.8	100.0	1074.37	44.6	63.9	606.14	37.1	36.1
	1986	1978.50	17.7	100.0	1176.11	9.5	59.4	802.39	32.4	40.6
	1987	2297.99	16.1	100.0	1343.10	14.2	58.4	954.89	19.0	41.6
第七周期	1988	2712.80	18.1	100.0	1525.79	13.6	56.2	1187.01	24.3	43.8

资料来源：《中国固定资产投资统计资料（1950~1985）》，第9、43、216页；《中国统计年鉴》（1987），第27、30页；《中国统计年鉴》（1980），第27、30、564、605页。《中国统计年鉴》（1989），第428~484页。

诚然，在各个经济周期的下降阶段，特别是波谷阶段，基本建设投资总额的增长幅度是显著下降的，甚至出现了负增长。但这是在经济比例关系严重失衡条件下不得不采取的措施。而当经济比例关系严重失衡状况稍有缓解、经济周期发展可能步入上升阶段和波峰阶段时，基本建设投资总额又扶摇直上了。所以，从相互联系的各个经济周期来看，这种增长幅度下降、甚至负增长，不过是主要依靠扩大再生产外延方式的一个环节。而且，即使在这种增长幅度下降、甚至负增长的年份，基本建设投资仍然占了固定资产投资总额大部分、甚至绝大部分。所以，这种增长幅度下降、甚至负增长的状况，并没有改变扩大再生产主要依靠增加基本建设投资的事实。

也应该看到：在这36年间，社会主义国家所有制单位的基本建设投资占固定资产投资的比重是有大幅度下降的，技术改造投资比重是有大幅度上升的。在上述期间内，前者的比重由98.7%下降到56.2%，后者的比重由1.3%上升到43.8%。但是，这也没有根本改变以扩大再生产主要依靠增加基本建设投资的事实。

这里需要说明：表8-3的资料所反映的是社会主义国家所有制单位固定资产投资的全部状况，而不只是有工业固定资产投资的状况。但工业基本建设投资占国民经济基本建设投资总额的比重，从 20 世纪 50 年代一直到 80 年代都是很大的。比如，1957 年这个比重为 50.5%，1962 年为 56.3%，1978 年为 54.5%，1987 年还有 50.8%。[1] 需要指出，我们的这个说明对表 8-4、表 8-5、表 8-6、表 8-7 和表 8-8 都是适用的。

表 8-4　社会主义国家所有制单位历年和各周期基本建设中投资中新建、扩建、改建项目投资

周期	年份	基本建设投资额（亿元）			比重（以投资总额为100）		
		新建	扩建	改建	新建	扩建	改建
	1952	—	—	—	—	—	—
第一周期	1953	27.22	61.42		30.1	67.9	
	1954	32.91	64.82		33.2	65.4	
	1955	50.85	48.06		50.7	47.9	
第二周期	1956	86.96	66.70		56.0	43.0	
	1957	73.68	68.24		51.4	47.6	
第三周期	1958	155.22	101.73		57.7	37.8	
	1959	202.68	120.78		58.0	34.5	
	1960	228.82	139.52		58.9	35.9	
	1961	70.41	50.31		55.3	39.5	
	1962	37.73	30.72		52.0	43.1	
	1963	50.45	42.90		51.4	43.7	
	1964	64.47	70.03		44.7	48.6	
	1965	105.62	66.49		58.8	37.0	
	1966						
	1967						
	1968	532.91	389.07		54.6	39.9	
	1969						
	1970						
第四周期	1971	198.71	118.61		58.3	34.8	
	1972	191.25	114.02		58.3	34.8	
	1973	186.48	134.46		55.2	39.8	
	1974	183.69	133.18		52.8	38.3	
	1975	245.24	158.16		59.9	38.6	
	1976	214.06	142.21		56.9	37.6	
	1977	220.42	133.13		57.6	34.8	

---

[1]《中国工业经济统计年鉴》（1988），第 17 页。

续表

周期	年份	基本建设投资额（亿元）			比重（以投资总额为100）		
		新建	扩建	改建	新建	扩建	改建
第五周期	1978	286.62	187.58		57.2	37.4	
	1979	279.67	210.38		53.4	40.2	
	1980	290.24	237.49		51.9	42.5	
	1981	218.27	142.17	67.32	49.3	32.1	15.2
	1982	269.90	168.17	96.78	48.6	30.3	17.4
	1983	272.47	177.04	94.35	45.9	29.8	15.9
	1984	349.81	237.25	117.70	47.1	31.9	15.8
第六周期	1985	481.42	350.29	171.60	44.8	32.6	16.0
	1986	549.89	415.01	81.92	46.8	35.3	7.0
	1987	610.16	507.87	86.54	45.4	37.8	6.4
第七周期	1988	704.25	549.13	115.80	46.2	36.0	7.6

资料来源：《中国固定资产投资统计资料（1950~1985）》，第65页；《中国统计年鉴》（1987），第481页；《中国统计年鉴》（1988），第587页；《中国统计年鉴》（1989），第505页。

说明：本表不包括单位纯建造生活设施、迁建、恢复和单纯购置投资，故新建、扩建和改建投资比重总计小于100。

表 8-5 社会主义国家所有制单位历年和各周期基本建设的建筑安装工程和设备、工具、器具购置投资额

周期、年份和计划时期		投资额（亿元）			比重（以投资总额为100）		
		建筑安装工程	设备工具器具购置	其他投资	建筑安装工程	设备工具器具购置	其他投资
第一周期	1953	62.80	20.04	7.60	69.4	22.2	8.4
	1954	61.34	26.54	11.19	61.9	26.8	11.3
	1955	59.65	33.32	7.39	59.4	33.2	7.4
第二周期	1956	94.82	50.64	9.82	61.1	32.6	6.3
	1957	88.15	47.52	7.65	61.5	33.2	5.3
第三周期	1958	148.56	102.89	17.55	55.2	38.3	6.5
	1959	200.04	131.14	18.54	57.2	37.5	5.3
	1960	220.11	149.12	19.46	56.6	38.4	5.0
	1961	75.83	44.92	6.67	59.5	35.3	5.2
	1962	45.77	20.87	4.62	64.2	29.3	6.5
	1963	64.66	26.92	6.58	65.9	27.4	6.7
	1964	92.38	42.14	9.60	64.1	29.2	6.7
	1965	109.18	57.88	12.55	60.8	32.2	7.0
	1966	119.37	69.32	20.73	57.0	33.1	9.9
	1967	86.62	37.29	16.26	61.8	26.6	11.6
	1968	63.77	37.31	11.98	56.4	33.0	10.6
	1969	114.68	66.67	19.48	57.1	33.2	9.7

周期、年份和计划时期		投资额（亿元）			比重（以投资总额为100）		
		建筑安装工程	设备工具器具购置	其他投资	建筑安装工程	设备工具器具购置	其他投资
第四周期	1970	168.64	112.27	31.64	54.0	35.9	10.1
	1971	199.68	115.05	26.11	58.6	33.8	7.6
	1972	194.00	112.86	21.12	59.2	34.4	6.4
	1973	193.43	124.21	20.46	57.2	36.7	6.1
	1974	197.60	127.86	22.25	56.8	36.8	6.4
	1975	228.74	151.07	29.51	55.9	36.9	7.2
	1976	212.91	136.40	27.13	56.6	36.2	7.2
	1977	227.09	127.85	27.43	59.4	33.4	7.2
第五周期	1978	300.85	165.78	34.36	60.0	33.1	6.9
	1979	343.80	143.64	36.04	65.7	27.4	6.9
	1980	381.07	136.53	41.29	68.2	24.4	7.4
	1981	317.32	84.22	41.37	71.6	19.0	9.4
	1982	397.35	101.67	56.51	71.5	18.3	10.2
	1983	414.99	117.13	62.01	69.9	19.7	10.4
	1984	507.71	151.88	83.56	68.3	20.4	11.3
第六周期	1985	726.71	217.39	130.27	67.7	20.2	12.1
	1986	770.60	260.34	145.17	65.5	22.1	12.4
	1987	856.76	325.19	161.15	63.8	24.2	12.0
第七周期	1988	979.02	361.13	185.64	64.2	23.7	12.1
"一五"时期		366.76	178.06	43.62	62.3	30.3	7.4
"二五"时期		690.13	448.94	66.84	57.2	37.2	5.6
1963~1965		266.22	126.94	28.73	63.1	30.1	6.8
"三五"时期		553.08	322.86	100.09	56.7	33.1	10.2
"四五"时期		1013.45	631.05	119.45	57.4	35.8	6.8
"五五"时期		1465.72	710.20	166.25	62.6	30.3	7.1
"六五"时期		2364.08	627.29	373.72	69.3	19.7	11.0

资料来源：《中国固定资产投资统计资料（1950~1985）》，第68页；《中国统计年鉴》（1989），第482、485页。

表 8-6   社会主义国家所有制单位更新改造投资中新建、扩建、改建项目投资

年份	更新改造投资总额（亿元）			比重（以更新改造投资总额为100）		
	新建	扩建	改建	新建	扩建	改建
1985	23.06	194.45	191.16	5.6	47.6	46.8
1986	36.26	274.59	261.84	6.3	47.9	46.8
1987	41.22	350.33	313.18	5.9	49.7	44.4
1988	58.02	462.29	401.98	6.3	50.1	43.6

资料来源：《中国统计年鉴》（1987），第497页；《中国统计年鉴》（1989），第524页。

表 8-7　全社会固定资产投资所有制构成

年份	投资额（亿元）				投资构成（%）			
	总额	国家所有制单位	集体所有制单位	城乡个人	总额	国家所有制单位	集体所有制单位	城乡个人
1981	961.01	667.51	115.24	178.26	100.00	69.5	12.0	18.5
1982	1230.40	845.31	174.28	210.81	100.00	68.7	14.2	17.1
1983	1430.06	951.96	156.33	321.77	100.00	66.6	10.9	22.5
1984	1832.87	1185.18	238.69	409.00	100.00	64.7	13.0	23.3
1985	2543.19	1680.51	327.46	535.22	100.00	66.1	12.9	21.0
1986	3019.62	1978.50	391.74	649.38	100.00	65.5	13.0	21.5
1987	3640.86	2297.99	547.01	795.86	100.00	63.1	15.0	21.9
1988	4496.54	2762.76	711.71	1022.08	100.00	61.4	15.8	22.8
1989	4000.00	2510.00	512.00	978.00	100.00	62.8	12.8	24.4

资料来源:《中国固定资产投资统计资料（1950~1985）》，第 5、15 页;《中国统计年鉴》(1989)，第 477 页;《人民日报》1990 年 2 月 21 日第 2 版。

表 8-8　全社会固定资产投资用途构成

用途	1981 年	1982 年	1983 年	1984 年	1985 年	1986 年	1987 年	1988 年
一、绝对数（亿元）								
（一）全社会总额	961.01	1230.40	1430.06	1832.87	2543.19	3019.62	3640.86	4496.54
（二）建筑安装工程	690.01	871.12	993.32	1217.58	1655.46	1992.72	2377.56	2908.56
（三）设备、工具器具购置	223.96	291.41	358.31	509.23	718.08	823.28	997.00	1221.02
（四）其他费用	47.04	67.87	78.43	106.06	169.65	203.62	266.30	317.00
二、比重（%）								
（一）以全社会总额为 100								
1. 建筑安装工程	71.8	70.8	69.5	66.4	65.1	66.0	64.1	64.0
2. 设置、工具、器具购置	23.3	23.7	25.0	27.8	28.2	27.3	27.4	27.5
3. 其他费用	4.9	5.5	5.5	5.8	6.7	6.7	8.5	8.5
（二）以各所有制总额为 100								
1. 国家所有制单位	100.0	100.0	100.0	100.0	100.0	100.0	100.0	100.0
（1）建筑安筑工程	67.2	67.2	65.3	64.0	61.4	59.0	57.2	57.4
（2）设备、工具、器具购置	25.7	24.9	26.7	27.2	28.9	31.1	31.2	30.6
（3）其他费用	7.1	7.9	8.0	8.8	9.7	9.9	11.6	12.0
2. 集体所有制单位	100.0	100.0	100.0	100.0	100.0	100.0	100.0	100.0

续表

用途	1981 年	1982 年	1983 年	1984 年	1985 年	1986 年	1987 年	1988 年
（1）建筑安装工程	68.0	70.0	71.0	68.2	66.3	63.3	57.8	55.0
（2）设备、工具、器具购置	32.0	29.2	27.8	30.9	31.9	34.8	39.6	41.9
（3）其他费用	—	0.8	1.2	0.9	1.8	1.9	2.6	3.1
3. 城乡个体	100.0	100.0	100.0	100.0	100.0	100.0	100.0	100.0
（1）建筑安装工程	91.6	85.8	81.0	72.3	76.0	88.9	88.4	87.9
（2）设备、工具、器具购置	8.4	14.2	19.0	27.7	24.0	11.1	7.9	8.9
（3）其他费用	—						3.7	3.2

资料来源：《中国固定资产投资统计资料（1950~1985）》，第 17 页；《中国统计年鉴》（1987），第 467~468 页；《中国统计年鉴》（1988），第 559~560 页；《中国统计年鉴》（1989），第 477~478 页。

　　第二，建国以来，在基本建设投资中，新建项目投资占的比重一直很大。表 8-4 的统计资料表明：①在各个经济周期的上升阶段和波峰阶段，基本建设投资总额中的新建项目投资占的比重都是上升的。即使在经济周期的下降阶段和波谷阶段，新建项目投资的比重有所下降，但也占到 50%左右。②在 1953 年到 1988 年的 36 年中，新建项目投资在基本建设投资总额中占的比重，由 30.1%上升到 46.2%。其中有 25 年达到了 50%以上，甚至接近 60%；有 8 年达到 40%以上，甚至接近 50%，有一年在 30%以上。如果我们从各个计划时期来考察，那还可以更清楚地看到新建项目投资在基本建设投资总额中所占比重的上升趋势。据统计，新建项目投资在基本建设投资总额中的比重，"一五"时期为 46.2%，"二五"时期为 57.6%，1963~1965 年为 52.3%，"三五"时期为 54.6%，"四五"时期为 57%，"五五"时期为 55.1%，"六五"时期为 46.7%。[①]可见，在 1953 年到 1988 年的 36 年中，新建项目投资在基本建设投资总额中不仅一直占着很大的比重，而且总的说来呈上升趋势。

　　与上述情况相适应，社会主义国家所有制单位建筑安装工程投资在其基本建设投资中所占的比重，呈现出相同的变化趋势。表 8-5 的数据表明：①在各个经济周期的上升阶段和波峰阶段，建筑安装工程投资在其基本建设投资中所占的比重都是上升的。即使在经济周期的下降阶段

―――――――

①《中国统计年鉴》（1989），第 486 页。

和波谷阶段，建筑安装工程投资的比重也在50%以上、60%以上，甚至70%以上。②1953年至1988年的36年，在社会主义国家所有制单位的基本建设投资中，建筑安装工程投资额的比重由69.4%下降到64.2%，只下降了5.2个百分点。但1988年这个比重比1954年还要高出2.3个百分点。如果从各个计划时期来看，那么，更可以看到这个比重不仅没有下降，反而上升了。即由"一五"时期的62.3%上升到"六五"时期的69.3%，上升了七个百分点。"七五"时期前三年的比重，比"一五"时期也要高。所以，在这36年中，建筑安装工程投资额的比重，也不仅一直占有很大的比重，而且从总的方面也呈上升趋势。

第三，多年来，特别是近十年来，更新改造投资在固定资产投资总额中的比重有了显著的增长。但同时也要看到：更新改造投资总额中新建、扩建投资的比重在增长。这一点，在经济增长过热后国家采取紧缩政策（包括紧缩的财政政策和货币政策）时，有些地方、部门和企业往往借更新改造投资之名，行基本建设投资之实，以致更新改造投资结构的"外延化"。

表8-6统计资料说明：在1985~1988年中，具有明显的基本建设性质的新建项目投资比重，由5.6%上升到6.3%，具有较多的基本建设性质的扩建项目投资比重，也由47.6%上升到50.1%，唯独具有真正意义的更新改造性质的改建项目投资比重，由46.8%下降到43.6%。

第四，近十年来，扩大再生产形式的外延化，还表现在非社会主义国家所有制经济固定资产投资在全社会固定资产投资总额中占有比重的增长上。

表8-7提供的资料表明：在1981~1988年期间，社会主义国家所有制单位的固定资产投资在全社会固定资产投资总额中的比重，由69.5%下降到61.4%，集体所有制单位的比重由12%上升到15.8%，城乡个人占的比重由18.5%上升到22.8%。而表8-8的数字说明，在这个期间，国家所有制单位建筑安装工程投资在其固定资产投资总额中所占的比重，历年均小于全社会建筑安装工程投资在其固定资产投资总额中所占的比重；而且，前者与后者的差距在扩大。1981年前者低于后者4.6个百分点，1988年扩大到6.8个百分点。在这期间，集体所有制单位建筑安装工程投资在其固定资产投资总额中所占的比重，与全社会建筑安装工程在其固

定资产投资总额所占比重的差距，虽然经过小于到大于再到小于的变化，但总的变化趋势是前者低于后者。但城乡个体建筑安装工程投资在其固定资产投资总额中所占比重，则始终大于全社会建筑安装工程投资在固定资产投资总额中所占的比重；而且二者的差距在扩大。1981 年前者大于后者 19.8 个百分点，1988 年扩大到 23.9 个百分点。可见，在上述期间，城乡个体固定资产投资在全社会固定资产投资总额中所占比重的增长，是扩大再生产形式外延化的一个因素，或者说一个表现。

这里有两点需要说明：①城乡个体固定资产投资中，个人住宅投资占的比重较大。这显然是其他建筑安装工程投资在其固定资产投资总额中所占比重较大的一个重要因素。但即使扣除了这个因素，其比重也是较大的。②党的十一届三中全会以后，纠正了过去长期存在的忽视甚至根本否定城乡个体经济作为社会主义经济必要补充的重要作用。这样，1979 年以后，在以社会主义经济作为主体的前提下，城乡个体经济有了迅速的发展。这对充分利用社会生产资源，扩大就业面，促进社会安定，都是有益的。但是，就扩大再生产形式外延化方面，城乡个体经济的发展，总是一个因素。

总之，对我国工业扩大再生产形式的外延化，只有综合地看到上述四个方面，才能把握其全貌；否则，就是不全面的。而正是这种外延化，构成了我国工业经济效益水平低下的一个极重要的因素。

（四）企业规模的小型化

我国工业的过快发展，在相当大程度上是通过发展小型企业实现的。因而，形成企业规模小型化（即小型企业的过度发展）。表 8-9 的资料表明：在各个经济周期的上升阶段和波峰阶段，主要作为小型企业的乡办企业在企业总数中的比重都有大幅度的上升。到第七经济周期波峰年 1988 年，乡办企业的比重比第四周期波峰年 1970 年上升了 24.4 个百分点。但值得注意的是：在第四、第五、第六这三个周期中，即使在经济周期的下降阶段和波谷阶段，乡办企业的比重也没有多少减少，甚至是上升的。

如果我们对各种经济类型企业的考察范围，不只是限于表 8-9 所列，而是进一步扩大到村办工业、城乡合作经营工业和城乡个体工业等，那么，企业规模小型化的倾向还要更为明显。比如，在 1985 年到 1988 年间，我国工业企业总数由 518.53 万个增加到 810.56 万个；其中，大中型

表 8-9　各种经济类型历年和各周期工作企业单位数及其比重　　单位：万个

周期	年份	工业企业		其中：大中型企业		国有制企业		集体所有制企业		其中：乡办企业		其他类型企业	
		总数	比重（%）	总数	比重（%）	总数	比重（%）	总数	比重（%）	总数	比重（%）	总数	比重（%）
	1952												
第一周期	1953												
	1954												
	1955												
第二周期	1956					4.96	29.3	11.99	70.7				
	1957	16.95	100.0										
	1958	26.3	100.0			11.9	45.2	14.4	54.8				
	1959	31.8	100.0			9.9	31.1	21.9	68.9				
	1960	25.4	100.0			9.6	37.8	15.8	62.2	11.7	46.1		
	1961	21.7	100.0			7.1	32.7	14.6	67.3	4.5	20.7		
	1962	19.7	100.0			5.3	26.9	14.4	73.1	2.5	12.7		
第三周期	1963	17.0	100.0			4.7	27.6	12.3	72.4	1.1	6.4		
	1964	16.1	100.0			4.5	27.9	11.6	72.1	1.1	6.8		
	1965	15.8	100.0			4.6	29.1	11.2	70.9	1.2	7.6		
	1966												
	1967												
	1968												
	1969												
	1970	19.5	100.0	0.40	2.0	5.7	29.2	13.8	70.8	4.5	23.1		
	1971	21.0	100.0	0.45	2.1	6.4	30.5	14.6	69.5	5.3	25.2		
	1972	22.0	100.0	0.47	2.1	6.8	30.9	15.2	69.1	5.6	25.4		
第四周期	1973	23.1	100.0	0.50	2.2	6.9	29.8	16.2	70.2	6.0	25.9		
	1974	24.1	100.0	0.53	2.2	7.2	29.8	16.9	70.2	6.5	26.9		
	1975	26.3	100.0	0.57	2.1	7.5	28.5	18.8	71.5	7.7	29.3		
	1976	29.4	100.0	0.60	2.0	7.8	26.5	21.6	74.5	10.6	36.1		
	1977	32.3	100.0	0.66	2.0	8.2	25.4	24.1	74.6	13.3	41.2		
	1978	34.8	100.0	0.44	1.2	8.4	24.1	26.4	75.9	16.4	47.1		
	1979	35.5	100.0	0.45	1.3	8.38	23.6	27.12	76.4	17.15	48.3		
	1980	37.73	100.0	0.47	1.2	8.34	22.1	29.35	77.0	18.66	49.4	0.04	0.1
第五周期	1981	38.15	100.0	0.50	1.3	8.42	22.0	29.68	79.9	18.55	48.6	0.05	0.1
	1982	38.86	100.0	0.54	1.4	8.60	22.1	30.19	77.7	18.58	47.8	0.07	0.2
	1983	39.25	100.0	0.59	1.5	8.74	22.3	30.46	79.5	18.61	47.4	0.08	0.2
	1984	43.72	100.0	0.64	1.4	8.41	19.2	35.21	80.6	21.72	49.7	0.10	0.2

续表

周期	年份	工业企业		其中：大中型企业		国有制企业		集体所有制企业		其中：乡办企业		其他类型企业	
		总数	比重(%)	总数	比重(%)	总数	比重(%)	总数	比重(%)	总数	比重(%)	总数	比重(%)
第六周期	1985	46.32	100.0	0.79	1.7	9.37	20.2	36.78	79.4	21.71	46.8	0.17	0.4
	1986	49.93	100.0	0.88	1.7	9.68	19.4	40.01	80.1	24.60	49.2	0.24	0.5
	1987	49.36	100.0	0.99	2.0	9.76	19.8	39.21	79.4	23.79	48.2	0.39	0.8
第七周期	1988	49.99	100.0	1.08	2.1	9.91	19.8	39.54	79.1	23.77	47.5	0.54	1.1

资料来源：《中国工业经济统计年鉴》(1988)，第25~26页；《中国统计年鉴》(1989)，第216页。

说明：本表不包括城乡合作经营工业、村办工业和城乡个体工业。

工业企业比重由 0.15% 下降到 0.13%，社会主义国家所有制工业企业的比重由 1.81% 下降到 1.22%，集体所有制工业企业的比重由 33.6% 下降到 22.86%，城乡个体工业企业的比重由 64.56% 上升到 75.85%，其他经济类型工业企业的比重由 0.03% 上升到 0.07%。[1]

应该看到：我国小型企业的迅速发展，是同农业劳动力转向非农业劳动力相联系的，是同利用城镇各种生产资源（包括失业的劳动者）相联系的。因此，它在提高社会经济效益方面是有重要作用的。但就工业本身来考察，企业规模的小型化，必然导致企业规模效益的下降。这是其一。其二，这种小型企业的发展，多数是以落后的生产技术为基础的，因而它的发展又会带来企业技术结构的低度化。其三，这种小型企业的发展，并没有同其他企业（特别是大中型企业）发展以专业化为基础的协作关系，多数还是一种"小而全"的企业组织结构。1979 年实行经济体制改革以来，尽管企业联合有了很大的发展，但并没有从根本上改变小型企业组织结构"小而全"的状态。这样，小型企业的发展，不仅没有带来专业化协作的效益，而且在很大程度上造成了重复生产和地区之间的产业结构趋同化，并使得技术落后的小型企业处于与技术先进的大中型企业争能源、争原材料、争资金、争技术人才、争市场的境地。而在平等竞争的市场没有充分发育和社会风气不正等条件下，甚至造成了

---

① 《中国统计年鉴》(1989)，第261~262页。其他经济类型工业是指全民与集体、全民与私人、集体与私人的合营以及中外合营、华侨港澳工商业者经营，外资经营等（下同）。

小型企业挤了大中型企业的结果，并由此造成了社会生产资源配置效益的严重恶化。所以，企业规模的小型化，不仅会降低工业本身的经济效益，就是对社会经济效益也有严重的不利作用。

（五）经济发展的周期性波动

如前所述，由于长期实行以速度为中心的经济发展战略，盲目追求生产的高速度，必然导致经济总量失衡和产业结构失衡。与传统发展战略相联系的企业规模的小型化和扩大再生产形式的外延化，又进一步加剧了这两种失衡。这样，经济发展过程就必然是周期性的波动过程，即由波峰阶段到下降阶段，再到波谷阶段，再到上升阶段。正是这种经济发展的周期性波动，导致了我国工业经济效益趋于下降和水平低下。

第一，降低了工业生产的经济效益。

如前所述，在经济周期的上升阶段和波峰阶段，传统经济战略可以成为提高工业经济效益的最有力的因素。但与此同时，这种战略也有降低工业经济效益的消极作用。其主要表现是：①在1979年以前的一个长时期内，工业生产的高速度增长往往是同大搞群众运动联系在一起的。而在"左"的错误的影响下，这种群众运动往往带来企业规章制度的破坏和企业管理水平的下降，以及与此相联系的劳动工时、物资消耗不适当的增长和生产设备的过度消耗。②经济的高速度增长必然加剧产品供不应求的矛盾，特别是加剧生产资料供不应求的矛盾。这种矛盾的增长和企业管理状况的恶化，必然使得卖方市场进一步发展。卖方市场的进一步发展必然制约产品质量的提高，甚至诱使产品质量的下降。产品质量的下降，是经济效益下降的一个重要方面。而生产资料产品质量的下降，还是后续生产过程经济效益下降的一个重要因素。③最重要的消极作用还在于：上升阶段和波峰阶段的高速度增长，必然导致下降阶段和波谷阶段的到来。但是，如果仅就经济周期的上升阶段和波峰阶段来说，传统的经济发展战略总不失为提高经济效益的重要因素。

然而，到了下降阶段和波谷阶段，由于生产的大幅度下降，生产设备利用率必然大幅度下降，单位产品产值的流动资金占用量必然显著上升，劳动生产率的增长会受到影响，甚至下降，企业亏损增加，总之，经济效益也会大幅度下降。

就社会主义国家所有制独立核算工业企业每百元固定资产原值提供

的工业总产值与传统经济发展战略的关系来说，表 8-10 与表 6-6 说明：①在经济周期的上升阶段和波峰阶段，由于工业生产发展速度比较高，工业生产设备得到了比较充分的利用，因而工业每百元固定资产原值提供的工业总产值是比较多的和最多的。而在经济周期的下降阶段和波谷阶段，由于工业生产增长速度比较低，甚至负增长，工业生产设备大量闲置，因而工业每百元固定资产原值提供的工业总产值是比较少的和最少的。②就 1953~1988 年的 36 年的情况来看，工业生产增长速度最高的年份，也就是每百元固定资产提供的工业总产值最多的年份；工业生产增长速度最低（包括负增长最多）的年份，也就是每百元固定资产提供的工业总产值最少的年份。比如，在 1958 年工业总产值比 1957 年增长 54.8% 的基础上，1959 年又比 1958 年增长 36.1%，因而，在 1958 年每百元固定资产原值提供的工业总产值 179.3 元的基础上，1959 年进一步增长到 187.7 元，成为这 36 年中的最多年份。又如，在 1961 年工业总产值比 1960 年下降 33.5% 的基础上，1962 年又比 1961 年下降 10%，因而，在 1961 年每百元固定资产原值提供的工业总产值下降到 91.9 元的基础上，1962 年又进一步下降到 71.1 元，成为这 36 年的最少年份。③就六个经济周期的波峰年份来看，工业生产增长速度最高的波峰年份，就是工业每百元固定资产原值提供的工业总产值最多的年份；工业生产增长速度最低的波峰年份，就是工业每百元固定资产原值提供的工业总产值较少的年份。1958 年工业生产比 1957 年增长了 54.8%，在六个波峰年份中增长速度最高。这年工业每百元固定资产原值提供的工业总产值也最多，为 179.3 元。1978 年工业生产比 1977 年增长了 13.6%，在六个波峰年份中是最低的。这年工业每百元固定资产原值提供的工业总产值也最少，为 102.6 元。以上三点鲜明地表现了工业每百元固定资产原值提供的工业总产值与工业增长速度的正相关关系。

就社会主义国家所有制独立核算工业企业每百元工业总产值占用的流动资金与传统经济发展战略的关系来说，表 8-10 与表 6-6 说明：①在经济周期的上升阶段和波峰阶段，由于工业生产增长速度较快，工业流动资金利用得比较充分，因而每百元工业总产值占用的流动资金是趋于减少的。而在经济周期的下降阶段和波谷阶段，由于工业增长速度比较低，甚至负增长，工业流动资金利用不充分，因而每百元工业总产值占

表 8-10　社会主义国家所有制独立核算工业企业历年和各周期固定资产和流动资金的利用效益

周期	年份	每百元固定资产原值提供的工业总产值（元）	每百元工业总产值占用的流动资金（元）
第一周期	1953	147.4	22.2
	1954	136.3	20.0
	1955	131.1	19.8
第二周期	1956	151.4	17.0
	1957	139.3	19.4
第三周期	1958	179.3	17.8
	1959	187.7	20.3
	1960	171.9	24.5
	1961	91.9	39.6
	1962	71.1	38.7
	1963	75.1	34.6
	1964	84.3	29.7
	1965	98.1	25.5
	1966	110.4	23.5
	1967	88.7	34.5
	1968	81.0	40.5
	1969	104.1	32.9
第四周期	1970	117.1	29.9
	1971	123.2	29.4
	1972	115.4	32.3
	1973	110.3	33.0
	1974	100.8	36.2
	1975	105.2	33.4
	1976	95.9	36.9
	1977	98.8	34 .2
第五周期	1978	102.6	32.0
	1979	103.1	31.0
	1980	101.2	30.1
	1981	95.7	30.2
	1982	94.8	29.7
	1983	95.1	28.5
	1984	96.1	27.4
第六周期	1985	95.0	28.7
	1986	89.0	32.5
	1987	87.1	33.1
第七周期	1988	113.09	25.8

资料来源：《中国工业经济统计年鉴》（1988），第49页；《中国统计年鉴》（1989），第324页。

用的流动资金是趋于增长的。②就历年的情况来看，一般说来，工业增长速度高的年份，每百元工业总产值占用的流动资金就少；反之亦然。1956 年和 1958 年工业生产分别比上年增长了 28.1% 和 54.8%，每百元工业总产值占用的流动资金分别只有 17 元和 17.8 元，是 1953 年至 1988 年的 36 年中的最少年份。而 1961 年和 1962 年工业生产分别比上年下降了 39.6% 和 17.3%，每百元工业总产值占用的流动资金分别高达 39.6 元和 38.7 元，成为这期间的最多年份。③就前六个经济周期的波峰年份来说，与工业生产增长速度经历的由上升到下降再到上升的过程相适应，每百元工业总产值占用的流动资金大体上也经历了由减少到增长再到减少的过程。就是说，前六个经济周期波峰年份工业生产增长速度由 1953 年的 30.3% 和 1956 年的 28.1% 上升到 1958 年的 54.8%，再下降到 1970 年的 32.6% 和 1978 年的 13.6%，再上升到 1985 年的 21.4%。与此相适应，每百元工业总产值占用的流动资金由 1953 年的 22.2 元、1956 年的 17 元和 1958 年的 17.8 元，上升到 1970 年的 29.9 元和 1978 年的 32 元，再下降到 1985 年的 28.7 元。这里需要说明的是：1985 年工业生产增长速度为 21.4%，比 1988 年的 20.8% 要高，但前者每百元工业总产值占用的流动资金为 28.7 元，比后者的 25.8 元要高。外表看来，同前六个波峰年的情况有差别。但在实际上并无矛盾。因为 1979 年经济体制改革以来，由企业自有资金和银行贷款构成的非定额流动资金大大增长了，定额流动资金在全部流动资金中所占的比重大大下降了。而表 8-10 只是按照定额流动资金计算的。所以，如果把非定额流动资金计算在内，那么，1988 年每百元工业总产值占用的流动资金就不是减少了，而是增加了。

就社会主义国家所有制工业企业劳动生产率与传统经济发展战略的关系来说，表 8-11 与表 6-6 说明：除了第三经济周期以外，其余六个经济周期（包括第一、二、四、五、六、七经济周期）都呈现出相同的趋势，即在上升阶段和波峰阶段，工业劳动生产率是趋于上升的，而在下降阶段和波谷阶段则是趋于下降的。这不仅是因为在经济周期的上升阶段和波峰阶段，工业生产增长速度较快，生产任务饱满，劳动工时利用比较充分；而且因为在这两个阶段，职工人数增加较多，其中多数年份平均工资也是增长的，从而工资总额增长较快，职工生活提高得较快，提高了劳动者积极性。反之，在经济周期的下降阶段和波谷阶段，工业生产增长较慢，甚至下降，生产任务不饱满，劳动工时利用不充分；而且，在这两个阶段，职工人数增加较少，甚至减少，平均工资也难以提高，甚至下降，从而工资总额增长较慢，甚至减少，职工生活提高得较慢，甚至下降，挫伤了劳动者积极性。表8-12全面地反映了这一点。至于第三周期波峰年份1958年工业劳动生产率比上年下降了8.5%，那是有特殊原因的，即这年职工人数比上年增长了2.098倍，新工人的文化技术水平低，生产技术装备也降低了。

表 8-11　社会主义国家所有制工业企业历年和各周期全员劳动生产率

（按 1980 年不变价格计算）

周期	年份	全员劳动生产率（元）	比上年增长（%）
第一周期	1953	4522	8.1
	1954	5088	12.5
	1955	5592	9.9
第二周期	1956	6654	19.0
	1957	6362	−4.4
第三周期	1958	5821	−8.5
	1959	5384	−7.5
	1960	5868	9.0
	1961	4178	−28.8
	1962	4817	15.3
	1963	6103	26.7
	1964	7330	20.1
	1965	8979	22.5
	1966	10156	13.1
	1967	8206	−19.2
	1968	7632	−7.0
	1969	9037	18.4
第四周期	1970	10166	12.5
	1971	10080	−0.8
	1972	9537	−5.4
	1973	9852	3.3
	1974	9346	−5.1
	1975	10035	7.4
	1976	9171	−8.6
	1977	9913	8.1

续表

周期	年份	全员劳动生产率（元）	比上年增长（%）
第五周期	1978	11130	12.3
	1979	11838	6.4
	1980	12080	2.0
	1981	11863	−1.8
	1982	12133	2.3
	1983	13049	7.5
	1984	14070	7.8
第六周期	1985	15198	8.0
	1986	15451	1.7
	1987	16671	7.9
第七周期	1988	18056	8.3
	1989	18916	1.6

资料来源：《中国劳动工资统计资料（1949~1985）》，第 224 页；《中国统计年鉴》(1987)，第 318 页；《中国统计年鉴》(1988)，第 384 页；《中国统计年鉴》(1989)，第 331 页；《人民日报》1990 年 2 月 6 日第 2 版。

表 8-12　社会主义国家所有制工业历年和各周期职工人数、平均工资、工资总额及其指数

周期	年份	职工人数		平均工资		工资总额	
		总数（万人）	指数（以上年为100）	总数（元）	指数（以上年为100）	总数（亿元）	指数（以上年为100）
第一周期	1953	594.1	116.4	576	106.4	33.0	127.6
	1954	609.5	102.6	597	102.2	35.2	105.2
	1955	580.4	95.2	600	100.2	35.1	99.4
第二周期	1956	717.0	123.5	674	112.5	43.4	123.8
	1957	747.5	104.3	670	99.8	50.7	113.9
第三周期	1958	2315.5	309.8	526	77.9	76.1	151.8
	1959	1993.2	86.1	514	97.4	102.7	134.6
	1960	2144.4	107.6	538	102.1	114.0	108.3
	1961	1597.5	74.5	560	89.7	104.3	78.8
	1962	1178.2	73.8	652	112.2	86.9	80.3
	1963	1118.8	95.0	720	117.4	82.0	100.3
	1964	1159.0	103.6	745	107.5	84.4	106.9
	1965	1238.0	106.8	729	99.0	86.4	103.6
	1966	1324.0	107.0	702	97.5	89.9	105.3
	1967	1382.0	104.4	701	100.5	94.9	106.2
	1968	1492.0	108.0	689	98.2	99.0	104.2
	1969	1630.0	109.3	683	98.1	106.6	106.6

续表

周期	年份	职工人数		平均工资		工资总额	
		总数（万人）	指数（以上年为100）	总数（元）	指数（以上年为100）	总数（亿元）	指数（以上年为100）
第四周期	1970	1959.0	120.2	661	96.8	118.7	111.4
	1971	2232.7	114.0	635	96.2	133.0	112.2
	1972	2350.0	105.3	650	102.2	149.0	111.8
	1973	2397.2	102.0	640	98.4	154.2	103.4
	1974	2494.4	104.1	648	100.6	161.0	103.7
	1975	2691.2	107.9	644	99.0	169.1	104.6
	1976	2865.9	106.5	634	98.2	178.2	105.1
	1977	3012.8	105.1	632	97.1	187.0	102.2
第五周期	1978	3040.6	100.9	683	107.3	204.1	108.4
	1979	3109.1	102.3	758	108.9	230.2	110.7
	1980	3245.8	104.4	854	104.8	269.1	108.8
	1981	3406.7	105.5	852	97.3	280.6	101.7
	1982	3502.7	102.8	864	99.4	297.0	103.8
	1983	3552.6	101.4	878	99.6	307.5	101.5
	1984	3592.0	101.1	1071	118.8	377.9	119.7
第六周期	1985	3815.0	106.2	1239	103.4	459.7	108.7
	1986	3955.0	103.7	1448	109.2	557.0	113.2
	1987	4086.0	103.3	1601	101.6	636.1	105.0
第七周期	1988	4229.0	103.5	1931	99.9	792.3	103.2

资料来源:《中国劳动工资统计资料（1949~1985）》，第26、122、157页；《中国统计年鉴》（1989），第111、129、142页。

就社会主义国家所有制独立核算工业企业亏损与传统经济发展战略的关系来说，表8-13与表6-6说明：在经济周期的上升阶段和波峰阶段，由于生产任务饱满和产品销售旺盛，以及与此相联系的生产设备利用率和流动资金利用效益以及劳动生产率的提高，国有工业企业亏损面、亏损额和亏损率是大幅度的趋于缩小的；而在下降阶段和波谷阶段，由于生产任务不足和产品滞销，以及与此相联系的生产设备利用率和流动资金利用效益以及劳动生产率的下降，国有工业企业亏损面、亏损额和亏损率是大幅度趋于扩大的。比如，作为波谷年份的1976年，国有工业企业的亏损面、亏损额和亏损率分别扩大到31.52%、76.87亿元和19.51%，到了波峰年份的1978年，国有工业企业的亏损面、亏损额和亏损率分别缩小到19.3%、42.06亿元和7.63%。到了波谷年份的1981年，

表 8–13　社会主义国家所有制独立核算工业企业亏损情况　　单位：亿元

年份	企业单位数（个）		企业亏损面（%）	利润总额	亏损企业亏损总额	亏损率（%）
	合计	其中：亏损企业				
1970	—	—	—	—	—	—
1971	—	—	—	—	—	—
1972	47196	12424	26.32	387.32	32.25	8.32
1973	51782	12652	24.43	409.08	39.93	9.76
1974	53889	16197	30.05	378.08	61.77	16.33
1975	56017	14778	26.38	418.45	55.07	13.16
1976	57775	18213	31.52	394	76.87	19.51
1977	60369	13520	22.89	445.16	60.70	13.63
1978	61799	11926	19.30	550.88	42.06	7.63
1979	62324	10997	17.64	599.15	36.38	6.07
1980	62437	11969	19.17	619.74	34.30	5.53
1981	62065	14213	22.90	625.63	45.96	7.34
1982	63063	13105	20.78	645.23	47.57	7.37
1983	63620	8117	12.75	673.05	32.11	4.77
1984	63295	6454	10.20	732.76	26.67	3.63
1985	69834	6749	9.66	770.61	32.44	4.21
1986	70511	9221	13.07	744.41	54.49	7.32
1987	72803	9459	13.00	848.00	61.04	7.20

（第四周期：1972–1977；第五周期：1978–1984；第六周期：1985–1987）

资料来源：《工业企业亏损调查研究》，经济管理出版社 1989 年版，第 378 页。

国有工业企业的亏损面、亏损额和亏损率扩大到 22.9%、45.96 亿元和 7.34%。到了波峰年份的 1985 年，国有工业企业的亏损面、亏损额和亏损率又分别缩小到 9.66%、32.44 亿元和 4.21%。到了波谷年份 1987 年，国有工业企业的亏损面、亏损额和亏损率又分别扩大到 13%、61.04 亿元和 7.2%。到了波峰年份 1988 年，国有工业企业亏损情况有所减轻。而生产下降的 1989 年，国有工业企业亏损面达到 16%，亏损额高达 136.6 亿元。[①]

第二，降低了工业建设的经济效益。

应该肯定，实行传统的经济发展战略，盲目追求工业的高速度发展，致使在经济周期的上升阶段和波峰阶段的许多年份，基本建设投资和与此相联系的新增固定资产得到大幅度的增长。这一点，在表 8-14 所列的

①《经济日报》1990 年 2 月 28 日第 1 版。

各个波峰年份（如 1953 年、1956 年、1958 年、1978 年、1985 年和 1988 年）是表现得很明显的。

表 8-14　社会主义国家所有制工业历年和各周期基建投资和新增固定资产

单位：亿元

年份周期和时期	基建投资总额			新增固定资产			新增固定资产占基建投资总额（%）
	绝对数	比上年		绝对数	比上年		
		增加数	增长（%）		增加数	增长（%）	
1952	16.89	—	—	11.29	—	—	66.8
1953	28.34	11.45	67.8	23.42	12.13	1.1 倍	82.6
1954	38.37	10.03	35.4	28.23	4.81	20.5	73.6
1955	42.59	4.58	11.9	35.29	7.06	25.0	82.2
1956	68.20	25.25	58.8	48.98	13.69	38.8	71.8
1957	72.40	4.20	6.2	64.72	15.74	32.1	89.4
1958	173.00	100.60	139.0	123.75	59.03	91.2	71.5
1959	208.85	35.85	20.7	145.58	21.83	17.6	69.7
1960	229.57	20.72	9.9	164.27	18.69	12.8	71.5
1961	76.79	-152.78	-66.6	54.93	-109.34	-66.6	71.5
1962	40.09	-36.70	-47.8	28.07	-26.86	-48.9	70.0
1963	49.16	9.07	22.6	38.65	10.58	37.7	78.6
1964	72.06	22.90	46.6	63.01	24.36	63.0	87.4
1965	88.96	16.90	23.5	84.38	21.37	33.9	94.9
1975	231.03	—	—	146.29	—	—	63.3
1976	208.73	-22.30	-9.7	116.52	-29.77	-20.3	55.8
1977	217.36	8.63	4.1	155.55	39.03	33.5	71.6
1978	273.16	55.80	25.7	190.57	35.02	22.5	69.8
1979	256.85	-16.31	-6.0	237.51	46.94	24.6	92.5
1980	275.61	18.76	7.3	213.38	-24.13	-10.2	77.4
1981	216.01	-59.60	-21.6	192.61	-20.77	-9.7	89.2
1982	260.60	44.59	20.6	176.21	-16.40	-8.5	67.6
1983	282.28	21.68	8.3	190.55	14.34	8.1	67.5
1984	341.59	59.31	21.0	218.86	28.31	14.9	64.1
1985	446.94	104.90	30.7	287.33	68.40	31.3	64.4
1986	531.64	84.70	19.0	427.36	140.03	48.7	80.4
1987	682.79	151.15	28.4	479.21	51.85	12.1	70.2
1988	796.09	113.3	16.6	542.08	62.87	13.1	68.1
第一周期	109.30	—	—	86.94	—	—	79.5

年份周期和时期	基建投资总额			新增固定资产			新增固定资产占基建投资总额（%）
	绝对数	比上年		绝对数	比上年		
		增加数	增长（%）		增加数	增长（%）	
第二周期	140.60	—	—	113.70	—	—	80.7
第三周期	938.48	—	—	702.64	—	—	74.9
第四周期	657.12	—	—	418.36	—	—	63.7
第五周期	1906.10	—	—	1419.69	—	—	74.5
第六周期	1661.37	—	—	1193.90	—	—	71.9
第七周期							
恢复时期合计	26.89			19.29			71.7
"一五"时期合计	250.56			200.64			80.2
"二五"周期合计	728.30			516.60			70.9
1963~1965年合计	210.18			186.04			88.5
"三五"周期合计	541.51			316.78			58.5
"四五"周期合计	977.97			590.90			60.4
"五五"时期合计	1231.71			913.53			74.2
"六五"时期合计	1546.97			1065.56			68.9
1953~1988年合计	7497.42			5238.70			69.9

资料来源：《中国工业经济统计资料（1986）》，第 169 页；《中国统计年鉴》（1989），第 488、509 页。

　　然而，并不能由此做出结论说：实行传统的经济发展战略在这个阶段提高了基本建设投资效益。恰恰相反，在这两个阶段，为了满足工业高速度发展的需要，盲目增加基本建设投资。然而，基本建设投资要转变为新增的固定资产，需要有相应的追加的生产资料和生活资料，而盲目增加基本建设投资的结果，必然超过国力所能承担的限度。这样，虽然基本建设投资和新增固定资产的绝对量都大幅度地增长了，但仍有大量的基本建设投资不能迅速形成新增固定资产，致使前者的增长幅度大于后者的增长幅度，新增固定资产占基本建设投资的比重反而下降了。而这个比重正是衡量基本建设投资效益的一个极重要指标。就表 8-14 所显示的情况来看，就是第一周期波峰年 1953 年，基本建设投资增长幅度（为 67.8%）小于新增固定资产增长幅度（为 110%），因而新增固定资产占基本建设投资的比重由上年的 66.8% 上升到 82.6%。除此以外，其他几个波峰年几乎都是基本建设投资的增长幅度超过了新增固定资产的增长幅度，因而新增固定资产占基本建设投资的比重都下降了。比如，1956

年这个比重由上年的 82.2% 下降到 71.8%。1958 年这个比重由上年的
89.4% 下降到 71.5%。1978 年这个比重由上年的 71.6% 下降到 69.8%。
1985 年这个比重只是略有上升，由上年的 64.1% 上升到 64.4%。1988 年
这个比重由上年的 70.2% 下降到 68.1%。这是其一。

诚然，在经济周期的下降阶段和波谷阶段的许多年份，新增固定资
产占基本建设投资的比重趋于上升的。这一点，表 8—14 也显示得很清
楚。能否由此做出结论说，在这两个阶段，基本建设投资效益是上升的。
长期流行的观点正是这样说的。但这种观点是值得商榷的。问题在于：
这种比重的上升，是以基本建设投资增长速度的大幅度下降，甚至大幅
度的负增长作为前提的。表 8-14 对这一点也做了鲜明的反映。而基本建
设投资的减少，必然导致大量的正在建设的工程项目被迫停工，使得大
量的社会生产资源被浪费掉。又正是以这一点为前提，才有新增固定资
产在基本建设投资中比重的上升。从这种相互联系的意义上可以说，新
增固定资产在基本建设投资中比重的上升是以上述浪费为前提的。所以，
如果不是孤立地看待新增固定资产在基本建设投资中比重上升，而是联
系到整个基本建设投资的情况来看，就绝不能说在经济周期的下降阶段
和波谷阶段，基本建设投资效益是上升的，而宁可说也是下降的。这是
其二。

作为上述二点的结果，是大量的基本建设投资并没形成新增固定资
产。表 8-14 提供的资料说明：在 1953 年至 1988 年间，社会主义国家所
有制工业的基本建设投资总额为 7497.42 亿元，而形成的新增固定资产只
有 5238.7 亿元。就是说，有 2258.72 亿元的基本建设投资并没有形成新的
固定资产，这一部分占了投资总额的 30.1%。显然，与实行传统经济发展
战略相联系的基本建设投资的浪费，达到了十分惊人的程度！这是其三。

其四，我国基本建设投资的效益水平不仅低下，而且总的趋势是下
降的。表 8-14 说明：新增固定资产占基本建设投资的比重，第一周期为
79.5%，第二周期为 80.7%，第三周期为 74.9%，第四周期为 63.7%，第五
周期为 74.5%，第六周期为 71.9%，第七周期第一年 （1988 年） 为
68.1%。诚然，按照我们在前面所做的分析，第三周期是从 1958~1969
年，第四周期是从 1970~1977 年。但由于我们掌握资料的限制，表 8-14
所列的第三、四两个周期的资料是不全的。然而，表 8-14 所表现的各个

经济周期基本建设投资效益的变化趋势并没有错。为了证明这一点，只要把表 8-14 所列的各个经济周期和各个计划时期的基本建设投资效益做一比较，就可以清楚地看到：二者的变化趋势是一致的。

　　综上所述，传统的经济发展战略导致了经济总量失衡、产业结构失衡、扩大再生产形式外延化、企业规模小型化和经济发展的周期性波动，因而成为我国工业经济效益趋于下降和水平低下的最重要的原因。

第九章　传统经济体制的建立、调整和改革

　　传统的经济体制①在形成工业经济效益特征方面，也起着极为重要的作用。这种作用主要表现为两个方面：一是它本身直接影响着工业经济效益；二是通过对传统经济发展战略的制约作用影响到工业经济效益。问题在于：我国能够长期实行、并且很难改变以速度为中心的经济发展战略，原因是多方面的。其中，传统经济体制是一个最重要的经济原因。这种体制既可以集中各种生产资源投入生产，又缺乏内在的自我约束机制。因而具有高速度发展生产的冲动。这种冲动，必然造成国民经济比例关系的严重失调，因而又必须进行调整。所以也可以说，传统的经济体制是我国工业经济效益变化的周期性及水平低下的最基本经济根源。而且，正是由于传统经济体制具有上述特点，因而既可以把生产迅速推向"大跃进"，又可以把生产迅速推向调整。比如，1956年犯了局部冒进的错误，1957年进行了调整，1958年开始又犯了"大跃进"的错误。而且，这种经济体制又同高度集中的政治体制结合在一起。因而使得经济发展极易受到政治因素的影响。比如，本来1958年"大跃进"已经造成了国民经济的严重混乱，1959年原拟进行调整。但由于受到同年庐山会议"反右倾斗争"的影响，把"大跃进"的过程延伸到了1960年。本来，1966年以后工业仍可以继续上升。但由于"文化大革命"的破坏，使得

---

　　① 这里说明一个概念，按照我国许多经济学家的意见，经济体制包括两个方面：一方面是指生产资料所有制的结构；另一方面是指经济管理体制。本书主要是讨论后一方面的问题，但在有些地方也涉及前一方面的内容。所以，在本书中，经济体制这个概念常常是同经济管理体制这个概念通用的。

1967 年和 1968 年工业生产下降。本来，1975 年以后工业还可以继续增长。但同样由于"文化大革命"的破坏，使得 1976 年工业出现负增长。这些情况说明传统的经济体制又是工业生产以及与此相联系的工业经济效益变化的跳跃性和周期进程的不规则性的最基本经济根源。因此，探讨形成我国工业经济效益变化特征的原因，必须着重分析传统经济体制的作用。

但是，在新中国建立以后，传统经济体制经历了一个形成、调整和改革的过程。在这个过程的各个阶段，经济体制的状况是有很大差别的，它对工业经济效益的作用也是不同的。因而，我们有必要先来详细地考察一下经济体制的形成、调整和改革的过程，然后考察这个过程的各个阶段经济体制对经济效益的影响。这种详细考察的必要性还在于：它为说明后面第十章社会再生产各个因素对工业经济效益的作用提供了背景材料。

一、传统经济体制的建立、调整和改革过程

（一）传统经济体制的建立

1. 传统经济体制雏形的初步建立

在半殖民地半封建中国，在国民党反动派长期实行恶性通货膨胀政策的条件下，投机资本十分猖獗。新中国建立后，经过 1949 年 11 月反对投机资本的斗争，取得了重大胜利，出现了暂时的物价稳定。但这种稳定既不是财政收支平衡的结果，也不是商品供求平衡的结果。因而基础是不牢靠的。于是，从 1949 年 11 月物价平稳时到 1950 年 1 月中旬，物价上涨了 30%，2 月底比 1 月又上升了 1 倍。当时解决这个问题，首先是要统一财政经济工作。正是在这种情况下，中央人民政府政务院于 1950 年 3 月做出了《关于统一国家财政经济工作的决定》。[①] 这个决定的基本内容有三：①统一全国财政收支，即国家的主要收入，如公粮、税收和全部仓库物资以及国有企业的收入，统归国库，并使其集中用于军事上消灭残余敌人和经济上的重点恢复。②统一全国的物资调度。即由国家的

---

① 《新华月报》1950 年 4 月号，第 1393~1395 页。

商业部门把归国家所有的重要物资，如粮食、纱布和工业器材等，从分散无力的状态中，集中起来，变为有效的力量。③统一全国的现金管理，即把所有属于政府的但分散在各企业、机关、部队的现金，由中国人民银行统一管理，集中调度。因此，这三种统一的共同结果，就是避免了财力物力的分散和浪费，达到了国家集中使用的目的。这个决定还就节约各项支出、整顿各项收入作了一系列规定。所有这些，对于平衡财政收支，避免通货膨胀，稳定物价，都起了重大的作用。与此同时，还做了充分的物资供应工作，以实现商品的供求平衡。结果，从1950年3月以来，全国出现了物价稳定的局面。

现在，需要着重指出：统一财政经济工作以及尔后的有关工作，实际上是初步建立高度集中的社会主义体制雏形的过程。这个雏形包括下列几个重要方面：

就中央和地方管理企业权限划分来说，实行统一领导，分级管理。凡属国家所有的企业，分三种办法管理：一是归中央人民政府各部直接管理；二是暂时委托地方人民政府或军事机关管理；三是划给地方人民政府或军事机关管理。

就国家和企业的关系来看，开始实行高度集中的体制。①在财政方面，实行统收统支。国有企业需要的资金（包括固定资产投资和定额流动资金），按所属关系，由中央政府或地方政府的预算拨款。超定额的流动资金由中国人民银行贷款。国有企业除了均须依照中央人民政府财政部的规定交纳税收外，还需依所属关系把折旧基金和利润的大部分交中央人民政府财政部或地方政府。国有企业只能分别提取计划利润的 2.5%~5% 和超计划利润的 12%~20%，作为企业奖励基金。②在物资供应和产品销售方面，开始实行以计划调拨为主的物资供应和产品收购体制。当时是由中央人民政府贸易部承担这个物资调拨和产品收购任务。1950年，对煤炭、钢材、木材、水泥、纯碱、杂铜、机床、麻袋 8 种主要物资实行计划调拨。到 1951 年，计划调拨的物资增加到 33 种；1952 年又增加到 55 种。③在劳动方面，也着手建立集中管理的体制。当时设立了中央和各大行政区、省、市的编制委员会，统一管理这方面的工作。规定各部门、各企业编外及多余的人员，不得擅自遣散，均由全国各级编制委员会统一调配使用；各部门、各企业如需增添人员，在经过适当机关批准之后，必先向全国编制委员会请求调配，只有在调配不足时，才能另外招收。④在计划方面，开始对国有企业实行直接计划即指令性计划。在国民经济恢复时期，这项任务是由政务院财政经济委员会（以下简称中财委）承担的。其程序是：先由中财委提出年底的国营企业生产控制数字，报中央人民政府政务院批准，并责成中央各部和大行政区各部，根据此数字，分配给所属企业；然后再由基层企业开始，自下而上地编制本系统的生产、成本、劳动等项具体计划，逐级审查汇总，由中央各部分别审核后，综合送达中财委批准，最后再按系统逐级下达至基层企业贯彻执行。

建立这种高度集中的社会主义国有经济体制的雏形，是以在国民经济中居于主导地位的社会主义国家所有制经济为基础的，是符合社会生产发展水平低和生产结构较为简单的历史情况的，是适应当时解决财政经济困难的需要的。因此，在它建立以后，对于消除财政赤字，稳定市场，集中财力用于军事上和经济上重点恢复的需要，都起了重要的促进作用。

2. 传统经济体制的形成

（1）高度集中的经济体制形成的历史背景

前面已经说过，在国民经济恢复时期，已经确立了高度集中的经济体制的雏形。到了"一五"时期，这个雏形有了进一步的发展，形成了高度集中的经济体制。

高度集中的经济体制形成的历史背景，一是以往几千年封建社会形成的自然经济思想的影响；二是过去二十多年革命根据地和解放区处于被包围、被分割的农村情况下形成的自给自足、各自为战的管理制度，以及战时共产主义供给制的影响；三是在缺乏社会主义建设经验的情况下，基本上学习了苏联斯大林时期实行的经济管理体制。这些因素都是重要的，但都是历史的或外在的因素，而不是现实的和内在的因素。四是这个现实的和内在的因素，就是这种体制适应了"一五"时期集中主要力量进行以重工业为主的重点建设的需要。

这种高度集中的经济体制有一个很大的优点，就是能够把社会的资金、物资和技术力量集中起来，用于有关国计民生的重点项目。国民经济发展中的薄弱环节和经济落后地区，从而比较迅速地形成新的生产力，克服国民经济各个部门之间和各个地区之间的发展不平衡状态，促使国民经济按比例地和迅速地发展。这一点，正好适应了实现"一五"计划基本任务的需要。

"一五"计划首要的基本任务，是集中主要力量进行以苏联帮助我国设计的156个建设项目为中心的、由限额以上的694个建设项目组成的工业建设，建立我国的社会主义工业化的初步基础。显然，要实现这项任务，需要大量的财力、物力和技术力量。1952年，尽管我国国民经济已经得到了恢复，但经济力量仍然是很薄弱的，财力、物力和技术力量都很有限，不能充分适应建立社会主义工业化初步基础的需要。要使得有限的经济力量能够满足社会主义工业化建设的需要，就需要适当集中全国的经济力量。根据"一五"计划的规定，单是苏联帮助设计的建设单位在5年内的投资就达到110亿元，占工业基本建设投资的218.5亿元的44.3%。而且，直接配合这些建设单位的，还有143个限额以上的建设单位，5年内对这些建设单位的投资是18亿元，占工业基本建设投资的7.2%。两项合计共占51.5%。[①]这就表明，在"一五"期间，需要集中主要投资来保证苏联帮助设计的重点工程及其直接配套工程的建设。还要进一步看到：限额以上的694个建设单位，特别是苏联帮助我国设计的156个建设单位，都是关系国民经济命脉的项目。它包括建立和扩建电力工业、煤矿工业和石油工业，建立和扩建钢铁工业、有色金属工业和基本化学工业，建立制造大型金属切削机床、发电设备、冶金设备、采矿设备和汽车、拖拉机、飞机的机器制造工业等。建设这些项目不是为了满足一个地区的需要，而是为了满足全国的需要。这些建设项目不仅技术复杂，而且投资量大。这种情况又决定了这些建设项目必须由中央集中统一管理。因而也需要由中央集中资金、物资和技术力量。显然，如果不实行由中央集中全国经济力量（包括资金）的高度集中的经济体制，是难以实现"一五"期间建立社会主义工业化初步基础的任务的。

发展手工业生产合作社，建立手工业的社会主义改造的初步基础，以及基本上把资本主义企业纳入各种形式的国家资本主义的轨道，建立对于私营企业的社会主义改造的基础，是"一五"计划的两项基本任务。

---

①《中华人民共和国发展国民经济的第一个五年计划（1953~1957）》，人民出版社1955年版（下同），第31页。

为了实现这两项基本任务，需要国家掌握雄厚的财力和物力，为社会主义改造提供强大的物质力量。从这一点说，建立高度集中的经济体制，也是实现社会主义改造的要求。

（2）高度集中的经济体制的主要内容

在实行这种高度集中的经济体制的条件下，无论就中央政府和地方政府对因有企业的管理权限来说，或者就国家和企业的管理权限来说，都是高度集中在中央政府手中的。

第一，国有企业的管理。

如前所述，国民经济恢复时期，在国家对国有企业的管理方面，曾经实行了统一领导和分级管理的原则。当时除了在华北地区中央政府直接管理了一部分企业以外，在其他各大行政区，企业基本上是由各该大行政区直接管理的。但在"一五"期间，中央政府各部门直接管理的工业企业数大大增长了，即由 1953 年的 2800 多个增长到 1957 年的 9300 多个，大约占当年国有工业企业总数 58000 个的 16%，工业产值接近国有工业总产值的一半。决定这一点的有三个基本因素：①有计划经济建设的开展，要求进一步加强中央政府的集中统一领导。与此相联系，1954年 6 月 19 日中央人民政府决定撤销大区一级的行政机构。②随着私人资本主义企业的社会主义改造的基本完成，原来的私营企业变成了公私合营的企业，其中一部分也由国家来直接管理了。③由国家投资兴建的企业投产以后，也由中央政府有关部门直接管理。

第二，基本建设项目的管理。

"一五"期间，基本建设项目（特别是大中型基本建设项目）投资的绝大部分都是由中央政府直接安排的。从"一五"计划实际执行的结果来看，国家预算内投资达到 531.18 亿元，占基本建设投资总额的 90.3%。[①]其中，属于中央政府直接管理的项目的投资占 79%，属于地方政府直接管理的项目的投资占 21%。

"一五"期间，基本建设项目的审批权也是高度集中的。依据有关文件规定，国务院各部门和省、市、自治区管理的各类基本建设项目在 500万~3000 万元之间的，需经国家建设委员会审核，国务院批准；60 万~

300 万元之间的各类基本建设项目需经国务院各部或各省、市、自治区人民委员会审核批准，60 万元以下的各类基本建设项目，其审核和批准程序，分别由国务院各部和各省、市、自治区人民委员会自行规定。①

在这期间，中央政府各主管部门对重点建设项目的管理权也很集中，从人、财、物的调度，到设计施工，到生产准备的安排、是一管到底的。

第三，计划管理。

国民经济恢复时期结束的时候，社会主义经济成分的比重是大大增长了，但各种私有制也还占有很大的比重。据统计，1952 年社会主义国家所有制工业产值占工业总产值的 41.5%，集体所有制工业产值占 3.3%，公私合营工业产值占 4%，私人资本主义工业产值占 30.6%，个体工业产值占 20.6%。② 依据这种实际经济状况，"一五"期间实行了直接计划与间接计划和市场调节相结合的计划管理制度。就是说，对国有企业和生产国家计划产品的一部分公私合营企业实行直接计划，由国家向这些企业下达指令性生产指标。指令性指标有 12 项：总产值、主要产品产量、新种类产品试制、重要的技术经济定额、成本降低率、成本降低额、职工总数、年底工人到达数、工资总额、平均工资、劳动生产率和利润。对多数公私合营企业和私人资本主义工业以及一部分手工业实行间接计划，主要由国家采用各种经济政策、经济合同和经济措施，把它们的经济活动引导到国家的计划轨道。至于对各类小商品生产，一般不列入国家计划，由市场进行调节。

在"一五"前期，有关国计民生的生产已经纳入国家的直接计划。但生产中的间接计划和市场调节部分仍占有很大的比重。1952 年，公私合营工业、私人资本主义工业和个体工业产值占工业总产值的 55.2%；直到 1955 年还占到 41%。③ 所以，即使扣除了公私合营产值中已纳入国家直接计划的部分，在"一五"前期，间接计划和市场调节部分的比重仍然不小。这种直接计划与间接计划和市场调节相结合的计划管理制度，既具有宏观经济发展需要的统一性，又在某些方面（主要是私有经济中）

---

① 国务院关于《基本建设工程设计和预算文件审核批准暂行办法》（1955 年 7 月 12 日发布），《中国工业经济法规论汇编》（1949~1981），第 209~210 页。

②③《中国统计年鉴》（1984），第 194 页。

具有微观经济发展需要的灵活性，从而成为这个时期经济发展的重要因素。

但到"一五"后期，工业生产中直接计划的部分大大增长了，而间接计划的部分大大缩小了。1953 年，国家计委统一管理、直接下达计划指标的产品是 115 种；到 1956 年增加到 380 多种，其产值占到工业总产值的 60%上下。这部分地是由于重点建设的开展，需要中央政府集中更多的财力和物力，部分地是由于国民经济计划工作经验的积累，对各种生产条件的认识更加清楚，有可能制定更多的指令性计划指标；部分地是由于生产资料私有制的社会主义改造的基本完成，有可能把原来对国有企业的管理制度推广到更多的公私合营的企业中去。

第四，财务管理。

"一五"时期，国家对国有企业继续实行统收统支的财务管理制度。国有企业需要的资金（包括固定资产更新改造需要的技术措施费、新产品试制费和零星固定资产购置费，以及定额流动资金），按企业隶属关系，由中央政府或地方政府的财政拨款，超定额流动资金由国家银行贷款。国有企业除了需要依据中央人民政府财政部的规定缴纳税款外，还需要按照隶属关系把全部折旧基金和大部分利润上缴中央政府财政部或地方政府。企业只能按照国家规定提取一定比例的计划利润和超计划利润作为企业奖励基金。

第五，物资管理。

"一五"时期，为了加强对物资的集中统一管理，将物资分为三类：一是统配物资，即关系国计民生的最重要的通用物资，由国家计划委员会组织生产和分配的平衡。二是部管物资，即重要的专用物资，由国务院各主管部门组织生产和分配平衡。这些列入国家计划分配的物资，均由国家计委或国务院各主管部门统一组织生产和分配，生产企业、国务院其他部门和地方政府无权支配。三是地方管理物资，即第一、第二两项以外的工业品生产资料，不由国家计划分配，而是一部分由地方政府安排生产和销售，大部分由企业自产自销。

与这种物资管理体制相适应，在物资价格管理上，第一、二类物资都是按国家的计划价格组织调拨，第三类物资的价格由地方或企业自行规定。

同直接计划与间接计划相结合的计划管理体制相配合，计划物资也采取直接计划与间接计划相结合的分配方法，将需要第一、二类物资的企业分为两类。一是申请单位。包括中央政府各主管部门的直属企业、地方政府直属的大型企业以及生产国家计划产品的一部分公私合营企业。国家对这些企业的全部生产或部分生产实行直接计划，下达指令性指标；对它们需要的第一、二类物资也实行直接计划供应的办法。即由它们通过主管部门申请供应，并对它们的物资实行国家计划调拨。二是其他企业，为非申请单位。对它们需要的第一、二类物资，实行间接计划供应的办法，由商业部门依照市场牌价通过门市部供应。

前面说过，"一五"时期，国家直接计划生产的产品的范围不断扩大。与此相联系，计划分配物资的种类也在增长。1953年，计划分配的物资为227种，其中一类物资为112种，二类物资为115种；到1957年，计划分配物资增长到532种，其中一类物资为231种，二类物资为301种。与此相对应，非计划分配的重要物资，不仅在品种上减少了，在供应的数量上也下降了。通过商业部门向非申请单位供应的钢材占全国钢材供应总量的比重，1953年为35.9%，1956年下降到8.2%。

第六，劳动工资管理。

在劳动管理方面，1954年以前，是在中央统一政策指导下，以大行政区管理为主的。当时，不论是国有企业，或是私营企业都可以在国家政策允许的限度内自行增减职工；企业招工可以对职工进行考核，并可择优录用，还有辞退职工的权力。进入"一五"时期以后，1954年撤销了大行政区，对劳动用工的管理，就逐步转到以中央集中管理为主。同时，为了适应有计划的经济建设的需要，又逐步扩大了国家对职工统一分配的范围，从大学毕业生，到中专毕业生和技工学校毕业生，一直到复员退伍军人。而在全行业公私合营以后，对原来私营企业的职工又实行了包下来的政策。这就形成了能进不能出的"铁饭碗"的制度，同时也意味着完全取消了企业的用工权利。

在工资管理方面也存在类似的情况。在国民经济恢复时期，工资也是以各大行政区的分散管理为主的。进入"一五"时期以后，1953年已经开始对工资实行集中管理。但这时国家只控制工资总额和平均工资指标；而且这两个指标是逐年增加的。这样，地方、部门和企业都可以在国家规定的范围内安排部分职工升级，并依据需要实行计件工资和建立奖励制度。1954年，大行政区撤销以后，工资管理就集中到中央政府劳动部手中。经过两年的准备，到1956年进行了全国工资改革。从建立全国统一的国有企业工资制度来说，这次工资改革的内容主要包括：取消工资分制度和物价津贴制度，统一实行直接用货币规定工资标准的制度；分别按产业规定工人的工资等级数目和工资等级系数，统一制定或修改技术等级标准，实行等级工资制，对企业领导人员、工程技术人员和职员，实行职务或职称的等级工资制；地方国有企业职工的工资标准和工资制度，由各省、市、自治区根据企业的规模、设备、技术水平和现在的工资情况等条件，参照中央国有企业职工的工资标准和工资制度来规定。

但这次工资改革，不仅涉及中央国有企业和地方国有企业，而且涉及公私合营的企业。按照当时的有关规定，在全行业公私合营以前实行了公私合营的企业，一般与国有企业同时进行工资改革，使它们的工资标准和工资制度与同一地区性质相同、规模相近的国有企业大致相同，现行工资标准高于当地同类性质国有企业的，一律不予降低。全行业公私合营以后建立的公私合营企业的工资标准和工资制度，逐步向同一地区性质相同、规模相近的国有企业看齐。公私合营企业的职工和私方人员的现行工资标准，同当地同类性质的国有企业的工资标准相较，高了的不减少，低了的根据企业生产、营业情况和实际可能，分期逐步增加。

这样，经过这次工资改革，不仅在国有经济内部建立了统一的工资制度（包括由中央政府统一规定职工工资标准以及职工定级、升级制度等方面），而且开始把这种统一的工资制度向公私合营企业推广了。

上述情况表明："一五"时期，我国在对企业的管理、基本建设项目的管理、计划管理、财务管理、物资管理和劳动工资管理等方面都建立了高度集中的管理制度，从而形成了较完整的高度集中的工业经济体制。

当然，"一五"时期是我国高度集中的经济体制的形成时期，因而，在这方面，"一五"前期（即1956年生产资料私有制的社会主义改造基本完成以前）和"一五"后期（即1956年生产资料私有制的社会主义改造基本完成以后）就会出现阶段性的差别。

总的来说，"一五"前期的经济体制也已经是高度集中的管理体制，但相对"一五"后期来说，中央政府的集权还不是很高，地方政府和企业还有较多的管理权力。但到了"一五"后期，伴随着生产资料私有制的社会主义改造的基本完成，以及社会主义建设对于财力物力的需要和财力物力供应不足的矛盾的发展，这种高度集中的经济体制就进一步向前发展了，对经济的管理权力更进一步集中在中央政府手中，地方政府和企业就没有多少活动余地了。

这一点，表现在经济体制的各个方面。在中央政府直接管理的国有企业的数量方面，"一五"后期比"一五"前期增长了。在计划管理方面，1956年以后，列入国家直接计划的产品品种增长了，间接计划和市场调节的部分缩小了。在物资供应方面，1956年后，由国家计划分配的主要物资品种增长了，非计划分配的重要物资的品种减少了。在商品流通方面，"一五"后期，国家计划收购的部分大大增长了，而国有企业特别是私营企业自产自销部分大大减少了。①在劳动用工方面，1956年由于对私营企业的职工实行包下来的政策，就最终形成了统包统配的制度。在工资方面，经过1956年的工资改革，尽管企业还有自行决定计件工资和奖励制度的权力，但由于要执行国家统一规定的工资标准和定级、升级等项制度，在这方面，企业的活动余地也就变得很狭小了。可见，"一五"后期，我国高度集中的经济体制是大大向前发展了。

（二）传统经济体制的调整

这里首先需要说明一个概念：按照我国学术界和经济界过去和现在流行的说法，都把我国1958年和1970年经济体制的变化称作经济体制改革。但在实际上，这两次经济体制的变化，都是政府管理经济权限在中央政府和地方政府之间的调整，并未涉及经济体制改革的根本问题，即使是国有企业从国家机关行政的附属物变为商品生产者的问题。因而，从严格的科学意义来说，这两次经济体制的变化，并不能称作经济体制改革，而只能称作经济体制的调整。

然而，为了同流行的说法相一致，我们在以下行文中，仍把这两次经济体制的变化称作经济体制改革。

但是，需要注意的是：不能把两次经济体制的调整，同党的十一届三中全会以后开始的真正意义上的经济体制改革混同起来。

---

① 据统计，私营企业自产自销部分的产值占私人资本主义工业产值总的比重，1952年为38.9%，1956年不到0.2%。

现在我们来分析这两次经济体制改革的过程及其内容。

高度集中的经济体制在当时社会经济发展水平不高、经济结构较为简单的条件下，同社会生产力的发展要求还有较多的适应的一面。但是，另一方面，随着社会主义建设事业的发展，这种经济体制的弊病也越来越明显地暴露出来。于是，1958年开始对这种体制进行了改革，改革的中心是扩大地方（省、市、自治区）的经济管理权限。其要点有：一是将中央各部直属企业大部分下放给地方管理。从1958年3月到该年年底，中央直属企业共下放了8000多个，中央各部只保留了1000多个重要的特殊的以及"试验田"性质的企业，下放企业占到总数的87%；二是实行中央和地方两级财政，实行"收支挂钩、比例分成、一定五年"的办法；三是减少了国家统一分配的物资。1958年归中央统一分配的物资一度减少到130多种，比1957年减少了75%；四是把招收临时工的权力下放给省、市、自治区，由地方根据需要自行安排；五是扩大了地方的计划权，规定地方在保证完成国家规定的生产、建设任务以及设备、原材料、消费品的调拨计划的前提下，可以对本地区的生产指标进行调整，允许地方搞生产上第二本账，① 基本建设项目的审批权也相应下放给地方。同时，实行计划体制的"双轨制"，即中央主管部门负责制订全行业的全国统一计划，地方负责地区的全面计划，国家计委和国家经委根据这两个方面的计划，制订全国的统一计划。

如果仅仅就处理中央和地方的经济管理权限这个意义上来说，那么可以讲这次改革的方向是对的，并且是取得了一定的成绩。经过这次改革，在某种程度上调动了地方的积极性。在一段时间内地方工业也确实发展得很快。

但是，中央经济管理权限的下放，是在"左"的指导思想下进行的，采取搞运动的方式，缺乏试点，发展很快，又没有一套行之有效的宏观控制的办法。于是，国民经济的发展就失去控制。特别是计划方面的"两本账"制度，造成生产指标层层加码，基本建设项目随便上马，职工人数任意增加，实际等于没有计划。这就导致了国民经济比例关系的严重失调，即是"乱"。但乱的主要原因还是当时经济工作指导方面的

---

① "第一本账"是中央规定的生产指标，是必成数；"第二本账"是地方调整后的生产指标，是期成数。

"左"的错误。其突出表现是生产、建设上的高指标、分配上的高积累。然而，就国家（包括中央和地方）和企业关系这个最根本方面来说，"死"的情况并没有根本改变。诚然，1958 年的国家对企业开始实行了利润留成制度。在此以前，企业所实现利润，除了根据国家规定的条件提取一小部分奖励基金以外，全部上缴国家。1958 年国家规定：根据各个企业第一个五年计划期间的奖励基金、超计划奖金和"四项费用"①的总和，参照同一时期实现的利润，确定企业利润留成的比例。企业根据这个比例分到的利润，主要用于四项费用、集体福利事业和发放奖金等开支。这对调动企业的积极性当然是有好处的。但是，企业作为国家行政机关（包括中央和地方）附属物的面貌仍然如故。所以，当时经济管理中存在的问题，不仅是"乱"，而且是"死"。

根据当时国民经济比例关系严重失调的情况，1961 年开始实行"调整、巩固、充实、提高"的八字方针。为了适应调整国民经济的需要，又重申了中央的集中管理。过去在企业、计划、人财物权力等方面下放不当的一律收了上来，基本上又恢复到 1957 年以前的做法，有些方面甚至比那时还要集中。到 1963 年，中央部门直属企业达到 10000 多个，中央统一分配的物资达到 500 多种。在计划管理上，实行中央集中领导下的以"条条为主、条块结合"②的计划体制。为了贯彻"八字"方针，1962 年国家还规定：除商业企业外，国营企业暂停实行利润分成制度。但企业依照国家规定仍然可以按工资总额的一定比例从利润中提取奖励基金和超计划奖金。

这次经济管理权限的上收，对于迅速恢复比例失调的国民经济，是起了重要作用的。但经济体制原有的弊病几乎原封不动地存在着。随着经济形势的好转，矛盾又更加突出了，于是从 1964 年开始，又把中央的一些管理权限陆续下放给地方。到 1970 年又决定进一步扩大地方权限，再次将中央各部（不包括军工各部）直属的大部分企业（包括像鞍钢、大庆油田那样的大企业）下放给地方管理。同时，减少了国家统一分配

① 即技术组织措施费、新产品试制费、劳动安全保护费和零星固定资产购置费。
② "块块管理"是指地方（省、市、自治区）按地区进行的经济管理，"条条管理"是指中央各主管部门（如冶金部、石油部、化工部，等等）按不同行业进行的经济管理。

的物资（1972 年比 1966 年减少了 61%），并对钢材、水泥、木材、煤炭等 12 种产品在全国范围或部分地区试行"地区平衡、差额调拨"①的办法。在财政体制上增加了地方的机动财力，企业基本折旧基金随着企业下放全部留给地方和企业。1971 年到 1973 年实行了定收定支、收支包干、保证上交、结余留用的"财政收支包干"的办法。同时还扩大了地方对基本建设计划统筹安排的权限。

这次体制改革也取得了一定的成绩，对调动地方的积极性是起了重要作用的。但伴随着这次体制改革，也发生了国民经济比例关系的严重失调，出现了严重的混乱。但这种"乱"主要是由于林彪、"四人帮"一伙的反革命破坏活动和经济工作指导方面的"左"倾错误造成的。

通过这次改革，虽然在改善中央和地方的关系上有些前进，但对经济生活实行行政管理的体制并没有根本改变。区别只是在于：过去中央行政机关的经济管理权限大一些；现在地方行政机关的经济管理权限大一点。这样，这种管理体制的固有弊病在根本上还没有什么触动。而且，在"文化大革命"期间，由于林彪、"四人帮"一伙反革命的破坏，就连原来国家规定的企业可以从利润中提取一定奖金的制度也被取消了。

粉碎"四人帮"以后，为了克服国民经济中存在的半计划、半无政府状态，又强调了国家集中的统一领导。于是，中央下放的企业又陆续上收。仅 1978 年改为中央部门直接领导的企业、事业单位以及改由中央部门直接供给物资的生产科研单位就有近 1000 个；与此同时，下放地方管理的产品基本上也都收回来了。

可见，如果不算我国高度集中的经济体制的形成阶段（即国民经济恢复时期和第一个五年计划时期），那么二十多年来，我国经济体制基本上经历了两放、两收的过程。其中两放的过程也就是两次改革的过程。这些改革的中心主要是调整国家行政机构内部中央和地方的经济管理权限。对国家和企业的关系这个根本问题不仅没有什么触动，而且原有的弊端还进一步发展了。

---

① 即根据各省、市、自治区上年的消费水平和当年的产需情况，由国家主管物资分配部门和省、市、自治区商定该种物资调出（或调入）数量后，在该省、市、自治区范围内的地方企业和中央企业（军工、铁道、外贸等特殊部门除外）生产建设需要的该类物资均由地方分配供应，国家不再直接管理，只对各地产品品种、规格进行余缺调剂。调出调入指标也可以一定几年不变。

（三）传统经济体制的改革

在党的十一届三中全会确立的正确思想路线指引下，我国开始了真正意义上的经济体制改革过程。[①]这个改革大体上经历了和经历着三个阶段：一是由 1979 年到 1984 年党的十二届三中全会，经济体制改革的重点先在农村展开，主要是实行家庭联产承包责任制；在城市主要是扩大企业自主权，并进行了其他一些改革。二是党的十二届三中全会做出了《关于经济体制改革的决定》，经济体制改革的重点转入城市，以增强企业活力为中心，在生产、流通和分配体制等方面进行了初步改革。三是1989 年 9 月党的十三届三中全会提出了治理经济环境、整顿经济秩序、全面深化改革的方针，进入了与治理、整顿相结合的深化改革的时期。

经过 1979 年至 1989 年的改革实践，我国经济体制改革已经取得了巨大的成就。

第一，在以社会主义公有制为主体的前提下，发展多种所有制经济。在改革中破除了过去在所有制问题上急于求公和求纯的"左"的指导思想，鼓励城乡集体、个体和私人经济以及中外合资、合作经营和外商独资企业的发展，初步开始形成以公有制为主体、多种所有制经济并存的格局。据表 9–1 的资料，从 1978 年到 1988 年，在全国工业总产值中，社会主义国家所有制经济从 77.63% 下降到 56.80%，集体所有制经济从22.37% 上升到 36.15%，个体经济、私人资本主义经济、中外合资及外商独资等经济成分由几乎为零增加到 7.05%。这当然不是说，当前我国社会主义经济与非社会主义经济的对比关系已经很合适了。今后还须在坚持社会主义国有制为主导，社会主义经济（包括国家所有制和集体所有制等）为主体的前提下，在作为社会主义经济必要补充的限度内，适当发展各种非社会主义经济，以充分调动各种所有制经济的积极性，加速我国社会主义现代化建设的发展。

第二，在坚持社会主义公有制的前提下，对企业进行了初步改革。主要的改革有两方面：一方面，就国家与国有企业的关系来说，党的十一届三中全会以来，经过对企业相继实行的扩大企业经营自主权、经济

---

① 这当然是就问题的本质和主要来说的，并不否认在这次经济体制改革的进程中仍然有行政性的分权问题，即经济体制的调整问题。

表 9-1　历年和各周期工业总产值的各种所有制构成

（以工业总产值为 100）　　　　　　　　　单位：%

周期	年份	国家所有制工业	集体所有制工业	城乡个体工业	其他经济类型工业
	1952	76.17	3.26	20.57	
第一周期	1953	76.87	3.87	19.26	
	1954	76.79	5.33	17.88	
	1955	77.64	7.58	14.78	
第二周期	1956	81.75	17.07	1.18	
	1957	80.14	19.03	0.83	
	1958	89.17	10.83		
	1959	88.55	11.45		
	1960	90.60	9.40		
	1961	88.51	11.49		
	1962	87.80	12.20		
第三周期	1963	89.33	10.67		
	1964	89.54	10.46		
	1965	90.07	9.93		
	1966	90.18	9.82		
	1967	88.46	11.54		
	1968	88.42	11.58		
	1969	88.71	11.29		
	1970	87.61	12.39		
	1971	85.91	14.09		
	1972	84.88	15.12		
	1973	84.02	15.98		
第四周期	1974	82.41	17.59		
	1975	81.09	18.91		
	1976	78.33	21.67		
	1977	77.03	22.97		
	1978	77.63	22.37		
	1979	78.47	21.53		
	1980	75.97	23.54	0.02	0.47
第五周期	1981	74.76	24.62	0.04	0.58
	1982	74.44	24.82	0.06	0.68
	1983	73.36	25.74	0.12	0.78
	1984	69.09	29.71	0.19	1.01
	1985	64.86	32.08	1.85	1.21
第六周期	1986	62.27	33.51	2.76	1.46
	1987	59.73	34.62	3.64	2.02
第七周期	1988	56.80	36.51	4.34	2.71

资料来源：《中国统计年鉴》(1989)，第 267 页。

责任制和利改税等项措施以后，1987年春，确定普遍推行多种形式的承包经营责任制。到1988年底，全国已有91%的大中型国有工业企业实行了各种形式的企业承包经营责任制。[①] 其主要形式有以下几种：

其一，"双包一挂"（或"两保一挂"）。从1986年底开始，北京市先在8户大企业进行试点，进而扩大到全市321户大中型工业企业。"两保"是：一保上交国家利润，完不成包干指标要用企业自有资金补足；二保"七五"期间国家已经批准的技术改造任务；"一挂"是：工资总额与经济效益挂钩。承包期限为4年，按承包合同兑现。

其二，上交利润递增包干。即企业上交产品税（或增值税）后，在核定上交利润基数的基础上，逐年按规定的递增率向财政上交利润。这种办法从1982年起即已开始实行，在实行第二步利改税时，经财政部和国家经委批准，保存了一批企业搞上交利润递增包干，到1986年底还有二十几家，各地也同时批准了一些企业实行这种办法，效果都很好。首都钢铁公司就是采用的这种办法。

其三，上交利润基数包干，超收分成。即确定企业上交利润基数，对超收部分按合同规定进行比例分成或分档分成。吉林省从1983年起就对企业全面实行这种办法。

其四，微利、亏损企业的定额包干和亏损包干。根据不同企业的情况确定包干基数，有的超收（或减亏）全部留给企业，有的按规定比例分成。

其五，行业投入产出包干。全国在石油、煤炭、冶金、有色、铁道、邮电、化工和民航8个部门实行这个办法。

此外，还有两种形式，一是国家体改委在沈阳、武汉等6个城市进行的企业经营责任制。此办法规定，基数利润交55%所得税；超基数利润所得税率降为30%，实行倒三七分成。二是资产经营责任制，在沈阳、重庆等城市约有100多个企业试行。[②]

在小型企业里还广泛实行了租赁等经营形式。到1988年底，已有56.1%的小型国有工业企业改为集体租赁经营或个人承包经营和其他经营

① 《奋进的四十年（1949~1989）》，中国统计出版社1989年版（下同），第32页。
② 《中国经济体制改革十年》，经济管理出版社1988年版（下同），第234页。

形式。①

另外，在企业内部也实行了一系列的改革。主要内容有以下几点：

首先，改革企业领导体制，普遍推行厂长（经理）负责制。到 1988
年底，实行厂长（经理）负责制的工业企业已占国有工业企业总数的
83.2%。② 据 29 个省、自治区、直辖市和国务院 34 个部门对 2.76 万个已
经实行厂长负责制企业的分析：厂长能够较好地行使指挥权、决策权、
用人权，党政工三者关系协调，制度比较健全，企业工作有很大起色的
占 40%；工作有效果，但较为一般的占 50%；问题较多，三者关系不顺，
领导班子内部存在矛盾的占 10%。③

其次，改革企业劳动人事制度。主要内容有以下几点：

其一，改革劳动就业制度。改革以来，我国逐步改变了国家统包就
业的劳动制度，实行在国家统筹规划和指导下，劳动部门介绍就业、劳
动者自愿组织就业和自谋职业的三结合就业方针；变主要靠全民所有制
单位招工的单一就业渠道为全民、集体和个体经济的多渠道就业。

其二，改革企业用工制度。我国改革以来，逐步改变原来实行的单
一的固定工制度，在新招工人中普遍实行劳动合同制；实行面向社会，
公开招工，择优录用办法；给厂长以辞退违纪职工的权力；建立合同制
工人养老保险和职工待业保险制度。许多企业还试行了劳动优化组合的
改革。到 1988 年底，全国已有 3 万多个国有企业 1300 万个固定工进行
了这种改革。④

其三，改革企业人事制度。改革以来，曾经规定，厂长（经理）、党
委书记分别由上级主管部门任命；而厂级行政副职由厂长提名，报主管
部门批准；厂内中层行政干部由厂长任免。以后随着承包制、租赁制的
广泛推行，把竞争机制引入企业，企业又采取了招标、投标的办法，择
优选择经营者；对企业内部的中下层行政领导干部，也采用了招标制、
聘任制或选举制。

其四，改革企业分配制度。主要内容有：①完善奖金制度。改革开

---

①②《奋进的四十年（1949~1989）》，第 32 页。

③《中国经济体制改革十年》，第 236 页。

④《中国经济年鉴》(1989)，第Ⅲ-11 页。

始以后就恢复了奖金制度，并采取措施，使奖金制度不断完善。其中，最重要的是 1984 年赋予企业以充分的奖金分配自主权；同时取消了自 1981 年开始实行的奖金"封顶"办法，代之以企业奖金按核定比例从税后留利中提取，奖金发放超过一定限度征收超额奖金税的办法。②实行企业工资总额同经济效益挂钩浮动。当前，企业实行工资总额与经济效益挂钩的主要形式有：与上交税利、与实现利润、与实物量、与工作量（铁道、港口）、与营业额（商业）、与外汇额和利润（出口企业）挂钩，以及百元工资含量包干等形式。一般是，如果上述挂钩内容年增长超过 1%，则工资总额增长 0.3%~0.7%。到 1988 年底，实行这种办法的国有企业已达 500% 以上，其中大中型国有工业企业占 60% 以上。①③实行多种形式的工资制度。在推行企业工资总额同经济效益挂钩浮动的过程中，国家还逐渐扩大了企业工资分配的自主权，规定企业在国家规定工资总额（包括增资指标）和政策范围内，对企业内部工资、奖金分配的具体形式和办法，由企业自主决定。于是，许多企业从实际出发进行了内部分配制度的改革，实行了多种形式的内部分配制度。如浮动工资、计件工资、岗位工资、承包工资、提成工资和结构工资等。到 1987 年末，进行这种改革的企业已占企业总数的 91.79%；其中，社会主义国家所有制企业已占 80%，集体所有制企业已占 95%。②

　　第三，依据社会主义的计划经济和市场调节相结合的原则，逐步建立和健全社会主义的市场体系。主要内容有：①改革商品流通体制，搞活消费品市场。实行多种经济形式、多种经营方式、多条流通渠道和减少流通环节的改革，使得国营商业在与其他经济成分的竞争中显著增强了活力，农村供销社商业出现了新的生机，个体商业空前活跃。1988 年，在全国社会商品零售总额中，国有商业占 39.5%，集体商业占 34.4%，合营商业占 0.4%，个体商业占 17.8%，农民对非农业居民零售占 7.9%。③②改革物资供应体制，发展生产资料市场。比如，到 1988 年末，全国已有 151 个大中城市建立了 182 个钢材市场。各种形式的物资贸易中心已发展到 1000 余家。③改革金融体制，扩大资金市场。1987 年，全国短期资金

①《中国经济年鉴》（1989），第Ⅲ-5 页。
②《中国经济体制改革十年》，第 803 页。
③《中国统计年鉴》（1989），第 601 页。

市场共拆借融通资金 2400 多亿元，部分城市还试办了长期资金市场和证券交易市场。④改革科技体制，发展技术市场。到 1988 年底，全国技术开发经营机构已发展到 1 万多个，从业人员近 30 万人，其中科技人员已超过 15 万人。这年全国技术贸易额就达 72.4 亿元。⑤改革劳动就业制度，改劳动部门统一分配为统配与自由就业相结合，发展劳动力市场。到 1988 年底，由劳动部门管理的各级劳动力市场服务机构发展到 8000 多个，安置就业人员和解决劳动力合理流动 683 万人次，由人事部门管理的全国地市以上的科技人才交流中心达 258 个，仅 1988 年解决人才交流 40 多万人次。①⑥开发信息市场。一批经济信息咨询服务公司正在兴起。⑦逐步开放房地产市场。在一些城市，已陆续开放房地产市场，加快了城市住宅商品化的步伐。⑧开始建立产权交易市场。在一些城市发挥了它在调整产业结构和评估企业资产的作用。

第四，依据社会主义有计划的商品经济的要求，发展各种横向经济联合，并发挥中心城市的功能。

改革以来，以大中型骨干企业和名优产品为"龙头"，跨地区、跨部门、跨行业和跨所有制形式的企业横向经济联合组织也得到了迅速发展。地区之间的经济协作也有很大的发展。到 1987 年底，农村联合体达到 48 万个，工业联合体 32000 个，商业联合体 7300 个。在横向联合的基础上，企业集团有了很大发展。据 28 个省市的统计，到 1988 年底，已有各种类型的企业集团 1362 个。区域性的经济集团在 1987 年也达到了 104 个。1985 年到 1987 年东部和西部地区之间的经济技术协作项目达到 15800 个，西部地区从东部地区引进的资金和人才分别为 30 亿元和 34000 人。②到 1988 年，进行经济体制综合改革试点的城市已扩大到 72 个，其中有 10 个大中城市实行国家计划单列，被赋予省一级管理经济的权限。③这样，就逐步打破了过去纵向封闭型的条块状经济结构，开始形成横向开放型的网络状经济格局。中心城市的经济辐射力、吸引力和综合服务能力大大加强，经济、技术、金融、人才和信息中心的作用开始得到发挥，初步形成了一批以大中城市为依托的经济区。比如，以上海为中心由苏

---

①《中国经济年鉴》（1989），第Ⅲ-22~23 页。

②《中国经济体制改革十年》，第 812 页；《中国经济年鉴》（1989），第Ⅲ-5 页。

③《中国经济体制改革十年》，第 810 页。

皖浙赣闽沪组成的上海经济区；以沈阳为中心由东北三省和内蒙古东三盟组成的东北经济区；以重庆为中心由川滇黔桂藏渝五省区六方组成的西南经济协调组织等。

第五，在坚持以按劳分配为主的前提下，实行了多种分配方式。改革以来，与实行以公有制为主的多种所有制经济结构和多种经营形式相适应，也进行了以按劳分配为主的多种分配方式的改革。劳动者除了工资、奖金收入和个体劳动所得以外，企业债券、股票的持有者还可以凭债权取得利息和按股份分得红利；个体经济和私营企业雇佣一定数量的劳动力，会给业主带来部分非劳动收入；承包、租赁企业经营者的收入中，还包含了一部分经营风险补偿；居民在银行里存款，要获得一部分存款利息，等等。这些非按劳分配的收入，只要是依靠诚实劳动和合法经营取得的，在社会主义的初级阶段是必要的。但是，为了调节过高的个人收入，国家相继开征了个人所得税和个人收入调节税。同时，对少数以非法手段牟取暴利的不法行为，依法进行了惩治。这些改革措施的实行，对于克服分配上的平均主义和防止出现新的社会分配不公正现象，起了有益的作用。

第六，在计划经济与市场调节相结合原则的指导下，改革经济管理体制。改革以来，国家对计划、财政、税收、物价、金融、物资、商业、外贸等管理体制进行一系列改革，使过去国家经济管理机构分投资、分物资、分项目和下指令性指标进行直接管理的状况有了很大改变，开始向间接管理过渡。据统计，1980年至1987年，国家直接计划管理的工业产品，已由120多种减少到60多种，统配物资已从256种减少到26种，商业部计划管理的商品已从188种减少到22种，国家计划分配的生产资料占企业和地方需要量的比重，由占70%下降到20%。国家定价的农产品比重由92.6%下降到35%，国家定价的社会消费品比重由97%下降到47%，其中，国家定价的生活资料比重由95%下降到45%，国家定价的生产资料比重由100%下降到60%。国家所有制单位用于生产和建设的总资金中，由财政筹集的资金从76.6%下降到31.6%，由银行筹集的资金从23.4%上升到68.4%。[①]这样，价格、信贷、税收等经济杠杆在实行宏观间

①《中国经济体制改革十年》，第798~799页。

接调控中的作用越来越大。

第七，在坚持自力更生为主的前提下，实行了对外开放。改革以来，我国对外开放已经采取了一系列重大步骤：一是1979年决定对广东、福建两省实行灵活政策，特殊措施，对外开放；二是1980年决定兴办深圳、珠海、汕头、厦门4个对外开放的经济特区；三是1984年开放沿海14个港口城市和海南岛；四是1935年开放长江三角洲、珠江三角洲和闽南三角洲地区；五是1986年以来陆续开放山东和辽东两个半岛；六是1988年成立海南省并将其作为最大的对外开放经济特区，在广东、福建、江苏建立更大范围的改革开放试验区，同时制定了沿海经济发展战略，进一步扩大对外开放，参加国际经济的竞争和交流。近年来，在沿海开放城市，还建立了13个经济技术开发区，执行某些类似特区的开放政策。[①]

改革以来，我国在发展对外贸易，以及引进外国资金、设备技术和管理方法等方面都取得了巨大的成就，这一点，我们留待后面去讨论。

总之，在党的十一届三中全会正确思想路线的指导下，我国经济体制改革已经取得了巨大的成就。这当然不是说在这方面不存在问题了。问题主要有两方面：一是由于诸多复杂因素的作用，我国在经济体制改革方面也发生过不少失误；二是我国传统经济体制的改革还没有根本完成，新的经济体制的框架还没有从根本上建立起来。为了叙述上的方便，这两点我们都留待后面再做分析。

二、传统经济体制在建立、调整和改革三阶段中对工业经济效益变化的作用

前述的分析表明：新中国建立以后，传统经济体制经历了三个阶段：1949~1957年的建立阶段，1958~1978年的调整阶段，1979年至现在的改革阶段。当然，这个改革阶段还在继续进行，并没有完成。而在这三个阶段，不仅经济体制本身存在很大的差别，而且它赖以存在的经济环境也有很大的不同。这两方面对工业经济效益的变化都是有影响的。列宁

---

① 《中国经济体制改革十年》，第133页。

在论述辩证法的要素时指出："每个事物（现象、过程等）是和其他的每个事物联系着的。"①因此，列宁认为，"要真正地认识事物，就必须把握、研究它的一切方面、一切联系和'中介'。我们决不会完全地做到这一点，但是，全面性的要求可以使我们防止错误和防止僵化。"②同样的道理，这种经济体制在我国社会主义建设中所起的积极作用，固然同它本身的优点有联系，但要受到其他条件的制约；它所起的消极作用，当然同它本身固有的弊病有联系，也要受到其他条件的制约。问题在于：在有的条件下，它的优点可以得到比较充分的发挥，而它的缺点受到了限制。这样，它所起的积极作用就突出了。反之，在有的条件下，它的优点受到了限制，而缺陷显得突出了。这样，它所起的消极作用就大了。所以，我们在探讨传统经济体制对工业经济效益变化的作用时，不仅必须按照这三个阶段来进行考察，而且不能只是片面地依据经济体制的优点或缺陷，也不能只是局限于它本身的范围，还必须联系到建国以后各个时期的具体情况来说明。这是我们考察传统经济体制作用的一个重要方法。我们在考察这种体制在它的建立、调整和改革三个阶段的作用时，都运用了这个方法。

（二）建立阶段传统经济体制对工业经济效益变化的作用

历史经验已经证明："一五"时期建立起来的高度集中的经济体制，对"一五"计划各项任务的实现，起了重要的促进作用。这种体制有利于集中主要力量进行以苏联帮助我国设计的 156 个建设单位为中心的、由限额以上 694 个建设单位组成的工业建设，建立我国的社会主义工业化的初步基础；有利于优先发展重工业，克服半殖民地半封建中国留下的农业、轻工业和重工业之间的比例失调状态，也有利于加快内地工业的发展，克服旧中国留下的沿海和内地之间的经济发展的严重不平衡情况，从而有利于实现国民经济有计划按比例地发展；有利于国家掌握雄厚的经济力量，为生产资料私有制的社会主义改造提供良好的物质条件；有利于保证国家财政收入的增长，市场价格的稳定和人民生活的提高。这些都有利于工业经济效益的提高。

---

① 列宁：《黑格尔〈逻辑学〉一书摘要》，《列宁全集》第 38 卷，第 239 页。
② 列宁：《再论工会、目前局势及托洛茨基和布哈林的错误》，《列宁选集》第 4 卷，第 453 页。

但历史经验也表明：高度集中的经济体制固有的弊病，在"一五"时期也已经暴露出来。这包括：这种体制不适合国有企业作为商品生产者的要求，束缚了企业的积极性；由这种体制造成的条块分割状态，割断了发展商品经济要求的部门之间和地区之间的经济联系；这种体制容易造成基本建设投资膨胀，引起国民经济比例关系的失调和经济的周期波动。从而导致工业经济效益低的后果。在"一五"时期高度集中的经济体制虽然既有积极作用，也有消极作用，但二者并不是平分秋色的关系。在"一五"时期，这种体制的积极作用还是主要的。这并不是偶然发生的现象。

半殖民地半封建中国产业结构是畸形的，农业比重过大，工业比重过小；轻工业固然落后，重工业尤其薄弱。建国以来，经过国民经济恢复时期的建设，这种畸形状态有了一定程度的改善，但并没有得到根本的改变。所以，在第一个五年计划期间，继续优先发展重工业，是一个正确的战略决定。它不仅是加速实现社会主义工业化的需要，而且是继续协调工业和农业、重工业和轻工业的比例关系的需要。这个时候我国工业基础仍然是很薄弱的，扩大再生产的主要形式也只好采取外延的形式，即主要依靠新建企业来进行。但相对于发展轻工业和进行内含的扩大再生产形式（即通过对原有企业的技术改造实现扩大再生产）来说，发展重工业和进行外延的扩大再生产，均需要较多的资金。而在第一个五年计划时期，社会拥有的财力仍然是很有限的。这就需要把社会有限的财力集中于国家手中，用于建设有关国计民生的重点项目，以加速工业和整个国民经济的发展。高度集中的经济体制，正好适应了经济发展的这一客观要求，并促进了生产的发展。这是第一。

第二，以行政管理为主的经济体制，它的运行机制是国家各级上级机关对各级下级机关以及国家行政机关对企业的行政命令，是国家各级下级机关对各级上级机关以及企业领导人对国家行政机关的行政责任，是维护行政命令和行政责任的行政纪律，是国家各级行政干部和企业领导人的责任心，是党的思想政治工作。而在第一个五年计划期间，党和政府的威信很高，党的作风正派，党的干部队伍比较年轻，官僚主义比较少；广大干部的政治激情高涨；党的思想政治工作也很有力。这一切就使得这种经济体制的运行机制是比较灵敏的，行政管理的效率也是比较高的。

在这里还要着重指出一点：第一个五年计划期间党和国家的宏观经济决策是正确的。在各种经济体制下，党和国家的宏观经济决策都是重要的。而在高度集中的、以行政管理为主的经济体制下，党和国家宏观经济决策的正确与否，其意义尤为巨大。很显然，在中央高度集权的条件下，如果宏观经济决策是正确的，对经济发展的积极作用是很大的；反之，对经济发展的消极作用也是很大的。也只有宏观经济决策正确了，才能从根本上保证行政管理的效率；否则，就根本谈不上行政管理的效率。所以，第一个五年计划期间正确的宏观经济决策，是充分发挥现行经济体制积极作用的一个十分重要的条件。

上面分析的仅仅是问题的一个方面，即由于第一个五年计划期间的各种具体条件，使得这种经济体制的积极作用得到了较充分的发挥；另一方面，在这个期间，这种经济体制的消极作用却受到了很大的限制。①我国生产资料私有制的社会主义改造基本上是在 1956 年下半年完成的。在这之前，社会主义国有经济虽然已经居于领导地位，但还存在着大量的资本主义经济以及个体的农民经济和手工业经济。比如，直到 1955 年，资本主义经济和个体经济提供的国民收入，还占国民收入总额的 55.1%（详见表 9-2）。而且，在这个期间，党和政府比较成功地通过运用价值规律，对这些私有经济实行了计划指导。所以，由这种经济体制产生的管理过于集中，管得过死，否定价值规律和市场调节作用等缺陷，这个期间首先在范围上受到了限制。②在这个期间，生产社会化和社会主义的商品经济都还不发展；由于美帝国主义对我国实行封锁禁运，

表 9-2　"一五"期间各种经济成分在国民收入中比重的变化

（以国民收入总计为 100）　　　　　　　　　　　　　单位：%

年份	国有经济	合作社经济	公私合营经济	资本主义经济	个体经济
1952	19.1	1.5	0.7	6.9	71.8
1953	23.9	2.5	0.9	7.9	64.8
1954	26.8	4.8	2.1	5.3	61.0
1955	28.0	14.1	2.8	3.5	51.6
1956	32.2	53.4	7.3	…	7.1
1957	33.2	56.4	7.6	…	2.8

资料来源：《伟大的十年》，人民出版社 1959 年版（下同），第 36 页。

对外贸易也受到了很大的限制。这样，由这种经济体制带来的否定国有企业的商品生产者地位以及阻碍社会主义商品生产等消极作用，在这个期间也暴露得不甚明显。

正是由于上述两方面的原因，这种经济体制在第一个五年计划期间比较充分地发挥了促进经济发展和提高工业经济效益的积极作用。

上述情况表明：高度集中的经济体制，是适应了"一五"时期社会生产力发展的要求，并符合"一五"时期的具体情况，从而使它的积极作用成为主要方面。这是把"一五"时期作为一个整体说的，它并不意味着这种体制的积极作用和消极作用，在"一五"前期和后期都是同等的。实际上，由于前面已经论述过的原因，在"一五"前期，这种体制的积极作用更大些，消极作用要小些；而在"一五"后期，虽然主要还是积极作用，但消极作用明显地增长了。这一点，在我们前面分析过的统计资料中可以得到清楚的证明。依据表6-7提供的资料，在第一周期（1953~1955年，即"一五"前期），社会主义国家所有制独立核算工业企业全要素生产率年平均增长率为5.1%，这种增长率在年平均产出增长率中所占的比重为24.3%。而到第二周期（1956~1957年，即"一五"后期），这两项数字分别只有3.4%和13.6%。可见相对第一周期来说，第二周期工业经济效益则是下降了。然而，相对其后续的各个周期来说，无论处于"一五"时期的第一周期的工业经济效益，还是第二周期的工业经济效益还是比较高的（参见表6-7）。

（二）调整阶段传统经济体制对工业经济效益变化的作用

如果说，传统经济体制在它的建立阶段，在提高工业经济效益方面，积极作用还是主要的话，那么，到了它的调整阶段，从总的方面来说，消极作用却愈来愈成为主要方面了。这是因为，①在我国重工业还很薄弱的时候，优先发展重工业的重要性是很突出的。但随着重工业逐步建设起来，这种重要性就相对减弱了。当然，生产资料的优先增长是一定的技术进步条件下扩大再生产的客观规律。但这并不是说，任何时候都要优先发展重工业，更不是说，总是要用很高和速度来发展重工业。②随着我国社会主义工业建设的发展，扩大再生产的主要形式也应由外延型转变为内含型。③随着生产社会化的发展，整个社会的商品经济也进一步发展了。④对外贸易和其他的对外经济联系也发展了。⑤与上述的各种情况相联系，作为商品生产者的国有企业的作用也增长了，发挥它们的积极性显得更加重要了。此外，还要指出一点：随着我国生产资料私有制的社会主义改造的基本完成，社会主义经济在国民经济中已经占了绝对优势，私人经济的比重已经不大了。这样，随着社会主义经济的发展，一方面高度集权越来越不必要了；另一方面，由于管理集中，管得过死，否定市场调节作用而造成的国民经济比例关系的失调，束缚国有企业的积极性，限制社会主义商品经济的发展等，越来越突出了。

但是，这种经济体制的消极作用，除了主要由于它本身固有的缺陷造成的以外，还由于1958年以后，党在经济工作指导思想方面累犯"左"的错误，特别是由于"文化大革命"这样长期的严重的全局性的"左"倾错误和林彪、江青两个反革命集团进行了长达十年的破坏，党和国家的威信比过去大大下降了，党风受到了严重的破坏，干部的责任心差多了，国家机构重叠、组织臃肿的情况大大发展了，干部老化的问题突出了，官僚主义作风大大增长了，行政纪律松弛了，思想政治工作削弱了。这一切，就使得行政管理的运行机制变得非常不灵便了，行政管理的效率大大下降了。

这种体制的消极作用，还因为当时进行两次经济体制改革时采取群众运动的方法，缺乏试点，又没有一套行之有效的宏观调控的方法，因而加剧了经济的失衡。

我们这样说，并不否认这种体制在1961~1965年经济调整时期曾经发生过的积极作用。主要由于1958年的"大跃进"和而后的"反右倾"的"左"的错误，使得国民经济比例关系处于严重的失调状态。继起的调整时期的主要任务是调整国民经济。国家运用行政手段，大力压缩了基本建设规模和重工业生产战线，充实了轻工业，加强了农业，使得处于严重失调状态的农业、轻工业和重工业的比例关系以及积累和消费的关系，迅速地重新趋于协调。由于1958年"左"的错误，党和国家的威信，党的作风和思想政治工作等方面，已经开始受到了损害，但基本情况是好的。因而，这个时期行政管理的运行机制还比较灵便，行政管理的效率也比较高。这个时期国家的财政经济状况很困难，但由于运用了高度集中的经济体制，集中了必要的财力和物力，加强了作为国民经济薄弱环节的石油工业的勘探和开发，迅速地取得了成果。这一点，对当时国民经济的恢复和尔后的经济发展，起了重要的作用。所以，在经济调整时期，这种经济体制也还是起了积极作用。

但是，经济调整的直接原因，固然是由传统经济战略所导致的经济比例关系严重失衡，其深层原因则是传统的经济体制的作用。而且，这种经济调整也是付出了巨大代价的。因而，如果不是孤立地看待经济体制在经济调整时期的作用，而是把调整时期和"大跃进"时期联系起来看，那么，由后一个时期进入前一个时期，正是传统经济体制在降低工业经济效益方面的一个最突出的表现。

前述表 6–7 提供的资料，可以从总体上证明这一点。社会主义国家所有制独立核算工业企业第三周期（1958~1969 年）全要素生产率年平均增长率为–0.4，第四周期（1970~1977 年）为零。可见，工业经济效益比第一周期（1953~1955 年）和第二周期（1956~1957 年）是大大下降了。

（三）改革阶段经济体制对工业经济效益变化的作用

1979 年以来，我国在发展生产和提高人民生活方面，已经取得了前所未有的、举世瞩目的巨大成就。其原因是多方面的，但经济体制改革被普遍认为是最主要的原因，这是完全正确的。

但就经济体制改革对工业经济效益的作用来说，在第五经济周期和第六经济周期是不同的。总的说来，在进入第五周期以后，发生了有利于提高工业经济效益的重大变化。主要是开始了旨在发展社会主义商品经济的经济体制改革。这次改革虽然没有完全摆脱以往行政性分权的影响，但是逐步向发展社会主义有计划的商品经济的方向前进。如前所述，这期间在各个经济领域实行了多项改革，并取得了显著成效。主要是：在以社会主义国家所有制为主导的条件下，发展了包括集体经济、个体经济和私人资本主义经济等在内的多种经济成分，农业实行了家庭联产承包责任制，工业实行了企业改革，发展了市场，改善了宏观经济管理。这样，既有力地调动了企业和劳动者的积极性，大大提高了资金的运营效益；又迅速地促进了在国民经济中居于十分重要地位、又长期处于严重失调的比例关系（即工业和农业以及重工业和轻工业的关系）的调整，显著提高了资源配置效益。当然，在这期间，由于缺乏改革的理论准备和经验，特别是由于急于求成，在改革方面也有缺点和失误。但似乎不甚明显，特别是由于当时经济较为稳定，由这种失误带来的后果并不严重。这样，这期间虽然没有根本改变上述的工业经济效益的变化特征，但年平均全要素生产率增长率在产出增长率所占的比重达到了 27%，是 1953~1987 年六个周期的最高水平。

但到了第六周期，对提高工业经济效益来说，又发生了很大的逆转。当然，在这期间，经济体制改革的各个方面和各个环节都继续向前推进了，对提高工业经济效益也起了有益的作用。但是，这只是问题的一方面；另一方面，由于没有在深化经济体制改革的同时，推进政治体制改革，以进一步解决决策的民主化和科学化的问题，致使在经济改革和经济发展两方面的急于求成的倾向和由少数人决策失误的状况没有得到彻底的改变。这样，第五周期就存在的改革方面的缺陷和失误不仅没有得到纠正，在有些方面甚至有进一步发展。这主要是指：没有处理好经济发展和经济改革的关系，没有始终把经济的稳定发展放在第一位；没有处理好旧体制的改革和新体制的建立关系，没有使得破和立紧密结合起来，从而形成了二者之间的某种脱节和某种管理真空；没有彻底摒弃行政性的分权，而是在某些重要方面实行了这些措施（如改革以来先后相继实行的财政分灶吃饭和财政大包干发展行政性公司，实行部门承包制等）；没有把建立企业的激励机制与风险机制、自我约束机制结合起来，没有使得企业真正成为自负盈亏的商品生产者，并由此诱发了企业的种种短期行为；没有把放活企业与建立计划经济和市场调节有机结合的社会主义商品经济运行机制联系起来，从而使得它们之间形成了某种脱节；没有紧密配合社会主义商品经济的发展，及时建立社会主义商品经济新秩序，从而在社会再生产的各个领域（特别是流通领域和分配领域）产生了种种混乱现象。还需指出，由于决策民主化和科学化的问题没有彻底解决，以致某些完全可以避免的失误也发生了。最突出的例子，就是 1988 年夏季大力宣传闯价格改革关。当时已经面临着明显的通货膨胀形势，本应在稳定经济方面下大力气，在经济环境宽松以后再推出价格改革。但并没有这样做，而是大力宣传闯价格改革关。这一点，对 1988 年出现的大幅度的物价上涨起了火上浇油的作用。

还要看到，随着时间的推移，新旧体制并存（突出例子是价格"双轨制"的并存）的摩擦，地方政府、企业的权力增强（特别是财力增大）和加强宏观管理要求的不适应，行政性分权与发展商品经济的要求不适应，商品经济的发展和缺乏商品经济发展要求的新秩序的不适应，以及改革的各个环节不配套等等矛盾都在发展。这样，上述失误给第六周期提高工业经济效益带来的消极作用就比过去大得多了。

这些矛盾的发展，产生了一系列严重后果，集中表现在：经济总量失衡加剧。不仅波峰年 1985 年经济总量失衡严重，而且在生产趋于下降的 1986 年和 1987 年，这种失衡还在持续发展。其结果，必然导致严重的通货膨胀和物价上涨。1985~1987 年在连续 6 年货币流通量增长速度大大超过国民收入增长速度的基础上，继续大幅度超过。这 3 年国民收入增长速度与货币流通量增长速度之比分别为 1：1.75，1：1.54 和 1：1.69（参见表 8–1）。

在严重的通货膨胀和物价上涨的条件下，任何重大的、实质性的改革都难以付诸实施。事实上，具有关键意义的价格改革在 1985 年以后就因受制于不稳定的经济环境而被拖延下来。由于在价格改革方面不能迈出重大的步伐，在企业制度、市场体系和宏观经济管理等方面的改革也难以有大的作为。就是许多具有过渡性的改革措施，如企业承包经营责任制，尽管在当前具有重要的意义，但由于价格不合理，也难以充分发挥承包制的作用。所以，在上述情况下，通过深化改革以提高工业经济效益的作用，在相当大的程度上被麻痹了。

不仅如此，在上述情况下，已有改革的成果也难以巩固，已有改革在提高工业经济效益方面的积极作用又在某种程度上被冲掉了，而它的消极作用，却加倍地放大了。比如，1979 年改革以来，对原来存在的工业和农业、采掘工业、原材料工业和加工工业之间不合理的比价关系已经进行了一定程度的调整，并促进了这些产业部门之间比例关系的调整。但由通货膨胀带动的各种物价的轮番上涨，又形成了不合理的比价复归。在改革以后地方政府和企业具有独立的价值取向以及市场需求过旺的条件下，价格的错误导向，使得已经基本趋于协调的工业和农业的对比关系又重新陷入失调状态，使得原来就存在的工业和各个基础产业之间失调的比例关系进一步加剧了；使得地区之间的重复生产和重复建设盲目发展，使得地区之间的产业结构趋同化；使得企业规模小型化、扩大再生产形式的外延化和技术结构的低度化。

又如，在上述情况下，价格"双轨制"的消极作用急剧地膨胀了。

诚然，价格"双轨制"的提出和实行，在突破传统的价格体制上曾经起过某种积极作用。但随着时间的推移，价格"双轨制"就日益明显地表现为加剧流通无序状态、滋生投机倒把和助长部分政府官员贪污腐败行为的温床。明显的通货膨胀和物价上涨又使得价格"双轨制"这种不利于社会主义商品经济发展的消极作用有了恶性的发展。

再如，在企业没有激励机制、缺乏自我约束机制及平等竞争的市场没有形成的条件下，已经引发了企业的种种短期行为。而明显的通货膨胀和物价上涨又进一步推动了企业短期行为的泛滥，以致许多企业不是依靠降低成本，而是通过涨价去增加盈利。由物价上涨而诱发的抢购商品的风潮，又把生产质次价高、本应淘汰的大批企业保存下来。其结果必然导致企业整体经济效益的下降。

还如，1979 年改革以来，使绝大多数人的生活水平有了显著的提高，并在贯彻按劳分配原则方面取得了进展。而明显的通货膨胀和物价上涨，又使得愈来愈多的人实际生活水平下降；同时又使得各种物价补贴大大增加，并使得奖金实际上也普遍成为一种物价补贴，使得这些收入在职工收入中占的比重越来越大，.从而形成了平均主义的复归。明显的通货膨胀和物价上涨还加剧了社会分配不公。这些都严重地挫伤了劳动者的积极性。

所有这些使得第六经济周期工业经济效益有了显著的下降，以致无论在全要素生产率年平均增长率方面，或者在这种增长率在年平均产出增长率所占的比重方面，都是 1953~1987 年六个周期的最低水平。

为了进一步说明这个问题，同时为了批判近几年来一度流行的"财政赤字无害论"和"通货膨胀有益论"，这里有必要将各个经济周期的财政赤字和物价上涨指数做一比较。

依据表 9-3 提供的资料，我们可以看到第六经济周期国家财政赤字具有以下特点：一是三年均有财政赤字。二是财政赤字连续三年大幅度上升，由 1985 年的 68.25 亿元增加到 1986 年的 208.85 亿元，再增加到 1987 年的 245.37 亿元。三是这三年年平均财政赤字高达 174.16 亿元，居六个经济周期年平均财政赤字之首位。

当然，这里也有不可比因素。比如，第六经济周期的物价上升幅度比前续五个经济周期都高（参见表 9-4）。又如，在第一、二经济周期，

表 9-3　历年和各周期国家财政收支差额　　　单位：亿元

周期	年份	总收入	总支出	收支差额	债务收入	从总收入中剔除债务收入以后的收支差额
第一周期	1953	222.9	220.1	2.8	9.62	-6.82
	1954	262.4	246.3	16.1	17.20	-1.10
	1955	272.0	269.3	2.7	22.76	-20.06
第二周期	1956	287.4	305.7	-18.3	7.24	-25.54
	1957	310.2	304.2	6.0	6.99	-0.99
第三周期	1958	387.6	409.4	-21.8	7.98	-29.78
	1959	487.1	552.9	-65.8		-65.80
	1960	572.3	654.1	-81.8		-81.80
	1961	356.1	367.0	-10.9		-10.90
	1962	313.6	305.3	8.3		8.30
	1963	242.3	339.6	2.7		2.70
	1964	399.5	399.0	0.5		0.50
	1965	478.3	466.3	7.0		7.00
	1966	558.7	541.6	17.1		17.10
	1967	419.4	441.9	-22.5		-22.50
	1968	361.3	359.8	1.5		1.50
	1969	526.8	525.9	0.9		0.90
第四周期	1970	662.9	649.4	13.5		13.50
	1971	744.7	732.2	12.5		12.50
	1972	766.6	766.4	0.2		0.20
	1973	809.7	809.3	0.4		0.40
	1974	783.1	790.8	-7.7		-7.70
	1975	815.6	820.9	-5.3		-5.30
	1976	776.6	806.2	-29.6		-29.60
	1977	874.5	843.5	31.0		31.00
第五周期	1978	1121.1	1111.0	10.1		10.10
	1979	1103.3	1273.9	-170.6	35.31	-205.91
	1980	1085.3	1212.7	-127.5	43.01	-170.50
	1981	1089.6	1115.0	-25.5	73.08	-98.58
	1982	1124.0	1153.3	-29.3	83.86	-113.16
	1983	1249.0	1292.5	-43.5	79.41	-122.91
	1984	1501.9	1546.4	-44.5	77.34	-121.84
第六周期	1985	1866.4	1844.8	21.6	89.85	-68.25
	1986	2260.3	2330.8	-70.6	138.25	-208.85
	1987	2368.9	2448.5	-79.5	162.87	-245.37

续表

周期	年份	总收入	总支出	收支差额	债务收入	从总收入中剔除债务收入以后的收支差额
第七周期	1988	2587.8	2668.3	−80.5	261.01	−341.51
第一周期年平均						−9.33
第二周期年平均						−13.27
第三周期年平均						−14.40
第四周期年平均						1.88
第五周期年平均						−117.54
第六周期年平均						−174.16
第七周期年平均						

资料来源：《中国统计年鉴》（1989），第657、659页。

说明：债务收入包括国外借款和国内公债（国库券）收入等。

虽然借了内债和外债，但数额不大。到了20世纪60年代初期，由于否定社会主义商品经济，错误地把不借内债和外债称做是社会主义经济制度的优越性，因而就不借内外债了。1979年以来，确立了社会主义有计划的商品经济的理论，并实行了改革开放政策，不仅恢复了内债，而且恢复了外债，并有大幅度的上升（参见表9-5）。但无论如何，第六经济周期国家财政赤字总是最多的。

与此相联系，第六经济周期全国零售物价总指数也有它的特点：连

表9-4　历年全国零售物价总指数和经济周期平均增长速度

周期	年份	全国零售物价总指数（以上年价格为100）	各经济周期年平均增长率（%）
第一周期	1953	103.4	
	1954	102.3	
	1955	101.0	
第二周期	1956	100.0	
	1957	101.5	
第三周期	1958	100.2	
	1959	100.9	
	1960	103.1	
	1961	116.2	
	1962	103.8	
	1963	94.1	
	1964	96.3	
	1965	97.3	

周期	年份	全国零售物价总指数（以上年价格为100）	各经济周期年平均增长率（%）
第三周期	1966	99.7	
	1967	99.3	
	1968	100.1	
	1969	98.9	
第四周期	1970	99.8	
	1971	99.3	
	1972	99.8	
	1973	100.6	
	1974	100.5	
	1975	100.2	
	1976	100.3	
	1977	102.0	
第五周期	1978	100.7	
	1979	102.0	
	1980	106.0	
	1981	102.4	
	1982	101.9	
	1983	101.5	
	1984	102.8	
第六周期	1985	108.8	
	1986	106.0	
	1987	107.3	
第七周期	1988	118.5	
	1989	117.8	
第一周期			2.2
第二周期			0.8
第三周期			0.7
第四周期			0.3
第五周期			2.5
第六周期			7.5
第七周期			18.2

资料来源：《中国统计年鉴》（1989），第 687 页；《中国经济年鉴》（1989），第 X-125~126 页；《经济日报》1990 年 1 月 25 日第 2 版。

续三年以新中国成立以来罕见的幅度上升；年平均增长速度达到 7.5%，为前续五个经济周期的 3 倍至 25 倍（详见表 9-4）。当然，这里也有不可比的因素。新中国建立以后，特别是生产资料私有制的社会主义改造基

表 9-5 利用的外国资金在工业固定资产投资中的比重

项目	1953~1960 年	1961~1978 年	1979~1987 年	1953~1987 年
工业基本建设投资（亿元）	861.68	2454.79	3293.86	6610.33
工业更新改造投资（亿元）	—	—	1719.11	3244.49
利用外国资金（亿元）	53.68	0	664	717.68
利用外资在工业固定资产投资中的比重（%）	6.2	0	13.2	7.3

资料来源：江小娟：《中国工业对外经济贸易问题研究》。原作者注：第一，工业基本建设投资和工业更新改造投资均来自《中国统计年鉴》有关的各卷。第二，1953~1978 年合计的工业更新改造投资 3244.49 亿元是这样计算出来的：1953~1980 年全国更新改造资金为 1791.11 亿元，按 1981~1987 年工业占全国总计数 70%的比重计算，1953~1980 年工业更新改造资金约为 1253.7 亿元，与 1981~1987 年数字合计，为 3244.49 亿元。第三，1979~1987 年一栏内的工业更新改造资金系 1981~1987 年数字。

本完成以后，商品是由国家统一定价的。但实际上又长期存在着商品供不应求的情况。因而，这个期间实际上存在着隐性的通货膨胀。而在1979 年实行经济体制改革以来，有愈来愈多的商品价格放开了。于是，隐性的通货膨胀转变为显性的通货膨胀，以及与此相联系的较大幅度的价格上涨。但这一点也不能否定第六经济周期已经步入了严重的通货膨胀。

　　而前面的分析已经说明，正是这种巨大的财政赤字和严重的通货膨胀，成为第六经济周期工业经济效益大幅度下降的一个重要原因。仅此一端，就可以证明："财政赤字无害论"和"通货膨胀有益论"，是完全站不住脚的。需要进一步指出：即使对西方资本主义国家（这里实行的是资本主义经济制度，是有效需求不足的过剩经济）来说，财政赤字和通货膨胀也只是在一定程度上和一定时期内，会对经济发展起某种促进作用；超过一定限度，也会阻碍经济的发展。对我国的社会主义经济，而且在一个长时期内还是有效供给不足的短缺经济，财政赤字和通货膨胀更是有害无益了。

　　这里还需说明：我们在前面提到，由于急于求成给改革带来了失误。但这不是说在改革方面不存在保守问题了。实际上，尽管急于求成是改革中值得注意防止的主要问题，但在某些方面也存在着保守问题。比如，在住房制度改革方面，就存在着这种情况。这方面的改革意义重大，特别是在当前对于遏制消费基金膨胀具有特殊重要作用。这方面改革涉及的问题又不像物价改革那样复杂。而且已经进行了多年试点，取得了丰富经验，提出了很多好的方案。但却迟迟不能推开。应该指出：这种保守问题，对于改革，从而对于工业经济效益的提高，也是不利的。

　　然而，无论是由于急于求成而造成的改革失误，或者是由于保守而造成的改革失误，均不是经济体制改革本身的问题。由此引出的结论，只能是要在坚持改革的同时，进一步完善改革，而绝不是要根本否定改革。这是必须截然区分的两个根本不同的问题。

第十章　社会再生产各因素

　　工业经济效益的变化是由社会再生产各因素共同作用的结果。我们在前面第八、九章分别考察了传统的经济发展战略和经济体制对工业经济效益变化的作用。这种分析涉及了社会再生产的一些基本因素。但很显然，也并没有囊括社会再生产各方面的重要因素。这是从总的方面说的。分别说来，①我们在第八章论述传统经济发展战略对各个经济周期工业经济效益变化的作用时，仅限于经济增长速度和经济结构，而对诸如固定资产投资膨胀这一类重要问题并没有充分展开分析。②我们在第九章分析传统经济体制对工业经济效益变化的作用时，主要是限在高度集中的经济管理体制方面，至于在坚持社会主义公有制为主体的前提下发展多种经济成分问题，实现社会主义生产目的问题，贯彻按劳分配原则问题，在坚持自力更生的前提下实行对外开放问题，等等，也都没有做详细说明。③有的问题（如消费需求的膨胀问题）发生的原因，既同传统经济战略有关，又同传统经济体制有关，也不便于单独放在战略或体制中分析。④有的问题，如企业素质问题，虽然同经济发展战略和经济体制是有关的，但不是独立的。这些因素在前面的分析中更是很少涉及到。显然，不分析这些问题，各个经济周期工业经济效益的变化，则很难充分说清楚。所以，我们在本章拟从社会再生产的诸因素（包括建设、生产、流通、分配和消费等方面）的角度，进一步分析我国工业经济效益在各个经济周期变化的原因。

　　前面第九章的分析说明：在我国传统经济体制的建立阶段、调整阶段和改革阶段中，经济体制对工业经济效益的作用是很不相同的。与此相联系，社会再生产各因素在这三个阶段对工业经济效益的作用也很不相同。所以，我们拟按照传统经济体制的建立、调整和改革三个阶段（实际上也就是第一、二，第三、四和第五、六经济周期这样三个阶段），分别考察社会再生产各重要因素对工业经济效益变化的作用。

一、第一、二经济周期社会再生产各因素对工业经济效益变化的作用

第一，总的说来，这个阶段在建设方面，注意遵循了量力而行的原则。在"一五"时期的具体条件下，为了建立社会主义工业化的初步基础，无疑需要集中主要力量进行以重工业为主的工业建设，并且取得了巨大成就。

"一五"计划规定的工业生产建设指标是超额完成了的。所以，总的说来，"一五"计划确定工业生产建设的规模和速度，是遵循了量力而行的原则。表 10-1 所列"一五"时期各个年度同固定资产投资有关的情况，还可以进一步说明这一点。

表 10-1 表明：1953 年，包括社会主义国家所有制工业在内的固定资产投资的增长速度，大大超过了国家财政收入和钢材、水泥、木材的增长速度。同固定资产投资增长有关的当年消费品购买力的增长速度也超过当年消费品货源的增长速度，以致当年货币收支差额达到 14.2 亿元，当年结余购买力也增加了 14.2 亿元。所以，1953 年固定资产投资规模实际上是偏大了的，小冒了一下。1954 年在这方面的情况，基本上是正常的。1955 年，固定资产投资的增长速度是低于国家财政收入和钢材的增长速度的。与此相联系，当年消费品购买力的增长速度也低于当年消费品货源的增长速度，以致当年货币收支差额只有 3.7 亿元，结余购买力也只增加 3.7 亿元。这年有局部性的保守错误。1956 年在这方面的情况，与1955 年刚好是相反的，有局部性的冒进错误。至于 1957 年固定资产投资的下降，以及由此引起的与国家财政收入和钢材、水泥、木材的增长不相适应的情况，是为了解决由前一年固定资产投资规模偏大而引起的国家财力、物力的紧张问题。这是经济发展的需要，同 1955 年的情况是不

表10—1　历年和各周期与社会主义国家所有制单位固定资产投资有关的情况

周期和年份		固定资产投资		国家财政收入		钢材		水泥		木材		社会商品购买力			
		总额(亿元)	比上年±(%)	总额(亿元)	比上年±(%)	总额(亿元)	比上年±(%)	总额(亿元)	比上年±(%)	总额(万立方米)	比上年±(%)	货币收入总额(亿元)	货币支出总额(亿元)	结余购买力总额(亿元)	货币收支差额(亿元)
	1952	43.56	—	183.7	—	106	—	286	—	1233	—	342.4	331.2	30.6	11.2
	1953	91.59	110.3	222.9	21.3	147	38.7	388	35.7	1754	42.3	418.2	404.0	44.8	14.2
第一周期	1954	102.68	12.1	262.4	17.7	172	17.0	460	18.6	2221	26.6	458.7	451.7	51.8	7.0
	1955	105.24	2.5	272.0	3.7	216	25.6	450	-2.2	2093	-5.8	464.4	460.7	55.5	8.7
第二周期	1956	160.84	52.8	287.4	5.7	314	45.4	639	42.0	2105	5.7	555.6	536.4	74.7	19.2
	1957	151.23	-6.0	310.2	7.9	415	32.2	686	7.4	2787	32.4	570.5	556.5	88.7	14.0
	1958	279.06	84.5	387.6	25.0	591	42.4	930	35.6	3579	28.4	667.1	636.3	119.5	30.8
	1959	368.02	31.9	487.1	25.7	897	51.2	1227	31.9	4518	26.2	784.8	747.7	156.6	37.1
	1960	416.58	13.2	572.3	17.5	1111	23.9	1565	27.6	4129	-8.6	811.0	791.2	176.4	19.8
	1961	156.06	-62.5	356.1	-37.8	613	-44.8	621	-60.3	2194	-46.9	727.1	701.9	201.6	25.2
	1962	87.28	-44.1	313.6	-11.9	455	-25.8	600	-3.4	2375	8.2	649.6	696.9	154.3	-47.3
第三周期	1963	116.66	33.7	342.3	9.2	533	17.1	806	34.3	3250	36.8	682.1	691.0	145.4	-8.9
	1964	165.89	42.2	399.5	16.2	688	29.1	1209	50.0	3800	16.9	737.0	726.6	155.8	10.4
	1965	216.90	30.7	473.3	18.5	881	28.1	1634	35.2	3978	4.7	789.7	763.4	177.1	26.3
	1966	254.80	17.5	558.7	18.0	1035	17.5	2015	23.3	4192	5.4	865.5	828.0	214.6	37.5
	1967	187.72	-26.3	419.4	-24.9	718	-30.6	1462	-27.4	3250	-22.5	878.6	859.1	234.1	19.5
	1968	151.57	-19.3	361.3	-13.9	666	-7.2	1262	-13.7	2791	-14.1	852.8	827.3	259.6	25.5
	1969	246.92	62.9	526.8	45.8	926	39.0	1829	44.9	3283	17.6	888.3	891.5	256.4	-3.2
	1970	368.08	49.1	662.9	25.8	1188	28.3	2575	40.8	3782	15.3	946.6	952.5	250.5	-5.9
	1971	417.31	13.4	744.7	12.3	1389	16.9	3158	22.6	4067	7.5	1054.5	1027.7	277.7	27.2
第四周期	1972	412.81	-1.1	766.6	2.9	1567	12.4	3547	12.3	4253	4.6	1145.9	1124.3	299.3	21.6
	1973	438.12	6.1	809.7	5.6	1684	7.9	3731	5.2	4467	5.0	1251.0	1213.7	336.6	37.3
	1974	463.19	5.7	783.1	-3.3	1466	-12.9	3709	-0.6	4607	3.1	1308.4	1272.6	372.4	35.8

续表

周期和年份		固定资产投资 总额(亿元)	比上年±(%)	国家财政收入 总额(亿元)	比上年±(%)	钢材 总额(亿元)	比上年±(%)	水泥 总额(亿元)	比上年±(%)	木材 总额(万立方米)	比上年±(%)	货币收入总额(亿元)	社会商品购买力 货币支出总额(亿元)	结余购买力总额(亿元)	货币收支差额(亿元)
第四周期	1975	544.94	17.6	815.6	4.2	1622	10.6	4626	24.7	4703	2.1	1410.5	1383.5	399.4	27.0
	1976	523.94	3.8	776.6	-4.8	1466	-9.6	4670	1.0	4573	-2.8	1487.0	1462.5	423.8	24.5
	1977	548.30	4.6	874.5	12.6	1633	11.4	5565	19.2	4967	8.6	1531.8	1569.2	436.4	12.6
	1978	668.72	22.0	1121.1	28.2	2208	35.2	6524	17.2	5162	3.9	1765.2	1720.9	480.7	44.3
	1979	699.36	4.6	1103.3	-1.6	2497	13.1	7390	13.3	5439	5.4	2093.9	1976.1	585.3	117.8
	1980	745.90	6.7	1085.2	-1.6	2716	8.8	7986	8.1	5359	-1.5	2536.0	2330.7	790.5	205.3
第五周期	1981	667.51	-10.5	1089.6	0.4	2670	-1.7	8290	3.3	4942	-7.8	2746.7	2556.7	980.5	190.0
	1982	845.31	26.6	1124.0	3.2	2902	8.7	9520	14.8	5041	2.0	3026.2	2827.7	1179.0	198.5
	1983	951.96	12.6	1249.0	11.1	3072	5.9	10825	13.7	5232	3.8	3440.6	3168.9	1450.7	271.7
	1984	1185.18	24.5	1501.9	20.2	3372	9.8	12302	13.6	6385	22.0	4456.9	3933.3	1974.3	523.6
第六周期	1985	1680.51	41.6	1866.4	24.3	3693	9.5	14595	18.6	6323	-1.0	6545.4	5095.4	2524.3	1450.0
	1986	1978.50	17.7	2260.3	21.1	4058	9.9	16606	13.8	6502	2.8	6340.0	5555.0	3209.6	785.0
	1987	2297.99	16.1	2368.9	4.8	4386	8.1	18625	12.2	6408	-1.4	7573.0	6548.0	4234.6	1025.0
	1988	2712.80	18.1	2587.8	9.2	4689	6.9	21014	12.8	6218	-3.0	9603.0	8343.0	5494.6	1260.0
第七周期	1989	2510.00	-9.2	2919.2	12.8	4865	3.7	20700	-1.4	6100	-1.9				

资料来源：《中国固定资产投资统计资料 (1950~1985)》，第 9 页；《中国统计年鉴》(1987)，第 473 页；《中国统计年鉴》(1988)，第 565 页；《中国统计年鉴》(1989)，第 299、482~483、596~599、657 页；《人民日报》1990 年 2 月 21 日第 2 版，4 月 8 日第 3 版。

说明：第一，此表价值指标的绝对值指标的绝对数和相对数均按当年价格折算的。第二，表中所列的"货币收入总额"与"消费品购买力"、"消费商品供应额"是有差别的。但"货币收入总额"的主要部分是形成"消费品购买力"的，货币"支出总额"的主要部分也是用于购买消费品的。所以，"货币收入总额"可以看做是居民的"消费品购买力"，"货币收支差额"可以看做是居民的"消费品购买力"与"消费商品供应额"之间的差。从主要方面来说，"货币收支差额"与"消费商品供应额"之间的差。

同的。可见，尽管"一五"时期的有些年份有保守错误或冒进错误，但都是局部性的，不是全局性的。

"一五"计划确定工业建设规模和速度，大体上遵循了量力而行的原则，正是"一五"时期工业生产建设能够稳步地、持续地发展的极重要因素。

第二，在集中主要力量进行重点建设的同时，注意充分发挥现有企业的潜力。为了建立社会主义工业化的初步基础，必须进行以重工业为主的重点建设。这个重点建设的方针是完全正确的。但现有工业企业是生产和扩大再生产的主要物质基础，它不仅为新建企业提供物力、财力和技术力量，而且是扩大现有企业生产和提高人民物质文化生活的物力、财力的主要来源。按照全国的工业总产值大体计算，1957 年比 1952 年新增加的产值中，由原有企业增产的约占 70%，由新建和重大改建的企业增产的只占 30%左右。[①] 所以，又必须注意充分发挥现有企业的潜在力量。

为此，需要合理安排包括工业在内的基本建设投资。"一五"时期新建项目投资为 271.62 亿元，改建、扩建项目投资为 309.24 亿元，前者占基本建设投资总额的 46.2%，后者占 52.6%。此外，"一五"时期还为现有企业安排了更新改造和其他措施的投资，这部分投资是逐年增长的。1953 年为 1.15 亿元，占固定资产投资总额的 1.3%，1957 年增加到 7.91 亿元，占 5.2%。[②] 这就为重点建设和发挥现有企业潜力提供了财力保证。为了贯彻重点建设的方针，"一五"时期注意了以下几项重要工作：一是选准重点建设项目。依据当时的国际形势和国内经济状况，确立以军事工业和重工业为建设重点。但绝大多数重点建设项目还是民用工业，主要是建立和扩建电力、煤矿和石油工业，建立和扩建现代化的钢铁、有色金属和基本化学工业，建立制造大型金属切削机床，发电、冶金和采矿设备，以及汽车、拖拉机和飞机的机器制造工业。二是集中财力、物力和技术、管理力量用于重点建设项目。"一五"时期平均每年国家财政收入占国民收入的 33.6%；基建拨款占财政支出的 37.6%，五年合计达531.18 亿元。[③] 国家计划分配的物资由 1952 年的 227 种增加到 532 种；它

---

① 《中华人民共和国发展国民经济的第一个五年计划（1953~1957）》，第 190 页。

② 《中国统计年鉴》（1984），第 301、305 页。

③ 《中国统计年鉴》（1984），第 35，303 页。

们占这些物资总量的比重，逐步达到了 70%~90%。据不完全统计，仅从 1952 年 1 月至 1954 年 9 月两年多时间，就有 16.3 万多名干部从其他部门转到工矿部门，其中县级以上的干部近 1.6 万人。这样，就在财力、物力和干部等方面为贯彻重点建设方针创造了条件。三是严格遵循基本建设程序进行重点建设。继 1952 年 1 月 9 日政务院财政经济委员会颁发《基本建设工作暂行办法》之后，"一五"时期国务院又就基本建设问题多次发文，形成了一套科学的管理制度。制度明确规定，没有进行勘察（包括对地质、水文、地震、气象、资源等的勘察）和调查（包括对原材料、燃料、动力、供水、排水、交通运输和生产力的配置等条件的调查），就不能进行设计；没有设计，就不能施工；施工完工后的验收不合格，不得交付使用。这些制度得到了严格执行，从而成为"一五"时期重点建设能够基本上做到保质保量并按期投产的一项重要保证。

为了充分发挥现有企业的潜力，"一五"时期着重抓了以下三项工作：①轻工业原料（包括来自农业和重工业的原料）不足，是"一五"时期发展轻工业的最主要困难。因此，需要增产和节约工业原料。在这两方面都是有潜力的。比如，1955 年上半年全国很多地区纺织工业生产每件棉纱的平均用棉量都在 394 斤以上，而上海市纺织厂的平均用棉量只有 386.1 斤。依据 1955 年产量计算，如果全国棉纺织厂生产每件棉纱节约两斤棉花，全国至少可以增产两万件棉纱。②工业产品品种不足，是"一五"时期发展工业的另一个困难。这一点在机械工业方面表现得很突出。比如，单从金属切削机床而论，当时约需 700 多种，而国内机械工业能够制造的仅 120 种。因此，为了实现工业品的增产，当时积极开展了试制工业新产品的工作。③经过国民经济恢复时期的工作，企业管理工作虽然有了很大的改进，但管理水平不高。当时相当普遍存在的工业产品品种少、质量低、成本高等现象，都是同企业管理水平不高有联系的。这样，提高企业管理水平就成为发挥现有企业潜力的关键之一。为此，"一五"期间进一步建立、健全了各种责任制，加强了计划管理和技术管理，贯彻了经济换算制，加强了思想政治工作。

在建立、健全各种责任制方面，进一步推广厂长负责制，具有关键的意义。这里且就这项制度在"一五"时期的发展和变动情况，作些简要的叙述。东北地区首先实行的厂长负责制，在 1951 年 5 月得到党中央肯定以后，同年下半年就在东北地区推行。1953年4月党中央在中财委有关报告又提出：要建立和健全厂长责任制。从1953年下半年以来先后在全国各地推行。但真正贯彻厂长责任制管理原则的工厂并不多。为此，1954年6月，经党中央批准的国家计划委员会有关报告中又指出：在继续建立、健全责任制中，要普遍推行企业管理上的厂长负责制；同时还需加强党的政治领导和保证、监督作用，加强工会和青年团的活动。1955年10月党中央在批转《中共中央第三办公室关于厂矿领导问题座谈会的报告》中又一次强调："党组织必须把确立一长制（即厂长负责制——作者注）作为自己的一个基本的政治任务。"同时指出："一切行政领导同志必须十分注意并帮助党组织加强政治工作。"此后，厂长负责制得到了进一步推广。但在1956年9月召开的党的第八次全国代表大会上，厂长负责制受到了不应有的责难。此后，转而实行党委领导下的厂长负责制。这样，就不适当地否定了适应现代化生产要求的、并且同党的领导和民主管理可以相容的厂长负责制，使得我国企业领导制度出现了一次严重的曲折。并成为尔后一个长时期企业经济效益状况不佳的一个十分重要的原因。

第三，注意兼顾国家建设和职工生活两方面。"一五"时期在处理国家的工业生产建设和职工生活的问题上，基本上做到了兼顾两方面。其基本标志是"一五"时期各年职工实际工资增长速度均低于工业劳动生产率的增长速度，低的幅度大体上也是适当的。据表8–11和表8–12提供的资料，按1978年不变价格计算，社会主义国家所有制工业职工全员劳动生产率，由1952年的4184元提高到1957年的6362元，提高了52.1%，平均每年提高8.7%；而职工平均实际工资由515元提高到690元，提高了30.6%，平均每年提高5.5%。这里说的低的幅度适当，是从"一五"时期来说的，它并不排斥有的年份低的幅度过大，对职工生活有所忽视的情况。比如，1955年，工业全员劳动生产率比上年提高了9.9%，而职工平均实际工资只提高了0.2%，前者为后者的49.5倍。

由于职工平均工资的增长速度适当低于劳动生产率的增长速度，因而一方面有可能为国家提供更多的建设资金。1952年到1957年，社会主义国家所有制职工平均每人提供利润和税收由1220元增加到2040元，提高了67.2%，平均每年提高10.6%。另一方面，又可能保证职工生活的提高。职工生活的提高，除了主要表现为平均实际工资的提高以外，还表现为：①享受劳动保险职工人数和劳动保险福利费用有了进一步的增长。前者由 1952 年的 330 万人增长到 1957 年的 1150 万人；[①] 后者由 9.5 亿元增加到 27.9 亿元，提高了 193.7%，相当于工资总额的比重由 14% 增加到 17.9%（详见表 10-2）。②职工劳动条件又有很大改善。这样，"一五"期间，社会主义国家所有制企业职工因工千人死亡率下降了 22.2%，千人重伤率下降了 89.1%。

表 10-2　社会主义国家所有制单位历年和各周期职工劳保福利费用总额及指数

周期和年份		劳保福利费用总额（亿元）	指数		相当于工资总额的比重（%）
			（以 1952 年为 100）	（以上年为 100）	
	1952	9.5	100.0	—	14.0
第一周期	1953	14.5	152.6	152.6	16.3
	1954	16.6	174.7	114.5	17.5
	1955	17.3	182.1	104.2	17.3
第二周期	1956	26.7	281.1	154.3	19.5
	1957	27.9	293.7	104.5	17.9
第三周期	1958	28.4	298.9	106.8	15.7
	1959	35.0	368.4	123.2	15.0
	1960	36.8	387.4	105.1	14.0
	1961	31.5	331.6	85.6	12.9
	1962	28.3	297.9	89.8	13.2
	1963	30.3	318.9	107.1	14.4
	1964	28.2	296.8	93.1	12.6
	1965	29.6	311.6	105.0	12.6
	1966	30.5	321.1	103.0	12.5
	1967	31.3	329.5	102.6	12.5
	1968	31.5	331.6	100.6	12.4
	1969	32.6	343.2	103.5	12.4
第四周期	1970	34.1	358.9	104.6	12.3
	1971	37.1	390.5	108.8	12.3
	1972	41.5	436.8	111.9	12.2
	1973	43.1	453.7	103.9	12.2
	1974	44.0	472.6	104.2	12.1
	1975	46.3	487.4	103.1	12.0
	1976	49.5	521.1	106.9	12.2
	1977	55.0	578.9	111.1	12.9

①《伟大的十年》，第 193 页。

续表

周期和年份		劳保福利费用总额（亿元）	指数		相当于工资总额的比重（%）
			（以1952年为100）	（以上年为100）	
第五周期	1978	66.9	704.2	121.6	14.3
	1979	92.1	969.5	137.7	17.4
	1980	116.0	1221.1	126.0	18.4
	1981	132.4	1393.7	114.1	20.0
	1982	153.8	1618.9	116.2	21.7
	1983	179.5	1889.5	116.7	24.0
	1984	210.4	2214.7	117.2	24.0
第六周期	1985	266.8	2808.4	126.8	26.1
	1986	343.9	3620.0	128.9	26.7
	1987	415.9	4377.9	120.9	28.5
第七周期	1988	537.6	5658.9	129.3	29.7

资料来源：《中国劳动工资统计资料（1949~1985）》；《中国统计年鉴》（1988），第177页；《中国统计年鉴》（1989），第125、151页。

说明：本表1957年以前包括公私合营、合作社营、私营单位职工劳保福利费用。

　　但是，"一五"时期，包括住宅和城市公用事业等在内的非生产性建设投资总额存在下降趋势。这五年顺次分别为43.54亿元，39.19亿元，29.89亿元，43.12亿元和138.23亿元。特别是它的比重逐年大幅度下降。这五年非生产性建设投资在基本建设投资总额中的比重依次分别为：48.1%，39.6%，29.8%，27.8%和26.7%。[①]这样，在1955年以后，基本建设方面就已经开始并愈来愈明显地表现出"骨头"和"肉"不协调的状态了。所以，"一五"后期在生产性建设投资和非生产性建设投资的安排方面，是存在过前者偏多、后者偏少的缺陷的。

　　尽管，"一五"时期在某些年份（如1955年）、某些方面（如非生产建设）存在过忽视职工生活改善的缺点，但应该说，基本上是兼顾了国家建设和职工生活两方面的。这样，就发挥了发展国家建设和提高职工生活的相互促进作用，在很大的程度上形成了一种良性循环。

　　第四，注意贯彻按劳分配原则，并把思想政治教育和物质鼓励结合起来。20世纪50年代上半期的工资改革，对于旧的工资制度留下的不合

---

①《中国统计年鉴》（1983），第339页。

理因素并没有完全克服，而且伴随国民经济的迅速发展，又出现了一些新问题，以致当时工资制度中还有不少不合理的现象，特别是平均主义相当严重。因此，1956 年又进行了一次全国范围的工资改革。就克服平均主义、建立符合按劳分配原则的工资制度来说，这次改革的主要内容有以下几方面：

其一，取消工资分制度和物价津贴制度、实行直接用货币规定工资标准的制度，以消除工资分和物价津贴带来的不符合按劳分配及其他的不合理现象。

其二，改进工人的工资等级制度，使得熟练劳动和不熟练劳动、繁重劳动和轻易劳动在工资标准上有比较明显的差别。同时，为了使工人的工资等级制度更加合理，各产业部门要根据实际情况制定和修订工人的技术等级标准，严格地按照技术等级标准进行考工升级，使升级成为一种正常的制度。

其三，改进企业职员和技术人员的工资制度。企业职员和技术人员的工资标准，要依据他们所担任的职务确定。对于技术人员，除了按照他们所担任的职务评定工资以外，对其中技术水平较高的，要加发技术津贴；对企业有重要贡献的高级技术人员，要加发特定津贴。有些高级技术人员的现行工资标准高于新定职务工资标准的，可以给他们单独规定工资，使他们的工资仍然有所增加。对于某些地区和某些产业的工程技术人员，如果按职务统一规定工资标准确有困难的时候，可以单独规定技术人员的工资标准，但是必须与实行职务工资的同类技术人员的工资水平适当平衡，不能差别过大。

其四，推广和改进能够较好地体现按劳分配原则的计件工资制度、奖励工资制度和津贴制度。[①] 这项工资改革对于克服熟练劳动和不熟练劳动、繁重劳动和轻易劳动，特别是脑力劳动（尤其是其中的高级科学技术人员）和体力劳动之间的平均主义起了重要的作用，在这些方面进一步贯彻了按劳分配原则。

但这次工资改革也有不足之处。一是在高度集中的经济管理体制下，基本上不可能实现企业劳动者的工资和企业的经济效益挂钩。二是由于

---

① 国务院《关于工资改革的决定》，《新华半月刊》1956 年第 15 期，第 175~177 页。

工资标准过于繁杂，再加上企业劳动管理制度还不很健全，因而也难以完全实现劳动者个人的劳动报酬和自己的劳动成果挂钩。此外，在一部分领导者与收入最低的劳动者之间存在着劳动报酬差别过大的情况。在城乡结合部的工人工资与农民收入之间的差别方面，也有类似的情况。然而，相对于以前的工资制度来说，这次改革在贯彻按劳分配原则、克服平均主义方面，是前进了一大步的。因而成为鼓励劳动者完成和超额完成"一五"计划指标的重要力量。

但在"一五"时期，不仅注意贯彻按劳分配原则，而且注意把物质鼓励与思想政治教育结合起来。这个时期党的干部注意保持和发扬了已经在长期革命战争中锻炼出来的优良作风（如全心全意为人民服务，密切联系人民群众，艰苦奋斗等），而且注意把思想政治工作的优良传统与社会主义时期的特点结合起来（如思想政治工作密切结合经济工作去做）。因而这个时期的思想政治工作是颇有成效的。它对于改造半殖民地半封建社会旧中国留在劳动人民中的雇佣观点，提高他们的主人翁觉悟，进一步提高他们为革命胜利激发出来的巨大的社会主义劳动积极性；对于改造旧社会留下的不良社会风气，树立社会主义的道德风尚，起了重要的促进作用。

第五，重视在坚持社会主义国家所有制经济占主导地位的前提下，在对私人资本主义经济和个体经济进行社会主义改造过程中，还注意了发挥其他经济成分的积极作用。1949年10月新中国成立以后，就通过没收官僚资本，建立了在国民经济中居于主导地位的社会主义国家所有制经济，大大解放了社会生产力。后来又依靠人民群众的社会主义实践，创造了适合中国特点的多种过渡形式，逐步实现了对资本主义工商业、个体农业和个体手工业的社会主义改造。在这个逐步改造的过程中，还注意发挥了这些私有经济的作用，推动了社会生产的发展。这是就生产资料私有制社会主义改造的整个过程说的，并不否定在改造后期发生的急于求成的倾向，以至于改造速度过快，改造的面过宽。但总的说来，我国社会主义改造过程是促进了生产发展的。这是我国人民在中国共产党领导下的一个伟大的创造。而在社会主义改造基本完成以后，又进一步解放了社会生产力，并且注意发挥了多种经济成分的作用。比如，我国社会主义改造基本上是在1956年完成的。而1956年和1957年，社会主义的国有经济、合作社经济、公私合营经济和个体经济创造的国民收入占国民收入总额的比重分别为 32.3% 和 33.2%，53.4% 和 56.4%，7.3% 和 7.6%，以及 7.1% 和 2.8%（参见表 9-2）。国民收入的这种所有制结构也不一定完全恰当。但相对后续的第三、四经济周期来说，这个时期国有经济以外的其他经济成分所占的比重要大得多，因而这些经济成分的积极作用的发挥也要好得多。

第六，重视引进设备、技术、人才、资金和管理经验，以及发展对外贸易。"一五"时期，苏联对我国社会主义工业建设给予了巨大的帮助。这个时期我国从苏联引进了 156 项工程。苏联在这些项目方面的帮助，包括从勘探地质、选择厂址、供应设备、指导建筑安装和开工运转、供应新产品的技术资料，一直到指导新产品的创造等一系列全过程。同时还从苏联引进了大批的专家和巨额的建设资金。1950 年 2 月，苏联政府以优惠条件（年利率 1%，10 年还清）给予我国三亿美元贷款，1954 年 10 月又以优惠条件给予我国 5.2 亿卢布的长期贷款。据表 9-5 提供的资料，在 1953 年至 1960 年，利用外资（即苏联贷款）占工业固定资产投资的比重为 6.2%。这些外资主要是"一五"时期用的。这个比重比第三、四两个周期要大。当然，比第五、六两个周期要小。诚然，这些贷款在"一五"时期我国工业建设资金中占的比重是很小的。资金主要来自我国社会主义的内部积累。但它是用来支付从苏联引进的技术装备的，因而其作用是很大的。据计算，50 年代（主要是"一五"时期）技术引进的构成为：能源（包括石油、煤炭和电力）工业占 36.8%，原材料（包括冶金、化学和建材）工业占 31.1%，民用机械工业占 11.3%，军事工业占 11.8%。这些数字既表明了苏联和东欧其他国家的援助在建立我国社会主义工业化初步基础方面所起的巨大作用，又表明了引进在这方面的重要意义。

"一五"时期不仅重视引进技术装备，同时重视在科研、设计、施工和管理等各个环节上进行了全面的学习和培训，使得研究、设计、生产工艺和设备制造等环节上技术水平的提高基本上是同步的，因而比较快地提高了使用能力、消化能力和创新能力。比如，哈尔滨电机厂是"一五"时期苏联帮助建设的 156 项工业工程之一。在"一五"时期以后的 1958、1959 和 1960 这三年，分别地相继地制造出 2.5 万千瓦、5 万千瓦和 10 万千瓦的发电机组，随后又制造 20 万千瓦的发电机组。

至于建国初期（包括"一五"时期）从苏联引进的经济管理和企业管理的经验，在建设我国社会主义经济管理制度和企业管理制度方面，显然起了重要的作用。

但"一五"时期在引进方面也存在着局限性和缺陷。由于当时的国际形势，以及美国帝国主义对我国实行封锁禁运政策，再加上"一边倒"的外交政策，引进主要还只限于苏联和其他东欧国家。在学习苏联经验方面也存在着教条主义的毛病，特别是照搬了苏联高度集中的经济管理体制。尽管这种体制在"一五"时期起了重要的积极作用，但在尔后的一个长时期内成为我国经济发展的沉重负担。

"一五"时期不仅重视引进设备、技术、人才、资金和管理经验，与此相联系，还注重发展对外贸易。据表 10-3、表 10-4 和表 10-5 提供的资料，"一五"时期进出口贸易总额的增长速度很高，特别是其中第一周期（1953~1955 年）高达 17.5%。这个时期进出口贸易总额占工农业总产值的比重，为 8.1%~17.2%。这个比重除了低于第六周期以外，同第五周期差不多，但比第三、四两个周期都高。这个时期进口的生产资料总额占重工业产值的比重为 14.5%~26.5%，特别是其中的第一周期比重高达 20.9%~26.5%，是各个周期中最高的。这个时期出口的工业品产值占工业总产值为 7.7%~9.1%，也是各个经济周期中最高的。

表 10-3　历年和各周期进出口贸易总额及其增长速度

周期和年份		总额（亿美元）	比 1950 年增长（以 1950 年为 100）	比上年增长（%）	各经济周期年平均增长速度（%）
	1950	11.35	100.0	—	
	1951	19.55	172.2	72.2	
	1952	19.41	171.0	−0.7	
第一周期	1953	23.68	208.6	22.0	
	1954	24.33	214.4	2.7	
	1955	31.45	277.1	29.3	
第二周期	1956	32.08	282.6	2.0	
	1957	31.03	273.4	−3.3	
第三周期	1958	38.71	341.1	24.8	
	1959	43.81	386.0	13.2	
	1960	38.09	335.6	−13.1	
	1961	29.36	258.7	−22.9	
	1962	26.63	234.6	−9.3	

续表

周期和年份		总额（亿美元）	比1950年增长 （以1950年为100）	比上年增长（%）	各经济周期年平均 增长速度（%）
第三周期	1963	29.15	256.8	9.5	
	1964	34.63	305.1	18.8	
	1965	42.45	374.0	22.6	
	1966	46.14	406.5	8.7	
	1967	41.55	366.1	−9.9	
	1968	40.48	356.7	−2.6	
	1969	40.29	355.0	−0.5	
第四周期	1970	45.86	404.1	13.8	
	1971	48.41	426.5	5.6	
	1972	63.01	555.2	30.2	
	1973	109.76	967.0	74.2	
	1974	145.68	1283.5	32.7	
	1975	147.51	1299.6	1.2	
	1976	134.33	1183.5	−8.9	
	1977	148.04	1304.3	10.2	
第五周期	1978	206.38	1818.3	39.4	
	1979	293.33	2584.4	42.1	
	1980	378.22	3332.3	28.9	
	1981	403.75	3557.3	6.9	
	1982	392.97	3462.3	−2.7	
	1983	407.27	3588.3	3.6	
	1984	497.72	4385.2	22.2	
第六周期	1985	602.46	5308.0	21.0	
	1986	600.97	5294.9	−0.2	
	1987	681.10	6000.9	13.3	
第七周期	1988	804.89	7091.5	18.2	
第一经济周期					17.5
第二经济周期					−0.7
第三经济周期					2.2
第四经济周期					17.7
第五经济周期					18.9
第六经济周期					11.1

资料来源：《中国对外经济贸易年鉴》（1988），中国展望出版社，第351~354页；《中国经济年鉴》（1989），第Ⅵ-33页。

表 10–4　历年和各周期进出口贸易总额及其占工农业总产值的比重

周期和年份		工农业总产值（亿元）	进出口贸易总额（亿元）	进出口贸易总额占工农业总产值的比重（%）
	1952	810	64.6	8.0
第一周期	1953	960	80.9	8.4
	1954	1050	84.7	8.1
	1955	1109	190.8	17.2
第二周期	1956	1252	108.7	8.7
	1957	1241	104.5	8.4
第三周期	1958	1649	128.7	7.8
	1959	1980	149.3	7.5
	1960	2094	128.4	6.1
	1961	1621	90.8	5.6
	1962	1504	80.9	5.4
	1963	1635	85.7	5.2
	1964	1884	97.5	5.2
	1965	2235	118.4	5.3
	1966	2534	127.1	5.0
	1967	2306	112.2	4.9
	1968	2213	108.5	4.9
	1969	2613	106.9	4.1
第四周期	1970	3138	112.9	4.0
	1971	3482	120.9	3.5
	1972	3640	146.9	4.0
	1973	3967	220.5	5.6
	1974	4007	292.3	7.3
	1975	4467	290.4	6.5
	1976	4536	264.1	5.8
	1977	4978	272.5	5.5
第五周期	1978	5634	355.0	6.3
	1979	6379	454.6	7.1
	1980	7077	570.0	8.1
	1981	7581	735.3	10.0
	1982	8294	771.3	9.3
	1983	9211	860.1	9.3
	1984	10831	1201.0	11.1
第六周期	1985	13335	2066.7	15.5
	1986	15207	2580.4	17.0
	1987	18489	3084.2	16.7
第七周期	1988	24089	3822.0	15.9

资料来源：《中国统计年鉴》（1989），第 51、633 页。

表 10-5　历年和各周期进口生产资料占重工业产值的比重和出口工业品产值占工业总产值的比重

周期和年份		进口生产资料		出口工业品产值	
		总额（亿元）	占重工业产值的比重（%）	总额（亿元）	占工业总产值比重（%）
	1952	33.5	27.0	11.0	3.2
第一周期	1953	42.5	25.3	34.8	7.7
	1954	41.3	20.9	40.0	7.8
	1955	57.8	26.5	48.7	9.1
第二周期	1956	48.5	17.8	55.7	8.7
	1957	46.0	14.5	54.5	7.7
	1958	57.4	9.9	43.3	4.0
	1959	68.1	7.9	48.7	3.3
	1960	62.2	5.7	43.7	2.7
	1961	26.6	4.4	37.9	3.6
	1962	18.7	3.8	38.0	4.1
第三周期	1963	20.0	3.6	37.9	3.8
	1964	23.4	3.6	39.9	3.4
	1965	37.8	5.6	42.2	3.0
	1966	44.1	5.3	42.3	2.6
	1967	40.6	6.3	35.7	2.6
	1968	39.3	6.6	34.6	2.7
	1969	39.8	4.8	36.9	2.2
	1970	46.4	4.1	36.0	1.7
	1971	44.0	3.2	43.7	1.8
	1972	58.0	4.0	57.0	2.2
第四周期	1973	79.2	5.0	64.2	2.3
	1974	115.7	7.5	63.6	2.3
	1975	125.9	7.0	71.4	2.3
	1976	112.2	6.1	71.6	2.2
	1977	101.1	4.8	101.0	2.7
	1978	152.5	6.3	121.4	2.9
	1979	197.5	7.5	162.8	3.5
	1980	230.0	8.4	221.5	4.3
第五周期	1981	252.0	9.6	305.9	5.7
	1982	238.1	8.2	357.4	6.2
	1983	332.0	10.0	368.6	5.7
	1984	502.6	12.5	482.5	6.3
	1985	1041.5	20.4	667.3	6.9
第六周期	1986	1290.0	22.0	873.3	7.8
	1987	1288.1	18.0	1221.6	8.8

资料来源：江小涓：《中国工业对外经济贸易问题研究》。

说明：本表出口工业品产值包括出口的工矿产品产值和农副产品加工品产值。

　　上述各项因素不仅在"一五"时期建立社会主义工业化基础方面起了重要的促进作用，而且是构成第一、二两个经济周期工业经济效益较高的重要因素。

　　还须指出，上述各项因素还说明了第一、二经济周期工业经济效益发生差别的原因。总的说来，这两个经济周期工业经济效益都是比较好的。但就这两个经济周期本身来说，第一经济周期工业经济效益比第二经济周期要高得多。这并不是偶然发生的现象。从上述的分析中，我们至少可以看到两个重要情况：一是第二经济周期波峰年1956年经济失衡情况比第一经济周期波峰年1953年要严重。二是我国生产资料私有制的社会主义改造的后期也犯了急于求成的毛病，改造的速度过快。这样，在发挥多种经济成分的积极作用方面，第二经济周期也没有第一经济周期充分。

二、第三、四经济周期社会再生产各因素对工业经济效益变化的作用

　　第一，如果说，第一、二经济周期所在的"一五"时期在建设方面，注意遵循了量力而行的原则，那么第三、四经济周期的一个突出特点，就是两次严重地背离了这项原则，使得固定资产投资大大超过了国力所能承担的限度。因而导致了经济发展两次大的、剧烈的周期性波动，并成为经济效益下降的最重要原因。表10-1提供的资料表明：第三经济周期波峰年1958年，社会主义国家所有制单位固定资产投资由1957年的151.23亿元猛增到279.06亿元，增长了84.5%，增长幅度比当年国家财政收入和作为基本建设材料的钢材、水泥和木材分别大59.5，42.1，48.9和56.1个百分点。与此相联系，同社会商品购买力有关的货币收支差额由上年的14亿元陡升到30.8亿元，结余购买力总额也由上年的88.7亿元增加到119.5亿元。第四经济周期波峰年1970年，社会主义国家所有制单位固定资产投资，在1969年比1968年已经增长95.35亿元的基础上，又增长到368.08亿元，增长了49.1%，增长幅度比当年国家财政收入和钢材、水泥、木材分别大23.3，20.8，8.3和33.9个百分点。

　　这里需要着重指出：第三、四经济周期经济效益差，除了由于传统的经济体制和经济战略所导致的经济周期剧烈波动以外，还由于政治因素的影响。主要表现为两个方面：一是1959年召开的党的八届八中全会本来是要反"左"的，以纠正"大跃进"的错误。但由于政治上的需要，又转而"反右倾"。这就把1958年开始的本来可以在1959年得以纠正的"大跃进"错误，一直延伸到1960年。从而，大大加重了国民经济的总量失衡和结构失衡。二是1967年和1968年国民经济总量本来可以在1966年增长的基础上继续增长的，但由于"文化大革命"的破坏，反而下降了，1976年国民经济总量本来也可以在1975年上升的基础上继续上升，也由于"文化大革命"的破坏，使得经济面临崩溃的边缘。

　　第二，如果说，第一、二经济周期所在的"一五"时期还比较注意企业素质的提高，那么，第三、四周期则忽视了企业素质的提高。

　　一是忽视企业技术素质的提高。表8-3和表8-4提供的数据表明：在第一、二经济周期所经历的1953~1957年，社会主义国家所有制单位的基本建设投资占固定资产投资的比重是在94.8%~98.7%的幅度内波动的；更新改造及其他投资的比重是在1.3%~5.2%的幅度内波动的。而在第三、四经济周期所经历的1958~1977年，基本建设投资的比重是在69.7%~96.4%的幅度内波动的，更新改造和其他投资的比重是在3.6%~30.3%的幅度内波动的。可见，在第三、四经济周期，尽管基本建设投资比重有所下降，更新改造和其他投资的比重有所上升，但并没有根本改变前者为主、后者为次的地位。更有甚者，与第一、二经济周期相比，在第三、四经济周期，在社会主义国家所有制单位的基本建设投资中，扩建和改建投资的比重不仅没有上升，反而下降了；而新建投资比重不仅没有下降，反而上升了。在第一、二经济周期，新建投资比重是在30.1%~56%的幅度内波动的，扩建和改建投资比重是在43%~67.9%的幅度内波动的。到了第三、四经济周期，前者的比重提高到44.7%~59.9%；后者的比重降低到38.6%~48.6%。这些数据清楚表明：在第三、四经济周期所经历的20年中，大部分现有企业的技术设备都没有得到及时的改造和提高。

　　二是忽视企业管理素质的提高。1958年掀起的"大跃进"运动，使得新中国建立以后逐步确立起来的企业管理制度遭到了严重的破坏。后来经过1961~1965年的经济调整，这些受到破坏的企业管理制度又得到了恢复，并有了提高。但1966年开始并延续十年的"文化大革命"又把企业管理制度破坏无遗。江青反革命集团有意把社会主义的企业管理制度诬蔑为"资产阶级的管、卡、压"，竟然提出要建立没有规章制度的企业。这就使得企业陷于极端混乱无序的境地!

第三，如果说，第一、二经济周期所在的"一五"时期，注意了兼顾国家建设和职工生活两方面，那么，在第三、四经济周期，为生产而生产的倾向，则表现得十分突出。依据表8–11和表8–12提供的资料，1958~1977年，社会主义国家所有制工业企业全员劳动生产率提高了55.8%，而工业企业职工的年平均实际工资却下降了25.5%。在这期间，社会主义国家所有制单位职工劳保福利费用相当于工资总额的比重，也由17.9%下降到12.9%（详见表10–2）。这种片面强调社会主义的生产建设而忽视职工生活改善的状况，是根本违反社会主义生产目的的，它严重地挫伤了职工群众的生产积极性。

第四，如果说，第一、二经济周期注意了贯彻按劳分配原则，那么，在第三、四经济周期，由于平均主义在一个长时期内的泛滥，体现按劳分配原则的劳动报酬制度遭到了很大的破坏。这主要表现为以下两个重要方面：一是由于重生产轻生活，重积累、轻消费指导思想的影响，用于提高职工工资的经费不能经常在财政支出上得到保证；有的年份虽然安排了一点，数量也不多。这就必然在实际上造成工资冻结，从而形成不论劳动贡献大小而工资基本一样的状况。据有关部门1978年的调查，在国有企业工人中，1958~1960年参加工作的基本上是三级工和四级工，1961~1966年参加工作的基本上是三级工；1967年以后参加工作的，基本上是二级工。这种类似情况，在工程技术人员和管理人员中也是普遍存在的。二是在管理制度比较健全的条件下，相对于计时工资形式来说，计件工资形式可以更好地体现按劳分配原则；相对于作为劳动报酬基本形式的工资来说，作为劳动报酬补充形式的奖金也可以更好地体现按劳分配原则。但在1958年开始的"大跃进"中，作为社会主义劳动报酬形式的计件工资和奖金却被错误地当做"修正主义的物质刺激"冲掉了。在1961~1965年的调整时期，计件工资和奖金得到了部分的恢复。但在1966年"文化大革命"开始以后，计件工资和奖金又一次遭到了更为彻底的覆灭命运。上述的第三、四经济周期中平均主义泛滥，极大地扼杀了劳动者的积极性。

如果说，第一、二经济周期注意了思想政治工作和物质利益原则的结合，那么，在第三、四经济周期，则脱离物质利益来进行思想政治工作。而且，思想政治工作的形式主义毛病也日趋严重，特别是在政治上"以阶级斗争为纲"和经济上急于求成的"左"的指导思想下进行的。因而在提高劳动者积极性方面，思想政治工作不仅没有充分发挥它应有的积极作用，而且在许多方面起了消极作用。这是就第三、四周期的整个时期来说，并不否认在1961~1965年的经济调整时期，思想政治工作曾经起过颇为有益的作用。

第五，在急于求成的"左"的思想指导下，在社会主义社会所有制结构的构造上，盲目追求单一的社会主义国家所有制，忽视了在坚持社会主义国有制占主导地位的前提下，社会主义集体所有制还有极其重要的作用，并从根本上否定了在坚持社会主义公有制为主体的前提下，各种非社会主义所有制形式（包括劳动者的个体经济和私人资本主义经济）必要的、有益的补充作用。其结果，不仅使得集体经济没有得到应有的发展，就是对还存在的集体企业也大体上采用国有企业的管理办法，把集体经济变成了准国有经济，致使集体经济的作用远没有得到充分的发挥；至于各种非社会主义所有制则被彻底消灭了。表9-1的资料说明：集体所有制工业产值占工业总产值的比重，从1957年（这年比重为19.03%）开始就趋于下降，到"大跃进"的最后一年1960年下降到最低谷，为9.4%。其后又有一定程度的上升。但到"文化大革命"开始的1966年又下降到最低谷，为9.82%。其后又缓慢上升，直到1976年"文化大革命"结束，才略高于1957年，为21.67%。而各种非社会主义所有制工业产值则因为很少而在统计表上难以反映了。忽视集体经济的作用，根本否定各种非社会主义所有制经济的作用，使得各种生产资源（特别是丰富的劳动力资源）没有得到充分的使用，并成为城乡（特别是农村）大量失业（包括社会上公开存在的显性失业和社会主义企业内部存在的隐性失业）的最重要原因。

第六，由20世纪50年代初期开始的并一直延续下来的美国帝国主义对我国实行的经济封锁，以及20世纪60年代初期由苏联政府单方面撕毁协议导致的中苏两国经济关系的中断，也由于闭关锁国政策的影响，使得我国本来就不发展的对外经济关系，到了第三、四经济周期，还进一步趋于萎缩了。表 9-5 以及表 10-3，表 10-4 和表 10-5 提供的资料表明：（一）在这期间几乎没有利用外资。（二）在 1958~1977 年的 20 年间，前 15 年的进出口贸易总额都比 1955 年大幅度下降了。只是到了 1973 年以后的五年才超过了 1955 年，并有了大幅度的上升。因而第三经济周期进出口贸易总额的年平均增长速度只有 2.2%；到第四经济周期才上升到 17.7%。这 20 年进出口贸易总额占工农业总产值的比重是在 3.5%~7.8% 幅度内波动的。这个比重既小于它的前续周期（即第一、二周期），也小于它的后续周期（即第五、六周期）。（三）这个期间进口生产资料占重工业产值的比重是在 3.2%~9.9% 波动的，出口工业品产值占工业总产值比重是在 1.7%~4.1% 波动的。这个比重也是既小于第一、二周期，又小于第五、六周期。

　　这样说，并不否定第四经济周期在发展对外贸易和引进先进技术装备方面对发展我国工业方面的作用。比如，我国的化学肥料工业，主要是在 60 年代发展起来的。到 1970 年，形成的年生产能力为 440 万吨，当年的化学肥料产量为 243.5 万吨。但仍远不能满足农业生产的需要。到 70 年代初，先后从日本、美国、荷兰、法国等国家，购买了 13 套以天然气和氢油为原料，年产 30 万吨合成氨和 48 万吨尿素的大型化学肥料成套设备装置。1974 年以后，这些设备陆续建成投产。到 1976 年，我国合成氨新增生产能力 558.4 万吨，当年的化学肥料产量达到 524.4 万吨，为 1970 年产量的 2.2 倍。这批引进装置的经济效益也比较好，一般在 4 年至 6 年内就可收回投资。[①] 又如，我国年轻的石油化学工业也是得益于引进项目开始发展起来的。从日本引进的一套年产 30 万吨乙烯及其配套装置（安装在北京石油化工总厂），在石油化学工业的初期发展中起了骨干作用和示范作用。再如，在机械工业方面，从联邦德国和意大利等国引进的 7 项成套设备（包括杭州汽轮机厂的工业汽轮机、南京汽轮发电机厂的汽轮机、沈阳鼓风机厂的透平压缩机、3 条轴承生产线、精炼炉、摩擦材料和汽车玻璃），对提高机械工业的制造能力起了积极作用。还如，在钢铁工业方面，武汉一米七轧机的引进有助于改善我国钢铁工业品种稀

---

①《中国统计年鉴》（1989），第 300 页。

缺的状况，缩短我国冶金工业同世界先进水平的差距。这是建国以来引进的最大项目之一，具有大型化、自动化、高速化和继续化的优点，达到70年代的先进水平。

但无论如何，在这个期间，特别是第三经济周期，我国对外经济关系跌入最低谷，连同上述各项因素共同成为这个期间，特别是第三经济周期的经济效益差的重要原因。

这当然是把第三、四两个经济周期作为一个整体说的，并不否定这两个经济周期的经济效益的差别。事实上，正如表6-7所显示的，第三经济周期社会主义国家所有制独立核算工业企业全要素生产率年平均增长率为-0.4%，而第四经济周期为零。尽管这种差别幅度不大，但还是不同的。这并不是偶然发生的现象，而是由多种因素共同作用的结果。其中重要的因素有：一是经济过热以及作为国民经济基本比例关系的工农业失衡状况，第三经济周期要比第四经济周期更为严重。作为第三经济周期波峰年的1958年，工业增长速度为54.8%，农业和工业增长速度的对比关系为1：22.8。而作为第四经济周期波峰年1970年，这两组数字分别为32.6%和1：2.67（参见表8-2）。二是第四经济周期内涵扩大再生产程度比第三经济周期要高。在第三经济周期，社会主义国家所有制单位更新改造和其他投资在固定资产投资中所占的比重是在3.6%~25.4%波动的。而第四经济周期是在15.1%~30.3%幅度内波动的（参见表8-3）。三是第四经济周期的对外经济关系也要比第三经济周期发展。比如，第三经济周期进出口贸易总额的年平均增长速度只有2.2%，而第四经济周期则高达17.7%（参见表10-3）。以上是就经济方面的因素说的。四是就政治方面的因素说，第三经济周期在经历了"大跃进"的破坏和继起的经济调整时期以后，又受到了1966年开始的"文化大革命"的破坏。当然，在1970~1976年期间，"文化大革命"对经济仍然是有严重破坏的。但其破坏剧烈程度比60年代的末期要小。我们在上面从相对意义上列举了有利于第四经济周期而不利于第三经济周期的一些重要因素（但不是全部因素）。当然，实际生活很复杂，客观上也存在着有利于第三经济周期而不利于第四经济周期的因素。比如，1970年重工业中采掘工业原材料工业和加工工业之间的增长速度的对比关系为1：1.33：1.24。这比1958年的1：0.87：1.05要恶化得多了（参见表8-2）。但总体来说，有利于第四经济周期的因素比较多，不利于第四经济周期的因素比较少。

三、第五、六经济周期社会再生产各因素对 工业经济效益变化的作用

第一，前面说过，从相对意义上和总体意义上讲，在建设方面，第一、二经济周期注意了遵循量力而行的原则，第三、四经济周期则两次严重地背离了这个原则。第五、六经济周期在这方面的特点，不仅在于两次严重地背离了量力而行的原则，而且在于只是第五经济周期固定资产投资膨胀以后得到了有效的调整，第六经济周期的固定资产投资膨胀却一直没有得到真正的控制。表 10-1 的资料说明：第五经济周期波峰年 1978 年，社会主义国家所有制单位的固定资产投资比上年增长了 22%。1979 年就要对经济进行调整，但这年和 1980 年都没有得到有效的控制。到了 1981 年才得到了有效的调整，这年固定资产投资比上年下降了 10.5%。但第六经济周期波峰年 1985 年及其后续的 1986 年和 1987 年，固定资产投资一直处于膨胀态势中，只是膨胀的势头稍微削弱了一点。这三年社会主义国家所有制单位固定资产投资分别比上年增长了 41.8%，17.7% 和 16.1%。第七经济周期波峰年 1988 年固定资产投资又比上年增长了 18.1%，只是到了 1989 年，由于认真贯彻了财政紧缩和信贷紧缩的方针，固定资产投资才比上年下降了 9.2%。

还要说明：1979 年经济体制改革以来，在坚持社会主义国家所有制占主导地位的前提下，发展了多种经济成分。而且，在这期间，尽管国家对宏观经济调控能力减弱了，但相对说来，国家对国有经济的调控能力比对非国有经济要强得多。因而非国有经济投资膨胀的势头比国有经济还要大，固定资产投资增长速度还要快。与此相联系，在这以后，社会主义国家所有制单位固定资产投资占全社会固定资产投资总额的比重有了大幅度的下降，其他经济成分固定资产投资的比重有了大幅度的上升。1981~1988 年，前者的比重由 69.5% 下降到 61.4%，后者的比重由 30.5% 上升到 38.6%。1989 年前者略有上升，为 62.8%；后者略有下降，为 37.2%（参见表 8-7）。因此，要全面了解第五、六经济周期固定资产

投资膨胀情况，单看社会主义国有经济是不够的，还必须同时考察其他经济成分。为了说明这一点，我们列表 10-6 于后。

表 10-6　全社会固定资产投资与国民经济重要指标增长速度的对比及
全社会固定资产投资占国民生产总值的比重　　　　　　　单位：%

项目	1980年	1981年	1982年	1983年	1984年	1985年	1986年	1987年	1988年	1989年
一、增长速度对比 （以上一年为100）										
全社会固定资产投资		3.6	27.7	14.0	20.8	21.3	12.1	13.9	10.8	−11.0
国内生产总值	7.8	4.5	8.7	10.3	14.6	12.7	8.3	11.0	10.8	3.9
钢材产量	8.8	−1.7	8.7	5.9	9.8	9.5	9.9	8.1	6.9	3.7
水泥产量	8.1	3.8	14.8	13.7	13.6	18.6	13.8	12.2	2.8	−1.4
木材产量	−1.5	−7.8	2.0	3.8	22.0	−1.0	2.8	−1.4	−3.0	−1.9
二、全社会固定资产投资										
占国内生产总值的比重	20.4	20.1	23.7	24.6	26.3	29.7	31.1	32.1	32.1	25.5

資料来源：《中国固定资产投资统计资料（1950~1985）》，第5~6页；《中国统计年鉴》（1989），第28、477页；《人民日报》1990年2月21日第2版。

说明：第一，固定资产投资包括基本建设投资和更新改造及其他投资两部分。基本建设投资主要来自积累基金，但也有一部分来自生产资料补偿基金。更新改造投资主要来自生产资料补偿基金，但也有一部分来自积累基金。所以，我们在上表中选择固定资产投资与国内生产总值做对比，而不是选择固定资产投资与国民收入或社会总产值做对比，是合适的。第二，此表第一项价值指标的相对数是按不变价格算的，第二项价值指标的相对数是按当年价格算的。

表 10-6 说明：在第五经济周期，只有经济调整真正见效的 1981 年，全社会固定资产投资的增长速度低于国民生产总值和水泥产量的增长速度，高出钢材和木材产量的增长速度也不多。这年全社会固定资产投资占国内生产总值的比重也最低，仅为 20.1%。但在 1982~1984 年，全社会固定资产投资的增长速度均大大超过了国内生产总值和钢材、水泥、木材的增长速度（1984 年的木材产量除外），全社会固定资产投资占国内生产总值的比重也由 20.1% 上升到 26.3%。到了第六经济周期，特别是作为波峰年的 1985 年，全社会固定资产投资的增长速度大大超过了国内生产总值和钢材、水泥、木材产量的增长速度（1986 年的水泥产量除外），全社会固定资产投资占国内生产总值的比重达到了 29.7%~32.1%。第七经济

周期波峰年 1988 年也是这个情况。只是到了 1989 年，固定资产投资膨胀的势头才得到了控制。

正是由于 1981 年经济调整取得了实际成效，作为国民经济基本比例关系的农业轻工业和重工业的比例关系以及积累和消费的比例关系基本上趋于协调，促进了第五经济周期经济的发展，并取得了较好的经济效益。而在第六经济周期，经济过热以及投资的膨胀势头一直没有得到真正控制，经济总量和经济结构失衡状况日趋严重，使得经济效益水平跌入六个经济周期的最低谷。

第二，前面说过，在第一、二经济周期，包括技术和管理在内的企业素质有了很大提高，成为这两个周期工业经济效益较好的一个重要因素。而在第三、四周期，这些素质特别是企业管理受到了很大的破坏，成为这两个周期工业经济效益下降的一个原因。而在第五、六经济周期，企业素质虽有一定的改善，但无明显的普遍的提高。在第五、六经济周期，由于更新改造投资数量及其比重的提高，企业自我积累能力和自我改造能力的增长，并把企业的技术改造和技术引进结合起来，因而部分企业技术素质有了很大的提高。但是，无论从国有企业来说，或者从各种经济成分来说，均未从根本上改变基本建设投资在固定资产投资占主要地位的状况（参见表 8-3~表 8-8），企业本身自我积累和自我改造能力也有限。因而企业技术素质并没有普遍提高。还需进一步指出，由于地区之间的重复建设和企业规模趋于小型化，还出现了技术结构低度化。

表 10-7 提供的资料表明：在社会主义国家所有制独立核算工业中，1985 年末自动、半自动化生产线在机器设备固定资产原值中占的比重仅为 2.47%。就是社会主义国家所有制工业的大中型企业中，这个比重也只有 2.89%；其中大型企业为 3.45%，中型企业为 1.72%。这里说明一下，上述两种统计口径是不同的，因而中型企业自动、半自动化生产线在机器设备固定资产原值中所占比重小于全部企业的平均数，看来是矛盾的，实际上并不矛盾。另外，机械手也不多，全部企业只有 2401 个，其中大中型企业有 1565 个。这些都说明社会主义国有工业自动、半自动化程度是不高的。

表 10-8 提供的资料可以进一步说明这一点。1985 年末，在各种经济类型独立核算工业企业基本生产车间直接生产工人中，从事自动控制作

表10—7　1985年末工业设备自动化、半自动化状况

企业类别	企业单位数(个)	机器、设备固定资产原值(万元)	自动化生产线固定资产原值(万元)		半自动化生产线固定资产原值(万元)		自动、半自动化生产线在机器设备固定资产原值中比重(%)	机械手(个)
			合计	其中：电子计算机控制的	合计	其中：电子计算机控制的		
全部企业①	70342	29097373	135932	79511	583242	174004	2.47	2401
大中型企业②	7946	21867862	123721	78472	507907	171874	2.89	1565
大型企业	2464	14744676	109379	74873	399648	164539	3.45	761
中型企业	5482	7123186	14353	3598	108258	7335	1.72	804

资料来源：《中华人民共和国1985年工业普查资料》第一册，第136-37页；第三册，338-339页。
说明：表中①为社会主义国家所有制独立核算工业。②为社会主义国家所有制独立核算工业。自动化、半自动化生产线不包括石油化工、化学工业等的各种半自动化装置和单机单工操作的各种数控机床在内。

表10—8　1985年末工业生产机械化、自动化及动力(电力)装备程度

企业类别	企业单位数(个)	基本生产车间直接生产工人(万人)					比重(以合计为100)				动力机械总能力(万千瓦)	工人的动力装备程度(千瓦/人)	电力消费量(万度)	工人的电力消费程度(度/人)
		合计	自动控制作业	机械化操作	半机械化操作	手工操作	自动控制作业	机械化操作	半机械化操作	手工操作				
全部企业	134040	206259	2986	41468	77510	84295	1.45	20.11	37.58	40.87	31025	11	29338297	10505
大中型企业	8285	80188	2085	19930	27068	31105	2.60	24.85	33.76	38.79	20949	16	20645573	16090
大型企业	2494	41718	1259	10731	13048	16680	3.02	25.72	31.28	39.98	14141	20	13783831	19192
中型企业	5791	38470	825	9199	14020	14425	2.15	23.91	36.45	37.50	6807	12	6862742	12146

资料来源：《中华人民共和国1985年工业普查资料》第一册，第160-161页；第三册，第342~343页。
说明：本表包括县以上的国有工业、集体工业和其他经济类型的独立核算工业。工人指固定工和合同工制度中的工人。

业的占 1.45%，从事机械化操作的占 20.11%，从事半机械化操作的占 37.58%，从事手工操作的占 40.87%；其中大中型企业、大型企业和中型企业这四个比重依次分别为 2.6%、24.85%、33.76%和 38.79%；3.02%、25.72%、31.28%和 39.98%；2.15%、23.91%、36.45%和 37.5%。可见，上述各类企业工人从事自动控制作业的只占 1.45%~3.02%，从事机械化作业的也只占 20.11%~25.72%，而从事半机械化作业的高达 31.28%~37.58%，甚至从事手工操作的还有 37.5%~40.87%。另外，全部企业、大中型企业、大型企业和中型企业工人的动力装备程度和电力消费程度也都不高，前者每人分别为 11 千瓦、16 千瓦、20 千瓦和 12 千瓦；后者每人分别为 10505 度、16090 度、19192 度和 12146 度。

另外，依据重点工业企业的普查资料，1985 年的工业生产设备（按价值量计算）中，属于国际水平的占 13%，属于国内先进水平的占 22%，属于国内一般水平的占 47%，属于国内落后水平的占 18%。这就是说，我国工业生产设备约有三分之二处于一般水平和落后水平。①

这些都说明我国工业企业设备的技术水平虽然有一部分较高，但大部分是不高的，这是其一。

其二，部分地由于历史上我国职工文化水平很低，部分地由于长期忽视教育工作，部分地由于在过去的长时期内企业是国家行政机关的附属物，而不是商品生产者，缺乏推动技术进步的强有力机制，与此相联系也缺乏推动职工技术培训强有力机制，从而导致了职工的文化和技术素质不高。

表 10-9 的资料表明：①1985 年末，在全部独立核算工业固定工和合同工制的职工中，具有大专文化水平的只有 2.9%，具有中专、技工、高中和初中文化水平的占到 70.5%，只有小学程度和不识字或识字不多的还占了 26.6%，在已评定技术职称的职工中，评了高级技术职称的只占 0.01%，评了中级技术职称的只有 0.79%，评了一般技术职称的只有 1.93%。可见，职工的文化素质和技术素质都不高。②大中型企业职工文化、技术素质要高些，但也高得有限。在大中型企业职工中，上述 6 项数字依次分别为 5.8%，73.8%，20.4%，0.03%，2.04%，4.49%。③大中

①《中华人民共和国 1985 年工业普查资料》第一册，第 12 页。

表10—9　全部独立核算工业 1985 年末固定工、合同工制职工文化程度和技术职称状况

企业类型	按文化程度分组							已评定技术职称人员		
	大专	中专	技工	高中	初中	小学	不识字或识字不多	高级技术职称人员	中级技术职称人员	一般技术职称人员
全部企业职工										
人数（人）	1699333	12290566	1437983	—	27180705	13149004	2348487	6948	463782	1121879
比重（以总数为100）	2.9	21.2	2.5	—	46.8	22.6	4.0	0.01	0.79	1.93
大中型企业职工										
人数（人）	1172018	1279884	1003647	3688280	8969716	3693440	440627	6924	413328	908900
比重（以总数为100）	5.8	6.3	5.0	18.2	44.3	18.2	2.2	0.03	2.04	4.49
大中型企业职工中领导成员										
人数（人）	40987	21483[a]	705	—	14360	1970[b]	—	1099	29320	13002
比重（以总数为100）	51.6	27.0	0.9	—	18.1	2.4	—	1.4	36.9	16.4
大中型企业职工中工程技术人员										
人数（人）	578649	422934[a]	20859	—	73280	12962[b]	—	4988	287964	456359
比重（以总数为100）	52.2	38.2	1.8	—	6.6	1.2	—	0.5	26.0	41.2
大中型企业职工中管理人员										
人数（人）	230139	761464[a]	84301	—	875411	218371[b]	—	817	79678	205427
比重（以总数为100）	10.6	35.1	3.9	—	40.3	10.1	—	0.04	3.7	9.5
大中型企业职工中工人										
人数（人）	58524	232330	777344	2480420	6267397	2696280	319232	—	—	—
比重（以总数为100）	0.46	1.81	6.06	19.33	48.84	21.01	2.49	—	—	—

资料来源：《中华人民共和国 1985 年工业普查资料》第一册，第 292~293、308~309、324~325、340~341、372~373；第三册，第 530~531 页。a 包括中专和高中人数。b 包括小学程度和不识字。

型企业的领导成员和技术人员中的文化、技术素质要高得多，但相当一部分成员并不高。在这两部分成员中，上述 6 项数字依次分别为 51.6%，46%，2.4%，1.4%，36.9%，16.4%；52.2%，46.6%，1.2%，0.5%，26%，41.2%。④大中型企业管理人员的文化、技术素质比领导成员和技术人员又要低得多。上述 6 项数字依次分别为 10.6%，79.3%，10.1%；0.04%，3.7%，9.5%。⑤至于大中型企业工人的文化水平就更低，上述前 3 项数字依次分别为 0.46%，76.04%，23.5%。

其三，1976 年粉碎江青反革命集团以后，国家对企业先后进行了几次恢复性和提高性的整顿工作。1979 年经济体制改革以来，实行了各项企业制度的改革，特别是普遍推行了各种形式的承包经营责任制，企业的自我激励机制和市场的竞争机制有所增强；重视了企业经营管理人员的选拔和培训，特别是逐步推行了作为企业的一项基本责任制度的厂长负责制，企业经营管理水平都有了一定程度的提高，部分企业的经营水平还有了显著的提高。但是，行政性的企业整顿工作收效不大；企业还没有真正成为自负盈亏的商品生产者，企业的自我激励机制作用的力度不大，特别是缺乏自我约束机制，市场竞争机制的作用也不强；企业经营管理人员的素质有待于提高，厂长负责制有待于进一步完善，作用有待于发挥；特别是由传统经济体制和传统经济战略所导致的经济过热、严重通货膨胀、物价上涨、流通秩序混乱的经济环境，不仅不利于促进企业经营管理水平，而且会导致经营管理水平的下降。所以，整体说来，当前企业经营管理水平并没有普遍的、显著的提高。

其四，我国企业素质不高，还表现为大而全的工厂多，专业化生产分工协作的企业群体或企业集团很少。

表 10-10 提供的资料说明：1985 年，8300 个各种经济类型的机电工业企业外购零部件价值只占工业总产值比重的 44.96%，而其中的 1789 个大中型企业，这个比重还只有 41.8%。这不仅一般地说明了我国工业企业专业化协作的程度是不高的，还特殊地说明了我国大中型工业企业专业化协作程度更是不高的。

表 10-10　社会主义国家所有制和部分其他经济类型独立核算机电工业企业 1985 年专业化情况

企业类型	企业单位数（个）	工业总产值（现价：万元）	主要产品产值（现价：万元）	主要产品产值占工业总产值比重（%）	外购零部件价值（现价：万元）	外购零部件价值占工业总产值比重（%）	外购零部件价值占主要产品价值比重（%）
全部企业	8300	10422290	8994978	86.31	4685645	44.96	52.09
大中型企业	1789					41.8	

资料来源：《中华人民共和国 1985 年工业普查资料》第一册，第 12 页；第三册，第 406~407 页。

企业素质不高，正是我国工业经济效益不高的一个重要原因。表 7-14 提供的资料表明：在第五经济周期，社会主义国家所有制独立核算工业企业只有三年（1978 年、1979 年和 1983 年）可比产品成本分别比上年降低了，有四年（1980 年、1981 年、1982 年和 1984 年）都是上升的。到了第六经济周期和第七经济周期的头两年都是连续上升的，而且上升的幅度大大增长了。这个期间可比产品成本连年大幅度上升，主要是由严重的通货膨胀和消费需求膨胀所推动的生产资料成本和劳动成本上升造成的，但同企业素质不高（包括技术素质、职工素质和经营管理素质不高）也有一定的联系。完全可以设想：如果企业素质很高，那么，起码也可以阻滞可比产品成本的上升，降低可比产品成本上升的幅度。

总之，这个时期企业素质有了一定的提高，成为第五经济周期工业经济效益好转的重要因素；但又没有明显的、普遍的提高，因而并没有改变第六经济周期经济效益低下的局面。

第三，前面说过，第一、二经济周期比较注意兼顾国家建设和职工生活两方面；第三、四经济周期则片面强调国家建设的需要，而忽视了职工生活。第五、六经济周期的特点是，在用于国家建设的固定资产投资膨胀的同时，用于职工生活的工资和福利费用也在膨胀。依据前面表 8-11、表 8-12 和表 10-2 提供的资料，第五经济周期（1978~1984 年）社会主义国家所有制工业企业全员劳动生产率平均每年提高了 5.1%，而职工平均实际工资每年提高了 5%，职工劳动保险福利费用平均每年提高了 21.1%，相当于工资总额的比重由 1977 年的 12.9%提高到 1984 年 24%。第六经济周期（1985~1987 年）工业企业劳动生产率平均每年提高了 5.8%，而职工平均实际工资每年提高了 4.7%，职工劳动保险福利费用平均每年提高了 25.5%，相当于工资总额的比重由 1984 年 24%提高到

28.5%。如果再加上企业超出国家规定发给职工的大量收入，那么，职工收入的增长速度就会大大超过劳动生产率的增长速度。这种情况在 1988 年还看不到有多少改变，只是到 1989 年才得到了一定的遏制。当然，由于 1958~1976 年的一个长时期内，片面强调国家建设的需要，忽视职工生活的提高，在这以后的一定年限内适当加快提高职工生活的速度，带有归还历史欠债的性质。但长时期的职工收入增长速度超过劳动生产率的增长速度，就必然造成消费需求的膨胀。

投资需求和消费需求双膨胀，推动了工业产品成本的上升。这一点，在第六经济周期表现得尤为明显。

需要进一步指出：投资需求和消费需求双膨胀的情况不只是存在社会主义国有工业经济中，在全社会也是普遍存在的。依据表 8-1 提供的资料，我们可以清楚看到第五、六两个经济周期投资需求和消费需求双膨胀具有以下的特点：①这两个周期特别是第六经济周期积累基金年平均增长速度是很高的。第五周期为 9%，第六周期为 16.6%，居六个经济周期之首。这两个经济周期积累基金与国民收入的增长速度的对比关系也是很高的。第五周期为 1.01（以国民收入的增长速度为 1，以下均同此），第六周期为 1.6，也居各个经济周期的前列。这两个经济周期的积累率也很高，分别为 31.3% 和 34.6%，也居六个经济周期前列。②第五、六两个经济周期消费基金年平均增长速度也很快，分别为 9.4% 和 10.2%，分别居六个经济周期的第二位和第一位。第五、六两个经济周期消费基金与国民收入增长速度的对比关系也很高，分别为 1.06 和 0.98，分别居六个经济周期的第一位和第二位。③与上述两点相联系，货币流通量与国民收入增长速度的对比关系很高。在这两个经济周期所经历的 10 年中，有 9 年货币流通量的增长速度都大幅度地超过了国民收入的增长速度，超过的幅度达到了 29% 至 2.57 倍。这也是前面四个经济周期中所没有的。当然，其中有合理的因素。就是说，1979 年经济体制改革以来，伴随着我国商品经济的发展，经济货币化的程度在提高，因而货币流通量在某种限度内超过经济的增长，是合理的。但上述货币流通量多年大幅度超过国民收入的增长，就超过了这个合理限度，而成为投资需求和消费需求双膨胀的结果了。所以，上述特点表明：第五经济周期，特别是第六经济周期是投资需求和消费需求双膨胀的最严重时期。但在第七周期波峰年 1988 年，这种情况还在继续，只是到了 1989 年才有所遏制。但多年形成的投资需求和消费需求膨胀的局面并没根本改变。

这种投资需求和消费需求双膨胀，必然造成连续多年的巨额的国民收入超分配，但是，近几年来有一种观点认为，国民收入是实物形态和价值形态的统一体，不可能发生国民收入超分配。鉴于这种观点不符合我国经济体制改革以来的实际情况，并掩盖了近几年来严重的通货膨胀，有必要在这里对这种观点进行简要的剖析。

如果把国民收入超分配理解为当年国民收入的使用额超过了当年国民收入的生产额，那么，依据我国多年来（特别是近几年来）的经验，至少可以通过以下三个途径在两种基本形态上发生国民收入的超分配：

一是由国家的中央银行为了弥补财政收支差额和信贷收支差额而进行的超过经济正常发展需要的货币发行。这种发行并没有相应的商品流转伴随，是一种典型的、单纯的、明显的价值形态上的国民收入超分配。

二是由国家和企业举借的某些外债和内债。这里的情况比较复杂。就举外债来说，有三种可能：其一是在举外债的同时，有相应的商品从国外流入。比如，为了引进国外的先进技术设备而借的国外贷款。或者不是同时直接有相应的商品从国外流入，而是通过对外贸易有相应的商品输入。在这两种场合，都是价值形态和实物形态相统一的国民收入的超分配。其二是举借的外债只是为了弥补由其他原因引起的国际收支差额，而不是为了弥补商品输出小于商品输入引起的国际收支差额。由此引起的国民收入超分配，只是价值形态上的超分配。其三是上述两种情况的结合，即部分的是价值形态和物质形态相统一的国民收入超分配，部分的是单纯货币形态上的国民收入超分配。就举内债来说，也有三种可能：其一是国家和企业通过发债券或者向银行贷款而举的内债，其来源如果不是居民或企业当年分配的收入，而是过去多年积累下来的收入。而且这部分积累下来的收入，按原来的意义来说，也是有相应的物资储备的。这里发生的国民收入超分配，也是价值形态和物质形态相统一的国民收入超分配。其二是由于多年巨额的国民收入超分配和严重的通货膨胀，很可能耗用过多的物资储备，致使这部分多年积累下来的并形成内债的居民和企业的收入，成为只是单纯的货币收入，而没有相应的物资储备。由此发生的国民收入超分配就不是货币形态与物质形态相统一的超分配，而是单纯的货币形态上的超分配。其三是上述两种情况的结合，即部分的是第一种形态，部分的是第二种形态。

三是把部分折旧基金用作国民收入来分配。本来折旧基金属于生产资料补偿基金的范畴，不属于国民收入的范畴，不能当做国民收入来分配。但在传统的经济体制下，由于否定社会主义的商品经济，固定资产折旧基金并不是按照固定资产的物质损耗和精神损耗需要的总和来确定的，而是大大低于这个需要总和，甚至根本不计精神损耗的需要，并大大低于物质损耗的需要。诚然，1979 年经济体制改革以来，折旧率已经有了提高。但仍然没有从根本上改变折旧率过低的面貌。这样，就把本来客观上存在的一部分折旧基金人为地变成了国民收入，用于积累基金和消费基金的需要并由此形成了一种价值形态和物质形态相统一的国民收入超分配。

从这方面来说，在传统的经济体制下，本来就存在这种形态上的国民收入超分配。只不过是在经济体制改革以前，在实行高度集中的财政体制下，这部分超分配的国民收入主要是由国家占有并由国家分配了。而在经济体制改革以后，在企业财权扩大了的条件下，这部分超分配的国民收入，除了由国家占有和使用以外，也有相当多的部分已经由企业占有和使用了。

当然，即便在社会主义有计划的商品经济正常运转的情况下，并在折旧基金完全按照物质损耗和精神损耗的需要总和来确定的条件下，也会发生一部分企业把固定资产还没有到更新期以前的那部分折旧基金用于积累基金的需要。但同时又有另一部分企业除了完全用去折旧基金以外，还会把一部分积累基金用做更新技术更为先进的价值更高的技术装备。这样，从全社会和长时期的观点来看，把一部分折旧基金用做积累基金的量大体上同把一部分积累基金用做更新固定资产的量是相等的。这里并没有发生国民收入超分配的情况。这同我们前面说的在传统经济体制下普遍发生的把一部分折旧基金当做国民收入来分配的情况是不同的。

可见，那种否定国民收入超分配的观点是不妥的。还有另一种观点也值得商榷。这种观点虽然认为可能发生国民收入的超分配，但只认为存在货币形态上的国民收入超分配，而不存在货币形态与实物形态相统一的国民收入超分配。而我们在前面的分析表明：既存在前一种形态的国民收入超分配，也存在后一种形态的国民收入超分配，还存在部分是前一种形态、部分是后一种形态相结合的第三种形态。当然，第三种形态是由前两种派生的，基本的形态就是前两种。因此，只承认第一种形态的国民收入超分配，而否定后两种形态的国民收入超分配，也是以偏概全的。

需要指出，正确认识国民收入超分配及其形成的不同途径和不同形态，不仅对于防止和制止通货膨胀是有益的，而且有助于对不同途径形成的国民收入超分配及其不同形态采取不同的对策。比如，对由国家的中央银行超经济发行而形成的单纯货币形态上的国民收入超分配，是需要坚决防止和制止的。但对由举外债而形成的货币形态和实物形态相统一的国民收入超分配，在不超过偿还能力的限度内，就是可以利用的。所以，那种对国民收入超分配采取一概排斥的态度，也不能认为是可取的。

第四，前面说过，第一、二经济周期注意贯彻了按劳分配原则，第三、四经济周期在很大程度上破坏了按劳分配原则。在第五、六经济周期，开始时由于恢复了计件工资和奖金，几次调整了工资，并实行了工资改革，建立了结构工资制、职务工资制和浮动工资制等，恢复了被破坏的按劳分配制度，并使其得到了较好的贯彻。但在后来，特别是在第六经济周期，在由经济过热而形成的严重通货膨胀形势下，国家实行了几次物价补贴，奖金在很大程度上也是按照平均分配原则发放的，至于企业各种超过国家规定发放的实物和现金更是一种平均主义的分配。由于经济过热，投资膨胀，国家财力紧张，不能每年安排用于调整工资的基金。有的年份安排了，但数量不多，在物价上涨的形势下，调整工资实际上主要按照平均主义原则进行的，使得经济改革以后开始拉大了的工资差距又趋于缩小了。这一切又形成了平均主义的复归。

由恢复和较好地贯彻按劳分配原则，到平均主义的复归，这是第五、六经济周期在贯彻按劳分配原则方面的一个重要特点。它的另一个特点是：形成和发展了社会分配不公。这一点在第六经济周期表现得尤为明显。据统计和分析，当前社会分配不公主要有以下几种表现：①全社会收入差距扩大。据 10 万户城乡抽样调查，按国际标准计算，以 20% 高收入户和 20% 低收入户的人均比较，城镇居民贫富收入已从 1978 年的 1.7 倍扩大为 1988 年的 1.9 倍，农民收入差距从 1978 年的 2.9 倍扩大为 4.2

倍。城乡加权平均，全国 1988 年贫富差距为 3.8 倍。②工农收入差距仍然过大。改革 10 年中，农民收入快于职工收入的增长，使工农收入差距由 1978 年的 2.4 倍缩小为 1988 年的 2.1 倍。但是，如果职工收入加上房租补贴、物价补贴和各种劳保福利，农民收入中扣除各种额外负担、集体摊派和用于扩大再生产费用后，工农的实际收入差距为 3.9 倍。③不同所有制企业收入差距过大。据统计，1987 年，在外资企业工作的中国职工平均工资性收入为 2826 元；在中外合营企业工作的职工平均工资性收入为 2245 元；在全民与私人合管企业工作的职工平均工资性收入为 2406 元，而全民所有制企业职工平均工资性收入仅为 1546 元，集体企业职工平均工资性收入只有 1207 元。④企业内部收入分配不公比较突出。国家虽然明确规定了经营者收入为生产者 1~3 倍的界限，但实际上各地企业均大大突破了这个界限。⑤第二职业和离退休再就业者收入同一般职工收入差距过高。据广州、上海、济南、石家庄等城市抽样调查，从事第二职业的人数约占职业总数的 15%，其中约有 60% 在流通领域兼职。他们的收入一般均大大高于第一职业的收入，有的技工或技师到个体或私营厂作指导，每天收入达百余元；"走穴"歌星的收入则更多。⑥脑体收入倒挂现象仍然存在。这里主要指职工内部的脑体收入倒挂。改革以来，脑力劳动者的平均工资增长近 2 倍，快于同期体力劳动者增长 1.8 倍的速度，脑体收入倒挂由 1978 年的 8.2% 缩小到 3.9%，非国家所有单位脑体倒挂的现象已基本扭转。但国家所有制单位脑体倒挂仍比较突出。⑦行业之间收入差距扩大。从 1988 年全国职工平均工资看，最高的是地质勘探职工，为 2298 元，最低的是农、牧、渔、水利职工，为 1311 元，这两个行业的工资差距由 1978 年的 1.66 倍扩大到 1988 年的 1.75 倍。⑧地区之间职工收入差别不合理。为鼓励人才向边远地区流动，我国规定边远地区收入高于内地。改革以来，沿海地区工资和福利增长较快，地区差别逐步缩小。⑨农民内部收入差距呈扩大趋势。一是贫富差距扩大，由 1978 年的 2.9 倍扩大为 1937 年的 4.2 倍。二是地区之间收入差距扩大，人均纯收入最高的上海与最低的甘肃的收入差距从 1978 年的 2.96 倍扩大为 1988 年的 3.83 倍。⑩投机倒把者与靠工资生活者收入差距悬殊。①社

---

① 《经济日报》1989 年 8 月 27 日第 2 版和 11 月 14 日第 3 版。

会分配不公主要是由历史遗留的问题（如经济体制改革以前的一个长时期内，就存在过脑力劳动者和体力劳动者劳动报酬倒挂的不公平情况）、经济体制改革发展进程不平衡（如国有经济改革进展慢，非国有经济改革进展快，沿海地区特别是经济特区改革进展快，边远地区改革进展慢）、改革措施的不配套（包括经济体制改革各方面的不配套以及经济改革与行政、立法等方面改革的不配套）、改革措施的不完善甚至失误（如对非国有经济的税收过程），特别是新旧双重体制（主要是价格"双轨制"）等因素造成的。

还要指出：我国收入分配中的平均主义和社会分配不公的情况在第七经济周期头两年还是继续存在的。

如果说，第一、二经济周期比较注意思想政治工作与贯彻按劳分配原则相结合，第三、四经济周期则从否定按劳分配原则方面实现了二者的分离，那么第五、六经济周期则愈来愈从忽视思想政治工作方面实现了二者的分离。

由第五、六两个经济周期形成和发展起来的平均主义的复归，社会分配不公，以及忽视思想工作，产生了一个共同结果，就是挫伤了劳动者的积极性，并在经济发展、经济改革和社会生活各方面引起了许多摩擦。由于这些问题在第六经济周期表现得很突出，从而成为这个周期经济效益下降的一个重要原因。

这里需要着重指出：这个期间国内的社会主义商品经济体系获得前所未有的迅速发展，同资本主义国家的经济关系也有异常广阔的发展，正需要通过加强思想政治工作来防止商品经济对人们思想的消极作用（即使是社会主义商品经济的发展，对人们思想除了有积极作用的一面以外，也有消极作用的一面），特别是要抵制西方资本主义腐朽文化对人们思想的腐蚀。但却在这个期间忽视了思想政治工作，从而造成了新中国成立以来未有过的思想道德面貌的大滑坡。这种滑坡不仅已经对社会主义精神文明建设、经济发展、经济改革、社会稳定乃至坚持社会主义方面都造成了严重危害，而且在今后一个长时期内在这诸多方面都会发生严重的阻滞作用。因而成为1979年经济体制改革以来的一大失误。这种忽视思想政治工作的状况在1989年夏季召开的党的十三届四中全会以后，开始有了改变。

第五，忽视社会主义商品流通的发展，曾经成为阻滞我国工业发展、导致工业经济效益低下的重要因素。1979 年经济体制改革以后，社会主义商品流通获得了空前未有的发展，成为推进我国工业发展和工业经济效益提高的重要力量。但这个时期，特别是第六经济周期以来，由于经济过热所造成的严重通货膨胀，推行价格"双轨制"负效应的扩大，流通中公司的过度膨胀，流通中经济、行政和立法、司法管理工作跟不上，造成了世界商品经济发展史上罕见的混乱状态，并成为第六经济周期工业经济效益下降的重要原因。其主要表现有以下三个方面：

一是流通秩序混乱给流通中的企业以可乘之机，利用由经济过热导致的严重供给短缺和通货膨胀，以及价格"双轨制"，低进高出（买进商品价格低，卖出商品价格过高），获取高利，甚至是暴利。据有关部门的调查，1984 年至 1988 年，生产原材料的企业产品出厂价格平均每年提高 9.3%，而使用原材料的企业购进产品价格平均每年提高 14%。这就是说，原材料价格上涨部分的三分之一都落入了流通领域。据匡算，仅 1988 年，由价格"双轨制"引起的价差（等于市场价格与国家计划直接规定的价格之间的差额）就高达 1500 亿元以上。

二是流通秩序混乱还使得流通企业便于取得其他大量的非生产性收益。据估算，1988 年国家银行贷款的利率差（等于市场均衡利率与政府控制的银行贷款实际利率之间的差额）为 1134 亿元；进口所谓牌价外汇的汇差（等于市场均衡汇率与政府规定的汇率之间的差额）达 930 亿元；由于不收地租和地价出租土地而流失的地租超过 100 亿元；进出口许可证价值（等于进出口商品国际价格与国内价格、各种税费和正常商业利润之间的差额）约为 150 亿元以上。

三是流通秩序混乱使得流通企业偷税漏税情况更为严重。这又使得大量税收为流通企业截留了。

上述三种情况会造成下列一系列严重后果。首先，过多的收入流入流通领域，一方面必然限制生产领域资金的增长，妨碍有效供给总量的增加，另一方面，又必然会有更多的收入转入流通企业人员的个人消费，并助长生产企业人员收入攀比，从而导致作为社会总需求重要组成部分的消费需求的膨胀。因而，就会加剧经济总量失衡。不仅如此，流通秩序的混乱和价格的错误导向，还会抑制短线产品的生产，助长长线产品的生产，从而加剧产业结构和产品结构的失衡。经济总量失衡和经济结构失衡的加剧，意味着社会生产资源配置效益的下降。

其次，过多的收入转入流通领域，必然导致流通企业人员的个人收入过高，特别是那些个体户和私营企业主收入过高。这就会产生新的社会分配不公，并成为滋生贪污腐败和"官倒"现象的重要经济根源。社会分配不公和部分政府官员腐败，不仅会打击劳动者的积极性，导致工业企业微观经济效益的下降，而且会动摇安定团结的政治局面，影响社会的稳定。

经过近年来的治理整顿，流通秩序的混乱状况，开始有了改变。

第六，前面说过，第三、四经济周期忽视了在坚持社会主义国家所有制经济占主导地位的前提下，发展多种经济成分。这一点已经成为这两个经济周期工业经济效益下降的一个重要原因。但是，1979年经济体制改革以来，注意了在坚持国有经济占主导地位的条件下，积极发展集体经济，发展个体经济、私人资本主义经济和外资经济，成为改善这个时期工业经济效益的重要因素。这主要表现为以下几个重要方面：

一是表10-11表明：第五经济周期（1978~1984年），社会主义国家所有制单位吸纳的新就业人口占城镇新就业人口总数的比重由72%下降到57.6%。到第六经济周期（1985~1987年）这个比重有所上升。但到1988年这个比重又下降到58.3%。如果考虑到表10-11所列的社会主义国家所有制单位吸纳的新增加的就业人数中，包括了除了集体单位和个体劳动者以外的其他所有制单位吸纳的新就业人数，而1988年其他所有制单位扣除了因死亡、退休和调离等原因而减少的职工以外，比1987年还增加了25万职工（参见表10-12），那么，1988年国有单位新增加的就业人数占全部新增加的就业人数的比重最多也只有55.3%。这就至少比1978年减少了16.7个百分点。也就是由国有经济以外其他经济成分多吸纳了16.7个百分点的新增加的就业人数。

表 10-11　城镇新就业人数的所有制结构

项目	第五经济周期							第六经济周期			第七经济周期
	1978年	1979年	1980年	1981年	1982年	1983年	1984年	1985年	1986年	1987年	1988年
总数（万人）	544.4	902.6	900.0	820.0	665.0	628.3	721.5	813.6	793.1	799.1	844.3
其中：国有单位：人数（万人）	392.0	567.5	572.2	521.0	409.3	373.7	415.6	499.1	536.3	499.4	492.2
比重（以总数为100）（%）	72.0	62.8	63.6	63.5	61.5	59.5	57.6	61.3	67.6	62.5	58.3
集体单位：人数（万人）	152.4	318.1	278.0	267.1	222.3	170.6	197.3	203.8	223.8	214.0	263.2
比重（%）	28.0	35.2	30.9	32.6	33.4	27.1	27.3	25.0	28.2	26.8	31.2
个体劳动者：人数（万人）		17.0	49.8	31.9	33.4	84.0	108.6	110.7	33.0	85.7	88.9
比重（%）		2.0	5.5	3.9	5.1	13.4	15.1	13.7	4.2	10.7	10.5

资料来源：《中国劳动工资统计资料（1949~1985）》，第110页；《中国统计年鉴》（1989），第123页。

说明：1984年以后国家所有制单位安置的人数中包括安置到其他各种所有制单位的人数。

这是就城镇新增加的就业人数来说的。如果就全社会劳动者的增长情况来看，也是如此。第五经济周期国有单位增加的劳动者只占全社会增加的劳动者总数的16.3%，不仅比前续的第四经济周期下降了30.2个百分点，而且是六个经济周期中最低的。第六经济周期略有回升，达到22.2%，但也接近生产资料私有制的社会主义改造完成以前的1955年20.5%的水平。到1988年又下降到21.3%（详见表10-12）。

需要进一步指出，在传统经济体制具有的一个根本缺陷，即"铁饭碗"没有改变以前，国有经济的劳动力利用状况并没有其他经济成分充分，其突出表现就是在职失业情况比较严重。所以，国有经济以外的多种经济成分的发展，在充分利用劳动力资源方面的作用，不仅在于吸纳了更多新增的就业人口，而且在于劳动力利用比较充分。如果只看到前一方面，而看不到后一方面，也是不全面的。

可见，在坚持社会主义国家所有制的前提下，发展多种经济成分，对于比较充分地利用劳动力资源，具有多么重要的意义。而我国又是劳动力资源极为丰富、劳动生产率很低的国家，其意义就更为重大。这一点，不仅具有经济意义，而且对于实现社会安定也是十分必要的。

表10-12　社会主义国家所有制单位历年和各周期新增职工在新增社会劳动者和新增职工中的比重

周期和年份		社会劳动者合计(万人)	职工(万人)	其中:国家所有制单位(万人)	城镇集体所有制单位(万人)	其他所有制单位(万人)	城镇个体劳动者(万人)	乡村劳动者(万人)	各经济周期增加的社会劳动者(万人)	各经济周期国有单位增加的职工(万人)	各经济周期国有单位增加职工占增加社会劳动者比重(%)
	1952	20729	1603	1580	23		883	18243			
第一周期	1953	21364	1856	1826	30		898	18610			
	1954	21832	2002	1881	121		742	19088			
	1955	22328	2162	1908	254		640	19526	1599	328	20.5
第二周期	1956	23018	2977	2423	554		16	20025			
	1957	23771	3101	2451	650		104	20566	1443	543	37.6
	1958	26600	5194	4532	662		106	21300			
	1959	26173	5275	4561	714		114	20784			
	1960	25880	5969	5044	925		150	19761			
	1961	25590	5171	4171	1000		165	20254			
	1962	25910	4321	3309	1012		216	21373			
	1963	26640	4372	3293	1079		231	22037			
第三周期	1964	27736	4601	3465	1136		227	22908			
	1965	28670	4965	3738	1227		171	23534			
	1966	29805	5193	3934	1264		156	24451			
	1967	30814	5305	4006	1299		141	25368			
	1968	31915	5504	4170	1334		126	26285			
	1969	33225	5714	4335	1379		111	27400	9454	1884	19.9
	1970	34432	6216	4792	1424		96	28120			
第四周期	1971	35620	6787	5318	1469		81	28752			
	1972	35854	7134	5610	1524		66	28654			
	1973	36652	7337	5758	1579		51	29264			
	1974	37369	7651	6007	1644		36	29682			

续表

周期和年份	年份	社会劳动者合计（万人）	职工（万人）	其中：国家所有制单位（万人）	城镇集体所有制单位（万人）	其他所有制单位（万人）	城镇个体劳动者（万人）	乡村劳动者（万人）	各经济周期增加的社会劳动者（万人）	各经济周期国有单位的职工增加的职工（万人）	各经济周期国有单位增加职工占增加社会劳动者比重（%）
第四周期	1975	38168	8198	6426	1772		24	29946			
	1976	38834	8673	6860	1813		19	30142			
	1977	39377	9112	7169	1916		15	30250	6152	2861	46.5
	1978	40152	9499	7451	2083		15	30638			
	1979	41024	9967	7693	2274		32	31025			
	1980	42361	10444	8019	2425		81	31836			
第五周期	1981	43725	10940	8372	2568		113	32672			
	1982	45295	11281	8630	2651		147	33867			
	1983	46436	11515	8771	2744		231	34690			
	1984	48197	11890	8637	3216	37	339	35968	8820	1441	16.3
第六周期	1985	49873	12350	8990	3324	44	450	37065			
	1986	51282	12809	9333	3421	55	483	37990	4586	1017	22.2
	1987	52783	13214	9654	3488	72	569	39000			
第七周期	1988	54334	13608	9984	3527	97	659	40067	1551	330	21.3

资料来源：《中国统计年鉴》（1989），第101页。

表 10—13　历年和各周期国家财政收入的所有制结构

周期	年份	一、绝对数（亿元）							二、比重（%）						
		总计	国有单位	公私合营单位	集体单位	私营单位	个体经济	其他	总计	国有单位	公私合营单位	集体单位	私营单位	个体经济	其他
	1952	173.94	101.01	1.91	2.09	34.18	33.03	1.73	100.0	58.1	1.1	1.2	19.7	19.0	0.9
第一周期	1953	213.24	136.83	3.12	5.56	31.01	35.33	1.39	100.0	64.2	1.1	2.6	14.5	16.6	0.6
	1954	253.53	166.48	4.18	11.05	27.06	40.99	3.77	100.0	65.5	1.6	4.3	10.7	16.2	1.4
	1955	255.46	182.11	5.38	15.70	16.57	32.88	2.82	100.0	71.3	2.1	6.1	6.5	12.9	1.1
第二周期	1956	289.26	210.36	15.00	44.99	6.41	5.85	3.65	100.0	72.7	5.2	15.5	2.2	2.0	1.3
	1957	310.04	218.78	26.70	51.83	2.53	5.78	4.42	100.0	70.5	8.6	16.7	0.8	1.8	1.4
	1958	387.60	328.05		46.78	0.35	5.01	7.41	100.0	84.6		12.1	0.09	1.3	1.9
	1959	487.12	436.53		48.26		2.21	0.12	100.0	89.6		9.9		0.5	0.02
	1960	572.29	526.31		43.65		2.18	0.15	100.0	91.9		7.6		0.4	0.03
	1961	356.06	311.52		40.18		3.63	0.73	100.0	87.5		11.3		1.0	0.2
	1962	313.55	255.80		50.63		6.87	0.25	100.0	81.6		16.1		2.2	0.08
第三周期	1963	342.25	279.88		54.40		7.97		100.0	81.8		15.9		2.3	
	1964	399.54	335.17		57.56		6.81		100.0	83.9		14.4		2.0	
	1965	473.32	407.32		60.78		5.22		100.0	86.1		12.8		1.1	
	1966	558.71	492.29		63.33		3.09		100.0	88.1		11.3		0.6	
	1967	419.36	356.96		60.06		2.34		100.0	85.1		14.3		0.5	
	1968	361.25	300.44		57.88		2.93		100.0	83.2		16.0		0.8	
	1969	526.76	455.68		67.66		3.42		100.0	86.5		12.8		0.6	
	1970	662.90	582.39		77.27		3.24		100.0	87.8		11.7		0.5	
第四周期	1971	744.73	658.75		82.15		3.83		100.0	88.5		11.0		0.5	
	1972	766.56	676.44		86.36		3.76		100.0	88.2		11.2		0.5	
	1973	809.67	709.97		95.80		3.90		100.0	87.3		11.8		0.9	
	1974	783.14	608.24		99.12		3.78		100.0	77.7		12.7		0.6	
	1975	815.61	702.55		109.14		3.92		100.0	86.1		13.4		0.5	

续表

周期和年份	年份	一、绝对数（亿元）							二、比重（%）						
		总计	国有单位	公私合营单位	集体单位	私营单位	个体经济	其他	总计	国有单位	公私合营单位	集体单位	私营单位	个体经济	其他
第四周期	1976	776.58	656.38		116.26		3.94		100.0	84.5		14.9		0.6	
	1977	874.46	739.96		129.87		4.63		100.0	84.6		14.9		0.5	
	1978	1121.12	973.65		142.40		5.07		100.0	86.8		12.7		0.5	
	1979	1067.96	923.62		139.04		5.30		100.0	86.5		13.0		0.5	
	1980	1042.22	889.58		146.27		6.36	0.01	100.0	85.4		14.0		0.6	0.00095
第五周期	1981	1016.38	858.05		149.46		8.84	0.03	100.0	84.4		14.7		0.9	0.003
	1982	1083.94	884.47		164.14		35.23	0.10	100.0	81.6		15.1		3.3	0.009
	1983	1211.16	969.85		194.41		35.75	11.15	100.0	80.1		16.1		2.9	0.9
	1984	1467.05	1156.85		252.98		40.99	16.23	100.0	78.8		17.2		2.8	1.1
	1985	1837.16	1314.81		424.65		79.59	18.11	100.0	71.6		23.1		4.3	1.0
第六周期	1986	2184.52							100.0						
	1987	2243.63							100.0						
第七周期	1988	2457.82							100.0						
	1989														

资料来源：《中国统计年鉴》（1989），第 658 页。

说明：收入总计中，扣除了国外借债收入。

　　二是表 10-13 表明：社会主义国家所有制单位在国家财政收入中的比重，在第五经济周期（即 1978~1984 年）由 84.6%下降到 78.8%，到第六经济周期的第一年（即 1985 年）又下降到 71.6%，而其他经济成分（主要是集体经济）则由 15.4%上升到 21.2%，再上升到 28.4%。这超过了生产资料私有制的社会主义改造基本完成以后的 1957 年的水平。所以，在坚持社会主义国有经济占主导地位的前提下，积极发展多种经济成分，对于增加社会主义积累也有不容忽视的重要意义。

　　三是表 9-1 说明：社会主义国有工业占工业总产值的比重，在第五经济周期由 77.03%下降到 69.09%，到第六经济周期进一步下降到 59.73%，到第七经济周期第一年 1988 年又下降到 56.8%；其他经济成分（主要是集体经济）由 22.97%上升到 30.91%，进一步上升到 40.27%，再上升到 43.2%。这也远远超过了生产资料私有制的社会主义改造基本完成以后的 1957 年的水平。这就意味着 1979 年经济体制改革以来，多种经济成分的发展，在提高经济增长率方面也起了重要的作用。而在社会生产资源已定的条件下，在适当的限度内，经济增长率的提高，也意味着经济效益的提高。所以，如果把经济过热的情况舍而不论，那么，在坚持社会主义国家所有制经济占主导地位的前提下，发展多种经济成分，对于适度提高经济增长率，从而提高经济效益，也有重要的作用。

　　积极发展多种经济成分，能够提高经济效益，对第五经济周期来说，是一目了然的。因为这个周期的经济效益是大大提高了的，而多种经济的发展确实起了积极作用。但对第六经济周期来说，则比较复杂。因为，①在国家的经济、行政和立法、司法管理工作配合不上的条件下，伴随多种经济（特别是私人资本主义经济和个体经济）的发展，它们本身固有的对经济发展消极作用则有更多的发挥余地。这种消极作用的表现在第六经济周期比第五经济周期要严重得多。当然，即便是在第六经济周期，整个说来，发展多种经济成分的积极作用也是主要的。②在第六经济周期，发展多种经济成分尽管有积极作用，但各种促进经济效益提高的积极因素的作用力度小于各种促使经济效益下降的消极因素的作用力度，因而并未能阻止这个经济周期经济效益的下降。

　　第七，前面说过，第一、二经济周期的对外经济关系的发展，曾经促进了我国工业经济效益的提高。第三、四经济周期对外经济关系萎缩，导致了这个时期我国工业经济效益的下降。第五、六经济周期的改革开放政策，推动我国对外经济关系获得了空前未有的发展，并成为这个时期工业经济效益趋于好转的重要因素。主要表现为以下三个重要方面：

首先，引进外国资金、先进设备、先进技术和先进管理方法达到前所未有的规模。

1979 年至 1988 年的 10 年，我国通过向国外借款和在国外发行债券，吸收外商直接投资，以及来料加工、来样加工、来件装配和补偿贸易等多种途径，共吸收了约 500 多亿元外国资金。1979 年至 1987 年，我国工业固定资产为 5012.97 亿元，其中利用外国资金 664 亿元，占 13.2%（参见表 9-5）。利用这些外国资金，建设了一大批能源、交通、工业基础设施项目，进行了上万个老企业的技术改造和改扩建工程。特别是在 5 个经济特区，14 个沿海开放城市以及长江三角洲、珠江三角洲、山东半岛、辽东半岛、闽南和渤海湾等沿海开放地带进行了大规模的建设，为今后的发展奠定了基础。

从 1979 年到 1988 年，共批准外商投资企业近 1.6 万家，其中已开业的 7000 多家，实际吸收外资 121 亿美元。

在这 10 年中，我国约花费 200 多亿美元，引进 3530 项较重大的先进技术，其中软件部分约占 20%。这些技术、设备，应用于国民经济的各个领域，使我国各主要产业，如石油勘探开发加工、电力、采矿、冶金、电子、机械、航空、造船、机车、汽车、化工、纺织、轻工业的设备制造和工艺技术都取得了重大进展，不少部门和产品已达到 70 年代末或 80 年代的国际水平。同时还引进了许多国外的先进管理方法。

其次，对外贸易获得了迅速的发展。

依据海关的统计资料，1988 年与 1979 年比较，我国对外贸易总额从 206.4 亿美元增加到 1027.9 亿美元，增长近 4 倍。其中，出口额从 97.4 亿美元增至 475.4 亿美元，进口额从 108.9 亿美元增至 552.5 亿美元，分别增加了 3.9 倍和 4.1 倍。依据对外经济贸易部的统计资料计算，第五经济周期我国进出口贸易总额的年平均增长速度为 18.9%，是六个经济周期的最高速度。第六经济周期在基数很高的情况下，年平均增长速度仍然达到了 11.1%。第七经济周期波峰年 1988 年又比上年增长了 18.2%（参见表 10-3）。

随着我国进出口贸易额的迅速增长，在第五、六经济周期，我国经济对国际贸易的依赖程度有了很大的提高。依据表 10-4 和表 10-5 提供的资料，我国六个经济周期进出口贸易总额占工农业总产值的比重，分别为 8.1%~17.2%，8.4%~8.7%，4.1%~7.8%，3.5%~7.3%，6.3%~11.1%和 15%~17%；进口生产资料占重工业产值的比重分别为 20.9%~26.5%，14.5%~17.8%，3.6%~9.9%，3.2%~7.5%，6.3%~12.5%和 18%~22%；出口工业品占工业产值的比重分别为 7.7%~9.1%，7.7%~8.7%，2.2%~4.1%，1.7%~2.7%，2.9%~6.3%和 6.9%~8.8%。这三组数字表现了一个共同特点：从第二经济周期开始，我国工业和整个国民经济对国际贸易的依赖程度就趋于下降，到第三经济周期则急剧下降，第四经济周期达到谷底，第五经济周期开始迅速回升，到第六经济周期达到高峰。

最后，技术出口、对外承包工程、劳务出口和在国外投资办企业也都有了迅速发展。

仅是 1988 年，我国技术出口交易额就达到 3 亿多美元。到 1988 年底，我国已同 118 个国家、地区签订承包工程合同 7164 项，完成营业额 58.9 亿美元，累计派出劳务人员 30 万人次。

1988 年止，我国已在 79 个国家、地区开办非贸易性企业 526 个，总投资 19 亿美元，其中我国投资 7.15 亿美元，占 37.6%。[①]

上述情况表明：1979 年经济体制改革以来，我国对外经济关系的迅速发展，从资金、外汇、设备、技术和管理方法等方面促进了我国工业经济效益的提高。这一点，对第五经济周期来说，是很明显的。但在对外经济关系中，也有与急于求成思想相联系的盲目追求速度和数量，忽视效益和质量以及替代进口和国产化的工作；还有由经济体制改革不配套和宏观经济管理跟不上带来的盲目或重复引进了许多不必要的设备，以及大量非必需的消费品。这种对工业经济效益起消极作用的因素，在第六经济周期有了更多的发展。因此，总的来说，第六经济周期对外经济关系的发展尽管还有促进工业经济效益提高的作用，但已没有第五经济周期那样显著了。再加上主要是由其他的不利于工业经济效益提高的因素的作用，终于避免不了第六经济周期工业经济效益的滑坡。

---

① 《中国经济年鉴》(1989)，第 Ⅱ-48~53 页。

以上我们从社会再生产过程的七个方面分析了制约第五、六经济周期工业经济效益变化的因素。这里有四类情况：一类是对第五经济周期工业经济效益的提高起了积极作用，但对第六经济周期工业经济效益的下降起了消极作用。比如，固定资产投资膨胀在第五经济周期得到了有效的调整，而在第六经济周期一直没有得到真正的控制；经济体制改革开始以后，先是恢复和贯彻了按劳分配原则，后是形成了平均主义的复归，就是属于这类情况。

二类是在第五经济周期对提高工业经济效益起的积极作用大，到第六经济周期仍有积极作用，但相对第五经济周期来说，积极作用下降了。比如，商品流通、多种经济成分和对外经济关系，在这两个经济周期的先后发展，就是这个情况。

三类是在这两个经济周期对提高经济效益的下降都起了消极作用，但相对说来，在第五经济周期起的消极作用小，到第六经济周期起的消极作用大。比如，消费需求膨胀和社会分配不公在第五、六两个经济周期的发展，就是属于这类情况。

四类是对两个经济周期的工业经济效益都起了有益作用。但这只是一个因素。因此，在第五经济周期它表现为促进工业经济效益提高的作用；在第六经济周期表现为阻滞工业经济效益下降的作用，但并不能根本改变工业经济效益下降的局面。比如，企业素质在这两个经济周期都有一定程度的提高，就是属于这类情况。

以上的分类只是大体上从较为抽象的意义上说的，并不能完全反映实际经济生活的复杂状况。但这种分类可以从社会再生产许多方面揭示第五经济周期工业经济效益大幅度上升、第六经济周期工业经济效益大幅度下降的原因。

第四篇 提高我国工业经济效益的途径

我们在前面说过，就经济增长中的速度与效益的关系来看，可以把经济区分为两种类型，即速度效益型和效益速度型。前者是低效益的经济，后者是高效益的经济。而我国在过去长时期内，是属于速度效益型的经济。因此，就经济增长类型来说，我国提高经济效益的方向，就是要把速度效益型的经济转变成效益速度型的经济。

但在我国，要实现由速度效益型经济向效益速度型经济的转变，需要经过一个相当长的过程。诚然，我国经过40年的社会主义建设，已经建立了独立的、比较完整的国民经济体系。因而亟须把过去长期存在的以外延为主的扩大再生产方式转变为内涵为主的扩大再生产方式。但这仅仅是一方面的情况。另一方面，尽管建国以后我国社会生产力有了很大的发展，但并没有从根本上改变二元经济结构的面貌。就是说，工业中机械化和现代化生产有了很大的发展；而农业中的手工劳动还占有主要地位。这样，虽然1979年经济体制改革以来，已经有了大量的劳动力从农业中转移出来，但还远远没有完成这个转移过程。还要看到：在我国中部和西部，资源开发的任务还是很重的，也是需要长期才能完成的。这些情况表明：我国在今后一个长时期内，外延的扩大再生产方式还占有重要的地位。就是对那些亟须实现由外延为主转到内涵为主的生产来说，也需要资金、技术和管理等方面的条件。而这些条件是逐步形成的。在这方面，特别是要根本改变以低效益为特征的传统经济体制。这也不是一朝一夕所能完成的。所以，如果以为速度效益型向效益速度型的转变，是一种很快就可以实现的事，并不符合我国的实际情况。

我们在前面分析形成速度效益型这一特征的原因时，涉及诸多方面。因而，提高工业经济效益的途径，也涉及国民经济的各个方面，甚至思想和政治等方面。但依据建国以后40年的社会主义建设的经验，最重要的途径主要包括以下几方面：

第一，必须坚持一个中心（社会主义经济建设）和两个基本点（四项基本原则和改革、开放）。这样做，既可以避免"以阶级斗争为纲"的错误，又可以避免资产阶级自由化的错误；既可以为经济发展和经济体制改革提供根本的经济、政治、思想前提，保证经济的发展和经济改革的社会主义方向，又可以进一步发挥社会主义基本制度的优越性，有效地推进经济的发展，从体制、物质基础方面为巩固社会主义制度创造条件；既可以在社会主义制度已经建立的条件下，把经济建设放在中心地位，避免背离这个中心甚至破坏这个中心去搞什么"继续革命"，又可以保证经济体制改革也能围绕这个中心展开。

第二，必须坚持以提高经济效益为核心的经济发展战略。为此，一要切实实现国民经济持续、稳定、协调地发展。二要坚决实行由外延扩大再生产为主向内涵扩大再生产为主的过渡。

第三，必须坚持从中国国情出发，积极稳妥地推进经济改革。在这方面，既不能像过去那样，照搬苏联的做法，也要警惕近些年来有些人鼓吹的照搬西方国家的做法，避免走上资产阶级自由化的道路；既要避免这些年来因急于求成而造成的诸多失误，又要警惕在深化改革的困难面前畏缩不前。

第四，必须坚持经济与社会的协调发展。主要指：①稳步地推行政治体制改革，实现社会主义的高度民主，维护安定团结的政治局面，力争把不安定因素消除在萌芽状态中，使之不致酿成大的社会动乱。②在坚持社会主义物质文明建设的同时，加强精神文明建设。③坚持计划生育，逐步实现人口再生产与物质资料再生产的协调发展。④坚持经济效益与环境效益、生态效益的统一，不能片面强调前者，忽视后者。

以上各点，既是发展我国社会主义现代化建设的最基本经验，也是提高我国工业经济效益最根本途径。

然而如前所述，本书主要是以工业经济的角度来考察提高工业经济效益的途径的。因此，主要分析以下两点：一是切实实行以提高经济效益为中心的经济发展战略；二是进一步改革传统经济体制。至于其他有关因素尽管在提高工业经济效益方面也有重要的作用，但本篇也像第三篇分析形成我国工业经济效益特征的原因一样，或者是存而不论，或者是不做专章分析，只是放在有关章中做说明。

第十一章　实行以提高经济效益为中心的经济发展战略

如前所述，要实行以提高经济效益为中心的经济发展战略，必须把握两个基本环节。一是要切实实现国民经济持续、稳定、协调地发展，以提高宏观的资源配置效益，并为提高微观的要素营运效益创造根本前提。二是坚决实现由外延扩大再生产为主向内涵扩大再生产为主的过渡，以提高微观经济效益，并为提高宏观经济效益打下基础。我们在下面分别分析这两个方面。

一、实现国民经济持续、稳定、协调的发展

1989 年 11 月召开的党的十三届五中全会，在我们党的历史上第一次明确地提出了把经济持续、稳定、协调发展作为我国经济工作的指导思想，这对我国今后经济的健康发展来说，具有极其重要的意义。

经济的持续、稳定、协调发展，是事关我国经济发展全局的关键问题。我国社会主义建设的实践表明：经济发展中的重要问题，有经济效益、经济增长速度、经济持续稳定协调发展和人民生活提高等。经济效益是经济发展中的核心问题。但从宏观上来说，它又是以经济持续、稳定、协调发展作为基本前提的。速度也是经济发展中的重要问题。但速度是否合适，能否持久，也要看它是否符合经济协调发展的要求。提高人民生活是发展生产的根本目的。但人民生活的稳步提高，又只能是经

济持续、稳定、协调发展的结果。

经济的持续、稳定、协调发展，是针对我国经济发展长期存在的主要问题提出来的。建国40年来，在党的领导下，经过全国人民的艰苦奋斗，我国社会主义建设已经取得了举世瞩目的成就。但同时也存在着诸多问题，其中最主要的就是由经济过热导致的周期性的经济失衡，经济发展大起大落，很不稳定。这对于我国经济发展和人民生活的提高，造成了严重的消极后果。这次把经济持续、稳定、协调发展作为指导思想提出来，就是为了解决经济发展中这个最主要的问题。

经济的持续、稳定、协调发展，是针对我国经济工作中急于求成的指导思想而提出来的。由于我国诸多的特殊条件，急于求成可以说已经成为一种顽症。它在建国初期生产资料私有制的社会主义改造的后期出现过，在其后经济发展的全过程中也不时地发生过，在近十年来的经济体制改革中又发生过。实践证明：这种急于求成的思想对于我国经济改革和经济发展，已经造成了严重的危害，必须克服。这次把经济的持续、稳定、协调发展作为指导思想提出来，就是为了治理这个顽症。

经济的持续、稳定、协调发展，是依据社会主义有计划的商品经济的发展要求提出来的。只要依据这个要求，努力创造一种适合中国国情的、把计划经济和市场调节有机地结合起来的社会主义商品经济运行机制，就能够解决经济发展不稳定的问题，就能够实现经济持续、稳定、协调的发展。这是关系到进一步发挥社会主义经济制度的优越性，进一步巩固社会主义制度的大问题，必须予以高度的重视。

经济的持续、稳定、协调发展，已经作为经济工作的指导思想提出来了。但要真正贯彻这个方针，还要做多方面的工作。要大力进行宣传教育，把全党全民的思想统一到党的十三届五中全会精神上来，真正克服急于求成思想，切实贯彻整治措施，进一步深化和完善各项改革措施，逐步建立符合计划经济与市场调节相结合的原则，并且经济、行政、法律手段综合运用的宏观调控体系。我们必须为此而做出艰苦的、多方面的努力。

但就宏观经济管理来说，最重要的就是要实现国民经济总量的平衡和产业结构的平衡。我们在下面依次、分别讨论这两个方面。

（一）实现国民经济的总量平衡

我国社会主义建设实践证明：要实现国民经济的总量平衡，最重要的是要确定适度的经济增长速度。当然，要达到经济总量平衡，还需要在物资供需、财政收支、信贷存放和外汇收支方面实现平衡，特别是要做到货币按社会主义商品经济发展的需要来发行。但所有这些方面都要受到经济增长速度的制约。所以，实现经济总量平衡的关键，是确定适度的经济增长速度。

1. 适度的经济增长速度的提出

适度的经济增长速度这个概念的提出，既是我国社会主义建设的经验教训的总结，也是人们认识过程发展的结果。在 1979 年以前的一个长时期内，社会主义经济建设中存在过急于求成的"左"的错误倾向。其主要表现就是盲目的、片面的追求经济增长的高速度，并把这一点看做是压倒一切的事情。由此就忽视了经济效益的提高，经济的协调发展和人民生活的改善。这种经济发展战略给我国社会主义现代化建设造成了严重的危害。党的十一届三中全会以后，人们总结了这个经验，批判了这个"左"的错误，把过去经济发展的运行轨迹概括成一条高速度、低效益、低消费的道路。这个归结无论就它批判的主要锋芒所向来说，或者就它总结的历史过程都是对的。但是，这个归结并没有对经济增长速度过低的情况做出评价，从而也没有提出经济适度增长的问题。

但是在这以后，人们又发现经济增长速度过高了，固然会引起经济的失衡和效益下降，但速度过低了，经济效益也不好。当然，这种状况在 1979 年以前的某些年份也多次发生过。只不过是那时人们还明确树立提高经济效益系社会主义建设的核心问题的观念，并把低速度增长年份看做是前续高速度增长年份向后续高速度增长过渡的必经环节，因而这一点并没有引起人们的广泛注意。但在后来，在树立了经济效益的观念以后，对这一点也就敏锐地意识到了。这样，也就提出了经济的适度增长问题。

2. 适度的经济增长速度的内容

那么，什么是适度的经济增长速度呢？我认为，就当前我国的具体情况来说，需要把握以下三点重要内容。

第一，适度的经济增长速度，必须是以尽可能地、最大限度地有利于提高经济效益为前提。而且，这种"有利"不只是就当前一个生产周期来说，还是就后续的各个生产周期来说的。这样，从再生产过程的观点来看，好的经济效益不仅是适当的经济增长速度赖以确立的前提，又是它赖以确立的基础。因而就可以避免速度和效益之间的不良循环，即确定经济增长速度时忽视经济效益，实行结果导致经济效益的下降，经济效益的下降又制约经济速度的增长，甚至导致速度的下降；就可以在速度和效益之间建立良性循环，即确定经济增长速度以提高经济效益为前提和基础，实行结果就可以促进经济效益的提高，并可以进一步促进经济的稳定增长。这是一方面。另一方面，要做到适度的经济增长速度以提高经济效益为前提和基础，一个必要的条件，就是国力能够承受的。而且，这种"承受"也不仅是就当前一个生产周期来说的，也是就后续各个生产周期来说的。这样的速度就可以使得国民经济得到持续的、稳定的增长，从而使得经济效益得到持续的、稳定的提高。

第二，我国经济非均衡增长条件下适度的经济增长速度的特点。

由于传统的经济体制和经济发展战略的影响，以及改革和发展中的失误，1988 年我国经济又一次陷于严重失衡状态。近年来的经济调整已经取得了显著的成效。但并没有根本改变经济失衡的状态。而要根本改变这一点，特别是改变加工工业和基础产业的失衡状态，则需要较长的时间。这是其一。我同经济非均衡增长更为长期的原因还在于：要改变当前二元经济结构，需要很长的时间。但工业中的现代技术基础为工业的迅速增长提供了可能，而农业中的传统技术基础则限制了这一点。这是其二。我国经济非均衡增长的深层原因，是传统的经济体制。但传统经济体制的根本改革也不是短时期的事。这是其三。因此，即使宏观经济政策是正确的，也只是在一定时期大大缓解经济失衡状态，要想长期根本避免经济失衡状态，是很难做到的。在这种情况下讨论我国经济的适度增长，必须考虑非均衡增长的特点。

在经济均衡增长的条件下，在经济增长速度还未上升到足以使各产业部门已有生产能力得到充分利用时，生产的固定成本较高。因为在这种情况下，要把不变的固定成本分摊到较少的产品上。在这个范围内，伴随着经济增长速度的上升，不变的固定成本要分摊到较多的产品上，生产的固定成本逐步下降，直到各产业部门已有的生产能力得到充分利用，固定成本就下降到最低点。与这个最低点相适应的速度，就是适度的经济增长速度。可见，在这里，经济增长速度与经济效益呈现正相关关系。

但在经济非均衡增长条件下，情况则有所不同。在这里，经济增长速度和经济效益的关系大体上有三种状态：①当经济增长速度过低时，较多的已有生产能力（既包括长线产品部门，也可能包括短线产品部门）由于总需求不足而处于闲置状态，单位产品的固定成本因此而较高。这时短线产品能够满足长线产品的需要，即使二者之间的供求有缺口，也不会大。②当经济增长速度上升到一定程度以后，由于整个社会生产能力利用率的提高，产品的固定成本随之降低。但在整个经济加速增长的同时，长线产品与短线产品之间的供求缺口会扩大，致使部分长线产品生产能力由于得不到短线产品的供给而处于闲置状态，从而引起产品固定成本的增加。于是出现了降低生产成本和提高生产成本的两股力量。当这两股力量相等时，产品生产成本就处于由低到高的转折点上。与这个转折点相对应的经济增长速度，就是经济非均衡增长条件下经济效益最佳的增长速度，即适度的经济增长速度。③如果经济增长速度进一步提高，长线产品与短线产品之间的供求缺口会进一步拉大，于是促使生产成本上升的力量会愈来愈强于促使生产成本下降的力量，从而生产成本上升，经济效益随之下降。

在这里，适度的经济增长速度的确定，是以长线产品与短线产品之间存在缺口为前提的。如果这个缺口缩小，适度的经济增长速度值就会相应上升；而当这一缺口消失，经济处于均衡增长状态时，适度的经济增长速度值就会达到最高点。可见，只有当经济处于均衡状态时，按经济效益优先原则确定的适度的经济增长速度才能达到最大值；反之，对非均衡增长的经济来说，其适度的经济增长速度值必然低于最大值，从而导致已有生产能力不能得到充分利用。

依据以上的分析，我们可以得出几点结论：①在经济的非均衡增长条件下，按经济效益优先原则确定的适当增长速度，就是与生产成本由低到高转折点对应的增长速度。②以适度增长速度为尺度衡量的增长速度过低和过高两种状态，都会提高生产成本，引起经济效益下降。③非均衡经济中的适度增长速度随长线产品和短线产品之间的供求缺口的缩小而上升。④在经济处于均衡增长时，适度的经济增长速度才能达到最大值。

第三，我国经济周期波动条件下适度的经济增长速度的特点。

在传统的经济体制下，存在投资膨胀的机制，导致周期性的经济失衡和经济波动。经济体制改革以来，中央政府向地方政府、经济部门和企业实行了扩权让利，形成了多元的经济利益主体。但并没有在企业内部机制、市场和宏观调控方面形成相应的约束机制，从而导致了投资需求和消费需求的双膨胀。然而，要完成传统经济体制的根本改革，基本实现由旧体制到新体制的过渡，则需要一定的时间。所以，在这一定期限内，经济的周期波动还是不可避免的。就是在宏观经济调控方面采取了正确措施，也只能降低经济波动幅度，而不可能根本改变经济的周期波动状态。这样，如果我们忽视经济周期波动这个条件，那就不能把握适度的经济增长速度的特点。

为了说明这里的问题，我们可以按经济增长速度的高低把一个经济周期分为以下三种年份：①经济增长速度最高的年份。②经济增长速度中等的年份。③经济增长速度最低的年份。这样，在经济周期波动条件下，适度的经济增长速度的存在形式就有它的特点。在经济发展不存在周期波动的条件下，适度的经济增长速度是可以存在于各个年份中的。而在经济周期波动的条件下，适度的经济增长速度只是存在于经济发展中等的年份；在最高年份或最低年份由于速度较高或较低，都是偏离适度的经济增长速度的。当然，就一个周期来说，也可以把该周期的年平均增长速度，看做是适度的经济增长速度。

3. 如何确定本世纪 90 年代我国适度的经济增长速度

现在需要进一步探讨的问题，是如何确定本世纪 90 年代适度的经济增长速度？大体可以有三种办法：一是历史经验法；二是经济数学方法；三是上述两种方法的结合。这里拟采取第一种办法。乍一看来，这种历史经验法似乎没有经济数学方法可靠。但在实际上，经济数学方法也还是一种抽象的方法，它无可避免地要舍象许多具体条件。但历史经验却是反映了各种具体历史条件的。从这方面来说，历史经验法也许更可靠一些。当然，对历史经验的考察，并不能代替对今后条件的分析。但由历史经验考察中得出的数据，却能为确定今后经济增长速度提供一个重要的参照系数。

这里首先遇到的问题是：选择什么指标来反映经济增长速度。用社会总产值指标当然可以反映经济增长速度。但有两个缺陷：一是不能覆盖整个国民经济。因为它只包括农业、工业、建筑业、运输业和商业 5 个物质生产部门，而把第三产业中的许多部门排除在外了。二是没有排除重复计算，内含了一定程度的虚增因素。从这方面来说，采用国民生产总值这个指标来反映经济增长速度，则可以避免这两个缺陷，比较合适。但是，目前我国经济统计中，还没有 1952~1977 年国民生产总值的统计，只有 1978~1989 年国民生产总值的统计。然而却有 1952~1988 年社会总产值的统计。这样，尽管社会总产值有上述缺陷，我们还只得用它来反映新中国建立以后的经济增长速度，并据此来确定 20 世纪 90 年代适当的社会总产值增长速度。当然，在确定了这个速度以后，还可以依据近十年国民生产总值与社会总产值增长速度的对比关系，进一步确定适当的国民生产总值的增长速度。

为了正确地总结历史经验，并且使得由此提出的参照系数具有更大的参考价值，选用建国以后长时期内各个经济周期的年平均增长速度，是较为可靠的。基于我们在这里分析经济总量平衡以及在下面分析产业结构平衡时都要采用这个方法，需要强调两点：一是各个经济周期包括了经济增长速度的中等、最高和最低年份。这样，按一个周期计算出的年平均增长速度，可以大体上反映出该周期内同国力相适应的适度速度。二是各个周期由于经济、技术和政治因素作用的不同，其年平均增长速度也是可以有很大差别的。这样，按建国以后包括各个周期在内的一个长时期计算出的年平均增长速度就更能可靠地反映出该时期内同国力相适应的适度速度。为此，我们依据前面表 6-6 的数据做了三种计算。一是各个经济周期的年平均经济增长速度；二是传统经济体制形成时期的第一、二经济周期，传统经济体制发展时期的第三、四经济周期，以及传统经济体制改革时的第五、六经济周期的年平均增长速度；三是包括第一、二、三、四、五、六经济周期在内的年平均经济增长速度。计算结果见表 11-1。

表 11-1 的资料说明：六个周期的年平均经济增长速度差距很大，最高的第六周期的经济增长速度为最低的第三周期的 2.5 倍，因而很难从其中选出哪一个经济周期年平均增长速度作为今后经济增长率的参照系数。第一、二周期，第三、四周期和第五、六周期的年平均经济增长速度的差距也很大，最高的第一、二周期年平均经济增长速度为最低的第三、四周期的 1.7 倍，也不便从中确定今后经济增长率的参照系数。这样，只有以包括第一、二、三、四、五、六周期在内的年平均经济增长速度

表 11–1 各个经济周期社会总产值年平均增长速度

经济周期	社会总产值年平均增长速度（%）
第一周期（1953~1955 年）	11.0
第二周期（1956~1957 年）	11.9
第三周期（1958~1969 年）	5.5
第四周期（1970~1977 年）	8.9
第五周期（1978~1984 年）	9.8
第六周期（1985~1987 年）	13.8
第一、二周期（1953~1957 年）	11.3
第三、四周期（1958~1977 年）	6.8
第五、六周期（1978~1987 年）	11.0
第一、二、三、四、五六周期（1953~1987 年）	8.6

资料来源：本表是依据表 6–6 的数字计算的。

说明：第七周期是从 1988 年开始的。这一年可以看做该周期的波峰年，1989 年和 1990 年经济增长率下降。但这个周期还没有完，故未计算。表 11–3、表 11–11 均同此。

（8.6%）作为确定今后经济增长速度的参照系数。

现在我们依据社会总产值与国民生产总值的年平均增长速度的对比关系，计算出作为今后年平均经济增长速度参照系数的国民生产总值的增长速度。由于统计资料的限制，这里只能计算 1979 年至 1988 年这十年社会总产值与国民生产总值年平均增长速度的对比关系。计算结果见表11–2。

表 11–2 社会总产值与国民生产总值增长速度的对比关系

年份	①社会总产值指数（以 1978 年为 100）	②国民生产总值指数（以 1978 年为 100）	③＝①：②（以①为 1）
1978	100.0	100.0	
1979	108.5	107.6	
1980	117.6	116.0	
1981	122.8	121.2	
1982	134.4	131.8	
1983	148.2	145.4	
1984	170.0	166.6	
1985	199.1	187.8	
1986	219.3	203.4	
1987	250.3	225.8	
1988	289.9	250.2	
1979~1988 年年平均增长速度对比关系			1：0.86

资料来源：《中国统计年鉴》（1989），第 28、45 页。

表 11-2 的资料说明：1979~1988 年，社会总产值与国民生产总值的年平均增长速度的对比关系为 1：0.86。依据这个对比关系计算，作为今后 90 年代年平均经济增长速度参照系数的国民生产总值增长速度为 7.4%。

当然，这也仅仅是参照系数。要确定这个参照系数在多大程度上适用于 20 世纪 90 年代适度的经济增长速度，需要着重考虑以下两方面的情况。一方面，由于传统的经济体制和经济战略的影响，即便是依据长期历史经验提出的国民生产总值增长 7.4%的速度，也是偏高的。另一方面，如果今后我国经济体制和经济战略的转换，以及与此相联系的社会主义现代化建设能够得到顺利进行的话，那么，我国就有提高经济增长速度的有利条件。基于以上两方面的考虑，可以设想 20 世纪 90 年代我国国民生产总值适度的增长速度为 7%~7.5%。

然而，如前所述，在存在经济周期波动的条件下，这种适度的经济增长速度只存在于经济增长速度中等的年份，最高年份或最低年份会高于 7.5%或低于 7%。那么，最高年份高于 7.5%的上限，最低年份低于 7%的下限，是以多少为宜呢？这就需要分析制约上限和下限的主要因素。

我国社会主义建设的历史经验表明：经济高速增长的主要危险来自工业。而且，在今后一个时期内也还是这样。这并不是偶然的现象。在新旧经济体制交替时期，作为工业主体的社会主义国家所有制工业中，既存在着投资膨胀的机制，又存在着消费需求膨胀的机制。而分配方面存在的某种供给制因素（如低租房和粮食、食油等方面的价格补贴），又大大助长了消费需求膨胀。这样，在投资和消费两方面都存在着推动工业高速发展的强大动因。而工业的现代技术基础又为这种高速增长提供了强有力的物质手段，但在农业方面实行的家庭联产承包责任制，则把激励机制和约束机制较好地结合起来，不存在工业方面那样的膨胀机制；也不存在工业中那种供给制。农业中传统的落后技术基础，也限制了农业的发展速度。

基于这样的分析，我们可以从主要的意义上把制约经济增长最高速度上限的因素，归结为制约工业增长最高速度上限的因素。而工业的高速增长，是要受到农业、能源、原材料和交通运输等基础产业的制约。当前工业与这些基础产业的严重失衡情况，在许多方面都是建国以来少有的。这就从根本上限制了我国工业增长的最高速度。因而从主要意义上说也就是限制了我国经济增长的最高速度。在这种情况下，经济增长最高速度上限区间，以国民生产总值年增长率9%为宜。

制约下限的因素与制约上限的因素则很不相同。在这方面，既有社会主义经济发展的要求，又有我国当前具体情况的限制。主要有以下几点：

第一，社会主义经济要求不断地实现扩大再生产。这样，一方面需要逐年增加一定数量的固定资金和流动资金，特别是要满足作为当前国民经济发展"瓶颈"的基础产业对于基本建设投资的需要。另一方面，外延扩大再生产方式在当前还占有重要的位置，每年需要增加一定数量的劳动力。1988年我国社会劳动者总人数达到54334万人，比1978年增加了14182万人，每年平均增加1418.2万人。[①] 在20世纪90年代每年增加的劳动者的数量仍然是很大的。因而每年需要增加巨额的劳动报酬基金。每年增加上述两方面的资金，是不断实现扩大再生产的必要条件；否则，是不可能的。

第二，在社会主义经济正常发展的条件下，伴随生产的增长，需要不断提高人民的物质文化水平。而在这方面，我国正面临着多重巨大压力。既有原有人口提高生活的压力，又有新增人口提高生活的压力；既有在职劳动者提高生活的压力，又有退休劳动者提高生活的压力。在所有这些方面的需求数额都是很巨大的。到1989年末，我国人口总数已经达到111191万人。在1986~1989年这4年中，每年递增人口1500万人左右。巨大的新增人口还要持续多年。到1989年末，全国职工人数达到13740万人。1978~1988年，我国离休、退休和退职职工人数由314万人增加到2115万人，他们与在职职工人数之比由1：30.3提高到1：6.4[②] 今后退休职工人数还会有巨大的增长。根据有关单位的抽样调查和预测，当前我国60岁及其以上的老龄人口在全国人口的比重为9%，2000年将达到10.18%。其中，显然包含了退休职工的大量增加。

在传统的、高度集中的财政体制下，上述两方面需求的增长在很大程度上集中地表现为国家财政支出需求的增长上。诚然，1979年经济体

---

①《中国统计年鉴》(1989)，第101页。

②《中国统计年鉴》(1989)，第87、152页；《人民日报》1990年2月21日第2版。

制改革以来，中央政府的财权已经有了相当大的分散。但这种情况，并没有根本改变。从这方面来说，我们仍然可以在某种程度上把国家财政各项支出需要的增长，看做是社会主义经济条件下发展生产、提高生活的需求增长，并据此作为制约经济增长下限区间的重要因素。

这里的问题是：上述各项需求的满足，主要是靠由提高经济效益带来的新增国民收入，还是主要靠由经济速度带来的新增国民收入呢？如前所述，在20世纪90年代，我国还处于由外延扩大再生产为主向内涵扩大再生产为主过渡的过程中。这样，由提高经济效益带来的国民收入在新增国民收入总额中虽然会上升，但还占不到主要地位；而由经济速度带来的国民收入在新增国民收入总额中的比重虽然会下降，但仍占主要地位。正是这一点从根本上规定了在上述期间内我国经济增长速度不能太低，下限区间以国民生产总值年增长率5%为宜。如果经济增长速度太低了，就难以满足上述的各项需求。

总起来说，在20世纪90年代，我国经济适度的增长率以7%为宜，其区间上限以9%为宜，区间下限以5%为宜。

这里需要着重指出：在我国今后一个时期经济增长还难以避免周期波动的情况下，探讨这些问题，对于国家实行宏观经济调控，是十分重要的。具体说来就是：①为实行正确的宏观经济管理确立了一个重要目标，即实现适度的经济增长率。②在经济过热年份，为实行有效的宏观调控划出了一条警戒线，即经济增长率达到了区间上限，就必须实行紧缩政策。③在经济低速增长年份，也为实行有效的宏观调控划出了一条警戒线，即经济增长率达到了区间下限，就必须实行宽松政策。

（二）实现产业结构平衡

我们在前面考察实现经济总量平衡时，是只能从整个国民经济着眼的。但在这里考察实现产业结构平衡时，却可以而且必须从工业和基础产业部门的关系来考虑了。因为当前产业结构失衡主要就在这方面。而且，正如前面已经说过的理由，今后发生产业结构失衡，也将主要在这方面。

当前我国工业和基础产业的严重失衡状况，就其直接的原因说，主要是同以往多年工业以过高的速度增长相联系的。因此，为了实现产业结构的平衡，重点就要探讨工业和基础产业之间的、适度的年平均增长速度对比关系。

但在这里，我们主要分析工业和基础产业在 20 世纪 90 年代应该达到的年平均增长速度的对比关系。这种分析也像前面已经说过的那样，主要采取历史经验的方法。为此，我们对工业和基础产业在各个经济周期和 1953~1987 年年平均增长速度做了计算。计算结果分别见表 11-3 和表 11-4。

1. 工业和农业年平均增长速度的对比关系

如前所述，第一、二周期的工业经济效益是比较好的（详见表 6-7）。因而似乎这两个经济周期工业和农业的年平均增长速度的对比关系是很正常的。其实不然。正如我们在第八、九、十章所详细分析过的那样，这两个周期工业经济效益比较好，是由多种原因造成的，它并不表明这两个周期工业和农业的年平均增长速度是正常的。事实上，第一周期波峰年 1953 年工业犯了"小冒进"的错误，第二周期波峰年 1956 年工业又犯了局部冒进的错误。与这些错误相联系，第一、二周期工业和农业的年平均增长速度依次分别为 17% 和 4.7%，以及 19.5% 和 4.3%，二者的对比关系依次分别为 3.6∶1 和 4.5∶1（详见表 11-3）。这样，尽管在这期间，先后相继实行了粮食和棉花等统购统销，并且取得了农业社会主义改造的伟大胜利，从而尽最大力量动员农业的力量来支持工业的发展，但仍然不能满足工业发展的需要。这就显著地表现了工业的发展速度已经超过了农业的承受能力。因而，尽管第一、二周期的工业经济效益比较好，但这期间工业和农业年平均增长速度的对比关系，并不能成为今后工业和农业协调发展的参照系数。

在第三、四周期，工业和农业年平均增长速度依次分别为 8.4% 和 1.5%，以及 11.7% 和 2.7%，二者的对比关系依次分别为 5.6∶1 和 4.3∶1（详见表 11-3）。正是这一点（即工业的发展速度远远超过了农业的承受能力），再加上我们在前面已经详细阐述过的原因，导致了这两个周期工业经济效益的下降（详见表 6-7）。显然，这两个周期工业和农业年平均增长速度的对比关系，也不能成为今后协调发展的参照系数。

成为问题的是如何看待第五周期工业和农业的年平均增长速度，以及与之相联系的对比关系。表 11-3 提供的数据表明：这期间二者的年平均增长速度及其对比关系依次分别为 10.1%，7.7%，以及 1.3∶1。毫无疑

表11-3　各个经济周期工业和农业、电力、货运量和邮电业务量年平均增长速度的对比关系

经济周期	①工业年平均增长速度(%)	②农业年平均增长速度(%)	③=①:②(以②为1)	④电力年平均增长速度(%)	⑤=①:④(以④为1)	⑥货运量年平均增长速度(%)	⑦=①:⑥(以⑥为1)	⑧邮电业务量年平均增长速度(%)	⑨=①:⑧(以⑧为1)
第一周期(1953~1955年)	17.0	4.7	3.6	17.6	0.97	21.8	0.78	13.2	1.29
第二周期(1956~1957年)	19.5	4.3	4.5	24.8	0.79	18.9	1.03	11.0	1.77
第三周期(1958~1969年)	8.4	1.5	5.6	15.2	0.55	3.7	2.27	6.5	1.29
第四周期(1970~1977年)	11.7	2.7	4.3	10.4	1.13	7.7	1.52	7.6	1.54
第五周期(1978~1984年)	10.1	7.7	1.3	7.5	1.35	18.1	0.56	12.3	0.82
第六周期(1985~1987年)	16.8	4.2	4.0	8.9	1.89	9.8	1.71	15.8	1.06
第一、二、三、四、五六周期(1953~1987年)	11.5	3.7	3.1	12.7	0.91	10.2	1.13	9.5	1.21

资料来源：本表依据表8-2的资料算出的。

表 11-4　各个经济周期重工业中采掘工业、原材料工业和加工工业年平均增长速度的对比关系

经济周期	①采掘工业年平均增长速度（%）	②原材料工业年平均增长速度（%）	③加工工业年平均增长速度（%）	④=①：②：③（以①为1）
第一周期（1953~1955 年）	21.5	21.9	28.6	1：1.02：1.31
第二周期（1956~1957 年）				
第三周期（1958~1969 年）	6.5	8.3	10.8	1：1.28：1.66
第四周期（1970~1977 年）	10.4	11.5	14.5	1：1.11：1.39
第五周期（1978~1984 年）	4.3	8.1	8.8	1：1.88：2.05
第六周期（1985~1987 年）	6.0	12.7	15.8	1：2.12：2.63
第一、二、三、四、五六周期（1953~1987 年）	8.9	11.4	14.1	1：1.28：1.58

资料来源：本表依据表 8-2 的资料计算出的。

问，在建国以后的六个经济周期中，这个周期工业和农业年平均增长速度的对比关系是最为协调的。正是这一点，再加上我们在前面已经详细分析过的原因，使得该周期的工业经济效益是比较高的，而就全要素生产率在产出增长率中所占比重这个最重要指标来看，其经济效益还是最高的（详表 6-7）。

但是，这个周期工业和农业年平均增长速度的对比关系，并不能成为今后协调发展的参照系数。问题在于：这个周期农业年平均增长速度特别高，达到了 7.7%，为速度最低的第三周期的 5.1 倍，为速度较高的第一周期的 1.6 倍。这种特别高的速度是由多种因素决定的，其中也有两个特殊的重要因素。一是正好在这个周期，我国农业经济改革取得了举世瞩目的伟大成就。到 1984 年，实行家庭联产承包责任制的生产队数为 569 万个，占总队数的 100%，户数达到 18397.9 万户，占总户数的 99.1%。[①] 这一成就成为这个时期促进我国农业发展的最强劲的动力。应该看到，1956 年我国农业社会主义改造的胜利，解除了农民个体私有制对农业生产力的束缚，推动了我国农业的发展。但随后建立和发展的、作为农业社会主义生产关系具体形式的农业生产合作社和农村人民公社生产队，也存在着严重的弊端。主要是：在生产经营方面束缚了农民的经营自主权，在分配方面实行了平均主义的大锅饭。这是 20 多年来束缚作为农业基本生产力的农民劳动积极性的两根绳索，严重地阻碍了农业的

①《中国农村统计年鉴》（1959），第 33 页。

发展。而农村经济改革以来逐步实行的家庭联产承包责任制，却解除了这两根绳索，极大地调动了农民的劳动积极性。二是正好在这个周期大幅度地提高了农副产品的收购价格，使得工业和农业产品比价发生了前所未有的、大大有利于农业的变化。表 11-5 提供的资料说明：这个周期农副产品收购价格年平均提高速度为 6.9%，为速度最低的第四周期的 7.7 倍，为速度较高的第六周期的 1.2 倍；农副业产品收购价格年平均增长速度比农村工业品零售价格年平均增长速度高出 5.8 个百分点，为速度最低的第四周期的 4.8 倍，为速度较高的第二周期的 1.5 倍。工业和农业产品比价指数发生的这种大大有利于农民的变化，不仅成为这个周期促进农业发展的另一股强大动力，而且使得同等的农产品表现为更大的价格。

表 11-5　各个经济周期农业和工业产品物价年平均增长速度

经济周期	①农副产品收购价格年平均增长速度（%）	②农村工业品零售价格年平均增长速度（%）	③=①-②
第一周期（1953~1955 年）	3.6	0.7	2.9
第二周期（1956~1957 年）	4.0	0.1	3.9
第三周期（1958~1969 年）	2.4	0	2.4
第四周期（1970~1977 年）	0.9	-0.3	1.2
第五周期（1978~1984 年）	6.9	1.1	5.8
第六周期（1985~1987 年）	6.0	2.7	3.3

资料来源：《中国物价统计年鉴》（1988），第 21 页。

问题还在于：在今后，以上两个有利因素很难同时各自以同等的强度作用于农业的发展。诚然，今后我国农村家庭联产承包责任制在不断完善的过程中，仍将长期保持它的青春活力。但它在这种持续进程中所释放出来的农业生产的能量，远不如它刚建立时的初始效应。还要看到，当前我国工农业产品价格还存在着"剪刀差"。因而，从发展趋向看，农产品价格还会以高于工业品价格的速度上升。但也很难出现第五周期那样的大幅度地有益于农业的变化。

这样，尽管第五周期工业和农业年平均增长速度之间的对比关系是很协调的，但在 20 世纪 90 年代很难做到，从而不能成为今后工业和农业协调发展的参照系数。

但是，第五周期存在的工业和农业年平均增长速度之间的协调关系，到了第六周期又为不协调的关系代替了。这个周期工业和农业的年平均增长速度以及二者之间对比关系依次分别为 16.8%、4.2%以及 4∶1（详见表 11-3）。显然，我们在前面对第三、四周期所做的分析，对第六周期也是适用的。因而这个周期工业和农业年平均增长速度的对比关系，也不能成为二者今后协调发展的参照系数。

然而，既然除了第五周期以外，其余五个周期工业年平均增长速度是偏高的，农业是偏低的，二者之间的比例关系是不协调的，那么，包括这六个周期在内的，1953~1987 年工业和农业的年平均增长速度，以及二者之间的对比关系也会是这样。事实上，表 11-3 提供的数字也确实如此。这个期间（即 1953~1987 年）工业和农业的年平均增长速度以及二者之间的对比关系依次分别为 11.5%、3.7%和 3.1∶1。正因为这样，在这35 年中，我国工业和农业多次陷入严重失衡，当前也还没有摆脱这种状态。在 1952~1987 年间，农业占工农业产值的比重由 56.9%下降到25.3%，其中 1961 年下降得最多，只占 21.8%。值得指出的是：1988 年和 1989 年农业比重又进一步下降到 24.3%和 23.03%（详见表 8-2）。所以，这 35 年的平均数，也不能成为今后工业和农业协调发展的参照系数。

既然各个周期的平均数以及六个周期的平均数均不能作为参照系数，那么，如何确定 20 世纪 90 年代工业和农业年平均增长速度的对比关系呢？为此，需要解决两方面的问题。一方面，要确定今后农业的年平均增长速度。既然在过去的长时期内农业增长速度是偏低的，就需要参照历史经验和根据今后情况变化适当调高农业增长速度。而且，农村经济改革已经取得了巨大胜利，农业科技投入会逐步增长，农业现代化建设会逐步发展。农业再生产赖以顺利进行的宏观经济环境也会逐步得到改善。因而，农业增长速度也有可能提高。但是，我国无论根本改革经济体制，或者完成包括农业现代化在内的社会主义现代化建设，都需要经过相当长的时间。因而在 20 世纪 90 年代又难以指望农业速度有很大的提高。所以，将这个期间农业的年平均增长速度由过去 35 年的 3.7%，提高到 4%，是适宜的。

另一方面，要确定 20 世纪 90 年代工业的年平均增长速度。既然过去工业速度偏高了，并且造成了工业和农业对比关系的严重失调，就需要调低。问题是调低多少？我认为，调低到 8%左右是适宜的。这就是说，这个时期工业和农业年平均增长速度的对比关系可以是 2∶1。这样说的主要根据是：这种对比关系是农业可以承受的。依据有关部门提供的全国投入产出表资料计算，1981 年，轻工业和重工业分别增加一万元产值，需要农业分别提供 0.422016 万元和 0.096019 万元产品。1983 年，轻工业和重工业每增加一万元产值，需要农业分别提供 0.4016 万元和 0.1320 万元产品。而这两年，轻工业和重工业产值分别依次占工业总产值的 51.5% 和 48.5% 以及 48.5% 和 51.5%。就是说，这两年轻工业和重工业产值大体上各占工业总产值的一半。从这些数字中不难看出：这两年工业总产值每增长 1%，要求农业相应增长 0.5%。所以，在 20 世纪 90 年代，把工业和农业年平均增长速度对比关系确定为 8%：4%，即 2：1，农业是可以承受的。不仅如此，工业的这种增长速度，整个国民经济也是可以承受的。这一点，可以从历史上某些年份的经验得到证明。1963 年、1972 年和 1982 年是我国几次经济调整时获得显著成就的 3 年，国民经济发展比较平稳。而这 3 年工业的年增长速度依次分别为 8.5%、6.9% 和 7.8%，[①]即都是接近 8% 的。

总之，在 20 世纪 90 年代，把工业和农业的年平均增长速度分别确定为 8% 和 4%，使二者保持 2：1 的对比关系，是适宜的。

2. 重工业中采掘工业、原材料工业和加工工业年平均增长速度的对比关系

依据表 11-4 的资料，在建国以后的六个经济周期中，重工业中原材料工业年平均增长速度比采掘工业越来越高，加工工业年平均增长速度又比原材料工业越来越高。三者之间年平均增长速度之比，由第一周期 1：1.02：1.31，发展到第六周期的 1：2.12：2.63；在包括六个周期在内的 1953~1987 年三者之比为 1：1.28：1.58。这就导致了当前采掘工业、原材料工业和加工工业之间的、积时甚久的严重失衡状态。1952~1987 年这三种工业产值占重工业产值比重分别由 15.3%、42.8% 和 41.9%，发展到 10.3%、35.4% 和 54.2%（详见表 8-2）。而在 1988~1989 年，这种失衡的对比关系又进一步加重了。

这还只是就重工业内部的采掘工业、原材料工业和加工工业的对比关系来说的。如果就包括重工业和轻工业在内的全部工业来说，它们之

---

① 《中国统计年鉴》(1989)，第 53 页。

间的失衡状态还要严重。因为从总体上来说，轻工业也是加工工业；轻工业在整个工业产值中占了相当大的比重；轻工业的原材料又有愈来愈大的部分来自重工业。1952~1987 年，轻工业占工业总产值的比重由 64.5%下降到48.2%；其中，1960 年下降得最多，只占 33.4%（详见表 8-2）。在这期间，以工业品为原料的轻工业产值占全部轻工业产值的比重，由 12.5%上升到 33.1%（详见表 11-6）。

表 11-6 轻工业中以农产品为原料的产品与以工业品为原料的产品的比重

(以轻工业总产值为 100)

周期	年份	以农产品为原料的产品比重（%）	以工业品为原料的产品比重（%）
	1952	87.5	12.5
第一周期	1953		
	1954		
	1955		
第二周期	1956		
	1957	87.2	16.8
第三周期	1958	81.5	18.5
	1959	78.8	21.2
	1960	74.0	26.0
	1961	73.8	26.2
	1962	73.2	26.1
	1963	73.9	26.1
	1964	75.1	24.9
	1965	71.7	28.5
	1966	67.7	32.3
	1967	68.4	31.6
	1968	68.9	31.1
	1969	68.0	32.0
第四周期	1970	70.0	30.0
	1971	70.7	29.3
	1972	71.8	28.2
	1973	71.6	28.4
	1974	70.5	29.5
	1975	70.1	29.9
	1976	69.2	30.8
	1977	68.5	31.5

续表

周期	年份	以农产品为原料的产品比重（%）	以工业品为原料的产品比重（%）
第五周期	1978	68.4	31.6
	1979	69.3	30.7
	1980	68.5	31.5
	1981	71.0	29.0
	1982	70.1	29.9
	1983	69.4	30.6
	1984	68.1	31.6
第六周期	1985	68.9	31.1
	1986	67.7	32.3
	1987	66.9	33.1
第七周期	1988		
	1989		

资料来源：《中国工业经济统计资料（1949~1984）》，第100~101页；《中国工业经济统计资料（1987）》，第35页；《中国工业经济统计年鉴》（1988），第18页。

　　还需进一步指出：以上我们是从企业部门的角度考察的。如果我们再进一步既从全部工业的角度，又从产品部门的角度考察，那么，这种失衡状况更为严重。据有关部门计算，1987年，采掘工业、原材料工业和加工工业的产值占全部工业产值的比重分别为2.2%（加上煤炭、石油和天然气的产值也只有6.5%）、25%和61%。另外，还有能源工业占10.9%。[1]只要把这里列举的数字同前面只是从重工业和企业部门的角度考察时列举的数字做一下对比，就可以清楚看到：这里列举的数字所反映的失衡状况要严重得多。

　　因此，采掘工业、原材料工业和加工工业的年平均增长速度的对比关系亟需调整。就是说，亟需降低加工工业的增长速度，提高采掘工业和原材料工业的增长速度。

　　这当然不是说，在近期内就把采掘工业和原材料工业的增长速度提得很高，把加工工业的增长速度降得很低。这首先是因为一时难以做到这一点。这不仅是受到采掘工业和原材料工业建设周期长的限制，特别是资金的限制。在当前的经济调整时期，尤其是这样。此外，在调整这三种工业年平均增长速度的对比关系时，还要考虑以下两个重要情况：

————————
[1]《中国统计》1989第9期，第33页。

①随着我国社会主义现代化建设的发展，在加工工业中，深加工产品、高技术产品和高附加价值产品的比重是会逐年上升的。如果不说当前采掘工业和原材料工业严重滞后以及它们建设周期长，仅就这一点来说，在某种限度内，加工工业是可以脱离采掘工业和原材料工业而以较高的速度增长的。在这方面，国际经验也给人们以有益启示。在 1971~1980 年，世界工业年平均增长速度为 4.3%。其中采矿业为 2.2%，制造业为 4.5%。① 可见，采矿业也是低于工业指数的。既低于全部工业指数，更低于制造业指数。②1979 年以来，我国实行对外开放政策，利用两种资源（国内资源和国外资源）和两种市场（国内市场和国外市场）推进社会主义现代化建设。而且，尽管我国多数自然资源总量很大，但人均占有量并不多，有些原材料工业产品需要进口一部分。这是一方面；另一方面，有些加工工业产品又可以出口一部分。这样，在当代国际分工日益广泛发展的条件下，从比较经济利益考虑，是可以用一部分加工工业产品出口，去换取一部分原材料工业产品。当然，要做到这一点，还需要做出很大的努力，大力发展加工工业，特别是包括投资品和消费品在内的机电工业。所以，在确定采掘工业、原材料工业和加工工业的速度时，除了要考虑前二者在工业中的基础地位，建设周期长，特别是当前严重滞后等因素以外，还要考虑这里提到的两个情况。

但是，无论如何，当前亟需要提高采掘工业和原材料工业的增长速度，降低加工工业的增长速度。参照第一、四经济周期的历史经验，可以考虑在近期内首先把三者的年平均增长速度的对比关系确定为 1：1.1：1.3（详见表 11-4）。

3. 工业和电力年平均增长速度的对比关系

我们从表 11-3 提供的资料中可以看到：在第一周期至第三周期，工业和电力年平均增长速度的对比关系，并没有走向失衡，甚至是趋于协调的。在这三个周期，二者的对比关系依次由 0.97：1，到 0.79：1，再到 0.55：1。这就是说，在这三个周期，工业的相对速度是趋于下降的，而电力相对速度是趋于上升的。当然，并不能由此认为，工业和电力的对比关系是依照二者年平均增长速度对比关系的变化，按比例地趋于协调

---

① 《国际经济和社会统计资料（1950~1982）》，第 493 页。

的。问题在于：在这三个周期，耗能少的轻工业产值在工业总产值的比重下降了，而耗能多的重工业的比重上升了。在1953~1969年，轻工业的比重由62.7%下降到50.3%，而重工业的比重由37.3%上升到49.7%。[①]但无论如何，在这期间，工业和电力的比例关系至少是没有向失调方向发展的。

但是，到了第四周期以后，情况就不同了。在第四、五、六周期，工业和电力年平均增长速度的对比关系依次为1.13：1，到1.35：1，再到1.89：1。就是说，在这三个周期，工业的相对速度是趋于上升，而电力趋于下降，从而越来越趋于失调状态。诚然，也不能由此认为，工业和电力的对比关系是依照二者年平均增长速度对比关系的变化，按比例地走向失衡的。因为，尽管在第四经济周期，耗能少的轻工业产值占工业总产值的比重由1970年46.2%进一步下降到1977年44%，耗能多的重工业比重由53.8%进一步上升到56%；但在第五、六周期，前者的比重由1978年的43.1%上升到1987年48.2%，后者的比重由56.9%下降到51.8%。[②]再加上其他的措施，1978年以后在节约能源方面是取得了显著成就的。然而，毋庸置疑，在第四周期以后，工业和电力的比例关系确实越来越趋于失衡状态了。据有关专家估计，近几年来，由于能源供应不足，我国工业约有30%的生产能力不能得到充分发挥。

因此，也亟需在20世纪90年代调整工业和电力的年平均增长的对比关系。

然而，如前所述，前三个周期工业和电力的年平均增长速度是趋于协调的，只是在后三个周期发生了严重失衡。因而，包括六个周期在内的1953~1987年工业和电力的年平均增长速度对比关系，对考察90年代二者的对比关系具有重要的参考价值。参照这个历史经验，并考虑到当前工业和电力对比关系的严重失衡状况，还考虑到今后节能的结构效应、技术效应和体制效应的增长（即出于能耗高的工业在国民经济中比重下降和能耗低的农业、第三产业比重上升，由社会主义现代化建设的发展而创造的先进节能手段，以及由经济体制改革的发展而提供的节能制约机制和激励机制），把20世纪90年代工业和电力年平均增长速度的对比

①②《中国统计年鉴》（1989），第54页。

关系调整为 0.85~0.9：1，是可以适当满足工业和国民经济发展的需要的。

而且，这种调整是可以实现的。如前所述，在 20 世纪 90 年代，工业的年平均增长速度可以确定为 8%。如果工业的这个速度是适宜的，那么，按照上述的 0.85~0.9：1 的关系，20 世纪 90 年代电力的年平均增长速度可以确定为 9%~9.5%。事实上，第六周期（1985~1987 年）电力年平均增长速度就达到了 8.9%，1988 年上升为 9.6%，1989 年又下降为 6.7%。[①]今后，要降低工业的过高速度，要提高包括电力在内的能源增长速度。这样，把工业和电力的年平均增长速度确定为 0.85~0.9：1（具体说来就是 8%：9~9.5），是可以做到的。

当前我国学术界和经济界在讨论工业和电力的速度时，常常提到国际经验。这样，为了说明我们这里的问题，也有必要联系到这一点。为此，我们依据有关资料，将世界各主要国家从 20 世纪 50 年代到 80 年代年平均电力生产弹性系数做了计算，其结果见表 11-7。

表 11-7　世界各国电力生产弹性系数

国家	年份	①工业年平均增长速度（%）	②发电量年平均增长速度（%）	③电力生产弹性系数（②÷①）
中国	1953~1960	23.3	30.0	1.29
	1961~1970	4.1	6.9	1.68
	1971~1980	9.5	10.0	1.05
	1981~1988	13.7	7.7	0.56
	1953~1988	11.8	12.7	1.08
美国	1951~1960	2.9	8.1	2.79
	1961~1970	5.1	6.9	1.35
	1971~1980	3.1	3.7	1.19
	1981~1987	3.0	1.8	0.60
	1951~1987	3.5	5.3	1.51
日本	1951~1960	16.6	9.9	0.60
	1961~1970	13.6	12.0	0.88
	1971~1980	4.6	5.5	1.20
	1981~1987	3.3	1.4	0.42
	1951~1987	9.9	7.6	0.77

[①]《中国统计年鉴》（1989），第 299 页；《人民日报》1990 年 2 月 21 日第 2 版。

续表

国家	年份	①工业年平均增长速度 （%）	②发电量年平均增长速度 （%）	③电力生产弹性系数 （②÷①）
联邦德国	1951~1960	9.9	10.1	1.02
	1961~1970	5.4	7.6	1.41
	1971~1980	2.0	4.3	2.15
	1981~1987	3.0	1.8	0.60
	1951~1987	4.8	6.2	1.29
英国	1951~1960	3.1	9.3	3.00
	1961~1970	2.6	6.2	2.39
	1971~1980	0.7	1.2	1.71
	1981~1987	1.8	0.8	0.44
	1951~1987	2.1	4.6	2.19
法国	1951~1960	6.3	8.1	1.29
	1961~1970	5.4	7.4	1.37
	1971~1980	2.9	5.8	2.00
	1981~1987	0.6	5.4	9.00
	1951~1987	4.0	6.6	1.65
苏联	1951~1960	11.4	12.4	1.09
	1961~1970	8.6	9.7	1.13
	1971~1980	5.9	5.7	0.97
	1981~1987	3.8	3.7	0.97
	1951~1987	7.7	8.2	1.07
印度	1951~1960	7.2	14.7	2.04
	1961~1970	6.4	11.8	1.84
	1971~1980	4.1	6.6	1.61
	1981~1987	8.1	7.5	0.93
	1951~1987	6.3	10.4	1.65

资料来源：《国际经济和社会统计资料（1950~1982）》，第212页；《国际经济和社会统计提要》（1988），第122、144页；《中国统计年鉴》（1989），第45、298、924~925页。

国际经验表明：从20世纪50年代初至80年代末，除了法国以外，世界各主要国家的电力生产弹性系数，总的趋势是下降的，其中经济发达的资本主义国家在80年代甚至下降到了0.5左右。在1951~1960年、1961~1970年、1971~1980年和1981~1987年四个时限内，只有法国的年平均电力生产弹性系数由1.29上升到1.37，再上升到2和9。而美国在这四个时限内，年平均电力生产弹性系数由2.79下降到1.35，再下降到

1.19 和 0.6；日本为 0.60、0.88、1.20 和 0.42；联邦德国为 1.02、1.41、2.15 和 0.60；英国为 3.00、2.39、1.71 和 0.44；苏联为 1.09、1.13、0.97 和 0.97；印度为 2.04、1.84、1.61 和 0.93。可见，除法国以外，其他各国在 50 年代到 80 年代年平均电力生产弹性系数都是趋于下降的。区别只是在于：①美国、英国和印度是直线下降的，而日本、联邦德国和苏联是在波动中下降的，即先上升再下降的。②美国、日本、联邦德国和英国 80 年代年平均电力生产弹性系数已经下降到了 0.5 左右；而苏联和印度为 0.9 以上（详见表 11-7）。

就我们这里考察的问题来说，如何看待这些国际经验呢？

第一，我们确定 20 世纪 90 年代年平均电力生产弹性系数时，不仅不能仿效法国 50 年代、60 年代、70 年代、80 年代以及上述四个年代平均的数据，而且也不能仿效美国、联邦德国、英国和印度 50 年代、60 年代乃至 70 年代以及上述四个年代的平均数据。因为在上述年代这些国家的电力基础雄厚，电力生产弹性系数有可能达到那么高。而就我国当前电力发展滞后、电力建设的周期长以及资金、技术等方面的限制来说，短时期内还难以使我国电力生产弹性系数达到上述国家的水平。这是其一。其二，就其中的经济发达的资本主义国家来说，工业在国民经济比重相对较小，其他产业（包括第三产业）比重相对较高。人民生活的用电水平也较高。因而电力生产弹性系数有必要达到较高的水平。而我国当前工业在国民经济中的比重大，其他产业的比重较低。人民生活用电水平较低。从这种相对比较的意义上来说，在必要性方面也没有上述国家那么迫切。

这是一方面，另一方面，我们在确定 20 世纪 90 年代年平均电力生产弹性系数时，又不能仿效美国、日本、联邦德国和英国 80 年代年平均电力生产弹性系数。这里的一个决定性因素是这些国家的科技水平比我国要高得多，技术的节能效应比我国要高得多。因而，它们以 0.5 的年平均电力生产弹性系数，就可以满足工业和整个国民经济以及人民生活的需要；而我国以同等的弹性系数，则远不能做到这一点。

第二，基于我们在前面已经说过的理由，苏联 50 年代、60 年代和 1951 年至 1987 年年平均电力生产弹性系数，对于我们确定 20 世纪 90 年代年平均电力生产弹性系数，具有重要的参考价值。苏联在这三个时限的电力生产弹性分别为 1.09，1.13 和 1.07。这与我们预测的我国 90 年代电力生产弹性系数，是很接近的。

第三，我们把 20 世纪 90 年代年平均电力生产弹性系数确定为 1.1~1.2（或者如前述工业和电力年平均增长速度对比关系为 0.85~0.9：1），比我国 50 年代的 1.29 和 60 年代的 1.68（详见表 11-7）是要低些。但这不仅是符合我国情况的，而且也符合上述国际经验所展示的电力生产弹性系数普遍下降的趋势的。只不过由于我国当前电力发展严重滞后，科技水平较低，传统经济体制还没有根本改革，我国在 20 世纪 90 年代电力生产弹性系数既不能降到 80 年代大多数经济发达的资本主义国家 0.5 的水平，也不能降到苏联和印度的 0.9 以上的水平。

当然，这只是我国 20 世纪 90 年代的情况。完全可以设想：到下世纪，我国年平均电力生产弹性系数也会像上述国际经验所显示的要降到 1 以下。

这里需要顺便指出：前几年，我国学术界流行过电力生产超前系数这个概念，并把这种"超前"看做是电力生产的普遍规律。但在实际上，电力生产超前系数这个概念概括的只是 20 世纪 80 年代以前的发达的资本主义国家的情况。就 80 年代多数发达的资本主义国家的情况来看，电力生产不是超前，而是滞后。所以，存在的不是超前系数，而是滞后系数。当然，无论对电力生产超前系数来看，或者就电力生产的滞后系数来看，用电力生产弹性系数来概括都是可以的。

4. 工业和交通运输业年平均增长速度的对比关系

依据表 11-3 的资料，工业和交通运输业的失衡情况比工业和电力还要严重一些。如前所述，工业和电力年平均增长速度的对比关系，在第一、二、三周期还是比较协调的，只是在第四、五、六周期才越来越趋于失衡了。然而，就包括上述六个周期在内的 1953~1987 年来说，工业和电力的年平均增长速度分别为 11.5% 和 12.7%，即后者还大于前者的。而工业和交通运输业年平均增长速度对比关系则不同。除了第一、五周期工业年平均增长速度小于交通运输业以外，其余四个周期均是大于交通运输业的。因而，包括六个周期在内的 1953~1987 年，也是工业年平均增长速度大于交通运输业，二者对比关系为 1.13：1。工业和交通运输业更为严重的失衡状况，同我们在实际生活中的感受是一致的。因此，也亟需调整工业和交通运输业年平均增长速度的对比关系。

如前所述，20 世纪 90 年代工业的年平均增长速度可以确定为 8%。如果这是合适的，那么交通运输业年平均增长速度可以确定为 10%。就是说，二者的对比关系为 1∶1.25。事实上，在 1953~1987 年，交通运输业年平均速度就已经达到了 10.2%。所以，这是可以做到的，并且也是有必要的。因为，①当前我国工业和交通运输业已经处于严重失衡状态。②我国社会主义商品经济正处于方兴未艾的状态中。③今后我国工业仍会以适度的速度增长，但相对速度会下降。因而工业在国民经济中的比重会下降，其他产业比重会上升。④伴随社会主义现代化建设的发展，我国人民的物质文化生活会进一步提高。这一切都要求在降低工业相对速度的同时，提高交通运输业的相对速度。

现在我们再联系国际经验进一步分析上述的设想。

只要把表 11-8 所列的经济发达国家和我国的运输业生产弹性系数做一下比较，就可以明显看到：前者具有两个明显特点。①许多经济发达国家的运输业生产弹性系数是趋于下降的。区别只是在于有的国家是直接下降的，有的国家在波动中下降的。美国和日本分别属于这两类。在 1951~1960 年、1961 年至 1970 年和 1971~1980 年这三个时限内，美国运输业弹性系数依次由 0.72 下降到 0.63，再下降到 0.36。在这三个时限内，日本运输业生产弹性系数依次由 0.67 上升到 0.96，再下降到 0.28。而我国运输业生产系数是上升的，即由 1951~1960 年的 1.01 上升到 1971~1980 年的 1.45。②经济发达国家运输业生产弹性系数均比我国要低，而且多数国家比我国低很多。1951~1980 年运输业生产弹性系数，美国为 0.57，日本为 0.74，联邦德国为 0.61，英国为 0.43，法国为 0.29，苏联为 0.94。我国 1953~1980 年运输业弹性系数为 0.96。

表 11-8　世界各国运输业生产弹性系数

国家	年份	①工业年平均增长速度（%）	②发货量年平均增长速度（%）	③运输业生产弹性系数（②÷①）
中国	1953~1960	23.3	23.5	1.01
	1961~1970	4.1	-1.2	—
	1971~1980	9.5	13.8	1.45
	1953~1980	11.2	10.7	0.96

续表

国家	年份	①工业年平均增长速度（%）	②发货量年平均增长速度（%）	③运输业生产弹性系数（②÷①）
美国	1951~1960	2.9	2.1	0.72
	1961~1970	5.1	3.2	0.63
	1971~1980	3.1	1.1	0.36
	1951~1980	3.7	2.1	0.57
日本	1951~1960	16.6	11.4	0.67
	1961~1970	13.6	13.1	0.96
	1971~1980	4.6	1.3	0.28
	1951~1980	11.5	8.5	0.74
联邦德国	1951~1960	9.9	—	—
	1961~1970	5.4	5.8	1.07
	1971~1980	2.0	1.2	0.6
	1961~1980	5.7	3.5	0.61
英国	1951~1960	3.1	—	—
	1961~1970	2.6	2.4	0.92
	1971~1980	0.7	-0.6	—
	1961~1980	2.1	0.9	0.43
法国	1951~1960	6.3	—	—
	1961~1970	5.4	5.4	1.00
	1971~1980	2.9	-2.4	—
	1961~1980	4.9	1.4	0.29
苏联	1951~1960	11.4	14.3	1.25
	1961~1970	8.6	5.4	0.63
	1971~1980	5.9	4.9	0.83
	1951~1980	8.6	8.1	0.94

资料来源：《国际经济和社会统计资料（1950~1982）》，第212、243页；《中国统计年鉴》（1989），第45、417页。

说明：第一，本表只包括铁路、公路、水路和管理四种运输。第二，美国数字没有包括市内短途汽车运输。第三，法国1980年数字没有包括管道运输。

然而，我们不仅不能据此得出结论说当前我国工业和运输业之间不存在严重失衡状态，也不能认为可以依据经济发达国家的上述数字来确定我国90年代运输业生产弹性系数。因为在这方面我国和经济发达国家之间存在着众多的巨大差别。

第一，表11-8只包括铁路、公路、水路和管道四种运输，没有包括空运和海运。而经济发达的资本主义国家在这方面的特点，一是国内空运发达；二是对外贸易发展，因而，空运和海运的货物量很大。此外，就美国来说，汽车运输业很发展，而表11-8的资料并没包括美国城市内的汽车短途运输。就法国来说，1980年数字还没包括管道运输。这样，就大大缩小了这些国家的货运量，从而降低了运输业生产弹性系数。诚然，我国的数字也没有包括空运和海运的货运量。但我国由于航空事业和对外贸易的发展远不及经济发达国家，空运和海运的货运量在货运总量中的比重要低得多。这样，表11-8所反映的经济发达国家运输业生产系数大大低于我国的状况显然是被夸大了的。

第二，经济发达国家的生产技术先进，单位产品的物资消耗的绝对量，远比我国要低。而且，就欧洲经济发达的资本主义国家来说，国土面积比我国也要小得多。这样，同等的生产量所占用的货运量，经济发达国家比我国要少。

第三，在经济发达的资本主义国家，生产的专业化和协作以及商品经济已经有了高度的发展。而我国在这些方面还处于发展的过程中。从这种相比较的意义上说，在今后一个长时期内，我国工业生产对运输业的需求强度会更大些。

第四，当前我国工业和运输业的严重失衡状况，也是其他国家所没有的。

因此，我们不能照搬经济发达国家的上述数字，来确定20世纪90年代我国运输业生产弹性系数。诚然，苏联1951~1980年运输业生产弹性系数（为0.94）同我国1953~1980年的数字（为0.96），是很接近的。但依据我们在前面已经说过的理由，我们不能把20世纪90年代我国运输业生产弹性系数确定为0.96，更不能确定为0.94，而是要确定为1.25。

5. 工业和邮电业年平均增长速度的对比关系

从表11-3提供的资料中，我们还可以清楚看到：在包括第一、二、三、四、五、六经济周期在内的1953~1987年，工业与基础产业失衡的严重状况，除了工业与农业以外，就算是工业邮电业了。在这个期间，工业与农业、电力、货运量和邮电业务量年平均增长速度的对比关系依次分别为3.1∶1、0.91∶1、1.13∶1和1.21∶1。

但是，在现代生产条件下，像原材料生产、能源生产是重要的社会生产部门一样，信息生产也是越来越重要的社会生产部门，并且是迅速发展的、在国民经济中所占比重越来越上升的新兴产业部门。这样，信息传输业也像材料和能源运输业一样，成为现代运输系统的重要组成部分，并且是迅速发展的、在运输系统中所占比重越来越上升的部分。比如，美国 50 年代初，从事信息的搜集、加工和传输的劳动者人数还只占全部劳动者总数的 10% 左右。但到 80 年代上半期，就上升到了 50%，成为最大的产业部门。[①] 当然，我国社会主义经济制度是根本区别于美国的资本主义经济制度的。但是，包括信息的搜集、整理、储存和传输在内的信息产业在国民经济中地位的上升，却是现代化生产发展的普遍规律。这个规律在我国也是起作用的。这当然不是说，在 20 世纪 90 年代，信息产业在我国国民经济中的比重，就可以上升到美国 80 年代上半期那样大的比重。但其比重有一定程度的上升，则是肯定的。

这样，在 20 世纪 90 年代，我国也亟需调整工业和邮电业的年平均增长速度的对比关系，逐步改变二者之间的严重失衡状况。

然而，在确定 20 世纪 90 年代邮电业年平均增长速度时，又不能只是考虑它同工业的严重失衡状况，以及信息产业在国民经济中比重上升规律的作用，还要考虑改变这种失衡状况所能达到的限度和这个规律作用的限制。就是说，要考虑发展信息产业在资金和技术等方面的条件限制。

考虑到这些因素，并且参照历史经验，20 世纪 90 年代我国邮电业年平均增长速度可以确定为 11%~12%。做到这一点，是有可能的。事实上，我国第五周期（1978~1984 年）和第六周期（1985~1987 年）邮电业务量年平均增长速度已经分别达到 12.3% 和 15.8%，1988 年和 1989 年又分别达到 26% 和 19.9%（详见表 8-2 和表 11-3）。当然，在上述期间，邮电业务量能够达到那么高的速度，是在许多年份的经济过热以及社会需求膨胀拉动下实现的。这并不完全是经济发展的正常状况。在国民经济实现适度增长的条件下，邮电业务量不会达到那样高的增长速度。

如前所述，在 20 世纪 90 年代，我国工业的年平均增长速度可以确定为 8%。这样，这个期间工业和邮电业年平均增长速度的对比关系，就是 8：11~12，即 1：1.375~1.5。或者说，这个期间邮电业生产弹性系数为 1.375~1.5。

在结束"实现产业结构平衡"的分析时，还有两点需要说明一下：①我们在上面分别分析了 20 世纪 90 年代我国工业与农业，重工业中采

---

① 《论经济结构对策》，中国社会科学出版社 1984 年版，第 159 页。

掘工业、原材料工业和加工工业，工业与电力生产，工业与交通运输业，以及工业与邮电业的年平均增长速度的对比关系。毫无疑问，对实现产业结构平衡来说，必须探讨这些问题。但仅仅分析这些对比关系，又是显得不足的。为了实现产业结构平衡，还需要分析诸如工业与建筑业，工业与商业、物资、外贸，工业与科学教育等等增长速度的对比关系。但这些问题，本书不拟涉及了。②我们在上面的分析，虽然也涉及到价格体系的变化，但基本上是以既定的比价关系为前提的。很显然，如果价格体系有了较大的变化，上述各项工业与基础产业年平均增长速度的对比关系，也需做相应的变动。

二、实现由外延扩大再生产为主向内涵扩大再生产为主的过渡

如前所述，实现外延为主的扩大再生产方式向以内涵为主的扩大再生产方式的过渡，是提高工业经济效益的一个基本途径。当然，我国要完成这种过渡，需要相当长的时间。但这并不是说可以放松这方面的努力；相反，正是要积极创造条件，促进这个过渡，缩短这个过渡的进程。

要实现这个过渡，也涉及诸多方面。但有一种流行的观点认为，只要降低基本建设投资在固定资产投资中的比重，提高技术改造投资的比重就可以实现这个过渡。诚然，调整固定资产投资结构，是实现这个过渡的一个基本途径。但并不是它的全部途径。这些途径还包括推进企业科学技术进步、提高企业管理水平、发挥企业各类生产人员的积极性等。这里就是在这种比较广泛的意义上，探讨由外延为主的扩大再生产方式向内涵为主的扩大再生产方式过渡的途径。

（一）把固定资产投资的重点由基本建设转向企业技术改造

1. 重点转移是历史经验和国际经验的总结

历史经验表明：在以往的长时期内，我国固定资产投资的重点放在基本建设方面，而没有转到企业技术改造方面，是我国工业投资效益差的一个极其重要的原因，据有关部门粗略匡算，在 1953 年到 1983 年期间，工业基本建设投资为 4698.82 亿元，工业更新改造及其他措施投资为 1408.9 亿元，前者占工业固定资产投资总额的 76.9%，后者占 23.1%。由

基本建设投资而增加的产值为 2167.6 亿元，由更新改造而增加的产值为 1.990 亿元，前者占新增产值总数的 57.4%，后者占 42.6%。这就是说，在这期间，工业基本建设投资约占工业固定资产投资总额的 4/5，但占新增产值大约只有 3/5，而工业更新改造及其他措施投资大约占工业固定资产投资的 1/5，但占新增产值 2/5。可见，工业更新改造投资的经济效益比工业基本建设投资的经济效益要高得多。

固定资产投资的重点越来越转向更新改造，是当代经济发达国家的普遍发展趋势。现以当代经济发达的资本主义美国为例。

表 11-9 表明：在 1947~1978 年间，美国更新投资在固定资本投资中的比重，总的趋势是上升的，由 1947~1950 年的 55%上升到 1971~1978 年的 77%。由于机器设备这个固定资产最积极部分的更新周期比固定资产其他部分更短，因而表 11-10 表明在上述期间内，美国机器设备投资中更新比重不仅总的趋势是上升的，而且占的比重更大，即由 51%上升到 81%。表 11-11 提供的资料又为表 11-9、表 11-10 的资料提供了一个佐证。1960~1978 年，美国折旧费占固定资产投资的比重在 77%~85%之间波动，折旧费占设备投资的比重在 68%~90%之间波动。这些数据对比表明：美国固定资产投资的用途（大部分用于更新改造）和来源（大部分来源于折旧费）大体上是一致的。

表 11-9　美国固定资本投资中用于更新和新建的比例

年份	固定资本投资（亿美元）	更新占固定资本投资的比例（%）	新建占固定资本投资的比例（%）
1947~1950	1959	55	45
1951~1955	2779	71	29
1956~1970	3190	74	26
1961~1965	3866	71	29
1966~1970	5419	65	35
1971~1978	9886	77	23

资料来源：《美国统计年鉴》（1979）；《美国总统经济报告》（1979）。

正是由于西方经济发达国家把固定资产投资的重点越来越转向更新改造，因而其投资效益比我国要高得多。据有关部门计算，1953~1982 年的 30 年中，我国积累系数为 4.53；而在相近 20 年，美国、法国固定资产投资系数在 2 左右，英国远低于 2，日本大约在 3，联邦德国超过 3。这

表 11–10　美国机器设备投资中用于更新和新建的比例

年份	机器设备投资（亿美元）	更新在机器设备投资中占的比例（%）	新建在机器设备投资中占的比例（%）
1947~1950	1234	51	49
1951~1955	1653	76	24
1956~1960	1808	87	13
1961~1965	2228	80	20
1966~1970	3296	71	29
1971~1978	6566	81	19

资料来源：《美国统计年鉴》(1979)；《美国总统经济报告》(1979)。

表 11–11　美国折旧占当年固定资本投资的比重

项目	1960 年	1965 年	1970 年	1975 年	1978 年
一、固资本投资（亿美元）	477	713	1005	1502	2220
折旧费（亿美元）	367	442	712	1279	1724
折旧费占固定资本投资比重（%）	77	62	71	85	78
二、设备投资（亿美元）	295	451	628	964	1445
折旧费（亿美元）	254	305	490	870	1185
折旧占设备投资比重（%）	86	68	78	90	82

资料来源：《美国统计年鉴》(1979)；《美国总统经济报告》(1979)。

里有经济不可比因素；而且，固定资产投资不全属积累基金，但大部是积累基金，并在积累基金总额中占了大部分。所以，我们这里列举的数字，反映了我国投资效益差的状况。

可见，我国的历史经验和国际经验都表明：要提高工业经济效益，必须把固定资产投资重点由基本建设转到企业技术改造上来。当然，依据前面对我国历史经验的分析，要提高工业经济效益，单有重点转移还不够，还必须要降低基本建设和技术改造两部分投资中用于新建企业的比重，提高用于改建和扩建企业的比重；降低这两部分投资中用于建筑安装工程的比重，提高用于设备、工具、器具购置的比重，降低更新改造投资中用于增产措施的比重，提高用于节约物耗能耗、提高产品质量和增加产品品种等措施的比重。

2. 重点转移是实现经济发展战略目标的要求

把固定资产投资重点转向技术改造，具有多方面的意义，集中说来，就是实现本世纪末工农业年总产值比1980年翻两番的要求。

第一，提高经济效益，是实现本世纪末工农业年总产值比1980年翻两番的前提。而现有企业的技术改造是提高经济效益最重要的因素。

相对说来，现有企业技术改造投资效益比用于新建的基本建设投资效益，要高得多。一般说来，新建企业需要进行征地、勘测、建筑设计和大量的土建工程。在许多场合，还要进行交通运输、排水、输电等一系列厂外工程。而现有企业的改造，则因为可以利用原有基础（包括厂房和公用设施等），一般不需要进行这些工程建设，就是有，也要少得多。此其一。其二，新建企业需要组织全套班子的经营管理人员、工程技术人员和工种齐全的工人，而且他们对新建企业的熟悉还要一个过程。而现有企业的技术改造，则可以利用原有的职工，他们对生产和经营管理都比较熟悉。其三，新建企业需要涉及多方面的复杂的新情况，容易发生某些失误。而现有企业的技术改造，是在原有的基础上进行的，客观情况比较清楚，改造措施比较容易做到符合实际。这样，同新建企业相比较，现有企业的技术改造就具有投资省，建设周期短，投资效果发挥快的优点。据有关部门的调查和估算，在许多场合，形成同样的生产能力，现有企业的技术改造比新建企业，投资大致可节约三分之二，物资可省60%，建设周期可以缩短一半以上。

第二，提高技术水平，也是实现本世纪末工农业年总产值翻两番的重要条件。而技术改造是提高现有企业技术水平的途径。

在现代化生产条件下，技术水平的提高在发展社会生产方面起着十分重要的作用。依据国外资料，20世纪初年，工业劳动生产率的提高有5%~20%是由于运用新技术获得的。到了70年代，这个比例已经增长到60%~80%。据估计，苏联和东欧国家1950~1972年期间，国民收入增长额的60%是靠提高劳动生产率（主要与技术进步相联系）取得的，1975~1980年提高到75%以上。

但在我国，由于种种原因，长期忽视现有企业技术改造，与技术进步相联系的劳动生产率在发展社会生产方面的作用远远没有得到发挥。按1980年不变价格计算，在社会主义国有工业企业工业总产值的增加额中，由于提高劳动生产率而增加产值占的比重，"一五"时期为59.8%，"二五"时期为-117.6%，三年调整时期为115%，"三五"时期为31.8%，

"四五"时期为-4%，"五五"时期为51%。可见，如果不说带有恢复性质的调整时期，那么，在"一五"时期以后的长时期内，这个比重也是存在着下降趋势的。就是"六五"时期，这个比重也只有61.8%，比"一五"时期只提高了两个百分点。[①]

提高技术水平的意义，不仅在于它是实现工农业年总产值翻两番的重要条件，而且它本身就是本世纪最后20年我国经济发展宏伟目标的重要组成部分。党的"十二大"报告曾经提出：到本世纪末，我国"整个国民经济的现代化过程将取得重大进展。"[②]据此，还提出这样的设想：到本世纪末，把经济发达国家在70年代或80年代初已经普遍采用了的、适合我国需要的、先进的生产技术，在我国厂矿企业中基本普及，并形成具有我国特色的技术体系。显然，如果到20世纪末，我国的技术水平不能得到提高，仅仅是实现了工农业年总产值比1980年翻两番（这当然也是不可能的），那并不能算是全部实现了经济发展的宏伟目标。

要在提高技术水平方面实现这样的目标，仅仅依靠采用现代技术建设新企业是远远不够的（虽然这也是重要的），主要还是运用新技术改造现有企业。机械工业部以1982年为分析统计基期，组织有关研究所选择了有代表性的93大类、471小类、35928种产品，同国外同类产品的技术水平进行了分析对比。从分析看，1982年机械工业部系统产品属于国际50年代水平的产品占16.4%，属于60年代水平的产品占61.6%，属于70年代、80年代初水平的产品占22%。显然，如果不对现有机械工业企业进行普遍的技术改造和产品的更新换代，那么现在机械工业产品中还有将近80%的产品技术水平就不能在20世纪90年代中期提高到70年代和80年代初的国际水平。我们这里没说20世纪末，而说90年代中期，是考虑到机械工业是国民经济的技术装备部，它的产品技术水平的提高比其他部门的产品需要有一定的超前期。

第三，解决资金、能源和原材料的供需矛盾，同样是实现本世纪末工农业年总产值翻两番的要求。而对现有企业进行技术改造，正是解决这个供需矛盾的最重要的手段。

---

①《中国工业经济统计资料（1986）》，第206页。
②《中国共产党第十二次全国代表大会文件汇编》，第15页。

　　如前所述，现有企业技术改造投资的效益比基本建设投资的效益高得多。这既能节约资金，又能节约能源和原材料。此其一。其二，在企业得到技术改造以后，既成为促进国民收入增长的因素，又意味着作为价值形态的资金的增长和作为使用价值形态的能源和原材料的增长。其三，在企业得到技术改造以后，还可以进一步促进资金和能源、原材料的节约。经过改造后的技术先进的设备，其生产效率往往一台可以代替多台技术落后的设备。技术改造还可以加速生产过程和降低产品的材料消耗定额，减少材料的消耗量和储备量。改进机器设备和工艺过程不仅可以提高生产效益，也可以降低能耗，稳定产品质量，减少废品率，提高原材料的利用率。

　　实践表明：通过技术改造和其他措施从增产和节约的两个方面来解决资金和能源原材料的供需矛盾是可能的。

　　第四，城乡人民收入的成倍增长，使人民的物质文化生活达到小康水平，既是本世纪末实现工农业年总产值比 1980 年翻两番的根本动力，又是重要条件。而对现有企业进行技术改造，正是实现城乡人民收入成倍增长的重要条件。

　　如前所述，对现有企业进行技术改造，是提高经济效益的重要手段，因此是国民收入增长的重要因素。在国民收入较快增长的情况下，就可以在积累基金增长的同时，保证消费基金的增长，从而实现人民收入的成倍增长。还要看到，伴随人民消费水平的提高，消费质量和结构也在发生变化。显然，要满足这种需要，也离不开企业的技术改造。

　　总之，把固定资产投资重点转向技术改造，是实现本世纪末工农业年总产值比 1980 年翻两番的极重要的战略措施。

　　3. "企业自主"和"开放"的技术改造道路，是实现重点转移最根本的有利条件

　　实现固定资产投资重点转向现有企业的技术改造，不仅有其必要性，还有它过去所没有的有利条件。长时期内，在传统的经济体制下，我国企业技术改造走的是一条"国家包办"和"封闭"的道路，严重地阻碍了企业的技术改造，是一条不成功的道路。党的十一届三中全会以来进行的经济体制改革，开辟了一条新的技术改造的道路，为实现固定资产投资重点转移向技术改造提供了最根本的有利条件。这条道路的基本特

点似乎可以归结为"企业自主"和"开放"。其主要内容是：

第一，通过经济体制改革，使企业正在成为自主经营、自负盈亏的社会主义商品生产者和经营者。这样，企业在技术改造方面就有了充沛的动力和压力，并有了财力和权力，就会极大地调动企业自主进行技术改造的积极性，有力地推动技术改造的进展。

第二，通过经济体制、军事工业体制和科学技术体制的改革，正在打破部门分割、地区分割、军民分割以及科研与生产脱节的状态，大大加速了科学技术由先进部门、地区向落后部门、地区转移的过程，由军事工业向民用生产转移的过程，由科学研究单位向生产单位转移的过程。这种在国内实行的、多方面的开放政策，正在科学技术和设备等方面为固定资产投资重点转向现有企业技术改造创造有利条件。

第三，通过作为改革的一个重要方面的对外开放，引进技术和利用外资，既可以弥补国内技术改造资金的不足，又可以取得国内缺乏的先进技术设备。根据对北京、天津、上海等20个城市社会主义国家所有制单位更新改造项目的调查，1979~1984年，20个城市已经成交的引进技术设备项目共1704个，价值14.71亿美元。需要着重指出：引进在提高技术水平方面具有特殊重要的作用。比如，大连重型机器厂从西德引进小方坯速铸机技术，生产出具有国际水平的方坯速铸机，从而使铸钢技术从国际50年代跨入70年代末期的水平。天津塘沽阀门厂从美国引进牛线蝶阀产品图纸和工艺资料，两年内形成两万台生产能力，产品水平从原来的40年代一步跨入80年代初期，产品质量得到国际权威机构的技术认可，成为国际市场上的畅销货。

我们说现有企业技术改造要走"企业自主"和"开放"的新路子，并不否定国家对企业技术改造实行计划指导，也不否定国家对企业技术改造项目在财政和信贷等方面给予支持，更不否定坚持自力更生的方针。这些都是显而易见，毋庸多言的。

（二）推进企业科学技术进步

1. 推进科学技术进步在提高工业经济效益方面的作用

如前所述，我国工业企业生产各类人员（包括一般的体力劳动者、工程技术人员、企业管理人员和企业领导人员）科学文化水平和生产设备技术水平不高，是工业经济效益差的极重要的原因。因此，要提高工业经济效益，就必须推进企业的科学技术进步。

在现代化生产条件下，提高工业企业的科学技术水平，可以从多方面作用于工业经济效益的提高。主要是：新设备的使用；新工艺的运用；新材料的使用和原材料的代用与综合利用；新能源的使用；新产品的开发；生产经营管理水平的提高；劳动力资源的开发与劳动者积极性的发挥；产后技术服务水平的提高等。显然，这一切都会促进工业经济效益的提高。而且，随着现代科学技术的发展，它在提高工业经济效益方面的作用也在增长。因此，必须十分重视提高工业企业科学技术水平在增进工业经济效益方面的作用。

在这方面，重庆市有关部门提供的资料，有助于我们进一步认识这个问题。该部门为了说明科学技术进步在提高工业经济效益方面的作用，做了以下四种对比计算：

第一，重庆市与其他 8 个计划单列市的社会主义国家所有制独立核算工业主要经济效益指标位次与科学技术进步促进经济增长作用位次的对比，见表 11–12 和表 11–13。这两个表的资料说明：在 1985~1988 年期间，重庆市社会主义国家所有制独立核算工业人均实现利税、全员劳动生产率、百元固定资产原值实现利税、百元固定资产净值实现利税、百元产值利税率和资金利税率 6 项经济效益指标，在 9 个计划单列市中处于第 6 位~第 9 位；而科技进步作用系数及其对经济增长的构成比分别占到第 9 位和第 7 位。可见，前一组数字和后一组数字大体上是相对应的。这绝非偶然的巧合，而是清楚而又深刻地表明了科学技术进步在提高工业经济效益方面起着决定性的作用。

表 11–12　重庆市和其他 8 个计划单列市社会主义国家所有制独立核算工业主要经济效益指标及其位次

指标＼年份	1985 年	位次	1986 年	位次	1987 年	位次	1988 年	位次
人均实现利税（元）	2644	8	2328	9	2360	9	3233	6
全员劳动和产率（元/人）	12896	9	12939	9	14438	9	16299	9
百元固定资产原值实现利税（元）	19.07	7	16.27	7	15.07	7	18.92	6
百元固定资产净值实现利税（元）	27.70	8	24.93	7	22.10	8	28.21	9
百元产值利税率（%）	18.30	8	15.26	9	16.35	7	19.77	6
资金利税率（%）	18.26	7	15.47	7	14.83	7	17.55	6

表 11-13 重庆市和其他 8 个计划单列市社会主义国家所有制独立核算工业
科学技术进步促进经济增长的作用及其位次

城市名称	科技进步促进作用系数	位次	科技进步对经济增长的构成比（%）	位次
哈尔滨	1.82	6	19.55	4
沈 阳	1.75	7	16.76	8
大 连	2.38	2	22.26	2
青 岛	2.62	1	20.65	3
西 安	1.62	8	13.02	9
武 汉	2.04	3	27.27	1
广 州	1.96	5	17.88	6
南 京	2.03	4	19.52	5
重 庆	1.48	9	17.33	7

第二，重庆市各种社会主义所有制形式独立核算工业企业主要经济效益指标位次与科技进步促进经济增长作用位次的对比，见表 11-14 和表 11-15。这两个表提供的资料说明：1985~1988 年，社会主义国家所有制独立核算工业企业全员劳动生产率（按每一职工创造的工业总产值计算）、每一职工创造的净产值、产品销售利税率、每一职工实现销售利税额和每一职工上交利税等 5 项经济效益指标均居第一位，集体所有制独立核算工业企业均居第二位；而科技进步促进经济增长作用系数，前者为 9.42，后者为 2.05；科技进步对经济增长的构成比，前者为 20.81%，后者为 18.44%。这种经济效益指标位次与科技进步促进经济增长作用位次相互对应的关系，也明显地反映了科技进步在提高工业经济效益方面起着十分重要的作用。

表 11-14 重庆市各经济类型独立核算工业企业主要经济效益指标的位次

指标名称	所有制	1985 年	1986 年	1987 年	1988 年
全员劳动生产率	国家	1	1	1	1
	集体	2	2	2	2
每一职工创造净产值	国家	1	1	1	1
	集体	2	2	2	2
产品销售利税率	国家	1	1	1	1
	集体	2	2	2	2
每一职工实现销售利税率	国家	1	1	1	1
	集体	2	2	2	2
每一职工上交利税费	国家	1	1	1	1
	集体	2	2	2	2

表 11-15　重庆市各经济类型独立核算工业企业科技进步促进经济增长的作用

所有制形式	科技进步促进作用系数	科技进步对经济增长的构成比（%）
国家所有制工业	9.42	20.81
集体所有制工业	2.05	18.44

第三，重庆市大中小型独立核算工业企业主要经济效益指标位次与科技进步促进经济增长作用位次的对比，见表 11-16 和表 11-17。这里的资料说明：1985 年至 1988 年期间，在全员劳动生产率（按每一职工创造的工业总产值计算）、每一职工创造的工业净产值、产品销售利税率、每一职工实现销售利税额和每一职工上交利税费 5 项经济效益中，多数年份、多数指标均是大型企业居第一位，只有少数年份、少数指标居于第二位；多数年份、多数指标中型企业居第二位，只有少数年份、少数指标居第一位；而所有年份、全部指标小型企业均居第三位。这同大中小型企业技术进步的差异相联系的。大型企业科技进步促进经济增长的作用系数为 3.13，科技进步对经济增长的构成比为 31.21%；而中型企业分别只有 1.89 和 21.1%；小型企业分别只有 1.83 和 18.75%。

表 11-16　重庆市大中小型独立核算工业企业主要经济效益指标的位次

指标名称	企业规模	1985 年	1986 年	1987 年	1988 年
全员劳动生产率（元）	大型	1	1	1	1
	中型	2	2	2	2
	小型	3	3	3	3
每一职工创造净产值（元）	大型	1	1	2	1
	中型	2	2	1	2
	小型	3	3	3	3
产品销售利税率（%）	大型	2	2	1	1
	中型	1	1	2	2
	小型	3	3	3	3
每一职工实现销售利税额（元）	大型	1	2	1	1
	中型	2	1	2	2
	小型	3	3	3	3
每一职工上交利税费（元）	大型	1	1	1	1
	中型	2	2	2	2
	小型	3	3	3	3

第四，重庆市工业总产值上亿元的 30 个行业经济效益与科技进步促

表 11–17　重庆市大中小型独立核算工业科技进步促进经济增长的作用

企业规模	科技进步促进作用系数	科技进步对经济增长的构成比（%）
大型企业	3.13	31.21
中型企业	1.89	21.10
小型企业	1.83	18.75

进经济增长作用的联系。据重庆市有关部门分析，该市的工业行业的情况较为复杂，不是所有的行业间都能够建立经济效益与科技进步相互比较的关系，只是从中选择了 30 个工业总产值上亿元的重点行业进行比较分析。这种比较表明：除去少数几个行业，比如像烟草工业这类受政策因素影响较大的行业外，都呈现出科技进步水平越高，其经济效益就越好的规律性。具体说来，化学工业、仪器仪表及其他计量器具制造业、机械工业、有色金属冶炼及压延加工业、黑色金属冶炼及压延加工业、交通运输设备制造业、电气机械及器材制造业、电子及通信设备制造业等行业的科技进步在促进经济发展方面的作用，处于领先地位。而皮革、皮毛及其他制品业、缝纫业、纺织业、化纤工业、橡胶制品业、塑料制品业等行业的科技进步在促进经济发展方面的作用，处于落后的地位（详见表 11–18）。与此相联系，前一类行业的经济效益比较好，而后一类行业的经济效益比较差。

表 11–18　重庆市各业独立核算工业科技进步促进经济增长的作用

行业名称	科技进步促进作用	科技进步对经济增长的构成比（%）
煤炭采选业	2.05	26.87
建材及其他非金属矿采选业	3.45	21.32
自来水生产及供应业	1.26	14.60
食品制造业	1.87	18.59
饮料制造业	1.57	13.31
烟草加工业	1.03	10.95
饲料工业	1.57	5.69
纺织业	1.13	11.02
缝纫业	0.6	5.54
皮革、皮毛及其他制品业	0.47	3.91
木材加工及竹藤、棕、草制品业	1.21	14.35
家具制造业	1.86	10.92
造纸及纸制品业	1.79	19.74

续表

行业名称	科技进步促进作用	科技进步对经济增长的构成比（%）
印刷业	1.36	13.33
工艺美术品制造业	1.74	22.81
炼丝、煤气及煤制品业	2.32	29.97
化学工业	5.43	64.18
医药工业	2.08	21.69
化纤工业	1.20	17.55
橡胶制品业	1.25	16.4
塑料制品业	1.70	15.19
建材及其他非金属矿物制品业	2.17	21.15
黑色金属冶炼及压延加工业	2.94	36.16
有色金属冶炼及压延加工业	3.11	36.00
金属制品业	1.93	19.71
机械工业	3.42	37.67
交通运输设备制造业	2.86	31.78
电气机械及器材制造业	2.86	25.72
电子及通讯设备制造业	2.98	22.15
仪器仪表及其他计量器具制造业	5.51	48.55

重庆市有关部门所做的上述四种对比计算，虽然论述的是该市工业经济效益与科技进步的联系，但它具有普遍意义。

2. 推进企业科学技术进步的重要途径

推进企业科学技术进步的途径有以下几个重要方面：

第一，从根本上来说，就是要实现经济体制改革，使得企业成为商品生产者，建立市场体系和以间接调控为主的宏观经济管理。这样，就可以形成一种经济运行机制，一方面使得价值规律作为一种经济强力促使企业不断地实现科学技术的进步，另一方面又把企业实现科学技术进步的方向引导到国家计划要求的轨道上来，以实现计划经济与市场调节有机结合的要求。

在当前实现承包经营责任制的条件下，为了推进企业的科学技术进步，则需要把科学技术进步指标列入承包合同，并同企业的权责利结合起来，加以严格地考核。这是在当前新旧体制交替时期推进企业科学技术进步的一种可行的运行机制。

第二，为了推进企业的科学技术进步，要解决为此需要的资金。其来源可以有以下几个重要方面：一是要如前所述，提高固定资产基本折旧率，并将折旧基金真正全部留给企业用于更新改造。二是按照企业每年总的销售额的一定比例提取研究开发基金。三是企业留利中的生产发展基金，要大部分用于企业的科学技术进步方面。四是银行发放的技术改造贷款要切实把重点放在推进企业的科学技术进步方面。五是依据经济发展需要和客观可能把企业的科学技术进步与利用外国资金结合起来。

第三，为了推进企业的科学技术进步，还要解决技术问题。为此，一是要企业建立和发展研究开发机构，增加技术开发人员，提高技术开发人员的素质；二是要发展企业与研究单位之间的联合；三是要进一步发展技术市场；四是要同从国外引进技术结合起来。

（三）强化企业管理和发挥企业家的作用

1. 强化企业管理

这里主要分析社会主义国家所有制企业管理。为此，需要分析国有企业在生产力和生产关系方面的特点。

社会主义国家所有制工业企业在生产力方面的基本特点就在于：它的绝大部分都是现代工业企业。当然，我国国家所有制工业企业的生产技术还未达到当代工业先进国家的现代化水平，而且国家所有制工业企业之间机械化、自动化的水平也有很大的差别。但是，就它们都使用了现代工业生产工具——机器设备来说，就它们的工业生产技术现代化水平不断提高的趋势来说，我们仍然不妨把它们称作现代工业企业。

这种现代工业企业，从生产力方面看，与手工业企业有着根本的区别。它具有以下重要特点：

第一，现代工业企业拥有越来越现代化的、越来越复杂的技术装备。

手工业企业的劳动者是使用手工工具从事生产的，主要是靠人力做动力的。而现代工业企业主要是运用机器体系进行生产的，用电力做动力，并广泛采用现代技术。

在现代工业企业中，不仅直接的生产过程是由机器设备武装起来的，而且还拥有运输、起重、储存、控制等必需的机器设备。

现代工业企业所拥有的各种技术装备，"所有发达的机器都由三个本质上不同的部分组成：发动机，传动机构，工具机或工作机"。"发动机是整个机构的动力"。传动机"调节运动，在必要时改变运动的形式……把运动分配并传送到工具机上"。"工具机才抓住劳动对象，并按照一定的目的来改变它。"①

现代工业企业的各种机器设备是相互依存和相互制约的。因而，它们不仅在性能上，而且在数量上，都要有一定的配合，相互联结成为一个有机的整体，成为一种有组织的机器体系。

人类社会生产力发展的历史表明：作为手工业企业的物质技术基础的手工工具的发展变化是"极端缓慢的"。②但作为现代工业企业物质技术基础的机器设备的进步却是很迅速的。马克思说得好："现代工业的技术基础是革命的，而所有以往的生产方式的技术基础本质上是保守的。"③

这一点，在当代突出地表现为：随着现代科学技术的飞跃发展，随着电子计算机在工业生产中的运用，就出现了自动的机器体系。马克思曾经说过："当工作机不需要人的帮助就能完成加工原料所必需的一切运动，而只需要人从旁照料时，我们就有了自动的机器体系。"④这在十九世纪七十年代还只能看做是一种预言。但在当代经济发达的国家已经成为，并且越来越普遍地成为社会生产中的事实。而且，当代的自动机器体系比马克思所预料的要先进得多，复杂得多，完善得多。在我国那些高度自动化的国家所有制工业企业中，也已经有了这种自动的机器体系。

第二，现代工业企业拥有数量越来越多的、科学技术文化水平越来越高的、各种不同类型的生产劳动者；并且存在着与科研部门、教育部门融合的趋势。

手工业企业的劳动者运用手工工具加工劳动对象，劳动过程主要是直接依靠劳动者的体力、经验和技艺来进行的。

在现代工业企业的生产中，劳动者的体力、经验和技艺仍然有着重要的作用。但是，单靠这一点，并不能实现现代大工业生产。因为在这里，各种机器设备的安装、使用和维修，都需要按照客观的自然规律来进行，都离不开自然科学的指导。用马克思的话来说，机器生产这种生产形式，要求"以自觉应用自然科学来代替从经验中得出的成规"。⑤这

---

① 马克思：《资本论》，《马克思恩格斯全集》第23卷，第410页。
② 列宁：《俄国资本主义的发展》，《列宁全集》第3卷，第547页。
③ 马克思：《资本论》，《马克思恩格斯全集》第23卷，第533页。
④ 马克思：《资本论》，《马克思恩格斯全集》第23卷，第418页。
⑤ 马克思：《资本论》，《马克思恩格斯全集》第23卷，第423页。

样，现代工业企业就需要掌握科学技术的工程技术人员来从事技术管理。

不仅如此，在现代工业企业中，就是直接操纵机器设备的生产工人，也需要掌握一定的技术知识；否则，也不能驾驭现代技术装备和控制生产过程。

任何大规模的协作劳动都需要管理。但同手工业企业相比，现代工业企业无论在管理的内容、方法或手段上，都发生了巨大的变化。在前一种企业中，简单协作固然并不复杂，就是以分工为基础的协作也是比较简单的。在后一种企业中，使用复杂的机器体系，存在着严密的分工和协作，专业化协作的发展，又使得企业供、产、销等方面的社会联系变得异常复杂起来，这就要求企业管理采用现代化的管理方法和管理手段。企业管理的这些变化，不仅要求管理人员懂得经济理论，而且需要掌握自然科学知识。这样，随着现代工业的发展，就出现了管理人员专家化的趋势。

随着现代科学技术在工业中的运用，工业企业生产中涉及的科学技术问题越来越综合，越来越复杂。这不仅要求工程技术人员，而且要求科学研究人员直接参与生产过程，使得科学研究机构直接成为现代工业企业内部的越来越重要的部门，出现了后者同前者直接融合起来的趋势。这一点，在当代经济发达的国家已经成为普遍的现象；在我国的许多工业企业中也越来越明显地表现出来。

现代的工业和科学技术的发展，不仅要求教育部门把新就业的工业劳动者培养成具有各种不同文化水平的劳动者，而且要求不断提高在业的工业劳动者的科学技术文化水平。因为，①现代科学技术日新月异的进步，使得科学知识迅速趋于"老化"。如果在职人员不对他们在学龄期间学到的知识进行补充和更新，就不能适应工业生产技术不断进步的需要。②现代科学技术的迅速发展，使得原有的工业部门不断改组，新兴的工业部门不断出现，使得职工的职业不断地发生变化。马克思说过："大工业的本性决定了劳动的变换、职业的更动和工人的全面流动性。"因而"承认劳动的变换，从而承认工人尽可能多方面的发展是社会生产的普遍规律"。①在现代工业生产条件下，为了避免在业职工学到的科学技

---

① 马克思：《资本论》，《马克思恩格斯全集》第 23 卷，第 534 页。

术知识的"老化"，以维持和提高其就业能力，为了使得他们适应劳动分工变化的需要，以增强其更新职业的能力，就必须对在业职工继续进行教育。为此，当代许多经济发达的国家除了兴办业余教育以外，还建立了在职教育或"终身教育"制度，许多工业企业不仅附属有初级、中级的技工学校，而且办起了供自己企业的工程技术人员、科学研究人员和经营管理人员进修的高等院校。这样，教育部门也成为现代工业企业不可分割的组成部分，出现了后者同前者直接融合起来的趋势。这种趋势在我国现代工业企业中也同样存在着。

　　第三，现代工业企业的劳动分工和协作关系，是以使用现代机器设备为基础的，是异常严密、异常复杂的。

　　在手工业企业中，生产主要依靠劳动者的体力和技艺，因而劳动分工主要也是依据劳动者擅长的技艺。这是主观的分工原则。但在现代工业企业中，机器设备具有十分重要的作用，因而劳动分工是以使用的机器设备为基础，并且适应机器设备和各种现代技术的要求来建立的。这是客观的分工原则。马克思曾经指出："在工场手工业中，单个的或成组的工人，必须用自己的手工工具来完成每一个特殊的局部过程。如果说，工人会适应这个过程，那么这个过程也就事先适应了工人。在机器生产中，这个主观的分工原则消失了。在这里，整个过程是客观地按其本身的性质分解为各个组成阶段，每个局部过程如何完成和各个局部过程如何结合的问题，由力学、化学等技术上的应用来解决。"①

　　在手工业企业中，无论是简单协作，或是以分工为基础的协作，都是不复杂的。而现代工业企业，却是一个既有严格分工，又有密切协作的复杂的生产体系。现代工业企业一般都是由许多生产车间组成的；这些车间又分为若干个班组。另外，还有各种必需的辅助生产部门、服务部门和管理部门，以及设计部门、科学研究部门和教育部门。在现代工业企业里，常常拥有数十种乃至上百种不同工种的工人和数量众多的工程技术人员、科学研究人员、设计人员、经营管理人员在一起劳动。在他们之间存在着一种异常精细的分工和十分复杂的协作关系。

　　第四，在现代工业企业中，生产过程各个组成部分存在着连续性，

----

① 马克思：《资本论》，《马克思恩格斯全集》第23卷，第417页。

它们之间的联系是十分严密和精确的。

在手工业企业中，由于生产主要是建立在劳动者个人的体力、经验和技艺的基础上，因而它的生产过程的各个组成部分的联系，它的"社会劳动过程的组织纯粹是主观的，是部分工人的结合"。①所以，"在工场手工业中，各特殊过程的分离是一个由分工本身得出的原则"。②这当然是就手工业企业生产过程的各个组成部分不存在直接连续性的意义上说的。如果就它的前一个过程是后一个过程必经阶段来说，那当然还是相互联系的。但是，手工业企业分工的特点又决定了这种联系必然会受到劳动者人身条件的制约，它的严密性和精确性就不能不受到限制。

但在现代工业企业中，生产过程的各个组成部分的联系，同时表现为有组织的机器体系的各个部分的联系。"在有组织的机器体系中，各局部机器之间不断地交接工作，也在各局部机器的数目、规模和速度之间造成一定的比例。结合工作机现在成了各种单个工作机和各组工作机的有组织的体系。"这样，"在发达的工厂中，起支配作用的是各个特殊过程的连续性"。③而且，由于这种联系摆脱了劳动者人身条件的限制，严密性和精确性也是手工业企业无法比拟的。

第五，现代工业企业之间以及工业企业与农业和其他的经济部门之间，有着越来越广泛、越来越密切的联系。

在手工业生产的条件下，社会分工没有也不可能得到广泛的发展。这时手工业企业之间以及手工业企业与农业等经济部门之间的联系，虽然有所发展，但并不是很密切的。

随着大机器工业的发展及其生产技术的进步，情况就有了重大的变化。因为这种技术进步必然导致专业化生产的发展。正如列宁所指出的："这种专业化，按其实质来说，正像技术的发展一样没有止境。要把制造整个产品的某一部分的人类劳动的生产率提高就必须使这部分的生产专业化，使它成为一种制造大量产品因而可以（而且需要）使用机器等的特种生产。这是一方面。另一方面，资本主义社会的技术进步表现在劳动社会化上面，而这种社会化必然要求生产过程中的各种职能的专业化，

① 马克思：《资本论》，《马克思恩格斯全集》第23卷，第423页。
②③ 马克思：《资本论》，《马克思恩格斯全集》第23卷，第418页。

要求把分散的、孤立的、在从事这一生产的每个作坊中各自重复着的职能变为社会化的、集中在一个新作坊的、以满足整个社会需要为目的的职能。"列宁还强调指出："技术进步必然引起生产的各部分的专业化、社会化。"①列宁这里讲的虽然是资本主义经济条件下大机器工业生产技术的进步与生产专业化的关系，但就它的一般内容来说，对于社会主义经济条件下大机器工业生产的技术进步与生产专业化的关系也是适用的。随着工业生产专业化的发展，企业之间的协作关系也就越来越密切。因为专业化是协作的基础，协作又是专业化的条件。

当代工业生产技术的进步，不仅使得同类产品实现了专业化生产，而且使得某一种部件、零件，甚至某一加工阶段也实现了专业化生产。这样，工业企业之间以及工业企业和其他经济部门之间的联系也就越来越广泛、越来越复杂了。

以上是就现代工业企业总的发展趋势说的。在我国，由于传统经济体制的限制，专业化协作的发展并不快。但上述发展趋势已经和终究会在我国表现出来。

上述这些就是在生产力方面，社会主义国家所有制的现代工业企业与手工业企业相区别的一些基本点。

就作为社会主义国有经济的具体表现形式传统经济体制来说，如前所述，它是一种低效益的体制。要提高经济效益，就必须改革传统经济体制，建立新的经济体制。而这种改革是包含了企业内部体制的改革的。

这样，我们依据对社会主义国有企业生产力和生产关系的分析，可以清楚看到：第一，社会主义国有企业通过管理，一方面把生产力的各个要素合理地组织起来，使得各部分劳动者和各个生产环节能够有秩序地有节奏地工作，另一方面又把本企业的供、产、销活动和社会上其他的经济单位的活动衔接起来，使得企业的生产、交换、分配和消费诸过程能够协调起来，从而保证生产能够正常地不断地进行下去。各个企业的生产是互相联系、互为条件的，又都是在国家计划指导下进行的。这样，企业对生产的管理就不仅是本企业生产得以连续进行的必要条件，而且是社会的各个企业的生产得以连续进行的必要条件。从这种意义上

---

① 列宁：《论所谓市场问题》，《列宁全集》第 1 卷，第 84~85 页。

来说，企业管理是提高微观经济效益和宏观经济效益的必要条件。第二，社会主义国有企业一方面通过合理组织生产力，另外，通过改革经济体制，使得劳动者的积极性得到充分的发挥，使得人力、物力和财力得到最节约、最充分的使用，以提高经济效益。由于企业是社会主义经济的细胞，因而企业经济效益的提高，又成为国民经济效益提高的基础。

以上是从一般的意义上论述企业管理对于提高经济效益的意义。就我国当前的具体情况来说，由于前面已经说过的多种原因，许多企业管理水平不高，有些企业甚至连定额管理、质量管理、劳动管理、成本管理和资金管理这样一些基础工作和规章制度都不健全，因而，通过强化企业管理以提高经济效益的潜力是很大的。

2. 发挥企业家的作用

（1）企业家在提高企业经济效益方面的作用

从发达的商品经济的观点看，无论是资本主义社会制度下的企业家，或者是社会主义社会制度下的企业家，在提高企业经济效益方面，具有以下共同的作用：

第一，实现资金增值最大化（即利润的最大化）是在技术进步的基础上实现扩大再生产的必要条件和客观要求。承担企业经营管理职能的企业家成为体现并实现这一客观要求的人格化代表。

第二，企业家又是提高经济效益的最重要因素。这表现为下列几个重要方面：首先，就企业家与其他各生产要素的相互关系来看，在社会化生产的条件下，他不仅是生产的必要因素，而且是其他各生产要素的效能能否充分发挥的决定性因素。其次，就企业家在商品经济全过程中的作用来看，企业经济效益的提高是通过企业生产、流通全过程的各个环节来实现的；而这些环节经济效益的提高都是同企业家的经营管理相关的。再次，就企业家与企业经济效益的实现程度来看，在价值形成方面，企业产品个别价值是低于、等于或高于社会价值，直接决定着企业的盈利或亏损；在价值实现方面，企业产品价格是高于、等于或低于产品的社会价值，也有这样的作用。而企业产品个别价值与社会价值，以及企业产品价格与价值的这种关系，在不同程度上决定于企业的经营管理。

企业家在提高经济效益方面的作用，是伴随生产的社会化和现代化的发展而不断增长的。

在我国现阶段，尽管生产力水平较低，企业家在提高经济效益方面却有某种特殊重要的作用。

第一，新中国建立以后的一个长时期内，实行产品经济和准产品经济，各种私有经济则基本上被消灭了。如前所述，1978年以后，伴随经济体制改革的进行，国有经济正在向商品经济过渡，集体经济也是朝着这个方向发展的，而作为完全商品经济的各种私有经济和合营经济则有了迅速的发展。可见，尽管当前我国商品经济发展程度还不高，但由于原来实行产品经济（或准产品经济）的社会主义所有制向商品经济转变，又由于各种私有经济和合营经济的迅速发展，因而10年来我国商品经济发展的速度是很高的。

我国商品经济的迅速发展，一方面使得大量的企业家从商品经济的洪流中不断地涌现出来；另一方面又要求企业家发挥其提高经济效益的作用，并为这种作用的发挥不断拓宽基地，使得企业家在提高经济效益方面起越来越大的作用。

第二，旨在发展我国社会主义商品经济的经济体制改革，不仅促进了企业家队伍的形成和发展，而且企业家的形成反过来又成为形成和巩固新的经济体制的重要条件。建立新的经济体制，要使企业成为商品生产者，要建立市场体系，要实现国家的以间接控制为主的宏观经济管理。如果没有企业家，企业就没有经营管理者，很难真正成为商品生产者，就难以避免企业的短期行为，甚至要走邪路。没有企业家，市场就缺乏主体，就难以形成竞争性的市场和社会主义市场的新秩序。这样，国家也很难有效地实现以间接控制为主的宏观经济管理。需要进一步指出，与以低效益为特征的传统经济体制相区别，新经济体制是以高效益为特点的。这样，企业家必将通过促进新经济体制的形成和发展，来推动经济效益的提高。

第三，曾经长期实行的传统经济体制，造成了我国企业的长期低效益。在当前新旧两种经济体制交替时期，经济效益低的状况也没有根本改变。从发挥企业家在当前提高经济效益中的作用来看，企业经济效益低意味着提高经济效益的潜力大，从而为这种作用的发挥留下了广阔的活动余地。

总之，现阶段我国商品经济迅速发展的环境，经济体制改革的环境，赋予了企业家在提高经济效益方面的特殊重要的作用。不仅在各种私有企业中，而且在那些改革搞得好的社会主义企业中已经有了明显的表现，在首都钢铁公司的企业家身上表现得尤为突出。他们在经济体制改革的推动下，发挥了企业家具有的创新和竞争精神，改革了企业内部的劳动制度和分配制度，加强了企业的经营管理，推行了企业的技术改造，开展了多种经营，大大提高了企业的经济效益。表 11–19、表 11–20、表 11–21 的资料表明：首钢在投资方面的投入与产出之比，1979 年改革以前 30 年为 1∶1.7，1979 年改革以后 7 年为 1∶4.8。在 1978 年至 1985 年，首钢百元产值占用流动资金由 26.12 元下降到 18.29 元，定额流动资金周转速度由 99.2 天下降到 51.2 天。在 1979~1986 年，首钢资金利税率由 24.16%上升到 63.87%。

表 11–19 首钢投资效益   单位:元

	1979 年改革以前 30 年国家投资	1979 年改革以后 7 年企业投资
投资总额	12.55	8.96
每年平均投资	0.4183	1.28
实现利润和上交税金总额	21.37	42.96
每年平均实现利润和上交税金	0.7123	6.14
投入与产出之比	1∶1.7	1∶4.8

资料来源:《首钢承包制》，经济管理出版社 1987 年版，第 188 页。

表 11–20 首钢流动资金利用效益

	百元产值占用流动资金（元）	定额流动资金周转速度（天）
1978 年	26.12	99.2
1985 年	18.29	51.2

资料来源:《首钢承包制》，经济管理出版社 1987 年版，第 193 页。

表 11–21 首钢资金利税率   单位：%

1978 年	1979 年	1980 年	1981 年	1982 年	1983 年	1984 年	1985 年	1986 年
21.96	24.16	27.54	30.35	38.24	43.66	51.09	56.62	63.87

资料来源:《首钢承包制》，经济管理出版社 1987 年版，第 200 页。

当然，在各种经济成分的企业之间，乃至在国有经济内部的大中型企业和小型企业之间，改革搞活的程度不同，改革和企业家在发挥促进企业经济效益提高方面的作用是发展得不平衡的。表 11–22 是 1988 年 6 月末对 59795 个国有工业企业的调查资料。这个资料表明：一是整个说来，小型国有企业比大中型国有企业放得活，因而经济效益比较好。二是在小型国有企业中，租赁和个人承包的经营形式比较活，因而经济效益增长速度也比较高。在大中型国有企业中，上交利润递增包干的经营方式也比较活，经济效益也比较好。三是在全部国有企业中，实行厂长负责制的企业的经济效益也好一些。

表 11-22　国有工业企业的经济体制改革和经济效益

指标名称	1988 年上半年			比去年同期增长%	
	企业个数（个）	工业总产值（亿元）	实现利税（亿元）	工业总产值	实现利税
一、全部国有工业企业	59795	2648.87	567.45	12.2	15.8
其中：实行厂长负责制	48248	2286.22	495.74	13.3	15.9
二、大中型国有工业企业	12953	2011.88	469.85	10.4	12.9
1. 实行双保一挂	1947	405.27	100.70	12.2	11.3
2. 实行上交利润递增包干	2943	442.72	106.10	15.2	20.5
3. 实行上交利润基数包干超出分成	3422	442.68	102.10	10.1	8.1
4. 实行亏损包干和减亏分成	677	79.91	亏损 0.38	8.9	减亏 80.9
5. 实行其他包干形式	2643	398.82	95.57	5.9	5.8
三、小型国有工业企业	46842	636.99	97.59	18.4	32.0
1. 改集体经营	2518	27.68	4.32	19.2	23.3
2. 改租赁和个人承包	8882	89.17	12.60	24.4	52.4
3. 改其他经营方式	13582	202.90	30.68	23.6	33.2

资料来源：《首钢承包制》，经济管理出版社 1987 年版，第 200 页。

（2）企业家这方面作用受到的限制

我们讲我国企业家在现阶段提高经济效益方面具有某种特殊重要的作用，是就商品经济发展和经济体制改革的长过程来说的，它并不意味着当前我国企业家已经充分地发挥了这样的作用。实际上，由于下述各项因素的作用，既限制了企业家的形成和发展，也限制了他们充分发挥在提高经济效益方面的作用。

第一，企业还没有真正成为商品生产者，企业家作为企业法人代表的地位还没有完全确立，决策权也没有充分实现。

1978 年以来的改革，使得我国各种私有企业和合营企业开始迅速发展和活跃起来，社会主义集体企业和国有小型企业也比较活，国有大中型企业则没有真正活起来。曾先后相继对国有企业实行了利润留成、利改税和承包经营责任制，使得国有企业由原来的产品经济向商品经济迈进了一大步。承包经营责任制也不失为改革过程中的一种过渡形式。但承包经营责任制不可能从根本上解决政企分离问题，因而不可能使企业完全享有作为商品生产者所必需的人、财、物和供、产、销的权力，不可能使企业具有完全的自我积累和自我发展能力，不可能实行自负盈亏，不可能在企业内部真正形成激励、约束和风险相结合的机制，以推动企业沿着正确的轨道去实现资金价值增值的最大化。这不仅制约企业家的形成，而且也束缚了他们在提高经济效益方面的积极性和手脚，甚至诱发他们的短期行为和走邪路。

企业家作为企业法人代表的地位还没有完全确立，决策权也没有充分实现。这是由下列几种情况决定的：当前还没有真正做到政企分开；由原来的党委领导下的厂长负责制真正过渡到厂长负责制，在企业内部进行劳动和分配等项制度的改革，也遇到诸多阻力；社会各方给企业的摊派还很重；对厂长决策权的实现还缺乏立法和司法的保证。表11-23资料可以证明这一点。

表 11-23　大中型企业厂长（经理）经营管理权的实行情况

实行情况	任期目标责任制		经营管理决策与生产指标权		对厂级技术管理负责人的提名权		国家授予厂长奖惩权		厂长对外来摊派的拒绝权		厂长对企业技术开发机构设置调整权	
	企业个数	比重（%）	企业个数	比重（%）	企业个数	比重（%）	企业个数	比重（%）	企业个数	比重（%）	企业个数	比重（%）
实行顺利	312	34.1	461	50.3	703	76.8	449	49.0	43	4.7	680	74.2
实行中受外部干扰	490	53.5	352	38.4	110	12.0	234	25.6	735	80.2	104	11.4
实行中受内部干扰	23	2.5	85	9.3	21	2.3	144	15.7	4	0.4	77	8.4
未实行	79	8.6	5	0.6	66	7.2	66	7.2	117	12.8	39	4.3
不详	12	1.3	13	1.4	16	1.7	23	2.5	17	1.9	16	1.7

资料来源：《改革：我们面临的挑战与选择》，中国经济出版社1986年版，第273页。

该表是1988年5月对占全国大中型工业企业十分之一的916家企业的厂长（经理）的问卷调查资料。这个资料表明：一是作为厂长（经理）经营管理权力核心的决策权，只在50.3%的企业中顺利实行，其他各项权力也只在4.7%~74.2%的企业中顺利实行。二是厂长各项权力在实行中遇到外部干扰的企业，占到11.4%~80.2%，其中经营管理决策权占38.4%，而厂长对外来摊派的拒绝权竟然占到了80.2%。这说明实行厂长各项权力的外部阻力，主要来自国家有关机关的行政干预，部分地区来自社会各方对企业收入的侵占。三是厂长（经理）各项权力在实行中遇到内部干扰的企业，占到了 0.4%~15.7%，其中经营管理决策权占 9.3%，国家授予厂长、经理奖惩权占 15.7%。这说明实行厂长各项权力的内部阻力，不仅来自企业原来实行的党委领导下的厂长负责制的惯性，而且主要来自以"大锅饭"、"铁饭碗"作为重要特征的传统经济体制的惯性。

企业家作为企业法人代表的地位没有完全确立，决策权没有充分实现，就不能充分发挥企业家在提高经济效益方面的作用，从而成为当前我国企业经济效益低下的一个重要原因。

第二，缺乏良好的市场条件和平等的竞争环境。

不完全的市场。在传统经济体制下，主要只有消费品市场；而且还不包括作为基本生活资料的住宅。改革以来，包括住宅在内的消费品市场有了进一步发展，各个生产要素市场也有了不同程度的发展。但还没有形成完整的市场体系。

强化了卖方市场。在传统经济体制下，周期性地发生基本建设投资膨胀，以致卖方市场成为传统经济体制的重要特征。在当前新旧体制交替时期，除了投资膨胀以外，又发生了消费基金膨胀，大大强化了卖方市场。

价格更加扭曲了市场。价格扭曲是传统经济体制的另一个特征。主要表现为农产品价格比工业品价格低，原材料工业和采掘工业的产品价格比加工工业产品价格低。1979 年开始的价格改革曾在一定程度上改善了这种不合理的价格体系。但近几年来的通货膨胀，特别是 1988 年发生的明显的通货膨胀，导致了不合理的比价复归，甚至有了进一步的扭曲。价格"双轨制"产生出新的价格扭曲。而且生产要素价格扭曲的情况也很严重，如体力劳动者的工资高于脑力劳动者的工资，中外合营、中外合资和外资企业的工资大大高于社会主义企业的工资；存款利息率低于物价上涨率以及由此而来的负利率，等等。

不平等的竞争环境。一是价格的不平等。这有两个方面：一方面由价格体系不合理而形成的不平等，有些产品价格高于价值，有些低于价值；另一方面价格形成机制不合理而形成的不平等，有些产品价格放开了，企业有定价权，有些产品价格没有放开，仍由国家定价。二是税收的不平等。当前我国国有大中型企业的所得税率明显高于其他企业，国有大中型企业所得税率为55%，国有小企业和集体企业所得税率为10%~55%，个体工商业户所得税率为7%~60%。[①]　三是生产资料供应的不平等。有些国有企业按国家指令性计划生产，享受国家调拨的生产资料，不仅供应可靠，而且价格低。其他企业则无这种条件。四是资金贷款不平等。在这方面国有企业比集体企业的条件好得多。需要着重指出：在实行"双轨制"的情况下，再加上社会不正风气的发展，各个企业在采购生产资料、销售产品、税收和银行贷款等方面不平等竞争的情况大大加剧了。而近年来发展起来的政企不分的许多公司进行的投机倒把，则把这种不平等的竞争推到了顶峰。

上述种种在不同程度上制约着企业家的形成及企业家在提高经济效益方面作用的发挥。概括起来，重要的有：一是由于没有完善的市场体系，企业家难以以合适价格取得最优的生产要素，为实现利润最大化准备条件；也不利于企业摆脱国家行政机关的干预，以及由此造成的经济效益低下的结果。二是卖方市场使得企业家缺乏竞争压力；而不平等的竞争，又打击了企业家争取实现利润最大化的积极性。三是价格不合理，价格信号失真，价格导向错误，导致重复生产和重复建设，地区结构趋同，产业结构低度化；并阻滞外延扩大再生产向内涵扩大再生产的过渡。这些不仅会妨碍资源配置效益的提高，而且会妨碍要素运营效益的提高。四是由价格"双轨制"和明显的通货膨胀刺激起来的投机倒把行为，使得生产企业的成本大幅度上升，利润过多地转入流通领域。这不仅打击了经营生产的企业家的积极性，严重削弱了生产企业的积累能力和竞争能力，并且也诱使一些企业家不是通过正常途径实现利润最大化，而是走上抬高物价、降低质量甚至投机倒把的邪路。

第三，缺乏企业家人才市场和激励、约束、风险相结合的机制。

缺乏企业家人才市场，企业家就不可能经过市场竞争筛选出来。当前我国国有企业的领导者主要还是由国家任命。据有关部门1985年7、8月间对全国900家社会主义企业的问卷调查，企业领导者由企业的上级行政机关任命的占60.1%，在企业职工群众酝酿基础上由上级宣布任命的占30.7%，在上级领导下由职代会选举的占1%，由职工群众民主选举的

[①]《税收与财务手册》，第686、688、698、707页。

占 4.4%，由企业招聘的只有 1.8%，其他占 2.0%。近年来实行的承包经营责任制，已经开始把竞争机制引入企业领导者的选拔工作中来，但并没有从根本上改变国家任命企业领导者的状况。这种制度对企业家的形成及其在提高经济方面的作用，产生诸多消极后果。一是不利于通晓商品生产经营管理规律的企业家涌现出来，而使某些平庸之辈继续占据企业领导岗位。二是成为国家行政机关继续控制企业的最有力的杠杆，使得企业家无法从根本上摆脱国家的行政干预。三是使得企业和企业领导者继续保留了行政级别（如部级、局级、处级企业和部级、局级、处级厂长等）；而企业的各项权力（如物资分配、银行贷款和出口商品等）和企业领导者的政治、经济待遇又是与这种行政级别相联系的。这就迫使企业家无法按照商品经济规律的要求专心并精心经营管理企业，而是诱使他们中的某些人醉心于企业和企业领导者的行政级别的提升。这些必然造成经济效益的低下。

改革以来，企业家的物质待遇和社会地位有了某种程度的提高，但并没有形成与企业家的劳动贡献、承担责任和风险与其收入相对称的激励机制。当前我国国有企业也没有真正形成激励、约束和风险相结合的机制，对承担企业经营管理的企业家来说，当然也是这样。这些又极大地限制了企业家按照商品经济规律的要求去实现利润最大化的积极性。

第四，企业家的素质低。由于我国曾经长期实行产品经济，商品经济很不发展；整个民族的文化素质极低，使得企业领导者的素质不高。

表 11-24 是 1985 年 7、8 月间对全国 900 家社会主义企业的问卷调查资料。这个资料表明：一是大部分企业领导者缺乏企业家必须具备的两项最主要精神，即创新和竞争。在被调查的企业领导者中，自己认为具备这两项精神的分别只占 9% 和 14%。二是有半数左右的企业领导者缺乏经营管理能力。作为企业家经营管理职能核心的决策能力，只有 47% 的企业领导者认为自己具备这一点。具备了指挥协调能力的也只有 58%。与经营管理能力密切相关的各项能力，只有事业心和责任感达到了 86%，其他诸如业务能力、任贤能力、组织纪律性、原则性、综合分析能力、谋略能力、自学能力、交往能力、表达能力和民主性，最高的也只达到 55%，最低的仅为 9%。三是大部分企业领导者缺乏管理科学知识及相关的科学知识。自认为具备管理科学知识的企业领导者，只有 23%，而自

认为具备理论水平和社会科学知识的仅有 9% 和 3%。应该说明：这项调查在多大程度上反映了全国的普遍情况姑且不论，但它所表明企业领导者素质差则是确定无疑的。近年来伴随经济体制改革和商品经济的发展，企业领导者的素质有了某种程度的提高，但并没有根本改变素质差的状况。

表 11-24　企业领导者的自我评价　　　　　　　单位：%

项目	积累频率
业务能力	55.0
指挥协调能力	58.0
决策能力	47.0
事业心和责任感	86.0
任贤能力	35.0
组织纪律性	34.0
原则性	29.0
竞争精神	14.0
综合分析能力	32.0
谋略能力	9.0
创造能力	9.0
自学能力	15.0
交往能力	10.0
表达能力	10.0
民主性	20.0
理论水平	9.0
管理科学知识	23.0
社会科学知识	3.0

资料来源：《改革：我们面临的挑战与选择》，第 278 页。

我们在前面已经引证过的 1985 年全国工业普查资料表明：当前我国相当一部分企业领导者的文化水平不能适应发达商品经济条件下企业经营管理的需要。企业领导者素质低的情况，不仅不能发挥企业家在提高经济效益方面应有的积极作用，甚至会产生消极后果。

（3）进一步发挥企业家这方面作用的途径

依据前面的分析，需促进企业家的形成与发展，并进而充分发挥他们在提高经济效益方面的作用，要着重解决以下几个重要问题。

第一，要在企业内部形成一种能使企业家实现利润最大化的机制。对国有企业来说，这主要有两方面：①当前在着重完善承包经营责任制的同时，积极创造条件逐步推行以社会主义公有制为主体的股份制。这种股份制可以在承包经营责任制所体现的国有经济中生产资料所有权与使用权一定程度分离的基础上，进一步实现生产资料最终所有权与企业法人所有权的分离。从而实现产权的明晰化，根本改变国有企业生产资料名为全民所有实际无人所有的状态，使企业真正成为自主经营自负盈亏的商品生产者，并在企业内部形成激励、约束和风险相结合的机制，推动企业走上资金价值增值最大化的道路。②进一步完善和切实推行厂长负责制，把企业的经营决策权真正交给企业家，根本改变原来实行的党委领导下厂长负责制的条件下名为集体负责、实际无人负责的状况，使企业家成为企业追求利润最大化的人格化代表，并发挥作为提高企业经济效益的最重要因素的作用。

为了做到这一点，还需要把社会目标与企业目标区分开来，把前者从企业中分离出来，只让企业家承担追求利润最大化的企业目标。在这方面，当前要注意两点：①消除社会各方对企业的摊派。②要积极创造条件，逐步改变企业办社会的情况。显然，不解决这两个问题，企业家就不可能把精力集中到实现企业利润最大化这个目标上来；即使在头一个生产周期实现了，也因为社会各方侵占企业的大量收入，下一个生产周期就难以为继了。

与此同时，要发挥党委在企业政治思想方面的核心领导作用。

第二，要在市场和平等竞争环境方面形成一种能够使企业家实现利润最大化的机制。这需要逐步做到以下几点：①形成社会总供给稍大于社会总需求的有限的买方市场。②形成包括产品商和要素商品在内的市场体系以及合理的价格机制和价格体系。③在要素供给、产品销售和税收等方面形成平等的竞争环境。这样，就可以在供销两方面为企业实现利润最大化创造条件；并给企业以强大的竞争压力，诱导企业走正常竞争的道路；价格的合理导向，为企业提高运营效益指明正确途径。

在这些方面，就当前的实际工作来说，有两种倾向值得注意：

一是某些方面急于求成的倾向。在一个相当长时期内，急于求成的倾向主要表现在生产建设上，周期性地导致基本建设投资的膨胀。党的十一届三中全会以来，党中央提出社会主义经济建设必须从我国国情出发，量力而行，反对急于求成。这就从指导思想方面解决了这个重要问题。但急于求成的倾向不仅在经济建设实际工作中并没有得到清除，而且还蔓延到改革的实际工作之中，导致固定资产投资和消费基金的双膨胀。比如，有的改革措施没有经过认真的试验和总结就推广，推广后改革效应还没发挥又向另一项改革措施过渡，就是急于求成倾向在改革方面的典型例证。但急于求成倾向最突出的表现还是 1988 年上半年要推行价格改革。在价格改革问题上，我国已经走了一条曲折的道路。在改革初期，没有在企业改革的同时，把价格改革放在应有的位置上，致使 20 世纪 80 年代初经济生活出现某种相对宽松环境时没有及时把价格改革推上去，失去了良机。1984 年 10 月党中央正确地提出了价格改革是整个经济体制改革成败的关键。然而，实际工作仍然没有把物价改革放到应有的位置，还想绕开这一点来深化改革。实际经济生活表明，这是做不到的。经济生活中各种矛盾的发展，又使得人们提出了加快改革的任务。但价格改革需要一系列条件相配合，特别是需要一个相对宽松的经济环境。由于近年来实际经济工作并没有努力地、有成效地循着这种方向为价格改革创造条件，致使经济生活越来越绷得紧。这种情况在 1988 年上半年变得更严重了。这时的经济工作本应急转直下在治理经济环境上下苦功，在取得成效后再把价格改革推上去。但在实际上并没有这样做；反而在宣传工作中，急于把加快价格改革的任务宣传开来。在已经形成的通货膨胀的形势下，这对物价上涨起了火上浇油的作用，使物价上涨率由 1987 年的一位数上升到 1988 年的两位数。这一严峻的经济形势不仅使价格改革难以迈大步，而且使得整个改革和建设受到威胁。党的十三届三中全会基于对经济形势的正确分析，重新强调治理整顿，突出地把明后两年改革和建设的重点放到治理经济环境和整顿经济秩序上来，并指出这是长期要注意的问题。这是我国改革和建设经验的正确总结，进一步为我国包括价格在内的改革和建设指明了正确的方向。急于求成的倾向，从本质上说，是植根于传统的经济、政治体制。在这种体制没有根本改革以前，始终要着重注意防止这种倾向。

二是有的方面（如在住宅商品化和劳动制度改革问题上）的畏缩不前的倾向。这样说，并不否定这些方面的改革已经取得的重要进展。但这种进展并不理想。为了克服这种倾向，需要注意：①把这些改革提到重要位置上来。因为加快这些改革不仅有助于住宅商品市场和劳动力商品市场的形成，而且有利于深化改革、治理经济环境，有利于抑制物价上涨。因为我国消费品和劳务价格的上涨，不仅由于消费基金增加过快，而且由于消费结构严重失衡，职工群众用于住房费用支出过少，就是这种严重失衡的突出表现，还由于劳动力商品市场没有形成。②解决以下认识问题：ⓐ正确估计职工和社会的承受能力，不要估计过低。ⓑ要看到这些改革同通货膨胀的区别：通货膨胀是无理的，是失人心的。这些改革是有理的，从总体上是得人心的。ⓒ还要看到这些改革也要一定的条件，并有一定的风险，但并不像价格改革要求的条件那样高，也没有那么大的风险。③坚决顶住一部分人的压力，包括某些职工与干部的抵触。④积极创造还不具备的条件（如改革劳动制度，需要建立失业保险制度等）。这样，已经或正在拟定的改革措施就可以逐步付诸实现。

在实际工作中注意克服以上两种倾向，就会大大有利于在市场和平等竞争环境方面形成一种能够使企业家实现利润最大化的机制。

第三，要在企业家本身的成长和发展方面形成良好的机制。这主要有以下两点：一是在当前完善承包经营责任制的过程中，要引入竞争机制，通过竞争选择经营者，其主要方式是招标聘任。同时还要积极创造条件开拓企业家人才市场。这种市场应该成为企业家成长的基本机制。正像只有通过市场竞争才能筛选出优质产品一样，也只有通过市场竞争才能筛选出优秀的企业家。这样做，同时也就根本改变了传统经济体制下实行的企业领导者由国家行政机关委派的，不利于商品经济发展和企业家成长的制度。二是把企业家的收入多少和企业资金价值增值与否、增值程度联系起来，以形成良好的激励与约束相结合的机制。这里需要明确制约企业家收入的三个因素：①企业家劳动是作为简单劳动倍加的复杂劳动。②企业家的经营活动在企业产品价值形成和价值实现方面具有特殊重要的作用，需要取得与此相适应的收益。③企业家承担了经营风险，也要有相应的风险收入。这样做，同时也就改变了当前企业家收入普遍过低的不利于商品经济发展和企业家成长的情况。

最后，为了发挥企业家在提高经济效益方面的作用，还需要实现企业经营决策的科学化。为此，就要加强对企业干部的培训，提高他们的素质，还要实现决策的专家化和决策手段的现代化。

以上各项，就是进一步发挥企业家在提高企业经济效益方面作用的重要途径。

（四）发挥企业各类生产人员的积极性

按照马克思主义的观点，不仅企业的体力劳动者是生产劳动者，而且工程技术人员、科学技术人员和经营管理人员都是生产劳动者。[①] 因此，这里所说的发挥企业各类生产人员的积极性，不仅包括企业的体力劳动者，而且包括企业的工程技术人员、科学技术人员和经营管理人员。

企业各类生产人员是发展生产、提高经济效益最基本的力量源泉。因此，要提高企业的经济效益，必须发挥企业各类生产人员的积极性。

依据我国几十年社会主义建设实践的情况来看，要发挥企业各类生产人员的积极性，需要着重解决以下三个问题。

1. 正确处理厂长负责制和企业民主管理的关系

在处理厂长负责制和企业民主管理的关系上，我国曾经发生过两种片面性。一是在 1979 年经济体制改革以前的一个长时期内，曾经片面强调企业的民主管理，忽视厂长负责制。当然，那时实行过党委领导下厂长负责制。但实行这种制度，名为集体负责，实际谁也难负责，并不是厂长的责任制。诚然，那时忽视生产责任制度，也不只是忽视厂长负责制，对总工程师制、总经济师制和总会计师制等生产责任制度也有所忽视。而且，那时由于受到高度集中的经济、政治体制的影响，企业的民主管理也是很不健全的。二是在 80 年代中期以后推行厂长负责制和各种承包经营责任制的过程中，对企业的民主管理又有所忽视。当然，厂长负责制推行不久，也不是很健全的。

我国社会主义建设的实践已经充分证明：这两种片面性都不利于企业生产的发展和经济效益的提高。我们在前面分析了强化企业管理和发挥企业家在提高企业经济效益方面的作用，实际上说明了厂长负责制在这方面的作用。这里不再重复，只是指出企业民主管理在发展生产和提高经济效益方面有着极为重要的作用。企业民主管理的实质，是要保障由社会主义公有制决定的职工的主人翁地位，是要全心全意依靠工人阶级，是要发挥职工的积极性。而这一点正是企业发展生产和提高经济效

---

① 笔者按照马克思主义的观点，曾经对这个问题做过详细的分析（见拙著：《社会主义经济问题初探》，湖南人民出版社 1981 年版，第 323~362 页）。

益的最基本源泉。比如，据不完全统计，1979 年以来，全国共有 26 万多个企业 6700 多万名职工参加了合理化建议活动，提出建议 6400 多万件，被采纳的 3000 多万件，实施 2000 多万件，节约和创造价值约 415 亿元。[①]所以，实行厂长负责制和实行民主管理是统一的。因此，既不能像前一个时期那样，片面强调企业民主管理，而忽视厂长负责制；也不能像后一个时期那样，片面强调厂长负责制，而忽视企业民主管理；要把实行厂长负责制和企业民主管理结合起来。

为了实现这种结合，当前一方面要健全和完善厂长负责制、作为企业民主管理基本形式的职工代表大会制度；另一方面在完善承包经营责任制的过程中，除了要科学地核定承包基数、把竞争机制引入企业经营者的选择等以外，以实行全员承包责任制为宜。这样，既有利于实行厂长负责制，又有利于实行企业民主管理；从而，既有利于发挥厂长的积极性，又有利于发挥职工群众的积极性。

2. 必须把物质鼓励和思想政治教育结合起来

（1）历史的经验

在我国社会主义建设历史上，在处理物质鼓励和思想政治教育关系方面，也发生过两种片面性。一是在 1979 年经济体制改革以前的一个长时期内，片面强调思想政治教育和精神鼓励的作用，忽视按劳分配和物质鼓励的作用。当然，那时由于受到"以阶级斗争为纲"这一政治上"左"的错误的影响，思想政治工作中也有混淆人民内部矛盾和敌我矛盾、形式主义和脱离经济工作等弊病。二是在这以后，又发生了片面强调按劳分配和物质鼓励的作用，忽视思想政治工作和精神鼓励的作用。当然，经济体制改革以后也只是在一段时间内，按劳分配和物质鼓励原则贯彻得比较好。后来，由于新旧经济体制交替时期各种矛盾的发展，不仅形成了平均主义的复归，还引发了新的社会分配不公。

实践已经证明：上述两种片面性，都不利于发挥劳动者的积极性，不利于企业生产的发展和经济效益的提高。因此，必须把贯彻按劳分配原则和思想政治教育结合起来，必须把物质鼓励和精神鼓励结合起来。下面再就这种结合的必要性做些理论说明，并对多年来流行的忽视思想

---

①《人民日报》1990 年 4 月 15 日第 1 版。

政治教育的错误倾向做些分析。

（2）物质鼓励的作用

在半殖民地半封建的旧中国，劳动者为剥削者劳动，劳动被看做是下贱可耻的事情；到了社会主义的新中国，劳动者是为自己、为社会劳动，劳动成了光荣豪迈的事业，有一部分先进分子已经不同程度地树立了共产主义的劳动态度。但是就大多数劳动者来说，劳动还仅仅是谋生的手段，不像共产主义社会那样，已经成为生活的第一需要。正是这种社会主义的劳动性质决定了要充分调动劳动者的积极性，使他们各尽所能地为社会劳动，除了精神鼓励以外，还必须有物质鼓励。物质鼓励起着四种作用：

第一，保证的作用。在一切社会制度下，劳动者为了维持和再生产自己的劳动力，都需要一定的生活资料基金，比如，粮食、衣服、住房等等。马克思把这种生活资料基金又叫做劳动基金。[①] 在社会主义制度下，这种劳动基金是社会或者集体支付给劳动者的劳动报酬的一个组成部分。劳动者的劳动力再生产费用就是由这种劳动报酬支付的。这是笼统地就全体劳动者来说的。就各部分劳动者来说，由于他们提供的劳动量不一样，他们需要的劳动基金也是不一样的。有的劳动者提供的劳动数量比较多，质量比较高。自然他们需要的劳动基金也就会多一些。虽然在社会主义制度下，复杂劳动的培养费用大部分由社会承担了，但是，劳动者自己也承担了一部分，并且付出了艰辛的劳动。因此，劳动报酬也应该高一些。有的劳动者提供的劳动数量比较少，质量比较低，他们需要的劳动基金也会少一些，劳动报酬也就应该低一些。这就告诉我们，只有正确地贯彻按劳分配，实行物质鼓励原则，才能满足不同类型的劳动者在劳动基金方面的不同需要，为他们各尽所能地为社会劳动提供物质保证。在我国社会主义建设的现阶段，这种物质保证的作用，显得特别重要。这是因为，我国原来的底子薄，社会生产力发展水平不高，人口又多，我们实行的又是低工资政策；再加上林彪、"四人帮"在"文化大革命"中进行了长达十年的破坏，广大职工不仅长期没有得到正常的升级，就是实际工资也有所下降。党的十一届三中全会以来，职工收入有

---

① 马克思：《资本论》，《马克思恩格斯全集》第 23 卷，第 623 页。

了显著的增长。但总的说来我们的工资水平是低的。这样，劳动者享用的消费资料中，生活资料占很大的比重，享受资料和发展资料只占很小的比重。在这种情况下，如果不能正确贯彻物质鼓励原则，就会使得那些提供劳动数量比较多的劳动者在劳动基金方面的需要得不到相应的满足，他们的劳动耗费得不到正常的补偿，不利于劳动力的再生产，也有损工人的健康。比如，在"文化大革命"那些年我国有的冶金企业中，由于温度高、劳动强度大、体力消耗快，但是劳动报酬低，劳动力的支出得不到相应的补偿，劳动力的更替过程加快了。另外，为了实现党在新时期的总任务，又迫切需要提高广大职工的科学文化水平。从这方面说，如果不能正确贯彻物质鼓励原则，使那些提供劳动质量比较高的劳动者得不到正常的补偿，就不利于广大职工技术和业务水平的提高。

第二，促进的作用。贯彻按劳分配，实行物质鼓励原则，必须坚持多劳多得，少劳少得的原则。多劳多得，首先是劳动者多劳，为国家或者集体多做贡献，其次才是多得，而多得的首先又是国家或者集体，其次才是劳动者自己。少劳少得，首先是劳动者少劳，对国家或者集体的贡献少，其次才是少得；而少得的首先也是国家或者集体，其次才是劳动者自己。所以，社会主义按劳分配原则本身就兼顾了国家、集体和个人三方面的利益，它是按照先国家集体、后个人的原则把三方面利益兼顾起来的一把尺子。这把尺子非常恰当地适应了社会主义劳动性质的要求，能够充分地调动劳动者的社会主义积极性，促使他们各尽所能地为社会劳动。

第三，榜样的作用。贯彻按劳分配，实行物质鼓励原则，就能使得那些提供劳动数量比较多、质量比较高的劳动者，获得比较高的收入，有比较高的生活水平，使得他们先行富裕起来。这就成为一种榜样的力量，带动广大劳动群众积极为社会劳动。有人担心，这会造成两极分化。其实这种顾虑是多余的。因为，这不是阶级剥削形成的贫富差别，它是由劳动差别形成的生活水平的差别。因此，不会造成富者愈富、贫者愈贫的两极分化；相反，随着国民经济的发展，所有劳动者的生活将会共同提高，当然富裕程度还是有差别的。

第四，巩固的作用。前面谈到的物质鼓励的保证作用、促进作用和榜样作用，能够使劳动者的积极性稳定地、持久地保持下去。应该看到：

思想政治工作，精神鼓励，在提高劳动积极性方面，也有重要的作用。但是，如果单靠这一点，劳动积极性是不能持久的。这已经为实践证明了。

前面谈到物质鼓励的四个方面的作用，不仅对一般的劳动群众是有效的，就是对企业的领导干部也是适用的。曾经流行着一种看法，认为对领导干部不需要强调物质鼓励的作用。当然，一般说来，领导干部应当比群众有更高的觉悟和更好的劳动态度。但是如果认为他们当中的多数人都已经把劳动看成了生活的第一需要，那是不符合实际情况的。因此要充分调动他们经营管理企业的积极性，也必须实行物质鼓励。当前，我国企业管理落后的原因是多方面的。但是，没有对企业领导干部实行严格的物质上的奖惩制度，显然也是一个重要原因。

物质鼓励的作用，既是对劳动者个人说的，也是对企业劳动者集体说的。事情很清楚：企业劳动者集体就是由许多劳动者个人组成的；这样，不仅各个劳动者个人提供的劳动数量和质量有差别，就是企业劳动者集体也是有差别的。因此，要充分调动企业劳动者集体的积极性，也必须实行物质鼓励，把劳动者的收入水平和企业的经营状况联系起来。就是说，经营好的企业，劳动者的收入水平应该高一些，经营差的企业应该低一些。

（3）思想政治工作的必要性

在社会主义制度下，劳动者已经摆脱了被剥削、被压迫的地位，成为社会生产的主人。社会主义生产的目的也不再是为了剥削者的需要，而是为了满足整个社会日益增长的物质生活和文化生活的需要。社会主义的按劳分配原则同资本主义社会的"劳者不获、获者不劳"[1]的情况，有根本的区别。在社会主义制度下，劳动者之间虽然也存在着矛盾，但根本利益是一致的，不存在资本主义社会那样的阶级对抗。社会主义社会发展的前景是无限美好的共产主义社会。这些就是激发劳动者的社会主义积极性的客观条件。但是，劳动者并不能自发地从本质上充分地认识社会主义经济制度的这些优越性。要达到这一点，就必须通过思想政治工作，用马克思主义的科学理论教育劳动者，武装劳动者。也就是要向广大群众灌输马克思主义。

---

[1] 马克思、恩格斯：《共产党宣言》，《马克思恩格斯选集》第1卷，第267页。

这是因为，第一，一切事物的本质，并不像它的现象那样容易被人们认识。客观存在的社会主义生产关系的本质也是这样。要认识这种本质，就要掌握马克思主义政治经济学的科学理论。

比如，从本质上说，社会主义经济制度能够容纳的社会生产力的高度，将比资本主义要高得多，劳动者的生活水平，也会大大超过资本主义能够达到的水平，这是肯定无疑的。但是由于我国原来的底子薄，人口多，工作中也发生过错误，特别是由于林彪、"四人帮"在"文化大革命"中进行长期的破坏，最后把我国的国民经济拖到了崩溃的边缘，使我国社会主义经济制度的优越性没有充分地发挥出来，以致使得我国当前许多经济技术指标和人民生活水平还远远落后于发达的资本主义国家。这显然是一个短暂时期的现象。当然，要根本改变这种状况，也需要几十年的时间。但在社会主义社会发展史上，几十年的时间也是一个短暂的时期。有人被这种短暂时期的现象迷惑了，对社会主义经济制度的优越性产生了怀疑，有的人甚至对社会主义必然战胜资本主义的信念也发生了动摇。面对这种情况，当前思想政治工作的一项重要任务，就是要依据马克思主义政治经济学的理论，宣传社会主义经济制度对于资本主义经济制度的巨大优越性，帮助人们坚定对社会主义制度的信心，激发大家的社会主义积极性。

再比如，社会主义工资和资本主义工资是有本质区别的。资本主义工资是劳动力商品的价格，反映的是资本家对雇佣工人的剥削关系。社会主义工资是体现按劳分配原则的社会主义劳动报酬的主要形式，反映的是劳动者和社会主义国家之间的关系，是劳动者之间的"劳动平等和工资平等"[①]的社会主义互助合作关系。但是在现象上，社会主义工资同资本主义工资表现得差不多。就是说，它也表现为工人为社会劳动以后，从他的"雇主"也就是国家那里领得的"报酬"，"表现为对一定量劳动支付的一定量货币"[②]。这种形式就掩盖了社会主义工资的本质，使一些只从现象上看问题的人以为，在旧社会是干活拿钱，在新社会还是干活拿钱。这样，就使这些人不能把自己看做是社会生产的主人；相反，把自

---

① 列宁：《国家与革命》，《列宁选集》第3卷，第256页。
② 马克思：《资本论》，《马克思恩格斯全集》第23卷，第585页。

己看做国家的"雇员"。面对这种情况，思想政治工作的任务就是要宣传社会主义工资和资本主义工资的根本区别，促使工人群众以主人翁的姿态积极地对待社会主义的劳动。

工资这种形式还使一些人以为，自己取得的个人消费品数量只决定于工资的多少。因此，他们首先关心的不是整个社会经济的发展，而是过多地计较个人劳动报酬的多少。其实，工人得到的个人消费品数量不仅决定于工资的多少，首先决定于社会生产的发展和社会劳动生产率的提高。如果社会生产发展了，社会劳动生产率提高了，物价就可能下降。这样，即使工资不变，工人获得的个人消费品数量仍然是可以增长的。相反，如果社会生产和社会劳动生产率下降了，物价就可能上升。这样，即使是工资增加了，工人得到的个人消费品数量仍然可能减少。思想政治工作的任务，就是要说明工人得到的消费品数量和社会生产、社会劳动生产率这种本质的联系，促使他们不要首先计较个人报酬的多少，而要积极关心整个社会经济的发展，考虑如何能够为社会提供数量更多、质量更高的劳动。

在社会主义条件下，所以要加强思想政治工作的第二个原因是：在社会主义制度下，国家、集体和个人的利益在根本上是一致的，但是也存在着矛盾。这种矛盾是经常发生的。如果劳动者不能正确认识和处理这种矛盾，也会妨碍他们认识社会主义制度的优越性，妨碍他们劳动积极性的发挥。思想政治工作就是要教育劳动者认识这种根本利益的一致性，自觉地使个人利益服从集体利益，保证他们积极地为社会劳动。

社会主义的积累和消费的关系，就是这种矛盾表现的一个方面，在社会主义制度下，积累和消费的关系在根本上是一致的，就是说，积累是为了扩大再生产，生产又是为了提高人民的生活。但是也是有矛盾的。在某个时期内，在一定的国民收入情况下，用于积累的部分多了，用于消费的部分就会少一些，人民的生活就会受到影响。

就我国1976年10月粉碎"四人帮"以后那段时间的情况来看，由于林彪、"四人帮"的长期破坏，再加上工作中的缺点和错误，形成了积累率过高、积累和消费的比例关系严重失调的局面。这就需要适当地降低积累率，只有这样，才能提高人民的生活。但是也应该看到：那时我国的底子仍然很薄，由于林彪、"四人帮"的破坏，在经济上还存在着严重的困难，又面临着实现现代化的任务。这些就给这个矛盾的解决，带来了某些特殊的困难。况且在农、轻、重的比例关系已经遭到严重破坏的条件下，积累率也难于一下子降得很多，这也需要一个过程。因此那时在发展生产、提高生活的同时，还必须抓紧对劳动者进行集体主义和艰苦奋斗的教育，使他们自觉地把个人利益服从集体利益，把眼前利益服从长远利益，积极地为"四化"作贡献。

第三，在我国社会主义建设的现阶段，地主阶级和富农阶级早已消灭了，资产阶级也已经不存在了。这些阶级当中有劳动能力的人，绝大多数现在已经改造成为自食其力的劳动者。但是，应该看到：封建主义和资产阶级的思想影响还严重存在，小生产的传统和习惯渗透到了社会生活的各个方面。另外，在现阶段我国社会中，还存在着反革命分子、敌特分子、各种严重破坏社会主义秩序的犯罪分子、蜕化变质分子和贪污盗窃、投机倒把的新剥削分子；还存在着"四人帮"的某些残余、没有改造好的极少数旧剥削阶级的某些残余。这"五种分子"和"两种残余"的人数是很少的，但是他们对劳动人民思想的腐蚀还是不可低估的。

由于剥削阶级思想的影响，由于林彪、"四人帮"极左路线和反动思想体系的影响，由于国际反动势力推行的"和平演变"政策，以及国内敌对的破坏活动，多年以来一直存在着两种错误的思潮：一种思潮是从右的方面公开地怀疑或者反对四项基本原则，就是怀疑或者反对社会主义道路、无产阶级专政、党的领导和马克思主义。这就是资产阶级自由化思潮。一种思潮是从"左"的方面怀疑或者反对党的十一届三中全会，怀疑或者反对改革、开放政策。显然，这两种错误思潮都是干扰三中全会精神的贯彻的，都是阻碍党的工作重点的转移的，自然也就妨碍了劳动者的社会主义积极性。因此，思想政治工作就要加强坚持四项基本原则的教育，批判这两种错误思潮。但是，如果说在党的十一届三中全会以后的一段时间内要着重批判那股"左"的错误思潮的话，那么，在当前国内外的形势下，则要着重批判资产阶级自由化思潮。

由于剥削阶级思想的影响，当前有的企业领导干部对企业实行封建家长式的领导，无视工人群众在管理企业方面的民主权利，有的企业领导干部利用职权，多吃多占，侵占工人群众的集体劳动成果。这些也会影响工人群众的劳动积极性。所以，在这方面做好干部的思想教育工作，不仅有助于提高干部的觉悟，改正错误，增强他们搞好企业管理的责任心，还有利于发挥工人群众的劳动积极性。这也说明：那种认为思想政治工作只是对工人的，不是对干部的看法，是片面的，也是有害的。

最后，在讲到思想政治工作的必要性和它的作用的时候，还要着重指出一点：贯彻按劳分配原则，实行物质鼓励，在改造剥削阶级的不劳而获的思想方面，在形成劳动光荣的社会风尚方面，都起着重要的作用；但是，按劳分配原则本身并没有完全"超出'资产阶级权利的狭隘眼界'"，①所以，单靠贯彻按劳分配原则，不能在劳动群众中树立起共产主义劳动态度。这就必须对劳动群众进行共产主义的教育。这种教育也是思想政治工作的一项极重要的内容。这种教育不论对将来向共产主义过渡，还是对加速当前的社会主义建设，都是十分必要的。因为在我国建设社会主义，是一项极其艰巨的伟大事业，它要求人们有忘我的劳动热情。要做到这些，没有共产主义教育，是根本不可能的。

（4）必须把精神鼓励和物质鼓励结合起来

我们在前面分别地讲了物质鼓励和思想政治工作的必要性和作用，这实际上也就从一个方面说明了必须把精神鼓励和物质鼓励结合起来。因为前面的分析说明：不论是贯彻按劳分配，实行物质鼓励，还是做好思想政治工作，进行精神鼓励，都可以调动劳动者的社会主义积极性，物质鼓励是从物质利益的关心方面来调动劳动者的积极性，精神鼓励是从提高劳动者的思想觉悟方面来调动劳动者的积极性。这两方面各有特点，不能互相代替。正因为这个原因，所以，要提高劳动者的积极性，就必须把精神鼓励和物质鼓励结合起来。但是同时也要明确：要调动劳动者的社会主义积极性，从根本上说来，还是要依靠社会主义的物质利益，还是要贯彻物质鼓励原则。

现在我们再从物质鼓励和精神鼓励互为条件、相互依存方面，进一步说明这种结合的必要性。

应该肯定：在社会主义制度下，精神鼓励在提高劳动积极性方面具有独特的作用。这正是社会主义制度优越性的一个重要方面。但是它能够这样，归根结底还是由于存在着社会主义经济制度，是由于存在着社

_____

① 列宁：《国家与革命》，《列宁选集》第 3 卷，第 254 页。

会主义的经济利益。比如，在贯彻按劳分配原则的过程中，思想政治工作的一项重要任务，就是要提倡以国家、集体和个人利益相结合的原则为一切言论行动标准的社会主义精神。能够这样做，就是因为按劳分配这种客观存在的社会主义经济关系，已经把国家、集体和个人三方面利益结合起来；必须这样做，因为这正是贯彻按劳分配原则的要求。从这些方面来说，如果不承认按劳分配，那这里讲的思想政治工作就会成为无源之水，无本之木！这是讲的思想政治工作对按劳分配、对物质鼓励的依赖方面。这虽然是问题的一个方面，但是它是任何时候都不应该忽视的基本方面。

另一方面，贯彻按劳分配，实行物质鼓励，也是要思想政治工作来做保证的。前面我们已经说了，在我国社会主义建设的现阶段，资本主义的思想、封建主义的和小生产的思想的影响，还是很广很深的。按劳分配原则是社会主义生产关系的一个组成部分，是社会主义经济基础的一个组成部分，它当然不可能是产生这些旧的上层建筑残余的原因。但是在贯彻按劳分配原则的过程中，这些旧思想往往会明显地反复地暴露出来。比如，在实行计时工资的场合，常常见到出工不出力的情况；在实行计件工资的场合，又往往出现只顾产品数量、不顾产品质量的现象。要克服这种现象，固然需要加强劳动管理，同时也需要加强思想政治工作。不做思想政治工作，不排除这些旧思想的干扰，按劳分配原则就很难得到正确的贯彻。

就当前的情况来看，在贯彻按劳分配原则的过程中，特别需要注意排除绝对平均主义思想的干扰。因为，①由于林彪、"四人帮"的破坏，多年来广大职工很少进行正常的升级，使得工资方面存在着严重的平均主义现象。在同一工资等级的职工中，尽管技术、业务水平和劳动贡献有很大的差别，但是工资等级都是一个样。从这方面来说，体现按劳分配原则的计时工资制已经受到了很大的破坏。体现按劳分配原则的一些比较好的形式，比如计件工资、奖金和企业奖励基金，等等，曾经一度全盘取消。这样，在各个劳动者之间就存在着干多干少一个样，干好干坏一个样的情况，在各个企业之间也存在着经营好坏一个样、盈利亏本一个样、利润多少一个样的情况。粉碎"四人帮"以后，已经多次提高了职工的工资，计件工资、奖金和企业基金逐步恢复和完善。但后来又形成了平均主义的复归，并没有改变上面谈到的平均主义严重存在的状况。②中国曾经是一个经历了几千年封建社会的国家。1840 年以后，逐步过渡到了半殖民地半封建社会，但是封建主义的土地所有制仍然在旧中国占了统治地位。我们知道，分散的个体生产，就是封建统治的经济基础。所以，这种小生产在旧中国是占优势的。这样，小生产的绝对平均主义思想就有很广很深的影响。直到目前这种思想还严重存在。粉碎"四人帮"以后，有些单位提工资的经验，特别是恢复奖金制度的经验，充分地证明了这一点。从问题的本质来说，奖金本来应该是职工提供的超额劳动报酬，就是超过平均水平以上的劳动的报酬。但是有些单位分配奖金的时候，不是依据职工提供的超额劳动的多少，而是搞"一人一勺"的平均分配。这些情况表明：要真正地全面地贯彻按劳分配原则，就必须彻底克服目前在各个劳动者之间和各个企业之间存在的平均主义。要达到这一点，从根本上说来，自然需要结合国家经济管理体制的改革，进行劳动工资方面的改革。但是同时需要加强劳动管理工作和思想政治工作。不做深入细致的思想政治工作，不坚决克服目前严重存在的平均主义，贯彻按劳分配，实行物质鼓励，就是没有保证的。

当前要贯彻按劳分配原则，不仅需要注意克服平均主义，而且需要注意克服社会分配不公。

（5）对几种忽视思想政治工作的观点的分析

为了充分认识思想政治工作的重要性，分析多年来流行的忽视思想政治工作的观点，是必要的。

一种观点认为，现在已进入了新的历史时期，党的工作重点已转移到社会主义现代化建设上来，思想政治工作不像过去那样重要了。

在新的历史时期，伴随着党的中心任务的变化，思想政治工作的具体内容和方法会发生一系列的变化。但它作为实现党在新时期总任务的保证作用，并没有改变。①党的十一届三中全会以来，提出了一个中心（以社会主义经济建设为中心）、两个基本点（坚持四项基本原则和改革开放）的社会主义初级阶段的党的基本路线。这条路线是体现了全体人民的根本利益的，但也会同某些部门、地区、经济单位和劳动者个人的利益发生矛盾；总有一部分人由于种种原因一时还跟不上。这种利益上、认识上的矛盾表明：贯彻党的基本路线离不开思想政治工作。②党的十二大提出："我们在建设高度物质文明的同时，一定要努力建设高度的社会主义精神文明"。没有以共产主义思想为核心的社会主义精神文明，"就不能建设社会主义。"① 对建设社会主义精神文明的这种高度评价，在某种意义上可以看做对思想政治工作的评价，同为二者是密切相关的。③ 帝国主义亡我之心一直不死。在武装侵略失败之后，又着力推行"和平演变"政策。就国内来说，尽管阶级矛盾已经不是我国社会的主要矛盾，但各种敌对分子破坏社会主义经济、政治、文化的严重犯罪活动还将继续存在下去，他们像白蚁一样危害社会主义的大厦。这是我国实行对外开放、对内搞活经济这种新的历史条件下阶级斗争的重要表现。必须坚决把打击破坏社会主义经济、政治、文化的严重犯罪活动的斗争进行下去。这也有赖于思想政治工作，提高大家的阶级斗争觉悟。④ 由于"文化大革命"的严重破坏，新旧经济体制交替时期各种矛盾的发展，党的思想建设和教育工作的失误，迄今社会风气和党风都还没有根本好转。而实现社会风气和党风的根本好转，同思想政治工作是不可分割的。可见，那种认为在新时期党的思想政治工作变得不重要的想法，是不切实际的。

还有一种观点认为，在实现社会主义现代化的过程中，科学技术在生产中的作用愈来愈大，劳动者在生产中的作用愈来愈小，因而做人的工作的思想政治工作也就越来越不重要了。

随着社会主义现代化建设的发展，科学技术在生产中的作用的确是越来越大的。但是，科学技术在生产中的作用和劳动者在生产中的作用，并不是此长彼消的关系，而是互为表里的关系。就是说，前者作用的增长并不表明后者作用的下降，而是后者作用增长的表现。且不说作为知识形态上生产力的科学技术是由劳动者创造发明的，就是作为直接生产力的、在生产中得到运用的科学技术，即使是当代最先进的自动化技术，包括具有一定人工智能的机器人在内，无一例外都是由劳动者设计和制造出来的，并且终究是在劳动者的发动、控制和管理下才能发挥作用的；否则，它就不会被创造出来，就是创造出来了也"没有用。不仅如此，它还会由于自然界物质变换的破坏作用而解体"。所以，劳动者的劳动不

---

① 《中国共产党第十二次全国代表大会文件汇编》，第28~30页。

仅创造了它们，而且是使它们"当做使用价值来保存和实现的唯一手段。"① 所以，科学技术在生产中作用的增长，并没有否定劳动者作为生产力能动要素的作用，而是更充分地表现了这种作用。

前面的分析是把生产过程中的劳动者作为一个整体来说的。但在实际上，在工业化、现代化生产的条件下，劳动者是分解为几个不同部分的。他们虽然都成为总体工人的一个器官，但却分担着不同的职能。劳动者作为社会生产力能动要素的作用的增长，也表现在这种劳动分工的发展上。如果说，在手工劳动的条件下，对劳动者的文化科学水平没有多少要求的话，那么，在工业化、现代化生产条件下，则要求：一要掌握应用科学的工程技术人员从事技术管理，甚至要求掌握基础科学和技术科学的研究人员参加生产管理；二要求掌握经济管理理论和现代科学技术的管理人员从事经营管理；三要求体力劳动者也具有越来越高的科学文化水平。没有这几部分劳动者，生产根本无法进行，任何先进的技术设备也不能发生作用，更不要说充分发挥它们的效能了。

既然随着社会主义现代化建设的发展，劳动者作为生产力能动要素的作用会得到充分的发展，那么，就做不出思想政治工作变得越来越不重要的结论，而宁可说是变得越来越重要了。

还有一种观点认为，粉碎"四人帮"以后，贯彻了按劳分配原则，思想政治工作显得不那么重要了，甚至是可有可无的了。

过去长期存在的"左"的错误，忽视甚至否定社会主义阶段必须实行按劳分配原则，给我国的社会主义建设事业造成了严重的损失。这个教训必须认真吸取，绝不能再犯。但是，如果认为，只要实行按劳分配原则，不要思想政治工作，那就是从一个片面性走到了另一个片面性。

第一，按劳分配的特有职能固然是思想政治工作所不能代替的，但思想政治工作的特有职能也是按劳分配所不能代替的。思想政治工作在进行阶级斗争、解决社会主义社会特有的利益矛盾以及主观与客观的矛盾方面的作用，都是按劳分配所不能代替的。

需要着重指出：按劳分配更不能代替思想政治工作在建设以共产主义思想为核心的社会主义精神文明方面的作用。当然，贯彻按劳分配原

① 马克思：《资本论》，《马克思恩格斯全集》第 23 卷，第 207～208 页。

则在改造剥削阶级不劳而获的思想，树立劳动光荣的社会主义风尚，形成"以集体利益和个人利益相结合的原则为一切言论行动的标准的社会主义精神"① 等方面，也有重要的作用。但是，与社会主义公有制相适应的集体主义思想是科学共产主义理论体系的组成部分，是不可能在群众中自发产生的；它也不是平静地产生的，而是在克服剥削阶级思想和小私有者思想对劳动群众的影响中形成的，在社会主义生产建设实践中形成的。所以，如果脱离了思想政治工作，社会主义思想的形成，是不可想象的。由于按劳分配原则本身并没有完全超出资产阶级权利的狭隘眼界，尤其不能单靠它在群众中树立共产主义劳动态度和共产主义道德，它甚至不能抵制剥削阶级思想的侵蚀。而在这些方面，思想政治工作是有重要作用的。

第二，像在其他的经济工作中一样，思想政治工作也是正确贯彻按劳分配原则的重要保证。问题的关键在于：按劳分配是社会主义生产关系即社会主义经济基础的组成部分，它必须依靠社会主义的上层建筑（包括社会主义的意识形态）来维护。贯彻按劳分配原则是在克服各种非社会主义思想的过程中实现的。在我国，尤其要注意克服小资产阶级绝对平均主义思想。因为中国曾经是小生产占优势的国家。直到目前，小生产的思想影响仍然很广、很深。因此，事实并不是像有人想象的那样，贯彻了按劳分配，思想政治工作变得不重要了；而是恰恰相反，越是认真地贯彻按劳分配，越是需要加强思想政治工作。否则，尽管主观上是想贯彻按劳分配，而实际上却搞成了平均主义。粉碎"四人帮"以后，我们在恢复奖金制度问题上的教训，不是已经充分地证明了这一点吗？本来，恢复作为体现按劳分配原则的、重要补充形式的奖金，要求相应地加强思想政治工作，但由于"文化大革命"造成的严重后果，思想政治工作不仅没有得到加强，而是大大削弱了。因而，在当前的奖金工作中，平均主义还是相当普遍地存在着。当然，这同经济、企业管理水平低等因素也有很大关系。但思想政治工作不得力，显然是一个重要因素。

总之，否认思想政治工作必要性的种种想法是没有根据的。明确这一点，对于贯彻党的基本路线和各项方针政策，改变当前存在的不重视

---

① 毛泽东：《〈中国农村的社会主义高潮〉的按语》，《毛泽东选集》第 5 卷，第 244 页。

思想政治工作的情况，都是有益的。

3. 正确安排社会主义劳动纪律的基本格局

（1）一个极其重要的问题

党的十一届三中全会以来，我国经济改革、经济发展和生活提高等方面取得了举世瞩目的成就。但当前经济发展方面也存在着不少问题。其中，劳动纪律相当普遍的松弛，就是一个值得注意的极其重要的问题。

劳动纪律松弛的一个主要表现，就是有效劳动时间在制度规定的时间（一般为 8 小时）中占的比重很低。根据国家科委所属的中国科技促进发展研究中心 1986 年以来的抽样调查，目前我国工业企业有效工时仅占制度工时的 40%~60%，实际工时也只占制度工时的 84.7%，平均每周每人投入的实际工时为 40.64 小时，投入的有效工时仅为 19.2~28.3 小时。[1] 另据《经济日报》报道，"满负荷工作法"发明者张兴让所在的石家庄市第一塑料厂，1984 年工人每人每天有效劳动时间平均仅 2 小时 18 分钟。经过推行"满负荷工作法"，到 1987 年，有效劳动时间也只有 3.8 小时。在劳动力利用效率方面处于先进水平的石家庄市第一塑料厂尚且如此，其他企业的劳动力利用效率就可想而知了。

劳动力利用效率低的原因是多方面的。①当前我国经济体制改革虽已取得巨大成就，但远没有根本完成，在微观基础、市场和国家宏观经济管理等方面，并没有真正形成强有力的动力机制、压力机制和高效的诱导机制，难以促进劳动力利用效率的提高。②1979 年以来，我国国民经济中的许多基本比例关系（如轻工业和重工业的关系等）已经趋于协调。但基础工业、基础设施与直接生产之间的失衡状况并没有根本改变，致使许多企业因原材料、动力和运力供应不足而生产能力不能充分发挥，利用效率很低。③我国长期实行的低工资、多就业政策，虽然起过重要作用，但也造成了大量的在职失业或隐性失业。这也是劳动力利用效率低的一个重要原因。但无论如何，当前劳动纪律相当普遍的松弛，则是一个很重要的原因。

诚然，劳动纪律相当普遍的松弛也涉及诸多方面。①在当前新旧两种体制交替时期，尽管平均主义仍然是分配方面的主要问题，但也出现

---

[1]《经济参考》1988 年 3 月 11 日第 4 版。

了某些不合理的、过大的收入差别。②近年来，物价上涨幅度偏大，致使部分人的实际生活水平下降。③我们在推行厂长负责制方面取得了巨大成绩，但企业民主管理仍不充分，职工作为企业主人的地位还不能很好地体现。④党风和社会风气不正，某些人以权谋私。凡此种种，都给劳动纪律以不良影响。

劳动纪律相当普遍的松弛，不仅降低了劳动力利用效益和整个经济效益，而且成为诱发社会生产诸方面各种严重事故的重要原因，并对社会主义精神文明起了严重的腐蚀作用。

劳动纪律相当普遍的松弛，是同我们在理论上、政策上没有明确社会主义经济中劳动纪律的基本格局相联系的。因此，探讨这个基本格局，便有了特别重要的意义。

（2）社会主义经济中劳动纪律的基本格局

传统的经济理论把社会主义社会的劳动纪律仅仅归结为劳动者自觉的纪律，即靠劳动者的觉悟自觉维持的纪律。但是，社会主义有计划的商品经济的实践，已经对这种劳动纪律的基本格局提出了挑战。

第一，这种传统的理论忽略了在社会主义劳动纪律中占主要地位的按劳分配、多劳多得、少劳少得、不劳动者不得食的纪律（以下简称按劳分配纪律）。

作为社会主义经济中个人消费品分配的基本原则的按劳分配，有其存在的客观必然性，对此是没有争论的。但按劳分配是否作为一种主要劳动纪律（即在社会主义经济中主要依靠按劳分配来维持劳动纪律），似乎远没有广泛为人们所注意。在社会主义历史阶段，劳动还不是人生的第一需要，而是谋生手段。因而，按劳分配也就会作为一种客观存在的经济强制力，推动着人们从事劳动。对此，列宁曾做过清楚的说明：作为"资产阶级法权"的按劳分配"在共产主义第一阶段是不可避免的，如果不愿陷入空想主义，那就不能认为，在推翻资本主义之后，人们立即就能学会不需要任何法权规范而为社会劳动，况且资本主义的废除不能立即为这种变更创造经济前提。""可是，除了'资产阶级法权'以外，没有其他规范。所以，在这个范围内，还需要有国家来保卫生产资料公有制，来保卫劳动的平等和产品分配的平等。""因为如果没有一个能够迫使人们遵守法权规范的机构，法权也就等于零。"又说：社会主义"整个社会将成为一个管理处，成为一个劳动平等、报酬平等的工厂"，认为这是"无产阶级在战胜资本家和推翻剥削者以后，在全社会推行的这种'工厂'纪律。"①

这里需要着重指出：列宁在这里设想的社会主义经济，直接继承了马克思《哥达纲领批判》中的思想，把它看做是产品经济。后来，斯大林30年代在苏联创立的高度集中的经济管理体制，就是以这种理论为依据的。现在，社会主义各国的实践已经充分证明：在这种体制下，必然形成企业吃国家的大锅饭和职工吃企业大锅饭的局面，按劳分配原则不能真正地贯彻，不能有效地成为一种经济强力和主要劳动纪律。但在社会主义有计划的商品经济的条件下，情况就有了重大的变化。在这里，企业成为商品生产者，企业职工的劳动报酬取决于企业的生产经营成果及其对企业的劳动贡献。企业之间、劳动者之间以及企业和劳动者之间都存在着竞争。这就可以有效地改变传统体制下企业吃国家大锅饭、职工吃企业大锅饭的局面，使按劳分配原则能够真正得以贯彻，使它真正成为一种经济强力和主要的劳动纪律。

我国目前处于社会主义初级阶段，按劳分配作为一种经济强制力和主要的劳动纪律，具有特殊的必要性和重要性。这首先是因为，我国的社会主义社会，不是在发达的资本主义基础上建立的，而是在半殖民地半封建社会基础上建立的。社会主义劳动者的大多数，都是由小生产者转变而来的。他们不像现代的无产阶级那样，有过机械化生产的训练以及由此形成的纪律。而且，他们在对待等量劳动取得等量报酬方面，比无产阶级有着更强烈的要求。其次，在社会主义初级阶段，也不可能很快在全社会范围内实现机械化生产，手工生产和半机械化生产在一个很长的时期内还将在社会生产中占有很大的比重。这样，就不可能在全社会范围内运用机械化生产来训练劳动者的劳动纪律。再次，在社会主义初级阶段，除了占主导地位的社会主义经济成分以外，还有一定数量的、作为社会主义经济必要补充的其他经济成分（包括个体经济、私人资本主义经济和国家资本主义经济）。在这种条件下，如果不充分发挥作为主要劳动纪律的按劳分配的作用，就难以充分显示社会主义经济成分对于

---

① 列宁：《国家与革命》，《列宁选集》第3卷，第252、256、258页。

其他经济成分的优越性，就不利于社会主义经济的巩固和发展。

应该指出：在社会主义历史阶段，按劳分配原则（包括不劳动者不得食的原则）作为一种经济强力和主要劳动纪律，对社会主义经济中的全体成员都是适用的。但是，曾经长期流行的观点认为，不劳动者不得食的原则仅仅适用于少数的没有改造好的剥削阶级分子或懒汉。其实，不劳动者不得食的原则，是按劳分配原则的一个重要组成部分。否认了这一点，实际上就等于否定了按劳分配的原则。

第二，这种传统的理论还忽略了在社会主义劳动纪律中占辅助地位的失业纪律。

这里首先需要解决的问题，就是在社会主义有计划的商品经济中，究竟是否存在失业？

传统的经济理论认为，失业是资本主义经济制度的特有范畴；消灭失业是社会主义经济制度的优越性。在这种理论指导下形成的经济体制的一个重要内容和特点，就是劳动力分配方面的统包统配制度。我国为了推行这个制度，又实行了低工资、多就业的政策。然而，实践证明，这种制度和政策虽然在很大程度上消灭了社会上存在的显性失业，但却成为企业内部存在的、大量的隐性失业的重要根源。据劳动人事部门估计，我国当前这支隐性失业大军不下 2000 万人。还有人估计，这支失业大军已经达到 2500 万～3000 万人。①

在 1978 年以前，人们并未认识这个问题。随着经济体制改革的深入，特别是近几年来北京市等地率先实行的优化劳动组合，在企业中公开地分离出一部分富余人员作为企业内的待业人员。这种待业人员相对于社会上的失数人员来说，虽然还是可以称为隐性失业，但在实际上已经是赤裸裸的失业。还需着重指出：在当前劳动制度改革的起步阶段，开辟企业内部的劳动力"市场"，实行企业内的待业，主要由企业通过多种途径安排待业人员，这是必要的，甚至是不可避免的。但这终究不是安排待业人员的根本出路。就其发展趋势看，必然走向社会失业，形成劳动力市场。

这就提出了一个尖锐的、需要迫切解决的理论问题：在社会主义商

---

① 《人民日报》1988 年 6 月 13 日第 1 版。

品经济条件下，是否必然存在失业？传统的统包统配的劳动制度赖以建立的理论前提（消灭失业是社会主义经济制度的优越性）是否能够存立？显然，探讨这个问题，对于发展社会主义的商品经济理论具有重要意义。因为失业问题是与劳动力商品化和劳动力市场相联系的，这是社会主义商品经济理论的重要组成部分。探讨这个问题也是经济体制改革（特别是其中的劳动制度改革）的需要。只有正确地认识了这些问题，才能更新传统观念，提高各级干部推进劳动制度改革的信心和决心，提高广大职工群众在这个问题上的心理承受能力，以促进经济改革的深化。

要正确地说明社会主义商品经济制度下失业的根源，需要有明确的出发点。我们对失业问题的研究，也必须在马克思主义指导下，从社会主义建设的实践出发，从社会主义商品经济发展的要求出发，从发展社会主义生产力的要求出发。只有这样，才有可能正确认识这个问题。如果我们执著于传统经济理论的框框和对马克思主义的教条主义态度，那就不可能正确解决这个问题。

那么，社会主义商品经济条件下失业的主要根源是什么呢？

一是在社会主义经济中，企业是商品生产者，企业拥有经营自主权是它正常地进行商品经济活动、实现价值增值和进行竞争的必要条件。诚然，公有企业的生产资料是归劳动者公有的。但是，对每个劳动者来说，他是作为集体中的一个分子来实现对生产资料的占有，而不像劳动者对自己私有的生产资料是以完全独立的经济主体实现对生产资料的占有。因而，劳动者要实现与生产资料的结合，还必须得到企业的允许。所以，企业不仅必须拥有选择劳动力的经济权利，而且，在社会主义的历史阶段，由于劳动者在人身上是自由的，劳动还是劳动者谋生的手段，因而劳动力也是归劳动者个人所有的。这样，劳动者就有自由选择职业的权利。因此，劳动者要实现同生产资料的结合，还必须经过在企业和劳动者之间的劳动力的买卖过程。或者说，在社会主义历史阶段，劳动力仍然是商品。企业和劳动力的这种双向选择，必然导致部分劳动者在一定时期内的失业（包括自愿失业和非自愿失业）。

二是在社会主义经济中，企业之间还存在着竞争。在竞争过程中，有些经营状况好的企业就会发展壮大，而那些经营状况不好的企业就会破产。部分企业的破产也会引起部分劳动者在一定时期内的失业。

三是马克思说过：现代工业的技术基础是革命的，现代工业通过机器、化学过程和其他方法，使工人的职能和劳动过程的社会结合不断地随着生产的技术基础发生变革。因此，大工业的本性决定了劳动的变换职能的更动和工人的全面流动性。① 社会主义经济是以大工业作为物质技术基础的发达的商品生产，因而马克思这段话的精神对社会主义社会也是适用的。在社会主义有计划的商品经济的条件下，为了实现资源配置的优化，不仅需要调整资产增量，而且需要调整资产存量。这就使得部分劳动者在一定时期内的失业不可避免。

如果考虑到我国社会主义初级阶段的某些特点，那就更可以看到这种失业的必然性。

首先，社会生产力发展水平比较低，因而可能出现劳动力增量超过生产资料增量的情况。在资金有机构成迅速提高的条件下，就更是如此。在这种情况下，要是坚持在提高劳动生产率的条件下实行就业，必然在一定时期内形成部分工人的失业；要是牺牲效率实行就业，就必然形成隐性失业。更重要的原因还在于：在这个阶段，无论在建立经济体制方面，或者在实行经济政策方面，都难以避免失误。比如，我国在50年代，把有些学者提出的计划生育的正确主张，当做马尔萨斯的理论来批判，以致在人口政策方面发生了重大的失误，导致人口急剧膨胀，形成了大量的失业人口。而在经济体制方面又盲目追求单一的社会主义公有制（主要是社会主义国有制）和高度集中的经济管理体制，大大限制了就业门路。这样，加上实行低工资、多就业的方针，就造成了大量的隐性失业。

其次，易于发生经济战略的失误，带来经济结构的失衡。就当前来说，经济结构失衡问题，尽管已经有了较大的改善，但并没有根本解决。过去形成的产业结构，还带有自给自足的封闭型的特征，显然不能适应进一步扩大对外开放的要求，更是远远不能适应世界新的技术革命的要求。这些就使得调整和优化产业结构，成为现阶段实现社会主义现代化建设的一项迫切要求。这种产业结构的调整，也会带来部分劳动者在一定时期的失业。

---

① 马克思：《资本论》，《马克思恩格斯全集》第23卷，第533~534页。

最后，这个阶段存在着各种经济成分，而其中私人资本主义企业和国家资本主义企业选择劳动力的结果，也会带来失业。

在社会主义商品经济中，失业不仅有其存在的必然性，而且有其存在的必要性，有其积极作用。其一，失业是巩固和强化社会主义劳动纪律的重要手段。在社会主义商品经济中，按劳分配纪律居于主要地位，失业纪律和自觉纪律处于辅助地位。在这里，失业纪律虽不居于主要地位，但却是必要的，是巩固和强化社会主义劳动纪律的一个不容忽视的重要方面。人类社会经济发展史表明：社会的物质文明和精神文明发展的程度愈低，强制性愈大的劳动纪律就愈显得重要。在社会主义初级阶段，社会主义企业的大多数劳动者都是由分散的、个体的小生产者转化而来的，他们的思想、文化素质远不如现代产业工人；而且，又缺乏作为制约劳动纪律重要手段的现代生产技术。而劳动者的文化素质低和缺乏现代生产技术，都不是短时期能够改变的。同时，长期存在的、以"铁饭碗"、"大锅饭"作为重要特征的传统经济体制，是破坏社会主义劳动纪律的腐蚀剂，是滋生懒汉的温床。改革实践已充分证明：失业纪律是治疗这种弊病的一剂有效良药。

其二，失业作为产业后备军，是调节劳动力供求关系的重要条件。在社会主义商品经济条件下，经济的周期波动是难以避免的。无论就当前或长远来说，产业结构是要经常变动的。这样，失业作为劳动力的蓄水池可以适应经济周期的波动和产业结构调整的需要而调节劳动力的供求关系。我国1978年以来农村产业结构调整的实践已经充分地证明了这一点。1978年至1988年期间，在我国农村社会总产值中，农业总产值由1397亿元增长到5865.27亿元，比重由68.6%下降到46.8%；农村工业、建筑业、运输业和商业的总产值则由640.54亿元增长到6669.42亿元，比重由31.4%提高到53.2%。与此相联系，1980年至1988年，在农村劳动力中，农业劳动力由28398万人增长到31455.7万人，但比重由92.1%下降到83.5%，农村工业、建筑业、运输业和商业劳动力由2451.3万人增加到6201.9万人，比重由7.9%上升到16.5%。[1] 可见，这个期间我国农村产业结构的大调整，是以农村原来存在大量的隐性失业大军作为条件的。

---

[1]《中国农村统计年鉴》(1989)，第49、254页。

其三，失业是实现社会总供给与总需求平衡的一个重要因素。当前我国经济不稳定的基本表现就是社会总需求超过了总供给，以及由此带来的通货膨胀和物价上升。这一点，首先是同固定资产投资膨胀相联系的，但同消费基金膨胀也是相关的。1978年以来，我国人民生活有了显著的提高。但由于经济发达国家高消费的示范效应，特别是国内各种经济成分企业之间的攀比效应，再加上企业内部缺乏约束机制，缺乏市场竞争压力和国家宏观控制压力，使得消费基金膨胀的势头一直没从根本上得到遏制。在这种情况下，通过劳动制度的改革，形成劳动力市场和失业，以制止消费基金的膨胀，促进社会总供给与社会总需求平衡的实现，就成为迫切的需要。

其四，失业是提高微观和宏观经济效益的推动力。因为，严格劳动纪律是提高生产要素营运效益的重要因素，调整产业结构和实现社会总供给与社会总需求的平衡是提高资源配置效益的重要因素；而失业在这两个方面都有重要的作用。如果把当前城镇失业人员算做2000万人，每人平均工资和劳保福利费等项支出全年按2000元计算，那么，一年就要为此多支出400亿元。又据有关专家估计，目前因城市人不愿意干而空着的就业岗位至少有3500万个，其中约1500万个空岗已由进城农民工顶着干，缺员也是2000万人左右。[①] 如果这些缺员能由隐性失业补上，而每人每年创造的净产值按3500元计算，则一年又要多创造出净产值700亿元。上述两项之和为1100亿元，大约相当于1987年我国国民收入的1/8。可见，通过劳动制度改革以形成劳动力市场和失业，在提高经济效益和实现总量平衡方面具有多么重要的作用。

其五，失业又是促进经济体制改革深化的重要因素。就微观基础再造来说，如果允许存在大量隐性失业，企业就不可能有劳动力使用的自主权，也不可能真正贯彻按劳分配，不可能大幅度提高经济效益，不可能有很强的自我积累的能力，总之，企业很难成为自主经营、自负盈亏和自我发展的商品生产者。就建立和完善市场体系来说，劳动力市场和与之相联系的失业，是市场体系的组成部分，是从整体上发挥市场体系在发展社会主义商品经济作用方面的必要条件。就当前来说，失业可以

---

①《经济日报》1988年9月7日第2版。

从压缩需求和降低成本两个方面抑制通货膨胀。这就可以为价格改革的出台，创造一个相对宽松的环境。同时，失业可以促进企业降低成本，提高经济效益，从而可以提高企业、国家和职工对价格改革的承受能力，可以避免价格改革中由于结构性调整而导致的价格一定幅度的上升演变成物价的轮番上涨，从而避免不合理的比价复归，以便把价格改革逐步推向胜利。就实行以间接控制为主的宏观管理来说，如果没有劳动力市场和与之相联系的失业，国家很难有效地进行产业结构的调整，很难有效地调节社会购买力与社会消费品和服务可供量增长的对比关系，从而很难有效地调节社会总供给与社会总需求的对比关系。

其六，与劳动制度改革相联系的失业，是发扬中华民族优良传统、建设社会主义精神文明和物质文明的重要途径。辛勤劳动是中华民族的优良传统之一。然而以"铁饭碗"和"大锅饭"作为重要特征的传统经济制度在很大程度上破坏了这种传统。要恢复和发扬这种传统，需要进行多方面的工作，而与劳动制度改革相联系的失业是一个重要因素。这个因素不仅可以促进劳动者思想、文化、技术素质的提高，还可以促进社会主义现代化的建设事业。

我们在前面针对传统经济理论根本否定失业的错误观点，强调了失业的积极作用，但这样说，并不否定失业的消极作用。比如，失业可以带来失业者的生活困难，并加剧其他的社会矛盾。如果失业人数过多，超过了社会的承受能力，就会破坏社会安定，从根本上妨碍经济体制改革和社会主义现代化建设。但依据前面的分析，在社会主义商品经济条件下，失业的积极作用是主要的，失业人数和比例也是可以得到适当控制的。

其实，即便在资本主义经济制度下，把失业看做是完全消极的东西，也不完全符合事实。马克思说过："过剩的工人人口是积累或资本主义基础上的财富发展的必然产物，但是这种过剩人口反过来又成为资本主义积累的杠杆，甚至成为资本主义生产方式存在的一个条件。"[1] 可见，失业在发展资本主义生产方面是有积极作用的。而资本主义制度在历史上成为社会生产力主要推动力量的时候，还应该承认失业的积极作用是主要

---

[1] 马克思：《资本论》，《马克思恩格斯全集》第23卷，第692页。

的。所以，不仅按照资本家的观点要肯定失业的作用，按照历史唯物主义的观点也要肯定失业在资本主义条件下应有的积极作用。

我们说社会主义社会和资本主义社会都存在失业，并不否定二者之间的区别，特别是社会经济性质的根本区别。因为资本主义制度下的失业，"它把这个规律（指劳动供求规律——作者）的作用范围限制在绝对符合资本的剥削欲和统治欲的界限之内。""劳动供求规律在这个（指失业——作者）基础上的运动成全了资本的专制。"① 社会主义制度下的失业从总体上和主要方面并不排除劳动者在经济、政治和社会等方面的主人翁地位，并且是促进社会主义生产发展和人民生活提高的积极推动力量。同时，如果在同等的条件（主要是同等的社会生产力水平条件）下，在社会主义社会经济、政治正常发展的条件下，同资本主义相比较而言，社会主义制度有可能做到失业率较小，失业者所受到保险待遇也可能较高。

第三，传统的理论还把本来在社会主义劳动纪律中处于辅助地位的自觉纪律，夸大为唯一的纪律。

毫无疑问，在社会主义经济中，已经消灭了剥削和压迫，劳动者为社会、为集体、为自己劳动。因而，经过对社会主义意识形态的宣传，劳动者可能认识到劳动会带来个人利益、集体利益和社会利益，从而可能形成自觉的劳动纪律。这是社会主义经济制度优越于资本主义经济制度的一个重要方面。

但是，即使在社会主义制度下，由社会意识形态的作用而形成的劳动者的自觉纪律，也只居于辅助地位，不占主要地位，更不是唯一的纪律。在任何社会经济制度下，主要的劳动纪律都是一种经济上的强力。这种经济强力只能植根于社会的经济关系，而不是社会的意识形态。人类历史发展的实践，已经充分证明了这一点。

在已有的五种社会经济制度下，每一种主要的分配方式，都是作为客观存在的、主要的经济强力，驱使劳动者去从事劳动的，因而是作为主要的劳动纪律而存在的。在原始公社的经济制度下，原始的平均分配方式就曾作为一种主要的经济强力，驱使公社成员（没有劳动力的公社成员除外）去从事劳动。在各种剥削经济制度（包括奴隶经济制度、封

---

① 马克思：《资本论》，《马克思恩格斯全集》第 23 卷，第 701~702 页。

建经济制度和资本主义经济制度）下，剥削者凭借生产资料的所有权去占有被剥削者的剩余劳动。他们是脱离生产劳动的。对他们来说，分配方式自然不会作为一种经济强力驱使他们去参加劳动。但对被剥削者来说，获取必要产品的分配方式，则毫无例外地作为经济强力驱使他们去从事劳动。在社会主义制度下，劳动既然还是谋生手段，按劳分配也就还是一种推动人们从事劳动的经济强力。我们并不否定一定的社会意识形态对一定的劳动纪律的作用。实际上，即使在各种剥削制度下，这种作用也是存在的，各个剥削阶级也总是运用体现本阶级利益的意识形态，企图形成劳动者的某种自觉性，以维护各该剥削制度的劳动纪律。社会主义的意识形态在这方面的特点及优越性，就在于它能形成真正自觉的劳动纪律，并在维护主要劳动纪律方面能发挥更大的作用。但是，这种自觉纪律显然不可能取代按劳分配而成为主要的纪律，更不可能成为唯一的纪律。

应该承认，在社会主义历史阶段，对于少数具有共产主义觉悟的先进分子来说，自觉的劳动纪律可以成为劳动纪律的主要方面。但对大多数社会成员而言，则不可能做到这一点。

上述分析表明：在社会主义历史阶段，由于社会主义意识形态的作用而形成的自觉纪律，只是居于辅助地位。

把自觉的纪律夸大为唯一的社会主义劳动纪律，是同错误地理解列宁的下述论断有关的。列宁在 1919 年苏维埃政权建立初期曾说过："共产主义（其第一步为社会主义）的社会劳动组织则靠推翻了地主资本家压迫的劳动群众本身自由的自觉的纪律来维持，而且愈往前去就愈要靠这种纪律来维持。"①

首先，列宁并没有否定按劳分配纪律是社会主义社会的主要劳动纪律。相反，正是他自己明确提出：整个社会主义社会将成为一个劳动平等、报酬平等的工厂，按劳分配就是这种工厂的纪律。②其次，列宁在进行上述论述时，还是以马克思《哥达纲领批判》中的思想为前提的，即以否定社会主义社会存在商品生产为前提的，因而不可能看到这个社会还

① 列宁：《伟大的创举》，《列宁选集》第 4 卷，第 9 页。
② 列宁：《国家与革命》，《列宁选集》第 8 卷，第 258 页。

存在着失业纪律。但半个多世纪以来各个社会主义国家的实践已经充分证明：社会主义社会还必然存在商品生产。与此相联系，还必然存在失业。

还需要指出的是，列宁在这里把劳动者的自觉纪律同"推翻了地主资本家压迫的劳动群众"联系在一起。而在俄国苏维埃政权建立初期，地主资本家的被推翻给劳动群众带来了巨大的、基本的经济利益和政治利益。正是这种利益，激发了劳动群众火一般的劳动热情和自觉的劳动纪律。列宁还认为，"这种新的纪律不是从天上掉下来的，也不是出自善良的愿望，它是从资本主义大生产的物质条件中成长起来的，而且只有在这种条件下才能成长起来。没有这种物质条件就不会有这种纪律。"① 这是列宁对社会主义制度下自觉的劳动纪律所做的唯物主义的分析。它同在我国曾经长期流行的、把自觉的劳动纪律的形成仅仅归结为思想教育的唯心主义观点是大相径庭的。

根据上述的分析，我们可以得出这样的结论：社会主义经济中劳动纪律的基本格局似乎可以归结为按劳分配纪律居于主要地位，失业纪律和自觉纪律居于辅助地位。

（3）实现社会主义劳动纪律基本格局的途径

要实现社会主义劳动纪律的基本格局，需要做多方面的工作。但最重要、最直接的，还是要改革不适合按劳分配纪律要求的传统的工资管理体制，以及不适合失业纪律要求的劳动管理体制，建立适合这两种纪律要求的新的工资管理体制和劳动管理体制。

第一，如前所述，传统的、高度集中的工资管理体制，造成了企业吃国家的"大锅饭"和职工吃企业"大锅饭"的局面。因此，要实现作为经济强力的按劳分配纪律，就必须根本改革这种管理体制。

这里首先需要明确工资管理体制改革的目标模式。在社会主义历史阶段，生产资料的社会主义所有制并不是纯粹的国有制，而是带有部分的企业集体所有制的因素。这种因素在产品所有权方面，主要表现为对劳动报酬基金拥有所有权。这种所有权又决定了企业拥有对劳动报酬基金的分配权，并且，这种分配权又反过来成为实现其所有权的保证。这种所有权和分配权，也是作为商品生产者的企业加强其竞争地位，进一

---

① 列宁：《伟大的创举》，《列宁选集》第4卷，第9页。

步实现其相对独立的经济利益的重要手段。但对社会主义有计划的商品经济来说，社会主义国家还必须在劳动报酬基金总量、劳动报酬基金水平的增长和各部门、各企业劳动报酬的相对水平等方面，主要采取间接手段实行宏观管理。因此，对将要建立的新的工资管理体制目标模式，可以做这样的设想：在社会主义国家实行以间接控制为主的条件下，由国有企业实行自主分配。

逐步实现这种目标模式，是使按劳分配成为经济强力和主要劳动纪律首要的一环。另一个环节，就是要加强和改善企业管理，建立严格的劳动计量制度和合理的分配形式。

但要使得这两个环节真正成为一种经济强力，还必须在其他方面进行配套的改革。最重要的就是：发育健全的市场体系，形成企业之间平等的市场竞争环境；在剩余产品基金分配方面，国家要通过资源税和土地使用税，把企业因占用自然资源而获得的超额收入收缴国库，按中等利息率向企业收取资金占用费，以便企业之间进行平等的竞争，通过市场机制分配劳动力，并把竞争机制引入企业内部。这样，就可以从国家宏观调控、市场机制和企业内部经营机制三个方面促使按劳分配真正成为一种经济强力。

第二，作为传统经济体制组成部分的劳动力统包统配制度，同劳动力商品化的要求是背道而驰的，从根本上排除了失业。因此，要形成作为经济强力的失业纪律，必须从根本上改革劳动力的统包统配制度，把市场机制引入劳动力的分配。

要做到这一点，也需要在多方面进行配套改革。

一是要实行微观基础的再造，使国有企业成为独立的商品生产者。只有这样，才能赋予以动力和权力，把企业内的隐性失业推向社会，并使得企业能够经常地自由选购劳动力，在微观基础方面为发挥失业的积极作用创造条件。如果只是凭借行政命令，把隐性失业变成显性失业，则很难行得通；就是行得通，也很难持久；就是能持久，也很难发挥失业的积极作用。还需要由国家赋予企业独立自主的录用和解雇职工的权力，并给予立法上的保证。最近颁布的国有工业企业法已经确认了这一点。按照这个法律的规定，"企业有权依照法律和国务院规定录用、辞退职工"。①

二是要发育健全市场体系。劳动力市场的形成有赖于商品市场和资金等要素市场的发展。依据全国 29 个省、自治区、直辖市 2538 个村的调查，1987 年农村劳动力转移存在地区的差异性。从不同经济地带看，东部地带农村劳动力的转移速度较快，从事转移的劳动力占劳动力总数的7%，分别比中部、西部地带高 2.1 个和 2.5 个百分点；在转移形式上，东部地带向城市转移的劳动力较少，1987 年向城市转移的劳动力占转移的17.7%，分别比中部、西部地带少 2.9 个和 2.4 个百分点。形成劳动力地区转移差异的原因，主要在于地区间农村非农产业发展不平衡。作为商品经济的非农产业发展快的地区对农业劳动力的转移产生较大的拉力，向城市转移的劳动力较少；而非农产业发展慢的地区，非农产业对农业劳动力转移产生的拉力较小，向城市转移的劳动力较多。这说明劳动力市场的形成，是以商品经济的发展作为条件的。

劳动力市场的形成，还有赖于其他的经济改革和社会改革，如现行的粮食统销制度和户口管理制度的改革。显然，没有这些方面的改革，也很难巩固地、持久地形成全国性的劳动力市场。

劳动力市场的形成，还有赖于劳动就业组织的创新。如建立作为劳动力买卖中介的劳动服务公司和提高劳动力文化、技术素质的培训机构。没有这样的组织创新，既难形成劳动力市场，更难发挥与劳动力市场相联系的失业的积极作用。

三是要建立社会失业保险。这是保证失业者的生活、实现社会安定、限制失业的消极作用的一项重要措施。尽管我国还处于社会主义的初级阶段，社会生产力发展水平比较低，但仍要在建立初步的社会保险制度以后实行失业。当然，像一切分配形式一样，建立失业保险基金也会受到社会生产力的限制。因此，我国现阶段将要实行的失业保险基金水平还难以达到当代经济发达的资本主义国家的水平，只能实行低水平的社会失业保险。随着社会主义现代化建设的发展，失业保险水平是会逐步提高的。

四是要建立和完善以间接控制为主的宏观经济管理。在这方面，社

①《中华人民共和国全民所有制工业企业法》，《人民日报》1988 年 4 月 16 日第 2 版。

会主义国家的财政政策（如扩大或紧缩由国家调控的固定资产投资）、货币政策（如提高或降低贷款利息率）和产业政策（如确定劳动密集型产业和资金密集型产业、知识密集型产业的比重）对于扩大和收缩劳动力市场的容量，对于调节失业数量，对于发挥作为劳动力蓄水池的积极作用，都有重要的意义。

五是要进行观念更新。长期实行的劳动力统包统配制度，在人们的思想上形成了一种牢固的传统观念，即失业只是资本主义制度下的特有现象，社会主义制度的优越性之一就是排除了失业。但是，社会主义的实践表明：这种观念反映的只是以平均主义作为重要特征的传统经济体制的弊病，而不是社会主义有计划的商品经济的优越性所在，而这种平均主义不仅同社会主义有计划的商品经济无缘，而且是比资本主义还要落后的东西。社会主义有计划的商品经济在这方面的优越性，不在于有无失业，而在于在同等的社会生产力水平的条件下，它可能把失业限制在较小的范围内，能够建立并逐步完善失业保险制度，并把失业纪律同按劳分配纪律和劳动者的自觉纪律结合起来，作为巩固社会主义劳动组织的重要工具。

但也需要着重指出：尽管作为巩固社会主义劳动组织的失业纪律，是符合劳动者的整体利益和根本利益的，然而它不仅同传统观念相冲突，而且在一定时期内同部分职工的个人利益也有矛盾。因此，在进行这项改革时，必须充分估计到人们在这方面的心理承受能力，广泛地进行宣传，深入地进行观念更新。这是顺利进行这项改革的必要条件之一。

这里还有一个问题需要探讨，即把失业作为巩固社会主义劳动组织的纪律，是否会导致大量的失业，以致影响社会的安定。这样，在当前的经济体制改革过程中，以至在将来经济体制改革完成以后，合理地确定失业的数量界限（主要是确定失业率）是社会主义国家实行宏观经济管理的一项需要高度重视的重要任务。实际上，当代经济发达的资本主义国家也都把确定失业率作为实现宏观经济管理的一项重要内容。比如，日本在第二次世界大战后实行的许多中长期计划中就是这样做的。其中《新经济社会七年计划（1979~1985年）》就明确规定：要把完全失业率从

1978 年的 2.2%降低到 1985 年的 1.7%左右。[①]资本主义国家都这样做，社会主义国家就更需要这样做了。

但合理确定失业数量界限，是一个难度很大的问题。因为对我国这样一个由原来传统经济体制向实行新经济体制过渡的国家来说，合理确定失业的数量界限是一个全新的问题。

另外，合理确定失业的数量界限本身也异常复杂。我们在前面分析过的决定失业存在必然性和必要性的各种因素，以及国家、企业和劳动者对失业的承受能力等等，都是决定失业数量界限的因素。这些因素及其作用强度，在不同国家、一个国家的不同发展时期和一个时期的不同阶段又是不同的。表 11-25 的资料说明：在 1955~1982 年期间，美国的失业率是在 4.4%~9.7%波动的，日本是在 0.8%~2.4%波动的，联邦德国是在 0.6%~7.7%波动的，英国是在 1.1%~13.1%波动的。

表 11-25　当代主要资本主义国家的失业率　　　　单位：%

年份	美国	日本	联邦德国	英国	法国
1955	4.4	1.0	5.1	1.1	—
1960	5.6	1.0	1.2	1.7	—
1965	4.5	0.8	0.6	1.5	—
1970	4.9	1.2	0.7	2.6	—
1975	8.5	1.9	4.7	4.1	4.1
1980	7.1	2.0	3.8	7.4	6.3
1981	7.6	2.2	5.5	11.3	7.3
1982	9.7	2.4	7.7	13.1	8.0

资料来源：《国际经济和社会统计资料（1950~1982）》，第 445 页。

在我国，根据国情和各时期的不同特点以及劳动者的承受能力，确定失业率，并分别确定失业率下限区间和上限区间，是可能而且必须做到的。如果仅仅就确定城镇失业率来说，考虑到我国人口基数大，出生率高，每年增长的人口数量很大，再加上农村隐性失业人数很多，随着农业现代化的发展，还要排挤出大量的过剩劳动力，那么，就实际需要来说，成为问题的，不是确定失业率的下限区间，而是确定上限区间。

就我国历史情况来看，如果不考虑国民经济恢复时期（1949~1952

①日本经济企画厅综合计划局：《日本的经济计划》，日文版，第 28 页。

年）的高失业率（因为这是旧中国遗留下的失业问题，不是新中国的正常情况），那么"一五"时期（1953~1957年）我国城镇失业率是在5.9%~10.8%变动的，"文化大革命"以后的头几年（1978~1981年）城镇失业率是在3.8%~5.9%变动的（详见表11-26）。在上述期间内，社会都是安定的。依据这个历史经验，把我国城镇失业率的上限区间确定为4%~6%，社会是能够承受的。诚然，1982~1988年城镇失业率是在1.8%~3.2%。但这是以更大量的隐性失业的存在作为条件的，因此不能成为合理确定城镇失业率上限区间的依据。如果再考虑到以下因素，即当前人民生活水平有了很大提高，人民生活提高的速度大大加快；每个劳动者赡养的人口系数已经大大下降；我国也有可能逐步建立起社会失业保险。那就更有理由说，把失业率的上限区间确定为4%~6%，社会是能够承受的。

表 11-26 我国城镇失业人员和失业率

年份	失业人数（万人）	失业率（%）
1949	474.2	23.6
1950	437.6	—
1951	400.6	—
1952	376.6	13.2
1953	332.7	10.8
1954	320.8	10.5
1955	315.4	10.1
1956	212.9	6.6
1957	200.4	5.9
1978	530.0	5.3
1979	567.6	5.4
1980	541.5	4.9
1981	439.5	3.8
1982	379.4	3.2
1983	271.4	2.3
1984	235.7	1.9
1985	238.5	1.8
1986	264.4	2.0
1987	276.6	2.0
1988	296.2	2.0

资料来源：《中国统计年鉴》（1989），第123页。

　　问题还在于能否把失业率上限区间控制在 4%~6%的限度内。决定这一点的重要因素有：①我国国有企业一方面有 2000 万人在职失业，另一方面一线工人又缺员 1500 万人。形成后者的一个最重要的原因，就在于按劳分配和失业还未真正成为一种经济强力和劳动纪律。如果真正形成了这种纪律，生产中的冗员就会去填补这些缺员。②按劳分配纪律和失业纪律还会强有力地促进社会劳动生产率的提高和社会剩余产品基金的增长，从而为发展社会经济文化事业、拓宽就业门路提供物质条件。③当前我国还存在许多广开就业的门路。首先，1979 年以来，我国在发展多种经济成分方面已经取得了巨大的成就。但是，当前在坚持社会主义国有经济占主导地位的条件下，在发展多种经济成分方面，仍然有广阔的余地。其次，当前我国在发展第三产业方面也已有了显著的进展，但这方面的余地也很大。再次，在确定产业政策方面，可以依据需要与可能，适当地多发展一些劳动密集型产业和劳动密集与技术密集相结合的产业。在沿海地区发展外向型经济的过程中，尤其需要这样。另外，还可以增加劳动力出口。所以，只要妥善处理，允许失业纪律存在，当前也不一定就会造成大量失业，可能把失业率的上限区间控制在 4%~6%的限度内。如果就长期的发展趋势看，在当前大量的隐性失业问题解决以后，在当前的就业人数增长高峰过去以后，在社会主义经济和人口都正常发展的条件下，那就更不会因为失业纪律的存在而导致大量失业，而宁可说失业纪律是促进社会主义生产和缓解失业的一个重要因素。这样，就更有可能进一步降低失业率。

　　既然推行社会失业依赖于一系列的条件，而这些条件又是逐步形成的，因此，劳动制度改革也只能逐步进行。比如，首先像北京等地已经开始做的那样，对国有企业固定工实行企业内优化劳动组合，对多余人员实行企业内待业。同时，在全国的少数企业实行固定工合同化管理的试点。然后，在全国的部分企业中实行固定工的合同化管理，使得失业率有一定程度的上升。最后，再在全国企业实行全员劳动合同工制度，使得失业率上升到上限区间。

　　第三，我们说劳动者的自觉纪律在社会主义劳动纪律的基本格局中处于附属地位，并不是说自觉纪律不重要，更不是说形成自觉纪律是一件很容易的事情。应该看到，作为形成自觉纪律的重要手段的思想政治工作，是我们党的好传统，是社会主义制度的优越性所在，必须高度重视并充分发挥这种优越性。但是，长期以来，思想政治工作受到"左"的错误的影响，特别是受到 10 年"文化大革命"的破坏，近 10 多年来，思想政治工作又在某种程度上被忽视，现有的思想政治工作队伍很不适应形势发展的要求。由于在队伍建设方面的许多政策不完善，这支队伍中的许多人并不安心做思想政治工作。特别是在社会主义有计划的商品经济条件下如何做好思想工作方面，还有许多问题有待人们去探索。这些就使得做好思想政治工作形成自觉纪律，成为一项很艰难的事业，需要付出艰苦的劳动。

　　总之，要形成社会主义劳动纪律的基本格局，一方面要适应社会主义有计划的商品经济规律的要求，实行按劳分配纪律和失业纪律，另一方面还要加强和改进思想政治工作，提高自觉纪律。在这方面，不分主次固然是不对的，偏废任何一个方面，也是不对的。

第十二章　进一步改革经济体制

如前所述，传统的经济体制是我国工业经济效益在波动中趋于下降以及与此相联系的水平低下的最基本根源。因此，要使我国工业经济效益得到稳步的提高，就必须在经济体制改革已经取得巨大成就的基础上，进一步改革经济体制。

但为了充分地说明这个问题，我们拟在比较广泛的意义上（这里包括进一步改革经济体制的必要性、目标、方向和需要正确处理的几个重要关系）来探讨经济体制改革与工业经济效益提高的关系。这里有两点是需要说明的：

第一，我们在第九章和第十一章中曾经从历史事实和某些具体领域的分析中部分地涉及了经济体制改革的必要性。但并没有集中地从理论上说明这一点。这显然是不够的。

第二，乍一看来，似乎只要分析了经济体制改革必要性，就可以说明这里的问题，其他方面的分析是多余的。但是，1979 年以来的经济体制改革的实践表明：如果仅仅把握了经济体制改革的必要性，而不能正确地选择经济体制改革的目标，不能坚持经济体制改革的社会主义方向，不能正确处理经济体制改革进程中的几个重要关系，非但不能达不到提高工业经济效益的目的，甚至造成相反的后果，造成经济、政治和社会的不稳定，以致偏离改革的社会主义方向。这样，从较为广泛的意义上讨论经济体制改革与工业经济效益提高的关系，就是十分必要的。

另外，鉴于当前加强国有资产管理，对于提高工业经济效益具有极重要的意义，故在本章的最后一节分析了这个问题。

一、进一步改革经济体制的必要性

传统的经济体制，如果不讲目前已经进行的改革部分，只从它原来的基本形态来说（本章都是从这个意义上说的），那么，它是从斯大林领导苏联时期实行的经济管理体制模仿来的。这种经济管理体制的主要特征是中央的高度集权和以行政管理为主。在计划方面，由中央制定指令性的计划指标，层层下达，各个地区和企业都必须执行。在财政方面，采取统收统支的办法。所有的财政收入除了中央按照国家计划拨给地方的以外，都要全部上缴中央财政部，中央只是划出很小的一部分地方税收，交地方支配；企业不仅全部利润要上交，连大部分折旧费也要上交。所有的扩大再生产投资和事业费，均归中央掌握，并由中央各部门按国家计划规定的项目，拨给各个地区和企业、事业单位，而且各个地区和企业、事业单位还只能专款专用。在物资供应方面，工业生产资料采取由国家物资部门计划调拨的办法。在产品销售方面，工业消费品采取由国家商业部门统购包销的办法。在劳动工资方面，采取由国家劳动部门统一分配劳动力，统一规定工资、奖金和集体福利标准的办法。

应该怎样来看待这种经济体制改革的必要性呢？列宁曾经肯定过黑格尔关于形式和内容辩证统一的思想。他说："黑格尔则要求这样的逻辑：其中形式是具有内容的形式，是活生生的实在的内容的形式，是和内容不可分离地联系着的形式。"[①] 就是说，一定的事物的形式，总是由一定的事物的内容决定的。社会主义的经济管理体制是社会主义的生产关系的具体表现形式。所以，我们应该依据社会主义国家所有制经济和国有企业作为商品生产者的要求，去评价传统经济体制，去探索现行经济体制改革的原因。

社会主义国家所有制经济要求国民经济的有计划地按比例的发展。传统经济体制在一定的条件下可以实现这一要求。原因如下：

第一，这种传统经济体制能够把社会的资金和物资集中起来，用于

---

① 列宁：《黑格尔〈逻辑学〉一书摘要》，《列宁全集》第38卷，第89页。

有关国民经济命脉的重点项目、国民经济发展中的薄弱环节和经济落后地区，从而比较迅速地形成新的生产力，克服国民经济各个部门之间和各个地区之间的发展不平衡状态，促使国民经济迅速地和按比例地发展。

第二，这种以行政管理为主的经济体制，在一定的条件下也可以实现高效率，并可以迅速克服国民经济比例关系的严重失调状态。这些都是传统经济体制的优点。这也就是传统经济体制能够从苏联模仿而来的内部原因。

最近几年来，有的同志只是简单地说我国传统经济体制是从苏联斯大林时期搬来的，而不分析它得以形成的内部原因。这不能认为是全面的。"唯物辩证法认为外因是变化的条件，内因是变化的根据，外因通过内因而起作用。"①我国传统经济体制确实是从苏联模仿而来的，但这仅仅是外因，内因还在于传统经济体制在一定的条件下能够实现社会主义国家所有制所要求的国民经济有计划地发展。上述看法，不仅在理论上难以成立，在事实上也是说不通的。它不能解释这种经济体制为什么能在我国长期存在，并在某些时期起过重大的作用。

当然，传统经济体制也存在着严重弊病。

第一，我们在上面只是说在一定的条件下，传统经济体制可以实现社会主义国家所有制所要求的国民经济有计划地发展。但从长期来看，它不仅不能实现这一要求，而且成为阻碍国民经济有计划发展的一种消极力量。这表现在下列几个重要方面：①以社会化大生产作为物质技术基础的商品经济无论在生产方面，或是在市场方面，情况都是异常复杂的，并且是迅速多变的。在传统经济体制下，管得过于集中和过死，否定了价值规律和市场的调节作用，势必造成产需脱节，产销脱节，势必造成国民经济比例关系的失调。②在社会主义民主制度还不健全的条件下，这种经济体制很容易使得经济发展的决策权集中在少数领导人手中，广大人民群众的要求有时得不到充分的反映。因而很容易造成宏观经济决策的失误；而一旦失误，又难以及时纠正。这就易于造成国民经济比例关系的长期严重失调。建国以后，我国 1979 年以前三次（1958 年以后一次，1970 年以后一次，1978 年一次）发生过急于求成的"左"的错误，

---

① 毛泽东：《矛盾论》，《毛泽东选集》第 1 卷，第 277 页。

盲目追求生产的高速度（主要是重工业，特别是钢铁工业的高速度）和高积累，严重忽视经济效益的提高和人民生活的改善。造成这种情况的原因自然是多方面的。但决定性的原因就是传统经济体制。③在这种经济体制下，所谓中央对地方的集中统一领导，实际上是由中央各经济部门分口管理的。这里有综合性的委（如国家计划委员会等）和部（如财政部门、物资部门、劳动部门等），也有分管各个经济部门的部（如各个工业部、农业部、商业部等），委内和部内又分许多专业局。中央这种数量众多的、机构重叠的、本身就很不协调的委、部、局分口实现对地方经济的领导，往往造成地区无法实现地区经济的综合平衡。而我国人口众多，地域辽阔，如果没有地区经济的综合平衡，也就不可能有全国经济的综合平衡，不可能保证国民经济有计划地发展。④在这种经济体制下，企业的各项经济技术指标均由国家计划规定，国家计划又往往脱离实际，企业无权变动。而且国家规定的各项经济技术指标，并不是由一个经济领导机关统一下达的，而是由许多经济部门分头下达的。这些指标之间也没有经过综合平衡，互相"打架"。这就造成作为国民经济细胞的企业无法落实国家的计划，无法实现国民经济的均衡发展。⑤在这种经济体制下，从国家的各级经济管理部门到基层企业都没有也不可能在投资方面建立责、权、利相结合的责任制。因而必然造成周期的投资膨胀、周期的经济比例失调和周期的经济调整。

还要指出：我国不仅在计划管理体制方面存在着重大的缺陷，而且计划体系以及计划管理的手段和机构也都很不健全。在过去的一个长时期内，还没有提出一个经过科学论证的、完整的经济、社会发展的长远规划，中期计划也仅仅是第一个五年计划编制得比较好，执行得比较正常，就是年度计划也常常是"一年计划、计划一年"。在过去的一个长时期内，国家计划管理机关把注意力集中在下达指令性的计划指标以及人力、物力、财力的分配上，而没有把确定社会经济发展战略，编制中长期计划，制定重大经济政策，运用各种经济杠杆，制定经济立法，作为工作的重点。也不注意建立、健全实现国民经济计划管理所必需的机构，如统计、监督和预测等部门，以致这些部门力量很薄弱，有的部门甚至长期还未建立。这样，国家计划管理机关也就无法得到及时的、足够的、准确的经济资料，难以实行正确的决策。这些也是造成国民经济比例关系失调的重要原因。

第二，这种经济体制的主要缺陷还在于：它不能适应社会主义国家所有制企业作为商品生产者的要求，严重地束缚了企业的积极性。这表现在：①这种经济体制否定了企业必须拥有微观决策权；②它也否定了企业必须具有的经济利益。在这种经济体制下，企业不能取得与自己的生产、经营成果相适应的收入，企业的生产、经营好坏与企业的经济利益是脱钩的，企业生产、经营好坏一个样。在这里，盛行捧"铁饭碗"，吃"大锅饭"，搞平均主义。③它还窒息了企业之间的社会主义的竞争。这样，企业既无经营权力，又缺乏内在的动力和外在的压力，企业的活力和积极性就被严重地束缚住了。企业成了国家（包括中央和地方）行政机关的附属物，成为推一推动一动、不推不动的算盘珠。

第三，这种经济体制也不适合以社会化大生产作为物质技术基础的、整个社会主义商品经济发展的要求。这表现在：①随着生产专业化和协作化的发展，部门之间和地区之间的经济联系，越来越广泛，越来越密切，越来越复杂。而在传统经济体制下，国家按各经济部门分口实行的行政管理，主要是经济的纵向联系，缺乏经济的横向联系。这种部门分割的结果，必然妨碍部门之间经济联系的发展；而各地区的行政管理，主要是限制在一个地区范围内的经济联系。这种地区分割的结果，必然妨碍地区之间的经济联系的发展。我国工业生产中相当普遍地存在着"大而全"、"小而全"以及过多的重复建设和盲目生产的情况，其原因是多方面的，经济管理体制的不合理，是最根本的原因。②随着生产社会化的发展，一方面使得社会分工越来越细，作为社会分工发展的产物的行业越来越多，越来越复杂，另一方面，使得任何行业都包含有其他行业，使得这种行业之间的相互交叉、相互渗透的情况越来越普遍，以致在各个行业之间形成了你中有我、我中有你、犬牙交错的局面。我国经济体制的局限性，不仅在于这种按大行业分工实行的粗线条管理，不能适应由行业分工越来越细而产生的管理上的要求；而且在于中央各经济管理部门，即使对同一行业的企业，也只管本部门直属的企业，不管（也管不了）中央其他经济部门和地方所属的同一行业的企业，并造成了跨行业的企业无人管的局面；对于产品，也只管本部门单一产品的生产，而对于该产品生产过程中资源的综合利用则没有兴趣，甚至不予支持，不愿拿本部门掌握的人力、财力和物力，去生产其他部门和地方管理的产品。所以，这种经济体制和以社会化大生产作为基础的社会主义商品经济发展的矛盾，不仅在于它不该管的管了，而且在于它该管的又管不了。这就必然引起社会生产资源的巨大浪费。③社会化大生产的技术基础是革命性的。而这种经济体制必然造成技术停滞。

第四，既然这种经济体制，从长期来看，不能适应由社会主义国家所有制所产生的有计划的发展国民经济的要求，特别不能适应国有企业作为商品生产者的要求，不能适应以社会化大生产作为物质基础的社会主义商品经济发展的要求，那么，无论在宏观经济范围内，或是在微观经济范围内，社会资源都不仅不可能得到合理的、充分的、节约的使用，而且会造成巨大的浪费。这样，包括工业在内的经济效益差就成为这种经济体制的必然结果。

我们在上面从经济管理体制的意义上分析了传统经济体制不适合社会生产力发展的要求，并导致了包括工业在内的经济效益低下的后果。如果再从生产资料所有制形式的结构的意义上来考虑传统经济体制，那么还可以进一步看到这一点。问题在于：在传统经济体制下，盲目追求单一的社会主义公有制，特别是社会主义的国家所有制，否定作为社会主义经济必要补充的个体经济、私人资本主义经济和外资经济，甚至否定在社会主义公有制居于重要地位的集体经济。这显然不符合我国社会主义初级阶段社会生产力的基本状况，从而造成了国内生产资源（特别是劳动力资源）不能有效利用的后果；也不符合当代科学技术飞速发展和国际经济关系异常发展的现状，尤其不符合我国作为发展中国家的状况，从而不能有效地利用国外资源（特别是国外先进的科学技术和管理经验）。这一点，也成为包括工业在内的经济效益很差的一个重要原因。

综上所述可知，尽管我国经济体制改革已经取得了巨大成就，但并没有从根本上实现由旧经济体制到新经济体制的转变，因此，要稳步地提高我国工业经济效益，就必须进一步改革经济体制。

二、进一步改革经济体制的目标

　　毛泽东在论到真理的认识过程时曾经说过：一个正确的认识，往往需要经过由物质到精神，由精神到物质，即由实践到认识，由认识到实践这样多次的反复，才能够完成。这就是马克思主义的认识论，就是辩证唯物论的认识论。在我们这样一个经济文化落后、地区经济文化发展很不平衡、人口众多、幅员辽阔的社会主义大国进行经济体制改革，是一个极为复杂的社会系统工程。这样，无论是这种改革目标的形成，或者是它的进一步完善，更是需要经过由实践到认识，再由认识到实践的多次反复，才能够完成。我国经济体制改革的实践也是这样证明的。

　　如前所述，传统经济体制的弊病在"一五"时期就有了明显的暴露。于是，1956年党中央就提出了经济体制改革问题。并于同年9月至10月召开的党的八届三中全会上基本上通过了《关于改进工业管理体制的规定（草案)》、《关于改进商业管理体制的规定（草案)》以及"关于改进财政体制和划分中央和地方财政管理权限的规定（草案)》。同年11月国务院讨论通过并公布了这三个规定。

　　《关于改进工业管理体制的规定》在我国传统工业经济体制建立时间不长、还缺乏经验的条件下，已经开始提到了这种体制两个重要弊病（地方政府管理工业的职权太小和企业主管人员对于本企业的管理权限太小)，并相应地提出了改革措施。[①] 这是改革我国工业经济体制第一个方案，具有重要的历史意义。但是，由于当时条件和认识水平的限制，这个改革方案还有很大的局限性。《规定》虽然提到了传统工业经济体制的缺点，但没有看到从发展趋势来说这种体制是根本不能适应社会主义有计划的商品经济发展的要求，因而也提不出进行根本改革的措施。诚然，《规定》也提到了企业主管人员对于本企业的管理权限太小，并提出了适当扩大企业主管人员对企业内部的管理权限的措施。但没有指出国有企业是商品生产者，没有提出增强企业活力是经济体制改革的中心环节，

---

① 国务院《关于改进工业管理体制的规定》,《新华半月刊》1957年第24期，第57~58页。

没有提出措施使企业真正成为独立的经济实体。这样，即使《规定》提出的各项措施全面地付诸实现了，也只能使得传统工业经济体制的弊病得到一定程度的缓解，而并不能获得根治。在而后的一个长时间内，对经济体制改革的认识，基本上也是局限在这个范围内。这种认识上的局限性决定了改革实践的局限性。正如党的十二届三中全会所总结的，过去"多次权力下放，但都只限于调整中央和地方、条条和块块的管理权限，没有触及赋予企业自主权这个要害问题，也就不能跳出原有的框框。"①

　　然而，过去多次改革的实践，对人们认识经济体制改革的中心问题都起了有益的启示作用。这两次改革经济体制的实践说明了什么问题呢？它表明：在以往的二十多年，人们已经觉察到经济体制上的问题，并试图加以改进。但在一个长时期内，体制改革主要限制在"条条"同"块块"的关系上，即中央集权和地方分权的关系上。但这种关系是属于国家行政机关内部的权力划分问题。在对经济活动仍然实行行政管理的条件下，即使把中央高度集权改为中央和地方分权，把大批企业下放给地方管理，由于没有改变国家行政管理的基本模式，这种改变只不过使企业从中央行政机关的附属物变成地方行政机关的附属物，并不能收到发挥企业的主动性和积极性，使整个经济生活活起来的效果。相反，在这种情况下，下放还往往由于中央的行政控制减弱、而又没有适当的经济控制来代替，容易造成生产指标层层加码，基本建设蜂拥而上，经济生活出现严重的混乱。这样，经济体制的改革也就免不了在放了收、收了放的老套中兜圈子。但这种反复的实践，也启示人们逐渐认识到：要改革我们现行的过于集中、窒息活力的经济体制，根本的问题不在中央和地方之间的权力划分，而在于使得企业拥有自主权。所以，历史经验表明：进一步加强中央集权当然不能成为经济体制改革的关键，扩大地方分权也起不到这样的作用，只有在国家领导下，扩大企业自主权，才是经济体制改革的关键。

　　1978 年底召开的党的十一届三中全会在马克思主义指导下，总结了这个以及其他有关的历史经验，指出："现在我国的经济管理体制的一个严重缺点是权力过于集中，应该有领导地大胆下放，让地方和工农业企

①《中共中央关于经济体制改革的决定》，第 9 页。

业在国家统一计划的指导下有更多的经营自主权；应该着手大力精简各级经济行政机构，把它们的大部分职权转交给企业性的专业公司或联合公司；应该坚决实行按经济规律办事，重视价值规律的作用，注意把思想政治工作和经济手段结合起来，充分调动干部和劳动者的生产积极性；应该在党的一元化领导之下，认真解决党政不分、以党代政、以政代企的现象，实行分级分工分人负责，加强管理机构和管理人员的权限和责任，减少会议公文，提高工作效率，认真实行考核、奖惩、升降等制度。采取这些措施，才能充分发挥中央部门、地方、企业和劳动者个人四个方面的主动性、积极性、创造性，使社会主义经济的各个部门各个环节普遍地蓬蓬勃勃地发展起来。"[①] 这里提出了我国经济体制改革一系列的根本任务，而且从它的整个精神来看，特别是从引者打了重点的行文来看，重点是在强调给予企业的权力和利益，以增强企业的活力（尽管这时还没有明确提出增强企业活力是经济体制改革的中心环节的命题）。这样，就为我国经济体制改革指明了正确的方向。

正是在党的十一届三中全会的号召下，以扩大企业自主权作为改革的起点和重点的各项改革就在城市和乡村逐步开展起来。经过 1979 年到 1984 年经济体制改革的实践，我国在这方面的经验比过去丰富得多了。1984 年 10 月党的十二届三中全会依据马克思主义基本原理与中国实际相结合的原则，进一步总结了我国改革的经验，发展了社会主义商品经济的理论，主要是提出了国有企业是相对独立的社会主义商品生产者和经营者，以及社会主义经济是有计划的商品经济的基本论断。同时依据建设具有中国特色的社会主义的总要求，规划了社会主义经济体制改革的蓝图，即增强企业活力是经济体制改革的中心环节；建立自觉运用价值规律的计划体制，发展社会主义的商品经济；建立合理的价格体系，充分重视经济杠杆的作用；实行政企职分开，正确发挥政府机构管理经济的职能；建立多种形式的经济责任制，认真贯彻按劳分配原则；积极发展多种经济形式，进一步扩大对外的和国内的经济技术交流；起用一代新人，造就一支社会主义经济管理干部的宏大队伍。[②] 这样，党的十二届

① 《中国经济年鉴》（1981），第Ⅱ-22 页。重点是引者加的。
② 《中共中央关于经济体制改革的决定》，第 3~42 页。

三中全会《关于经济体制改革的决定》，就成为指导我国经济体制改革的纲领性文件。

在这以后，我国以城市为重点的整个经济体制改革的步伐加快了，因而也就在这方面积累了更丰富的、更全面的经验。同时，在已经取得的成果的基础上，又进一步加强了对其他社会主义各国经济体制改革的研究，并吸取了他们对我国有益的经验。还加强了对当代发达资本主义国家在宏观经济管理方面的经验，并借鉴了对我国有用的部分。在这个基础上，又经过在更高层次的理论抽象，1985 年 9 月通过的中共中央在《关于制定国民经济和社会发展第七个五年计划的建议》中，就提出了这样一个完整的概念："建立新型的社会主义经济体制，主要是抓好互相联系的三个方面：第一，进一步增强企业特别是全民所有制大中型企业的活力，使它们真正成为相对独立的、自主经营、自负盈亏的社会主义商品生产者和经营者；第二，进一步发展社会主义的有计划的商品市场，逐步完善市场体系；第三，国家对企业的管理逐步由直接控制为主转向间接控制为主，主要运用经济手段和法律手段，并采取必要的行政手段，来控制和调节经济运行。要围绕这三个方面，配套地搞好计划体制、价格体系、财政体制、金融体制和劳动工资制度等方面的改革，以形成一整套把计划和市场、微观搞活和宏观控制有机地结合起来的机制和手段。"[①] 这里需要着重指出：这个完整概念的提出，不仅是我国改革实践经验的科学总结，同时也反映了社会主义有计划的商品经济的要求。这个完整概念的提出，标志着我国经济体制改革目标的确立。

当然，随着社会主义商品经济的发展和经济体制改革的深入，这个目标还会进一步地发展和完善，事实也正是这样的。1987 年 10 月召开的党的十三次全国代表大会又对社会主义有计划商品经济新体制的基本框架做了进一步勾画，提出要"按照所有权、经营权分离的原则，搞活全民所有制企业"；"加快建立和培育社会主义市场体系"；"逐步健全以间接管理为主的宏观经济调节体系"；"在公有制为主体的前提下继续发展多种所有制经济"；"在以按劳分配为主体的前提下实行多种分配方式，

---

① 《中国共产党十二届四中全会、全国代表会议、十二届五中全会文件汇编》，第 63~64 页。

在共同富裕的目标下鼓励一部分人通过诚实劳动和合法经营先富起来"。①

　　1989 年 11 月召开的党的十三届五中全会又做了进一步概括，提出："我国社会主义经济是建立在公有制基础上的有计划商品经济。我国的经济体制改革，是社会主义经济制度的自我完善。改革的核心问题，在于逐步建立计划经济同市场调节相结合的经济运行机制。"这是对我国经济体制改革目标最本质、最简练的概括。五中全会还重申了党的十一届三中全会以来反复强调的"实行对外开放，是我国长期不变的方针"。②

　　很明显，只有按照这样的目标来进一步改革经济体制，才能完善宏观管理，搞活微观经济，才能充分利用国内市场和国内资源，才能有效利用国外市场和国外资源，从而提高我国的生产资源配置效益和生产要素的运营效益。

三、进一步改革经济体制的方向

（一）经济体制改革方向问题的提出及其重大意义

　　这里所说的经济体制改革的方向，就是社会主义的方向；经济体制改革的性质也是社会主义的性质。我们在本节就是在这种相通的意义上使用这两个概念的。

　　关于我国经济体制改革的性质，党中央早有明确规定，"即这种改革是在党和政府的领导下有计划、有步骤、有秩序地进行的，是社会主义制度的自我完善和发展。"③ 这个规定已经成为党中央领导全党和全国人民进行经济体制改革的一个基本指导思想。

　　这个指导思想一方面是针对僵化观点提出来的。按照过去长期存在的教条主义观点，发展商品经济就是发展资本主义，因而与社会主义制度是根本不相容的。这样，就把旨在发展有计划的商品经济的经济体制改革，看成是"搞资本主义"。按照这种观点，农村家庭联产承包责任制"破坏了集体经济的基础"；工业企业承包经营责任制是"搞私有制"，企

---

① 《中国共产党第十三次全国代表大会文件汇编》，第 12~34 页。
② 《中共中央关于进一步治理整顿和深化改革的决定》，《人民日报》1989 年 1 月 17 日第 2~3 版。
③ 《中共中央关于经济体制改革的决定》，第 10 页。

业租赁经营者的收入是"剩余价值",实行厂长负责制是"取消党的领导";依靠诚实劳动和合法经营而先富起来是"两极分化"等。可见,僵化观点把原来属于社会主义制度自我完善的经济体制改革歪曲成为"搞资本主义"。

另一方面,这个指导思想又是针对资产阶级自由化观点提出来的。应该强调指出:1979 年经济体制改革以来,在经济体制改革性质问题上的斗争,就是坚持四项基本原则与资产阶级自由化斗争的一个重要方面,从而也是国内一定范围内存在的阶级斗争的一个重要方面。按照资产阶级自由化的观点,要进行经济体制改革,就必须放弃四项基本原则,实行"全盘西化",把西方资本主义制度原封不动地搬到中国来。这又是要把原来属于社会主义制度的自我完善的经济体制改革拉到资本主义化的邪路上去。

需要进一步指出:近几年来,主要由于国际反动势力对社会主义国家加紧推行"和平演变"政策,也由于对坚持四项基本原则和反对资产阶级自由化的斗争不力,同时也由于急于求成指导思想造成的经济发展和经济改革的诸多严重困难,资产阶级自由化观点还进一步泛滥起来。这一点,在深化经济体制改革的方向问题上表现得尤为突出。近年来,坚持资产阶级自由化的人露骨地鼓吹:在国民经济中占有主导地位的社会主义国家所有制,成了"现代生产力发展的桎梏","走到了尽头","到了最后被否定的阶段"。"中国改革只能走产权私有化道路","私有、民营是唯一成功之路"。1989 年夏季在我国发生的、旨在推翻社会主义制度的反革命暴乱的策划者,则公然把经济私有化作为他们的经济纲领提出来了。而且,已有的实践证明:如果社会主义国家在经济体制改革的进程中,不能坚持四项基本原则与资产阶级自由化的斗争,并在这个斗争中取得胜利,那么即使原来是社会主义的国家,经济私有化的纲领还存在着付诸实施的现实危险。所以,在事实上,存在两种性质根本不同的改革,一是社会主义制度的自我完善,一是在改革的旗号下,推行资本主义化。当然,科学地说来,只有前者才是真正的改革,后者是倒退,是打引号的改革。可见,深化经济体制方向问题上的斗争,是坚持四项基本原则与资产阶级自由化斗争的最重要方面,是社会主义国家一定范围内存在的阶级斗争的最重要方面。这是第一。第二,从 1917 年社会主义苏维埃俄国的建立，一直到第二次世界大战后一系列社会主义国家的建立，国际资本始终没有放弃颠覆社会主义国家的战略目标。但在一个长时期内，帝国主义国家实现这个战略目的的主要手段是武装侵略。1917年10月革命胜利以后发生的14个资本主义国家对苏维埃俄国的武装侵略，第二次世界大战期间希特勒发动的对苏联的侵略战争，以及20世纪50年代初期和60年代初期先后由美国发动的对朝鲜和越南的侵略战争，均属此例。但所有这些战争不仅使帝国主义国家付出了沉重代价，而且并没有实现其战略目的。于是，国际资本把实现其战略目标的希望，愈来愈寄托在"和平演变"方面。而按照国际资本的设想，向社会主义国家推销西方的经济自由思想，就能导致包括经济私有化在内的经济自由，而经济自由就能激起政治自由的欲望，最终导致社会主义国家的蜕变。所以，深化经济体制改革方向上的斗争，又是社会主义国家反对国际资本"和平演变"政策的一个基本方面。然而，无论这个问题涉及的国内一定范围内的阶级斗争，还是国际上的阶级斗争，都是关系到社会主义制度存亡的根本问题。

可见，经济体制改革性质问题的提出，既是为了反僵化思想，又是为了反对资产阶级自由化。显然，不反对前者，经济体制改革就不能起步，更不能进行下去，不反对后者，经济体制改革就要偏离社会主义方向。到头来，不仅社会主义制度优越性得不到发挥，连社会主义制度本身也难保住。需要指出：如果说，在经济体制改革起步、资产阶级自由化思潮泛滥还不明显的时候，反对僵化思想具有某种特殊重要的意义；那么，在由资产阶级自由化思潮泛滥引起的已经于1989年引起了动乱和暴乱以后，反对资产阶级自由化就具有紧迫的、特殊重要意义了。

经济体制改革性质问题的意义还在于：这是团结和动员全党和全国人民为实现经济体制改革而奋斗的大问题。改革是社会主义制度的自我完善的论断，是实现这一目标的重要的思想基础，如果把改革说成是搞资本主义并听任其泛滥，或者是把改革拉到资本主义的方向，那就必然会在群众中造成极大的思想混乱，使得改革难以进行下去。

此外，明确改革是社会主义制度的自我完善，对于正确确定改革的方法，也是很重要的。按照邓小平的说法，进行包括经济改革在内的各项改革，"这需要认真调查研究，比较各国的经验，集思广益，提出切实可行的方案和措施"。"历史经验证明，用大搞群众运动的办法……而不是用扎扎实实、稳步前进的办法，去解决现行制度的改革和新制度的建立问题，从来都是不成功的。因为在社会主义社会中解决……具体的组织制度、工作制度问题，同革命时期……对反动制度的破坏，本来是原则上根本不同的两回事。"①

可见，正像革命的性质问题总是革命的基本问题一样，经济体制改革的性质问题也是它的基本问题。

（二）经济体制改革，是社会主义制度的自我完善

1. 社会主义初级阶段基本矛盾的性质，决定了改革的性质

按照历史唯物主义的观点，一切社会革命最深厚、最基本的根源，都是生产关系与生产力之间的矛盾，以及经济基础与上层建筑之间的矛盾。历史的经验表明：对旨在根本变革社会制度的革命是这样，对旨在保持社会基本制度的前提下进行部分改革的革命也是如此。

党的十一届六中全会以来，党中央多次指出：我国正处在社会主义的初级阶段。在这个历史阶段，我国社会基本矛盾的状况大致是这样：一方面，作为国民经济主体的社会主义经济制度（主要是公有制、计划经济和按劳分配）、人民民主专政的社会主义政治制度和马克思主义在意识形态中的领导地位已经确立。这些社会主义的基本制度同社会生产力是相适应的，并要求把发展社会生产力作为社会主义的根本任务，要求集中力量进行社会主义现代化建设，事实上也已经促进了社会生产力的巨大发展。另一方面，在社会生产力不发达状态下形成的现阶段我国社会主义生产关系和上层建筑的许多方面是不完善的，特别是由过去长期存在的"左"的错误而大大强化了的僵化的经济管理体制和单一的社会主义所有制结构，以及权力过分集中的政治体制，严重地束缚了社会生产力的发展，同实现社会主义现代化建设处于尖锐的矛盾状态中。正是现阶段我国社会主义社会基本矛盾的这种状况，决定了必须对社会主义的生产关系和上层建筑的不完善方面进行改革，特别是要对僵化的经济、政治体制进行根本的改革。邓小平曾经指出，实现社会主义的现代化，"这场革命既要大幅度地改变目前落后的生产力，就必然要多方面地改变

---

① 邓小平：《党和国家领导制度的改革》，《邓小平文选（1975~1982年）》，第296页。

生产关系，改变上层建筑，改变工农业企业的管理方式和国家对工农业企业的管理方式，使之适应于现代化大经济的需要。"①

　　这就使得社会主义制度下的改革性质，②根本区别于资本主义制度下的无产阶级革命，后者形成的原因是资本主义经济制度和社会生产力之间的对抗，以及反映这种对抗的资产阶级与无产资阶的利益对立。因而必须进行无产阶级革命，根本消灭资本主义制度，并建立全新的社会主义制度。与后者根本不同，前者是社会主义制度的自我完善。前者形成的原因是社会主义生产关系和上层建筑中的某些部分，特别是权力过分集中的经济、政治体制，不适合社会生产力发展的要求。解决这个矛盾，是符合作为社会主义生产关系和上层建筑主人的工人阶级和其他劳动群众的根本利益的。当然，社会主义制度下的改革也会触犯一些人的局部利益，但在根本上是一致的。因而这种改革能够成为他们的自觉要求。代表工人阶级和其他劳动群众根本利益的共产党以及在她领导下的人民民主专政，也会成为领导维护和支持这种改革的基本政治力量。这样，社会主义制度下的改革就完全可能做到：在党和国家的领导下，在维护社会主义基本制度的前提下，依靠社会主义制度以及作为这种制度主人的人民群众的力量自觉地进行，使得社会主义制度达到完善的地步。

　　改革的这种性质，并不排除对封建主义和资本主义思想的批判，也不排除一定范围内的阶级斗争，而且是预定要进行这种批判和斗争，因为这种批判是进行改革的必要条件。但是，就大多数情况来说，这种批判是属于人民内部的思想教育；这种斗争是局限在一定范围内。在这两种场合，都不存在一个阶级推翻另一个阶级的斗争，不存在对社会主义制度的根本否定，而是成为促进社会主义制度自我完善的一个因素。

　　2. 改革对社会主义经济制度的完善

　　我国经济体制改革的社会主义性质，可以从多方面得到说明。但最基本最直接的一点，就是改革对社会主义经济制度的完善。上述分析表明：这种完善有两个不同层次的内容：一是社会主义生产关系本身的部分完善；二是作为社会主义生产关系具体表现形式的经济管理体制的根

────────────

　　① 邓小平：《工人阶级要为实现四个现代化作出优异贡献》，《邓小平文选（1975~1982年）》，第125~126页。
　　② 这里所说的"性质"是侧重不是根本改变社会主义制度，而是社会主义制度自我完善的意义上说的。

本改革。当前有一种观点认为，经济体制改革对社会主义经济制度的完善，只是包括第二方面，而不包括第一方面。这并不完全符合实际。

我们首先分析经济体制改革对社会主义生产关系本身的完善应该肯定，在1956年生产资料私有制的社会主义改造基本完成以后，我国已经基本上建立了社会主义生产关系。如生产资料的社会主义公有制，计划经济和按劳分配等。但同时又要看到，这种社会主义生产关系很不完善。经济体制改革就是要使这些不完善的部分完善起来。

第一，经济体制改革前，我国虽然已经存在着两种社会主义公有制形式，即社会主义的国家所有制和集体所有制，但在实际上，集体所有制也被搞成了准国家所有制。至于资本主义经济和外资经济则被彻底消灭了。个体经济，甚至作为集体农民的家庭副业也基本上被当做资本主义经济尾巴割掉了。所以，这时基本上就只存在单一的社会主义国家所有制和准国家所有制。经济体制改革完成以后，即使是社会主义国家所有制，也不是像改革以前那样被当做是纯粹的社会主义国家所有制，而是赋予了新的内容，即这种国有制带有集体所有制的因素，并且，正是这一点，使得国有企业成为商品生产者。这是其一。其二，这时社会主义国家所有制虽然还是处于国民经济的主导地位，但集体所有制已经不再是什么准国家所有制，而是作为国民经济主体的社会主义经济的基本要素之一。其三，作为社会主义经济必要补充的个体经济、私人资本主义经济和外资经济将在一定范围内和一定程度上得到发展。这里说的只是社会主义社会所有制的几种基本形态，至于与商品经济发展相联系的各种派生的混合（或联合）所有制形态，就不涉及了。显然，第一、二两方面，可以看做是社会主义所有制本身的完善。第三方面虽不能看做是社会主义所有制本身的完善，但就其作为社会主义经济必要补充这种作用来说，它们也已经成为社会主义经济体系的组成部分，因而可以看做是这种体系的完善。

第二，改革以前，社会主义的商品生产主要只存在于社会主义国家所有制和集体所有制之间，只包括部分的农产品和工业品（主要是工业消费品）。而且作为高度集中的经济体制的组成部分的统购包销制度，也囊括了这部分产品的生产。所以，即使对这部分产品来说，实际上也不是完全意义上的商品生产。至于非社会主义的商品生产则基本上不存在了。改革完成以后，不仅社会主义企业（包括国有企业和集体企业）之间存在商品经济关系，而且社会主义企业与非社会主义企业之间也存在商品关系；不仅产品（包括住宅在内的消费品和生产资料）商品化了，而且生产要素（包括生产资料、资金、劳动力、技术、信息和房地产等）也商品化了。显然，这些都可以看做是社会主义商品经济或社会主义商品经济体系的完善。

第三，改革以前，实行有计划的产品经济，主要由国家的指令性计划调节生产。根本排斥价值规律和市场机制的调节作用。这样，既束缚了企业的积极性，又造成了产需脱节；既降低了企业营运效益，又降低了资源配置效益。因而，这种计划制度很不完善。改革完成以后，实行有计划的商品经济，计划调节与市场调节互相渗透，互相结合，互为补充。这样，既可以发挥企业积极性，提高营运效益，又可以保证国民经济的均衡发展，提高资源配置效益。因而可以看做是计划制度的完善。

第四，改革以前，不承认国有企业是商品生产者，不承认国有企业对于劳动报酬基金的所有权和支配权。这一点，从根本上决定了难以在国有企业之间克服平均主义，贯彻按劳分配原则。当然，在1956年工资改革以后建立起来的工资制度，是初步地在国有企业内部贯彻了按劳分配原则的。但后来由于"左"的错误的影响，把按劳分配原则等同于资产阶级法权，把它说成是资本主义的东西。再加上盲目追求高速度和高积累，以致挤了必要的消费。这样，不仅计件工资和奖金几次遭到了扼杀，就连计时工资在很大程度上已经不是体现按劳分配原则，而变成平均主义的东西了。改革完成以后，确立了国有企业的商品生产者的地位，它拥有劳动报酬基金的所有权和使用权。这不仅为在国有企业之间贯彻按劳分配原则、克服平均主义创造了条件，而且也有利于在企业内部贯彻按劳分配，克服平均主义。这样，适合社会主义商品经济要求的按劳分配制度才能真正建立和完善起来。

第五，改革以前，也是要在社会主义经济制度的基础上实现共同富裕。但是由于上述各项社会主义经济制度的不完善，特别是由于没有建立与社会主义商品经济相适应的完善的按劳分配制度，再加上社会主义建设方面曾经长期存在过为生产而生产的错误倾向，以及由平均主义思想影响而形成的把共同富裕当做同步富裕，以致共同富裕制度并未真正地完整地建立起来，因而在这方面取得的成就也很不理想。改革完成以后，由于上述各项社会主义经济制度的完善，特别是由于建立了与社会主义商品经济制度相适应的按劳分配制度，找到了一条提倡一部分地区企业和劳动者个人依靠诚实劳动和合法经营先富起来以实现全体人民共同富裕起来的道路，再加上经过改革可以实现社会主义生产建设的长期稳定、协调、高效的发展，就可以真正有效地实现全体人民的共同富裕。这是完善社会主义生产关系的一个非常重要的根本的方面。[①]

第六，改革以前，在实行有计划的产品经济条件下，也实行了国家（作为社会主义国家所有制代表的国家）利益与国有企业职工个人利益的统一。但是，由于不承认国有企业的商品生产者的地位，企业被当做工厂内的车间，企业相对独立的经济利益被抹杀了。而且由于国有企业利益直接涉及职工个人利益，企业相对独立的经济利益被否定，同时也就意味着在相当大的程度上否定了职工个人的利益。因此，这时并未真正全面地实现国家利益、企业利益与职工个人利益的统一。在改革完成以后，企业成为商品生产者，企业相对独立的经济利益被确认了。这同时又意味着职工个人利益得到比较充分的体现。因而，能够真正全面地实现国家利益、企业利益和职工个人利益的统一。这是完善社会主义生产关系的重要方面。[②]

至于经济体制改革在根本完善经济管理体制方面的作用，那是很明显的事实。就是说，在传统的经济管理体制下，企业主要依据国家指令性计划生产，企业是国家行政机关的附属物，基本上不存在市场体系。这就不适合社会主义有计划商品经济的要求，使得本来生机盎然的社会主义经济制度失去了活力。而经过经济体制改革，增强了企业的活力，建立和完善了市场体系，建立和完善了以间接控制为主的宏观经济管理。这就能够适应社会主义有计划的商品经济的要求，使得社会主义经济制度恢复并发挥她的青春活力。

这里还需着重指出：党的十一届三中全会以来，已经把实行对外开

---

① 邓小平：《建设有中国特色的社会主义》（增订本），第117、121页。
② 按照马克思主义的观点，每一个社会的经济关系首先作为利益表现出来。社会主义的经济关系也是如此。而就社会主义国家所有制经济来说，这方面的根本特征就是国家利益、企业利益与职工个人利益的统一。

放作为我国的基本国策。但同时我们也可以把它看做是经济体制改革的一个重要方面。在过去的长时期内，我们实行闭关锁国的政策，固然有复杂的原因（其中包括帝国主义的封锁禁运）。但从政策和体制方面来考察，也可以把它看做是发展社会主义产品经济这一政策在对外经济关系的延伸，是以产品经济理论为基础传统的经济体制在对外关系方面的要求。现在实行对外开放政策，既是发展社会主义商品经济这一基本政策在对外经济关系方面的延伸，又是以社会主义有计划的商品经济理论为基础的新经济体制在对外经济关系方面的要求。当代存在着发达的国际分工和世界市场。我国又是处于社会主义的初级阶段，在很长的时间内，科学技术落后和资金短缺将成为制约我国社会主义现代化建设的"瓶颈"。即便就自然资源的占有情况而论，许多自然资源的占有总量是很高的，其中有不少还居于世界前列，但每人平均占有量却很低，远远落后于其他许多国家。在这种条件下，利用国外资源（包括科学技术、生产设备、资金和人才等）和国外市场，就成为促进我国社会主义商品经济和现代化建设的一个特别主要的因素。而实行对外开放政策就是利用国外资源和国外市场的正确途径。

1979 年以来的经济体制改革，尽管目前还没有完成，但已经取得了巨大的成就。这些成就我们在第九章中已经做了详细的说明。这里就不重复了。这些成就表明：经济体制改革在完善社会主义经济制度方面的作用，也已初步地但又是明显地表现出来。

这样，我们依据上述已有的事实，完全可以做出这样的结论：经济体制改革是社会主义经济制度的完善。

3. 检验改革对社会主义经济制度完善的根本尺度。改革的社会主义性质的另一重要表现

按照马克思主义的观点，经济体制改革是否完善了社会主义经济制度，只能由社会实践来检验；而在这方面，根本尺度又只能是是否促进了社会生产力的发展。

经济体制改革促进社会主义社会生产力的作用，表现在许多方面。但集中起来说，似乎可以做这样的归结：进行经济体制改革，可以把发展作为社会主义国民经济主体的社会主义经济与作为社会主义经济必要补充的各种非社会主义经济结合起来，可以把计划调节与市场调节以及

宏观管理与微观搞活结合起来，可以把企业的内在动力（实现企业的生产目的）与外在压力（竞争）结合起来，可以把企业的动力机制和约束机制结合起来，可以把差别富裕与共同富裕结合起来，可以把国家利益、企业利益和劳动者的个人利益结合起来。这样，就可以实现速度、比例和效益的统一，实现生产、交换、分配和消费的统一，因而可以实现社会主义再生产的良性循环，实现经济的长期、持续、稳定、协调的发展。

　　党的十一届三中全会以来我国经济体制改革的实践，已经初步证明了这一点。第一，经济体制改革促进了国民经济较为稳定而又迅速的发展。1953 年至 1978 年的 26 年间，我国国民收入每年平均增长 6%，其中增长速度最高年份 1970 年为 23.3%，增长速度最低年份 1961 年为 –29.7%，二者分别偏离年平均增长速度为正 17.3 个百分点和负 35.7 个百分点。但经济体制改革开始以后的 1979 年至 1988 年 11 年间，我国国民收入每年平均增长速度上升 9.2%，其中增长速度最高年份 1984 年为 13.6%，增长速度最低年份 1981 年为 4.9%，二者分别偏离年平均增长速度为正 4.4 个百分点和负 4.3 个百分点。[1] 第二，经济体制改革促进了人民生活比较稳定的、较快的提高。我国居民年均消费水平在 1953~1978 年的 26 年间平均每年提高 2.2%，其中有 5 年是下降的，差不多平均每 5 年就有 1 年是下降的。而 1979~1988 年的 11 年中，平均每年提高 8.8%，而且是连年上升的。[2] 所以，党的十一届三中全会以来的这段期间，是新中国成立以来国家经济发展最快，人民得到实惠最多的时期。这同 1957 年以后的 20 年期间经济发展较差、人民生活改善甚微的情况，形成了鲜明的对比。诚然，由于经济改革和经济发展中的失误，也由于传统经济体制还没有根本改革，我国经济发展的不稳定情况也未根本改观。但是，无论如何，改革在促进我国经济发展方面所起的巨大的作用，却是不容置疑的事实，完全可以预期，随着我国经济体制改革的深入发展及其基本实现，必将进一步充分证明："改革是中国发展生产力的必由之路"，是中国经济"长期、持续、稳定发展的条件。"[3]

　　需要进一步指出，社会主义社会生产力的发展，不只是检验改革在

---

　　[1][2]《中国统计年鉴》（1989），第 30~31、39~40 页。
　　[3] 邓小平：《建设有中国特色的社会主义》（增订本），第 114、134 页。

完善社会主义经济制度方面的根本尺度，同时又是社会主义的根本任务。[①]

社会主义的根本任务就是发展生产力，首先可以作为一般命题来考察。从这方面看，重要的有以下几点：第一，从宏观经济角度看，社会主义的生产目的是提高人民的物质文化生活，而实现这个目的根本手段就是发展生产力。第二，实现社会主义，就是要彻底战胜资本主义。而按照列宁的观点，劳动生产率，归根到底是保证新社会制度胜利的最重要最主要的东西。……资本主义可以被彻底战胜，而且一定会被彻底战胜，因为社会主义可以创造新的高得多的劳动生产率。[②]第三，社会主义社会的一个长远战略任务，是为将来实现共产主义创造物质基础。这更需要依靠社会生产力的极大发展。

但是，更为重要和现实的，也许是要把这个命题作为我国社会主义初级阶段的一个特殊命题来考察。从这方面看，重要的有以下各点：第一，我国社会主义初级阶段所面临的主要矛盾，是人民日益增长的物质文化需要同落后的社会生产之间的矛盾。这个矛盾的解决，对于比较充分地发挥社会主义经济制度的优越性，对于增强社会主义制度的吸引力，对于巩固社会主义制度，具有极重要的、迫切的意义。因而使得发展生产力也具有极重要的、迫切的意义。第二，在这个特殊历史阶段，社会主义的生产关系和上层建筑的许多方面还很不完善，特别是僵化的经济、政治体制亟待改革，显然，社会生产力的稳步增长，是顺利推行这些改革的基本条件。社会生产力的较高发展，还是这些改革最终实现的物质基础。比如，建立完善的市场体系，是经济体制改革的重要目标；而充分实现这一点，没有生产社会化的较高发展，以及在这个基础上商品经济较充分的发展，是不可能的。又如，充分实现社会主义民主，是政治体制改革的重要目标；而充分实现这一点，没有社会生产力的较大发展，以及在这个基础上人民群众文化水平的较大提高，也是做不到的。列宁曾经说过："今后在发展生产力和文化方面，我们每前进和提高一步，都必定同时改善和改造我们的苏维埃制度。"[③]列宁是在 1921 年苏俄开始实

---

① 按照邓小平的说法："社会主义的任务很多，但根本一条就是发展生产力。"见《建设有中国特色的社会主义》（增订本），第 116 页。

② 列宁：《伟大的创举》，《列宁选集》第 4 卷，第 16 页。

③ 列宁：《论黄金在目前和社会主义完全胜利后的作用》，《列宁全集》第 33 卷，第 89 页。

行新经济政策时说这番话的。但就其基本精神来说，对我国社会主义初级阶段也是适用的。

既然社会主义的根本任务是发展生产力，而改革是推动生产力发展的，那么，在这个相互联系的意义上，我们可以把由改革推动的生产力的发展，看做是改革的社会主义性质的一个重要表现。

还要指出，在生产资料的社会主义公有制作为既定前提的条件下，还可以把社会生产力的发展直接看做是社会主义的发展。问题在于：社会主义再生产不只是物质资料的再生产，同时又是社会主义生产关系的再生产。这样，生产资料归劳动群众所有，既是社会主义再生产的前提，又是社会主义再生产的结果。而在生产力发展条件下社会主义扩大再生产，同时也就是社会主义生产关系的扩大再生产。这正如在生产力发展的条件下资本主义扩大再生产，是资本主义生产关系扩大再生产一样。当然，在这方面，社会主义扩大再生产同资本主义扩大再生产不仅在社会经济性质上是根本不同的，其后果上也有原则的区别。资本主义扩大再生产尽管也是资本主义生产关系的扩大再生产，但同时又加深了资本主义社会的基本矛盾和阶级矛盾。而社会主义扩大再生产，不仅是社会主义生产关系的扩大再生产，同时又为不断解决社会主义社会的矛盾创造了越来越雄厚的物质基础。当然，在社会主义社会存在多种经济成分的条件下，扩大再生产的过程，不只是社会主义生产关系扩大再生产的过程，同时又是非社会主义生产关系扩大再生产过程。但是，前一过程是主要的；在非社会主义生产关系作为社会主义经济必要补充的限度内，后一个过程也是有利于社会主义经济发展的。

既然在社会主义生产关系作为既定前提的条件下，生产力的发展可以直接看做是社会主义生产关系的发展；而改革是推动生产力发展的，那么，在这个直接的意义上，我们也可以把改革推动的生产力的发展，看做是改革的社会主义性质的一个重要表现。

4. 改革是防止"文化大革命"再次重演的根本措施

改革的社会主义性质在政治领域内的一个最重要表现，就是她是作为防止"文化大革命"再次重演的一项根本措施提出来的。

按照邓小平的说法，"对经济、政治、文化、社会都实行高度集权的管理体制"，"权力过分集中"，"家长制"，"干部领导职务终身制"，以及

"形形色色的特权"等，曾经是"文化大革命"发生的最重要的根源。这"不是说个人没有责任，而是说领导制度、组织制度问题更带有根本性、全局性、稳定性和长期性。"问题在于"这些方面的制度好可以使坏人无法任意横行，制度不好可以使好人无法充分做好事，甚至会走向反面。"①这里需要着重说明：把"文化大革命"发生的原因，不仅仅看做是同某些领导人的思想作风有关，而是从根本上归结为具体的经济、政治制度的弊端，这是历史唯物主义的命题。与历史唯心主义相反，历史唯物主义从来不把历史上的重大事件发生的原因归结为个别英雄人物的思想，而总是从社会制度中（特别是社会经济制度中）去探索它的终极根源。这个基本道理对于社会主义社会也是适用的。这里的特点仅仅在于：事情发生的原因，不在于社会主义的基本的经济、政治制度，而在于具体的经济、政治制度。因此，"如果不坚决改革现行制度中的弊端，过去出现过的一些严重问题今后有可能重新出现"。②所以，包括经济体制改革在内的各项改革，是一个关系到党和国家是否改变颜色、社会主义经济制度能否巩固的大问题。

5. 在认识改革性质方面，可以从历史经验中获得哪些有益的启示

为了说明经济体制改革的性质，回顾一下历史经验，是很有必要的。

有一种观点认为，经济体制改革只是社会主义社会特有的现象，在前社会主义社会是不存在的。这种观点并不符合历史事实。纵观经济发展的历史，经济体制改革在前社会主义社会也发生过。当然，前社会主义社会经济体制改革的情况和性质与社会主义社会有重大的和根本的区别。但是，按照唯物辩证法的观点，事物的共性包含于一切个性之中。这样，解剖一下前社会主义社会经济体制改革的性质，对认识我国经济体制改革的性质，是有启示意义的。

我国西周时期（公元前 1066~公元前 771 年）就开始建立了封建的领主经济制度。这种制度的基本特征是：作为农业基本生产资料的土地归领主所有，实行井田制度，农奴对领主存在人身依附关系，封建剥削的主要形态是劳役地租。到东周时期（公元前 770 年~公元前 403 年），地

---

① 邓小平：《党和国家领导制度的改革》，《邓小平文选（1975~1982 年）》，第 287、288、293 页。
② 邓小平：《党和国家领导制度的改革》，《邓小平文选（1975~1982 年）》，第 293 页。

主经济逐渐代替领主经济。到战国时期（公元前 403 年~公元前 221 年），地主经济有了主要地位。地主经济的基本特征是：土地归地主所有，实行土地私有制，农民对地主的关系主要是契约关系，封建剥削的主要形态是实物地租。

历史事实表明：由领主经济到地主经济的转变，是封建经济制度范围内一次重大的经济体制改革。然而，这种改革不仅没有从根本改变封建经济制度，而且使得这种制度变得完善了。这里所说的完善，其根本含义就是改革后的地区经济制度，尽管不可能从根本上解决地主阶级和农民阶级的矛盾，但却是适合当时生产力发展的要求。问题在于："只有把社会关系归结于生产关系，把生产关系归结于生产力的高度，才能有可靠的根据把社会形态的发展看做自然历史过程。"① 按照历史唯物主义的这个基本观点，对完善的基本含义只能是做这样的规定。历史事实也正是这样的。地主经济适合并推动当时社会生产力发展的主要表现是：作为劳动力来源的人口大大增加了，在作为社会主要生产部门的农业中，犁耕和牛耕以及施肥和灌溉等项生产技术得到了广泛的运用；冶铁工业有了很大的发展，铁器生产工具在社会生产各个领域得到相当普遍的使用；商品经济有了较多的发展，等等。我国已故著名历史学家范文澜依据对历史资料的详细分析，对这段历史做了概括。他说："在这个阶段上，束缚在宗族里的农奴得到解脱，成为广大的农民阶级。由于农民阶级的出现，生产力前所未有地提高了。以农业生产为基础，工商业也跟着发展起来。"② 当然，在封建经济制度下，社会生产力的发展，总是意味着地主阶级对农民的阶级剥削的加深。但正因为这样，我们还可以从封建经济关系主人利益增长的意义上，把领主经济向地主经济的转变，看做是封建经济制度的完善。诚然，尽管领主经济和地主经济同属封建经济，但领主和地主有利益冲突的一面。因此，在我国历史上，在领主经济转变为地主经济的过程中，是经历了长期的地主夺取领主政权的战争。但这种战争的目的及其结果，并不是要用一个与封建经济制度根本不同的经济制度来代替领主经济，而是用一个同属封建经济制度的，但又适

---

① 列宁：《什么是"人民之友"以及他们如何攻击社会民主主义者？》，《列宁全集》第 1 卷，第 120 页。
② 范文澜：《中国通史》第一册，人民出版社 1978 年版，第 274 页。

合生产力发展的地主经济来代替它。从这方面看，仍不妨碍我们说领主经济向地主经济的转变，是封建经济制度的完善。

也许正是这一点，可以从一个方面并在某种程度上说明下列两种历史现象。①依据历史资料，我国领主经济从产生到消亡，大约只经历了不到 600 年的时间；而地主经济从建立到灭亡，却经历了近 2400 年的时间。后者经历的时间约为前者的 4 倍。还要看到：尽管整个说来，封建社会生产力发展的重要特征是生产技术停滞，但地主经济时代社会生产力的发展比领主时代还是要快得多。所以，这个历史现象证明：地主经济能够容纳的社会生产力的高度比领主经济要高得多。②下列历史现象也可以证明这一点。欧洲的封建庄园制度（即类似中国的领主经济制度）只绵延了 1000 年，而中国的地主经济制度却延续了将近 2400 年。决定这个差异的，当然有多方面的因素，但地主经济比庄园经济能够容纳更高的社会生产力，似乎也是一个重要因素。应该指出：史学论著在分析中国封建社会延续时间长的原因时，几乎还未注意到这一点。考虑到这个情况，提到这一点是有必要的。但我们在这里指出包括这一点在内的上述两种历史现象，还是为了从历史唯物主义的角度进一步说明由领主经济到地主经济的转变，是封建经济制度的完善。

资本主义社会从自由竞争阶段发展到垄断阶段，经济管理体制也发生了重大变化。在资本主义的自由竞争阶段，实行了自由放任的市场经济体制。在进入帝国主义阶段以后，在 1929 年到 1933 年的世界资本主义空前严重的经济危机发生以后，有些资本主义国家（如美国）转而以市场经济为基础，实行了国家的宏观经济管理。在这同时，德意日等法西斯国家为了适应帝国主义侵略战争的需要，把平时经济转向了战时经济，实行了统制经济的体制。但在第二次世界大战结束以后，所有参战的资本主义国家都把战时经济转变为和平经济。前一类国家以市场经济为基础，进一步加强了国家的宏观经济管理。后一类国家战后也都先后放弃了统制经济的体制，转而采用同前者在本质上相同的经济管理体制。

这种经济管理体制形成的原因是什么呢？

一定的经济管理体制，总是一定的生产关系的表现形式。这种经济管理体制的基本特征，是带有一定程度计划性的市场经济。这是国家资本主义经济关系的具体表现形态。按照列宁的说法，"在资本主义国家中，国家资本主义为国家所承认并受国家监督"。①实际上，国家资本主义就是受到资产阶级国家承认、监督、干预、管理的资本主义。资产阶级政府在自由市场经济基础上实行经济计划，就是资产阶级国家监督、干预、管理资本主义经济的综合表现，因而也可以说是国家资本主义的一个综合表现。

那么，这种国家资本主义形成的原因是什么呢？随着资本主义生产社会化的发展，随着资本主义基本矛盾的发展，就要求资产阶级国家干预、管理资本主义经济，以便资本主义的矛盾在资本主义制度的范围内能够得到缓和。恩格斯在19世纪70年代就曾指出：在社会化生产发展的一定阶段上，"资本主义社会的正式代表——国家不得不承担起对生产的领导。这种转化为国家财产的必然性首先表现在大规模的交通机构，即邮政、电报和铁路方面。"②然而，资产阶级国有化只是资产阶级国家管理经济的一个方面，只是国家资本主义的一种形式。资本主义生产社会化的发展，还要求资产阶级国家干预整个资本主义经济生活。特别是随着自由竞争的资本主义的垄断资本主义的过渡，帝国主义国家之间的战争的发生，大大加速了国家垄断资本主义的进程。1929年至1933年空前严重的世界资本主义经济危机的爆发，把资产阶级国家干预经济问题异常尖锐地摆到资本主义世界的面前。作为资产阶级国家宏观经济管理的理论基础的凯恩斯经济学，正是适应国家垄断资本主义发展的这一要求而产生的。在第二次世界大战以后，随着现代科学技术的发展和运用，资本主义生产社会化得到了进一步发展，资本主义社会矛盾也大大加深了。在这个基础上，资本主义生产过剩的经济危机频繁了，并且同以通货膨胀作为主要表现形式的货币危机经常交织在一起。与此相联系，失业也成为资本主义世界更为严重的社会问题。通货膨胀的加剧和失业的增长，加深了资本主义社会的阶级矛盾，危及资本主义社会的稳定。所以，无论从缓和资本主义的经济矛盾，还是从缓和资本主义的阶级矛盾来说，都要求实行资产阶级国家对经济生活的干预和管理。

总之，资本主义生产社会化的发展及其各种社会矛盾的加深，是战

---

① 列宁：《共产国际第三次代表大会》，《列宁全集》第32卷，第177页。
② 恩格斯：《反杜林论》，《马克思恩格斯选集》第3卷，第317页。

后国家垄断资本主义发展的根本原因，从而是在市场经济基础上实行宏观经济管理的根源。换句话说，战后资本主义国家实行这种经济管理体制，是国家垄断资本主义发展的要求，是生产社会化的发展以及由此引起的资本主义社会各种矛盾加深的反映。但这里所说的反映生产社会化的要求，是在不根本改变资本主义私有制的范围内进行的，因而只能是部分的反映，而不可能是根本的反映。然而，就是这种部分的反映，对战后资本主义国家生产的发展，也明显地起了积极的推动作用。当然，生产的发展又会进一步加深资本主义社会的基本矛盾。但这种经济管理体制对生产毕竟起了积极的推动作用。

　　表 12-1 表明：第一，除美国外，其他主要资本主义国家第二次世界大战后工业发展速度都超过了战前。这种情况当然是由多方面的原因造成的。但在战后实行和加深的带有一定程度计划性的市场经济，显然是一个重要原因。

表 12-1　主要资本主义国家工业发展速度的比较　　　　单位：%

国别	时期	工业生产年平均增长速度
美国	1900~1914 年	4.2
	1915~1919 年	3.6
	1920~1937 年	3.0
	1938~1949 年	4.1
	1951~1980 年	3.7
英国	1901~1910 年	1.2
	1911~1933 年	1.5
	1938~1948 年	0.8
	1951~1980 年	2.2
法国	1901~1910 年	3.0
	1911~1937 年	0.5
	1938~1948 年	0.3
	1951~1980 年	4.9
德国	1901~1910 年	3.2
	1911~1920 年	—
	1921~1932 年	0.9
	1951~1980 年 *	5.7

续表

国别	时期	工业生产年平均增长速度
日本	（1895~1899 年）~（1905~1909 年）	6.4
	（1905~1909 年）~（1915~1919 年）	8.8
	（1915~1919 年）~（1935~1938 年）	6.8
	1938~1948 年	—
	1951~1980 年	11.5

　　资料来源：《英法美德日百年统计提要》，第 1~2 页；《国际经济和社会统计资料（1950~1982 年）》，第 119 页。

　　* 联邦德国的数字。

　　第二，美国战后工业发展速度低于 1900~1914 年和 1938~1949 年两个时期，并不否定美国经济管理体制在促进经济发展方面的作用。因为，美国加强国家的宏观经济管理实际上在 1929~1933 年世界资本主义空前严重的经济危机以后就开始了。此其一；其二，这两个时期的许多年份是第一次世界大战和第二次世界大战的准备时期或进行时期。而美国在这两次战争中不仅没有受到破坏，而且发了战争财，因而工业发展较快。其三，如果说，在上述两个时期，美国工业发展较快是资本主义国家政治经济发展不平衡规律在当时的具体表现的话，那么，战后美国工业发展较慢，也是这个规律在战后的表现。其四，尽管美国战后工业发展较慢，但带有一定程度计划性的市场经济体制，对美国经济的发展仍然起了积极作用。其突出表现是：尽管战后美国资本主义经济危机频繁了，但生产下降程度减低了。比如，美国在第二次世界大战前发生的三次危机（即 1920~1921 年、1929~1933 年和 1937~1938 年的危机）工业生产依次分别下降了 22.9%、46.1% 和 21.4%。而美国战后发生的 1948~1949 年、1953~1954 年、1957~1958 年、1969~1970 年、1974~1975 年、1979~1980 年这几次经济危机，工业生产依次分别下降了 7.2%、6.6%、11%、4.1%、9.2% 和 3.5%。[1] 这种情况表明：美国资产阶级政府在战后加强宏观经济管理，虽然没有也不可能根本解决资本主义的基本矛盾和消除经济危机，但却使得美国经济发展相对稳定的程度提高了。

---

　　[1]《英法美德日百年统计提要》，第 140 页；《世界经济统计简编》，三联书店 1974 年版，第 55 页；《国际经济和社会统计资料（1950~1982 年）》，第 119 页。

　　第三，战后日本工业之所以发展较快，其重要原因也是由于在实行带有一定程度计划性的市场经济体制方面做得比较成功。其表现是：一方面，日本战后 30 多年来逐渐形成了中长期计划和年度计划以及基本的经济计划和各个部门计划相结合的计划结构体系。另一方面，日本的经济计划在许多年份在不同程度上是实现了的，这首先表现为作为实现计划极重要手段的产业政策的实现上；其次还表现为许多中长期计划和年度计划规定的经济增长率指标都是超额完成了的。这一点，同日本拥有的特殊条件是有关的。主要是：①日本较长时期的统制经济历史，为而后在市场经济的基础上实行经济计划培训了干部，积累了经验。这是日本能够实行现行经济管理体制的一个重要历史条件。②更重要的还是在于：日本政府掌握了财政和银行这两个综合性的经济部门。这是它能够在市场经济基础上实行经济计划的极重要的物质力量。③日本政府建立了一个比较完善的、有力的制定和执行经济计划的工具。④日本能够制定并执行比较符合实际情况的经济计划，除了他们在制定计划的过程中比较注意调查研究、统计资料和多方协商以外，同使用现代科学方法，同使用计量经济模型也是有联系的。①

　　这样，我们可以看到：战后各主要资本主义国家在市场经济的基础上加强了宏观经济管理，都促进了经济发展。因此，可以把这些变化看做是资本主义经济管理体制的完善。上述情况表明，这种完善有两个方面：主要是部分地适应了生产社会化的要求；其次是适应了国家垄断资本主义经济的要求。

　　由此可见，无论是封建社会的经济改革，或者是资本主义社会的经济改革，只要是符合（或部分地符合）社会生产力发展的要求，并由各该社会的统治阶级在它们的政权保护下进行的，都只能导致各该社会经济制度的完善，而不可能引起其社会经济制度性质的变化。甚至像在中国领主经济向地主经济转变的过程中发生过长期的战争，但由于战争是在作为封建生产关系主人的领主和地主之间进行的，地主经济适合当时社会生产力发展的要求，其结果是实现了领主经济向地主经济的过渡，

---

　　① 以上有关日本经济管理体制的分析，详见拙著：《中国工业经济问题研究》，云南人民出版社 1984 年版，第 400~430 页。

导致了封建经济制度的完善，而不是封建经济制度性质的改变。当然，由封建社会或资本主义社会的经济改革所导致的社会生产力的发展，最终会导致各该社会基本矛盾的发展，从而导致它们的灭亡。但这并不是改革的直接后果，而是改革以后的事了。

我们从分析前社会主义社会经济体制改革的历史经验中，可以获得哪些有益的启示呢？①社会主义社会经济管理体制也像前社会主义社会一样，可以而且必须发生变化。实际上，恩格斯早在 1890 年就做过这样的预言：“我认为，所谓‘社会主义社会’不是一种一成不变的东西，而应当和任何其他制度一样，把它看成是经常变化和改革的社会。”①②社会主义经济体制的改革，也会像前社会主义社会一样，不会导致社会主义经济制度性质的改变，而会导致它的完善，而且，社会主义社会由于有前社会主义社会无可比拟的、优越的经济条件和政治条件，更有可能做到这一点。因为社会主义经济管理体制的改革，不是像在前社会主义社会的经济改革那样，是从占全社会人口少数的统治阶级利益出发的，而是从占全社会人口多数的工人阶级和其他劳动人民的根本利益出发的；是在通晓马克思主义的并全心全意为人民服务的共产党领导下进行的；是在以工人阶级为领导的，以工农联盟为基础的人民民主专政的保护和支持下进行的。同时，社会主义经济制度所能容纳的社会生产力发展的高度将会大大超过前社会主义社会，因而由改革所推动的社会生产力的发展，也可能达到前社会主义社会望尘莫及的地步。这种发展不仅不会像前社会主义社会那样最终会导致它们的灭亡，而是使社会主义社会的矛盾不断地得到解决，使社会主义制度不断地得到完善，以至最终实现共产主义社会。

（三）对僵化观点的分析

一般说来，把我国经济体制改革说成是搞“资本主义”的观点，是属于人民内部的思想问题。从认识方面说，这些思想问题的发生主要是由于以下原因：

第一，他们忽视了四个基本事实。一是忽视了改革对社会主义经济制度的完善；二是忽视了检验改革性质的根本尺度是社会生产力的发展，

---

① 《恩格斯致奥托·伯尼克》，《马克思恩格斯全集》第 37 卷，第 443 页。

同时忽视了改革在促进社会生产力发展方面所表现的社会主义性质；三是忽视了党的十一届三中全会确定的基本路线的两个基本点（即作为立国之本的四项基本原则，和作为社会主义现代化建设的总方针和总政策的改革开放和搞活）之间存在不可分割的联系；四是忽视了包括经济体制改革在内的各项体制改革是防止"文化大革命"再次重演的根本措施。

他们忽视以上基本事实，是一方面；另一方面，他们又把与改革相伴生的某些消极现象和资本主义现象（正像与食相伴生的噎一样），以及由改革措施不完善和失误而助长的某些消极现象和资本主义现象，估计得过于严重了，并把它们一股脑儿地都归结为改革本身必然带来的结果。这样，他们就得出了改革导致资本主义的完全错误的结论。

第二，他们一方面还没有摆脱过去长期存在的教条的僵化的和"左"的观点（实质上也就是脱离社会生产力孤立考察社会生产关系的历史唯心主义观点）的束缚。这主要是：把我国现阶段的社会主义社会，看做是马克思主义创始人曾经设想的、在资本主义社会生产力高度发展的基础上建立起来的发达的社会主义社会，以及消灭了商品经济的产品经济的社会；同时，还把商品经济看做是资本主义经济特有的东西。另外，他们还没有树立起党的十一届三中全会以来发展了的马克思主义观点。这主要是：在半殖民地半封建旧中国基础上经过新民主主义革命和社会主义革命建立起来的社会主义社会，这只能是社会主义社会的初级阶段，社会主义经济还是有计划的商品经济。这样，他们就把我们在前面提到的经济体制改革对社会主义经济制度所做的多方面完善，颠倒地看成搞资本主义。这当然是荒诞不经的。

由此可以做出一个重要结论：加强对党的十一届三中全会以来的发展了的马克思主义的宣传，继续清除过去长期流行的"左"的僵化的错误观点，是顺利推进和实现经济体制改革的一个重要条件。

(四) 对资产阶级自由化观点的分析

近几年来，鼓吹资产阶级自由化的人认为，中国深化经济体制改革的方向，不是社会主义制度的自我完善，而是经济私有化。这里有必要简要地分析一下他们提出的基本观点。

第一，鼓吹资产阶级自由化的人认为，社会主义国有制成了"现代生产力发展的桎梏"，"走到了尽头"，"到了最后被否定的阶段"。按照这样的观点，经济体制改革的方向就不能是社会主义制度的自我完善，而是社会主义制度的根本否定。但这是完全站不住脚的。因为，①它毫无根据地否定了社会主义基本经济制度所能容纳的社会生产力可能大大超过资本主义经济制度。②它完全忽视了经济体制改革在发挥社会主义基本经济制度优越性方面所能起的巨大作用。如前所述，我国历史上领主经济向地主经济的转变，是封建经济制度下经济体制的改革，并大大推动了封建社会生产力的发展。在资本主义经济发展历史上，由自由放任的市场经济到国家调控下的市场经济，也是资本主义制度下经济体制改革，更是大大推动了资本主义社会生产力的发展。社会主义制度下的经济体制改革，在这方面将起更大的作用。

这里还有必要揭露极少数鼓吹资产阶级自由化的人在这个问题上采取的手法。他们始而把传统经济体制的弊病错误地归结为社会主义公有制的弊病，继而又把经济体制改革过程中由于各种原因（其中包括坚持四项基本原则、反对资产阶级自由化的斗争不力，忽视党的建设和思想政治工作的错误）而发生的诸多问题（如部分政府官员腐败现象的滋长）也归结为社会主义公有制的弊病。显然，这种诡辩手法并不能帮他们什么忙，只会进一步暴露他们鼓吹资产阶级自由化的本质，即要根本否定社会主义制度，复辟资本主义制度。

第二，鼓吹资产阶级自由化的人认为经济私有化是所谓深化经济体制改革的方向。他们提出的主要"依据"有以下两条：

一是经济私有化是在中国实现现代化的"唯一成功之路"。

我们先假定中国现阶段可以实现经济私有化。但其结果并不是社会生产力的发展，而是社会生产力的破坏。

有一种天真的想法，似乎中国实现经济私有化，就可以达到当代经济发达的资本主义，就可以有很富裕的生活水平。其实，这一点并不是由人们的主观愿望决定的，主要是由社会生产力发展水平决定的。尽管当前我国已经有了一部分现代化的产业，但就包括农业在内的整个国民经济来看，我国社会生产力的水平实际上还处于马克思所说的"工场手工业向机器大工业过渡的阶段"。或者说，还处于工业化的前期阶段。在这种社会生产力水平下，中国经济私有化的结果必然是原始的资本主义。这是其一；其二，中国过去经历的封建社会历史长，当前封建主义思想在社会生活诸方面的影响还较多；生产力和劳动者的文化水平都较低。这样，中国经济私有化的结果，又必然是带有浓厚封建色彩的资本主义。其三，在当今的世界市场上，不仅存在着经济发达的资本主义国家的竞争，而且许多新兴工业化国家和地区也在参与角逐。这样，作为中国经济私有化结果的被鼓吹资产阶级自由化的人称做的"中产阶级"，由于他们同广大人民群众存在经济利益上的对应，政治上必然软弱，不可能真正捍卫民族独立，其结果必然受到西方经济发达的资本主义国家的奴役。

与上述剥削和压迫相联系，早期资本主义和半殖民地半封建中国发生过的种种残酷剥削和压迫，诸如劳动时间长，劳动强度大，在恶劣条件下大量使用童工，在没有社会保障条件下的大量失业，广大劳动者生活的相对贫困乃至绝对贫困，等等，都会再度在中国发生。其结果，必然极大地摧残了作为社会基本生产力的劳动者。

与上述剥削和压迫相联系，中国社会生产无政府状况必然会有极度的发展。其结果，是社会生产资源的极大浪费。

与上述剥削和压迫相联系，旧中国长期存在并多次发生的由各个帝国主义控制的军阀之间的战争，帝国主义对华的侵略战争，以及人民革命战争，又会在中国重演。其结果，当然不是什么社会生产的发展，而是生产大倒退。这里需要说明：中国民主革命时期的人民革命战争是为了解放由封建主义、帝国主义和官僚资本主义严重束缚的社会生产力，以及被剥削、被压迫的工人、农民而进行的。在这方面，它和帝国主义的侵略战争和军阀混战的性质是根本不同的。但在战争过程中，也不可避免地造成社会生产的破坏。

仅此数端（远不是经济私有化的全部恶果）就可以充分说明：经济私有化绝不像搞资产阶级自由化的人别有用心、蛊惑宣传的那样，是什么中国实现现代化的"唯一成功之路"，而只能使中国重新陷于极端贫穷落后的境地！

现在我们需要进一步指出：前面所做的假定，即中国现阶段可以实现经济私有化，是不能成立的。问题的关键在于：要在中国现阶段搞"和平演变"，实现经济私有化，需要有一个最基本前提，即要改变中国共产党的性质和党的纲领。但这不过是国内外敌对势力的一种反动空想。中国共产党的重要特点在于：①党一开始就是用马克思列宁主义武装起来的，没有受到社会民主主义的影响；并把马克思主义的普遍真理与中国革命和建设的具体实践相结合作为根本的指导原则。这样，尽管党在革命和建设的各个时期都犯过错误，但都是依靠自己的力量纠正的。这样，党就有一个坚持马克思列宁主义的好传统。②党是工人阶级的先锋队，是中国各族人民利益的忠实代表，党有一个全心全意为人民服务的好传统。而摒弃资本主义道路，走社会主义道路，是中国人民经过了一百余年斗争以后所做的历史选择，党绝不会违背人民的这个根本意愿。③党的十一届三中全会以后，提出了党在我国社会主义初级阶段的一个中心（以社会主义经济建设为中心）、两个基本点（坚持四项基本原则和坚持改革开放）的基本路线。从一定意义上，这个基本路线就是反对国际资本对中国实行"和平演变"的路线。④党领导的人民革命战争，经历了 22 年的斗争才取得了全国范围内的胜利。新中国成立以后，在 50 年代初年和 60 年代初年又分别经历了抗美援朝和抗美援越战争。这种长期革命战争的实践，使得党的干部对帝国主义的侵略本质是有深切认识的，对帝国主义实行的"和平演变"政策是有警惕的。这些就是党用来保证党的性质纯洁性和防止"和平演变"的最重要保证。这样说，并不是讲可以放松对国内外反动势力搞"和平演变"的斗争；相反，是以加强这种斗争为前提的。总之，在中国搞经济私有化，不过是国内外敌对势力的反动空想。

二是中国当前生产水平和人民生活的水平还远远落后于当代经济发达的资本主义国家。这就是极少数搞资产阶级自由化的人提出的中国必须实行经济私有化的最主要的事实"依据"。

这里涉及的根本问题是正确地运用比较方法。应该肯定，比较方法是科学研究和进行决策的重要方法之一。问题在于要科学地运用。科学运用比较方法的一个最重要要求是要把两个（或几个）相比较的事物放在同等的条件下。当然，事物及其存在的条件都是具体的，要找出完全相同的事物及其存在的条件，是不可能的。但尽可能向这方面努力，还是必要的。我们依据这种要求进行以下四种比较：

（A）社会主义新中国和半殖民地半封建旧中国在发展生产和提高人民生活方面的比较。有人说；现在已经到了 20 世纪的 80 年代末期，做这种比较没有意义。这种观点是不对的。任何新事物都是从旧事物发展而来的，因而新旧事物的纵向对比，从来都是显示新事物优越性的一种重要方法。把新中国和旧中国做纵向对比也是显示社会主义经济制度优越性的一个重要方面，这是其一。其二，新中国和旧中国的社会经济制度是根本不同的，但在国情的其他许多方面（当然也不是一切方面）具有共同点，有较多的可比性。其三，旧中国是属于世界资本主义经济体系的范畴，把新中国同旧中国做对比，并没有脱离社会主义制度与资本主义制度对比的范围。

与旧中国相比，新中国在发展生产和提高人民生活方面，只要提及以下两件事就很可以说明问题了。一是与旧中国社会生产力极为落后相对照，新中国现在已经建立了独立的、比较完整的工业和国民经济体系。二是与旧中国广大劳动人民生活水平绝对下降相对照，新中国现在广大人民生活已经有了显著的改善。这里还要说明的是：新中国经历的时间只有40年，比半殖民地半封建社会旧中国经历的时间要短得多。这样，缺乏经验，再加上其他原因，致使建立的传统经济体制存在弊端，又曾经长期犯过"以阶级斗争为纲"的错误，还长期实行过以速度为中心的经济发展战略。这些都使得社会主义制度的优越性没有得到充分发挥。显然，随着时间的推移，社会主义制度优越性必将进一步显示出来。

（B）社会主义中国与早期资本主义在发展生产和提高人民生活方面的比较。做这种对比在一个根本点上，即在社会生产力发展水平上大体相当，有可比性。这里也只要提到两件事：一是中国工业化进程比早期资本主义工业的发展要快得多；二是资本主义工业化带来劳动人民生活的相对贫困甚至绝对贫困，而社会主义工业化却带来人民生活的逐步改善。

（C）社会主义的中国与资本主义的印度在发展生产和提高人民生活方面的比较。中国与印度在解放（或独立）的时间、解放（或独立）前社会生产力水平、人口和国土等方面，都有近似之处，具有较多的可比性。因而在这方面，社会主义制度的优越性有可能表现得很明显。1953~1987年，中国国内生产总值和人均国民生产总值的年平均增长率分别为7%和5.1%，其中1953~1980年分别为6.2%和4.2%，1981~1987年分别为10%和8.6%。而在这三个阶段，印度分别只有3.9%和1.6%，3.7%和1.4%，4.9%和2.6%。1981~1987年，中国人均消费年平均增长率为4.7%，印度只有2.8%。另据英国《简明不列颠百科全书》的资料，1985年，每人每天可得热量，中国为 3286 卡，印度为 1919 卡；成人识字率，中国为 77.1%，印度为 36.2%；每千个活产婴儿死亡率，中国为 40‰，印度为 117‰。这些数据表明：社会主义经济制度是优越于资本主义经济制度的。

（D）社会主义中国与经济发达的资本主义国家在发展生产和提高人民生活方面的比较。尽管在这方面存在许多不利于表现社会主义制度优越性的不可比因素，但仍然表现了这种优越性。比如，1979~1987 年，中国国内生产总值年平均增长速度为 9.4%，美国为 2.3%，日本为 4%，联邦德国为 1.7%，英国为 1.8%，法国为 1.8%，意大利为 2.6%，加拿大为 2.7%，澳大利亚为 3.4%，印度为 4.1%，韩国为 7.2%，泰国为 5.2%，巴西为 4.1%，墨西哥为 2.7%。[①] 可见，中国的经济增长率不仅超过发展中国家（其中包括新兴工业化国家），而且大大超过了所有经济发达的资本主义国家。又如，依据世界银行《1984 年世界发展报告》提供的资料，1984 年，我国每人平均国民生产总值为 310 美元，在世界百万人口以上的 126 个国家中居 102 位，属低收入水平的国家。但"生活质量指数"水平已经达到了中等收入国家的水平。其中：人均热量居 62 位，婴儿死亡率居 60 位，成人识字率居 47 位，预期寿命居 46 位，出生率（低）居 26 位。再如，1985 年我国人均生产总值居世界第 105 位。但据我国有关研究单位对 1985 年 128 个国家 16 项社会指标综合评分的结果，世界各国平均为 77 分，我国为 64 分，居世界第 70 位，比 37 个低收入国家平均 52 分高 2.13%，比 56 个中等收入国家平均 73 分低 12.3%，比苏联东欧 7 国平均 113 分低 43.4%，比 23 个市场经济工业国平均 140 分低 54.3%。特别是从反映人口素质、生活质量的 10 个社会指标来看，我国大多数指标都超过了低收入国家，甚至超过了中等收入国家。在这些指标方面，我国得 51 分，高于低收入国家和中等收入国家 36 分和 39 分的水平。[②] 可见，我国 1985 年以居世界第 105 位的人均国民生产总值赢得了居世界第 70 位的社会发展指标；而在反映人口素质、生活质量的 10 个指标方面，则还要居

[①]《奋进的四十年（1949~1981）》，第 468 页。其中加拿大、印度、巴西和墨西哥是 1979~1989 年的数字。

[②] 16 项社会指标包括：1. 人均国民生产总值，2. 农业总产值在国民生产总值中的比重，3. 第三产业产值在国民生产总值中的比重，4. 出口总额在国民生产总值中的比重，5. 城市人口占总人口比重，6. 非农业就业人口占就业人口比重，7. 教育经费占国民生产总值的比重，8. 中学生占 12~17 岁年龄人口比重，9. 大学生占 20~24 岁年龄人口的比重，10. 人口自然增长率，11. 平均预期寿命，12. 婴儿死亡率，13. 平均多少人一名医生，14. 人均每日摄取热量，15. 1980~1985 年平均通货膨胀率，16. 人均能源消费量。

前得多。这些不仅表明了我国人民的生活质量已经超过了低收入国家，甚至超过了中等收入的国家，而且表明了我国人民生活质量同经济发达国家的差距，要比人均国民总值的差距小得多，从而比社会生产力的差距要小得多。下列资料也可以证明这一点。1989 年，我国人均占有肉类22.7 公斤、蛋类 6.4 公斤、奶类 4.2 公斤。其中，人均占有的肉类、蛋类水平分别超过 1988 年发展中国家人均占有肉类 16 公斤、蛋类 4.1 公斤的水平；人均占有的蛋类水平接近 1988 年世界人均占有 7 公斤的水平。到1988 年，我国平均每人每天从动物性食品中摄取的热能达到 369.5 千卡、蛋白质达 13.6 克、脂肪达 32.8 克，分别高于发展中国 1984 至 1986 年3 年平均的每人每天从动物性食品中，摄取热能 218 千卡、蛋白质 12.7克、脂肪 16.2 克的水平。[①]

为了充分说明社会主义经济制度在这方面对于资本主义经济制度的优越性，还需进一步指出这里存在的许多不可比因素。其中重要的有：中国的社会生产力比经济发达的资本主义国家低；科学技术水平、劳动者文化水平和人均占有的自然资源数量都比较低；人口多；企业管理水平也比较低；由于新中国建立的时间不长，还难以改革不适合生产力发展的传统经济体制。应该看到：生产水平以及主要由此决定的人民生活水平，不仅决定于社会经济制度，而且决定于社会生产力，决定于上述的构成生产力的各项要素以及促进生产力发展的各项要素。此外，还有一点也是重要的。资本主义制度从它问世的第一天起，就是靠剥削殖民地人民发家的。当代经济发达的资本主义国家也没有放弃（也不可能放弃）对发展中国家人民的掠夺。而社会主义经济制度是根本上排斥这种剥削和掠夺的。所以，不看这些差别，仅凭当前中国生产水平和生活水平落后于经济发达的资本主义国家，就否定社会主义经济制度优越性，就要走经济私有化道路，这显然是极少数搞资产阶级自由化的人别有用心的歪曲。

---

① 《人民日报》1990 年 1 月 8 日第 1 版。

四、进一步改革经济体制需要正确处理的几个重要关系

要进一步改革经济体制，需要正确处理一系列的关系。这一点，不仅关系到经济体制改革本身能否顺利进行和成效大小，而且关系到整个社会主义现代化建设，其中也关系到工业经济效益。

第一，需要正确处理经济体制改革各个环节和各个方面的关系。主要有以下四个方面：

首先，企业活力的增强，商品市场体系的形成，间接控制手段的完善，三者必须互相配套。在这三个环节中，增强企业活力是中心环节。因为，①就经济体制改革的根本目的来说，是要发展社会主义社会生产力。企业是社会生产力的基础。由于企业是社会生产的基本单位，生产力的各个要素是在企业里直接结合起来的。这样，各个企业生产力的总和就构成了整个社会的生产力，各个企业生产力水平的高低也决定着社会生产力水平的高低。就像细胞是人体的基本构成要素，细胞的活力越大，人的身体也越健壮一样。所以，要发展社会主义社会生产力，最根本的就是要增强企业的活力。②就传统经济体制的弊病来说，最基本的一点也就在于它使企业成为国家行政机关的附属物，窒息了企业的活力。因而，经济体制改革的主要锋芒，也要相应地指向这一点。③就社会主义国家所有制经济来说，国有企业是商品生产者。经济体制的改革正是适应这种商品经济关系的要求而进行的。这也必依使得增强企业活力成为经济体制改革的中心环节。④就这三个环节的相互关系来说，后两个环节是以第一个环节作为基础的。很明显，如果国有企业不是商品生产者，就提不出形成社会主义市场体系的要求，也提不出以间接控制手段为主的要求，而且，社会主义市场体系和间接控制手段的作用都缺乏微观基础。

这样说，并不意味着后两个环节是可有可无的，是不重要的；恰恰相反，二者都是整个经济体制改革目标中必要的和重要的环节。不言而喻，社会主义的市场体系是作为商品生产者的国有企业生存和发展的基本条件，是形成企业外在的竞争压力的基本要素，是硬化企业的财务预

算约束、克服企业短期行为的必要条件。至于实现以间接控制手段为主的宏观经济管理，则不仅是整个国民经济实现长期稳定、协调和高效发展的一个主要条件，也是作为商品生产者的国有企业能够不断实现扩大再生产和企业活力得以正当发挥、持续发挥和充分发挥的宏观条件。

因此，在经济体制改革中，必须以增强企业活力为中心，并使这三个环节相互配套。这一点，已经为我国经济体制改革的实践所证明了。我国1978年以前所进行的多次经济管理体制改革，主要是在划分中央政府和地方政府管理经济权限上兜圈子，而没有把握增强企业活力这个中心环节。因而，改革没有取得任何实质性的进展。1978年以后的改革是以扩大企业自主权、增强企业活力为起点，并且围绕这个中心展开的。因而，改革取得了重大的成就。然而，这个期间改革的经验也表明：如果微观搞活与宏观控制（以间接控制为主的宏观控制）不配套，如果微观搞活的程度与宏观控制的能力增强不相适应，企业的经营活动就会出现盲目性，就会产生短期行为，就会导致固定资产投资和消费基金的膨胀。其结果，不仅阻碍了社会主义国民经济长期稳定、协调和高效的发展，而且已经拟定的增强企业活力的改革措施难以出台，已经出台的改革措施还难以保住。因为在宏观经济失控，而一时又不可能实行以间接控制为主的宏观经济管理的条件下，往往需要恢复已经改革了的国家行政管理，使得改革的成果难以巩固。这个期间改革的实践还证明：如果增强企业活力与建立社会主义市场体系不配套，那么，不仅企业难以充分地活起来，而且由于缺乏必要的外在压力、正确的价格信号和正常的市场导向，使得企业活力不能在正当轨道上健康地发展，也会导致国民经济比例关系失调的结果。

其次，在增强企业活力方面，要使扩大企业自主权、增强企业利益与加强企业的责任结合起来，要使形成利益激励与利益制约机制结合起来。我国经济体制改革的实践证明：只有正确地实现这两种结合，才能全面地反映国有企业作为自主经营和自负盈亏的社会主义商品生产者的经济要求，也只有如此，社会主义市场体系和间接控制手段为主的宏观经济管理的作用才有得以发挥的微观基础。这样，企业活力才能充分地健康地发挥出来。反之，如果只是给予企业的权力和利益，而不相应地加重企业的责任，如果只负盈、不负亏（或多负盈、少负亏），那并不能

反映作为商品生产者实现自负盈亏的要求，企业财务预算还是处于软化或半软化的状态，社会主义市场体系和以间接控制手段为主的宏观经济管理的作用就不可能得到充分发挥，企业也就不可能真正地健康地活起来。

再次，在建立和完善社会主义市场体系方面，不仅要建立和发展产品市场，而且要建立和发展生产要素市场。在产品市场方面，不仅要发展一般消费品市场，而且要发展长期被排在商品以外的住宅市场，还要发展生产资料市场。在生产要素市场方面，也不仅要发展生产资料市场，而且要发展作为现代化生产必要要素的科学技术市场、信息市场和劳务市场，还要发展作为各生产要素的价值形态的资金市场。同时，还要依据社会主义有计划的商品经济的要求，改革高度集中的价格管理体制，使国家对价格的直接管理过渡到主要实行间接管理，并通过调放结合的办法，实现价格体系合理化，使得商品价格能够反映价值的变化和供求关系的变化。所有这些，不仅是作为商品生产者不断实现其资金增值的经济要求和条件，也不仅是形成作为其本质特征的竞争的经济机制，而且还是国家实现以间接控制手段为主的宏观经济管理的必要的中间环节。

最后，在实现以间接控制手段为主的宏观经济管理方面，要把间接控制手段和必要的直接控制手段即行政手段结合起来，要把经济手段和法律手段结合起来，要把价格、信贷、税收和工资等经济手段结合起来。只有这样，才能保证企业活力和市场体系作用得到健康的充分的发挥，也才能保证国民经济长期稳定、协调发展。还需指出：在我国，无论是国有企业作为商品生产者经济地位的确立，或者是社会主义市场体系的发育健全，都需要经过一个过程。在这个过程中，需要充分估计作为直接控制手段的行政手段的作用。如果低估了这个作用，且不说间接控制手段的建立和完善一时难以做到，就是做到了，也因为缺乏微观基础和作为中间环节的传导手段，使得间接控制手段难以充分发挥作用。其结果，不仅不利于企业活力和市场体系作用的正常发挥，反而会助长企业生产经营的盲目性和企业的短期行为，造成市场供应紧张和经济比例关系的失调。因此，需要把直接控制手段的减弱与间接控制手段的加强、市场体制的发育、微观基础的改造恰当地结合起来。需要着重指出：在当前治理整顿时期，尤其需要重视行政手段的重要作用。但这种重视不是要否定经济手段的作用，而是要尽可能同经济手段的作用结合起来；

也不是要否定企业的自主权，而是要尽可能维护这种自主权。

我们在前面分别从四个方面论述了经济体制改革三个环节以及每一个环节内部诸方面的配套性。然而，这绝不是说各项改革可以齐头并进的。实际上，由于各项改革的地位和作用不同，相互依存关系有别，以及它们赖以形成的条件各异，它们的改革必然呈现出先后继起的有序性。这种配套性和有序性的结合，无论是对改革的全过程，或者是对改革的某一阶段，都是适用的。

第二，需要正确处理经济体制改革与经济发展、政治体制改革、精神文明建设的关系。

为了说明这一点，需要论及党中央提出的下列论断。"我国社会主义现代化建设总体布局是：以经济建设为中心，坚定不移地进行经济体制改革，坚定不移地进行政治体制改革，坚定不移地加强精神文明建设，并且使这几个方面互相配合，互相促进。全党同志必须从这个总体布局的高度，正确认识社会主义精神文明建设的战略地位。"① 党中央的这个论断虽然是从正确认识社会主义精神文明建设的战略地位提出问题的，但它主要说的是社会主义现代化建设的总体布局；而且，这个总体布局是符合历史唯物主义关于生产力决定生产关系以及经济基础决定上层建筑的基本原理的。因而，这个论断对我们这里考察的问题，是有指导意义的。

首先，经济体制改革要围绕社会主义经济建设这个中心来进行。这是因为，依据马克思主义关于生产关系和生产力相互关系的原理，作为社会主义国有制生产关系的具体表现形式的经济体制的改革，是为促进社会主义经济建设服务的，而且这种改革能否起步、起多大步，已经起步的改革能否巩固得住，以及改革能否继续前进和按照多大的步伐前进，主要也都取决于社会主义经济建设发展的状况。

我国已有的改革经验表明，当改革紧紧围绕建设这个中心并为这个中心服务的时候，改革和建设都能得到健康的发展，改革和建设就能发挥相互促进的作用。这一点，在党的十一届三中全会以后展开的农村改革中表现得最为明显。反之，在把改革强调到不适当的位置，要建设为它服务的时候，再加上改革本身的失误，则不仅造成了经济的严重失衡，

---

① 《中共中央关于社会主义精神文明建设指导方针的决议》，第 2 页。

到头来改革本身也难以顺利进行下去。

所以，必须确立改革为建设这个中心服务的思想，而不能相反，要建设服从于改革。

依据这个思想，推进改革要把经济的稳定、持续、协调和高效益的发展放在首位。只有这样，才能有利于建设，有利于改革，也有利于工业经济效益的提高；否则，不仅达不到这些目的，甚至造成相反的后果。

依据这个思想，在当前治理整顿时期，改革要围绕治理整顿来进行，并为它服务。当然，治理整顿和改革都不是目的，它们都是为了实现经济的持续、稳定、协调和高效益的发展。

其次，经济体制改革要与政治体制改革配合进行。传统政治体制是适应传统经济体制的要求建立的。因此，要改革传统经济体制，就必须相应地改革传统政治体制，使得新建立的政治体制适应新建立的经济体制的要求。也只有这样，才能避免传统政治体制与经济体制改革的摩擦，并发挥政治体制改革与经济体制改革相互促进的作用。

我国已有的改革经验表明：如果政治体制改革落后于经济体制改革的要求，就会阻碍经济体制改革的发展。比如，我国住房制度改革进展缓慢，就是同这项改革遇到的阻力有关。而这项阻力不能及时有效地排除，又是同政治体制改革进展缓慢有关。又如，由于政治体制改革进展缓慢，决策民主化以及与此相联系的决策科学化问题没有很好解决，有时导致经济体制改革的失误，妨碍了经济体制改革的进展。

当然，中国的政治体制改革，也要像中国的经济体制改革一样，从中国国情出发，建立具有中国特色的、高度的社会主义民主制度；这种制度的建立也需要经过一个很长的历史过程。如果不顾中国的国情，照搬西方资本主义的做法，或者要求一个早上实现高度民主，那就必然会背离中国政治体制改革的初衷，偏离社会主义方向，并被国内外敌对势力利用来颠覆社会主义的新中国。这方面的教训，必须牢记。

最后，经济体制改革要与社会主义精神文明建设配合进行。经济体制改革可以有力地推动社会主义精神文明建设。而社会主义精神文明建设又是在经济体制改革中坚持社会主义方向和形成政治稳定局面的重要保证，并且为经济改革提供重要的精神动力和智力支持。因此，要发挥经济体制改革和社会主义精神文明建设相互促进的作用，就必须使二者相互配合进行。

我国已有的改革经验证明：忽视社会主义精神文明建设，特别是忽视思想政治教育，不仅不利于在经济改革中坚持社会主义方向和形成政治安定的局面，而且缺乏有力的精神动力和智力支持，形成了诸多摩擦，妨碍了经济体制改革的顺利发展。

第三，需要正确处理战术上的紧迫性和战略上长期性的关系。

经济体制改革，是建设具有中国特色的社会主义的必由之路，是实现我国社会主义现代化的根本保证，对社会主义精神建设和政治体制的改革也有重要的促进作用。因此，对经济体制改革的每一项工作，都需要有紧迫感。但这只是问题的一方面；另一方面又必须如实地看到我国经济体制改革的长期性，以便把经济体制改革的战略建立在这种长期性的估计上。

然而，我国经济体制改革的实践表明，这一点并没有普遍为人们认识到。如果说，在过去的长时期内，急于求成的思想曾多次表现在经济发展方面，那么，在改革起步以后，这种思想就不只是表现在经济发展方面，而且表现在经济体制改革方面。当然，在党的十一届三中全会以后，作为党的集体的指导思想来说，已经回到马克思主义的正确轨道上来。但还不能说，在实际的经济工作中（包括经济发展和经济改革两方面）已经没有急于求成思想的影响了。仅就经济体制改革来说，这种急于求成思想的影响就有多方面的表现。比如，有的改革的步子迈大了。有的改革本来是作为试点来进行的，但试点还未充分进行，经验还未很好总结，就在面上铺开了。有的在面上铺开改革的经济效益还未充分表现出来，又急忙向前推进了，甚至把新的经济体制基本框架建立的时间也预期得太短了。如此等等。应该说，改革中的这种急于求成的思想，对改革十分不利，本来想快，实际反而造成了慢的后果。因此，充分认识经济体制改革的长期性，是我国改革实践提出的需要解决的具有重大意义的问题。对于这一点，邓小平说过："自从党的十一届三中全会以来，我们一直在考虑长远的方针和政策。我们一心一意搞社会主义，四化建设。为了发展经济，必须改革，必须在经济、政治和其他领域搞改革。这不是几年的事情，而是 50 年、上百年的事情。"①邓小平这里说的建设和改革的长期性，是一个具有十分重要意义的战略思想。

那么，究竟为什么我国经济体制改革具有长期性呢？

一是我国传统的经济体制弊病严重。第二次世界大战后，欧亚两洲建立起来的包括我国在内的许多社会主义国家的经济体制，基本上是承袭了苏联 30 年代创立的高度集中的经济体制。但相对其他社会主义国家来说，我国建立的这种体制的弊病在某些方面显得更为严重一些。"这种模式的主要弊端是：政企职责不分，条块分割，国家对企业统得过多过死，忽视商品生产、价值规律和市场的作用，分配中平均主义严重。"②诚然，这些弊端在实行这种体制的其他社会主义国家也存在。但在我国，则尤为突出。这当然不是偶然的现象，而有多方面的复杂原因。①中国曾经经历了几千年的封建社会，与封建生产方式相联系的自然经济思想和小生产平均主义思想影响很广很深。②从 1928 年建立革命根据地到 1949 年建立新中国，中间经过了 20 余年。长期在革命根据地和解放区实行的党政军一体的领导体制、各解放区实行自给自足的财政体制以及干部中实行的供给制，在全国解放以后也有很大的影响。③1949 年新中国成立时，还负担着继续解放全中国的战争任务。1950 年又开始了抗美援朝战争。其后又长期面临着帝国主义的侵略威胁。这种长期的战争或战争威胁的环境，是培育和强化高度集中的经济体制的催化剂。④过去长期存在的经济、政治和思想等方面的"左"的错误，更是加强这种体制弊病的最主要最直接的原因。⑤在社会主义国家中，有的在 40 年代末、50 年代初和 60 年代就开始对传统的经济体制进行了改革。而我国的改革是在 1979 年才真正开始。我国改革起步晚，传统的经济体制存在的时间长，也是这种体制弊病加重的一个因素。显然，传统体制弊病严重，表明我国改革的起点低，改革的任务重。

二是我国国土广，人口多，各地经济文化发展又很不平衡，国情复杂。这种复杂的国情，一方面决定了我们不可能有完全现成的经验（包括改革起步较早的社会主义国家的经验）可以运用；另一方面又决定了

①《经济日报》1987 年 6 月 29 第 1 版。
②《中共中央关于经济体制改革的决定》，第 8 页。

制定改革蓝图的任务显得异常艰巨。这也是我国改革任务重的另一个原因。

三是国民经济、国家财政、国有企业、干部和职工对经济体制改革承受能力低。由于过去长期存在的"左"的错误和传统的经济体制的影响，我国国民经济曾经长期处于严重失调的状态。1981年国民经济进行了调整，虽然取得了成效。但1984年以后，又发生了国民经济的严重失衡。基础工业和加工工业的关系，以及基础设施与国民经济其他部门的不协调关系，不仅没有根本的改变，甚至愈来愈成为工业和国民经济发展的"瓶颈"。固定资产投资和消费基金膨胀的趋势也并没有根本扭转。上述情况表明：我国经济管理体制改革的环境并不宽裕，而是相当紧张的。而且，在新旧两种体制转换过程中，这种紧张的环境也只能得到相对的改善，而难以根本解决。这一点，不仅制约着我国经济发展的效益和速度，而且制约着经济改革的步伐。

与上述情况相联系，国家财政收支状况也并不宽裕，而是相当紧张的，财政对经济体制改革的承受能力也不高。

我国国有企业长期习惯于在传统的经济体制下运行，特别是微观基础还没有得到改革，再加上固定资产折旧率低，企业留利低，技术改造和产品更新的能力都低，因而对市场应变能力低，对因生产资料价格上升和工资增加而引起的成本上升的消化能力低。企业管理干部素质差，也是构成企业应变能力低的一个重要因素。

我国职工也是长期习惯于在传统经济体制下生活，对在社会主义有计划的商品经济条件下生活，心理准备也很不足，特别是在实行低工资的情况下对物价上升的承受能力很低。

上述各方面对经济体制改革的承受能力低的状况，不仅要求我们对改革采取十分慎重的态度，而且制约着改革的步伐。

四是商品经济发育程度低。这集中地表现在市场体系很不健全。就是过去允许存在的消费品市场，也很不全，把作为基本生活资料的住宅排斥在市场之外。生产资料卷入市场的范围很小，在作为国民经济主导的国有经济内部使用的生产资料是不当做商品看待的。而且产品市场的价格又严重扭曲。至于劳务、资金科技和信息等生产要素市场则基本上是不存在的，甚至是完全不存在的。这种状况不仅使得建立和健全市场体系成为经济体制改革的一项繁重的基本任务，而且制约着微观基础的改革，妨碍着间接控制手段的运用。因而，从总体上决定着经济体制改革的进程。

五是经济体制的改革，要求政治、法律、科技和教育等项体制和制度的改革相配合，要求社会主义精神文明建设相配合。而这些相配合的改革和建设，也都是繁重的任务。从这种相互联系的意义上，这也使得经济体制改革的任务变得异常复杂起来。

六是与上述各点相联系，我国经济体制改革的阻力也相当大。这无论是就由改革引起的权力和利益的再分配，或者是就由改革引起的与习惯势力和旧思想观念的冲突来说，都是如此。就利益再分配而引起的阻力来说，比如，由于价格扭曲和平均主义严重，就给价格改革和分配改革带来更大的困难。就旧思想观念的阻力来说，不仅有资产阶级思想，而且有封建主义和小生产的思想。

总之，我国改革起点低，国情复杂，改革任务本身就很艰巨，改革的困难条件多，阻力大。这些就使得改革成为一个长期的任务。

当然，也要看到：党的十一届三中全会以来，已经确定了一条正确的改革路线，绘制了改革的蓝图，确定了改革的目标。十年改革，特别是农村改革已经取得了举世瞩目的成就，并且积累了丰富的经验。通过改革的实践，广大干部和群众已经看清了改革是振兴社会主义中国的根本出路。但所有这些都只表明：改革在我国已经成了不可扭转的历史发展趋势，并有可能在某种限度内加速改革的历史进程。然而并不能够从根本上改变改革是一个长期战略任务。

可见，在改革方面急于求成是不符合我国国情的，是不符合改革发展的客观规律的。但急于求成在这方面的暴露又不是偶然的现象。10年"文化大革命"的破坏，使得新中国与当代发达的资本主义国家在社会生产力和人民生活方面已经缩小了的差距又拉大了。当代世界新的科学技术革命又向我国提出了新的挑战，弄不好，这些差距还会进一步拉大。这种严峻的社会主义制度与资本主义制度竞赛的形势，促使人们期望通过加快经济体制改革来加快社会主义现代化建设。近几年来，新老干部交替的形势大大加强了这种愿望，当前新旧体制交替中所发生的各种摩擦，也推动人们加快改革来消除这种摩擦。从认识论方面来说，对于我国改革复杂性和艰巨性的认识，也不是一次能够完成的，而是需要一个较长的过程。从这些方面的情况来看，在今后的改革中，着重警惕急于求成思想的干扰，积极而又稳妥地安排改革的步骤，对于保证改革的顺利，对于促进经济的发展，对于提高包括工业在内的经济效益，都是十分重要的。

五、加强国有资产的管理

（一）加强国有资产管理的重大意义

加强国有资产管理，具有多方面的意义，不只限于提高经济效益方面。这里是从多方面论述这种意义的。

在过去的长时期内，在传统的经济体制下，我国国有资产管理方面存在较多问题。但是，由于受到产品经济观念的束缚，对社会主义优越性的误解，以及"以阶级斗争为纲"的"左"的错误的影响，这个问题并没引起足够的重视。久而久之，人们在这方面的感觉也变得迟钝和麻木起来。1979年经济体制改革以来，这个问题逐步受到了重视。但还不能说，这个重视问题已经解决了，特别是如何结合当前国内形势和国际形势的特点来认识这个问题的重要性，更有许多值得深入探讨的地方。

第一，加强国有资产管理，是维护社会主义国有资产的重要手段。首先，在我国社会主义的现阶段，阶级斗争虽然已经不是社会的主要矛盾，但在一定范围内还是存在的，在一定条件下还可能激化。这个斗争的一个重要方面，就是极少数敌对分子破坏盗窃和侵吞社会主义的国有资产。其次，在我国现阶段，封建主义和资本主义思想还有很广、很深的影响。这就必然会在人民内部有些人身上滋生贪污、盗窃行为。社会主义条件下商品经济的发展又为滋生这种行为提供了某种客观环境。当然，社会主义商品经济的发展，并不必然导致贪污、盗窃行为。但它确实为滋生这种行为提供了某种条件。最后，经济体制改革以来，由于对地区、部门和企业实行放权让利，形成了利益主体的多元化。当然，这些利益主体之间的根本利益还是一致的，但他们之间确实已经存在着某种相对独立的经济利益。从这方面来说，可以把他们看做是不同的利益主体。这是一方面；另一方面，当前改革还存在着诸多不配套的状况，在宏观经济管理、市场和企业制度等方面都没有形成强有力的约束机制。这样，就在相当广泛的范围内发生了程度不同的侵蚀国有资产的行为。在上述诸种情况下，不加强国有资产管理，就不可能维护好社会主义的国有资产。

第二，加强国有资产管理，是发挥社会主义国有经济优越性的一个重要条件。曾经有一种观点认为，只要建立了社会主义公有制，就可以发挥社会主义经济的优越性。但实践表明：建立社会主义公有制固然是社会主义经济优越性得以发挥的基础。但如果只有这一点，而没有适应社会主义经济发展要求的经济管理体制，不加强包括国有资产管理在内的管理经济管理和企业管理，并不能充分发挥社会主义经济的优越性。显然，以社会化大生产作为物质基础的社会主义国有经济，它的资源配置效益和要素营运效益的提高，是以完善的宏观经济管理和微观经济管理作为条件的。因而，不具备这些条件，就不可能发挥社会主义国有经济在发展社会生产力和提高人民生活方面的优越性。

近年来又有一种观点认为，似乎只要改革了经济管理体制，就可以充分发挥社会主义经济体制的优越性。其突出表现就是以"包"（承包经营责任制）代"管"（宏观经济管理和微观经济管理）。诚然，广义地说来，经济管理体制是经济管理的一个基本方面。而且，改革经济管理体制，对于发挥社会主义经济优越性，也确实具有极重要的意义。但是，经济管理的含义比经济管理体制要广得多，并不能把二者等同起来。而且，实现经济体制改革需要很长的时间。而经济管理是可以经常进行的工作。因此，我们并不能用经济体制改革来代替经济管理。事情还不只是这样。近年来的实践证明：如果不加强包括国有资产管理在内的管理，就既不利于经济的稳定发展，又不利于企业生产要素效能的发挥。这不仅不利于发挥社会主义经济的优越性，而且连经济改革的顺利进行，以及它的成果的巩固，都会遇到困难。这样，不仅在发挥社会主义优越性的意义上，而且在管理作为改革赖以进行的条件的意义上，都不能用改革来代替管理。

第三，加强国有资产管理，是实现经济持续稳定、协调发展的一个重要因素。多年经验表明：造成我国经济大起大落、阻碍经济稳定发展的基本因素，是由总需求的膨胀引起的经济总量失衡（即社会总需求大大超过社会总供给）以及与之相联系的产业结构失衡。决定这一点的直接原因，是长期以来实行的、以速度为中心的经济发展战略在实际经济工作中并没发生真正的转变，其深层的根源则是滋生总需求膨胀的传统经济体制，但与国有资产管理方面存在的缺陷也是有联系的。比如，作为近几年来总需求膨胀基本要素之一的投资需求膨胀，是同许多企业挪用流动资金从事基本建设有着某种联系，而作为总需求膨胀另一个基本要素的消费需求膨胀，则同许多企业挪用生产发展基金、流动资金和折旧基金分给职工，以及由此形成的大量灰色收入（半合法收入）和黑色收入（非法收入）存在着重要的联系。可见，加强国有资产管理，对于实现经济的稳定发展具有重要的意义。

第四，加强国有资产管理，是当前治理整顿的一项重要任务，这次治理整顿的主要目标是：逐步降低通货膨胀率；扭转货币超经济发行的状况；努力实现财政收支平衡；在着力提高经济效益的基础上，保持适度的经济增长率；改善产业结构不合理的状况；进一步深化和完善各项改革措施。而加强国有资产管理，有利于提高资源配置效益和要素营运效益，有利于防止经济滑坡，保持一定的增长速度，有利于增加有效供给和国家财政收入，从而有利于逐步降低财政赤字和通货膨胀率，并为深化改革创造有利的宏观经济环境，总之是有利于治理整顿各项目标的实现。

第五，加强国有资产管理，有利于发挥国有经济的主导作用，也有利于反对资产阶级自由化的斗争。诚然，社会主义国有经济在我国诸多经济成分中居于最先进的地位，并在国民经济中占了大部分。根据国家国有资产管理局近一年来的调查统计，我国目前由国家投资形成的、预算内国有企业和行政事业单位国有资产原值总额已经达到了16150亿元。然而，国有经济主导地位的巩固及其作用的进一步发挥，又不仅有赖于它在经济关系上的先进性及其在国民经济中的比重，而且有赖于它的经济效益的提高，从而有赖于国有资产管理的加强。

近年来，极少数鼓吹资产阶级自由化观点的人认为，社会主义国家所有制成了"现代生产力的桎梏"，"走到了尽头"，"到了最后被否定的阶段"。经济私有化是中国实现现代化的"唯一成功之路"。当前在改革方向问题上的斗争，是坚持四项基本原则与资产阶级自由化斗争的一个基本方面，也是反对国际敌对势力对社会主义国家推行"和平演变"政策的一个基本方面。但要胜利地进行这个斗争，除了要在政治、思想等领域内进行工作以外，在经济领域内的一个重要方面，就是要通过包括加强国有资产管理在内的各种手段，提高国有企业的经济效益，以进一步发挥国有经济的巨大优越性。

总之，当前加强国有资产管理，无论在经济上或政治上都有极重要意义。

（二）当前国有资产管理中存在的问题

强调加强国有资产管理的重要性，不仅因为它在经济、政治等方面具有重要意义，而且因为当前在这方面存在诸多严重问题。

这里首先要明确国有资产管理的要求。社会主义经济的重要特征，是持续不断地扩大再生产。与此相适应，国有资产管理的基本要求不仅是保值，而且是增值。以这个基本要求来衡量，当前我国国有资产管理存在的问题主要有以下几方面：

第一，折旧率偏低，使得固定资产不能得到足值的、及时的补偿。

我国确定国有企业固定资产基本折旧率，没有考虑精神损耗，甚至连物质损耗也考虑得不充分，因而折旧率一直是偏低的。1953 年，我国国有企业固定资产基本折旧率为 2.1%，1978 年上升到 3.7%，1987 年上升到 4.9%。[①]

乍一看来，上述期间固定资产基本折旧率上升幅度很大，似乎基本折旧基金可以满足固定资产更新的需要。但实际情况并非如此。以"七五"时期头两年为例。国有企业 1986 年和 1987 年提取的基本折旧基金分别为 443.1 亿元和 499.8 亿元。而这两年更新改造投资分别为 619.2 亿元和 758.6 亿元，其中属于基本建设性质的新建投资分别为 26.3 亿元和 41.2 亿元，真正属于更新改造性质的扩建、改建投资分别为 536.4 亿元和 663.5 亿元。[②] 可见，这两年提取的基本折旧基金小于扩建、改建投资额分别为 93.3 亿元和 163.7 亿元。

上述基本折旧基金是按照有关主管经济部门规定的基本折旧率计算的。但由于多种原因，许多企业实际实行的折旧率比这个折旧率还要低。

---

① 《中国统计年鉴》（1989），第 26 页。
② 《中国统计年鉴》（1988），第 606 页；《中国统计年鉴》（1989），第 25~26、523~524 页。

就是提取的基本折旧基金也并不全部用于固定资产的更新。比如，某市拖拉机配件厂，为了迎合经济效益考核指标的需要，为了不增加亏损，有意少提或不提折旧基金。1985 年至 1988 年，该厂按规定应提基本折旧基金 947 万元，实际只提取 448 万元，只占应提的 47.3%。而且，已经提取的折旧基金，还要缴纳 15% 的能源、交通基金和 10% 的预算调节基金。

我国确定固定资产基本折旧率，也没有考虑通货膨胀因素。如果说，这一点在过去通货膨胀较低的年份对基本折旧基金的影响还不明显的话，那么，在 80 年代中期以来通货膨胀率显著上升的情况下，其影响就很大了。笔者依据有关资料计算，1988 年固定资产价格指数比 1978 年上升了 57%，而在 1978~1987 年期间，固定资产基本折旧率只提高了 32.4%，可见，如果把通货膨胀的因素考虑在内，那么，上述期间基本折旧率就不是提高了，而是下降了，致使提取的基本折旧基金更加不能满足固定资产更新的需要。一些地方的典型调查资料也可以证明这一点。据有些地方调查，企业现有固定资产的重置价格平均比原始价格提高了 50%。依此推算，仅全国预算内工业企业一年少提折旧基金 250 亿元左右，加上其他因素，国有资产补偿基金的欠账一年就达 500 亿元以上。

折旧率偏低，使得固定资产不能及时更新，超期服役。据统计，1985 年来，在全国国有大中型企业中，超期服役的固定资产占 22.25%。1986 年全国铁路路基病害长度达 10911 公里，占营运里程的 20%。机器设备的超期服役，技术性能下降，必然造成物耗和能耗上升，劳动效率和产品质量下降，造成人身安全事故。

第二，大量生产设备闲置，不仅不能使这部分资产实现增值，而且由于自然损耗和精神损耗，不能实现保值。由于经济体制的缺陷和经济战略的失误，生产建设上存在很大的盲目性，产业结构失衡，经济发展周期波动，致使大量设备不能投入生产运行，或不能充分有效地运行。而企业还是商品生产者，生产资料市场也不发育，企业并不急切关心闲置设备的处理，也难于处理，致使大量设备闲置状态长期难以改变。据统计，目前仅全国预算内国营工业企业未使用、不需用和封存的固定资产达 258 亿元。如果再加上预算内其他企业和预算外国有企业闲置和半闲置的资产，根据一些地方的典型材料推算，其总额可达 1000 亿元以上①这是从固定资产的总体说的。多年来，由于盲目建设和重复建设，新增固定资产的闲置状况还要严重得多。据统计，1988年某省新增固定资产13.4亿元，其中闲置部分就有7.22亿元，占新增固定资产53.9%。

第三，固有资产增值能力很低，其突出表现就是投资和生产的经济效益都差。如前所述，1953~1988年合计，国有工业基本建设投资总额为7497.42亿元，新增固定资产为5238.7亿元，仅占投资总额的69.9%，这就是说，约有三分之一的投资并没形成生产能力。其中，1988年新增固定资产还只占基本建设投资总额的68.1%，比1979年下降了24.4个百分点。1988年国有独立核算工业全资金利润率为28%，比1979年的29.2%下降了1.2个百分点。这年国有独立核算工业企业的亏损额达到了74.2亿元，比1979年的36.4亿元增加了1.04倍。②国有资产低效运行的状况在境外投资企业中也是很严重的。福建省境外企业投资总额达6000万美元，但10年来仅实现利润1800万美元，其中汇回国内的才734万美元。广东省境外企业10年累计盈利2900万美元，同期亏损2300万美元，盈亏相抵后仅盈利600万美元。大连市境外投资6年来，仅有一户企业汇回盈利2.5万美元。③投资和生产经济效益差，是经济体制弊病、经济战略选择偏差、技术和管理水平低的集中反映。

第四，更有甚者，由于管理薄弱和经济体制改革中的某些失误，竟有大量国有资产存于账外，巨额国有资金流失。这既谈不上国有资产的保值，更谈不上增值。据1988年襄樊市的调查，该市国有资产总量为25亿元，但汇入财政决算的只有19.5亿元，还有22%的国有资产未入账。该市的958个直属单位中，账实不符的竟有740户，占总数的77%。据有关资料推算，全国账外资产总额在3000亿元左右。④巨额国有资产未列入账内，就为某些单位和个人侵占国有资产和国有资金的流失开了方便之门。

事实上，国有资产的流失已经普遍地存在着。有些实行承包经营责任制的企业，采取压低承包基数，贱价处理国有资产，拖欠国家银行贷款，少提甚至不提基本折旧基金，挤占甚至不提生产发展基金等办法，为职工多发工资和奖金和福利费。有些实行租赁制的企业，用压低租金

①②《经济日报》1990年2月21日第2版。
③《经济日报》1990年2月27日第2版。
④《经济日报》1990年2月20日第2版、2月21日第2版。

和欠交甚至不交租金各种办法，来侵占国有资金。在实行股份制试点的企业中，侵占国有资产的情况尤为突出。这些企业，一方面低估国有资产，包括固定资产、由经营垄断而带来的级差地租以及专利、商誉等无形资产；另一方面，又用历年积累的基本折旧基金、历年留利形成的生产发展基金和国家银行贷款形成的资产，转为企业股，甚至职工个人股，随之资产收益也由国家转到企业和职工个人。一方面企业股和职工个人股可以分到股息和红利，二者合计的利率往往超过企业的资金利润率，而且少承担甚至不承担风险；另一方面国家股不分股息，只分红利，而且分红时首先要保证企业股和职工个人股，有多余时才轮到国家股，但遇到风险时首先又由国家股承担。在国营农垦企业兴办家庭农场过程中，用低价转让生产资料和消费资料的办法，造成了大量国有资产的流失。而在家庭农场建立以后，又用拖欠转让价款的手段，严重侵蚀国有资产。在中外合资经营企业中，由于低估了中方的有形、无形资产，也使国有资产蒙受了巨大的损失。此外，近 10 年来，许多地方经济主管部门和企业在兴办集体企业的过程中，也把大量的国有资产转到集体以至于职工个人手中。

多年来，国有资产流失已经达到触目惊心的地步！比如，某市 1988 年工业企业提取的更新改造基金、生产发展基金、新产品试制基金和税前还贷等各项资金，在扣除应交纳的能源交通基金后，应该形成 157433 万元的固定资产，而实际形成的固定资产只有 69524.5 万元，其中相当一部分生产基金被福利基金和奖励基金超支挪用了。据对该市所属 378 户工业企业的调查，有 233 户福利基金超支，占总户数的 61.64%，超支金额 14073.5 万元，奖励基金超支 47 户，占总户数的 12.43%，超支量额 993.7 万元，两项合计超支 15067.2 万元，相当于当年新增固定资产的 21.67%。又如，某省垦区 1988 年向家庭农场转让各种农机具 9717 台（件），生产设施 210 座，生产用房 114600 平方米。由于转让价格普遍偏低，致使这年蒙受的损失约占该垦区国有资产净值的 30%。到 1988 年底为止，该垦区约 16 万个家庭农场拖欠固定资产转让价款和生产、生活垫支费达 93506 万元，相当于该垦区自有流动资金 115954 万元的 80.6%。

可见，加强国有资产管理已经成为当前一项紧迫的重要任务。

（三）加强国有资产管理的途径

加强国有资产管理，涉及诸多方面。这里只就其中若干重要点提出一些设想。

第一，要进行维护国有资产的教育。

经济体制改革以来，针对传统经济体制下忽视企业作为商品生产者应有权益的状况，强调了对企业的放权让利。这是必要的。但在维护国有资产教育方面却注意不够。这是造成上述的巨额国有资产流失的一个重要原因。针对这种情况，认真地进行一次维护国有资产的教育，以提高大家在这方面的自觉性，是很有必要的。

由于国有资产是我国社会主义财产最主要的组成部分，因此，要把维护国有资产的教育，列为坚持四项基本原则教育的一项最重要内容。

要通过教育使国有企业和行政事业单位的职工认识到：国有产权是神圣不可侵犯的；维护国有产权是大家的根本利益所在，是神圣的权利和义务。

当然，要维护好国有资产，单靠教育是不够的，还需要政策上和法律上的一系列措施。

第二，要进行清产核资。

清产核资是解决上述各项问题的一项基础性工作，势在必行。而且这项工作同调整结构和深化经济改革都是有联系的。因为清产核资可以为资产存量调整创造某些条件；诸如完善承包经营责任制，推行股份制试点，实行企业兼价等项改革措施，也都不能离开清产核资。所以，这项工作并不需要单独进行，而是可以结合治理整顿和深化改革一道做的。

通过这次清产核资，要把大量的账外国有资产列入账内，以防止其流失，并使得对企业的考核有一个全面的依据。还要把那些超期服役、技术性能大大下降、已不宜再使用的机器报废掉。当然，也要防止有些企业为了逃避对国家的上缴义务，借清产核资之机把不该报废的机器也给报废了。还要把那些清理出的闲置设备，通过生产资料市场以及企业之间的联合和兼并等途径，实现资产存量的调整。这在当前需要调整产业结构、产品结构和企业组织结构的情况下，具有特殊重要的意义。这种调整不仅有利于国有资产的保值，而且可以大大提高其增值能力。

第三，要按照固定资产的重置价值和重置价格来确定并逐步提高折旧率。

要正确地解决这个问题，首先需要彻底摈弃产品经济条件下形成的旧观念、树立社会主义有计划商品经济条件下新观念。按照旧观念，就要否定精神损耗和通货膨胀这两个因素对固定资产折旧的影响。按照新观念，就要承认这两个因素对固定资产折旧的影响。实践已经表明：以现代生产技术作为物质基础的社会主义有计划的商品经济中，不仅存在物质消耗，而且存在精神消耗；还不能避免一定程度内的通货膨胀和物价上涨。在当前新旧体制交替时期，还可能出现严重的通货膨胀和物价大幅度的上升。因此，固定资产的折旧基金不仅需要由它的重置价值来确定，而且需要由它的重置价格来确定；① 否则，折旧基金就不能完全负担起固定资产更新的任务，就会妨碍在简单再生产基础上实现扩大再生产，以及影响生产现代化进程和经济效益的提高。所以，这不仅是一个重要理论问题，而且是一个重要的实践问题。

但在当前要按照这个新观念来确定并提高固定资产基本折旧率，还会遇到诸多困难。这里只说其中两方面。一方面，按照国家现行规定，固定资产基本折旧基金是留给企业使用的。这样，在企业总产值已定的情况下，如果提高折旧率，就会相对降低净产值，从而影响企业上交国家的收入，给当前已很困难的财政增加新的困难。另一方面，折旧基金和企业留利虽然都由企业使用，但又有区别。折旧基金只能用于固定资产的更新，而不能直接用于职工的工资、奖金和福利费。而在企业留利中，除了生产发展基金以外，奖励基金和福利基金是可以直接用于提高职工生活的。这样，提高折旧率，不仅会影响到国家的财政收入，而且会影响到企业职工的物质福利，从而可能遭到企业的抵制。

解决这些矛盾的可行办法，就是在大力提高经济效益的基础上，在兼顾国家财政收入和职工生活两方面需要的条件下，逐步提高固定资产基本折旧率。

但是，必须按照上述的新观念，科学地确定折旧率，并坚决地有步骤地予以实行。否则，不仅会大大影响国有资产的保值和增值，而且会

---

　①这里顺便指出：当前有人把"重置价值"和"重置价格"这两个概念混起来了。实际上，这是两个不同的概念，前者是与精神损耗相联系的，后者是与通货膨胀相联系的。

影响到整个社会主义现代化的进程。

第四，要在深化改革中维护国有资产的产权，正确地、全面地贯彻"两权分离"的原则。

鉴于当前改革中在相当广泛范围内和不同程度上发生了侵蚀国有资产的行为，因而有必要提出正确地、全面地贯彻"两权分离"的原则，一方面要在健全宏观调控体系的同时，深化企业改革，继续坚定不移地贯彻实行把国有资产的经营权交给企业的原则，另一方面又要坚持国有资产所有权的原则，强调维护国有资产的产权。这样，就可以在维护国有资产产权的条件下进一步搞活企业和调动企业的积极性，既有利于国有资产的保值，又有利于增值。

为了切实维护国有资产的产权，必须在改革的各个领域和各个环节继续建立和完善各项制度，并继续采取有效的监督实施办法。比如，当前在完善承包经营责任制工作中，需要在折旧基金的提取和使用，企业留利中各项基金（包括生产发展基金、奖励基金和福利基金等）的分割和使用，以及银行贷款的使用和归还等方面，继续建立和完善体现维护国有资产产权原则的制度和办法。又如在股份制试点工作中，在确定股权、股息和分红以及承担风险等方面，也要遵循这个原则办。

强调在改革中维护国有资产的产权，并不是要否定深化改革，而是要在坚持国有资产产权条件下推进改革，这不仅是一个关系到国有资产的保值和增值问题，而且是一个关系到改革在健康道路上发展的问题。

第五，要加强和改善经济管理和企业管理。

在经济管理方面，当前要在继续坚持和改进经济总量控制的同时，把重点放到调整经济结构（包括产业结构、产品结构和企业组织结构等）上来，并把改革和发展紧密地结合起来，使国民经济向着良性循环的方向发展，持续地提高国民经济的整体效益。

在企业管理方面，当前要大力建立和健全各项基础工作（包括定额管理、成本管理、资金管理、质量管理和经济核算等）和规章制度，严格执行工艺规程和劳动纪律，全面提高企业素质（包括职工、管理和技术素质等），充分发挥广大职工的积极性，切实提高各项生产要素的营运效益。

这样，通过加强和改善经济管理和企业管理，就可以大大加强国有资产的增值能力。